“十二五”普通高等教育本科国家级规划教材　iCourse·教材

国家精品资源共享课教材　中国大学MOOC教材

高等学校金融学专业主要课程精品系列教材

金融工程

（第五版）

郑振龙　陈蓉　主编

高等教育出版社·北京

内容简介

本书为国家精品资源共享课教材，先后入选“十五”“十一五”“十二五”国家级规划教材，2011 年被教育部评为普通高等教育精品教材。本书根据读者的反馈在第四版的基础上进行了全面的修订。

全书可分为五大部分：第 1 章全面介绍了金融工程的内涵、主要产品和金融工程的主要思想方法，提出金融工程就是一门关于金融产品设计、定价和风险管理的学科；第 2～第 16 章分别介绍了远期、期货、互换和期权等主要金融衍生产品的市场结构与市场惯例、产品分析与定价、产品运用与交易策略等方面的内容；第 17 章先从风险识别、风险度量和风险管理三个角度介绍了现代金融风险管理的主要内容，然后重点介绍了 *VaR* 和信用风险。本书延续了前四版数学模型与金融学紧密融合的突出特点，保留了前四版清晰的写作脉络、知识点的前后一致性和呼应性、丰富的教学内容和大量的教学辅助资料，进一步强化深入浅出的讲解风格，让读者能够获得对金融工程、金融衍生产品和风险管理问题的感性认识，引导读者更好地将理论知识运用到实践中。本书在每章末都设有即测即评二维码，通过扫描二维码即可进行在线测评。

本书除可用作高等院校的金融学专业教科书之外，还可作为金融机构从业人员的培训教材及相关领域研究人员、行业监管人员的参考书。

图书在版编目（CIP）数据

金融工程 / 郑振龙，陈蓉主编. -- 5 版. -- 北京：高等教育出版社，2020.11 (2024.1重印)

ISBN 978-7-04-055160-0

Ⅰ. ①金… Ⅱ. ①郑… ②陈… Ⅲ. ①金融工程-高等学校-教材 Ⅳ. ①F830.49

中国版本图书馆 CIP 数据核字(2020)第 192909 号

Jinrong Gongcheng

策划编辑 郭金录　责任编辑 吴淑丽　封面设计 张 楠　版式设计 杜微言
插图绘制 于 博　责任校对 王 雨　责任印制 刘思涵

出版发行 高等教育出版社
社　　址 北京市西城区德外大街 4 号
邮政编码 100120
印　　刷 三河市华骏印务包装有限公司
开　　本 787 mm×1092 mm　1/16
印　　张 23. 25
字　　数 560 千字
购书热线 010 - 58581118
咨询电话 400 - 810 - 0598
网　　址 http://www.hep.edu.cn
　　　　 http://www.hep.com.cn
网上订购 http://www.hepmall.com.cn
　　　　 http://www.hepmall.com
　　　　 http://www.hepmall.cn
版　　次 2003 年 9 月第 1 版
　　　　 2020 年 11 月第 5 版
印　　次 2024 年 1 月第 10 次印刷
定　　价 53. 00 元

物 料 号 55160 - 00

第五版前言

修订本书第五版之时，正是2020春季新冠疫情暴发之际。在这个过程中，我们和全国人民一起，经历了从茫然未知到恐慌焦虑，再到整理心情、尽心尽力应对的心路历程。但即使在此期间，我们依然看到了中国衍生品市场的新发展：2020年2月14日，中国外汇交易中心发布《利率互换估值手册》，原先单一的利率互换曲线拓展为利率互换曲线、利率互换即期利率曲线和利率互换远期利率曲线，理论与现实的距离进一步缩短；2020年2月21日，商业银行、保险机构获准参与国债期货市场；2020年3月23日，全国银行间同业拆借中心试水利率期权，至此，中国市场的衍生产品基本到位。疫情并没有挡住我们前进的步伐。前路未知，当下的努力才更具价值和勇气。

这一次的改版是继第二版之后修订力度最大的一次，全书约有三分之一的内容进行了调整和深化。党的二十大报告提出，要坚持以推动高质量发展为主题，增强国内大循环内生动力和可靠性，提升国际循环质量和水平，加快建设现代化经济体系。金融衍生品市场要在推动全要素及商品流动，提高市场资源配置效率服务实体企业，提升产业链供应链韧性，开展"保险+期货"，服务乡村振兴，形成国际定价权，护航经济国际化发展等方面精准发力，切实担负起推动中国经济高质量发展的时代重任。党的二十大精神为教材编写和修订指明了根本方向。在修订中，我们坚持马克思主义立场、观点和方法，体现习近平新时代中国特色社会主义思想，体现人类文化知识积累和创新成果，立足中国，面向世界。

本次修订的主线是将一些理论问题，如资产定价通用原理和期权内在价值定义等，拓展到了更为通用的情形，并从不同的角度加以融会贯通。这么做的原因，是因为中国市场的衍生工具已经基本齐全，但仍有待深化和健全。在过去的几年中，我们见证了期货严重贴水、直接采用B-S-M期权定价公式计算的隐含波动率出现负数、期权时间价值不合理等持续存在的现象，难免引起困惑乃至误解。究其原因，是在于经典资产定价模型的前提假设在中国不成立，这些经典模型就不能在中国简单直接套用。因此，有必要从理论出发，对基础性的原理进行梳理和拓展，帮助读者去思考探索如何更好地发展适合中国的模型与方法。在此基础上，我们将这些一般性的原理具体运用到中国期货市场和中国期权市场上，并介绍了可能的解决方案。

具体来说，主要的修订内容包括：

（1）梳理和拓展了资产定价原理，运用一个不完全市场的定价案例对复制定价法、状态价格定价法和等价鞅测度定价法（在本科阶段主要体现为风险中性定价法）进行了阐述，前两种方法较侧重经济和金融理解，而最后一种方法则更多地基于数学推导，这样一方面帮助读者融会贯通、深入领会资产定价原理的本质，另一方面首次在本科教材中引入了完全市场与不完全市场的差异，讨论了可复制对资产定价的决定性意义；

（2）更为科学地定义了期权的内在价值和时间价值，内在价值和时间价值是理解期权价值的两个重要维度，其定义是否科学，决定了在隐含波动率微笑、波动率曲面、期权相对价值等重要信息上是否容易产生误读，这在如中国这样的新兴衍生品市场中特别具有价值，过去几年来，我们一直在思考如何对期权的内在价值和时间价值进行更具有通用性的科学定义，这一版中我们终于得到了相当满意的答案；

（3）将上述更具通用性的原理、理论和定义应用到中国市场上，讨论中国市场上的衍生品定价与分析问题，如股指期货贴水、PCP平价原理、期权平值点、期权定价等，帮助读者在实际问题中理解和运用理论，从而能够更好地将原理和理论运用到实践中，推动中国衍生品市场的发展；

（4）书中的市场介绍和市场数据几乎全部更新至最新；

（5）书中的案例尽可能全部采用中国市场的案例，跟上时代发展的步伐；

（6）课后习题部分，也进行了相应的更新。

大家可以体会到，从第三版开始，我们的教材在"中国化"，是一个越来越中国版的《金融工程》。这是中国衍生品市场不断前进的折射，我们的教材在尽力跟踪和反映中国市场的历史发展进程；这也是中国金融工程学科发展的需要，我们期待大家和我们一道，在继续用数学刻画金融的同时，超越数学公式，寻找前提假设与模型推导中的金融内涵，发展适合于中国市场的模型，共同为中国金融工程学科和中国衍生品市场的发展努力，为我国的经济提供更好的风险管理工具。

在编写第五版教材的同时，我们也在2013年由郑振龙教授主讲的"国家精品资源共享课"金融工程基础上，同步建设在线开放课程。在线开放课程的核心仍然是课程视频，并同步建设了相应的配套教学资源，包括随堂小测、知识点注释、推荐阅读、计算软件、作业题库和考试题库等，希望有助于提升学生学习的质量和效率。

本次修订之后，本教材继续适于作为金融工程初学者的基础读本和入门必修，仍然推荐本教材作为金融工程、金融学、财务学等学科的本科生和研究生教材，也可供理论研究者和实际工作者作案头参考。在郑振龙教授的个人主页（http://efinance.org.cn）上可以下载每年更新的课件、习题和计算软件。授课教师可通过邮件（zlzheng@xmu.edu.cn 或 aronge@xmu.edu.cn）获取习题答案。

本次修订由厦门大学郑振龙教授和陈蓉教授联合完成。从2003年至今，我们的教材已经悄然走过了17年，高等教育出版社的编辑也已经换了三代。本书刊印之际，我们要深深感谢来自众多专家学者、兄弟院校、出版社一直以来的支持和帮助，衷心感谢读者的建议。修订之中，深感学海无涯，每一次思考总有收获，每一个建议都有价值。继续期待您的帮助、批评和指正。谢谢！

郑振龙　陈　蓉

2020年5月

（2023年10月修订）

第四版前言

本书第四版修订期间的2015年,中国股票市场经历了令所有人刻骨铭心的大起大落。正是在这一年,我们亲历了股指期货的存废之争,听到了许多不专业的肤浅妄言,痛心地见证了风险管理工具在中国的暂缓发展,而这些本是转型中的中国最急需的金融产品。这一切,凸显了中国金融市场中专业性和独立性的稀缺和可贵;也让我们深深地感受到,让年轻学子们更好地认识金融和金融工程的本质,透过衍生产品的复杂表象领悟其中的大道至简,让中国市场的未来发展少走弯路,是我们肩上沉甸甸的责任,是我们作为教师,为国家和民族应尽的一份努力。

如何才能更好地做到这一点？这一版的修订与前三版有所不同,这一版的修订同时涵盖了对教材、习题和网络教学资源的建设和修订。从教材本身来说,我们没有在专业书籍中放入太多与阶段性历史事件相关的资料与评论,而是侧重于进一步提升教材的精确性、专业性和表述的易懂性。关于金融衍生品作用的思考与争论,关于市场现象的剖析与解读,则更多地体现在网络教学资源和习题中,交由读者们体会和领悟。

具体而言,除了一些错误和不当之处的更正,本次教材修订主要包括:

(1) 应全球和中国国债期货市场的发展和变化,删去了第三版第五章第四节中的“长期美国国债期货”,代之以中国金融期货交易所的5年期国债期货,在国内教材中第一次详细且深入地阐述了中国市场上现有的国债期货产品的基本原理和定价方法;(2) 相应地,第五章第四节中的“利率风险管理”部分也做了修订和重新阐述,使之更加准确、简洁和清晰;(3) 总收益互换和信用违约互换一直是国际金融市场上的重要工具,近年来开始在中国市场萌芽发展,若运用得当,它们能发挥重要的有益作用,因此,我们在第六章第一节中增加了“总收益互换”和“信用违约互换”两个产品的简介;(4) 在第十一章,我们对期权定价模型、风险中性定价原理和波动率的估计等内容进行了修订,使之表述更加专业、准确和深入;(5) 对于全书各章涉及的主要市场数据、制度安排、交易规则和具体产品,我们进行了全面更新,以反映最新的情况。(6) 针对中国资本市场套利活动经常被限制甚至被禁止的情况,全书对期权的定价适用前提做了明确界定和区分。

在课后习题部分,我们也进行了修订,放入了过去几年来我们在实际教学中积累的一些课后习题,使之更符合市场现状,问题也更加深入,提高了习题的质量。其中部分习题涉及当前中国市场中的现象和迷思,希望能够帮助读者更好地理解金融衍生品的本质和意义。

在修订教材的同时,过去两年我们做了另一件重要而有意义的事情。那就是将我们所讲授的本科“金融工程”课程建设为“国家精品资源共享课”,放在教育部和财政部“十二五”期间启动实施的高等教育精品资源共享课平台“爱课程”网站上(本课程的地址为

http://www.icourses.cn/coursestatic/course_6080.html)。读者在这里可以了解课程的总体概况,包括课程简介、教学大纲、教学要求、学时设计等,可以在线观看郑振龙教授的授课视频,阅读教学课件和知识点注释,进行课后练习,下载相关应用软件,拓展阅读我们推荐的补充资料和相关案例等。在这个教与学平台上,学习者可以更直观、深入而全面地感受到我们在多年教学研究中所积累的、对整个金融工程学科和衍生产品乃至金融本质的思考、理解和认知,包括对近期市场事件的讨论和观点。此次国家精品资源共享课的建设,是我们应用最新教学手段的一个尝试,而且仍然在不断地建设和完善过程中,希望有助于进一步提高学习的质量和效率。

本次修订之后,本教材仍然适合作为金融工程初学者的基础读本和入门必修,既可以作为金融工程和金融学本科和研究生教材,也可作为理论研究和实际工作者的参考书。在郑振龙教授个人主页(http://efinance.org.cn)和陈蓉教授个人主页(http://aronge.net),读者们依然可以下载每年更新的课件、习题和计算软件。授课教师仍然可以通过邮件获取习题答案。

本次修订由厦门大学郑振龙教授和陈蓉教授联合完成。本书刊印之际,我们要再次感谢众多同行专家学者、兄弟院校、出版社,衷心感谢读者的建议。学有涯而知无涯。本书虽已是第四版,笔者仍然感觉还有很多值得探索和改进之处。依然期待与恭候着您的帮助、批评和指正,请发送至 E-mail:zlzheng@xmu.edu.cn 或 aronge@xmu.edu.cn。

郑振龙　陈　蓉

2016 年 5 月 1 日

第三版前言

不知不觉间，本教材第二版出版已经4年了。短短4年，我们经历了很多，思考和收获更多。次贷危机的震撼与冲击，一度令不少人对“金融工程”与“衍生产品”谈虎色变，殊不知工具与技术本身并无是非，端看使用者如何运用。然而，也正是在这几年，作为金融工程领域的专业教师，我们敏锐察觉到中国的金融工程学科将迎来一个前所未有的发展契机。

回顾金融工程在美国大规模发展的历史背景，正是20世纪70年代布雷顿森林体系的解体，许多原先固定的价格开始大幅波动，经济主体承受的风险和面临的金融问题大量增加，从而客观上产生了对更具可操作性的金融解决方案、更准确的定价和风险管理的需求，金融工程学科应运而生，成为金融领域中的重要学科之一。反观今日的中国，许多原先人为固定的价格，如利率、汇率、原材料价格等日趋市场化和自由化，信用风险和流动性风险等也日益呈现，市场微观主体对风险管理和创新性金融解决方案的需求正加速上升，这与当年的美国何其相似，中国经济将进入大量迫切需求金融工程人才的阶段。

无论怎样，我们对金融工程的热情与科学追求从不曾懈怠。多年以来，我们因热爱而专注，一直在此领域心无旁骛，孜孜以求，追踪国际和国内金融工程领域的最新发展动态，始终坚持在金融工程教学、研究与应用的第一线。科学与严谨是我们坚持的原则。细心的读者会发现，我们网站上的课件、习题和配套软件每年都在更新，我们一直在辨识思维误区，探究重要的微妙之处，探索金融工程的本质，寻求最精确的理解和表达，网站上不断更新的勘误表记录了我们上下求索的轨迹，每有所悟，倍感喜悦。学以致用是我们坚持的方向。一方面，我们始终认为只有与中国现实相结合的金融工程才具有强大的生命力，我们一直在思考如何更好地扬长避短，探索如何将金融工程在中国运用得当，使其对我们的国家大有裨益；另一方面，我们相信一切既是学无止境，又是大道至简，只要讲授得当，艰涩理论也可走出象牙塔，易于理解。

这一版的修订，正是上述时代大背景和数年来积累的结果。由于第二版在结构、体系和风格上受到读者的普遍肯定，比较适合中国师生的教与学，是国内使用最广泛的金融工程教材，因此第三版并未对教材的结构、体系和风格做大的调整，并特别保持和增强了一个特色：在复杂的公式和模型之后，均附实际案例和简明易懂的经济内涵分析，以使读者理解事半功倍。本次的修订主要体现在：(1) 错误和不当之处的更正。除了使表述更加准确简洁之外，我们还将第二版中错误、不妥和不完整之处做了补充和修正，例如期货最优套期保值比率、国债期货定价、期权内在价值、希腊字母、*VaR* 的估计等，还增加了一些新的计算软件。(2) 内容的更新。我们对书中的市场数据、制度安排、交易规则等做了全面更新，尽量反映最新的情况，特别是中国衍生品市场的发展状况。在我们的教学网站上（郑振龙教授个人主页:http://210.34.5.45;陈蓉教授个人主页:http://aronge.net),读者们依然可以下载每年更新的课件、习题和计算软件。授课教师仍然可以通过邮件获取习题答案。

经过此次修订,本教材仍定位为金融工程初学者的基础读本和入门必修。本书既可作为金融工程与金融学本科和研究生教材,也可作为理论研究和实际工作者的参考书。金融工程的学习内容虽初看纷繁复杂,但潜心了解后,你会发现其有规律可循,熟练之后就能够举重若轻、游刃有余。

本次修订由厦门大学郑振龙教授和陈蓉教授联合完成。本书付梓之际,我们要深深感谢同行专家学者、兄弟院校、出版社,没有你们的热情鼓励、肯定和支持,我们的教材达不到今天的状态。特别要感谢读者们的咨询和建议,我们将坚持一一回复你们的来信和建议。特别感谢高等教育出版社对本书前三版的鼎力支持!

由于所学有限,本书的不当和错漏仍在所难免。我们将一如既往地坚持更新、修订和完善,将其当作一辈子的事情来做,把这本书打造成中国金融工程领域的经典教材,为培养中国金融工程理论与实务人才贡献力量。下述 E-mail 地址将一直期待与恭候您的批评指正:zlzheng@ xmu.edu.cn。

郑振龙　陈　蓉

2012 年 5 月 1 日

第二版前言

作为“十五”国家级规划教材和“高等教育百门精品课程教材建设计划”的一部分，本教材第一版于2003年出版，当时中国的金融工程学科刚刚起步，中国金融市场上也几乎没有金融衍生产品的影子。5年多的时间里，我们见证了中国金融工程学科的飞速进步，见证了金融衍生产品、风险管理意识与技术在中国的萌芽与发展。让我们欣慰的是，本教材第一版出版后，得到了国内高校的普遍欢迎，是国内使用最广泛的金融工程教材之一，为中国金融工程相关人才培养和学科发展起到了较大的推动作用。

写作和修订教材并非一项轻松的工作。促使我们重新修订这本教材并作出大量改动的动力有三：首先，出版近5年来，我们不断收到来自读者的咨询、勘误和建议。来自读者、各兄弟院校、出版社和社会各界的热情鼓励与肯定是我们动力的源泉，敦促我们不断进步，将更新、更好的教材呈现给读者。其次，作为金融工程第一线的教学者，作为长期关注并追踪国际金融工程发展的研究者，我们自己的知识也在不断更新，对金融工程的认知日益深入，在与学生的教学互动和与读者的通信往来中，对于如何更好地讲授金融工程，时时闪现出新的思想火花，本次修订可以说是数年来经验、心得与种种想法的实现。最后，2006年本教材第二版入选普通高等教育“十一五”国家级规划教材，我们主持的“金融工程”也获得国家精品课程称号，来自权威部门的肯定给予了我们极大的信心和动力，促使我们对第一版教材进行大规模的修订和完善。

总体来看，我们所做的修订工作主要包括：

1. 调整全书知识框架。在第一版的基础上，本版教材对全书框架做了较大的调整。全书在整体上遵循“概述（第一章）—主要金融衍生产品（第二至第十六章）—风险管理（第十七章）”的逻辑思路。其中金融衍生产品部分又具体分为远期和期货（第二章至第五章）、互换（第六章至第八章）、期权（第九章至第十六章）。每类金融衍生产品均基本遵循“产品与市场概述—定价—运用—特定产品”的分析框架。第一版中原来的第十章“套期保值行为”与第十三章“套利”均放入具体的产品中进行分析，原书中的第十一章“在险价值”与第十二章“信用风险和信用衍生工具”则统一纳入本版的第十七章“风险管理”当中。我们认为，这样的布局结构能使读者更好地把握金融工程的整体框架，掌握金融工程最基本的产品、定价与风险管理知识，并在具体产品的运用中更好地理解套期保值、套利和风险管理等知识。

2. 调整难度。为了能够更好地针对金融工程初学者的学习需要，我们在难度调整方面花费大量心思，做了很多工作：第一，删去了第一版中较难的部分，如第一版的第七章“布莱克-舒尔斯期权定价公式的扩展”。第二，调整了许多章节内容的讲解逻辑。以第十一章为例，对于复杂的期权定价原理，我们改变了原来力求简明扼要介绍知识要点的风格，而是首先介绍布莱克-舒尔斯-默顿期权定价模型的基本思路,给予读者一个整体印象,之后对于涉及数理知识较多的部分,针对每个要点分析为何需要学习这些知识。总的来看,我们的目标是尽量循序渐进地遵循初学者的学习逻辑,不使读者迷失在大量的数学推理中,始终带着金融的思想和明确的目标学习金融工程知识。

3. 偏重运用。相对第一版而言,本版教材增补了三个方面的内容:第一,在每个部分都增加了市场运作机制的详细介绍;第二,增加了大量源于实际的案例,本版中 80% 以上的案例采用最新实际市场数据或实际案例,并尽量采用中国的案例;第三,将各类衍生产品的运用和特定产品的介绍均单独成章详细介绍,如远期和期货部分的"股指期货、外汇远期、利率远期与利率期货"(第五章)、互换部分的"互换的运用"(第八章)、期权部分的"股票指数期权、外汇期权、期货期权和利率期权"(第十五章)等。我们希望通过市场机制、案例、运用和具体产品的学习,帮助读者提高对金融工程和衍生产品的感性认识,提高学习兴趣和学习效率;希望引导初学者在学习本书的过程中逐渐培养起通过网络、媒体积极获取实际市场、经济和技术信息的习惯,这是金融工程师必备的素质之一。

除此之外,我们还保留了许多第一版的特色:(1) 为了培养学生的动手能力和对数学的兴趣,我们对本书所涉及的很多计算问题都编写了 EXCEL 软件。这些软件都是未加密的,读者可以很容易地看出各单元格之间的相互联系。教师可以鼓励学生们自己动手再编一次,以进一步激发他们的学习热情。(2) 为了节省教师的备课时间,我们制作了讲义的幻灯片。我们将这些资料放到下列网站供大家下载:郑振龙教授的个人主页(http://efinance.org.cn/fm.htm)与厦门大学金融工程国家精品课程主页(http://210.34.5.60)。这些网站上还有更多的其他金融工程教学与科研参考资料,我们将利用这个平台为教师和学生提供更多的后续服务。为了方便教师布置和批改作业,我们还将通过邮件向教师提供习题答案。

总之,经过修订之后,本书的主要读者对象为金融工程初学者。本书既可作为金融工程、金融学专业本科生和研究生教材,也可作为理论研究和实际工作者的参考书。本书内容较多,各院校在教学时可根据自身情况进行取舍。

本版教材由厦门大学郑振龙教授和陈蓉副教授担任主编。为了保持行文风格与逻辑思路的一致性,从写作大纲、写作规范到行文内容,本版教材全部由两位主编逐字逐句撰写修订。

本书得以修订和出版,得到了众多专家、学者的大力支持、指导和帮助。黄达教授(中国人民大学)、曾康霖教授(西南财经大学)、张亦春教授(厦门大学)、白钦先教授(辽宁大学)、曹凤岐教授(北京大学)、徐信忠教授(北京大学)、宋逢明教授(清华大学)、王广谦教授(中央财经大学)、张维教授(天津大学)、陈雨露教授(中国人民大学)、刘锡良教授(西南财经大学)、马君潞教授(南开大学)、吴冲锋教授(上海交通大学)、林苍祥教授(淡江大学)、颜至宏教授(香港科技大学)、聂建中教授(淡江大学)、戴国强教授(上海财经大学)、朱新蓉教授(中南财经政法大学)、张杰教授(中国人民大学)、史建平教授(中央财经大学)、叶永刚教授(武汉大学)、裴平教授(南京大学)、李心丹教授(南京大学)、杨胜刚教授(湖南大学)、王晓芳教授(西安交通大学)、曾勇教授(电子科技大学)、黄登仕教授(西南交通大学)、韩立岩教授(北京航空航天大学)、刘少波教授(暨南大学)、刘红忠教授(复旦大学)、陆军教授(中山大学)、李仲飞教授(中山大学)、龚朴教授(华中科技大学)、魏巍贤教授(厦门大学)、张顺明教授(厦门大学)等对本书的大纲、初稿等提出了十分宝贵的意见和建议,在此我们深表谢意。我们要特别感谢台湾宝来集团白文正总裁和施教兴副总裁为厦门大学金融工程学科无私捐助“金融工程实验系统”。我们要感谢高等教育出版社和厦门大学金融系的鼎力资助,感谢厦门大学金融系刘杨树、柯鸿、莫天瑜和叶蜜冬的细致认真工作,感谢高等教育出版社相关编辑的大力支持。在此特表示衷心的谢意!

由于水平有限,不当和错漏之处在所难免,敬请广大读者见谅,并欢迎批评指正。下列 E-mail 地址恭候您的批评和指正:zlzheng@ xmu. edu. cn。

郑振龙　陈　蓉

2008 年 2 月 1 日

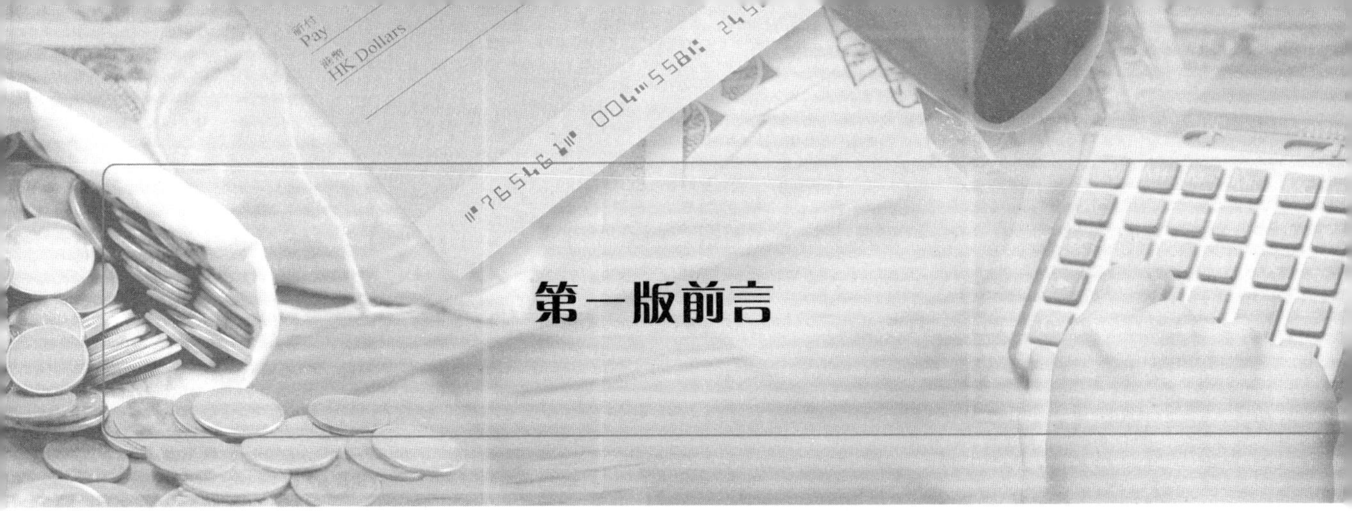

第一版前言

金融工程是20世纪90年代初西方国家出现的一门新兴金融学科。它运用工程技术的方法设计、开发和实施新型金融产品,创造性地解决金融问题。金融工程的发展历史虽然不长,但由于其将工程思维引入金融科学的研究,融现代金融学、信息技术与工程方法于一体,因而迅速发展成为一门新兴的交叉性学科,在把金融科学的研究推进到一个新的发展阶段的同时,对金融产业乃至整个经济领域产生了极其深远的影响。

为了适应新世纪对金融工程人才的需要,经教育部批准,中国人民大学、西南财经大学、厦门大学、中央财经大学、武汉大学五所院校于2002年在国内首批增设金融工程本科专业,并招收了国内第一批金融工程本科生。随后,厦门大学等高校又增设了金融工程博士和硕士专业。

为了满足金融工程人才的培养需要,教育部新世纪教改工程将本书列入金融学专业系列教材,随后教育部又将本教材确定为"普通高等教育'十五'国家级规划教材"。这充分体现了国家对金融工程人才培养的高度重视。

本教材由厦门大学郑振龙教授担任主编,负责制定教材写作大纲、写作规范,并对全书作了逐字逐句的修改和总纂。本书各章分工如下:

章　节	作　者
第一章　金融工程概论	中央财经大学　李磊宁　博士
第二章　金融工程的基本分析方法	中央财经大学　李磊宁　博士
第三章　远期和期货定价	厦门大学　郑振龙教授　博导
第四章　互换的定价	厦门大学　郑振龙教授　博导
第五章　期权市场及其交易策略	厦门大学　郑振龙教授　博导
第六章　布莱克-舒尔斯期权定价模型	厦门大学　郑振龙教授　博导
第七章　布莱克-舒尔斯期权定价公式的扩展	厦门大学　陈　蓉　博士
第八章　期权定价的数值方法	厦门大学　陈　蓉　博士
第九章　奇异期权	厦门大学　陈　蓉　博士
第十章　套期保值行为	厦门大学　郑振龙教授　博导
第十一章　在险价值	厦门大学　黄华副教授
第十二章　信用风险和信用衍生工具	厦门大学　黄华副教授
第十三章　套利	厦门大学　郑振龙教授　博导
第十四章　金融产品与金融工程	厦门大学　郑振龙教授　博导
软件	厦门大学　郑振龙教授　博导
课件	厦门大学　郑振龙教授　博导

本书的写作得到了众多专家、学者的大力支持、指导和帮助。黄达教授(中国人民大学)、曾康霖教授(西南财经大学)、张亦春教授(厦门大学)、白钦先教授(辽宁大学)、曹凤岐教授(北京大学)、宋逢明教授(清华大学)、王广谦教授(中央财经大学)、刘锡良教授(西南财经大学)、马君潞教授(南开大学)、戴国强教授(上海财经大学)、朱新蓉教授(中南财经政法大学)、陈雨露教授(中国人民大学)、史建平教授、刘红忠教授(复旦大学)、张杰教授(中国人民大学)、叶永刚教授(武汉大学)、刘少波教授(暨南大学)、陆军教授(中山大学)、魏巍贤教授(厦门大学)等对本书的大纲、初稿等提出了十分宝贵的意见和建议,在此我们深表谢意。我们要感谢教育部高教司财经政法处对本教材的写作和出版所给予的始终如一的支持。我们还要感谢高等教育出版社刘清田、孙乃彬和徐强对本教材出版所付出的辛勤劳动和巨大的支持。感谢林海、康朝锋、陈淼鑫、马喜德、俞琳、王保合、林泓、黄兴李、郑泽星、王丹、刘二斌等指出了书稿的错漏之处和在写作过程中提供帮助。

本书既可作为金融工程、金融学专业本科生和研究生教材,也可作为理论研究和实际工作者的参考书。本书内容较多,难度也较大,各院校在教学时可根据自身情况进行取舍。

为了培养学生的动手能力和对数学的兴趣,我们对本书所涉及的几乎所有计算问题都编写了 EXCEL 软件,放在光盘中。这些软件都是未加密的,读者可以很容易看出各单元格之间的相互联系。教师可以鼓励学生们自己动手再编一次,以进一步激发他们的学习热情。

为了方便教师布置作业和批改作业,我们还把计算题和有难度的所有题目的答案全部放在光盘中。

为了节省教师的备课时间,我们还制作了讲义幻灯片(Powerpoint)放在本书所附光盘上,并将它放在下列网站上供大家下载:http://efinance.nease.net/fe.htm。该网站上还将有其他教学参考资料。我们将利用这个平台为教师和学生提供后续服务。

由于我们水平所限,不当和错漏之处在所难免,敬请广大读者谅解,并欢迎批评指正。下列 E-mail 地址恭候您的批评和指正:zlzheng@jingxian.xmu.edu.cn。

郑振龙

2003 年 5 月 28 日于厦门大学

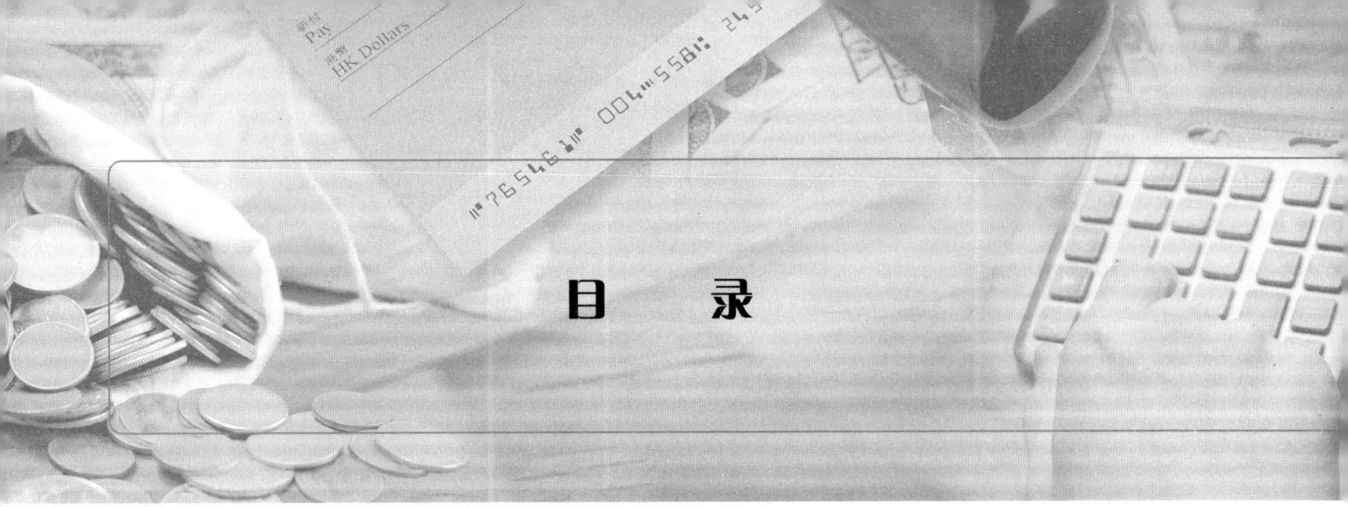

目　录

第一章 金融工程概述

金融工程是一门融现代金融学、数理和工程方法与信息技术于一体的新兴交叉型学科。无套利假定和相对定价法是金融工程具有标志性的分析方法。尽管历史不长，但金融工程的发展在把金融科学的研究推进到一个新阶段的同时，对金融产业乃至整个经济领域都产生了极其深远的影响。由于本章具有高度概括性，建议读者在学习完全书之后，再次通读本章，这样将会对金融工程有更深刻的认识。

第一节　什么是金融工程

让我们从案例 1.1 开始理解什么是金融工程。

【案例 1.1】

两个金融工程案例

案例 A　法国 Rhone－Poulenc 公司的员工持股计划

1993 年，在私有化的过程中，法国最大的化学公司 Rhone－Poulenc 公司试图推行的员工持股计划遭遇了挫折。1993 年 1 月，当该公司部分私有化时，法国政府给予员工 10%的折扣来购买公司股票，公司除了允许在 12 个月之内付款之外，还额外给予 15%的折扣。尽管如此，只有不到 20%的员工参与购买，分配给员工的配额也只认购了 75%。1993 年年底，当该公司全面私有化需进一步推进员工持股时，法国政府和公司考虑了更有力的传统激励方式：折扣、送股和无息贷款。然而，这些措施并未解决员工持股难题中的关键性问题：公司员工不希望其工资收入和投资收入都来自同一个公司，他们不愿将鸡蛋放在一个篮子里，承担过高的风险。

为此，美国信孚银行提供了一个金融工程解决方案：除了继续给予折扣和无息贷款之外，员工持股者在未来的 4.5 年内获得 25%的最低收益保证加上 2/3 的股票超额收益；作为交换，在此期间持股者不可出售股票，但拥有投票权，4.5 年后可自由处置股票。具体收益为 $25\%+\frac{2}{3}\times\max(R_{4.5}-25\%,0)$。式中，$R_{4.5}$为未来 4.5 年内的股票收益率，可用图 1.1(a)表示。作为提供此项收益保证的机构，信孚银行向公司收取一定的费用，并有权获得股票 1/3 的超额收益。

对于员工来说，该方案显然彻底解决了他们的担忧；对政府和公司来说，由于总费用不高于它们原先计划承担的成本，这是一个可接受的方案；对银行来说，其收益大于对冲风险所需的成本。因此,金融工程为解决 Rhone -Poulenc公司员工持股难题提供了三赢方案。

案例 B 美国大通银行的指数存单

1987 年 3 月 18 日,美国大通银行发行了世界上首个保本指数存单。该存单与 S&P 500 指数未来一年的表现挂钩,存款者可以在三档结构中选择:0%~75%、2%~60%和4%~40%,即存款利息将是一年内 S&P 500 指数变动幅度的 75%(60%或 40%)和 0%(2%或 4%)中的较高者。用 R 表示指数收益率,图 1.1(b)给出了收益率为 2%~60%的示意图:$\max(60\%R,2\%)=60\%\max(R-3.3\%,0)+2\%$。1987 年美国股市飙升,大量资金流出银行,该指数存单正是大通银行在此背景下的应对策略。由于该产品既能保本又能分享股市的升值,的确为该银行吸引了不少客户。事实上,由于并未真实投资股市但收益却与股票市场挂钩,该产品的发行也被视为美国金融业 20 世纪 90 年代由分业经营转向混业经营的开端事件之一。

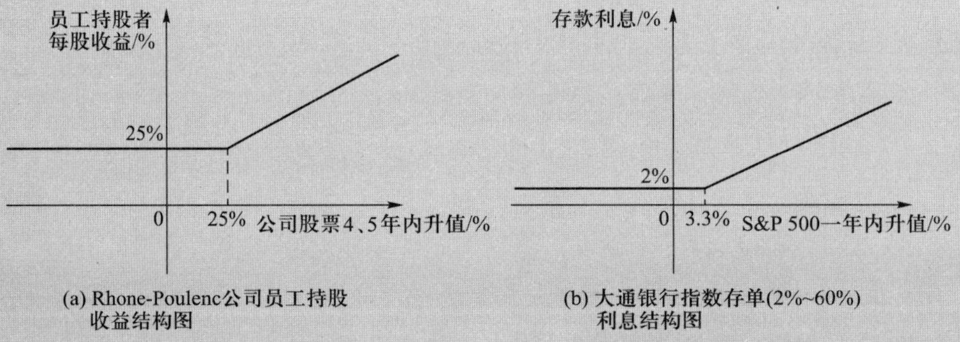

图 1.1 金融工程方案(产品)收益结构图

从图 1.1 中可以看到,尽管案例 A 是帮助推进私有化改革的员工持股改革方案,案例 B 则是商业银行面对资本市场挑战时的存款产品创新,代表了金融创新浪潮下分业经营界限趋于模糊的趋势,但其收益结构图却是非常相似的。事实上,在完成本书的学习后,读者将会发现这两个方案(产品)尽管因应用领域不同而看似相异,但本质上都是普通债券加期权的组合,都因期权的嵌入大大增加了方案(产品)的吸引力,也使问题得以顺利解决。

进入金融工程的世界,读者将会发现类似情形处处可见。根据市场环境和需求,不同的基础性证券和衍生证券可以构造和组合出无数种产品与解决方案,创造性地解决种种金融问题。许多产品看似完全不同,却万变不离其宗;许多产品相当类似,却因结构上的特定设计能够达到不同的精确效果。创造性、灵活性与更高的准确性,正是金融工程的本质与魅力所在。

一、解决金融问题:金融工程的根本目的

在现实生活中,所有经济主体都会面临各种各样的金融问题。

例如,企业家经常面临如下问题:原材料价格将上涨,怎么办?产品价格要下跌,怎么办?美元要升值或者贬值,怎么办?利率要上升或下跌,怎么办?金融危机将来临,怎么办?

交易对手可能违约，怎么办？如何在谈判中设计双赢方案？如何设计新的商业模式，打造核心竞争力？如何设计员工激励方案？如何设计更好的并购方案？等等。

投资者面临如下问题：散户希望以小博大，如何实现？中产阶级希望在保本的前提下实现高收益，如何实现？高净值阶层希望合理配置资产，如何实现？等等。

监管者面临如下问题：如何提高市场效率？如何防范系统性风险？如何防止市场操纵？如何防止市场过度投机？等等。

一部人类发展史，其实就是一部分工合作史。分工可以使社会主体发挥各自的比较优势，从而大大提高社会的效率。但人们在合作过程中，必然会面临信息不对称问题、信用问题、意见分歧、流动性问题、价格波动问题甚至金融危机等。这些问题如果得不到很好的解决，人们之间的合作必然会受到影响。而金融，特别是衍生品市场，就是解决这些难题的良方。可以说金融越发达，人类在合作过程中所遇到的问题就越能够得到有效的解决，合作的深度就会越深，广度就会越宽，效率也就越高。

金融工程是现代金融领域中最尖端、最富有技术性的部分，其根本目的就在于为各种金融问题提供创造性的解决方案，满足市场丰富多样的金融需求。本书将有大量如何利用金融衍生品为社会合作和分工过程中所面临的各种疑难杂症提供解决方案的案例。

党的二十大报告提出，要坚持以推动高质量发展为主题，增强国内大循环内生动力和可靠性，提升国际循环质量和水平，加快建设现代化经济体系。在二十大精神指导下，基于我国国情、市情设计的衍生品制度机制不断完善，衍生品市场的价格发现、风险风险、信息三大功能不断强化，在服务乡村振兴、服务现代化产业体系建设、服务初级产品保供稳价等方面发挥了积极作用。其中不少业务模式极具中国特色。

如“保险+期货”模式，将农产品市场风险通过期货市场分散，由众多参与者共担，为构建农业补贴、农产品期货和农业保险的联动机制，做了有益的探索，为乡村振兴做出了贡献。作为利用市场化机制化解农业市场风险的金融支农创新模式，“保险+期货”已连续 8 年写入中央一号文件。在保障农民收入、服务乡村产业发展等方面发挥着越来越重要的作用。自 2016 年以来，已有 73 家期货公司累计开展“保险+期货”项目 5 299 个，为大豆、玉米、生猪等 18 个品种提供了风险管理服务，累计承保货值 1 346.04 亿元，涉及现货数量共计 2 749.65 万吨。项目开展地点覆盖全国 31 个省（自治区、直辖市）的 1 224 个县，惠及农户 538.7 万户次，农民专业合作社 3 101 个、家庭农场 1 488 个、涉农企业 2 349 个。

二、设计、定价与风险管理：金融工程的主要内容

产品与解决方案设计是金融工程的基本内容，也是解决金融问题的重要途径。从本质上说，产品设计就是对各种资产风险收益特征的匹配与组合，以达到预定的目标。如案例 1.1 中的员工持股方案与指数存单，都是根据特定市场需要量身定制，在普通债券的基础上嵌入期权，为投资者提供最低收益保证的产品。

产品设计完成之后，准确的定价是关键所在。例如，Rhone - Poulenc 公司案例中 25% 的最低收益保证、2/3 的股票超额收益以及银行因提供此服务向 Rhone -Poulenc公司收取的费用等，都是产品参数设定与定价的一部分。定价合理才能保证产品的可行。

风险管理是金融工程的核心。事实上，衍生证券与金融工程技术的诞生，都是源于市场主体管理风险的需要。例如，最初的农产品远期与期货，是农场主担心农产品价格变动风

险的产物;20世纪70年代以来金融衍生产品和现代金融工程技术的兴起,是各国汇率浮动、利率管制放松、石油和其他商品价格波动的结果。随着经济与金融的发展,风险管理已成为现代金融的支柱,也成为金融工程最重要的内容之一。

在现实生活中,金融工程技术有时被直接用于解决风险问题,如运用股指期货对股票价格下跌的风险加以管理;有时风险管理本身就是创新性金融工程方案(产品)设计与定价的一部分。以案例1.1中的大通银行为例。在发行指数存单之后,假设一年内S&P 500指数上升100%,大通银行显然将在此产品上遭受巨额亏损。因此大通银行在发行该产品吸引客户投资之后,必须进行相应的风险管理。实际上,0%~75%、2%~60%和4%~40%三档的参数设定,都是在计算了相应的风险管理成本之后确定的,以保证银行和客户均能在此产品中获得合理的收益。因此,在很多情况下,风险管理与设计、定价是相辅相成、缺一不可的。

三、基础产品与金融衍生产品:金融工程运用的主要工具

产品与方案的设计与实现离不开“原材料”。在金融工程中,“原材料”主要可分为两大类:基础性产品与金融衍生产品。基础性产品主要包括股票、债券、外汇、贵金属、大宗商品、农产品、信用等。金融衍生产品(financial derivatives),也称金融衍生工具,是一种金融合约,其未来回报和价值取决于一项或多项标的资产的价值。通俗地说,就是今天签订关于未来的合约,约定好交割时间、交割价格、回报计算方法、交易数量和交割方式等要素,到时按此执行。由于各项交易条款都已事先确定,根据未来真实市场状况(主要是标的价格)的变化,交易双方在衍生品合约上就会出现盈利和亏损。

按交易场所不同,衍生产品可分为交易所产品和场外(over-the-counter,OTC)交易产品;按合约形式不同,可分为远期(forwards)、期货(futures)、互换(swaps)和期权(options)等。

简单地说,远期和期货都是合约双方约定在未来某一确定时刻按约定价格买卖一定数量的某种标的资产的合约,但远期在场外市场交易,更具个性化特征,而期货在交易所交易,标准化程度高。互换合约则是交易各方按照约定条件在未来交换(一系列)现金流的合约,何时交换、交换何标的、如何交换均由签约各方自行约定,因此也属于OTC产品。事实上,互换可以视为一系列远期合约的组合。而与前三种衍生产品到期时必须履约不同,期权是一种关于未来履约权利的合约。在支付期权费之后,期权的买方(权利方)在未来有权决定是否履约;而在收取期权费后,期权卖方(义务方)就转让了合约所规定的权利,只剩下配合买方行权的义务。期权既可以在交易所交易,也可以在OTC市场交易。

四、现代金融学、数理和工程方法与信息技术:金融工程的主要技术手段

金融工程是典型的交叉型学科与技术。在金融工程中,既需要风险收益关系、无风险套利等金融思维和技术方法,又需要“积木思想”(即把各种基本工具组合形成新产品)和系统性思维等工程思维,还需要能够综合采用各种数理和工程技术方法如数学建模、数值计算、网络图解和仿真模拟等处理各种金融问题。最后,由于数据处理和计算高度复杂,金融工程还必须借助编程和信息技术的支持。除了需要计算机网络以及时获取和发送信息外,还需要先进的计算机硬件和软件编程技术的支持,以满足大量复杂的模拟与计算的需要。因此,金融工程被公认为是一门将工程思维引入金融领域,融现代金融学、数理和工程方法与信息

技术于一体的交叉型学科。

五、魔鬼还是天使:金融工程的本质和作用

金融衍生产品和金融工程的发展历程不长,但发展和创新的速度却是惊人的。伴随这种发展的还有人们对金融衍生产品与金融工程毁誉参半的态度。因此有必要对金融衍生产品的本质、功能和作用进行详细的分析。

(一) 金融衍生产品的本质透析

透过金融衍生产品的定义,很多人可能会提出疑问:金融衍生产品看起来像是交易双方的一场零和博弈(zero-sum games),它和赌博有何区别呢?进一步看,金融衍生产品是一种关于未来的虚拟合约,往往具有高杠杆特征。这些基本特征让一些人对金融衍生产品心存疑虑,媒体上大幅报道的金融衍生产品巨亏案例往往强化了这一疑虑。因此,在进一步学习金融衍生产品的相关知识之前,我们需要首先对金融衍生产品的本质特征加以了解。若对这些特征认识不透彻,很容易造成误解。

1. 零和博弈

表面上看,金融衍生产品在交易方式上和赌博十分相似,都是零和博弈,最后的盈亏取决于谁猜对了结果。但金融衍生产品与纯粹赌博在本质上是不同的。金融衍生产品以具有实际经济意义的资产或变量为标的,与已经客观存在的风险挂钩,如利率风险、汇率风险、股市风险、信用风险和商品价格风险等,从而具有风险管理的重要功能,是管理和交易风险的重要工具。例如,无论世上是否有小麦期货,农场主们都客观面临着小麦价格涨跌的风险;有了小麦期货之后,农场主们可以事先锁定未来小麦的卖价,从而大大降低其所面临的小麦价格风险。而纯粹的赌博则不具备风险管理功能,只能给赌博双方和社会带来额外的风险。因此各国政府均对赌博持禁止或限制的态度,却鼓励金融衍生产品的合理发展。如果仅仅看到金融衍生产品零和博弈的特征就简单将其与赌博混为一谈,是对金融衍生产品的重大误解。具备风险管理等社会经济功能是金融衍生产品最重要也是其区别于赌博的一个根本特征。

2. 契约性、虚拟性与未来性

从前文可以看出,金融衍生产品是关于未来的合约。习惯于实物交易的人很容易将金融衍生产品的这种虚拟性与泡沫等同起来。但契约性和虚拟性并非金融衍生产品独有,所有的金融产品,无论是实物货币、纸币、银行存贷款、股票、债券还是衍生产品,其本质都是契约,具有一定的虚拟性。虚拟性并不意味着就是无限的泡沫,就像股票因其对应的公司所有权而具有价值,金融衍生产品则因其对应着未来的权利和义务而具有价值。金融衍生产品与其他金融产品的主要差异在于未来性,其约定的是未来的交易,因而能发挥防范未来风险的独特功能。

3. 高杠杆性

金融衍生产品是关于未来交易的合约,所以无须支付全额价款,只需交纳一定比例的保证金作为履约担保,或支付较少的期权费以获取未来的权利。这使得金融衍生产品自然具有了以小博大的高杠杆特征。人们很容易将金融衍生产品的这一特性简单地与高风险相联系,认为这是金融衍生产品的缺点。这种看法是片面的。一方面,高杠杆并不必然意味着高风险,使用者在了解杠杆率的基础上完全可以通过调整买卖的规模来调整风险;另一方面,

高杠杆也意味着较高的资金使用效率，交易者无须动用全额资金，大大降低了交易的成本。这就如同根据杠杆原理制造的机械力大无穷，但这并不意味着无法控制，只是操作人员需要经过训练才能上岗，并要时刻接受合理的监管。

4. 衍生性

作为标的资产的衍生，各种金融衍生产品价格与其标的资产价格之间必然存在着一定的相对关系，这使得金融衍生产品与现货在很多情况下能够相互替代。许多企业在用期货代替现货时，常常可以直观体会到这一特点。事实上，由于金融衍生产品具有占用资金少、交易费用低、多空皆可的优势，它们已经被广泛用于替代现货资产。

总之，金融衍生产品具有许多不同于现货的鲜明特征。不假思索地认定金融衍生产品就是脱离实际经济需求的赌博，显然是错误的。我们需要深入客观地思考和体会金融衍生产品的意义、价值和不足，了解如何趋利避害。

（二）金融衍生产品的功能

金融衍生产品的主要功能有：

1. 风险管理功能

人类所面临的风险大致可以分为两类：一类是自然风险，如地震、海啸、火灾、风暴、洪涝灾害等自然现象所引发的风险；另一类是社会风险，是由人类活动所产生的风险，如信用风险、价格风险、利率风险、汇率风险、波动率风险、流动性风险等。在风险管理手段出现之前，人类应对这些风险的措施总体是消极的，如占卜、祭祀、祈祷等，最终导致迷信与巫术盛行。而以金融衍生产品为核心的风险管理手段出现以后，风险将不再由少数人独自承担，而是可以高效地把风险配置给愿意承担而且有能力承担风险的人，从而确保人类不在风险面前停止脚步，而是迎着风险前进，进而推动社会经济的增长与福利的提升。

金融衍生产品是风险管理的利器。作为标的资产的金融衍生产品，到期时其价格与其标的资产价格之间存在着事先约定的确定性关系，这使得到期前金融衍生产品与其标的资产价格之间也存在着某种相对关系（可能是线性或非线性）。这意味着，如果在现货市场上有一定的风险暴露，就可以运用金融衍生产品的相反头寸对冲这一风险，达到以丰补歉的套期保值效果。例如，农场主面临气候变化风险时，可以通过气候衍生产品（如气温期货、降雨量期货、霜冻期货、降雪量期货、台风期货等）来对冲风险，从而做到旱涝保收。又如，在利率上升期，债券基金经理、贷款人等都会遭受损失，但如果事先卖出国债期货，国债期货空头会盈利，就可以对冲损失。再如，若预期股市下行，股票基金经理可以事先买入股指看跌期权，在股市下跌时行使看跌期权，所获收益可对冲原组合的亏损，在股市上涨时看跌期权可弃权，仅损失期权费，仍可保留股市上涨给原组合带来的收益。从宏观层面看，若微观市场主体均善于运用金融衍生产品分散和转移风险，将风险合理分散或转移至愿意而且有能力承担风险的人手中，不仅可降低经济的系统性风险，还可在风险真实发生时，大大减弱其带来的不良后果，减少经济和社会损失。

金融衍生产品天然为风险管理而生。在没有金融衍生产品时，虽然通过交易现货也可以规避风险。例如，在预期股市上行时，预先买入现货股票，可以防范股市上涨带来的风险。但用现货对冲风险往往操作难度大且成本很高。而金融衍生产品在风险管理上具有不可替代的地位：首先，金融衍生产品既可做多也可做空，对冲下跌风险特别便利；其次，金融衍生产品交易时往往只需缴纳一定比例的保证金或少量的期权费，交易费用也往往较现货低得多,在风险管理上具有明显的低成本优势;再次,金融衍生产品事先约定未来交易条款,在风险管理上具有更高的准确性和时效性;最后,场内金融衍生产品还可轻松实现加、减仓与平仓,风险管理灵活性更高。这些都是现货等其他资产无法做到的。

中国的市场经济和金融市场经过几十年的发展,企业、居民和政府面临的风险越来越大,已经到了迫切需要风险管理工具的阶段。金融衍生产品对中国经济与金融的进一步健康高效发展具有前所未有的重要意义。可以说,金融体系最大的功能并不是融资功能,而是风险管理功能。因为如果风险得不到有效的控制,那么融资难、融资贵的问题就永远无法得到真正的解决。相反,如果风险得到有效配置,经济主体变得安全,那么优势企业的融资问题就迎刃而解了。

2. 价格发现功能

价格是资源配置的指挥棒,因此价格体系合理是实现资源优化配置的前提条件。这里的"合理",指的是能够对各种信息作出快速、准确的反应,从而为决策者提供准确的信号。

虽然在金融衍生产品市场出现之前,现货市场上的价格也可以根据各种信息做出调整,但大量的研究表明,金融衍生产品市场出现之后,它能够对各种信息做出更为快速和准确的反应,也就是说金融衍生产品市场具有更强大的价格发现功能。这是因为金融衍生产品具有可做多做空、高杠杆、交易费用低等特性,交易者一旦获得信息,往往倾向于在金融衍生产品市场上而不是现货市场上交易,从而使得金融衍生产品往往能比现货更快地对新信息做出反应。

但特别需要澄清的一个误解是,金融衍生产品的"价格发现"并不是人们通常误以为的"发现未来价格",而是"发现当前的价格"。也就是说,金融衍生产品能比现货价格更快地对最新信息做出反应,价格涨跌到位。但无论在理论上还是在实践中,都没有证据表明金融衍生产品能实现对未来价格的无偏预期。

为何金融衍生产品无法发现标的资产的未来价格？金融衍生产品买卖双方虽然都要对标的资产的未来价格做出判断,形成预期价格,但标的资产的未来实际价格通常会偏离预期价格,这就使金融衍生产品的买卖双方都面临风险。因此他们都会根据自己的风险偏好,对预期价格作出调整,最终通过供求作用形成市场的衍生产品价格。由于我们无法得知市场的风险溢价,因此我们难以从衍生产品市场价格中确定市场对未来现货价格的预期。

那为何金融衍生产品可以发现标的资产的现在价格？这是因为,在一个套利和交易限制比较少的市场上,金融衍生产品价格必须与当前的现货价格保持某种确定性的相对关系,否则会产生套利的机会。例如,远期(期货)价格一定是现货价格加上合约期限内持有现货的净成本(包括资金成本、储存成本、红利等)。而净成本是已知的,因此我们可以根据金融衍生产品市场价格求出合理的现货价格。

3. 信息功能

金融衍生产品市场的买卖双方在进行买卖决策时,都要广泛收集和分析各种信息,对未来做出合理判断,并最终做出买卖决策。市场全体参与者的买卖决策共同决定了市场上金融衍生产品价格的涨跌。由此可见,金融衍生产品价格中隐含着市场对未来的平均判断,隐含着大量的信息。我们可以通过解读和翻译金融衍生产品价格,提炼对我们决策有用的信息。

经济与金融主体经常需要对未来进行预测,并依此决策。传统的做法是运用统计和计量方法对历史数据进行外推预测,效果往往不尽如人意。而金融资产价格是所有市场参与者信息、经验、判断和审慎决策的综合结果,是全市场整体信念的综合体现,本身就隐含着重要的预测和决策信息。[1] 金融衍生产品隐含的信息具有即时性、前瞻性、真实性等优点。近年来国际金融市场和国外监管机构大量运用金融衍生产品所隐含的期望信息和风险信息进行辅助决策,发现效果良好。例如,股指期权所隐含的恐慌指数“VIX”和黑天鹅指数“SKEW”已经成为市场情绪的风向标;评级公司从CDS(信用违约互换)中提取隐含违约概率,以改进传统评级方法。从2003年起,前述VIX指数已被美国财政部列为观察金融市场压力的6大指标之一;在2008年次贷危机中,国际货币基金组织等机构的危机分析报告中也大量使用金融衍生产品隐含信息来辅助判断市场和经济走向。

(三) 金融衍生产品的风险

水能载舟,亦能覆舟。由于金融衍生产品的零和博弈特征、虚拟性和高杠杆性,如果监管和运用不当,可能不仅无法发挥风险管理、价格发现和信息揭示的功能,反而会带来更大的风险。

我们先分析运用不当的情形。市场主体对金融衍生产品的运用无非三种目的:套期保值(hedging)、套利(arbitrage)和投机(speculation)。简单地说,套期保值又称对冲,就是用金融衍生产品来对冲已有的风险,进行风险管理[2];套利就是利用标的资产和金融衍生产品相对定价不合理的机会,买低卖高获取价差;投机就是基于对未来的判断进行交易,判断对则盈利、判断错则亏损。[3] 首先,如果一个市场上的金融衍生产品交易者都在进行投机,金融衍生产品市场将退化为一个赌场,会为整个市场和经济带来更大的风险。一个有实体企业进行套期保值对冲风险的金融衍生产品市场才是有价值的。其次,对于实体企业而言,如果不运用金融衍生产品对冲已有的风险,而是利用金融衍生产品进行过度投机,一旦判断失误,金融衍生产品的高杠杆特征可能为整个企业带来无法承受的风险。了解国内众多企业金融衍生产品巨亏的案例,就会发现无一不是实体企业不做套保却进行过度投机导致的。最后,尽管如此,投机并非一无是处。事实上,完全没有投机的金融衍生产品市场是没有流动性的,套期保值功能也无法发挥。一个运行合理的金融衍生产品市场中,主要的投机者应该是专业的投资机构,因为投资机构的核心业务本就是基于预期进行投资,其经营目的与投机行为的目的一致;专业则意味着有合理和必要的风控措施。但即使是专业投资机构,若进行过度金融衍生产品投机,也会引发风险。

再看监管不当的情形。首先,从前述分析中可以看到,如果一个金融衍生产品市场的监管者不是鼓励套期保值交易,而是放纵过度投机,必然导致金融衍生产品风险的累积乃至爆发。那么是不是监管者只要鼓励套期保值,大力限制投机和套利,就是正确的监管态度呢? 答案是否定的。实际上,只有套利者能够推动标的资产价格与其衍生产品价格向合理的相对关系转变,套期保值才能得以进行;有一定的投机交易,金融衍生产品市场才有流动性,套期保值交易才能随时根据需要进行。这两者都是一个健康发展的金融衍生产品市场不可或缺的。因此,一个过度限制投机的监管政策,或是一个中断正常套利机制、使得价格无法回归合理的监管政

---

① 本书两位主编在衍生产品的隐含信息方面做了大量研究,有兴趣的读者可以访问我们的网站阅读相关文献:http://efinance.org.cn 和 http://aronge.net。

② 风险管理是指利用金融衍生产品等金融工具,将面临的风险调整到合理水平。而套期保值(简称套保)通常指利用金融衍生产品等金融工具将面临的风险对冲掉。严格地说,风险管理的范畴比套期保值更广,因此本书经常使用“风险管理”。

③ 我们将在本章最后一节详细介绍这三种运用的基本原理。

策,都是金融衍生产品发挥正面作用的障碍,反而会给市场和经济带来风险。

总之,客观地说,既不能认为金融衍生产品是洪水猛兽,也不能认为其是万能的。金融衍生产品为市场提供了良好的风险管理工具、更丰富的选择和更灵活的风险收益回报。金融衍生产品是天使还是魔鬼,最终取决于使用者和监管者是否真的理解金融衍生产品的本质特征,是否能够趋利避害、合理作为,而与工具本身无关。从全球来看,发达国家和主要发展中国家均已有相当发达的衍生产品市场。中国经济发展至今,无论是从自身经济转型和风险管理的需求来说,还是从外部环境来说,金融衍生产品的发展都是大势所趋。我们所应做的,就是深刻理解金融衍生产品的本质特征和主要功能,合理运用,使金融衍生产品在我国经济转型中发挥积极的作用。

本节对金融工程的内涵进行了深入详细的分析。可以看到,有时金融工程被理解为一门学科,有时被理解为一门技术,有时则被理解为一个解决方案或产品。总的来看,金融工程的特点在于综合运用现代金融学、数理和工程方法与信息技术,运用各种基础产品和衍生产品,设计、开发和应用新型的金融产品,以达到创造性地解决金融问题、合理管理风险的根本目标。金融工程技术的发展带来了现代金融业和经济前所未有的变革和创新,金融工程技术至今仍处于动态的发展过程中。金融衍生产品是金融工程的基本工具,也是金融工程方案与产品赖以形成的重要基础。风险管理则是金融工程最重要的用途之一,是金融工程和现代金融的核心。

第二节 金融工程的发展历史与背景

一、金融工程的发展:回顾与展望

尽管早在古希腊、古罗马和古印度时期就已经有了衍生产品的记载,但金融衍生产品和现代金融工程技术直到 20 世纪 70 年代之后才进入一个空前发展的阶段。一些经济金融学家在 20 世纪 80 年代末回顾前 20 年的证券市场时,认为他们不得不使用"革命"(revolution)一词来形容发生在金融市场上的变化和创新,"几乎每一天证券报刊上都会为我们带来另一个里程碑式的广告,标志着一种新证券的诞生"[①]。一些具有历史意义的产品创新和技术进步包括:

20 世纪 70 年代,金融期货产生和发展,以适应当时日益增长的风险管理的需要。包括 1972 年的外汇期货、1975 年的抵押贷款利率期货、1976 年和 1977 年的国债期货和 1982 年的股指期货等。

1973 年,美国芝加哥期权交易所(Chicago Board Options Exchange,CBOE)开始交易世界上第一个标准化的期权产品。期权产生以后,希腊字母等风险敏感性分析指标开始出现和发展。

20 世纪 70 年代末 80 年代初,货币互换和利率互换出现,金融互换产品得以诞生和发展。

20 世纪 80 年代,越来越多的证券工具在上述创新的基础上进一步衍生而成,种类越来越多,如货币期货期权、股票指数期权、欧洲美元期权、互换期权、市政债券指数期货、奇异期

---

① 参见 Finnerty J D. Financial engineering in corporate finance: an overview [J]. Financial Management, 1988, 17 (winter): 14 – 33.

权等。80 年代后期出现结构性衍生产品,即对基础性证券与衍生产品根据不同的市场需求进行组合,实现特定的风险收益特征。

20 世纪 90 年代,信用衍生产品出现并快速发展。1995 年至 2007 年 6 月,发行在外的信用衍生产品名义本金额增长了 5 000 多倍。与此同时,以 *VaR* 为核心的市场风险度量技术和以度量违约概率为核心的信用风险度量技术开始发展起来。也就是在这个时期,统一的金融工程学科逐渐形成和出现,并从北美迅速拓展到全球,从而金融工程成为金融学中最具吸引力的分支之一。

回顾金融工程近 50 年的发展历史,可以看到金融工程技术与衍生产品市场发展的基本轨迹。在前 20 年中,主要是那些基础性的衍生产品和风险管理技术得到发展。前者如一些单一的远期、期货、期权和互换产品等,后者则主要包括敏感性分析等。进入 20 世纪 90 年代之后,风险度量和管理技术有了长足的进步,除了市场风险领域,最复杂和最具挑战的信用风险管理领域也出现了前所未有的发展。以此为基础,信用衍生产品飞速发展,其他种类的衍生产品也在原来的基础上进一步深化和复杂化,体现了对市场需求的更深层次、更细化的满足,也体现了金融工程技术的发展和应用已经达到了更成熟的阶段,衍生产品创新的能力进一步加强了。从另一个角度来看,20 世纪 90 年代以后出现的众多衍生产品多为 OTC (over the counter)产品。OTC 产品往往不像交易所的标准化产品那样引人注目,却表明了产品创新和衍生产品在整个金融界的普及和渗透,衍生产品创新已经不再是令人吃惊的事情,而是成了金融业的基本生存规则。可以说,在经历 20 世纪 60—80 年代的爆炸性发展之后,金融工程技术和衍生产品进入了一个深入、广泛发展和渗透的历史阶段。从目前来看,尽管经历了 20 世纪 90 年代的巴林银行、LTCM 事件和 2007 年的金融危机,这个趋势并未改变,而且仍将持续下去。

二、金融工程发展的历史背景

如前所述,金融工程的蓬勃发展是从 20 世纪 70 年代之后开始的,它实际上是伴随着几十年来世界经济发展环境的深刻变化以及风靡全球的金融创新浪潮发展起来的。同时,金融理论和技术的发展为金融工程的迅速发展提供了有力的工具和手段,而信息技术的进步则成为支持金融工程发展的强大技术平台。

(一)日益动荡的全球经济环境

在 20 世纪 70 年代以前,整个世界经济大多数时候处于比较稳定的状态。然而,进入 70 年代以后,许多市场的价格波动速度加快、频率提高、幅度增大。这是多种因素综合作用的结果:1973 年的石油危机突然改变了石油这个基础性商品的长期价格,带动了其他基础原材料商品的价格上涨,对西方国家的经济造成"供给冲击",成为商品市场价格波动的重要来源;1973 年,以美元为基础的固定汇率制度(布雷顿森林体系)崩溃,浮动汇率成为国际外汇市场的主要汇率形式;在金融领域,物价波动造成名义利率与实际利率脱节,加上金融自由化的趋势,利率波动也相应增大;经济全球化和许多新兴市场国家的迅速兴起,改变了原有的经济格局,带来了经济发展的不确定性;信息技术的进步使得市场主体对信息的获取、处理和反应的速度迅速加快,引起价格波动的加剧。这些因素引发的价格波动使得市场主体所面临的风险增大,对风险管理技术和风险管理工具的需求也相应扩大,成为推动金融工程技术和衍生产品创新和发展的重要因素。

（二）鼓励金融创新的制度环境

20 世纪 80 年代以后，西方主要国家的制度环境转向鼓励创新的市场化和自由化，这也是金融工程发展的重要推动力。

20 世纪 30 年代的世界经济大危机带来了西方国家数十年的严格金融管制。但随着全球经济环境的变化，很多金融管制措施已经无法适用。因此，20 世纪 80 年代以后，西方各国纷纷放松金融管制，鼓励金融机构业务交叉经营、平等竞争，形成了一股金融自由化的改革潮流。在此过程中，金融机构之间的竞争日趋激烈，具有足够的创新能力、准确计算能力和风险管理能力，已经成为金融机构生存与发展壮大的基本准则。这极大地促进了金融工程技术和衍生产品的发展。与此同时，面对金融创新层出不穷的市场情况，西方主要国家的金融监管当局大多采取了不轻易否定创新并根据市场情形不断修改监管规则的态度与原则。相应地，市场主体又会根据新的监管规则进行再创新，满足市场需求，由此形成了促进而非遏制金融工程发展的监管—创新—再监管—再创新的良好正反馈过程。

值得一提的是，在金融工程的发展过程中，很多创新都是不对称税收环境的结果，这一点在税收制度比较发达、完善的国家（如美国）尤其突出。由于不同的收入来源常常按照不同的税率征税，如资本收益和劳动所得、利息和股息、资本利得、个人收入和公司收入、企业收益分配和收益留成、本国收入和国外收入等，这必然引发合理避税的需求，由此引起了那些能够在不同形式的收入之间进行转换的产品创新。事实上，由于政府常常根据经济状况改变税率结构，也就为金融工程技术的运用和产品的创新不断提供新的动力来源，在一定程度上促进了金融工程的发展。

（三）金融理论和技术的发展

作为金融的一个分支，现代金融理论和技术的发展是金融工程产生与发展的思想基础，金融工程活动反过来又为金融理论的进一步创新提供了实践的舞台。这两者相互作用，推动了金融工程与衍生产品市场的迅速发展。从历史发展来看，对金融工程发展产生影响的金融理论与技术主要包括如下内容：

古希腊时期，人们已有期权的思想萌芽。亚里士多德的《政治学》一书载有古希腊一名智者泰利斯以固定价格预订橄榄榨油机的使用权利而获利的例子。在冬季，泰利斯通过对星象进行研究，预测橄榄在来年春天的收成。因此，经过与农户协商，他得到第二年春天以固定价格使用榨油机的权利。橄榄的丰收使榨油机供不应求时，泰利斯通过转让榨油机使用权利而获利。这便是购买和转让看涨期权最早期的实践活动。从欧洲 16 世纪“郁金香球茎热”投机中期权思想的应用，到期权正式应用于农产品和工业品的保值，都可以看到这些思想的作用痕迹。然而，直到 19 世纪后期，随着工业革命的完成和市场经济中企业制度的建立，金融理论进入加速发展的态势时，欧文 · 费雪等经济学家提出的理论才为现代金融工程的出现奠定了思想基础。

1896 年，美国经济学家欧文 · 费雪（Irring Fisher）提出了资产的当前价值等于其未来现金流贴现值之和的思想。这一思想对后来的资产定价理论的发展起到了奠基石的作用。

1934 年，美国投资理论家本杰明 · 格兰罕姆（Benjamin Graham）的《证券分析》一书，开创了证券分析的新纪元。其理论被当时的证券业奉为“证券业的圣经”。

1938 年，弗里德里克 · 麦考利（Frederick Macaulay）提出“久期”的概念和“利率免疫”的思想。麦考利当时提出的久期，是指资产持有人得到全部货币回报的平均时间，它实际上是个加权平均数,其权数是证券有效期内各笔收入的现值相对于证券价格的比值。久期的概念对于债券投资具有十分重要的意义。但直到麦考利提出几十年后,久期概念才被广泛接受、应用并得以拓展。

1952 年,哈里·马柯维茨(Harry Markowitz)发表了著名的论文《证券组合分析》,为衡量证券的收益和风险提供了基本思路。他利用概率论和数理统计的有关理论,构造了一个分析证券价格的模型框架。在他的模型中,证券的价格是个随机变量,证券的价值和风险可以用这个随机变量的数学期望和方差来度量。从一般的心理分析出发,马柯维茨假定经济理性的个体都具有厌恶风险的倾向,即收益一定时采用风险最小的投资行为,在他的模型中投资者在收益一定时追求最小方差的投资组合。虽然模型排除了对风险爱好者的分析,但是,毫无疑问,现实中绝大多数人属于风险厌恶型,因而他的分析具有一般性。在一系列理论假设的基础上,马柯维茨对证券市场分析的结论是:在证券市场上存在有效的投资组合。有效的投资组合就是收益一定时方差(风险)最小的证券组合,或是方差(风险)一定的情况下收益最大的证券组合。这一理论为金融业界努力寻找这种组合提供了理论依据,其分析框架成了构建现代金融工程理论分析的基础。

1958 年,莫迪利安尼(F. Modigliani)和默顿·米勒(M. H. Miller)在《美国经济评论》上发表论文《资本成本、公司财务与投资理论》,提出了现代企业资本结构理论的基石——MM 定理(Modigliani - Miller theorem)。这一理论成为现代金融理论的一个重要支柱。

20 世纪 60 年代,马柯维茨的思想被人们广泛接受,其他学者进一步发展了他的理论。金融界的从业人员也开始应用这些发展了的理论进行资产组合选择和套期保值决策,并用定量化的工程思想指导业务活动。马柯维茨的学生威廉·夏普(William Sharpe)提出了马柯维茨模型的简化方法——单指数模型。同时,他和简·莫森(Jan Mossin)、约翰·林特纳(John Lintner)一起创造了资本资产定价模型(简称 CAPM),这一理论与同时期的套利定价模型(APT)标志着现代金融理论走向成熟。在此之前,对于金融产品的价格,特别是瞬息万变的有价证券的价格,人们一直感到有一种神秘的色彩。人们认为这些价格是难以捉摸的。CAPM 和 APT 模型给出了包括股票在内的基本金融工具的理论定价公式,它们既有理论依据又便于计算,从而得到了人们的广泛认同。根据这两个模型计算出来的理论价格也成了金融实务中的重要参考。夏普的理论与马柯维茨的理论一脉相承。在马柯维茨对有价证券收益与风险的数学化处理的基础上,夏普引入了无风险证券,利用数学规划的方法,分析了存在无风险证券条件下理性投资者的决策问题。通过分析,他得出了著名的资本市场线方程和证券市场线方程,明确揭示了个别证券与整个证券市场的关系。在夏普的理论中,投资者的有效投资组合必定是无风险证券与市场组合的某种组合,而市场组合只与市场本身的构成有关,与其他因素无关。任何个别有价证券的理论价格都可以分解为两个部分:与市场组合相关的部分和只与自己相关的部分。因此,每一个有价证券的风险也就被分为两个部分:系统风险和非系统风险。对风险的分类是夏普理论的主要贡献,与风险分类相关的两个著名的系数——α 系数和 β 系数已经成为华尔街投资者的常识。与夏普理论不同,套利定价模型源于一个非常朴素的思想,那就是在完善的金融市场上,所有金融产品的价格应该使得在这个市场体系中不存在可以让投资者获得无风险利润的机会。如若不然,对套利机会的追寻将推动那些失衡的金融产品的价格恢复到无套利机会的状态。

20 世纪 70 年代,美国经济学家罗伯特·默顿(Robert Merton)在金融学的研究中总结和发展了一系列理论,为金融学的工程化发展奠定了坚实的数学基础,取得了一系列突破性的成果。

1973 年,费雪·布莱克(Fisher Black)和梅隆·舒尔斯(Myron Scholes)在美国《政治经济学杂志》上发表了著名论文《期权与公司债务定价》,成功推导出期权定价的一般模型,为期权在金融工程领域内的广泛应用铺平了道路,成为金融工程化研究领域中最具有革命性的里程碑式的成果。布莱克和舒尔斯采用无套利分析方法,构造出一种包含衍生产品头寸和标的股票头寸的无风险证券组合,在无套利机会的条件下,该证券组合的收益必定为无风险利率,这样就得到了期权价格必须满足的微分方程。可以建立无风险证券组合的原因是股票价格和衍生品价格都受同一种基本的不确定性源的影响,即基础资产(这里指股票)价格的变动。在任意一个短时期内,看涨期权的价格与标的股票价格正相关,看跌期权的价格与标的股票价格负相关。如果按适当比例建立一个股票和衍生品的证券组合,股票头寸的盈利(亏损)总能与衍生品的亏损(盈利)相抵,因而在短期就可以决定组合的价值。这里关键的是,在非常短的时期里,无风险证券组合的收益必定是无风险利率。由此,布莱克和舒尔斯推出了他们的期权(不支付利息的股票欧式期权)定价公式。

布莱克和舒尔斯期权定价公式的推出是现代金融理论的重大突破。同一时期,默顿放宽了公式中无风险利率和资产价格波动率为恒定的假设,将该模型扩展到无风险利率满足随机性的情况。布莱克、舒尔斯和默顿的工作,为期权等衍生品交易提供了客观的定价依据,促进了金融衍生工具的极大发展。舒尔斯和默顿因此获得了 1997 年诺贝尔经济学奖。[①]

布莱克-舒尔斯-默顿期权定价模型问世以后,金融学者对模型的适用条件做了更完善的补充和修正。比如,针对该模型考虑的是价格连续变化的情况,考克斯(Cox)、罗斯(Ross)和鲁宾斯坦(Rubinstein)提出了用二项式方法来计算期权的价格;罗尔(Roll)运用连续时间定价法给出了证券支付红利时的看涨期权定价公式;布雷纳(Brenner)和格莱(Galai)研究了期权提前执行时的平价关系等。

到了 20 世纪 80 年代,达莱尔·达菲(Darrell Duffie)等人在不完全资本市场一般均衡理论方面的经济学研究为金融工程的发展提供了重要的理论支持,将现代金融工程的意义从微观的角度推到宏观的高度。他们的工作从理论上证明了现代金融工程的合理性及其对提高社会资本资源配置效率的重大意义。他们证明了金融工程不仅有价值转移的功能,金融工程的应用还可以通过增加市场的完全性和提高市场效率而创造价值。金融工程所代表的金融活动的工程化趋势不仅为金融业本身带来益处,而且为整个社会创造了效益。

20 世纪 90 年代,信用风险模型成为金融工程领域的最新发展趋势,其中的结构模型是在 1974 年罗伯特·默顿提出的公司债期权分析框架的基础上发展起来的。这一模型认为,公司的债务可以视为同等条件的无风险债券与基于公司价值、执行价为到期清偿值、到期日为债务到期日的欧式看跌期权空头的组合。罗伯特·杰罗(Robert Jarrow)、达莱尔·达菲、肯尼斯·辛格顿(Kenneth J. Singleton)和斯图尔特·特恩布尔(Stuart Turnbull)等学者提出的简化模型则与结构模型截然不同。该类模型并不考虑违约发生的原因与经济机理,而是假定违约事件的发生具有一个外生的违约率或违约密度,该违约密度与违约损失率的乘积为信用风险溢酬,从而将无风险利率期限结构模型中的无风险利

① 布莱克因于 1995 年去世而与诺贝尔奖失之交臂。

率替换为带有违约调整的短期利率,采用与无风险资产相类似的方法为有违约风险的资产定价,导出信用风险债券的价格。信用风险理论模型的发展为信用风险管理和信用衍生产品的发展奠定了重要的基础。1995年后,信用衍生产品市场经历了爆炸性的增长。

总之,金融理论的发展一直遵循着这样一种趋势,那就是尽快将工程技术领域和基础自然科学领域的最新进展应用于金融领域,它对于推动金融工程发展的作用令人瞩目。值得一提的是,这种推动作用是建立在对收益和风险分析的基础上的。这与西方主流经济学的基本分析方法是显著不同的。西方主流经济学研究的基本方法是供给与需求的分析,以至于有了"教会一只鹦鹉学说'供给'与'需求'两个词它也会成为经济学家"的说法。而金融理论创新性地提出了无套利分析方法,将金融市场上的某个头寸与其他金融市场头寸结合起来,构筑起一个在市场均衡时能产生不承受风险的利润的组合头寸,由此测算出该头寸在市场均衡时的价值即均衡价格。现代金融理论的研究取得的一系列突破性成果,如资本资产定价模型、套利定价理论和期权定价公式等,都是灵活地运用这种无套利的分析技术而得出的。正是在"无套利均衡"的理论分析基础上,大量金融工程产品被创造出来并投入实际应用,金融工程技术和衍生产品市场得到了极大的发展。

(四)信息技术进步的影响

信息技术的进步为金融工程和衍生产品的发展提供了重要的物质条件、研究手段、技术支持平台和新的发展空间。计算机的大规模运算和数据处理能力以及现代信息技术的发展,使实施大型金融工程和衍生产品设计成为可能。

首先,运用计算机技术开发出的各种计算和分析软件包,为金融工程提供了开发和实施各种新型衍生产品、解决财务金融问题的有效手段。比如,人们运用数值计算和仿真技术把复杂的金融产品分解为相对简单的金融产品的组合,并利用数据处理程序和相关计算机技术对各种简单的金融产品进行估价,解决了金融产品开发和设计过程中的最大难题——定价问题。

其次,计算机和现代信息技术的应用,是金融市场全球化的重要推动力量,促进了各类金融机构开展金融工程活动,同时促进了金融衍生产品市场的发展。大型计算机交易网络的运用,使得金融工程方法的供给者可以直接或间接地与原先分散在单个市场的最终用户联系起来,加快新型金融工具与技术供求的结合,同时扩大金融新产品的推广范围;高速微处理器、远程数据传输技术和计算机存储设备的改进,使得金融市场交易者可以用最新的方式、以最快的速度获取信息、处理信息和作出反应,从而使得最新的金融工程技术与衍生产品的应用和不断改进成为可能;电子化资金转移和清算系统的创建、电子化证券交易系统的开发与实施,在金融市场上形成了完善的电子化资金和信息流转网络,它们既是信息技术在金融领域的应用,其本身也是金融工程的重要内容之一。

最后,信息技术的发展通过影响其他环境因素或与其他因素共同作用,对金融工程和衍生产品的发展产生了深远的影响。如前所述,信息技术的进步使市场获取信息的速度大为加快,获取的数据大为增加,这就使得个别市场上的异常交易价格迅速蔓延到周边乃至世界市场,加剧了全球市场价格的波动性,对价格风险的防范提出了更高的要求,从而产生了市场交易者对金融工程和衍生产品的巨大需求。

(五)市场追求效率的结果

除了外部环境的因素,金融工程的产生与不断发展是金融市场交易者追求效率的结果,在本质上反映了市场追求效率的内在要求。交易者在投资、融资的运作过程中,特别是在追逐利润和防范风险的过程中,常常会产生暂时无法满足的市场需求。市场经济的规律绝不会长期漠视这种供给空缺的存在。当客户有了新的交易需求时,金融机构在利益最大化的驱动下,会开发出新的金融产品和新的金融技术,填补这些供给空白,推动着金融产业不断发展。当工程技术方法大规模运用于金融产品的开发、设计、定价和风险管理时,金融产品的“生产模式”由传统的、缓慢的“手工作坊”式向“机器化大生产”转变,满足市场新兴需求的周期大为缩短。于是,在市场效率得以改进的过程中,金融工程得以诞生和发展。前文所提及的种种金融产品,无一不是随着这样的市场需求的出现,由人们通过金融工程的方法创造出来的。因此,市场主体在投资、融资过程中对效率的追求,金融机构在满足客户需求方面对自身效率的追求,推动了金融工程不断发展。

反过来,金融工程的广泛应用又切实提高了金融市场的效率。首先,金融工程创造的新型金融工具,丰富了投资者的选择,使得投资者得以构建富有个性的投资组合,从而能够最大限度地把潜在的资金供给者吸引到金融市场上来,减少了社会金融资源的闲置,同时提高了资金供给者的收益;其次,金融工程创造出来的新型金融工具和融资手段,使得企业多元化的资金需求得以满足,降低其融资成本,提高了社会的融资效率;最后,金融机构运用工程的方法,提供了大量有特色的金融工具、金融服务、交易方式和融资技术等金融创新成果,从数量和质量两个方面提高了交易者需求的满足程度,从而增强了金融机构的服务功能并提高了运作效率。在宏观层面上,金融工程的出现提高了金融市场的组织和设备的现代化程度,使市场的价格能够对所有可得的信息作出迅速、灵敏的反应,提高了价格的合理性和价格机制的作用力。另外,金融工程提供的上述金融产品,也有助于降低交易成本,提高金融市场的活跃程度。

投资者和融资者的交易效率、金融机构的服务效率构成金融市场效率的基本方面。因此可以说,所有市场参与者在追求市场效率的过程中推动了金融工程的产生,而金融市场效率的提高与金融工程的发展互相促进、相辅相成,推动了整个金融业的发展。

第三节 金融工程的基本分析方法

金融衍生产品的定价是金融工程的核心。本节将介绍衍生产品定价及相关问题的基本假定和基本方法。

一、衍生产品定价的基本假设

现实世界纷繁复杂。为了找到从中的规律性,学者们常常通过假设把一些不太重要的东西去掉,从而聚焦于核心要点。

在金融工程领域,衍生产品的定价理论通常建立在以下 4 条关于金融市场特征的假设基础上:

假设一:市场不存在摩擦。也就是说,金融市场没有交易成本(包括佣金、买卖差价、税负等),没有保证金要求,也没有卖空限制。

市场无摩擦假设能够简化衍生金融产品定价的分析过程。首先,对大规模的金融机构来讲,这一假设有一定的合理性。因为这些金融机构的交易成本低,在保证金和卖空方面所受到的限制也比较少,所以上述假设比较接近现实。其次,对规模小的市场参与者来说,只有首先了解了无摩擦状态下的市场定价机制,才能对复杂情况下的市场规律进行进一步的研究分析。

假设二:市场参与者不承担对手风险(counterpart risk)。这意味着,对于市场参与者所涉及的任何一个金融交易合约,合约对方不存在违约的可能。

假设三:市场是完全竞争的。金融市场上任何一位参与者都可以根据自己的意愿买卖任何数量的金融产品,而不至于影响该金融产品的价格。参与者都是价格的承受者,不是价格的制定者。

现实中规模较大、交易品种较成熟的市场接近这一假设。

假设四:市场不存在无风险套利机会,或者说市场参与者认为财富越多越好。如果市场上存在无风险套利的机会,套利活动就会出现,直到这种机会消失为止。其实无套利机会与市场参与者认为财富越多越好是等价的。无套利假设是金融衍生产品定价理论中最重要的假设。

无套利机会可以用两种数学定义来严格定义:

(1) 如果在未来任何时刻 A 的回报大于等于 B,而且 A 的回报大于 B 的概率大于 0,则在当前时刻 A 的价格一定大于 B。

(2) 如果某种资产或者资产组合在未来任何时刻的回报大于等于 0,而且大于 0 的概率大于 0,那么它在当前时刻的价格一定大于 0。

值得注意的是,上述假设在现实世界中并不能得到完全的满足,因此基于此假设的定价结论和风险管理等会出现一定的偏差。鉴于此,大量学者在不断尝试放松上述假设,以期得到更符合现实的结论。

如果没有特别交代,本书的分析都建立在上述假设基础上。

二、连续复利

由于本书在计算利率时,基本都使用连续复利,因此在这里引入连续复利的概念。

假设数额为 A 元的资产以利率 r_1(一年计一次复利的年利率)投资了 n 年。如果利息按每年计一次复利,则上述投资的终值为:

$$A(1+r_1)^n \tag{1.1}$$

如果每年计 m 次复利,则终值为:

$$A\left(1+\frac{r_m}{m}\right)^{mn} \tag{1.2}$$

式中:r_m为一年计 m 次复利的年利率。当 m 趋于无穷大时,就称为连续复利(continuous compounding),此时的终值为:

$$\lim_{m\to\infty} A\left(1+\frac{r_m}{m}\right)^{mn}=A\mathrm{e}^{rn} \tag{1.3}$$

式(1.3)是将在后文中反复使用的连续复利终值公式。反过来,A 元现值的 n 年现值为:

$$A\mathrm{e}^{-rn} \tag{1.4}$$

式中:r 为连续复利的年利率。

表 1.1 表示了提高复利频率所带来的效果。可以看出,连续复利(精确到小数点后两位)与每天计复利得到的效果一样。因此,从实用目的来看,通常可以认为连续复利与每天计复利等价。

表 1.1 复利频率与终值

（提高计复利的频率对 100 元在一年末终值的影响，利率为每年 10%）

复利频率	100 元在一年末的终值/天
每一年（$m=1$）	110.00
每半年（$m=2$）	110.25
每季度（$m=4$）	110.38
每月（$m=12$）	110.47
每周（$m=52$）	110.51
每天（$m=365$）	110.52
连续复利	110.52

从式（1.2）和式（1.3）中，可以很容易地在连续复利年利率和一年计 m 次复利的年利率之间进行转换。假设 r 是连续复利的年利率，r_m 是与之等价[①]的每年计 m 次复利的年利率，根据式（1.2）和式（1.3）有：

$$e^{rn}=\left(1+\frac{r_m}{m}\right)^{mn}$$

或

$$e^{r}=\left(1+\frac{r_m}{m}\right)^{m}$$

这意味着

$$r=m\ln\left(1+\frac{r_m}{m}\right) \tag{1.5}$$

和

$$r_m=m(e^{\frac{r}{m}}-1) \tag{1.6}$$

特别地，当 $m=1$ 时，有

$$r=\ln(1+r_1)=\ln\left(\frac{P_1}{P_0}\right)=\ln(P_1)-\ln(P_0) \tag{1.7}$$

和

$$r_1=e^{r}-1 \tag{1.8}$$

式中：r_1 为 1 年计 1 次复利的年利率；

P_0 和 P_1 分别为 1 年期初和期末的资产价格。

三、金融衍生产品的主要定价方法

从金融衍生产品的定义来看，金融衍生产品是指未来的回报依赖于一个标的证券、商品、利率或指数价值的投资工具。因此，与基础性产品通常应用绝对定价法不同，衍生产品应用的是相对于标的资产价格的相对定价法。

① 所谓等价，是指终值相等。

（一）绝对定价法

绝对定价法就是根据金融产品未来现金流的特征，运用恰当的贴现率将这些现金流贴现加总为现值，该现值就是该金融产品的合理价格。股票和债券定价大多使用绝对定价法。绝对定价法的优点是比较直观，便于理解，实际上它是所有资产定价普遍适用的一般原理。但它有两个缺点：一是金融产品（特别是股票）未来的现金流往往难以确定；二是恰当的贴现率难以确定，它既取决于金融工具风险的大小，又取决于人们的风险偏好，而后者是很难衡量的。这就使得在理论上绝对成立的绝对定价法常常难以应用。半个多世纪以来，金融理论界在此领域的成果虽然多如牛毛，但至今远未形成定论，理论与实际还相距甚远。

（二）相对定价法

相对定价法的基本思想就是利用标的资产价格与衍生产品价格之间的内在关系，直接根据标的资产价格求出衍生产品价格。该方法并不关心标的资产价格的确定，而是将其假定为外生给定的，然后运用相对定价法为衍生产品定价。相对定价法的优点主要有二：一是在定价公式中没有风险偏好等主观的变量，因此比较容易测度；二是它非常贴近市场。在用绝对定价法为衍生产品定价时，投资者即使发现市场价格与理论价格不符，也往往无能为力。而在用相对定价法为衍生产品定价时，投资者一旦发现市场价格与理论价格不符，往往意味着无风险套利机会就在眼前。本书中将要介绍的各种衍生产品的定价方法都是相对定价法，著名的布莱克-舒尔斯-默顿（Black-Scholes-Merton）期权定价模型就是相对定价法的典型代表。

相对定价法可以分为复制定价法、状态价格定价法和风险中性定价法等。

下面我们用一个共同的例子来说明三种定价方法的基本思路和基本步骤。

【例 1.1】

假设下一时刻（1 时刻）世界只能处于三种状态之一。在当前时刻（0 时刻），市场上只有两种无法相互复制的可交易资产 A 和 B，价格分别为 8 元和 9 元，它们在 1 时刻在三种状态下的回报分别为（10,8,0）和（8,12,0）。求 1 时刻到期、行权价格为 7 元、标的资产为 A 的看涨期权价格。

1. 复制定价法

复制定价法的基本思路是，如果我们可以用适当数量的可交易资产把新资产期权复制出来，由于复制组合与期权在 1 时刻的回报相等，根据无套利假设，它们在 0 时刻的价格应该相等。这样就可以利用可交易资产的价格算出期权的价格。

复制定价法基本步骤如下：

第一步，计算期权在 1 时刻的回报。根据期权的条款，该期权在 1 时刻的回报为（3,1,0）。

第二步，看看能否用可交易资产把期权复制出来。令 a 和 b 分别表示复制期权所需要的 A 和 B 两种资产的数量，由于该期权在 1 时刻的回报为（3,1,0），因此复制期权需要满足如下方程组：

$$10a+8b=3$$

$$8a+12b=1$$

$$0a+0b=0$$

求解可得 a 和 b：$a=0.5, b=-0.25$。

也就是说，我们只要买进 0.5 份 A 资产，同时卖空 0.25 份 B 资产，就可以复制出该期权。

第三步，利用可交易资产的价格算出期权的价格。根据无套利假设，我们就可以求出期权价格（c）：

$$c=0.5\times8-0.25\times9=1.75 \text{ 元}$$

从复制定价法可以看出，只要新的资产可以被市场上可交易资产复制出来，那么在无套利的假设下这种新的资产就可以定价。从本例可以看出，在不完全市场①中，即互相不可复制的可交易资产数量少于状态数量的市场，并不是所有资产都是可复制的。该期权之所以能被复制出来，是因为它在第三种状态下回报为 0，而现有的交易资产在第三种状态下的回报都为 0。如果我们用三维空间来描述资产在三种状态下的回报，那么只有在 A 和 B 两种资产张成的平面上的资产才可以被复制出来。上述结论可以拓展到 n 个状态 m 种可交易资产（$n>m$）的情形。

2. 状态价格定价法

状态价格指的是状态证券的价格。所谓状态证券是指 1 时刻出现某种状态时回报为 1 元，否则回报为 0 的资产。我们分别令 π_1、π_2 和 π_3 表示三种状态的状态价格。

状态价格定价法的基本思路是，利用现有的可交易资产价格计算出状态价格，再利用状态价格算出期权价格。

状态价格定价法基本步骤如下：

第一步，利用现有的可交易资产计算出状态价格。由于 A 可以看作由 10 份状态证券 1 和 8 份状态证券 2 组成的组合，根据无套利假设，我们可以利用市场上现有的可交易资产 A 和 B 的价格，得到如下方程组：

$$10\pi_1+8\pi_2+0\pi_3=8$$
$$8\pi_1+12\pi_2+0\pi_3=9$$

求解可得：$\pi_1=\dfrac{3}{7}, \pi_2=\dfrac{13}{28}$。

我们也可以按照复制定价法的思路，先利用可交易资产复制出状态证券 1 和 2，再利用无套利假设算出状态证券 1 和 2 的价格。这样计算出来的结果与上述结果完全一样。

第二步，利用状态价格计算期权价格。由于该期权可以看作 3 份状态证券 1 和 1 份状态证券 2 构成的组合，因此我们可以利用状态证券 1 和 2 的价格算出期权价格：

$$c=3\times\frac{3}{7}+1\times\frac{13}{28}+0\times\pi_3=1.75$$

从状态价格定价法的计算过程可以看出，我们实际上是用可交易资产复制出相关的状态证券，再用这些状态证券复制出期权，然后在无套利假设下计算出期权价格。因此状态价格定价和复制定价法是一样的，都需要可复制的条件和无套利假设。

---

① 类似地，完全市场是指目前市场上互相不可复制的可交易资产数量等于未来的状态数量。在完全市场中，所有新资产都可以用市场上现有的可交易资产复制出来。

3. 风险中性定价法

令P_1、P_2和P_3分别表示3种状态客观概率，显然$P_3=1-P_1-P_2$。令$M=(M_1,M_2,M_3)$分别表示三种状态在现实世界中的贴现因子。假设我们知道某种证券在未来三种状态下的回报为$X=(X_1,X_2,X_3)$。由于任意资产的价格都等于该资产在各种状态下的回报期望的贴现值之和，在无套利条件下，该资产的价格S可以表示成：

$$S=P_1M_1X_1+P_2M_2X_2+P_3M_3X_3=E(MX) \tag{1.9}$$

式中：$E(\cdot)$为在现实概率测度（P测度）下的期望值。

从式(1.9)可以看出，在资产定价中，我们只需要M_iP_i（其中$i=1,2,3$）的整体信息。因此如果将M_iP_i变换为M^QQ_i，并保证$M^QQ_i=M_iP_i$，其对任何资产的定价结果都没有影响。经过变换后，式(1.9)就变成：

$$S=M^Q(Q_1X_1+Q_2X_2+Q_3X_3)=M^QE^Q(X) \tag{1.10}$$

式中：$E^Q(\cdot)$为在Q测度下的期望值。

可以证明，Q_1、Q_2和Q_3分别是测度转换后三种状态发生的概率。对比式(1.9)和式(1.10)可以发现，我们既可以在客观概率测度（P测度）下，也可以转换到Q测度下进行定价。需要注意的是，贴现因子也相应发生了变换。

比较式(1.9)和式(1.10)可以看出，转换到Q测度下用式(1.10)定价可能是更为便利的，因为在式(1.10)下，我们只需要从市场信息中估计3个变量——Q_1、Q_2和M^Q，就可以为资产定价，而在式(1.9)下，我们需要了解5个变量的信息。换个角度看，在P测度下，我们需要计算M和X的协方差，而在Q测度下只需要计算X的期望值。因此我们经常转换至Q测度①来定价。

Q测度究竟有什么经济含义呢？从式(1.10)可以看出，在Q测度下，所有状态的贴现因子都相等，都等于M^Q，预期回报相等的资产价格都相等，说明人们只关心各种资产的预期回报，而不关心它的风险，也就是说人们的风险态度是中性的。因此，上述定义的Q测度被人们称为风险中性测度，相应地，M^Q被称为无风险贴现因子。②

风险中性定价法的基本思路是：为了定价方便，我们可以从现实测度转换到风险中性测度进行定价，定价结果适用于现实测度。如果新资产是可复制的，定价结果是唯一的。

风险中性定价基本步骤如下：

第一步，进行测度转换。利用现有可交易资产的价格，我们可以求解M_iP_i乘积的值，并据此转换到风险中性测度。从市场上的可交易资产A、B的市场价格我们可以得到如下方程：

$$10\,M_1P_1+8\,M_2P_2+0\,M_3P_3=8$$
$$8\,M_1P_1+12\,M_2P_2+0\,M_3P_3=9$$

求解可得：$M_1P_1=3/7$，$M_2P_2=13/28$。这样，令M^Q表示风险中性测度下的贴现因子，我们就可以得到风险中性概率的表达式：$Q_1=\dfrac{3}{7M^Q}$，$Q_2=\dfrac{13}{28M^Q}$，$Q_3=1-Q_2-Q_2=1-\dfrac{25}{28M^Q}$。

---

① 实际上，进行资产定价时，我们可以转换至其他任意测度，比如Z测度，只要$M_i^ZZ_i=M_iP_i$，且Z满足等价测度的基本性质。在更复杂的衍生产品的定价中，我们会看到远期测度、互换测度等其他定价测度。这些概率测度并不是真实的，而是人为的技术测度。转换到哪个测度，仅仅取决于对于特定的资产，哪个测度定价最为便利。

② 如果无风险利率存在，M^Q的倒数就等于1+无风险利率。

第二步,计算在风险中性测度下该期权回报的期望值。该期权在1时刻的回报为(3,1,0),因此计算在风险中性测度下该期权回报的期望值为:

$$3\times Q_1+1\times Q_2+0\times Q_3=\frac{9}{7M^Q}+\frac{13}{28M^Q}$$

第三步,用M^Q贴现求出该期权价格。在风险中性测度下,该期权回报的期望值乘以M^Q就是期权价格:

$$c=M^Q\left(\frac{9}{7M^Q}+\frac{13}{28M^Q}\right)=1.75$$

从本例可以看出,尽管可交易资产的数量少于状态的数量,属于不完全市场,M^Q不是唯一的。但由于该期权可以由可交易资产A和B复制出来,因此仍然可以对该期权运用风险中性定价法进行精确定价。

如果市场是完全的,所有新产品都可以由现有产品复制,那么所有新产品都可以准确定价。以3种状态3种互相不可复制资产为例。由于待求变量只有Q_1、Q_2和M^Q,在无套利条件下,我们可以用式(1.10)写出这3个资产的价格方程。3个方程3个未知数,就可以得到Q_1、Q_2和M^Q的唯一解,进而利用它们求出市场上所有新资产的合理价格。

如果市场不完全,而且待定价的新资产并不能用可交易资产复制出来,则我们无法求得该资产的精确定价。在上例中,任何在第三种状态下有回报的资产,都无法用A、B两种资产以及由这两种资产复制出来的资产复制出来。由于在对该资产定价时需要引入Q_3,导致M^Q无法被约去,M^Q未知意味着新资产的精确价格是无法求得的。

好消息是,对于不可复制的新资产,我们可以利用概率测度的性质和贴现因子的经济含义确定M^Q的合理范围,进而确定新资产价格的合理范围。具体而言,利用$Q_1+Q_2\leqslant 1$的性质,我们从$M^Q(Q_1+Q_2)=3/7+13/28=25/28$可知$M^Q\geqslant 25/28$。而在正常情况下,$M^Q$应该小于等于1。因此$M^Q$的合理取值范围为$25/28\leqslant M^Q\leqslant 1$。利用$M^Q$的合理取值范围就可以求出新资产的合理价格范围。

举个例子。假设有一种资产,它在1时刻的回报为(3,2,1),那么它的合理价格范围如何确定呢?我们如果取$M^Q=1$,则可以求得$Q_1=3/7$,$Q_2=13/28$,$Q_3=3/28$。则该资产的价格应该等于$3\times3/7+2\times13/28+3/28=2.32$元。我们如果取$M^Q=25/28$,则可以求得$Q_1=48\%$,$Q_2=52\%$,$Q_3=0$。则该资产的价格应该等于$25/28(3\times48\%+2\times52\%)=2.21$元。这样我们就可以确定该资产的合理范围在2.21~2.32之间。

从上述三种方法的介绍可以看到,对于可复制产品的定价,风险中性定价法并不一定是最简单易懂的方法。但它的优势在于它可以从可交易资产的价格中计算出不可复制资产的合理范围。

四、积木分析法

除了上述的定价原理和技术方法,在金融工程方案与产品的设计、分析、定价和风险管理过程中,经常需要用到积木分析的思想。积木分析法也叫模块分析法,是一种将各种金融工具进行分解和组合以解决金融问题的分析方法。由于金融工程产品和方案本来就是由基础产品和衍生产品构造组合形成的,积木分析法显然是一种非常适合金融工程的分析方法。就像儿童拿着不同的积木或者用不同的摆法创造出神奇的“建筑物”一样,金融工程师运用他的“金融积木箱”中的积木——各种金融工具(主要是衍生金融工具),来解决金融中的现实问题。

积木分析法中的一个重要工具是金融产品回报(payoff)图或损益(gain or loss)图。回报图的横轴为到期日标的资产价格,纵轴为(衍生)产品不考虑成本时的回报。而损益图又称为盈亏图,其与回报图的区别在于纵轴是考虑了成本之后的(衍生)产品的盈亏。

图1.2中的三个图案分别给出了行权价格和交割价格相等的远期多头、看涨期权空头和看跌期权空头的回报图。从图中可以看出,回报图(盈亏图)不仅可以非常直观地描述不同金融工具的风险盈亏特征,还可以进一步分析不同金融工具之间的组合和分解关系;不同的衍生产品之间可以通过一定的组合和分拆,转化为另一种新的衍生产品。因此,回报图(盈亏图)和积木分析法,是金融工程的重要分析工具。

从图1.2可以看出,远期多头加上看涨期权空头可以组成看跌期权空头。同理,看涨期权多头加上看跌期权空头可以构造远期多头。

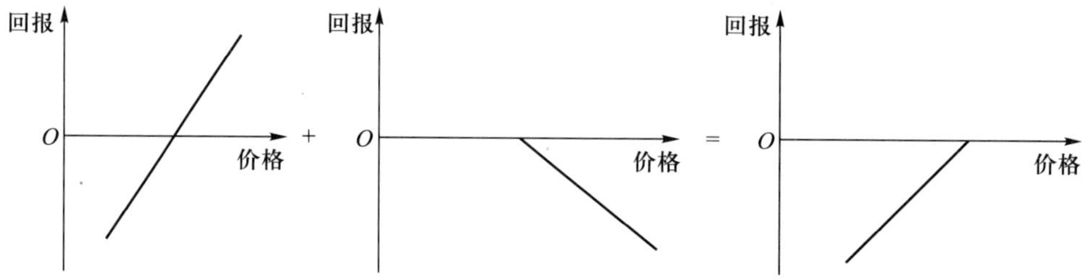

图1.2 远期多头+看涨期权空头=看跌期权空头

本章小结

1. 金融工程是以金融产品和解决方案的设计、金融产品的定价与风险管理为主要内容,运用现代金融学、数理和工程方法与信息技术的理论与技术,对基础产品与金融衍生产品进行组合与分解,以达到创造性地解决金融问题的根本目的的学科与技术。

2. 金融工程的发展带来了前所未有的金融创新与金融业的加速度发展,包括变幻无穷的新产品与更具准确性、时效性和灵活性的低成本风险管理技术。但是当运用不当时,也可能导致风险放大和市场波动加剧。

3. 日益动荡的全球经济环境、鼓励金融创新的制度环境、金融理论和技术的发展与信息技术的发展与进步是金融工程产生与发展的外部条件,市场参与者对市场效率的追求则是金融工程产生与发展的内在动因。

4. 根据参与目的不同,衍生产品市场上的参与者可以分为套期保值者、套利者和投机者。

5. 金融产品的定价有绝对定价法和相对定价法两种。根据金融工具未来现金流的特征,运用恰当的贴现率将这些现金流贴现得到的现值,就是绝对定价法下确定的证券价格。相对定价法则利用标的资产价格与衍生证券价格之间的内在关系,根据标的资产价格求出衍生产品价格。其代表是复制定价法。

6. 无套利机会有两种严格的数学定义:(1)如果在未来任何时刻 A 的回报大于等于 B,而且 A 的回报大于 B 的概率大于 0,则在当前时刻 A 的价格一定大于 B。(2)如果某种资产或资产组合在未来任何时刻的回报大于等于 0,而且大于 0 的概率大于 0,那么它在当前时刻的价格一定大于 0。

7. 风险中性定价原理是指在对衍生产品进行定价时,可以作出一个有助于大大简化工作的简单假设:所有投资者对于标的资产所蕴含的价格风险都是风险中性的。在此条件下,所有可交易资产的预期收益率都等于无风险利率,所有现金流的期望值都使用无风险利率进行贴现求得现值。

8. 状态价格是指在特定的状态发生时回报为 1,否则回报为 0 的资产在当前的价格。如果未来时刻有 N 种状态,而这 N 种状态的价格都已知,那么只要知道某种资产在未来各种状态下的回报状况,就可以对该资产进行定价。这就是状态价格定价技术。

9. 积木分析法也叫模块分析法,是指将各种金融工具进行分解和组合,以解决金融问题。积木分析法中的一个重要工具是金融产品回报图或损益图。

10. 金融衍生品的定价建立在市场无摩擦、无违约风险、市场是完全竞争的、交易者厌恶风险和市场无套利机会这 5 条假设之上。

11. 连续复利年利率是指计息频率无穷大时的年利率,它与每年计 m 次复利的年利率可以互相换算。

即测即评

习　题

1. 如何理解金融工程的内涵?

2. 谈谈你对风险管理在金融工程中地位的看法。

3. 在金融工程的发展过程中,哪些因素起到了最重要的作用?

4. 如何理解衍生产品市场上的三类参与者?

5. 请列出中国金融市场上现有的金融衍生产品。

6. 请列举并讨论金融衍生产品的正面和负面案例,并分析负面案例的本质原因,是衍生品本身的问题还是人为运用不当?

7. 如果直接用绝对定价法为衍生产品定价,可能会出现什么问题?

8. 试述复制定价法、风险中性定价法和状态价格定价法的基本思想,并讨论这三者之间的内在联系。

9. 如何理解金融衍生产品定价的基本假设?

10. 如果连续复利年利率为 5%,10 000 元现值在 4.82 年后的终值是多少?

11. 每季度计一次复利的年利率为 4%,请计算与之等价的每年计一次复利的年利率和连续复利年利率。

12. 每月计一次复利的年利率为3%，请计算与之等价的连续复利年利率。

13. 某笔存款的连续复利年利率为5%，但实际上利息是每季度支付一次。请问1万元存款每季度能得到多少利息？

14. “用连续复利计息就是高利贷，比用普通复利计息要多收不少利息。”请问这个说法对吗？请解释。

15. 很多金融文献都采用$\Delta\ln P_t$来表示收益率或增长率（其中P_t为t时刻的变量值），请问这是为什么？但对于日收益率或日增长率，人们常常认为$\Delta\ln P_t$和$\frac{\Delta P_t}{P_t}$差不多，你同意吗？

第二章 远期与期货概述

远期是最基本、最古老的衍生产品。期货则是远期的标准化。在这一章里,我们将了解远期和期货的基础知识,包括定义、主要类型和市场制度等,最后将讨论两者的异同点。

第一节 远期与远期市场

一、金融远期合约的定义

金融远期合约(financial forward contracts)是指双方约定在未来的某一确定时间,按确定的价格买卖一定数量的标的资产的合约。在合约中,未来将买入标的物的一方称为多方(long position),而将在未来卖出标的物的一方称为空方(short position)。合约中规定的未来买卖标的物的价格称为交割价格(delivery price),下文用 K 表示交割价格。

远期合约并不能保证其投资者未来一定盈利,但投资者可以通过远期合约获得确定的未来买卖价格。多头可以通过买入远期锁定未来金融资产的买入价格,空头则可以通过卖出远期锁定未来金融资产的出售价格,从而消除价格风险。图 2.1 是对远期多头和空头的到期盈亏状况的描述。从图 2.1 中可以看出,如果到期标的资产的市场价格 S_T 高于交割价格 K,远期多头就盈利而空头就会亏损,价格上升多少就分别盈亏多少,因此图中分别为 45°线和-45°线。反之,如果到期标的资产的市场价格 S_T 低于交割价格 K,远期多头就亏损而空头就会盈利。K 是交易双方通过远期锁定的未来交易价格。

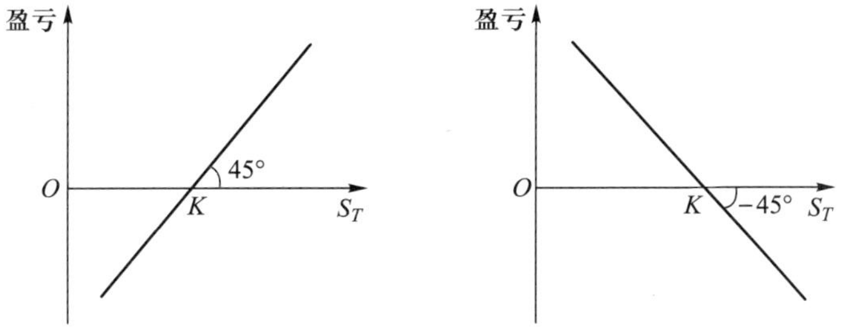

(a) 远期多头的到期盈亏　　(b) 远期空头的到期盈亏

图 2.1　远期头寸的到期盈亏

表 2.1 为 2019 年 11 月 22 日 23:30 中国外汇交易中心人民币对主要外币的远期和掉期报价。报价单位是在即期汇率报价的基础上加的点数，也就是掉期的差价。所谓掉期就是在买进（卖出）即期的同时卖出（买入）远期。在外汇市场上，1 元 = 10 000 点。以 1 年期美元远期为例，银行的买入报价 415.00 点，由于当时即期汇率买入报价为 7.039 0 元人民币/美元，因此银行的 1 年期远期买入报价为 7.039 0+0.041 5 = 7.080 5 元人民币/美元。

表 2.1　人民币远期和掉期报价时间：2019 年 11 月 22 日 23:30

货币对	1 周	6 月	1 年
USD/CNY	10.20/10.98	247.00/247.60	415.00/417.50
EUR/CNY	44.43/44.62	1 194.80/1 197.05	2 234.80/2 235.81
100JPY/CNY	32.93/33.39	959.68/959.71	1781.53/1 782.07
HKD/CNY	0.57/0.61	23.85/24.43	40.34/40.66
GBP/CNY	31.35/31.84	805.48/807.79	1420.85/1 436.72
AUD/CNY	15.16/15.56	381.45/382.61	663.81/668.07
NZD/CNY	11.04/13.04	269.49/282.97	431.32/465.90
SGD/CNY	9.38/9.66	285.23/285.64	489.00/495.52
CHF/CNY	44.40/45.25	1 205.70/1 207.56	2 265.22/2 274.10
CAD/CNY	8.08/8.12	216.13/216.87	333.50/334.65
CNY/MYR	0.33/0.82	0.05/1.50	15.90/21.75
CNY/RUB	71.09/79.78	1 670.86/1 708.63	3 382.51/3 439.62
CNY/ZAR	18.49/19.21	441.27/442.19	934.62/937.76
CNY/KRW	-8.25/-1.01	-170.76/106.06	-303.69/-227.29
CNY/AED	-0.67/-0.47	-15.49/-14.11	-22.12/-20.60
CNY/SAR	-0.73/-0.58	-16.66/-16.41	-26.41/-24.87
CNY/HUF	-211/-190	-5 573.69/-5 341.88	-9 755.89/-9 334.22
CNY/PLN	-0.96/-0.78	-20.34/-19.00	-31.34/-28.73
CNY/DKK	-6.11/-5.89	-163.76/-158.31	-299.96/-292.11
CNY/SEK	-7.30/-6.96	-171.66/166.73	-304.29/-297.64
CNY/NOK	-2.59/-2.24	-49.99/-47.33	-68.90/-60.02
CNY/TRY	4.89/26.80	318.19/351.10	643.53/728.50
CNY/MXN	-4.29/-3.99	-96.38/-96.30	-162.17/-161.40
CNY/THB	-6.74/-6.12	-150.91/-150.34	-254.20/-252.39

二、主要的金融远期合约种类

根据标的资产不同,远期合约分为金融远期合约和商品远期合约两大类。常见的金融远期合约包括远期利率协议、远期外汇协议和远期股票合约等。而商品远期合约的标的为各种商品,如黄金、铁矿石、大豆、运费指数。由于基本原理大同小异,本书在叙述时常以成交量更大的金融远期合约为例。

(一) 远期利率协议

远期利率协议(forward rate agreements,FRA)是买卖双方同意从未来某一商定的时刻开始,在某一特定时期内按协议利率借贷一笔数额确定、以特定货币表示的名义本金的协议。合约中最重要的条款要素为协议利率,通常称为远期利率,即现在时刻的将来一定期限的利率。例如,1×4 远期利率,即表示 1 个月之后开始的期限为 3 个月的远期利率;3×6 远期利率,则表示 3 个月之后开始的期限为 3 个月的远期利率。

通过事先约定利率,借款人可以规避利率上升的风险,贷款人则可以规避利率下跌的风险。无论未来利率升跌,FRA 将实际贷款利率锁定为协议利率。

在现实生活中,对 FRA 进行现金结算是常见的做法,即协议双方不真实交换本金,只是在结算日根据协议利率和参考利率的市场实际值之间的差额以及名义本金额,由交易一方付给另一方结算金。这种现金结算制度既实现了对利率风险的规避,又大大提高了便利性和灵活性,使得那些要管理利率风险但不需要真实借贷的投资者也可以使用 FRA。因此 FRA 中的本金通常被称为“名义本金”。

值得注意的是,FRA 的多方为利息支付者,即名义借款人,其目的主要是规避利率上升的风险。相应地,FRA 的空方则是利息获得者,即名义贷款人,其目的主要是规避利率下降的风险。因此,若担心利率上升,应建立 FRA 的多头头寸;担心利率下跌,则应建立空头头寸。

(二) 远期外汇协议

远期外汇协议(forward exchange agreements,FXA)是指双方约定在将来某一时间按约定的汇率买卖一定金额的某种外汇的合约。对于一些受到管制的货币,其远期外汇协议无法用该货币交割,到期时只能用某种国际货币(如美元)结算盈亏。这种合约称为不可交割远期(non-deliverable forwards, NDF)。相应地,符合监管规定,到期可以进行本金交割的远期外汇协议常被称为可交割远期(deliverable forwards,DF)。另外,尽管远期合约可以根据交易双方需求量身打造,但在长期交易中,市场多会遵循一定的交易惯例,如常规的到期期限等。表 2.2 列出了人民币兑美元远期外汇协议的常见到期期限和行情。

表 2.2 人民币兑美元远期价格(2019-11-27)

期限	CNY	CNH	NDF
即期	7.026 5	7.023 5	7.026 5
ON	7.026 8	7.023 9	
TN	7.027 0	7.023 9	

续表

期限	CNY	CNH	NDF
SN	7.027 2	7.024 0	
1 周	7.028 1	7.024 9	
1 月	7.032 6	7.029 4	7.022 5
3 月	7.044 5	7.040 8	7.035 0
6 月	7.053 5	7.056 5	7.053 0
1 年	7.070 3	7.090 7	7.091 0
2 年	7.142 5	7.174 5	7.182 5
3 年	7.240 5	7.262 5	7.280 0

数据来源:Wind 资讯。

从表 2.2 中我们可以看到,市场主要关注的人民币兑美元远期汇率有三类:CNY 是在中国外汇管理局监管下,主要通过中国境内的外汇交易中心(也被称为“在岸市场”)进行的远期外汇交易,其标的是在岸即期人民币汇率;CNH 则是在离岸市场上的远期外汇交易,其标的是离岸人民币汇率。由于到期时都可以进行本金交割,CNY 和 CNH 都属于可交割远期(DF)。但离岸与在岸市场之间是相对分离的,CNY 和 CNH 两个市场的即期和远期汇率有所不同,反映了两个市场的外汇供需存在差异。人民币兑美元的 NDF 市场也属于离岸市场,兴起于 1996 年前后。与 2010 年前后发展起来的 CNH 市场不同,NDF 是游离于监管之外的外汇市场,无法进行本金的交割,其标的是在岸市场上的 CNY 现货汇率。

表 2.2 还显示了人民币兑美元远期交易中的常见期限。其中 ON(over-night)是隔夜交易,当天起息次日交割;TN(tom-next)是次日交易,次日起息第三日交割;SN(spot-next)则是即期起息,即期的次日交割,即期的天数依币种而定,多数为 2 天。1 周以上的远期期限均为即期起息。与远期外汇协议密切相关的一个金融产品是外汇掉期(foreign exchange swaps)。假设 2019 年 11 月 22 日某企业和银行签订一份 6 个月期的合约,约定当天向银行以 7.040 5 的即期汇率买入 1 000 万美元,同时约定 6 个月后以 7.065 3 的远期汇率将 1 000 万美元卖回,这就是外汇掉期。可以看出,外汇掉期并非一个独立产品,而是由一个即期合约和一个远期合约构成的交易组合。由于大量远期外汇协议都是以外汇掉期的形式签订的,在 BIS 的统计中,远期外汇协议和外汇掉期计入同一类别,都属于外汇远期。

(三) 远期股票合约

远期股票合约(equity forwards)是指在将来某一特定日期按特定价格交付一定数量单个股票或一篮子股票的协议。远期股票合约在世界上出现时间不长,总交易规模也不大。案例 2.1 给出了一个有趣的例子。

【案例 2.1】

远期股票合约

21 世纪初,一些以远期股票合约为主要交易形式的股票回购协议使得礼来(Eli Lilly Company,一家制药公司)和电子资讯系统(Electronic Data Systems Corp.)等公司面临着巨大的财务风险。与其他许多公司一样,这些公司通过向员工发放优先认股权作为激励,因此要从市场上购买本公司股票以满足认股权执行时的需要。在 20 世纪 90 年代股票市场繁荣时期,这些公司股票价格强劲上扬。为了控制它们的购买成本,这些公司便与投资银行签订合同,约定将来以固定价格购买本公司的股票。显然,这就是远期股票合约。

在这些公司签订的远期股票合约中,约定的远期价格通常高于签订时的股票市价。例如,2000 年 3 月礼来公司签订远期股票合约,约定将在 2003 年年底以前购买本公司 450 万股股票时,该公司的股票市价为 70 美元左右。而远期股票合约中的协议价格定在 86 美元到 100 美元。然而到了 2002 年 9 月,礼来公司的股票市价却跌至 55 美元上下,致使礼来公司面临着 1.5 亿美元的潜在亏损。类似地,由于被迫购买其 544 万股股票,电子资讯系统公司在 2002 年的短短几个月内便损失了约 1 亿美元。

三、远期市场的交易机制

远期合约是适应规避现货交易风险的需要而产生的。相对原始社会自给自足的状态,现货交易是人类的一大进步。但现货交易的最大缺点在于无法规避价格风险。如果在播种时就能确定农作物收割时卖出的价格,农场主就可安心致力于农作物的生产了。远期合约正是为了规避现货价格风险而产生的。

远期市场的交易机制可以归纳为两大特征:分散的场外交易和非标准化合约。

远期合约不在交易所交易,而是在金融机构之间或金融机构与客户之间通过谈判后签署。已有的远期合约也可以在场外市场交易流通。随着技术手段的发展,现代远期交易已经发展成为通过计算机网络相互连通的全球性场外市场。

远期的另一个重要特点就是非标准化。在签署远期合约之前,双方可以就交割地点、交割时间、交割价格、合约规模、标的物的品质等细节进行谈判,以便尽量满足双方的需要。

远期的上述两个特点有利有弊。从缺点来说,首先,远期合约交易没有固定集中的场所和信息披露交换机制,信息交流和传递较慢;其次,非标准化的合约条款导致远期合约的流动性较差;最后,由于缺乏统一、集中和强有力的对手方风险管理机制,主要靠合约双方自身的信用,远期合约的违约风险相对较高。但作为非标准化的场外合约,远期的优势在于灵活性和隐蔽性,可以根据需求量身打造,且交易信息无须对外披露,特别符合机构投资者的需求。随着通信技术和互联网的发展,远期市场的信息劣势明显改善。2008 年次贷危机之后中央清算机构在全球市场的兴起,也为改善远期等 OTC 产品的对手方风险提供了新的解决方向。

第二节 期货与期货市场

一、期货合约的定义

期货合约(financial futures contracts)是指在交易所交易的、协议双方约定在将来某个日期按事先确定的条件(包括交割价格、交割地点和交割方式等)买入或卖出一定标准数量的特定标的资产的标准化协议。在合约中未来将买入标的物的一方称为多方,而在未来卖出标的物的一方称为空方。

从本质上说,期货与远期是相同的,都是在当前时刻约定未来的各交易要素。因此图2.1中的45°线和-45°线同样可以描述期货多头与空头的损益状况。期货也同样不能保证其投资者未来一定盈利,但是可以为投资者提供确定的未来买卖价格。

期货与远期的重要区别就在于交易机制的差异。与场外交易的非标准化远期合约相反,期货是在交易所内交易的标准化合约。交易所同时规定了一些特殊的交易和交割制度,如每日盯市结算(mark to market and daily settlement)和保证金(margin)制度等。对于期货与远期的不同,后文将进行更深入的介绍和分析。

二、主要的金融期货合约种类

与远期合约的分类相似,期货也分为金融期货和商品期货两大类。本书主要介绍成交量更大的金融期货。常见的金融期货主要可分为股票指数期货、外汇期货和利率期货等。其中,股票指数期货是指以特定股票指数为标的资产的期货合约。外汇期货则以货币作为标的资产,如美元、英镑、日元、澳元和加元等。利率期货是指标的资产价格依赖于利率水平的期货合约,如欧洲美元期货和国债期货等。它们与本章第一节中所介绍的远期利率协议、远期外汇协议和远期股票合约的区别主要体现在交易机制不同,第五章将针对不同标的资产的远期和期货产品做更深入的介绍。

三、金融期货的产生与发展

现代期货交易产生于19世纪中期的美国。1848年芝加哥的82位商人发起并组建了芝加哥期货交易所(Chicago Board of Trade,CBOT),旨在弥补原有远期交易存在的流动性差、信息不对称、违约风险高等缺陷,给交易者提供了一个集中见面寻找未来交易对手的场所,以事先确定销售价格,确保利润。1865年,芝加哥期货交易所又推出了标准化的协议,将除价格以外所有的合同要素标准化,同时实行保证金制度,交易所向立约双方收取保证金,作为履约保证。至此,远期交易发展为现代期货交易。

金融期货合约交易又是在现代商品期货交易的基础上发展起来的。20世纪70年代初,世界经济环境发生巨大变化,布雷顿森林体系崩溃,世界各国开始实行浮动汇率制,金融市场上的利率、汇率和证券价格开始发生急剧波动,整个经济体系风险增大。人们日益增长的金融避险需求推动了金融期货交易的产生。1972年5月,芝加哥商业交易所(CME)设立国际货币市场(IMM)分部,推出世界上第一张外汇期货合约,从而成功地将金融期货引入期货市场;1975年10月,芝加哥期货交易所(CBOT)推出第一张利率期货合约——

政府国民抵押贷款协会(Government National Mortgage Association,GNMA)的抵押凭证期货交易;1982年2月,美国堪萨斯期货交易所(Kansas City Board of Trade,KCBT)开办价值线综合指数期货(value line index futures)交易。由此奠定了金融期货三大类别的主要架构。

金融期货问世至今近50年的历史,其发展速度却相当惊人。近50年来新的金融期货品种层出不穷,每家期货交易所都在不断地寻找能够满足市场需求并能够创造巨额交易量的创新品种。表2.3展示了2009—2019年全球期货年交易量的增长情况。

表2.3 全球期货交易量

年份	交易量/亿手	增长率/%
2009	81.89	
2010	112.98	37.97
2011	121.22	7.29
2012	110.11	-9.17
2013	121.36	10.22
2014	121.40	0.03
2015	144.78	19.26
2016	158.92	9.77
2017	148.43	-6.60
2018	171.51	15.55
2019	192.40	12.01

资料来源:美国期货业协会(FIA)。

时至今日,金融期货交易在许多方面都已经远远走在了商品期货交易的前面。以2019年为例,金融期货的交易量在全球期货总交易量中所占比例高达63.99%(见表2.4)。

表2.4 全球各期货商品类别交易量

类别	2019		2018		增长率/%
	交易量/亿手	比重/%	交易量/亿手	比重/%	
股价指数(equity index)	42.87	22.28	34.31	20.00	24.97
利率(interest rate)	36.92	19.19	36.80	21.46	0.33
外汇(currency)	25.97	13.50	27.63	16.11	-6.01
能源(energy)	24.03	12.49	20.76	12.10	15.80
个股(individual equity)	17.35	9.02	15.37	8.96	12.89
农产品(agricultural)	16.51	8.58	13.87	8.09	19.02
非贵重金属(non-precious metals)	14.24	7.42	15.12	8.82	-5.86
其他(other)	8.88	4.62	4.89	2.85	81.81
贵金属(precious metals)	5.62	2.92	2.77	1.62	85.64
合计	192.41	100.00	171.51	100.00	12.01

资料来源:美国期货业协会(FIA)。

依地区别观察,2019 年交易量前三大地区(见表 2.5),分别为亚太地区 39.81%、北美地区 22.14%、欧洲地区 20.61%。

表 2.5 全球各大洲期货交易量

地区	2019		2018		增长率/%
	交易量/亿手	比重/%	交易量/亿手	比重/%	
亚太(Asia-Pacific)	76.60	39.81	65.75	25.19	16.50
北美(North America)	42.59	22.14	43.20	38.18	-1.40
欧洲(Europe)	39.64	20.61	41.64	24.28	-4.80
拉丁美洲(Latin America)	28.50	14.81	17.30	10.09	64.75
其他(Other)*	5.06	2.63	3.88	2.26	30.60
合计	192.41	100.00	171.77	100.00	12.01

* 其他地区包括希腊、以色列、南非和土耳其。

资料来源:美国期货业协会(FIA)。

2019 年全球期货和期权交易量排名前 5 大交易所,分别为印度全国股票交易所、芝加哥商业交易所集团(CME Group)、巴西圣保罗证券交易所(B3)、洲际交易所(Intercontinental Exchange)和欧洲期货交易所(Eurex),其合计交易量占全球期货与期权交易量达 54.75%(见表 2.6)。我国的上海期货交易所、大连商品交易所、郑州商品交易所、香港交易及结算所、台湾期货交易所、中国金融期货交易所 2019 年的成交量分列全球第 10 位、第 11 位、第 12 位、第 15 位、第 19 位和第 28 位。

表 2.6 2018—2019 年全球主要交易所期货及期权交易量 单位:亿手

排名	交易所	2019	2018	增长率/%
1	**印度全国股票交易所**	**59.61**	**37.90**	**57.27%**
2	**芝加哥商业交易所集团**	**48.30**	**48.45**	**-0.31%**
	芝加哥商业交易所(CME)	21.97	22.60	-2.76%
	芝加哥期货交易所(CBOT)	18.66	17.79	4.89%
	纽约商业交易所(NME)	6.06	6.52	-7.16%
	商品交易所(COMEX)	1.61	1.54	4.72%
3	**巴西圣保罗证券交易所(B3)**	**38.81**	**25.74**	**50.76%**
4	**洲际交易所**	**22.57**	**24.74**	**-8.79%**
	洲际欧洲期货交易所	11.27	12.76	-11.72%
	纽交所高增长板市场(NYSE Arca)	4.25	4.60	-7.64%
	纽交所全美交易所(NYSE Amex)	3.74	3.90	-3.98%
	洲际美国期货交易所	3.30	3.46	-4.63%
	洲际新加坡期货交易所	0.01	0.03	-46.70%
5	**欧洲期货交易所(Eurex)**	**19.47**	**19.52**	**-0.24%**
6	**芝加哥期权交易所控股公司**	**19.12**	**20.51**	**-6.77%**
	芝加哥期权交易所(CBOE)	11.47	12.83	-10.62%

续表

排名	交易所	2019	2018	增长率/%
	BATS 交易所	3.97	4.23	-6.13%
	C2 交易所	1.72	1.51	13.76%
	EDGX 期权交易所	1.34	1.18	13.02%
	CBOE 期货交易所	0.63	0.76	-17.01%
7	**纳斯达克**	**17.85**	**18.95**	**-5.77%**
	纳斯达克费城股票交易所	7.03	7.24	-2.93%
	国际证券交易所(ISE)	3.98	4.03	-1.04%
	纳斯达克期权市场	3.90	4.29	-9.02%
	ISE Gemini	1.85	2.05	-9.95%
	纳斯达克交易所北欧市场	0.79	0.87	-9.19%
	纳斯达克波士顿交易所	0.11	0.17	-36.51%
	ISE 白银交易所	0.11	0.06	79.01%
	纳斯达克期货交易所(NFX)	0.08	0.22	-64.47%
	纳斯达克商品交易所	0.01	0.02	-67.13%
8	**韩国交易所**	**15.47**	**14.08**	**9.83%**
9	**莫斯科交易所**	**14.55**	**15.00**	**-3.02%**
10	**上海期货交易所**	**14.48**	**12.02**	**20.44%**
	上海期货交易所	14.12	11.75	20.12%
	上海国际能源交易所	0.36	0.27	34.24%
11	**大连商品交易所**	**13.56**	**9.82**	**38.05%**
12	**郑州商品交易所**	**10.93**	**8.18**	**33.59%**
13	**孟买股票交易所**	**10.26**	**10.33**	**-0.61%**
	孟买股票交易所	9.89	10.23	-3.28%
	印度国际交易所	0.37	0.10	274.50%
14	**迈阿密国际控股**	**4.40**	**4.21**	**4.45%**
	MIAX Pearl	2.34	2.21	5.98%
	MIAX 期权交易所	1.78	2.01	-11.55%
	MIAX Emerald	0.29	—	—
15	**香港交易及结算所**	**4.39**	**4.81**	**-8.79%**
	香港交易及结算所	2.63	2.96	-11.24%
	伦敦金属交易所	1.76	1.85	-4.86%
16	**伊斯坦布尔交易所**	**3.88**	**2.36**	**64.13%**
17	**日本交易所集团**	**3.61**	**4.12**	**-12.35%**
	大阪交易所	3.42	3.88	-11.91%
	东京商品交易所	0.19	0.24	-19.55%

续表

排名	交易所	2019	2018	增长率/%
18	**印度多商品交易所**	**3.07**	**2.30**	**33.10%**
19	**台湾期货交易所**	**2.61**	**3.08**	**-15.36%**
20	**澳大利亚股票交易所集团**	**2.60**	**2.48**	**5.03%**
	ASX 24	1.80	1.60	12.04%
	ASX	0.81	0.88	-7.78%
21	**新加坡交易所**	**2.40**	**2.17**	**10.34%**
22	**加拿大 TMX 集团**	**2.29**	**2.19**	**4.47%**
	蒙特利尔交易所	1.16	1.12	3.54%
	波士顿期权交易所	1.13	1.07	5.43%
23	**MATba ROFEX 交易所**	**2.10**	**1.93**	**8.85%**
24	**约翰内斯堡证券交易所**	**1.57**	**1.91**	**-17.74%**
25	**欧洲交易所衍生品市场(Euronext)**	**1.44**	**1.49**	**-3.47%**
26	**泰国期货交易所**	**1.05**	**1.04**	**0.10%**
27	**印度商品交易所**	**0.88**	**0.27**	**228.09%**
28	**中国金融期货交易所**	**0.66**	**0.27**	**143.60%**
29	**西班牙金融期货与期权交易所(MEFF)**	**0.45**	**0.44**	**3.26%**
30	**伦敦股票交易所集团(LSE)**	**0.39**	**0.46**	**-15.70%**
	意大利交易所(IDEM)	0.31	0.36	-15.27%
	CurveGlobal 市场	0.08	0.10	-17.29%
31	**特拉维夫股票交易所**	**0.36**	**0.48**	**-26.08%**
32	**东京金融交易所**	**0.33**	**0.39**	**-13.84%**
33	**迪拜黄金和商品交易所**	**0.23**	**0.22**	**3.62%**
34	**马来西亚衍生品交易所**	**0.14**	**0.14**	**-1.57%**
35	**亚太交易所**	**0.13**	**0.09**	**50.62%**
36	**印度全国商品和衍生品交易所**	**0.12**	**0.16**	**-19.65%**
37	**雅典衍生品交易所**	**0.10**	**0.14**	**-25.80%**
38	**北美衍生品交易所**	**0.10**	**0.12**	**-17.76%**
39	**奥斯陆股票交易所**	**0.08**	**0.09**	**-15.82%**
40	**OneChicago 交易所**	**0.07**	**0.07**	**4.30%**

资料来源:美国期货业协会(FIA)。

我国的期货市场发展开始于 20 世纪 80 年代末。1988 年 5 月,国务院决定进行期货市场试点。1990 年 10 月,郑州粮食批发市场经国务院批准,以现货交易为基础,正式引入期货交易机制，从而作为我国第一家商品期货市场，迈出了中国期货市场发展的第一步。

此后，由于人们认识上的偏差，尤其是受到部门和地方利益的驱动，在缺乏统一管理和没有完善法规的情况下，中国期货市场出现盲目高速发展的趋势。到 1993 年年底，全国期货交易所达到 50 多家，期货经纪公司 300 多家，而各类期货兼营机构不尽其数，这一超常规的发展也给期货市场带来了一系列问题。

为了遏止期货市场盲目发展，国务院授权中国证监会从 1993 年开始对期货市场主体进行了大规模的清理整顿和结构调整。到 1998 年，全国 14 家交易所重组调整为大连商品交易所、郑州商品交易所、上海期货交易所三家；35 个期货交易品种调减为 12 个；兼营机构退出了期货经纪代理业，原有的 294 家期货经纪公司缩减为 180 家左右。经过几年较大力度的结构调整和规范整顿，到 1999 年 9 月，以《期货交易管理暂行条例》及四个管理办法为主的期货市场规划框架基本确立，中国证监会、中国期货业协会、期货交易所三层次的市场监管体系已经初步形成，期货市场主体行为逐步规范，整个市场的规范化程度有了很大提高。

21 世纪以来，中国期货市场进入稳步发展的阶段。在这一阶段，中国期货市场的监管体制和法规体系不断完善，新的期货品种不断推出，期货交易量实现恢复性增长后连创新高，使得期货市场积累了服务产业及国民经济发展的初步经验，具备了在更高层次服务国民经济发展的能力。

2014 年 5 月，国务院出台了《关于进一步促进资本市场健康发展的若干意见》（简称新“国九条”）。作为资本市场全面深化改革的纲领性文件，新“国九条”为资本市场的改革发展提供了顶层设计和战略规划，对期货市场的改革发展给予了充分肯定和高度重视，对于凝聚改革共识、明确发展方向、共同推进期货市场更好地服务实体经济具有深远影响，标志着中国期货市场进入了一个创新发展的新阶段。

到 2023 年 10 月 7 日，我国已有郑州商品交易所、大连商品交易所、上海期货交易所、中国金融期货交易所和广州期货交易所等 5 家期货交易所，其中上海期货交易所下属的上海国际能源中心为国际能源衍生品交易平台。上市品种包括 7 大类 78 个品种。与国外不同的是，我国商品期货的成交量远大于金融期货。到 2023 年，我国很多品种的商品期货成交量位居世界前列。

四、期货市场的交易机制

期货交易的基本特征就是在交易所集中交易和标准化，这两个特征及其衍生出的一些交易机制，成为期货有别于远期的关键。

（一）集中交易与统一清算

期货市场的第一个特征是在有组织的交易所内交易，交易所和清算机构充当所有期货买方和卖方的对手方，匹配买卖撮合成交，集中清算，交易双方并不直接接触。例如，中国内地的正规期货交易必须在上海、大连、郑州三大商品交易所和中金所集中进行。这种交易方式克服了远期交易信息不充分和违约风险较大的缺陷，在很大程度上提高了市场流动性和交易效率，降低了违约风险。

1. 交易所

交易所是投资者根据预先制定的交易制度进行集中交易的场所。传统上,世界各国的期货交易所一般都采用非营利性的会员制。但近年来,会员制改为公司制的浪潮一浪高过一浪。无论是会员制还是公司制,只有取得交易所会员资格的机构或个人才能进入交易所进行期货交易,而非会员则只能通过会员代理进行期货交易。期货交易所本身不参加期货交易,它的主要职能是:提供交易场地或交易平台,制定交易规则,负责监督和执行交易,制定标准的期货合同,解决交易纠纷。

过去,人们通常定义期货的交易所交易为"场内交易",因为过去期货交易只能在交易大厅内一个个被称为交易场的指定交易地点进行。通常每一种商品的期货交易都有一个指定的交易场。近年来,随着电子信息技术的飞速发展,电子交易在期货交易中所占比重逐年递增,交易地点的虚拟化成为一种趋势。但可以看到,即使没有固定的实际交易地点,由于体现为有组织的集中交易和统一清算,期货交易与远期交易那种松散的组织结构仍然是不同的。

2. 清算机构

清算机构是负责对期货交易所内交易的期货合约进行交割、清算和结算操作的独立机构,是期货市场运行机制的核心。它可以是交易所的一个附属部门,也可以是一家独立的公司。清算机构充当每笔交易的媒介,使得期货合约的买卖只要价格、数量匹配就可以随时进行,不用寻找和通知特定的交易对手;清算机构每天为会员进行净头寸的集中结算和清算,成为期货交易后台支持的核心。更重要的是,清算机构的这种中介作用和清算功能,充当买方的卖者和卖方的买者,既向买方保证卖方履约,也向卖方保证买方履约,极大地降低了期货交易的违约风险。

具体来看,期货交易所的清算机构之所以能够降低违约风险,原因有三:第一,期货交易都实行保证金制度和每日盯市结算制度。这是一套严格无负债的运行机制,是期货交易违约风险极低的根本保证。下文将详细介绍这一制度。第二,清算机构通常规定,所有会员必须对其他会员的清算责任负无限连带清偿责任,这就极小化了违约风险。第三,清算机构自身的资本也比较雄厚,可以作为最后的保障。总之,上述三个原因保证了期货清算机构的风险极小,在期货交易史上至今还未有过清算机构违约的先例。这是期货的突出优势之一。

(二)标准化的期货合约条款

期货与远期交易的第二个不同在于期货合约通常有标准化的合约条款。特定期货合约的合约规模、到期时间、最小价格波动值、每日价格波动限制与交易中止规则、交割条款等都是标准化的,在合约上均有明确规定,无须双方再商定。因此,交易双方最主要的工作就是选择适合自己的期货合约,并通过交易所竞价或根据做市商报价确定成交价格。这种高度标准化的设计大大提高了交易效率和流动性,促进了期货交易的发展。

有时,交易所会赋予期货合约的空方(即卖方)对交割商品(主要适用于利率期货和商品期货)、交割时间和交割地点(主要适用于商品期货)进行选择的权利。对于不同的交割商品和交割地点,交易所将根据空方的选择按事先规定的公式对其收取的价款进行相应的调整。

一般来说,常见的标准期货合约条款包括:

1. 交易单位

交易所对每个期货产品都规定了统一的数量和数量单位,统称“交易单位”(trade unit)或“合约规模”(contract size)。不同交易所、不同期货品种的交易单位规定各不相同。

例如,中国金融期货交易所规定 5 年期和 10 年期国债期货合约的合约规模均为面值 100 万元的国债,而 2 年期国债期货合约的合约规模为面值 200 万元的国债。

股指期货合约与普通的期货合约又略有不同,其交易单位(合约规模)不是固定的金额,而是由股指期货价格和每个指数点所代表的价值(或称合约乘数)的乘积决定的。如中金所交易的沪深 300 指数(IF)和上证 50 指数(IH)期货合约,每点指数代表的价格为 300 元,而中证 500 指数(IC)期货合约每点指数代表的价格为 200 元。这样 2019 年 11 月 22 日,2020 年 6 月到期的 IF2006 结算价为 3 813.2 点,此时的合约规模为 3 813.2×300 元 = 1 143 960元。

2. 到期时间

中金所交易的三大股指(沪深 300、中证 500 和上证 50)期货合约均有 4 个不同的到期时间,分别为当月、下月和随后 2 个季月。一个到期时间就代表着一个特定的期货产品。与到期时间相联系的有几个概念:

(1) 到期循环与到期月。一般来说,期货交易实行一定的到期循环,且大多是 3 月循环,即每年的 3 月、6 月、9 月、12 月为到期月。如在 CME 交易的 S&P 500 指数期货、欧洲美元期货、欧元期货、美国长期国债期货等均实行 3 月循环。中金所交易的国债期货也实行 3 月到期循环,也就是最近的 3 个季月。如 2020 年 6 月 5 日市场上交易的有 2020 年 6 月、2020 年 9 月和 2020 年 12 月到期的期货合约。

(2) 交割月(delivery month)、交割日(delivery day)与现金结算日(cash settlement day)。期货合约的到期交割主要有两种方式:实物交割与现金交割。实物交割是指期货交割时实行标的资产与现金的真实交换。如果期货实行实物交割,期货合约中就会规定具体的交割月与交割日。如果期货合约无法或不方便进行实际交割,如股指期货,就可以采用计算和划转净盈亏的方式进行结算,称为现金交割或现金结算。这时期货合约中就会规定现金结算日。

一般来说,交割月(或结算月)就是到期月。具体的交割日与现金结算日则依期货合约不同而不同。例如,中金所的三大股指期货在每个到期月的第三个星期五最后结算,遇国家法定节假日顺延。也有不少期货合约的交割期是整个交割月,如 CME 交易的长期美国国债期货的首个交割日和最后交割日就分别为交割月的第一个和最后一个工作日。而中金所的国债期货在到期月第一个工作日至最后交易日都可以由空方发起交割。这样设计的目的是防止市场操纵。

(3) 最后交易日。最后交易日是指期货合约可以进行交易的最后日期,一般与现金结算日或最后交割日相联系。例如,中金所国债期货的最后交易日为合约到期月份的第二个星期五,最后交割日为最后交易日后的第三个交易日。显然,在最后交易日没有平仓的期货头寸就将进入现金结算或实物交割程序。

3. 最小价格波动值

期货合约中通常也规定了最小价格波动值,或称为刻度值(tick size)。期货交易中买卖双方每次报价时价格的变动必须是这个最小价格波动值的整数倍。例如,中金所交易的中证 500 期货合约的最小变动价位是 0.2 个指数点,而每个指数点的价值是 200 元,所以每份合约的最小价格波动值为 40 元。

4. 每日价格波动限制与交易中止规则

为了缓解突发事件或过度投机对市场造成的冲击,防止价格波动幅度过大使交易者蒙受过多的损失,维持市场的稳定性,交易所通常也对期货合约规定每日价格最大波动限制,即交易日期货合约的成交价格不能高于或低于该合约上一交易日结算价的一定幅度,其中上限称为涨停板(limit up),下限称为跌停板(limit down)。中金所的股指期货都设置了±10%的涨跌停板制度,而且按上一个交易日的结算价计算。这样,就有可能出现今收盘价超过昨收盘价±10%的情况。

为了防止某些期货价格(尤其是股指期货)的波动过于剧烈,一些交易所则设置了熔断(circuit breaker)机制。熔断机制是指预先设定一个熔断价格,当价格波动过于剧烈达到熔断价格时,市场便必须在预定的一段时间内停止交易或只能在某一价格范围内进行交易,预定时间段过后市场才恢复正常交易。设置熔断机制的目的是让投资者在价格发生剧烈变化的时候有一个冷静期,防止过度反应。例如,CME 就规定,当 S&P 500 股指期货价格超过前一个交易日结算价的 2.5%、5%、10%、15%或 20%时,该期货交易就暂停几分钟。

5. 交割条款

如前所述,期货合约的到期交割可能有两种方式:现金交割与实物交割。如果采用现金交割,在现金结算日,买卖双方只需根据结算价计算出各自的盈亏并相应划转资金即可实现。如果采用实物交割,期货合约则要规定更具体的交割条款,包括交割标的质量与等级条款、交割地点条款等。一般来说,现代金融期货合约即使进行实物交割,由于标的资产和现金都可以电子化,其交割也主要通过电子交易系统划转完成,因而无须规定交割地点。在交割标的条款上,由于许多金融期货合约允许使用超过一种的可交割证券,合约条款中通常会详细列示可接受的标的资产以及多方相应支付的价格。例如,中金所规定 2 年期国债期货可用于交割的国债为发行期限不高于 5 年、合约到期月份首日剩余期限为 1.5~2.25 年的记账式附息国债。5 年期国债期货可用于交割的国债为发行期限不高于 7 年、合约到期月份首日剩余期限为 4~5.25 年的记账式附息国债。10 年期国债期货可用于交割的国债为发行期限不高于 10 年、合约到期月份首日剩余期限不低于 6.5 年的记账式附息国债。交易所这样设计的目的,是扩大可交割债券的范围,使可用于交割的标的资产更加充裕,以确保套利机制顺利运行,防止投机者通过控制现货来操纵期货市场。

除了以上 5 个方面之外,期货合约中通常还有诸如交易时间、产品代码、头寸限额(position limit)[①]等不太重要的或不具有一般性的标准条款,在此不再赘述。表 2.7 是中国金融期货交易所提供的中国沪深 300 指数期货合约的具体条款,通过本节内容可以很容易地理解其中的具体规定。

① 即某个交易者在特定期货合约上所能持有的总头寸的限额。

表 2.7　沪深 300 指数期货合约表

合约标的	沪深 300 指数
合约乘数	每点 300 元
报价单位	指数点
最小变动价位	0.2 点
合约月份	当月、下月及随后两个季月（即 3 月、6 月、9 月、12 月）
交易时间	9:30—11:30;13:00—15:00
每日价格最大波动限制	上一个交易日结算价的±10%
最低交易保证金	合约价值的 8%*
最后交易日	合约到期月份的第三个周五，遇国家法定假日顺延
交割日期	同最后交易日
交割方式	现金交割
交易代码	IF

* 为防范市场风险，通过降低资金杠杆抑制市场投机力量，中金所自 2015 年 9 月 7 日起，将三大股指期货各合约非套期保值持仓交易保证金提高到 40%，套期保值持仓交易保证金提高到 20%。后来随着市场逐渐走稳，中金所又逐步降低交易保证金。

这些标准化的期货合约条款看似对期货交易进行了高度的限制，但实际上正是由于期货合约的高度标准化，才使得期货头寸的开立和平仓能够非常便利地进行，大大提高了期货合约的交易效率和流动性，促进了期货交易的发展，使其成为期货有别于远期的一个重要特征。

（三）保证金制度和每日盯市结算制度

期货与远期的第三点不同是期货交易实行严格的保证金（margin）制度和每日盯市结算（marking to market）制度。不同交易所、期货公司、期货品种甚至同一品种的不同时期，保证金要求都可能不同，但原理都是一样的。

要参与期货交易，买卖双方都必须在期货公司开立专门的保证金账户，并存入一定数量的保证金，这个保证金也称为初始保证金（initial margin）。

在每天期货交易结束后，交易所与清算机构都要进行结算和清算，按照每日确定的结算价格①计算每个交易者的浮动盈亏并相应调整该交易者的保证金账户头寸。具体来看，当结算价格高于前一天的结算价格（此种情况适用于交易者前一天已有的头寸）或高于当天的开仓②价格（此种情况适用于交易者当天刚刚开立的新头寸）时，高出部分就是多头的浮动盈利和空头的浮动亏损，这些浮动盈利和亏损就在当天晚上分别加入多头的保证金账户和从空头的保证金账户中扣除。反之，就是多头的当天浮动亏损和空头的当天浮动盈利。这就是每日盯市结算制度。

在盯市结算完成以后，如果交易者保证金账户的余额超过交易所规定的某一水平，交易

① 期货的每日结算价格可能是期货收盘价、当天的加权平均价或最后几分钟的平均价，由交易所事先确定计算方法。中金所股指期货的每日结算价格按当天最后 1 个小时期货价格的加权平均价计算。

② 开仓是指开立新的期货头寸，可能为多头，也可能为空头。

者可随时提取现金或用于开新仓。但交易者取出的资金额不得使保证金账户中的余额低于这一水平。而当保证金账户的余额低于交易所规定的维持保证金（maintenance margin）水平时，期货公司就会通知交易者限期内把保证金水平补足到一定的标准，否则就会被强制平仓。这一要求补充保证金的行为就称为保证金追加通知（margin call）。交易者必须存入的额外的金额被称为变动保证金（variation margin）。我国期货市场都未设置维持保证金，也就是说，只要客户的保证金水平低于要求的水平就会接到保证金追加通知，如果客户不及时追加就有可能被强制平仓。

在具体规定方面，不同交易所、不同期货品种，甚至同一品种的不同时期，保证金要求都可能不同。案例 2.2 则给出了一个在中金所交易的沪深 300 股指期货的保证金计算与每日盯市结算的例子。

【案例 2.2】

沪深 300 股指期货交易的保证金计算与每日盯市结算

2019 年 10 月 17 日，投资者 A 以 3 930.0 的价位购买了一手 2019 年 12 月到期的沪深 300 股指期货 IF1912。假设 A 的期货公司的保证金要求是 10%，A 按要求缴纳了 117 900元保证金。

10 月 17 日收盘后，IF1912 的结算价为 3 911.2。这意味着 A 在这一份合约上损失了 19.8×300=5 940 元，则 A 的保证金账户余额减少至 111 960 元。他将收到期货公司的保证金追加通知，要求限时将保证金余额补足至 117 336 元（3 911.2×300×10%）。投资者 A 于 10 月 18 日开盘前追加了 5 376 元的保证金，使得他的保证金账户余额增加至 117 336 元。

10 月 18 日，IF1912 价格继续下跌，结算价为 3 851.4。A 的保证金账户再次被扣减 17 940 元[（3 911.2−3 851.4）×300]的损失，减少至 99 396 元。盘中他将收到期货公司的保证金追加通知，要求限时将保证金余额补足至 115 542 元（3 851.4×300×10%）。A 于第二天开盘前补缴了 16 200 万元保证金，则其保证金余额为 115 596 元。

10 月 21 日，IF1912 结算价涨至 3 854.4。A 的保证金账户余额将增加至 116 496 元[（3 854.4−3 851.4）×300+115 596]。而此时要求的保证金只需 115 632 元（3 854.4×300×10%）。按照规定，A 可以提取多余的 864 元。

表 2.8 给出了具体的计算细节。第二列除了第一行为 A 的开仓价，其余均为每日结算价。

表 2.8 保证金计算与每日盯市结算示例

日期	期货成交价	当天结算价	当日盈亏	保证金账户余额	要求保证金	保证金追加
10.17	3 930.0	3 911.2	−5 940	111 960	117 336	5 376
10.18		3 851.4	−17 940	99 396	115 542	16 200
10.21		3 854.4	900	116 496	115 632	0
…	…	…	…	…	…	…

以上讨论的是交易者的保证金制度与每日盯市结算。除此之外,与经纪人要求投资者开设保证金账户一样,清算机构也要求其会员在清算机构开设保证金账户,存入一定的保证金,一般称为清算保证金(clearing margin)。与投资者保证金账户的操作方式类似,清算会员的保证金账户也实行每日盯市结算。但清算保证金只有初始保证金,没有维持保证金。因此,对清算会员来说,其每天每种合约的清算保证金账户余额必须大于或者等于每份合约的初始保证金乘以流通在外的合约数。关于流通在外的合约数的计算,也主要有两种方式:基于总值(gross basis)计算,即将客户开立的多头期货总数与空头期货总数相加;基于净值(net basis)计算,即允许由同一个清算会员经纪的同种期货合约的多头和空头相互抵消。目前,绝大多数清算机构都是基于净值来计算清算保证金的。

图 2.2 描述了保证金制度的基本流程。交易者 A 通过一个清算会员进行交易,则该交易者将保证金存入此清算会员,再由其存入清算所;交易者 B 通过一个非清算会员进行交易,则该交易者将保证金存入此非清算会员处,再由其将保证金存入某一清算会员处,最后由该清算会员将保证金存入清算所。

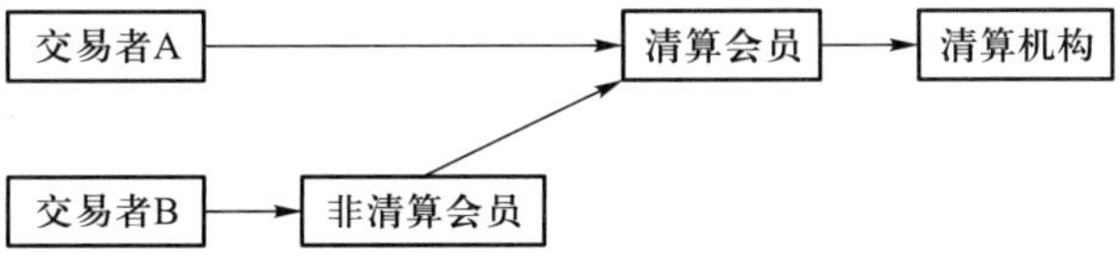

图 2.2　期货保证金流程图

可以看到,通过贯穿交易者—经纪公司—非清算会员—清算会员—清算机构整个链条的保证金制度与每日盯市结算制度,期货交易实行的是严格无负债的运行机制,这一点从根本上保证了期货不大可能出现违约现象。这一点是对远期合约较高违约风险的极大改进,是期货合约的突出优势之一。

另外,需要强调的是,远期交易是到期一次性结算的,所以在远期存续期内,实际交割价格始终不变,标的资产市场价格的变化给投资者带来的是账面浮动盈亏,到期结算时标的资产的市场价格与交割价格的差异才是投资者的真实盈亏。期货则有所不同。由于期货是每日盯市结算实现真实盈亏的,因此可以把期货看作一个每日以结算价平仓结清并以该结算价重新开立的合约,每日结算价格就是不断变动的期货交割价格。

(四)开立期货头寸与结清期货头寸

有两种开立期货头寸的方式:买入建仓和卖出建仓,分别称为期货的多头和空头。

结清期货头寸的方式则主要包括到期交割或现金结算、平仓。

1. 到期交割或现金结算

交易者若持有期货头寸到期,就必须按合约规定进行履约。履约的方式主要有两种:实物交割和现金结算。实物交割是指合约到期日,卖方将标的物按质按量交入交易所指定交割仓库,买方按最终结算价向交易所交付相应现金,履行期货合约。现金交割是指合约到期日,按前一日结算价格与到期日结算价格相比的差价结算盈亏,交易所向亏损一方收取现金并支付给盈利方,履行期货合约。现金结算主要用于金融期货等期货标的物无法或难以进行实物交割的期货合约,如股价指数期货合约等。国外一些交易所也探索将现金交割的方式用于商品期货。我国商品期货市场目前还不允许进行现金结算。

到期交割或现金结算的制度保证了期货价格最终收敛于标的价格。临近交割时刻，期货价格应该等于或接近于标的价格，否则就提供了无风险套利机会。

案例2.3呈现了期货价格与现货价格到期收敛的实际例子。

【案例2.3】

2019年4月22日，2019年12月到期的中证500股指期货（IC1912）上市交易，其开盘价为5 653点，比中证500现货指数低了168.02点，年化后的幅度高达4.52%。其后除了临近到期前的10个交易日外，期货价格一直低于现货价格，最多时（2019年6月10日）期货贴水多达348.86点，年化幅度高达14.65%。随着到期日临近，股指期货价格逐渐收敛于现货价格，如图2.3所示。到2019年12月19日IC1912到期时，两者收盘差距缩小到8.6点。之所以还有差距，原因在于期货最后结算价不是按现货收盘价计算的，而是按现货指数最后2小时的加权平均价计算的。

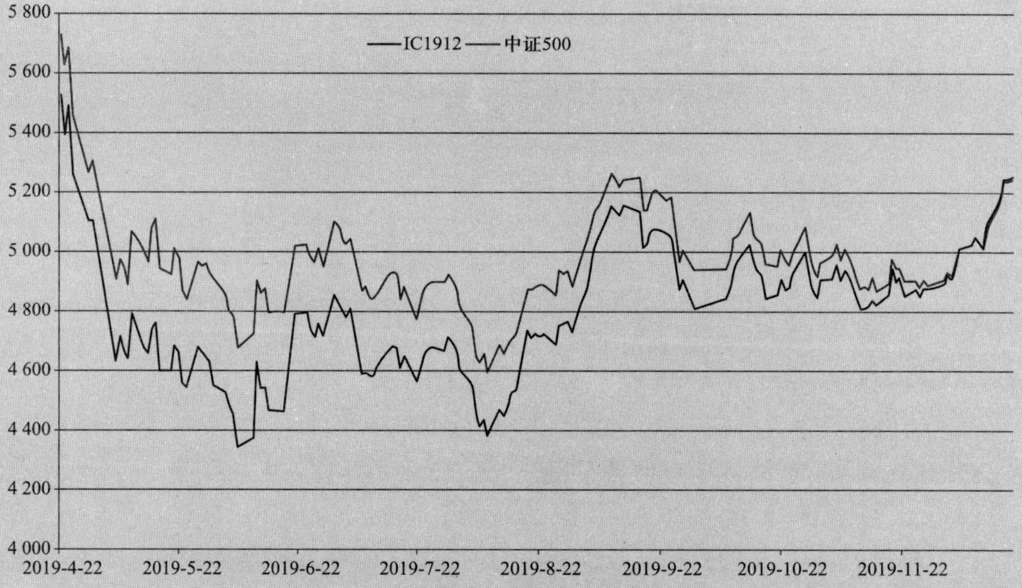

图2.3　期货价格收敛于现货价格

2. 平仓

平仓（offset）是目前期货市场上最主要的一种结清头寸的方式。一般来说，临近到期的期货合约流动性就会降低，另外实物交割的期货合约到期交割相当麻烦，所以大部分期货交易者，都会选择在最后交易日结束之前通过反向交易来结清自身的期货头寸。

值得一提的是，像期货这样实施保证金交易制度的市场，都应实行T+0交易制度。因为资产价格的波动可能导致交易者的保证金不足，必须赋予交易者足够高的平仓自由度，才能降低违约风险。

具体来说，平仓包括两种方式：卖出平仓，即期货合约的多头将原来买进的期货合约卖掉，这与买入建仓相对应；买入平仓，即期货合约的空头将原来卖出的期货合约重新买回，这与卖出建仓相对应。当某项期货合约正在交易时，如果交易双方都是建仓，则市场中该期货合约的未平仓合约数(open interest)[①]增加;如果其中一方是建仓而另一方是平仓,则未平仓合约数保持不变;如果双方都是平仓,则未平仓合约数将减少。

通过案例 2.4 可以更好地理解未平仓合约数的变化。

【案例 2.4】

未平仓合约数(持仓量)的变化

2020 年 5 月 28 日,2020 年 7 月到期的沪深 300 指数期货合约 IF2007 在中国金融期货交易所上市。用 t 表示该合约交易的时刻,以此为例说明未平仓合约数的变化情况(见表 2.9)。

表 2.9　未平仓合约数变化情况示例

时刻	交易情况		未平仓合约数
$t=0$	2020 年 5 月 28 日北京时间 9:30 上市		0
$t=1$	投资者 A 买入 1 份该合约,投资者 B 卖出 1 份该合约		1
$t=2$	投资者 C 买入 4 份该合约,投资者 D 卖出 4 份该合约		5
$t=3$	投资者 A 卖出 1 份该合约,投资者 D 买入 1 份该合约(投资者 A 对冲平仓退出市场,投资者 D 对冲了 1 份该合约,从而投资者 D 现在只持有 3 份该合约的空头)		4
$t=4$	投资者 C 卖出 2 份该合约,投资者 E 买入 2 份该合约		4
最后头寸	投资者	多头数	空头数
	B	—	1
	C	2	—
	D	—	3
	E	2	—
	所有投资者	4	4

第三节　远期与期货的比较

远期和期货,都是在交易时约定在将来某一时间按约定的条件买卖一定数量某种标的资产的合约,在本质上是一样的。但两者仍然存在很多差异,主要体现为:

一、交易场所不同

远期并没有固定的交易场所,买卖双方各自寻找合适的对象,因而是一个无严格组织的分散市场。例如,高度发达的外汇远期市场就是一个全球范围内的由许多大银行、大经纪公司组成的电子网络。在金融远期交易中,金融机构(尤其是银行)充当着重要角色。由于金

① 又称持仓量,即某种期货合约流通在外的合约总数。它是所有多头数之和,也是所有空头数之和。

融远期合约交割较方便，标的资产的同质性较好，很多银行都提供重要标的资产的远期买卖报价供客户选择，从而有力地推动了远期交易的发展。

期货合约则在交易所内集中交易，一般不允许场外交易。交易所不仅为期货交易提供了交易场所和统一清算，还为期货交易制定了许多严格的交易规则（如保证金制度、每日盯市结算制度、涨跌停板制度、最小价格波动值、报价方式和最大持仓限额等），并为期货交易提供信用担保。可以说，期货市场是一个有组织、有秩序的统一市场。

二、标准化程度不同

远期交易遵循“契约自由”的原则，合约中的相关条件如标的资产的质量、数量、交割地点和交割月份都是根据双方具体的需要确定的，其条款的具体内容往往体现出很强的个性化特征。这使得远期合约具有很大的灵活性，但也给合约的转手和流通造成很大麻烦，导致了远期合约二级市场不发达。

期货合约则是标准化的。期货交易所为各种期货合约制定了标准化的数量、质量、交割地点、交割时间、交割方式、合约规模等条款，只有价格是在成交时根据市场行情确定的。标准化条款使得期货难以满足特殊的交易需求，但却使期货合约的订立和转让更加便利，使期货合约具有极强的流动性，并因此吸引了众多的交易者。

三、违约风险不同

远期合约的履行主要取决于签约双方的信用，一旦一方无力或不愿履约，另一方就会蒙受损失。目前国际主要远期市场的参与者大多需达到一定的资质，并通过第三方或资产担保等方式降低远期交易的违约风险。

期货合约的履行则由交易所或清算机构提供担保。交易双方直接面对的都是交易所，即使一方违约，另一方也几乎不会受到影响。正如在本章第二节中提到的，交易所和清算机构之所以能提供这种担保，主要是依靠完善的保证金和每日盯市结算制度、清算会员的无限连带清偿责任以及清算机构自身的资金实力。可以说，机制完善的期货交易的违约风险几乎为零。

四、合约双方关系不同

远期合约是交易双方直接签订的，而且由于远期合约的违约风险主要取决于交易对手的信用，因此签约前通常要对交易对手的信誉和实力等方面作充分的了解。

而期货合约的履行完全不取决于对方，只取决于交易所或清算机构，交易所是所有买方的卖者和所有卖方的买者。在期货交易中，交易者根本无须知道对方是谁，市场信息成本很低。

五、价格确定方式不同

远期合约的交割价格是由交易双方直接谈判并私下确定的。期货交易的价格则是在交易所中通过公开竞价或根据做市商报价确定的。

六、结算方式不同

远期合约签订后，只有到期才进行交割清算，其间通常不进行结算。所以在远期存续期内，实际交割价格始终不变，标的资产市场价格的变化给投资者带来的是账面浮动盈亏，到期结算时标的资产的市场价格与交割价格的差异才是投资者的真实盈亏。

期货交易则是每天结算的。当同品种的期货市场价格发生变动时，就会对所有该品种期货合约的多头和空头产生浮动盈余或浮动亏损，并于当天晚上在其保证金账户体现出来。由于期货是每日盯市结算实现真实盈亏的，因此可以把期货看作一个每日以结算价平仓结清并以该结算价重新开立的合约，每日结算价格就是不断变动的期货交割价格。

七、结清方式不同

由于远期合约是非标准化的，不易找到转让对象，并要征得原交易对手的同意，因此绝大多数远期合约只能通过到期实物交割或现金结算来结束。

期货合约则可以通过到期交割结算和平仓两种方式结清。由于交易便利，期货交易一方无须征得对方同意就可通过平仓来结清自己的头寸并把履约权利和义务转让给第三方。在实际中，绝大多数期货合约都是通过平仓来了结的。

从上述比较中可以看到，从交易机制来看，无论是在提高流动性、降低违约风险，还是在降低交易成本等方面，期货都比远期要优越得多。但这并不意味着远期的消亡。事实上，远期市场仍然非常庞大，其最大的吸引力就在于其灵活性。出于经营成本的考虑，期货交易所不可能提供那些成交量不大和特殊性强的期货交易品种，这正是远期市场得以生存和不断发展的基础。特别是随着信息技术的进步和电子报价系统的运用，远期交易在信息方面的弱势已逐步消失。加上在改进清算系统等降低信用风险方面的努力，远期市场的灵活性优势正在吸引大批机构从交易所市场转向远期市场，从而使远期市场获得很大的竞争优势。其中，最典型的例子就是外汇远期交易已经大大超过了外汇期货交易，很多国家的外汇期货交易由于交易过于清淡而被迫关闭。

本章小结

1. 金融远期合约是指双方约定在未来的确定时间，按确定的价格买卖一定数量的某种标的资产的合约。

2. 金融远期合约主要有远期利率协议、远期外汇协议和远期股票合约三种。

3. 远期市场的交易机制表现为两大特征：分散的场外交易和非标准化合约。

4. 金融期货合约是指协议双方同意在约定的将来某个日期按约定的条件买入或卖出一定标准数量的标的资产的标准化协议。合约双方都交纳保证金，并每天结算盈亏。合约双方均可单方通过平仓结束合约。

5. 远期合约解决了价格风险问题，却派生出信用风险问题。期货合约主要是为了解决远期合约流动性差、信用风险等问题而产生的。金融期货问世至今已经取得相当惊人的发展。

6. 期货交易的基本特征为交易所集中交易和标准化，以及所衍生出的交易机制。

7. 期货合约和远期合约在交易场所、标准化程度、合约双方关系、价格确定方式、违约风险、结清方式以及结算方式上都存在较大的差异。

即测即评

习 题

1. 2019 年 11 月 22 日,中国某公司签订了一份跨国订单,预计半年后将支付 1 000 000 美元。为规避汇率风险,该公司于当天向中国工商银行买入了半年期的 1 000 000 美元远期,当天的远期外汇牌价如表 2.1 所示。半年后,中国工商银行的实际美元现汇买入价与卖出价分别为 7.012 1 和 7.123 0。请问该公司在远期合约上的盈亏如何?

2. 一位跨国公司的高级主管认为:“我们完全没有必要使用外汇远期,因为我们预期未来汇率上升和下降的机会几乎是均等的,使用外汇远期并不能为我们带来任何收益。”请对此说法加以评论。

3. 有时期货的空头方会拥有一些权利,可以决定交割的地点、交割的时间以及用何种资产进行交割等。那么,这些权利是会提高还是降低期货的价格? 请解释原因。

4. “当一份期货合约在交易所交易时,会使得未平仓合约总数有以下三种变化的可能:增加一份,减少一份,或者不变。”这一观点正确吗? 请解释。

5. 试述期货交易所通过哪些制度设计来实现对信用风险的规避。

6. 请逐一列出中国金融期货交易所交易的所有股指期货合约和国债期货合约中对交易单位、到期循环、交割月、最后交易日、最小价格波动值、涨跌停板、熔断、头寸限制、保证金要求、交易费用、交割条款等合约条款的设定与变迁历史。

7. 假设甲签订了一份远期外汇合约,而乙则签订了一份外汇期货合约,两份合约均规定在 3 个月后以 14 万美元买入 10 万欧元。当前欧元汇率为 1.400 0。如果在合约期的前两个月欧元巨幅贬值,然后在第三个月回升,最终以 1.430 0 的价格收盘,两者的财务状况有何区别? 如果在合约期的前两个月欧元升值,然后在第三个月暴跌,最终以 1.330 0 的价格收盘,二者的财务状况又会有何区别?

第三章 远期与期货定价

衍生产品的定价(pricing)是金融工程最重要的内容之一,指的是确定衍生产品的理论价格。衍生产品的理论价格是市场参与者进行套期保值、套利和投机的依据。在本章中,将运用第一章中介绍的定价方法对远期和期货合约进行定价。

理论界和业界普遍认为,远期(期货)价格代表着市场对未来现货价格的预期。实际上,这是对远期(期货)价格的误解。那么,期货价格与现货价格到底存在什么样的关系?本章将为你揭开面纱。

第一节　远期价格与期货价格

在进行远期和期货定价之前,我们有必要厘清远期价值、远期价格、期货价格的概念,以及它们之间的关系。

一、远期价值、远期价格与期货价格

远期价值(forward value)是远期合约价值的简称,是指远期合约本身的理论价值。关于远期价值的讨论要分远期合约签订时和签订后两种情形。在签订远期合约时,如果市场是有效的,对于一份公平的合约,多空双方所选择的交割价格应使远期价值在签署合约时等于零。也就是说,远期合约双方如果以合理的交割价格签署一份远期协议并立即转让掉,那他们的盈亏状况都为0。这意味着无须成本就可处于远期合约的多头或空头状态。在远期合约签订以后,由于交割价格不再变化,多空双方的远期价值将随着标的资产价格的变化而变化。

远期价格(forward price)是指使远期合约价值为零的交割价格。也就是说,远期价格是合理的交割价格。关于远期价格的讨论也要分远期合约签订时和签订后两种情形。在一份远期合约签订时,如果实际交割价格不等于这个理论上的远期价格(或者说合理的交割价格),该远期合约价值对于多空双方来说就都不为零。也就是说,签订的当时即有一方盈利而另一方亏损,是一份不公平的合约,实际上隐含了套利空间①。一份公平合理的远期合约在签订的当时应使交割价格等于远期价格。在远期合约签订以后,交割价格已经确定,远期合约价值不一定为零,远期价格也就不一定等于该交割价格。远期合约签订后,远期价格与

① 具体套利方法参见本章第二节的内容。

交割价格的差异决定了远期价值。

总之,与传统理解的价值与价格的相互关系不同,远期价值是远期合约本身的价值,而远期价格则是理论上使远期价值等于零的交割价格。本章第二节的定价讨论能够进一步帮助读者理解这两者的差异。

类似的,期货价格(futures prices)为使得期货合约价值为零的交割价格。因此期货价格是与远期价格非常相似的概念。但值得注意的是,对期货合约来说,一般较少谈及"期货合约价值"这个概念。由于期货每日盯市结算、每日结清浮动盈亏,因此期货合约价值在每日收盘后都归零。

二、远期价格与期货价格的关系

由前述可知,本章中所讨论的远期和期货定价,就是要确定理论远期价值、远期价格和期货价格。问题在于,远期价格与期货价格非常相似,都是合理的交割价格,唯一的区别是远期和期货合约交易机制不同:远期合约在到期前通常不结算盈亏;期货合约则每日盯市结算、每日结清浮动盈亏。那么,远期价格和期货价格是否差异很大,需要分别推导出全然不同的定价公式吗?

考克斯等证明①,当无风险利率恒定且对所有到期日都相同时,交割日相同的远期价格和期货价格应相等。但是,当利率变化无法预测时,远期价格和期货价格就不相等。至于两者孰高孰低,则取决于标的资产价格与利率的相关关系。

当标的资产价格与利率正相关时,期货价格高于远期价格。这是因为当标的资产价格上升时,期货价格通常也会随之升高,期货合约的多头将因每日盯市结算制度而立即获利,并可按较高的利率将所获利润进行再投资。而当标的资产价格下跌时,期货合约的多头将因每日盯市结算制度而立即亏损,但是可按较低的利率从市场上融资以补充保证金。相比之下,远期合约的多头将不会因利率的变动而受到上述影响。在此情况下,期货多头比远期多头更具吸引力,期货价格自然就大于远期价格。相反,当标的资产价格与利率呈负相关时,远期价格就会高于期货价格。

远期价格和期货价格的差异幅度还取决于合约有效期的长短。当有效期只有几个月时,两者的差距通常很小。此外,税收、交易费用、保证金的处理方式、违约风险、流动性等方面的因素或差异也会导致远期价格和期货价格的差异。

总之,远期价格与期货价格的定价思想在本质上是相同的,其差别主要体现在交易机制和交易费用的差异上,在很多情况下常常可以忽略。因此在大多数情况下,可以合理地假定远期价格与期货价格相等,并都用 F 来表示。

三、基本的假设与符号

(一) 基本的假设

为分析简便起见,本章的分析是建立在如下假设前提下的:

(1) 没有交易费用和税收。

---

① 参见 Cox J C, Ingersoll J E, Ross S A. The relationship between forward prices and future prices[J]. Journal of Financial Economics, 1981(12): 321 - 346.

(2) 市场参与者能以相同的无风险利率借入和贷出资金。

(3) 没有违约风险。

(4) 允许现货卖空。

(5) 当套利机会出现时,市场参与者将参与套利活动,从而使套利机会消失。

(6) 期货合约的保证金账户支付同样的无风险利率。这意味着任何人均可不花成本地取得远期和期货的多头和空头地位。

(二) 符号

本章将要用到的符号主要有:

T:远期和期货合约的到期时刻。

t:远期和期货合约到期前的某一时刻。$T-t$ 代表远期和期货合约中以年为单位的距离到期的剩余时间。

S:远期(期货)标的资产在时间 t 时的价格。

S_T:远期(期货)标的资产在时间 T 时的价格(在 t 时刻此为未知变量)。

K:远期合约中的交割价格。

f:远期合约多头在 t 时刻的价值,即 t 时刻的远期价值。

F:t 时刻的远期合约和期货合约中的理论远期价格和理论期货价格。在本书中如无特别注明,二者分别简称为远期价格和期货价格。

r:T 时刻到期的以连续复利计算的 t 时刻的无风险利率(年利率)。在本书中,如无特别说明,利率均为连续复利的年利率。

上述符号在全书中通用。

第二节 无红利资产远期合约的定价

无红利①资产是指标的资产在从时刻 t 到远期合约到期时刻 T 之间不产生现金流的资产,如贴现债券②。

一、无红利资产的远期价值

在无套利的假定下,远期价值复制定价法的基本定价思路为:构建两种投资组合,若其在未来某一时刻的价值相等,则其现在的价值一定相等③;否则就可进行套利,即卖出价值较高的投资组合,买入价值较低的投资组合,并持有到期末,套利者就可赚取无风险收益。众多套利者这样做的结果,将使价值较高的投资组合价格下降,而价值较低的投资组合价格上升,直至套利机会消失,此时两种组合现在的价值相等。这样,就可根据两种组合现在的价值相等的关系求出远期价值。

例如,为了给无红利资产的远期合约定价,构建如下两个组合:

---

① 由于标的资产不同,持有这些标的资产产生的收入也不同,因此这里的“红利”并非特指股票的分红,而是泛指资产的各种收入。下同。

② 贴现债券是指在票面上不规定利率,发行时按某一折扣率、以低于票面金额的价格发行,到期时仍按面额偿还本金的债券。

③ 注意,这里不考虑流动性的问题,也没有卖空限制。

组合 A：一份远期合约[①]多头加上一笔数额为 $Ke^{-r(T-t)}$ 的现金。

组合 B：一单位标的资产。

在组合 A 中，$Ke^{-r(T-t)}$ 的现金以无风险利率投资，投资期为 $T-t$。到 T 时刻，其金额将达到 K。这是因为：$Ke^{-r(T-t)}e^{r(T-t)}=K$。

在远期合约到期时，该笔现金刚好可用于交割换得一单位标的资产。这样，在 T 时刻，两个组合都等于一单位标的资产。根据无套利原则，这两个组合在 t 时刻的价值必须相等，即：

$$f+Ke^{-r(T-t)}=S$$

$$f=S-Ke^{-r(T-t)} \tag{3.1}$$

式（3.1）表明，无红利资产远期合约多头的价值等于标的资产现货价格与交割价格现在的价值的差额。换一个角度来看，这个数学等式也表明，一单位无红利资产远期合约多头等价于一单位标的资产多头和 $Ke^{-r(T-t)}$ 单位无风险负债的资产组合。

其实，用风险中性定价法可以非常容易地为远期合约定价。在本节的基本假定下，远期合约是可复制资产，因此可以用风险中性定价法为其定价。远期合约多头到期回报为 S_T-K，根据式（1.10）可得：

$$f=M^QE^Q(S_T-K)=M^QE^Q(S_T)-M^QK=S-M^QK$$

在无风险利率存在的情况下，$M^Q=e^{-r(T-t)}$，代入上式可得式（3.1）。

二、无红利资产的现货-远期平价定理

由于远期价格 F 就是使远期合约价值 f 为零的交割价格 K，即当 $K=F$ 时，$f=0$。据此可令式（3.1）中的 $f=0$，则

$$F=Se^{r(T-t)} \tag{3.2}$$

这就是无红利资产的现货-远期平价定理（spot-forward parity theorem），或称现货-期货平价定理（spot-futures parity theorem）。式（3.2）表明，对无红利资产而言，远期价格等于其标的资产现货价格以无风险利率计算的终值。

我们用反证法证明式（3.2）不成立时是存在套利机会的。

假设 $K>Se^{r(T-t)}$，即交易对手报出的交割价格大于现货价格的终值。在这种情况下，套利者可以按无风险利率 r 借入 S 现金，期限为 $T-t$。然后用 S 购买一单位标的资产，同时卖出一份该资产的远期合约，交割价格为 K。在 T 时刻，该套利者可将一单位标的资产交割换得 K 现金，并归还借款本息 $Se^{r(T-t)}$，从而实现 $K-Se^{r(T-t)}$ 的无风险利润。

若 $K<Se^{r(T-t)}$，即交割价格小于现货价格的终值，套利者可进行反向操作，即卖空标的资产，将所得收入以无风险利率 r 进行投资，期限为 $T-t$。同时买进一份该标的资产的远期合约，交割价格为 K。在 T 时刻，套利者收到投资本息 $Se^{r(T-t)}$，并以 K 现金购买一单位标的资产，用于归还卖空时借入的标的资产，从而实现 $Se^{r(T-t)}-K$ 的利润。

例 3.1 和例 3.2 可以帮助读者更好地理解远期价值和远期价格的计算。

---

① 该合约规定多头在到期日 T 可按交割价格 K 购买一单位标的资产。

【例 3.1】

无红利资产远期合约的价值

假设目前 6 个月期的无风险年利率为 4.17%。市场上正在交易一份标的证券为一年期贴现债券、剩余期限为 6 个月的远期合约多头，其交割价格为 970 元，该债券的现价为 960 元。请问：对该远期合约的多头和空头来说，远期价值分别是多少？

根据题意，有：

$$S=960, K=970, r=4.17\%, T-t=0.5$$

则根据式(3.1)，该远期合约多头的远期价值 f 为：

$$f=S-Ke^{-r(T-t)}=960-970\times e^{-4.17\%\times 0.5}\approx 10.02 \text{ 元}$$

该远期合约空头的远期价值为 $-f=-10.02$ 元。

【例 3.2】

无红利资产远期合约的远期价格

假设目前 3 个月期的无风险年利率为 3.99%。市场上正在交易一个期限为 3 个月的股票远期合约，标的股票不支付红利且当时市价为 40 元。那么根据式(3.2)，这份远期合约的合理交割价格应为：

$$F=40\times e^{3.99\%\times 0.25}=40.40 \text{ 元}$$

假设市场上该合约的交割价格为 40.20 元，则套利者可以卖空股票并将所得收入以无风险利率进行投资，期末可以获得无风险利润 40.40−40.20=0.20 元。反之，如果市场上远期合约的交割价格大于 40.40 元，如 40.80 元，套利者可以借入 40 元买入股票并以 40.80 元的价格卖出远期合约，期末也可以获得无风险利润 0.40 元。

三、远期价格的期限结构

远期价格的期限结构描述的是同一标的资产不同期限远期价格之间的关系。设 F 为在 T 时刻交割的远期价格，F^* 为在 T^* 时刻交割的远期价格，r 为 T 时刻到期的无风险利率，r^* 为 T^* 时刻到期的无风险利率。对无红利资产而言，从式(3.2)可知：

$$F=Se^{r(T-t)}$$

$$F^*=Se^{r^*(T^*-t)}$$

两式相除消掉 S 后，得：

$$F^*=Fe^{r^*(T^*-t)-r(T-t)} \tag{3.3}$$

这就是无红利资产远期价格的期限结构①。

【例 3.3】

无红利资产远期合约的远期价格期限结构

假设目前 3 个月期与 6 个月期的无风险年利率分别为 3.99% 与 4.17%。某只不付红

① 支付已知红利或已知红利率资产远期价格的期限结构也可以通过类似方法推导出来。

利的股票3个月远期合约的远期价格为20元，该股票6个月期的远期价格应为多少？

根据题意，有：

$$F=20, r=3.99\%, r^*=4.17\%, T-t=0.25, T^*-t=0.5$$

则根据式(3.3)，该股票6个月期远期价格应为：

$$F^*=Fe^{r^*(T^*-t)-r(T-t)}=20\times e^{0.0417\times0.5-0.0399\times0.25}=20.22\text{ 元}$$

第三节 支付已知红利资产远期合约的定价

支付已知红利资产是指在远期合约到期前会产生完全可预测的现金流的资产，如附息债券[①]和支付已知现金红利的股票等。

一、支付已知红利资产的远期价值

我们仍然采用无套利的假定为支付已知红利资产的远期合约定价。现构建如下两个组合：

组合A：一份远期合约[②]多头加上一笔数额为 $Ke^{-r(T-t)}$ 的现金。

组合B：一单位标的资产加上利率为无风险利率、期限为从当前时刻到红利派发日、本金为 I 的负债[③]。

易知，组合A在 T 时刻的价值等于一单位标的资产。在组合B中，由于标的资产的红利刚好可以用来偿还负债的本息，因此在 T 时刻，该组合的价值也等于一单位标的资产。因此，在 t 时刻，这两个组合的价值应相等，即：

$$f+Ke^{-r(T-t)}=S-I$$

$$f=S-I-Ke^{-r(T-t)} \tag{3.4}$$

式(3.4)表明，支付已知红利资产的远期合约多头价值，等于标的资产现货价格扣除红利现值后的余额与交割价格现值之差。从组合的角度考虑，式(3.4)说明一单位支付已知红利资产的远期合约多头可由一单位标的资产和 $I+Ke^{-r(T-t)}$ 单位无风险负债构成。

【例3.4】

支付已知红利资产远期合约的价值

假设目前6个月期与1年期的无风险年利率分别为4.17%与4.11%。市场上一种10年期国债现货价格为990元，该证券一年期远期合约的交割价格为1 001元，该债券在6个月和12个月后都将收到60元的利息，且第二次付息在远期合约交割之前，求该合约的价值。

根据已知条件，可以先算出该债券已知红利的现值：

$$I=60\times e^{-4.17\%\times0.5}+60\times e^{-4.11\%\times1}=116.35\text{ 元}$$

---

① 需要指出的是，如果附息债券所支付的利息是在考察的远期合约存续期之外的，该附息债券仍然被视作无红利的标的资产。只有在所考察的远期合约存续期内有已知现金收入的，才被看作支付已知红利的标的资产。

② 该合约同样规定多头在到期日 T 可按交割价格 K 购买一单位标的资产。

③ I 表示已知红利的现值。

根据式(3.4),可算出该远期合约多头的价值为:

$$f=S-I-Ke^{-r(T-t)}=990-116.35-1\ 001\times e^{-4.11\%\times 1}=-87.04 \text{ 元}$$

相应地,该合约空头的远期价值为 87.04 元。

二、支付已知红利资产的远期价格

根据远期价格的定义,可从式(3.4)中求得:

$$F=(S-I)e^{r(T-t)} \tag{3.5}$$

这就是支付已知红利资产的现货-远期平价公式。式(3.5)表明,支付已知红利资产的远期价格等于标的资产现货价格与已知红利现值差额的无风险终值。

同样,可以用反证法来证明式(3.5)。

假设 $K>(S-I)e^{r(T-t)}$,即交割价格高于远期理论价格,则套利者可以进行如下操作:以无风险利率借入现金 S 买入标的资产,卖出一份交割价格为 K 的远期合约,将在 $T-t$ 期间从标的资产获得的红利以无风险利率贷出至 T 时刻。这样,到 T 时刻,套利者将标的资产用于交割得到现金收入 K,还本付息 $Se^{r(T-t)}$,同时得到 $Ie^{r(T-t)}$ 的本利收入。最终套利者在 T 时刻可实现无风险利润 $K-(S-I)e^{r(T-t)}$。

如果 $K<(S-I)e^{r(T-t)}$,即交割价格低于远期理论价格,则套利者可以进行反向操作:借入标的资产卖掉,得到现金收入 S 以无风险利率贷出,同时买入一份交割价为 K 的远期合约。在 T 时刻,套利者可得到贷款本息收入 $Se^{r(T-t)}$,同时付出现金 K 换得一单位标的资产,用于归还标的资产的原所有者,并把该标的资产在 $T-t$ 期间的红利的终值 $Ie^{r(T-t)}$ 同时归还原所有者①。这样,该套利者在 T 时刻可实现无风险利润 $(S-I)e^{r(T-t)}-K$。

从以上分析可以看出,当式(3.5)不成立时,市场就会出现套利机会,套利者的套利行为将促成式(3.5)的成立。

但是,如果存在卖空限制,则当 $K<(S-I)e^{-r(T-t)}$ 时,套利活动就难以进行②,从而就无法促使现实的远期价格和期货价格回归合理的无套利均衡价格。

第四节　支付已知红利率资产远期合约的定价

支付已知红利率资产,是指在远期合约到期前将产生与该资产现货价格成一定比率的收入的资产。货币是这类资产的代表,其红利率就是该货币发行国的无风险利率,因此利率远期(期货)和外汇远期(期货)都可看作支付已知红利率资产的远期(期货)合约。股票指数也可近似地看作支付已知红利率资产。股票指数是一组股票市场表现的综合反映,可以被视为一个股票组合。虽然几乎所有的股票都是离散支付红利且单只股票的红利率常常是变化的,但当股票指数包含的股票数量足够多时,该组合可能总是有一部分股票在支付红利,且整体的红利率是可以大致预测的。因此总体上看,如果股价指数没有对红利支付进行调整,那么近似地假设股票指数支付连续的红利还是比较接近现实的。指数所含股票越多,

---

① 由于在卖空交易中,借入资产只借入该证券的使用权而未借入所有权,故该资产的收益归原所有者。

② 除了融券受到限制外,涨跌停板制度和现货的 $T+1$ 交易制度以及高昂的交易成本等都是制约套利活动的因素。

这个假设就越合理。黄金、白银等贵金属本身不产生收入，但需要花费一定的存储成本，存储成本可看成负的红利率。

为了给支付已知红利率资产的远期定价，可以构建如下两个组合：

组合 A：一份远期合约[①]多头加上一笔数额为 $Ke^{-r(T-t)}$ 的现金。

组合 B：$e^{-q(T-t)}$ 单位标的资产并且所有收入都再投资于该资产，其中 q 为该资产按连续复利计算的已知红利率。

从前文的分析可知，组合 A 在 T 时刻的价值等于一单位标的资产。组合 B 由于获得的红利收入全部都再投资于该资产，拥有的资产数量随着获得红利的不断发放而增加，所以在时刻 T，正好拥有一单位标的资产。因此在 t 时刻两者的价值也应相等，即：

$$f+Ke^{-r(T-t)}=Se^{-q(T-t)}$$

$$f=Se^{-q(T-t)}-Ke^{-r(T-t)} \tag{3.6}$$

式(3.6)表明，支付已知红利率资产的远期合约多头价值等于 $e^{-q(T-t)}$ 单位资产的现值与交割价现值之差。或者说，一单位支付已知红利率资产的远期合约多头可由 $e^{-q(T-t)}$ 单位标的资产和 $Ke^{-r(T-t)}$ 单位无风险负债构成。

根据远期价格的定义，可根据式(3.6)算出支付已知红利率资产的远期价格：

$$F=Se^{(r-q)(T-t)} \tag{3.7}$$

这就是支付已知红利率资产的现货-远期平价公式。式(3.7)表明，支付已知红利率资产的远期价格，等于按无风险利率与已知红利率之差计算的现货价格在 T 时刻的终值。

案例 3.1 给出了一个中证 500 股指期货定价的例子。

【案例 3.1】

中证 500 股指期货定价偏差

2015 年 9 月 2 日，假设 6.5 个月期无风险年利率为 3.50%，中证 500 指数预期红利率为 1.5%。中证 500 指数收盘价为 6 122.55 点，2016 年 3 月到期的中证 500 指数期货 IC1603 相应的理论价格应为多少？

实际上，2015 年 9 月 2 日，IC1603 的收盘价只有 4 617.0 点。请探讨产生这种现象的原因，并论述这种现象对股指期货套保功能的影响。

由于 IC1603 到期日为 2016 年 3 月 18 日，剩余期限为 6.5 个月，根据式(3.7) IC1603 理论价格应为

$$F=Se^{(r-q)(T-t)}=6\ 122.55e^{(3.50\%-1.5\%)\times 6.5/12}=6\ 189.24$$

之所以会产生股指期货市场价格远低于理论价格的现象，主要是当时中国股市正处于熊市阶段以及套利机制无法正常发挥共同作用的结果。2015 年 6 月，中国证监会开始清理场外配资，受此政策影响，存在较大泡沫的中国股市进入快速下跌阶段，市场情绪比较悲观。股指期货市场虽然交易和持仓手数受限制，但做多和做空行为都是不受限制的，因此期货价格可以正常反映期货买卖双方对未来的判断。但现货的做空受到严格限制，有一部分看空后市的投资者无法通过做空现货来表达自己的观点，因此现

① 该合约同样规定多头在到期日 T 可按交割价格 K 购买一单位标的资产。

货价格就不是由全体买卖双方共同决定的，而是由全体看多者和部分看空者决定的，这样决定出来的现货价格必然偏高。在期货价格和现货价格背离现货-期货平价定理的情况下，按道理市场套利力量可以纠正这种背景，但同样由于现货存在卖空限制，套利者无法通过卖空现货同时买进期货的方式进行套利，从而使套利机制无法发挥。

当股指期货价格远低于理论价格时，持有现货卖出股指期货进行套保的投资者将面临很大的损失，从而使股指期货丧失功能。

第五节 远期与期货价格的一般结论

一、完美市场条件下的持有成本模型

这里的完美市场，就是在本章第一节中所讨论的基本假设(1)、(2)、(4)成立的市场。基于这些假定，在本章前四节中得到了针对不同性质标的资产的远期合约的定价公式。可以看出，三个远期价格公式之间有着内在一致性：

$$\begin{cases} F=Se^{r(T-t)} & (3.2) \\ F=(S-I)e^{r(T-t)} & (3.5) \\ F=Se^{(r-q)(T-t)} & (3.7) \end{cases}$$

也就是说，总是将标的资产价格中远期多头到期时无法获得的确定性收益剔除，对标的资产价格的剩余部分以无风险利率计算终值，就得到理论的远期价格。

从直觉上理解，远期和期货都是交易双方约定在将来某一时间按约定的条件买卖一定数量的某种标的资产的合约。假设标的资产无红利，投资者 A 计划出售一单位标的资产，以下两种方法应该是等价的：一是在当前 t 时刻卖出一份远期价格为 F 的远期合约[①]，合约到期即 T 时刻交割必定能获得 F；二是在当前 t 时刻立刻出售获得 S，并以无风险利率 r 贷出，这样在 T 时刻可以获得确定性收入 $Se^{r(T-t)}$。由于 t 时刻两种投资的价值都为 S，T 时刻的两种确定性收入应相等：

$$F=Se^{r(T-t)}$$

如果实际价格高于或低于上述理论价格 F，市场上就存在套利机会，可以通过前文介绍的正向或反向套利来获取无风险收益。而众多套利者进行套利的结果，就会使得实际价格逐渐趋近理论价格，直至套利机会消失。

总之，通俗地说，由于远期价格是投资者 A 未来可获得的现金收入，一个合理的远期价格应使得投资者 A 现在出售现货和出售远期所获得的确定性收入相等，无风险利率 r 实际上反映了投资者 A 现在不出售而在未来出售标的资产所承担的确定性成本。推而广之，式(3.5)和式(3.7)中的 I 和 q 则反映了组合 A 现在不出售而在未来出售标的资产所能获得的确定性收益，因此应该从其收到的远期价格中扣减。

因此，可以用持有成本(cost-of-carry)的概念来概括远期价格与现货价格的关系。持有

---

① 假设一份远期合约的未来交易数量为一单位标的资产。

成本的基本构成如下：

持有成本=存储成本+无风险利息成本-标的资产在合约期限内提供的收益

举例来说，不支付红利的股票没有存储成本和收益，所以持有成本就是利息成本 r；股票指数的资产红利率为 q，其持有成本就为 $r-q$；货币的红利率为该币种的无风险利率 r_f，所以其持有成本是 $r-r_f$；对黄金和白银等投资性商品而言，若其存储成本与现货价格的比例为 u，则其持有成本就为 $r+u$。以此类推。

所以，如果用 c① 表示持有成本，远期价格就为：

$$F=Se^{c(T-t)} \tag{3.8}$$

相应地

$$f=Se^{(c-r)(T-t)}-Ke^{-r(T-t)} \tag{3.9}$$

二、非完美市场条件下的远期定价

以上结论都是建立在完美市场的假设下的。实际运用中，由于市场的不完美性，定价公式会受到一定的影响。下面以无红利资产为例进行简单解释。证明不是很困难，有兴趣的读者可以尝试。

（1）存在交易成本的时候，假定每一笔交易的费率为 Y，那么不存在套利机会的远期价格就不再是确定的值，而是一个区间：

$$[S(1-Y)e^{r(T-t)}, S(1+Y)e^{r(T-t)}]$$

（2）借贷存在利差的时候，如果用 r_b 表示借入利率，用 r_l 表示借出利率，对非银行的机构和个人，一般是 $r_b>r_l$。这时远期和期货的价格区间为：

$$[Se^{r_l(T-t)}, Se^{r_b(T-t)}]$$

（3）存在卖空限制的时候，因为卖空会给经纪人带来很大风险，所以几乎所有的经纪人都扣留卖空客户的部分所得作为保证金。假设由于卖空限制导致的成本比例为 X，那么均衡的远期和期货价格区间应该是：

$$[(1-X)Se^{r(T-t)}, Se^{r(T-t)}]$$

如果上述三种情况同时存在，远期和期货价格区间应该是：

$$[(1-X)S(1-Y)e^{r_l(T-t)}, S(1+Y)e^{r_b(T-t)}]$$

显然，完美市场可以看成 $X=0, Y=0, r_l=r_b=r$ 的特殊情况。

从上述分析可以看出，交易成本越高、借贷利差越大、卖空限制越严格，期货贴水就可能越严重。2015 年 9 月 2 日，2016 年 3 月到期的中金所 3 大股指期货 20%以上严重贴水就是在这种背景下出现的。可见，为了提高市场定价效率，让衍生品市场正常发挥其价格发现和风险管理功能，监管者应努力消除卖空限制、降低交易成本、降低借贷利差。

三、消费性资产的远期定价

本书的讨论重点是金融标的资产的衍生产品，金融标的资产属于投资性资产。所谓投资性资产，是指投资者主要出于投资目的而持有的资产，如股票、债券等金融资产和黄金等

① 这里，把标的资产在远期合约存续期内的确定收益都转化成了连续复利收益率，以方便表达。很显然，确定性现金收入也可以转化成连续复利收益率的形式，因而式(3.8)是具有一般性的。

资产。由于投资性资产的投资决策不受消费等其他目的的影响，投资者关注的是金融资产中所蕴含的风险收益特征而非资产本身，因此标的资产及其远期（期货）之间存在高度的可替代性，只要相对价格水平不合理，投资者随时可在这两者之间进行转换。所以，在这样的市场上，只要没有其他的制度制约套利行为，期货的定价就成为一个纯粹的风险收益问题。相应地，无套利原则和持有成本模型就成为远期定价的基本原理。

相反，消费性资产则是指那些投资者主要出于消费目的而持有的资产，如石油、铜、农产品等。对消费性资产来说，远期定价公式 $F=Se^{c(T-t)}$ 不再适用，而是转化为：

$$F \leqslant Se^{c(T-t)}$$

原因在于消费性资产具有消费价值（人们通常称之为便利收益），而远期合约却无法即时消费，消费性资产与其远期（期货）之间并不具有完全的可替代性。因此，即使在远期相对价值偏低的时候投资者也不会轻易出售现货，购买远期，从而使得单纯基于风险收益考虑的金融无套利原则不再完全有效。

如果我们可以准确估计出消费类商品的便利收益（用 y 表示），那么我们只要把消费类商品的持有成本定义为：

持有成本 = 储藏成本 + 无风险利息成本 - 标的资产的收益 - 便利收益

那么式（3.8）同样适用于消费类商品远期的定价。

第六节 远期（期货）价格与标的资产现货价格的关系

远期（期货）价格与标的资产现货价格之间的相互关系，可从两个角度加以考察：一是同一时刻远期（期货）价格与标的资产现货价格的关系；二是当前远期（期货）价格与标的资产预期的未来现货价格的关系。

一、同一时刻远期（期货）价格与标的资产现货价格的关系

从前几节的定价分析中可以看到，在完美市场中，同一时刻远期（期货）价格与标的资产现货价格的关系必须满足式（3.8）

$$F=Se^{c(T-t)}$$

也就是说，同一时刻远期（期货）价格与标的资产现货价格之间存在一定的均衡关系，否则就可以进行套利。具体来看，可以从四个角度分析它们之间的关系：

第一，标的资产价格与远期（期货）价格孰高孰低取决于持有成本。当标的资产在远期（期货）存续期内没有红利、已知红利较小或已知红利率小于无风险利率时，当前远期（期货）价格应高于标的资产的当前现货价格；当标的资产在远期（期货）存续期内的已知红利较大或已知红利率大于无风险利率时，当前远期（期货）价格应小于标的资产的当前现货价格。在远期（期货）到期日，远期（期货）价格将收敛于标的资产的现货价格。[①]

第二，标的资产的现货价格对同一时刻的远期（期货）价格起着重要的制约作用，正是

---

① 期货价格收敛于标的资产现货价格是由套利行为决定的。假定交割期间期货价格高于标的资产的现货价格，套利者就可以通过买入标的资产、卖出期货合约并进行交割来获利，从而促使现货价格上升，期货价格下跌。相反，如果交割期间现货价格高于期货价格，那么打算买入标的资产的人就会发现，买入期货合约等待空头交割比直接买入现货更合算，从而促使期货价格上升。

这种制约作用决定了远期(期货)是难以恶性炒作的。但是,如果现货市场规模不够大,现货价格无法形成对远期(期货)价格的有效制约,远期(期货)市场就迟早会因恶性投机而出问题。读者可以从案例3.2中深刻地体会到这一点。

【案例3.2】

"327"国债期货事件

20世纪90年代,我国曾经出现过金融期货,即国债期货。然而1995年2月23日的"327"国债期货事件对我国国债期货市场造成重创。1995年5月17日,中国证监会作出了暂停国债期货交易试点的决定,中国第一个金融期货品种宣告夭折。

"327"是"92(3)国债06月交收"国债期货合约的代号。其标的是1992年发行、1995年6月到期一次性兑付本息的3年期国库券,其年票面利率为9.5%,到期兑付的利息为票面利率再加上保值贴补率。1995年,在升息和保值贴补的浪潮中,"327"合约标的国债是否升息、是否进行保值贴补成为多空双方争夺的焦点。此外,多空双方在"327"国债期货合约是否实行混合交割(即用其他债券补充可用于交割的债券),以及1995年新发行的1 500亿元的国债中,有多大比例能被用于交割这一系列问题上看法也很不一致。正是这种不确定性引发了多空双方的巨大分歧。市场分化为以万国证券公司为代表的空方阵营和以中国经济开发信托投资公司(简称中经开)为代表的多方阵营。以财政部下属的中经开为首的多方利用"327"国债现货规模有限的有利条件,不断拉抬价格,制造逼空行情。而以万国证券为首的空方则认为通货膨胀已经见顶,期货价格严重高估,顽强抵抗。由于看法存在严重分歧,1995年2月后多空双方均在148元附近大规模建仓,"327"品种未平仓合约数量不断增加。

在多空双方僵持不下的情况下,1995年2月22日晚,财政部突然宣布将1992年发行的三年期国库券的票面利率在原定票面利率基础上增加5个百分点,并继续执行保值贴补,这就相当于每100元票面金额的该债券价值突然提高5元。在这特大利好鼓舞下,2月23日中经开率领的多方借利好用300万手买盘将"327"国债期货价格从前一天的收盘价148.21元上推至151.98元。而对于空方主力万国证券来说,"327"国债期货每上涨1元,其在收盘后结算时就要损失几亿元。为了减少损失,万国证券巨额透支交易,在交易所下午收盘前8分钟内抛出了1 056万手卖单,最后一单以730万手(合人民币1 460亿元)将价格封在147.50元。当日上交所国债期货的成交金额达到创纪录的8 536亿元,其中"327"合约占了80%左右。

"327"国债交易中的异常情况,震惊了证券市场。当晚上海证券交易所经紧急磋商,确认空方主力恶意违规,宣布最后8分钟所有的"327"品种期货交易无效,当日"327"品种的收盘价为违规前最后一笔交易价格151.30元,各会员之间实行协议平仓。这就是著名的"327"国债期货事件。

整个"327"事件为我国金融期货市场的建设和发展提供了惨痛的教训。最重要的是,流通在外的"327"标的国债现货的总面值为750亿元人民币,而按照国债期货买卖中1手为200张期货合约、1张合约对应100元面值国债计算,1995年2月23日当天多方300万手买盘就对应着面值600亿元的标的国债,而空方最后一单的730万手卖盘则对应着面值1 460亿元的标的国债,远远超过了现货市场的总量。从这里可以看到,正是由于现货市场规模太小,现货价格无法形成对期货价格的制约,无套利关系无法成立,实际期货价格很容易受到操纵而偏离其理论价格。在相关市场法律制度不健全的环境下,期货市场必然成为一个纯粹投机乃至恶性投机的场所,最终导致了我国国债期货市场的夭折。而成熟金融市场的经验往往是为一个期货品种设定多个可交割的标的资产,以保证现货-期货平价原理的正常运作,这是我国未来发展金融期货市场必须谨记的重要经验教训。

另外,财政部在这次事件中突然提高票面利率的做法也受到了强烈批评。这种做法对空方是显失公平的。

第三,远期(期货)与现货的相对价格只与持有成本有关,与未来现货的涨跌预期无关。[①] 市场对标的资产未来的涨跌预期会同时影响现货价格与远期(期货)价格的绝对水平,但由于远期(期货)到期时远期(期货)价格等于现货价格,而持有现货与远期(期货)的唯一区别只在于持有成本不同,因此它们的相对价格也只取决于持有成本,而与标的资产未来的涨跌预期无关。

第四,对式(3.8)进行变换,可得:

$$S=Fe^{-c(T-t)}$$

从本质来看,远期(期货)是衍生产品,其价格应取决于标的资产当前现货价格 S,随 S 变化而变化。但在现实生活中,由于远期(期货)市场具有低成本、高杠杆和高流动性等特征,在面临新的市场信息冲击时,投资者往往先在远期(期货)市场上进行操作,使得新信息往往先在远期(期货)市场上得到反映,然后才传达至现货市场,从而使得 F 反过来具有引领 S 价格变化的信号功能。当前远期(期货)价格对当前现货价格的此种引领作用也被称为远期(期货)的价格发现(price discovery)功能。由于期货具有标准化集中交易和低违约风险的优势,这一点在期货市场上比在远期市场上表现得更为明显。在现实生活中,远期(期货)价格的此种价格发现功能具有非常重要的战略意义。

二、当前远期(期货)价格与标的资产预期的未来现货价格的关系

下面以无红利资产为例,从资本市场风险和收益平衡的角度来说明当前远期(期货)价格与预期的未来现货价格之间的关系。[②]

假设某种资产的价格服从对数正态分布,有:

$$E(S_T)=Se^{\mu(T-t)} \tag{3.10}$$

式中:$E(S_T)$ 表示当前时刻市场上对该资产在 T 时刻的市价预期;

μ 表示该资产的预期收益率。

而无红利资产的远期(期货)价格有式(3.2):

---

① 值得注意的是,虽然预期不会影响远期(期货)与现货的相对价格,但会影响远期(期货)和现货的绝对价格。当预计未来现货价格将上涨时,现货价格与远期(期货)价格都会上涨,从而保持合理的相对价格。可以说,当没有远期(期货)时,当下的供求决定当下的现货价格。有了远期(期货)后,任何时刻的供求都会综合影响每个时刻的现货和远期(期货)价格。

② 关于期货价格与未来的现货价格之间关系的详细讨论,参见陈蓉,郑振龙. 无偏估计、价格发现与期货市场效率:期货与现货价格关系[J]. 系统工程理论与实践,2008,28(8):2-11.

$$F=Se^{r(T-t)}$$

比较以上两式可知，μ 和 r 的大小决定了 F 和 $E(S_T)$ 孰大孰小。而 μ 值的大小又取决于标的资产的系统性风险。根据资产定价原理，若标的资产的系统性风险为 0，则 $\mu=r$，$F=E(S_T)$；若标的资产的系统性风险大于零，则 $\mu>r$，$F<E(S_T)$；若标的资产的系统性风险小于零，则 $\mu<r$，$F>E(S_T)$。在现实生活中，大多数标的资产的系统性风险都大于零，因此在大多数情况下，F 都小于 $E(S_T)$。

对于有红利资产也可以通过类似分析得出同样的结论。

本章小结

1. 远期价格是指使得远期合约价值为零的交割价格。远期价值指的是远期合约本身的价值，它取决于远期价格与交割价格的差距。

2. 当无风险利率恒定，且对所有到期日都不变时，具有相同交割日的远期价格和期货价格应相等。当标的资产价格与利率正相关时，期货价格应高于远期价格；当标的资产价格与利率负相关时，期货价格应低于远期价格。但在大多数情况下，理论上均假定远期价格与期货价格相等。

3. 无红利资产远期合约的价值为 $f=S-Ke^{-r(T-t)}$，远期价格为 $F=Se^{r(T-t)}$。

4. 支付已知红利资产的远期合约价值为 $f=S-I-Ke^{-r(T-t)}$，远期价格为 $F=(S-I)e^{-r(T-t)}$。

5. 支付已知红利率证券的远期合约价值为 $f=Se^{-q(T-t)}-Ke^{-r(T-t)}$，远期价格为 $F=Se^{(r-q)(T-t)}$。

6. 如果用 c 表示持有成本，那么 $F=Se^{c(T-t)}$。

7. 远期（期货）价格并不是未来现货价格的无偏估计。在现实生活中，大多数标的资产的系统性风险都大于零，因此在大多数情况下，F 都小于 $E(S_T)$。

8. 套利机制是金融市场中最重要的市场机制，是保证衍生品市场价格保持合理的重要市场力量。而合理的价格是保证衍生品功能得到正常发挥以及资源优化配置的前提条件。

即测即评

习　题

1. 假设一种无红利支付的股票目前的市价为 20 元，无风险连续复利年利率为 5%，求该股票 3 个月期远期价格。如果 3 个月后该股票的市价为 15 元，求这份交易数量为 100 单位的远期合约多头方的价值。

2. 假设一种无红利支付的股票目前的市价为 20 元，利率期限结构平坦。无风险连续复利年利率为 5%，市场上该股票的 3 个月远期价格为 23 元，请问应如何进行套利？若该股票 1 个月后和 2 个月后每股将分别派发红利 1 元和 0.8 元,是否存在套利空间？若有,应如何进行套利？

3. 假设沪深 300 指数目前为 3 984 点,3 个月期的无风险连续复利年利率为 4%,指数股息红利率约为每年 1%,求该指数 3 个月期的期货价格。

4. 某股票预计在 2 个月和 5 个月后每股分别派发 1 元股息,该股票目前市价等于 30 元,所有期限的无风险连续复利年利率均为 6%,某投资者刚取得该股票 6 个月期的远期合约空头,交易单位为 100。请问：

（1）该远期价格等于多少？若交割价格等于远期价格,则远期合约的初始价值等于多少？

（2）3 个月后,该股票价格涨到 35 元,无风险利率仍为 6%,此时远期价格和该合约空头价值等于多少？

5. 请阐释以下观点：在交割期间,期货价格高于现货价格将存在套利空间。如果交割时期货价格低于现货价格呢？

6. 股价指数期货价格应大于还是小于未来预期的指数水平？请解释原因。

7. 某公司于 1 个月前与银行签订一份远期合约,约定在未来的 T_1 时刻以价格 K 出售标的资产给银行。当前为 t 时刻,标的价格为 S_t,该公司咨询银行,可否将合约交割时刻从 T_1 延长到 $T_2(T_2>T_1)$。如果你是银行,你觉得可以对其进行延期吗？如果可以,应如何操作？

8. 远期或期货合约的标的资产可以是不可交易资产吗？如果可以,请举例并简述与可交易标的资产的远期或期货合约定价的差异。

9. 假设 F_1 和 F_2 是基于同一种商品的两份期货合约的价格,到期日分别为 T_1 和 T_2,且 $T_1<T_2$。请说明 F_1 和 F_2 满足什么样的关系时会存在套利机会？假设商品无存储成本,远期和期货无差异。

10. 2015 年 9 月 2 日 15:00,中证 500 现货和期货价格如表 3.1 所示,请分析其可能的原因。

表 3.1　中证 500 现货和期货价格表

	收盘价	升贴水幅度
中证 500 指数	6 122.55	
IC1509	5 377.0	12.18%
IC1510	5 009.0	18.19%
IC1512	4 724.8	22.84%
IC1603	4 617.0	24.59%

第四章 远期与期货的运用

我们在第一章中已经知道,金融市场主要有风险管理者、套利者和投机者三类交易者。相应地,风险管理、套利和投机就是远期和期货的三大运用领域。其中,风险管理是远期和期货产生的最大动力源,也是远期和期货最重要、最应发展的运用领域。

第一节 运用远期与期货进行风险管理

所谓风险管理,是指运用金融衍生品等工具,将面临的风险调整到合意的水平。

一、运用远期(期货)进行风险管理的类型

运用远期(期货)进行风险管理主要有两种类型:多头风险管理与空头风险管理。

(一) 多头风险管理

多头风险管理也称买入风险管理,即通过做多远期或期货进行风险管理。很显然,担心价格上涨的经济主体会运用多头风险管理的策略。例如,利率上升会导致企业融资成本上升,而企业很难通过提价把融资成本转嫁出去,企业就面临利率上升而导致企业盈利下降甚至亏损的风险。如果企业预测未来利率上升的概率和空间较大,它就可以通过买入利率远期来规避利率上升的风险。这样,未来无论利率涨跌,该企业的实际融资成本都是固定的。

案例 4.1 给出了一个多头风险管理的例子。

【案例 4.1】

股指期货的多头风险管理

2019 年 11 月 29 日,沪深 300 指数为 3 828.67 点。中国某基金公司预期在 2020 年 6 月 19 日将有一笔总金额为 11 425 800 元的资金配置于沪深 300 指数。该公司认为未来半年中国股市上涨的概率较大,为了防止到时股市上扬导致买入成本过高,该公司决定利用 2020 年 6 月 19 日到期的沪深 300 指数期货 IF2006 合约进行套期保值。当时 IF2006 报价为 3 808.6 点,即一份合约规模为 $3\ 808.6\times300=1\ 142\ 580$ 元。因此该基金公司以 3 808.6 点买入 10 份 IF2006 合约。

假设 2020 年 6 月 19 日当天 IF2006 到期结算价涨到 4 500 点,则其在期货头寸上盈利 691.4 点。该基金公司以当天最后 2 小时的现货平均价 4 500 点买进现货,扣掉期货上的盈利,等价于按 3 808.6 点的价位买入指数,有效防止了股市上升导致的买入成本

上升。如果没有套保，该公司将多支出 2 074 200[(4 500−3 808.6)×300×10]元。

假设 2020 年 6 月 19 日沪深 300 指数低于 3 808.6 点，例如为 3 600 点，这时该基金公司在现货市场上以 3 600 点买入沪深 300 现货，但在期货市场上亏损 208.6 点，这意味着该公司实际上仍以 3 808.6 点的价位买入指数。如果没有风险管理，该公司将少支出625 800[(3 808.6−3 600)×300×10]元。

可以看到，运用期货多头进行风险管理，并不意味着一定盈利，但无论期货到期时现货的价格是上升还是下跌，投资者实际上都以期货价格的水平买入标的资产。这就是期货风险管理的真实意义：运用期货消除价格的不确定性，消除价格风险。

当然，风险管理者也可以不完全消除风险，而是运用远期（期货）多头把风险调整到合意的水平。

（二）空头风险管理

空头风险管理也称卖出风险管理，即通过做空远期或期货市场进行风险管理。很显然，担心价格下跌的投资者会运用空头风险管理的策略。例如，对于铁矿石企业来说，由于成本相对固定，铁矿石价格的下跌将使公司盈利下降甚至亏损。如果该企业预测未来铁矿石下跌的概率和空间较大，它就可以通过卖出铁矿石远期或期货来规避铁矿石价格下跌的风险。这样，未来无论铁矿石价格涨跌，该公司的利润都是较为确定的。

案例 4.2 给出了一个空头风险管理的例子。

【案例 4.2】

美元的空头风险管理

假设在 2019 年 11 月 29 日，国内的某航空公司已知其在半年后将有一笔 1 000 万美元贷款到期，需要用人民币购买美元偿还。该公司预期未来半年美元汇率上涨的可能性较大，因此决定向中国工商银行买进半年期的美元远期。

当天中国工商银行报出的 1 年期远期美元卖出价为 7.061 7 元，该公司即以此签订半年期的远期外汇协议。半年后，假设中国工商银行的人民币即期现汇卖出价为 7.250 0元。根据远期外汇协议，该公司可以 7.061 7 元的价格向中国工商银行买入 1 000万美元，等于将汇率锁定在 7.061 7 元。而如果没有风险管理，半年后它将多支出 188.3[(7.250 0−7.061 7)×1 000]万元人民币。

假设半年后中国工商银行的人民币即期现汇卖出价为 7.010 0 元。根据远期外汇协议，A 企业仍然需以 7.061 7 元的价格向中国工商银行买入 1 000 万美元。如果没有风险管理，该公司将少支出 51.7[(7.061 7−7.010 0)×1 000]万元人民币。因此空头风险管理同样无法保证投资者盈利，但锁定了卖出价格，因而消除了价格风险。

有趣的是，既可以将本例中的交易理解为美元远期的多头，也可以理解为人民币远期的空头，这是外汇交易的特殊性质。

值得注意的是，风险管理应该是针对企业的全局风险进行的，而不是针对局部风险。从全局和从局部看问题，有时会得到相同的结论，有时却会得出完全不同的结论。例如，建筑企业通常签订合同在前，采购原材料在后。如果建筑合同的金额是固定的，那么企业就面临原材料上涨的风险。如果该建筑企业认为钢筋、水泥等原材料会上涨，他就可以通过买入钢筋、水泥等期货,来对冲原材料上涨的风险。这时无论从原材料这个局部看问题,还是从公司整体来看问题,结论都是一致的,都应该买进期货进行套保。

但对于炼油企业来说,从全局看问题和从局部看问题所得的结论,就是相反的。因为炼油企业的业务模式是先采购原油,经过一段时间的炼油后,再卖油。从局部来看,原油是其成本,原油价格上升将导致其成本上升,似乎对公司是不利的,应该买进原油期货套保。但这样做实际上会使公司面临的风险加大。因为从全局来看,原油价格上升将带来成品油价格上升,而由于原油采购在先,成品油销售在后,所以原油上升对公司是有利的。如果只看局部(原材料上涨)而买进原油期货,那么当未来原油价格上升的时候,公司整体业务赚钱,原油期货也赚钱,双喜临门;而当未来原油价格下跌的时候,公司整体业务亏钱,原油期货也亏钱,祸不单行。所以从全局来看,此时买进原油期货,其实不是在消除公司风险(不是在套保),而是在放大风险(是在投机)。因此,是否套保以及如何做套保要从全局来判断。公司如果认为原油价格上升的可能性较大,可以不做套保。但如果公司认为原油价格下跌的可能性比较大,就必须通过卖出原油期货做套保。

同样,风险管理者也可以利用远期(期货)将风险调整到合意的水平。

二、完美与不完美的套期保值

读者可能注意到,案例 4.1 和案例 4.2 中,远期(期货)的到期日、标的资产和交易金额等条件的设定使得远期(期货)与现货都能恰好匹配,从而使得套期保值能够完全消除价格风险。这种能够完全消除价格风险的套期保值称为完美的套期保值。一般来说,远期合约由于是交易双方直接商定的,大多情况下可以实现远期与被套期保值资产在标的物、到期日和交易金额方面的完全匹配,从而实现完美的套期保值。但在现实的期货市场中,完美的套期保值通常是不存在的。不完美的套期保值,即无法完全消除价格风险的套期保值才是常态。因此,这里以期货为代表来讨论不完美的套期保值。期货不完美的套期保值主要源于基差风险(basis risk)和数量风险(quantity risk)。

(一) 基差风险

基差(basis),是指特定时刻被套保的现货价格与用以套保的期货价格之差。用公式可以表示为:

$$b=H-G$$

式中:b 是特定时刻的基差;

H 是需要进行套期保值的现货价格;

G 是用以进行套期保值的期货价格。①

基差最主要的用途就是分析套期保值的收益和风险。在 1 单位现货空头用 1 单位期货多头进行套期保值的情形下,投资者的套期保值收益可以表达为:

$$(H_0-H_1)+(G_1-G_0)=(H_0-G_0)-(H_1-G_1)=b_0-b_1 \tag{4.1}$$

而在 1 单位现货多头用 1 单位期货空头进行套期保值的情形下,投资者的套期保值收益可以表达为:

---

① 这里用 H 来表示被套期保值的现货价格,是为了与专门表示期货合约的标的资产价格的 S 相区别;用 G 表示实际期货价格,是为了与理论期货价格 F 相区别。

$$(H_1 - H_0) + (G_0 - G_1) = (H_1 - G_1) - (H_0 - G_0) = b_1 - b_0 \qquad (4.2)$$

式中：下标的 0 和 1 分别代表开始套期保值的时刻和未来套期保值结束的时刻；

b_0 代表当前时刻的基差；

b_1 代表套期保值结束时的基差。

显然，当前时刻的基差 b_0 是已知的，b_1 是否确定则决定了套期保值收益是否确定，是否能够完全消除价格风险。① 可以进一步将 b_1 分解为：

$$b_1 = H_1 - G_1 = (S_1 - G_1) + (H_1 - S_1) \qquad (4.3)$$

式中：S_1 表示套期保值结束时，期货标的资产的现货价格。

如果期货的标的资产与投资者需要进行套期保值的现货是同一种资产，且期货到期日就是投资者现货的交易日，根据期货价格到期时收敛于标的资产价格的原理，有：

$$H_1 = S_1, S_1 = G_1, b_1 = 0$$

在这种情况下，投资者套期保值的收益就是确定的，期货价格就是投资者未来确定的买卖价格，就可以实现完美的套期保值。

但如果期货标的资产与需要套期保值的资产不是同一种资产，如套期保值者无法在市场上获得其所需要的标的资产的期货产品而不得不采用一个近似标的资产的期货产品进行套期保值②，就无法保证 $H_1 = S_1$；或者如果期货到期日与需要套期保值的日期不一致，如套期保值者可能无法事先确定套期保值的确切时间③，也可能无法找到在需要的日期到期的期货产品，这时无法保证套期保值结束时期货价格与其标的资产价格一定会收敛，也就无法保证 $S_1 = G_1$。

因此，只要无法确定 $H_1 = S_1$ 或 $S_1 = G_1$，就无法保证 $b_1 = 0$，也就无法完全消除价格风险，无法获得完美的套期保值。这里，源自 b_1 的不确定性就被称为基差风险。

总之，基差风险描述了运用远期（期货）进行套期保值时无法完全对冲的价格风险。但通过套期保值，投资者将其所承担的风险由现货价格的不确定变化转变为基差的不确定变化，而基差变动的程度总是远远小于现货价格的变动程度，因此不完美的套期保值虽然无法完全对冲风险，但还是在很大程度上降低了风险。

另外，值得注意的是，任何一个现货与期货组成的套期保值组合，在其存续期内的每一天基差都会随着期货价格和被套期保值的现货价格的变化而变化。基差增大对空头套期保值有利而基差减小对多头套期保值有利，读者可以很容易地从式（4.1）和式（4.2）中看到这一点。表 4.1 对此进行了详细的总结。

表 4.1　套期保值盈利性与基差关系

套期保值类型	受益来源	条件
多头套期保值	基差减小	以下三者之一： (1) 现货价格的涨幅小于期货价格的涨幅 (2) 现货价格的跌幅大于期货价格的跌幅 (3) 现货价格下跌而期货价格上涨

① 在讨论基差风险时，先假定没有数量风险。

② 这种套期保值通常被称为交叉套期保值（cross hedging）。

③ 在这种情况下，远期合约也可能存在基差风险。

续表

套期保值类型	受益来源	条件
空头套期保值	基差增大	以下三者之一： （1）现货价格的涨幅大于期货价格的涨幅 （2）现货价格的跌幅小于期货价格的跌幅 （3）现货价格上涨而期货价格下跌

（二）数量风险

在现实生活中，除了基差风险之外，期货的套期保值中往往还因为数量风险而无法实现完美的套期保值。数量风险，是指投资者事先无法确知需要套期保值的标的资产规模[①]或期货合约的标准数量规定无法完全对冲现货的价格风险，因此它也是进行套期保值时需要考虑的问题之一。

但是，数量风险与基差风险有所不同。人们通常认为，套期保值最重要的风险是指包含在已确定进行套期保值的那部分价值内，是由于基差不确定导致的无法完全消除的价格风险。因此，在下面的讨论尤其是最优套期保值比率的讨论中，没有考虑数量风险。

三、远期（期货）套期保值策略

在运用远期（期货）进行套期保值的时候，需要考虑以下四个问题：① 选择远期（期货）合约的种类；② 选择远期（期货）合约的到期日；③ 选择远期（期货）的头寸方向，即多头还是空头；④ 确定远期（期货）合约的交易数量。由于第四个问题特别重要，后面将单独讨论这一内容，这里先讨论前三个问题。

（一）合约的选择

在合约的选择中，实际上需要考虑两个问题：第一，在被套期保值的现货既有远期合约又有期货合约交易的情况下，应选择远期还是期货。第二，在被套期保值的现货与市场上可得的期货合约标的资产不匹配的情况下，要选择何种标的资产的合约。

总的来看，套期保值者应选择具有足够流动性且与被套期保值的现货资产高度相关的合约品种。

从远期与期货的选择来看，远期合约比较适合个性化需求与持有到期的情形；期货合约则在大多数情况下流动性较好，且可以采取提前平仓的方式结束头寸，但往往可得的品种较少。另外，期货有特殊的每日盯市结算与保证金要求，一般来说初始保证金的交纳并不会造成远期与期货头寸的较大差异，但在期货存续期内可能发生补交保证金的情形，这在远期与期货的选择中也是一个重要的考虑因素。

从合约标的资产来看，选择一个 $H=S$ 的期货合约是相当重要的，因为交叉套期保值的基差风险往往很大。在不可得的情况下，也要尽量选取与被套期保值的现货资产高度相关的合约品种，尽量减少基差风险。

（二）合约到期日的选择

套保主体选择了期货进行套期保值后，可能发生市场中可得的期货到期日与套期保值

① 在这种情况下，远期合约也可能存在数量风险。

到期时间无法完全吻合的现象。一般的操作原则是避免在期货到期的月份中持有期货头寸,因为到期月中期货价格常常因为流动性太差而出现异常波动,可能给套期保值者带来额外的风险[①]。因此,在这两个到期时间无法完全吻合的情况下,套保主体通常会选择比所需的套期保值月份略晚但尽量接近的期货品种,因为期货可以用提前平仓的方式来方便地结清头寸,避免单独的风险暴露。

有时可能出现套期保值的到期时间超过市场上所有可得的期货合约到期时间的情形。在这种情况下,套期保值者可以使用较短期限的期货合约,到期后再开立下一个到期月份的新头寸,直至套期保值结束。这个过程被称为"套期保值展期",或者称为"滚动的套期保值",可能给套期保值者带来额外的风险。

如果套保主体选择远期进行套期保值,往往可以实现到期日的完全匹配。在无法确定套期保值的具体日期的情况下,需将远期合约的到期日尽量接近可能的日期。

(三) 合约头寸方向的选择

实际上本节的开始已经讨论过这个问题。基本原则就是当价格的上升可能对套保主体造成不利影响的时候,应该选择多头套期保值;价格的下跌可能对套保主体造成不利影响的时候,应该选择空头套期保值。

四、最优套期保值比率的确定

(一) 最优套期保值比率的理解

套期保值比率(hedge ratio),是指用于套期保值的资产(如远期和期货)头寸对被套期保值的资产头寸的比率,即

$$\frac{\text{套期保值资产头寸数量}}{\text{被套期保值资产头寸数量}} \tag{4.4}$$

在案例 4.1 和案例 4.2 中,都使用了等于 1 的套期保值比率。但这并不意味着 1 就是最优套期保值比率。最优套期保值比率,是指能够最有效、最大程度地消除保值对象价格变动风险的套期保值比率。显然,当存在基差风险时,最优套期保值比率几乎不可能为 1。那么,应该如何确定最优套期保值比率呢?下面以多头套期保值为例讨论最优套期保值比率问题。[②]

沿用前面的符号,在 1 单位现货空头用 n 单位期货多头进行套期保值的情形下,投资者的整个套期保值组合的价值变动(即套期保值收益)可以表达为:

$$\Delta \Pi = n\Delta G - \Delta H = n(G_1 - G_0) - (H_1 - H_0)$$

对现货来说,价格就是价值,现货价格的变动 ΔH 就是现货头寸价值的变动。对期货来说,尽管期货价格不等于期货价值,但 1 单位期货价格的变动 ΔG 也反映了 1 单位期货头寸价值的变动。

从直觉上说,最优套期保值比率就是使得套期保值组合的价值变动对被套期保值的资产价值的变化敏感性为零的套期保值比率,也就是完全消除了现货资产价值变动带来的风险的套期保值比率,即使得:

$$\frac{\partial(\Delta \Pi)}{\partial(\Delta H)} = 0$$

① 这点在商品期货市场上表现得较为明显。

② 可以很容易证明,空头套期保值的最优比率与多头套期保值的最优比率的估计原理相同。

的套期保值比率（0 时刻 G_0 和 H_0 都是已知的）。简单计算即可得到，无论对多头套期保值还是空头套期保值①，都有：

$$n=\frac{\partial(\Delta H)}{\partial(\Delta G)}=\frac{\partial r_H\times H_0}{\partial r_G\times G_0} \tag{4.5}$$

式中：r_H 和 r_G 分别表示在套期保值期间 H 和 G 的收益率。

式（4.5）体现了期货最优套期保值比率的本质含义：期货到期时，期货价格每变动 1 时，被套保的现货价格变动的量。② 反过来也就意味着 1 单位的现货需要 n 单位的期货头寸对其进行套期保值，才能达到最优的消除风险的效果。

可以很容易地证明，当被保值的资产与远期（期货）的标的资产一样，而且远期（期货）到期时间与保值期限到期时间一样时，最优套期保值比率就等于 1。这是因为当远期（期货）到期时，期货价格等于现货价格。

在实际进行套期保值时，由于上述最优套期保值比率 n 是针对单位价值变动的，实际的最优套期保值数量 N 还应在 n 的基础上考虑具体的头寸规模，即

$$N=n\times\frac{Q_H}{Q_G}=\frac{\partial(\Delta H)\times Q_H}{\partial(\Delta G)\times Q_G}=\frac{\partial r_H\times H_0\times Q_H}{\partial r_G\times G_0\times Q_G}=\frac{\partial r_H\times V_H}{\partial r_G\times V_G} \tag{4.6}$$

式中：Q_H 和 V_H 分别为需要进行套期保值的现货资产头寸的数量和总价值；

Q_G 为用于套期保值的每份期货合约中的数量或乘数，具体由期货合约规则确定③；

V_G 为每份期货合约的规模。

式（4.6）表明，需要交易的期货合约份数 N 就是使得现货头寸总价值变动等于期货头寸总价值变动的量。

（二）最优套期保值比率的估计

到目前为止，学术界和实务界已经提出了多种估计最优套期保值比率的方法。这里介绍最常见也较具一般性的“最小方差套期保值比率”。

最小方差套期保值比率，就是指套期保值的目标是使得整个套期保值组合收益的波动最小化的套期保值比率，具体体现为套期保值收益的方差最小化。可以看到，对期货来说，无论是多头套期保值还是空头套期保值，套期保值收益的方差（σ_Π^2）均为：

$$\sigma_\Pi^2=\sigma_H^2+n^2\sigma_G^2-2n\sigma_{HG}=\sigma_H^2+n^2\sigma_G^2-2n\rho_{HG}\sigma_H\sigma_G \tag{4.7}$$

式中：σ_H^2 与 σ_G^2 分别为现货价格变化 ΔH 与远期（期货）价格变化 ΔG 的方差；

σ_{HG}为 ΔH 与 ΔG 的协方差；

ρ_{HG}为 ΔH 与 ΔG 的相关系数。

在最小方差套期保值比率方法下，最小方差套期保值比率必须使得 σ_Π^2 最小化。因此 σ_Π^2 对 n 的一阶导数必须等于零，而二阶导数必须大于零。

从式（4.7）可得：

---

① 空头套期保值显然可以用类似的方法计算得到式（4.5）。

② 这显然是静态套保，动态套保的情形见第五章。值得注意的是，静态套保只适用于线性衍生产品。对于债券、期权等非线性衍生产品，只能用动态套保。在动态套保时，不能用统计方法求 n，而只能通过理论关系求偏导。详见第五章。

③ 例如，一份长期国债期货合约的规模为 100 000 美元面值的长期美国国债，而期货价格是以 100 美元面值的国债价格报出的，因此其乘数为 1 000。中国沪深 300 股指期货的乘数则为 300 元。

$$\frac{\partial \sigma_{\Pi}^{2}}{\partial n}=2n\sigma_{G}^{2}-2\rho_{HG}\sigma_{H}\sigma_{G}$$

$$\frac{\partial^{2}\left(\sigma_{\Pi}^{2}\right)}{\partial n^{2}}=2\sigma_{G}^{2}>0$$

令$\frac{\partial \sigma_{\Pi}^{2}}{\partial n}=0$,可以得到令套期保值收益风险最小的最小方差套期保值比率为:

$$n=\rho_{HG}\frac{\sigma_{H}}{\sigma_{G}} \tag{4.8}$$

也就是说,期货最小方差套期保值比率等于 ΔH 和 ΔG 之间的相关系数乘以 ΔH 标准差与 ΔG 标准差的比率。从式(4.8)可以看到,当 ΔH 与 ΔG 之间的相关系数等于 1,且 ΔH 的标准差等于 ΔG 的标准差时,最小方差套期保值比率等于 1。当被保值的资产与远期(期货)的标的资产一样,且远期(期货)到期时间与保值期限到期时间一样时,就是这种情况。

读者或许已经发现,式(4.8)非常类似于最小二乘法下一元线性回归方程中自变量系数的计算公式。事实上,在实践当中,寻找最小方差套期保值比率的最简单方法就是利用历史数据估计一元线性回归方程,即估计:

$$\Delta H=a+b\Delta G+\varepsilon \tag{4.9}$$

式中的系数 b,即为最小方差套期保值比率,因为系数 b 的估计公式与式(4.8)是一样的。由于系数 b 反映了远期(期货)单价每变动一个单位,现货单价变动的数量,正好与式(4.5)是具有内在一致性的。在得到回归系数 b 之后,再根据式(4.6)调整为实际套期保值数量:

$$N=b\times\frac{Q_{H}}{Q_{G}}$$

人们更经常对收益率而非价格的绝对变动①进行回归,即

$$r_{H}=a+b'r_{G}+\varepsilon \tag{4.10}$$

注意式(4.10)的回归系数 b'和式(4.9)的回归系数 b 的关系为:

$$b=\frac{cov(\Delta H,\Delta G)}{var(\Delta G)}=\frac{cov(H_{0}r_{H},G_{0}r_{G})}{var(G_{0}r_{G})}$$

$$=\frac{H_{0}G_{0}cov(r_{H},r_{G})}{G_{0}^{2}var(r_{G})}=b'\frac{H_{0}}{G_{0}}$$

这意味着在得到回归系数 b'之后,实际套期保值数量为:

$$N=b'\times\frac{V_{H}}{V_{G}}$$

事实上,这与式(4.5)和式(4.6)也是一致的。

但是,值得注意的是,在对式(4.9)和式(4.10)进行回归时,$\Delta H(r_{H})$和 $\Delta G(r_{G})$的期间应与实际套期保值的期间长度相同,且样本的时期之间不宜重合(overlapping),这样可得数据往往太少。而在时间序列平稳的情况下,日收益与更长时间收益的统计性质是一致的。因

① 当时间极短时,百分比收益率 $\Delta P/P$ 和对数收益率可以视为相等,而对数收益率更符合平稳序列和正态分布的假设,因此在实际回归时,在平稳假设下通常采用现货和期货价格的每日对数收益率进行回归,得到的结果可视为套期保值期间现、期货价格收益率 r_{H} 与 r_{G} 的回归系数。

此，人们通常采用更短时间的数据（多为日数据）进行回归。另一方面，最小二乘回归要求因变量至少应服从对称分布，ΔH 和 r_H 并不满足这一条件，但对数收益率却满足这一条件。而对于日收益来说，百分比收益率和对数收益率在数值上是几乎相等的。综合上述两个原因，在实际估计套期保值比率时，式(4.10)中的自变量和因变量通常采用的是现货和期货价格的每日对数收益率而非百分比收益率。

最后，最小方差套期保值比率的有效性可以通过检验风险降低的百分比来确定。可以定义套期保值有效性为：

$$e^* = \frac{\sigma_H^2 - \sigma_\Pi^2}{\sigma_H^2} \tag{4.11}$$

也就是说，套期保值有效性反映的是通过套期保值组合消除了的风险占原风险的比例。将式(4.7)与式(4.8)代入式(4.11)可得：

$$e^* = \rho_{HG}^2 = \frac{cov^2(\Delta H, \Delta G)}{var(\Delta H)var(\Delta G)} = \frac{cov^2(H_0 r_H, G_0 r_G)}{var(H_0 r_H)var(G_0 r_G)} = \rho_{r_H r_G}^2$$

由于一元线性回归方程式(4.10)的判别系数 $R^2 = \rho_{r_H r_G}^2$，因此实践中通常可以利用式(4.10)的判别系数来检验套期保值的有效性，R^2 越接近 1，套期保值的效果越好。

案例 4.3 给出了一个简单的计算最小方差套期保值比率的例子。在第五章中，将针对具体期货合约给出计算最小方差套期保值比率的更多案例。

【案例 4.3】

期货最小方差套期保值比率

假设投资者 A 手中持有某种现货资产价值 1 000 000 元，目前现货价格为 100 元。拟运用某种标的资产与该资产相似的期货合约进行 3 个月期的套期保值。如果该现货资产价格季度变化的标准差为 0.65 元，该期货价格季度变化的标准差为 0.81 元，两个价格变化的相关系数为 0.8，每份期货合约规模为100 000元，期货价格为 50 元。问：3 个月期货合约的最小方差套期保值比率是多少？应如何进行套期保值操作？

最小方差套期保值比率为：

$$n = \rho_{HG}\frac{\sigma_H}{\sigma_G} = 0.8 \times \frac{0.65}{0.81} = 0.64$$

因此，投资者 A 应持有的期货合约份数为：

$$N = n \times \frac{1\,000\,000/100}{100\,000/50} = 3.2 \approx 3 \text{ 份}$$

投资者应持有 3 份期货空头，以实现套期保值。

五、运用远期（期货）进行其他类型的风险管理

本节主要介绍了运用远期（期货）对现货头寸进行风险管理的策略与方法。实际上，只要是基于同一或是类似标的资产的现货与衍生产品，都可以相互进行风险对冲。例如，期货可以用来为相同或类似标的资产的期权空头进行风险对冲。

第二节　运用远期与期货进行套利与投机

除了风险管理之外，远期与期货还可以用于套利与投机。

一、运用远期与期货进行套利

当市场存在某些套利机会的时候，如远期（期货）价格偏离其与标的资产现货价格的均衡关系时，投资者可以运用远期与期货进行套利。例如，在第三章中，当现货-远期平价原理式（3.2）、式（3.5）与式（3.7）不成立时，可以进行相应的套利，具体套利过程已在第三章中做了介绍，这里就不再重复。

二、运用远期与期货进行投机

当远期（期货）的交易者既非出于对现货头寸套期保值的需要，也非由于市场偏离均衡平价关系存在套利机会，而是根据自己对未来价格变动的预期进行交易，通过承担风险获取收益时，该投资者就是在运用远期（期货）进行投机。

从本质上看，远期（期货）与其标的资产价格变动的风险源是相同的，只是交割时间不同。因此，远期（期货）与其标的资产现货之间往往存在良好的替代关系，投机者通过承担价格变动的风险获取收益，既可以通过远期（期货）实现，也可以通过现货实现。远期（期货）的优势在于进入成本低，具有高杠杆效应，因而成为良好的投机途径。但事实上，高杠杆可能使得一个小比例的价格变化带来放大的收益，但也可能导致一个小比例的价格变化带来放大的亏损，这是衍生产品高杠杆效应的双刃剑本质。案例 4.4 中的沪深 300 指数期货交易案例很清晰地说明了这一点。

【案例 4.4】

沪深 300 指数期货交易杠杆效应

假设投资者 A 于 2019 年 12 月 20 日按开盘价 4 060.0 点买入 1 手 IF2006。假设期货公司要求的保证金比例为 10%，则需提交保证金 4 060.0×300×10% = 121 800 元，在接下来的三个交易日内其损益状况如表 4.2 所示。

表 4.2　交易损益状况　　单位：元

日期	结算价格	保证金账户余额	需追加保证金
20191220	4 050.6	121 800+(4 050.6−4 060.0)×300 = 118 980	4 050.6×300×10%−118 980 = 2 538
20191223	3 993.2	118 980+2 538+(3 993.2−4 050.6)×300 = 104 298	3 993.2×300×10%−104 298 = 15 498
20191224	4 005.8	104 298+15 498+(4 005.8−3 993.2)×300 = 123 576	4 005.8×300×10%−123 576 = −3 402

续表

日期	期指日收益率	投资者在期货头寸上的日收益率
20191220	=-0.23%	=-2.3%
20191223	=-1.42%	=-14.17%
20191224	=0.32%	=3.16%

从表4.2中可以很明显地看到，当标的资产价格按照投资者预期方向变动时，标的资产一个小比例的变化会带来期货投资放大的收益。但是当标的资产价格发生对投资者不利的变动时，标的资产一个小比例的变化会带来期货投资放大的亏损。

可以说，正是远期（期货）交易的高杠杆性吸引了大量投机者的介入，但也正是其高杠杆性容易导致投资者血本无归甚至负债累累，演变出金融历史上诸如巴林银行等多个事件。因此，人们往往对投机颇为反感。但在客观上，套期保值者和套利者往往是不足以维持一个市场需要的流动性的，此时适度投机可以起到提供流动性的客观作用。从这个意义上说，远期（期货）投机者不仅通过承担价格变动的市场风险，也通过承担流动性风险来获取风险收益。

本章小结

1. 远期和期货的三大运用为：风险管理、套利和投机。

2. 运用远期（期货）进行风险管理可以分为多头风险管理和空头风险管理两种。

3. 现实世界中，由于存在基差风险和数量风险，往往无法完全对冲价格风险，因此，通常存在的是不完美的套期保值。

4. 运用远期（期货）进行套期保值的时候，需要考虑以下四个问题：① 选择远期（期货）合约的种类；② 选择远期（期货）合约的到期日；③ 选择远期（期货）的头寸方向，即多头还是空头；④ 确定远期（期货）合约的交易数量。

5. 套期保值比率是指用于套期保值的资产（如远期和期货）头寸对被套期保值的资产头寸的比率。最优套期保值比率是指能够最有效、最大程度地消除套保对象价格变动风险的套期保值比率。最小方差套期保值比率是使得整个套期保值组合收益的波动最小化的套期保值比率，最小方差套期保值比率为 $n=\rho_{HG}\dfrac{\sigma_H}{\sigma_G}$。套期保值有效性 $e^*=\rho_{HG}^2=R^2$。式中，R^2 为 $r_H=a+b'r_G+\varepsilon$ 的判定系数。

6. 远期（期货）之所以成为良好的投机途径，是因为其进入成本低，具有高杠杆效应。

即测即评

习　题

1. 在什么情况下进行多头风险管理或空头风险管理更合适？

2. 请说明产生基差风险的情况，并解释“如果不存在基差风险，最小方差套期保值比率总为1”的观点。

3. “如果最小方差套期保值比率为1，则这个套期保值一定是完美的。”这一观点正确吗？请解释原因。

4. 请解释完美套期保值的含义，并回答：“完美的套期保值的结果就一定比不完美的套期保值好吗？”

5. 某航空公司预计在1个月后需要购买200万加仑的飞机燃料油并决定用取暖油(heating oil)期货来进行对冲，一份期货合约规模为42 000加仑。假设飞机燃料每加仑油价变化为ΔH，用于对冲的取暖油期货价格变化为ΔG。为了估计最小方差套期保值比率，获取15个样本数据，将第i个ΔH和ΔG的观察值分别记为y_i和x_i，样本数据显示：

$$\sum y_i = 0.003, \sum y_i^2 = 0.0097, \sum x_i = -0.013, \sum x_i^2 = 0.0138, \sum x_i y_i = 0.0107$$

请问：最优套期保值数量是多少？

6. 假设某投资公司有20 000 000美元的股票组合，他想运用标准普尔500指数期货合约在未来一个月对该组合进行套期保值。假设目前指数为1 080。股票组合收益率的月标准差为1.8，标准普尔500指数期货收益率的月标准差为0.9，两者间的相关系数为0.6。问如何进行套期保值操作？

7. 假设投资者A于2020年1月2日进行中国金融期货交易所的沪深300指数期货交易，开仓买进6月到期沪深300指数期货合约2手，均价4 160.0点。假设初始保证金和维持保证金比例均为10%，请问：该投资者需提交多少保证金？

8. 请按照案例4.4的格式根据实际市场数据计算2020年10月9日和10月10日IF2006保证金变动情况。

9. 在2015年股灾中，中国的股指期货受到很大的冲击，监管层几乎暂停了股指期货的正常运行，使其在3个月内成交量下跌99%。事实上，美国和日本的股指期货也曾经遭到过严重的批评。请查找相关历史资料及其之后的市场变迁情况，在对比后谈谈作为专业人士，你是如何看待这个问题的。

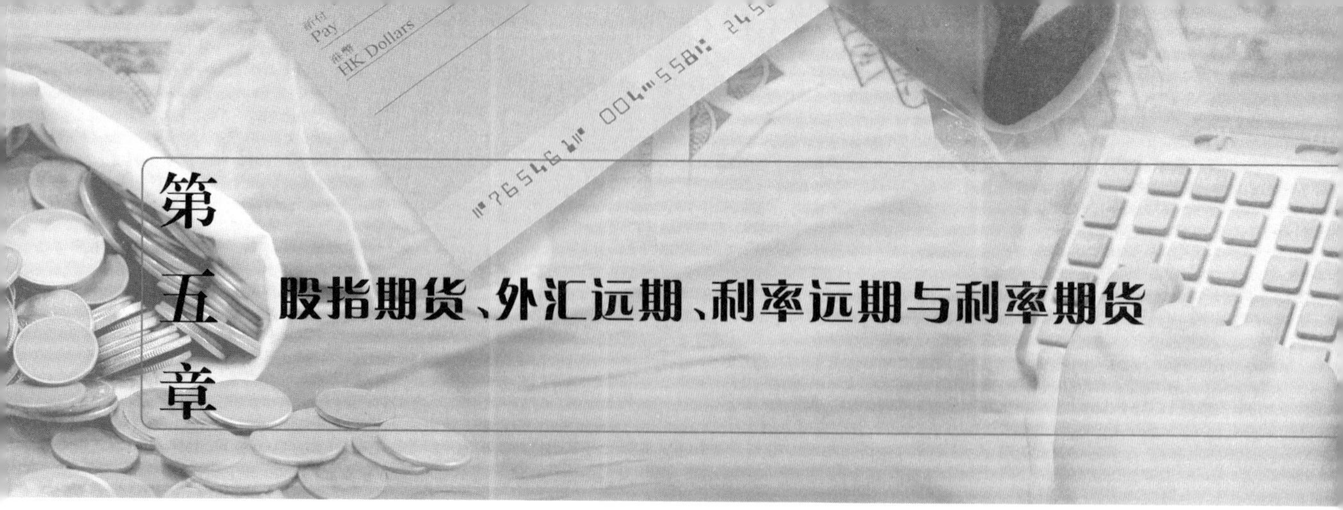

第五章 股指期货、外汇远期、利率远期与利率期货

股价指数、外汇与利率产品是远期与期货的主要标的资产。由于具体产品种类繁多，在本章中将选取典型产品，集中介绍和分析其中的重要问题。

第一节 股价指数期货

一、股价指数期货概述

在前几章中已经多次涉及股价指数期货(stock index futures)的案例，如 S&P 500 指数期货、中国沪深 300 指数期货等。所谓股价指数，是运用统计学中的指数方法编制而成的、反映股市中总体股价或某类股票价格变动和走势情况的一种相对指标。世界上最著名的股价指数包括道·琼斯工业股价平均数(Dow Jones industrial average, DJIA)、标准普尔 500 指数(Standard & Poors 500 index, S&P500)、纽约证交所综合股价指数(New York Stock Exchange composite index)、日经 225 股价指数(Nikkei 225 index, NK225)和恒生指数(Hang Seng index)等。以股价指数作为标的资产的股价指数期货，则是指交易双方约定在将来某一特定时间交收"一定点数的股价指数"的标准化期货合约，通常简称为股指期货。

从前几章的案例中可以看到，由于股指期货以股价指数作为其标的资产，决定了其交易存在一些特殊性质：① 合约到期时，股指期货采用现金结算交割的方式而非实物交割的方式；② 股指期货的合约规模不是固定的，而是等于股指期货的价格点数乘以每个指数点所代表的金额，它会随股指期货价格的变化而变化。

二、股指期货的定价

第三章第四节介绍过股价指数可以近似地看作支付已知红利率的资产。① 在无套利的市场条件下，股指期货与股指现货的价格满足式(3.7)。

$$F=Se^{(r-q)(T-t)}$$

读者可以回顾案例 3.1，那里给出了一个中证 500 股指期货定价的例子。

但是，对于式(3.7)也存在例外。在 CME 交易的以美元标价的日经 225 指数期货就无

---

① 如果标的股票在支付红利时，股价指数做相应调整，则股价指数可以看作无红利资产。一般来说，全收益指数都对红利做调整，因此可视为无红利资产。而价格指数则未做调整，因此满足式(3.7)。

法使用式(3.7)进行定价。[1] 其根本原因在于:该期货的标的资产为在日本大阪证券交易所交易的以日元计价的日经 225 股价平均数,而该期货是以美元计价的,合约规模为日经 225 股价平均数乘以 5 美元,而且该合约实行现金结算,这样就无法通过无套利定价方法来定价。例如,对于美国投资者而言,他如果认为现货价格相对期货价格而言太低,他就借入 $5S$ 美元资金(其中 S 表示日经 225 股价平均数),然后按当时的即期汇率 W 换算成 $5SW$ 日元,买入 $5W$ 份日经 225 股价平均数基金产品,同时在 CME 卖出一份以美元标价的日经 225 指数期货,卖出价为 F。假设不考虑期货保证金问题,那么该投资者在期初 0 时刻的现金流为 0。在期货到期时(T 时刻),该投资者卖出 $5W$ 份指数基金可得 $5S_TW$ 日元,按当时的汇率 W_T 换回美元可得 $\frac{5S_TW}{W_T}$,期货现金结算的现金流为 $5F-5S_T$,他归还贷款本息的现金流为 $-5Se^{rT}$(其中 r 为美国无风险利率)。因此他在 T 时刻的净现金流为 $\frac{5S_TW}{W_T}+5F-5S_T-5Se^{rT}$。根据无套利原则,该净现金流应该等于 0。但由于其中 S_T 和 W_T 是随机变量,因此并不能得出如式(3.7)所示的期货定价公式,而只能得到 $F=S_T+Se^{rT}-\frac{S_TW}{W_T}$。其中的汇率风险没有办法通过外汇远期(期货)来消除,因为不知道未来的 S_T 等于多少。因此,这个式子没有什么意义。可见,此时无法通过无套利来导出理论上的期货价格,而必须采用其他方法。[2]

三、股指期货的应用

股指期货最常见的用途,包括指数套利(index arbitrage)与套期保值。

(一) 指数套利

当股指期货的实际价格偏离理论价格时,市场上就存在套利机会,称为指数套利。若实际的期货价格高于理论价格,即 $G>Se^{(r-q)(T-t)}$,投资者可以通过买入该股价指数的成分股并卖出相应的股指期货,期货到期卖出股票交割股指期货进行套利;反之,若实际的期货价格低于理论价格,即 $G<Se^{(r-q)(T-t)}$,则投资者可以卖空该股价指数的成分股,买入相应的股指期货,期货到期买回股票交割股指期货进行套利。

由于指数套利通常要求同时交易许多不同的股票,套利者常常通过交易一些与股指变动同步的代表性股票进行指数套利。但无论怎样,指数套利常常需要对多种股票进行打包交易,因此往往需借助计算机程序来自动完成交易指令,这种由计算机进行的打包交易就称为程序交易(program trading)。对于程序交易,历来有不同的说法。纽约股票交易所从实际操作的角度出发,认为超过 15 种股票且交易总金额超过 100 万美元的交易指令就可称为程序交易。而一般公认的说法则是,作为一种交易技巧,程序交易是高度分散化的一篮子股票的买卖,其买卖信号的产生、买卖数量的决定以及交易的完成都是在计算机技术的支撑下完成的。

除了指数套利之外,程序交易还常常与金融市场上的组合投资保险以及改变投资组合中股票投资的比例等相联系。但迄今为止,程序交易以及与之相联系的指数套利仍是一个

---

① 在 CME 交易的以日元标价的日经 225 指数期货不存在这个问题。

② 一种可行的方法是用测度转换的方法,将日元为计账单位的风险中性测度转换为美元为计账单位的风险中性测度,然后用风险中性定价法定价。但这里的难度已超出本书范围,所以不做具体介绍。

颇具争议的技术和交易手段。1987 年 10 月 19 日的“黑色星期一”给人们留下了深刻的印象。1987 年 10 月 19 日，美国股指期货的价格远远低于其理论价格。例如，当天收盘时 S&P 500 指数收于 225.06 点，当日下跌 20%，而将于当年 12 月到期的 S&P 500 指数期货则收于 201.50 点，当日下跌 28.6%。其原因在于，当时大量交易商的计算机同时发出程序交易卖出股票的指令，纽约股票交易所的交易系统超负荷运行，无法处理大量交易指令，指数套利无法进行。第二天纽约股票交易所对指数套利交易进行了暂时性的限制，这同样也导致了指数套利无法进行，股指期货与指数之间的平价关系被打破。12 月到期的 S&P 500 指数期货一度比指数低了 18%。但是，几天以后当市场恢复正常的时候，套利活动使得式(3.7)中的平价关系重新成立。

（二）套期保值

1. 多头套期保值与空头套期保值

与其他期货品种一样，股指期货的套期保值也可以分为多头套期保值和空头套期保值。但值得强调的一点是，股指期货的标的资产是股价指数，因此运用股指期货进行套期保值，管理的是股票市场的系统性风险。例如，当投资者预期在将来特定时刻投资股票，但担心实际购买时大盘整体上扬而抬高成本，便可通过预先买入股指期货来消除系统性风险；当投资者看好手中所持有的股票不愿轻易卖出，但担心大盘下跌给自己带来损失，就可以通过股指期货空头对冲系统性风险。另外，对预备发行股票但担心大盘下跌的筹资者来说，也可以通过股指期货空头消除系统性风险。从这里可以看到，股指期货的套期保值操作中较多存在交叉套期保值的现象，股指期货的标的资产是特定的市场指数，而保值对象则可以是市场中的特定股票、股票组合或市场指数组合。

2. 股指期货的最小方差套期保值比率

第四章中已经讲到，令套期保值收益风险最小的最小方差期货套期保值比率为式(4.8)

$$n=\rho_{HG}\frac{\sigma_H}{\sigma_G}$$

股指期货的最小方差套期保值比率也适用这个一般规则。式中的 H 为被套期保值的股票或股票组合价格，G 则为用于套期保值的股指期货价格。类似地，在实践中，可以运用历史数据，利用一元线性回归方程式(4.10)

$$r_H=a+b'r_G+\varepsilon$$

估计系数 b'，即可获得股指期货最小方差套期保值比率的估计值，上述回归方程的 R^2 可以用于检验股指期货套期保值的有效性。

因此，股指期货的最小方差套期保值数量为：

$$N=b'\times\frac{V_H}{V_G}$$

式中：V_H 与 V_G 分别为现货头寸的总金额和一份股指期货的合约规模（等于期货点数乘以每点的价值）。

熟悉 CAPM 的读者可能发现，CAPM 中衡量股票系统性风险的 β 系数的公式①为：

① 这里 r_i 与 r_M 分别为特定股票（组合）的超额收益率与市场组合超额收益率。在现实生活中，r_M 通常是特定市场指数投资组合的收益率。

$$\beta=\frac{\sigma_{r_i r_M}}{\sigma_{r_M}^2}=\rho_{r_i r_M}\frac{\sigma_{r_i}}{\sigma_{r_M}} \tag{5.1}$$

与式(4.8)颇为相似,看起来似乎可以将股票(组合)的 β 系数直接用作股指期货的最小方差套期保值比率。

事实上,对比式(4.8)与式(5.1)的 β 系数以及式(4.10)中系数 b' 的估计公式,可以看到它们还是存在一定差异的。但如果:① 被套期保值的股票组合与市场指数 r_M 之间的 β 系数等于股票组合与股指期货之间的 β 系数;② 所采用的 β 系数等于套期保值期间真实的 β 系数,则 β 系数的确是股指期货最小方差套期保值比率的一个良好近似。案例 5.1 是一个股指期货套期保值的例子。

【案例 5.1】

沪深 300 股指期货套期保值

假设某投资经理管理着一个总价值为 50 000 000 元的多样化股票投资组合并长期看好该组合,该组合相对于沪深 300 指数的 β 系数为 1.2。2020 年 1 月 9 日,该投资经理认为短期内大盘有下跌的风险,可能使投资组合遭受损失,决定进行套期保值。

其中的一种方法便是立刻卖出股票,将所得收入投资于短期的债务工具,待下跌过后再重新回到股市。但这将牵涉到昂贵的交易费用,而且短时间内将如此大规模的股票进行抛售,很有可能导致股价下滑,无法按原先预期的较高价格卖出所有股票。因此,在长期看好本股票投资组合而只是担心短期大盘风险的情况下,这样的保值策略可行性较差。

另一种方法则是利用沪深 300 股指期货空头来进行套期保值。如果卖出一定量的股指期货,即使大盘带动投资组合价值下跌,期货市场上的盈利也可冲抵现货市场上的损失,从而达到降低总体头寸系统性风险的目的。假定用 2020 年 2 月到期的沪深 300 股指期货来为该投资组合 1 个多月内的价值变动进行套期保值。那么,卖出多少数量的股指期货合约才合适呢? 2020 年 1 月 9 日该投资经理进入期货市场时,2020 年 2 月份到期的沪深 300 股指期货价格为 4 174 点。如果运用最小方差套期保值比率并以该投资组合的 β 系数作为近似值,需要卖出的期货合约数目应等于:

$$\frac{50\ 000\ 000}{4\ 174\times300}\times1.2\approx47.92\approx48 \text{ 份}$$

当前文所述的两个条件满足时,运用 β 系数进行的股指期货套期保值往往可以使投资者的整体投资组合系统性风险降为零。假设某投资者希望将其原有组合中的部分股票转化为短期国库券,他可以通过在股票市场上卖出该部分股票,再将所获收入投资于短期国库券实现这一目标。他利用股指期货,无须出售股票也可达到这一效果:保留该部分股票,同时根据 β 系数出售与该部分股票价值相对应的股指期货空头,就可以创建一个合成的短期国库券(synthetic T - bill),可以大致表示为:

股票多头+股指期货空头=短期国库券多头

反过来利用上述等式,投资者同样也可以利用短期国库券的多头和股指期货的多头创建一个合成的股票组合(synthetic equity position),达到将原有的短期国库券转化为股票组合的目的。

3. 改变投资组合的系统性风险暴露

最小方差套期保值比率往往可以将一个股票组合的 β 系数降为零，从而整体头寸近似以无风险利率增长。但在现实生活中，投资者对系统性风险与收益的偏好是多样化的。投资者同样可以利用股指期货，根据自身的预期和特定的需求改变股票投资组合的 β 系数，从而调整股票组合的系统性风险与预期收益。

设定股票组合的原 β 系数为 β，目标 β 系数为 β^*，则套期保值比率就应该为 $\beta^*-\beta$，需要交易的股指期货份数为：

$$(\beta^*-\beta)\frac{V_H}{V_G} \tag{5.2}$$

式中：V_H 和 V_G 分别代表股票投资组合的总价值与一份股指期货合约的规模。

当 $\beta^*>\beta$ 时，意味着投资者希望提高所承担的系统性风险，获取更高的风险收益，应进入股指期货多头，这时 $(\beta^*-\beta)\frac{V_H}{V_G}$ 大于零；当 $\beta^*<\beta$ 时，意味着投资者希望降低所承担的系统性风险，应进入股指期货空头，这时 $(\beta^*-\beta)\frac{V_H}{V_G}$ 小于零。显然，最小方差套期保值比率 β 是目标 $\beta^*=0$ 的特例。

值得注意的是，在实际中，人们常常用

$$\frac{(\beta^*-\beta)}{\beta/b'}\frac{V_H}{V_G} \tag{5.3}$$

代替式(5.2)。当前文所述的两个条件不成立时，β 系数不是股指期货最小方差套期保值比率 b' 的一个良好近似，就需要使用式(5.3)进行改善。

在市场中，上述原理可以用于进行投资组合的保险：预先设定一个组合价值的底线，根据此底线对部分股票组合进行套期保值，消除部分系统性风险；之后，根据组合价值的涨跌情况，买入或卖出相应数量的股指期货合约，不断调整套期保值的比重，既可以防止组合价值跌至预设底线之下的风险，又可以获得部分股票承担系统性风险的收益。

第二节 外汇远期

在第二章中已经讲到，远期外汇合约是以某种外汇为标的资产，双方约定在将来某一时间按约定的远期汇率买卖一定金额该种外汇的合约。对于一些受到管制的货币，其远期外汇合约无法用该货币交割，到期时只能用某种国际货币（如美元）结算盈亏。这种合约称为“不可交割远期”(non-deliverable forwards, NDF)。相应的，符合监管规定，到期可以进行本金交割的远期外汇协议常被称为“可交割远期”(deliverable forwards, DF)。

远期外汇协议是在当前时刻由买卖双方确定未来某一时刻按约定的远期汇率买卖一定金额的某种外汇。由于持有外汇能够获得该外汇发行国的无风险利率，因此外汇被看作支付已知红利率的资产，该红利率为外汇发行国连续复利的无风险利率 r_f。这样，可以采用支付已知红利率资产远期合约的定价公式为远期外汇协议定价。设定式(3.6)与式(3.7)中的红利率 $q=r_f$，可以得到直接远期外汇协议的远期价值为：

$$f=Se^{-r_f(T-t)}-Ke^{-r(T-t)} \tag{5.4}$$

远期汇率为:

$$F=Se^{(r-r_f)(T-t)} \tag{5.5}$$

式(5.5)就是国际金融领域著名的利率平价关系。它表明,若外汇的无风险利率大于本国无风险利率($r_f>r$),则该外汇的远期和期货汇率应小于现货汇率,远期贴水;若外汇的无风险利率小于本国的无风险利率($r_f<r$),则该外汇的远期和期货汇率应大于现货汇率,远期升水。需要注意的是,远期升贴水是指远期汇率与当前即期汇率的相对高低,并不意味着外汇真实的升值与贬值。

中国由于仍存在较严格的外汇管制,套利活动无法正常进行,因此无论是境内的人民币远期汇率(CNY)、离岸的人民币远期汇率(CNH),还是境外的人民币远期汇率(NDF)①,都不能满足式(5.5),它们在一定程度上都受市场对人民币升值或贬值预期影响。

图 5.1 呈现了 2005 年 1 月 3 日—2020 年 1 月 9 日人民币对美元汇率中间价和 1 年期 NDF 走势。从图中可以看出,在 2005 年年初至 2011 年年底这段时间,由于市场普遍预期人民币将继续升值,中间价大多时候明显高于 NDF。而在此之后,由于市场对人民币的预期转向悲观,中间价大多低于 NDF。

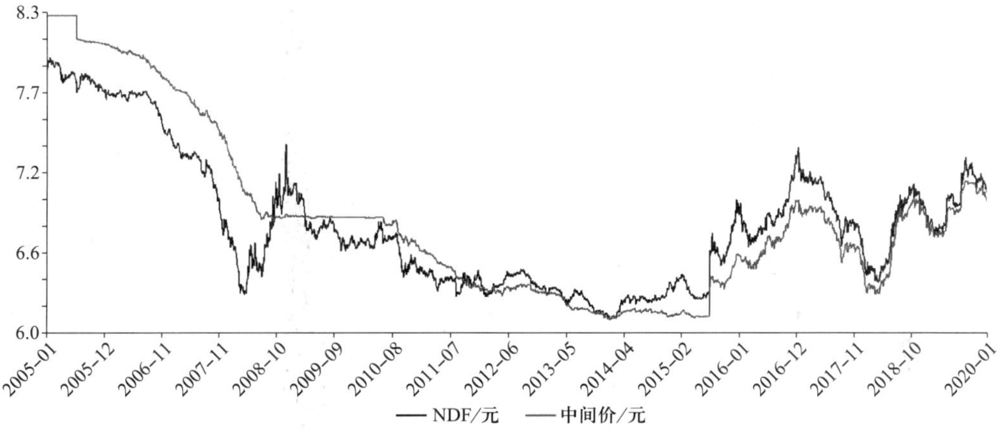

图 5.1　人民币对美元中间价与 NDF 走势

第三节　远期利率协议

一、远期利率协议概述

第二章中已经介绍过,远期利率协议(FRA)是买卖双方同意从未来某一商定的时刻开始的一定时期内按协议利率借贷一笔数额确定、以具体货币表示的名义本金的协议。案例 5.2 给出了一个 FRA 的例子。

---

① CNY 是在中国外汇管理局监管下,主要通过中国境内的外汇交易中心进行的外汇交易,也被称为“在岸市场”;CNH 则是在离岸市场上基于离岸人民币形成的外汇交易。由于到期时都可以进行本金交割,CNY 和 CNH 都属于可交割远期(DF)。但离岸与在岸市场之间是相对分离的,CNY 和 CNH 两个市场的即期和远期汇率有所不同,反映了两个市场的外汇供需存在差异。人民币兑美元的 NDF 市场也属于离岸市场,兴起于 1996 年前后。与 2010 年前后发展起来的 CNH 市场不同,NDF 是游离于监管之外的外汇市场,无法进行本金的交割,其标的是在岸市场上的 CNY 现货汇率。

【案例 5.2】

远期利率协议(FRA)

2020年3月23日,国内某企业A根据投资项目进度,预计将在6个月后向银行贷款人民币1 000万元,贷款期为半年,但担心6个月后利率上升提高融资成本,即与银行商议,双方同意6个月后企业A按年利率6.2%(一年计两次复利)向银行贷入半年期1 000万元贷款。这就是远期利率协议。

假设2020年9月23日FRA到期时,市场实际半年期贷款利率为6.48%。这时企业A有两个选择:

(1) 直接执行FRA,以6.2%向银行贷入半年期1 000万元贷款,比市场利率节省 $1\,000\times\frac{6.48\%-6.2\%}{2}\times\frac{1}{1+\frac{6.48\%}{2}}=1.356$ 万元的利息支出。

(2) 对FRA进行现金结算,由于市场利率上升,银行支付给A企业 $1\,000\times\frac{6.48\%-6.2\%}{2}\times\frac{1}{1+\frac{6.48\%}{2}}=1.356$ 万元,同时企业A直接到市场上以即期利率6.48%借入1 000万元的贷款,等价于按6.2%的利率贷款。

假设2020年9月23日FRA到期时,市场实际半年期贷款利率下跌至6%。这时企业A在FRA中损失而银行盈利,具体损失金额为 $1\,000\times\frac{6\%-6.2\%}{2}\times\frac{1}{1+\frac{6\%}{2}}=-0.970\,9$ 万元。但无论如何,企业A的真实贷款利率锁定为6.2%。

从案例5.2中可以看出,通过事先约定利率,借款人可以规避利率上升的风险,贷款人则可以规避利率下跌的风险。但无论怎样,FRA将真实贷款利率锁定为协议利率。

在现实生活中,案例5.2中企业A的第二种选择,即对FRA进行现金结算是常见的做法,因为这种交割方法无须协议双方真实交换本金,只是在结算日根据协议利率和参考利率的市场实际值之间的差额以及名义本金额,由交易一方付给另一方结算金。这种现金结算制度既实现了对利率风险的规避,又大大地提高了便利性和灵活性,使得那些仅仅对管理利率风险有需求而非需要真实借贷款的投资者也得以进入FRA,是一个非常好的制度安排。因此,诸如案例5.2中的1 000万元本金通常被称为名义本金。

值得注意的是,FRA的多方为利息支付者,即名义借款人,其订立FRA的目的主要是规避利率上升的风险。相应地,FRA的空方则是利息获得者,即名义贷款人,其订立FRA的目的主要是规避利率下降的风险。因此,一个担心利率上升的投资者应进入FRA的多头而一个担心利率下跌的投资者则应进入FRA的空头。

在国际上,远期利率协议是非常重要的利率衍生品,交易非常活跃。2019年4月,全球远期利率协议日均成交额为19 024万亿美元,占场外所有利率衍生品日均成交额的29.44%。[①] 2007年9月29日,中国人民银行发布《远期利率协议业务管理规定》,自2007

① 数据来源于 http://www.bis.org。

年 11 月 1 日起推出远期利率协议业务。截至 2013 年年底，人民币远期利率协议交易制度备案机构达 57 家，但交易非常清淡。

二、远期利率协议的定价

由于远期利率协议的标的资产是货币，货币在远期利率协议存续期内可以产生无风险收益，因此其属于支付已知红利率资产的远期合约。但在远期利率协议的定价中，可以使用更直接的方式，从第三章中可以知道，远期定价包括远期价格的确定与远期价值的确定。在远期利率协议中，远期价格就是远期利率协议中的理论协议利率，或称为远期利率（forward interest rate），这是金融工程中最重要的概念之一。

（一）远期利率

远期利率是指现在时刻的将来一定期限的利率，它是与即期利率对应的一个概念，即期利率是指当前时刻起一定期限的利率。

图 5.2 比较直观地反映了即期利率和远期利率的差异。

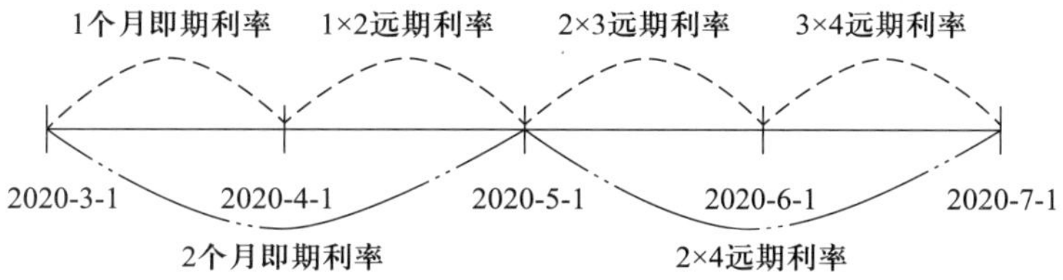

图 5.2　即期利率与远期利率

具体来看，图 5.2 表示的是 2020 年 3 月 1 日的一系列即期利率和远期利率。所有以 2020 年 3 月 1 日为起点的利率都是当天的即期利率；2×3 远期利率则表示在 2020 年 3 月 1 日，2 个月之后开始的期限为 1 个月的远期利率；2×4 远期利率表示 2020 年 3 月 1 日那一天，2 个月之后开始的期限为 2 个月的远期利率。

需要注意的是，当前时刻的即期利率和远期利率都是已知的。例如，在图 5.2 中，2020 年 3 月 1 日的 2×3 远期利率是已知的，但是当时间真正到了 2020 年 5 月 1 日时候的 1 个月即期利率究竟是多少，2020 年 3 月 1 日的我们是不知道的。也就是说，远期利率并不等于未来真正的即期利率，后者在当前时刻是未知的。

那么，远期利率是如何决定的呢？远期利率是由一系列即期利率决定的。例如，如果 1 年期的即期连续复利利率为 10%，2 年期的即期利率为 10.5%，那么其隐含的 1 年到 2 年的远期利率就等于 11%，这是因为：

$$1\times e^{0.10}\times e^{0.11}=1\times e^{0.105\times 2}$$

也就是说，按 1 年期利率投资 1 年，同时签订一份 FRA 在 1 年后以远期利率投资 1 年，应等同于一次性投资两年。

一般地说，假设现在时刻为 t，T 时刻到期的即期利率为 r，T^* 时刻（$T^*>T$）到期的即期利率为 r^*，则 t 时刻的 T^*-T 期间的远期利率 r_F 应满足以下等式：

$$e^{r(T-t)}\times e^{r_F(T^*-T)}=e^{r^*(T^*-t)}$$

进一步可得：

$$r_F(T^*-T)=r^*(T^*-t)-r(T-t) \tag{5.6}$$

如果式(5.6)不成立,就存在套利空间,套利的结果将使得式(5.6)成立。表5.1列示了套利操作过程。

表5.1 远期利率套利操作

	$r_F(T^*-T)>r^*(T^*-t)-r(T-t)$	$r_F(T^*-T)<r^*(T^*-t)-r(T-t)$
t时刻	(1) 一次性以r^*借入到期日为T^*的贷款A元 (2) 将A以r贷出至T时刻 (3) 签订一份期限为T^*-T、远期利率为r_F的FRA,贷出金额为$A\times e^{r(T-t)}$	(1) 以r借入到期日为T的贷款A元 (2) 签订一份期限为T^*-T的FRA,约定在T时刻以r_F借入$A\times e^{r(T-t)}$元至T^*时刻 (3) 将借入的A元以r^*贷出至T^*时刻
T时刻	(1) 收到贷款本息$A\times e^{r(T-t)}$ (2) 执行FRA将$A\times e^{r(T-t)}$按r_F贷出	(1) 从FRA中按r_F借入$A\times e^{r(T-t)}$ (2) 正好还掉第一笔借款
T^*时刻	(1) 从FRA贷款中收回$A\times e^{r(T-t)}\times e^{r_F(T^*-T)}$ (2) 还掉长期贷款$A\times e^{r^*(T^*-t)}$,获得无风险收益	(1) 收回长期贷款$A\times e^{r^*(T^*-t)}$ (2) 还掉FRA借款本息$A\times e^{r(T-t)}\times e^{r_F(T^*-T)}$,获得无风险收益
结果	r与r_F趋于下降,r^*趋于上升	r与r_F趋于上升,r^*趋于下降
	$r_F(T^*-T)=r^*(T^*-t)-r(T-t)$	

将式(5.6)变形可得:

$$r_F=\frac{r^*(T^*-t)-r(T-t)}{T^*-T} \tag{5.7}$$

这是远期利率的常用计算公式。将式(5.7)进一步变形可得:

$$r_F=\frac{r^*(T^*-T)+r^*(T-t)-r(T-t)}{T^*-T}=r^*+(r^*-r)\frac{T-t}{T^*-T} \tag{5.8}$$

从式(5.8)可以看到,如果即期利率期限结构在T^*-T期间是向上倾斜的,即$r^*>r$,则$r_F>r^*$;如果即期利率期限结构在T^*-T期间是向下倾斜的,即$r^*<r$,则$r_F<r^*$。

最后,简要讨论一下远期利率的应用。回忆第三章第二节中讨论远期价格的期限结构时,有式(3.3):

$$F^*=Fe^{r^*(T^*-t)-r(T-t)}$$

在了解了远期利率的公式之后,可以很容易地看出,根据式(5.6),式(3.3)可以表达为:

$$F^*=Fe^{r_F(T^*-T)}$$

(二) 远期利率协议的价值

考虑时刻t的两个远期利率协议,它们的名义本金均为A,约定的未来期限均为T^*-T,第一个FRA的协议利率采用市场远期利率r_F,第二个FRA的协议利率为r_K。显然,这两个FRA之间的唯一不同就是T^*时刻的利息支付①。换句话说,t时刻第一个FRA与第二个FRA的价值差异就是T^*时刻不同利息支付的现值②:

① 计息期末支付利息是市场惯例。

② 在实际中,FRA中的协议利率与实际的即期利率都是以普通复利的形式报出的,这里将之全部转化为连续复利,是为了与本书的基本框架保持一致。这一转化并不影响结论。

$$\left[Ae^{r_F(T^*-T)}-Ae^{r_K(T^*-T)}\right]e^{-r^*(T^*-t)}$$

由于第一个 FRA 中的协议利率为理论远期利率,其远期价值应为零。则第二个 FRA 的价值就等于:

$$\left[Ae^{r_F(T^*-T)}-Ae^{r_K(T^*-T)}\right]e^{-r^*(T^*-t)} \tag{5.9}$$

显然,式(5.9)适合于任何协议利率为 r_K 的远期利率协议价值的计算。

第四节　利 率 期 货

一、利率期货概述

利率期货是指以利率敏感证券作为标的资产的期货合约。1975 年 10 月,世界上第一张利率期货合约——政府国民抵押协会抵押凭证(government national association certificate)期货合约——在 CBOT 诞生。尽管由于交割对象比较单一,流动性不强,其发展受到一定的限制,但其在当时已经是一种重大的创新,开创了利率期货的先河。在这之后,为了满足投资者规避短期利率风险的需要,CME 先后于 1976 年 1 月和 1981 年 12 月推出了 13 周美国短期国库券期货合约(13-week T-bills futures)以及 3 个月期欧洲美元定期存款期货合约(Eurodollar futures),都获得了巨大的成功。在利率期货发展历程上另外一个具有里程碑意义的重要事件是,1977 年 8 月 22 日,美国长期国债期货合约在 CBOT 上市,满足了对中长期利率风险进行保值的广大交易者的需要,受到了普遍的欢迎。

美国利率期货的成功开发与运用,引起了其他国家的极大兴趣。1982 年,伦敦国际金融期货交易所(The London International Financial Futures and Options Exchange,LIFFE)首次引入利率期货,1985 年东京证券交易所也开始利率期货的交易,随后,法国、澳大利亚、新加坡等国家也相继引入了不同形式的利率期货合约。中国香港则于 1990 年 2 月 7 日在香港期货交易所正式推出了香港银行同业 3 个月拆放利率期货合约。上海证券交易所于 1992 年 12 月也开展了国债期货交易,但由于制度设计的缺陷而引发的“327 事件”,致使中国证监会于 1995 年 5 月决定暂停国债期货交易。2013 年 9 月 6 日,阔别 18 年的国债期货重新回到中国金融期货交易所。到目前为止,利率期货已经成为全球金融市场上成交量最大、地位最重要和产品种类最丰富的期货品种。

总的来看,美国的 CME 集团(由原来的 CME 和 CBOT 合并而成)和英国的 LIFFE(现为洲际交易所的子公司)是全球主要的利率期货交易所在地,每个交易所均提供多种不同标的资产的利率期货合约。一般来说,人们按合约标的期限,将利率期货分为短期利率期货、中期利率期货和长期利率期货。短期利率期货是指以(期货合约到期时)期限不超过 1 年的货币市场利率工具为交易标的的利率期货,其代表为在 CME 集团交易的 3 个月欧洲美元期货。中期利率期货是指以(期货合约到期时)中等期限的利率产品为交易标的的利率期货,如中金所交易的 5 年期国债期货。长期利率期货是指以(期货合约到期时)长期期限的利率产品为交易标的的利率期货,如中金所交易的 10 年期国债期货。

需要强调的是,与其他产品的远期和期货一样,利率远期和利率期货在本质上是相同的,这两类产品中的关键价格要素——远期利率与期货利率——本质上也是相同的。但交易所对利率期货的交易制度安排使得它们之间出现了一定的差异,主要体现在:

第一，远期利率协议报出的是远期利率，而利率期货报出的通常并非期货利率，而是与期货利率反向变动的特定价格，期货利率隐含在报价中。

第二，由于上述区别，利率期货结算金额为期货到期 T 时刻（即计息期初）协议价与结算价的差别，远期利率协议的结算金额则为计息期末 T^* 时刻利差的贴现值。

第三，利率期货存在每日盯市结算与保证金要求，加上结算金额计算方式不同，这两个因素决定了远期利率与期货利率的差异。

第四，由于多头总是规避价格上升风险的交易者，因此第一点差异决定了在远期利率协议中的多头是规避利率上升风险的一方，而利率期货的多头则是规避期货价格上升风险，即规避利率下跌风险的一方。

第五，远期利率协议通常采用现金结算，而利率期货可能需要实物交割，期货交易所通常规定多种符合标准的不同证券均可用以交割，使得利率期货相对复杂。

上述差异不易理解，在下面具体产品（CME 的欧洲美元期货和中金所的 5 年期国债期货）的介绍中将进行详细的分析和讨论。

二、欧洲美元期货

在 CME 集团交易的欧洲美元期货是短期利率期货中交易最活跃的品种之一。所谓欧洲美元，是指存放于美国境外的非美国银行或美国银行境外分支机构的美元存款，其利率主要基于伦敦银行间同业拆放利率（London interbank offered rate，LIBOR）美元利率。由于标的仅为 3 个月，因此欧洲美元期货属于短期利率期货。表 5.2 列出了 CME 场内[①]交易的欧洲美元期货合约的主要条款。

表 5.2　CME 交易的欧洲美元期货合约主要条款

合约规模	2 500 美元×合约 IMM 指数
报价	合约 IMM 指数 = 100−R R = 合约到期月份第三个周三进行现货结算的 3 个月期美元 LIBOR 水平
点数	1 个利率基点 = 0.01% = 0.01 价格点 = 25 美元/合约
最小变动价位	即将到期合约：0.002 5% = 0.002 5 价格点 = 6.25 美元/合约 其他合约：0.005% = 0.005 价格点 = 12.5 美元/合约
交易月份	40 个 3 月季度循环月份以及不在 3 月循环中距离当前最近的 4 个序列月份
交易时间	美国中部时间周日 17:00 至周五 16:00
最后交易日与结算日	到期月第三个周三往回数的第二个伦敦银行工作日伦敦时间上午 11:00（芝加哥时间上午 5:00）。
结算方式	根据到期结算日伦敦时间上午 11:45 公布的 3 个月期美元 LIBOR 进行现金结算。最后结算价将四舍五入至小数点后 4 位，即 0.000 1%，对应着每份合约 0.25 美元。

表 5.3 则给出了 2020 年 1 月 24 日该合约的行情。

① 目前，CME 的欧洲美元期货合约还有全球的电子交易（Globex®），这里仅以场内交易（floor）的欧洲美元期货合约作为例子。

对于初次接触者,欧洲美元期货的合约设计略有点难以理解。下面我们结合表 5.2 和表 5.3 对欧洲美元期货合约的主要运作机制进行解释。

表 5.3　2020 年 1 月 24 日 CME 欧洲美元期货结算价

Month	Last	Change	Prior Settle	Open	High	Low	Volume
FEB 2020	98.265	-0.002 5	98.267 5	98.265	98.272 5	98.257 5	50.808
MAR 2020	98.28	UNCH	98.28	98.275	98.29	98.27	244.039
APR 2020	98.305	+0.05	98.30	98.295	98.315	98.29	6.255
MAY 2020	98.33	UNCH	98.33	98.33	98.33	98.33	72
JUN 2020	98.37	+0.01	98.38	98.355	98.39	98.345	181.024
JUL 2020	—	—	98.385	—	—	—	0
SEP 2020	98.46	+0.015	98.445	98.45	98.485	98.425	198.075
DEC 2020	98.49	+0.025	98.465	98.47	98.515	98.445	277.096
MAR 2021	98.585	+0.035	98.55	98.56	98.61	98.525	207.994
JUN 2021	98.605	+0.04	98.565	98.57	98.635	98.54	179.685
SEP 2021	98.62	+0.05	98.57	98.575	98.645	98.545	132.980
DEC 2021	98.58	+0.05	98.53	98.545	98.605	98.505	201.793
MAR 2022	98.60	+0.06	98.54	98.55	98.625	98.515	102.234
JUN 2022	98.585	+0.06	98.525	98.53	98.61	98.495	80.319
SEP 2022	98.57	+0.065	98.505	98.52	98.59	98.48	73.972
DEC 2022	98.53	+0.065	98.465	98.475	98.555	98.44	69.117
MAR 2023	98.53	+0.07	98.46	98.47	98.55	98.435	44.456
JUN 2023	98.51	+0.07	98.44	98.45	98.53	98.415	35.209
SEP 2023	98.49	+0.07	98.42	98.435	98.51	98.395	33.760
DEC 2023	98.46	+0.075	98.385	98.395	98.475	98.365	29.395
MAR 2024	98.44	+0.07	98.37	98.375	98.46	98.345	20.160
JUN 2024	98.415	+0.075	98.34	98.355	98.43	98.32	18.755
SEP 2024	98.39	+0.075	98.315	98.325	98.405	98.29	13.968
DEC 2024	98.355	+0.075	98.28	98.29	98.37	98.26	12.954
MAR 2025	98.335	+0.08	98.255	98.285	98.335	98.285	122
JUN 2025	98.285	+0.065	98.22	98.215	98.285	98.215	121
SEP 2025	—	—	98.19	—	—	—	34
DEC 2025	—	—	98.16	—	—	—	22
MAR 2026	—	—	98.145	—	—	—	12
JUN 2026	—	—	98.11	—	—	—	5

续表

Month	Last	Change	Prior Settle	Open	High	Low	Volume
SEP 2026	—	—	98.085	—	—	—	0
DEC 2026	—	—	98.085	—	—	—	0
MAR 2027	—	—	98.05	—	—	—	0
JUN 2027	—	—	98.035	—	—	—	0
SEP 2027	—	—	98.02	—	—	—	0
DEC 2027	—	—	97.995	—	—	—	0
MAR 2028	—	—	97.985	—	—	—	0
JUN 2028	—	—	97.97	—	—	—	0
SEP 2028	—	—	97.96	—	—	—	0
DEC 2028	—	—	97.935	—	—	—	0
MAR 2029	—	—	97.915	—	—	—	0
JUN 2029	—	—	97.905	—	—	—	0
SEP 2029	—	—	97.895	—	—	—	0
DEC 2029	—	—	97.885	—	—	—	0

注：Month 为合约到期月份，Open、High、Low、Last 和 Prior Settle 分别为当天开盘、最高、最低、收盘和前结算价，Change 为当日相较于前结算价的变化。Volume 是交易量。

数据来源：www. cmegroup. com。

第一，欧洲美元期货的报价机制较为特别。尽管标的是未来到期时刻的 3 个月期美元 LIBOR，期货的真实交易价格本应为期货利率，但欧洲美元期货并不报出期货利率，而是报出与期货利率反向变动的 IMM 指数。如表 5.2 所说明的，IMM 指数定义为 $100-R$，期货利率隐含在报价中。以表 5.3 第一行的报价为例，将于 2020 年 2 月到期的欧洲美元期货收盘价（IMM 指数）为 98.265，这意味着对应的年化期货利率为 1.735%。

第二，欧洲美元期货的盈亏计算相当便捷。根据合约设定，期货利率 1 个基点的变化对应着期货价格 0.01 的变化，进一步对应着每份合约盈亏 25 美元。这是因为如表 5.2 所示，CME 将欧洲美元期货的合约规模设定为令每张合约的价值等于

$$2\ 500\text{ 美元}\times\text{IMM 指数}=2\ 500\text{ 美元}\times(100-R) \tag{5.10}$$

仍然以表 5.3 中的第一行为例，价格变化为−0.002 5，这一价格变化会给该合约多头（空头）带来 6.25 美元/合约的亏损（盈利）。

第三，欧洲美元期货采用现金结算方式。假设 2020 年 2 月合约到期时的实际 3 个月美元 LIBOR 为 1.716 23%，对应的到期结算价格为 98.283 8。在 2020 年 1 月 24 日以 98.265 买入（卖出）2020 年 2 月欧洲美元期货合约者将盈利（亏损）0.018 8 价格点，或者

$$0.018\ 8\times 2\ 500=47\text{ 美元/合约}$$

第四，欧洲美元期货的可交易期限品种丰富，最长可达 10 年。如表 5.2 所示，欧洲美元期货的交易月份包括长达 10 年的 3 月季度循环月份与非 3 月循环中距离当前最近的 4 个序列月份；也就是说，总有 44 个到期品种同时可供交易。以表 5.3 中 2020 年 1 月 24 日为例，当天可交易的

到期月份包括从 2020 年 3 月到 2029 年 12 月为止的 40 个季度月份,以及 2020 年 2 月、4 月、5 月和 7 月共 4 个序列月份。从表 5.3 也可以看出,每天并不是所有月份都有成交量。并且从总体来说,季度月份的交易比序列月份的交易活跃,短期月份的交易比长期月份的交易活跃。

从上述合约设定可以看出,首先,一个希望从利率上升(下降)中获利的投资者,应卖出(买入)欧洲美元期货,这一交易方向和远期利率协议是相反的:希望从利率上升(下降)中获利,应成为远期利率协议的多头(空头);其次,欧洲美元期货的基点价格值(即利率一个基点的变化引起的合约价值变动)为 25 美元。这意味着,如果利率每上升一个基点,会引起已有债券组合亏损 1 万美元,那么卖出 400 张欧洲美元期货可以对冲这一风险。

最后,简略介绍远期利率与期货利率的关系。从上述分析中可以看到,欧洲美元期货合约与远期利率协议类似,都锁定了未来一定期限的利率。对于 1 年以下的到期期限,这两个合约几乎可以被认为是相同的,欧洲美元期货中隐含的期货利率可以认为近似地等于对应的远期利率。但对更长期限的期货合约和远期合约来说,它们之间在交易机制上的差异就不能忽略了。具体来看主要有两个差异:

(1) 远期利率协议一次性到期,而欧洲美元期货每日盯市结算且有保证金要求。

(2) 假设远期利率协议和欧洲美元期货合约的到期日均为 T 时刻,而约定的未来计息期限均为 T^*-T,远期利率协议的现金结算是在计息期末,即 T^* 进行的,而欧洲美元期货的现金结算则是在计息期初 T 时刻进行的。

这两个差异的存在,尤其是第一个差异的存在,导致了不能简单地认为长期①的远期利率与期货利率是相等的。其具体内容已经超过了本书的范围,在此不再赘述。

三、中国国债期货

国债期货与其他期货并无本质性差别,但以下三个特点使得国债期货相对难以理解:

第一,国债期货的标的资产不唯一。为防止标的体量太小导致期货易被操纵,全球市场上的国债期货通常都约定只要是满足特定特征的类似债券都可用于期货交割。② 但是,由于每个时刻市场上只能报出一个期货价格,相应引出了标准券和转换因子等概念。进一步,国债期货合约通常约定期货空方拥有择券期权(即在众多可交割券中选择哪一个债券进行交割的权利)和择时期权(即在进入交割月后具体选择哪一天进行交割的权利),这进一步加大了理解难度。

第二,国债期货采用与现货相同的净价报价、全价交割机制,这在其他标的的期货市场上是没有的。此外,国债期货和现货也存在差异:债券现货的应计利息是交易当天的应计利息,而国债期货的应计利息是期货到期交割时的应计利息。

第三,国债期货的标的债券经常出现在期货合约期限内付息的现象,这与应计利息问题交织在一起,容易给初次接触者造成困扰。

中国的国债期货在中国金融期货交易所(下称中金所)交易,包括短(2 年期)、中(5 年期)、长期(10 年期)三种。我们以最早(2013 年)推出的 5 年期国债期货为例,介绍国债期

① 这里的长期是指远期利率或期货利率的未来计息起始时刻 T 时刻距离当前时刻较久。

② 这是中国 2013 年版国债期货和 1992 年版国债期货合约设计的最大不同。2013 年中金所借鉴国外成功经验,通过增加可交割国债的种类,来防止现货体量太小期货易被操纵的现象重演。

货的市场机制和基本原理。

表 5.4 给出了中金所交易的 5 年期国债期货合约的主要条款。可以看到,中金所 5 年期国债期货合约的名义标的资产是面值 100 万元、票面利率为 3%的名义中期国债,实际可交割券则是发行期限不高于 7 年、合约到期月份首日剩余期限为 4~5.25 年的记账式附息国债。其合约月份为最近三个季月。例如,2020 年 10 月 13 日,在中金所交易的就有分别于 2020 年 12 月、2021 年 3 月和 2021 年 6 月到期的中期国债期货合约。下面我们循序渐进地加以介绍。

表 5.4 中金所交易的 5 年期国债期货合约主要条款

合约标的	面值为 100 万元人民币、票面利率为 3%的名义中期国债
可交割国债	发行期限不高于 7 年、合约到期月份首日剩余期限为 4~5.25 年的记账式附息国债
报价方式	百元净价报价
最小变动价位	0.005 元
合约月份	最近的三个季月(3 月、6 月、9 月、12 月中的最近三个月循环)
交易时间	09:15—11:30, 13:00—15:15
最后交易日交易时间	09:15—11:30
每日价格最大波动限制	上一交易日结算价的±1.2%
最低交易保证金	合约价值的 1%
最后交易日	合约到期月份的第二个星期五
最后交割日	最后交易日后的第三个交易日
交割方式	实物交割
交易代码	TF
上市交易所	中国金融期货交易所

资料来源:中国金融期货交易所。

(一) 国债期货的全价与净价

全价常又称为现金价格(cash price)或发票价格(invoice price),是投资者在交割时买方支付和卖方收取的实际全部价款。净价则等于全价减去应计利息(accrued interest,以下简称 AI)。

国债期货的报价方式与现货相同,都是以净价报出每 100 元面值债券的价格。然而与现货价格中使用当天(或下一工作日)应计利息不同,国债期货中使用的是期货到期交割日的应计利息。原因在于应计利息指的是交割时的应计利息。现货交割通常发生在交易的同一个或下一个工作日,因此采用的是交易当天(或下一个工作日)的应计利息①。而国债期货交易时仅签订合约,交割发生在到期时刻,自然应采用到期交割日的应计利息。具体来

① 方便起见,本书中现券的应计利息均以 T+0 计算。

说，中金所规定进入交割月后到最后交易日之前，国债期货空头随时可以进行交割意向申报。国债期货的应计利息以交割意向申报日之后第二个工作日为基准计算。为易于表达，本书将期货应计利息的基准日称为“配对缴款日”。案例 5.3 可以帮助更好地理解这一区别。

【案例 5.3】

国债现货与国债期货的全价与净价

2019 年 2 月 18 日，将于 2024 年 3 月 16 日到期，息票利率为 3.2%、一年支付一次利息的 2017 年记账式附息（六期）国债（银行间市场代码为 170006.IB）报价为 101.174 8 元。从到期日和付息频率可以判断，该债券的上一个付息日是 2018 年 3 月 16 日，下一个付息日是 2019 年 3 月 16 日。由于 2018 年 3 月 16 日到 2019 年 2 月 18 日共 339 天，整个计息期间（2018 年 3 月 16 日到 2019 年 3 月 16 日）为 365 天，因此 2019 年 2 月 18 日，该债券每 100 元面值的应计利息等于

$$3.20\times\frac{339}{365}\approx 2.972\ 1 \text{ 元}$$

相应的国债 170006.IB 现货交割时交收的全价为：

$$101.174\ 8+2.972\ 1=104.146\ 9 \text{ 元}$$

同一天，在中金所交易的将于 2019 年 6 月到期的 5 年期国债期货合约 TF1906 收盘报价为 99.415 元。国债 170006.IB 在 TF1906 合约中的转换因子[①]为 1.008 6，根据中金所的规定，这意味着在 TF1906 中，国债 170006.IB 对应的期货净价等于[②]

$$99.415\times 1.008\ 6=100.269\ 969\ 0 \text{ 元}$$

如果要计算在 TF1906 中国债 170006.IB 对应的期货全价，首先需要判断配对缴款日。假设 2019 年 6 月 14 日为交割意向申报日，则配对缴款日为 2019 年 6 月 18 日，期货应计利息以此基准计算。在这一天，国债 170006.IB 的上一个付息日是 2019 年 3 月 16 日，下一个付息日是 2020 年 3 月 16 日。2019 年 3 月 16 日到 2019 年 6 月 18 日之间的天数为 94 天，整个计息期间（2019 年 3 月 16 日到 2020 年 3 月 16 日）的天数为 366 天，这意味着 2019 年 6 月 18 日，国债 170006.IB 每 100 元面值的应计利息等于

$$3.20\times\frac{94}{366}\approx 0.821\ 857\ 9 \text{ 元}$$

如果要计算 2019 年 2 月 18 日国债 170006.IB 在 TF1906 中对应的期货全价，应为：

$$100.269\ 969\ 0+0.821\ 857\ 9\approx 101.091\ 826\ 9 \text{ 元}$$

从案例 5.3 可以看出，国债现货每天的应计利息都会变化，现货的净价仅用于报价，而现货交割和计算盈亏时使用的都是全价。国债期货合约的应计利息则要取决于具体的标的债券和配对缴款日，标的债券不同或是配对缴款日不同，国债期货的应计利息就不同。一旦确定标的债券和配对缴款日，国债期货的应计利息是不变的。例如，对于案例 5.3 中的

① 其含义将在下文详细介绍。

② 中金所规定应计利息等计算四舍五入至小数点后 7 位。

TF1906，一旦确定标的现券为国债 170006. IB 且配对缴款日为 2019 年 6 月 18 日，这一期货合约的应计利息将始终等于 0. 821 857 9 元。国债期货的应计利息只有在期货交割等少数时候才用到；在期货交割之前，期货交易报价、计算期货交易盈亏、盯市结算时使用的都是期货净价。

（二）可交割券、标准券与转换因子

在案例 5. 3 中我们已经初步涉及了转换因子。接下来我们对相关问题做详细解释。中金所规定，期货空方可以选择发行期限不高于 7 年、合约到期月份首日剩余期限为4～5. 25年的任何记账式附息国债用于交割。当一个国债期货合约开始上市交易时，在当时市场上有哪些券满足可交割条件显然是已知的，因此中金所会统一公布该合约的可交割券名单。在国债期货的期限内，已知的可交割券不会减少，但可能因为财政部发行的新券满足该合约的交割条件而增加，中金所会在该国债上市交易日（含）之前公布将其纳入可交割券范围。例如，2019 年 2 月 18 日，将于 2019 年 6 月到期的 5 年期国债期货合约 TF1906 的可交割券共有 5 只。2019 年 4 月 11 日，国债 190004 完成招标发行。由于满足条件，中金所在同一天公告其成为 TF1906 的可交割券，TF1906 的可交割券数量增至 6 只。

引入多种可交割券之后，由于各债券的息票率和期限各有不同，为使不同可交割券价值具有可比性，交易所引入了标准券和转换因子（conversion factor）的概念。所谓标准券是一种虚拟的国债，按中金所的规定，其息票率为 3%[①]（一年计一次复利），在交割月的剩余期限为 5 年整。如果按 3%的年化到期收益率（一年计一次复利）计算，由于没有应计利息，该标准券在期货合约交割月的全价和净价都等于其面值 100 元，这使得它便于作为各个可交割券的衡量标准。在此基础上，同样用 3%的年化到期收益率（一年计一次复利）计算各个可交割券在交割月的净价，与 100 的比值就是各个债券的转换因子。例如，如果 A 债券的计算结果为 105. 32，则意味着在同样的定价条件下，交割时刻 A 债券的报价等于标准券的 1. 053 2 倍，从而其转换因子就等于 1. 053 2；如果 B 债券的计算结果为 98. 63，其转换因子就等于 0. 986 3。这样就在所有可交割券之间建立起了一致的转换体系，即：

$$\text{国债期货标准券报价}=\frac{\text{可交割券}\,j\,\text{的期货净价}}{\text{可交割券}\,j\,\text{的转换因子}} \tag{5.11}$$

国债期货使用标准券期货净价报价，因此市场上看到的国债期货行情价格就是标准券的期货净价，乘上各债券的转换因子，就转换为各个可交割券的期货净价，如我们在案例 5. 3 中看到的。反过来，如果投资者心目中国债 170006. IB 的合理期货净价应为 101. 036 046 2 元，那么在下单时输入的期货价格应为：

$$\frac{101.036\,046\,2}{1.008\,6}\approx 101.175$$

案例 5. 4 有助于更为深入地理解可交割券、标准券和转换因子。注意，转换因子是关于净价的转换因子。在计算转换因子时，中金所规定剩余期限近似到月，而不采用具体天数。因此确切地说，在中金所国债期货中，特定可交割券的转换因子等于该券面值 1 元的未来现

① 根据市场利率的变化，中金所会对标准券的息票率进行调整并公布，目前息票率为 3%。

金流按 3%的年到期收益率(一年计一次复利)①贴现到交割月的价值,再扣掉该债券在交割月的应计利息(按月计算)后的余额。

【案例 5.4】

转换因子的计算

前述代码为 170006. IB 的国债是否属于 5 年期国债期货合约 TF1906 和 TF1909 的可交割券?如果是,其转换因子分别为多少?

5 年期国债期货合约 TF1906 和 TF1909 的到期月首日分别为 2019 年 6 月 1 日与 2019 年 9 月 1 日,在这两天,国债 170006. IB 的剩余期限分别为 4 年 9 个月又 16 天和 4 年 6 个月又 16 天,因此是这两个国债期货合约的可交割券。

中金所规定计算转换因子时取整数月份,因此将 16 天舍去。根据转换因子的定义,我们首先将国债 170006. IB 每 1 元面值的未来现金流用一年计息一次的年利率 3%贴现至 2019 年 6 月,得到:

$$\sum_{i=0}^{4}\frac{0.032}{(1+3\%)^{i+\frac{9}{12}}}+\frac{1}{(1+3\%)^{4\frac{9}{12}}}=1.016\ 6$$

然后将其减去 2019 年 6 月的近似应计利息(因为上一个付息日在 2019 年 3 月,按 3 个月计),就得到国债 170006. IB 在国债期货合约 TF1906 中的转换因子为:

$$1.016\ 6-0.032\times\frac{3}{12}\approx1.008\ 6$$

类似地,我们也可以计算国债 170006. IB 在国债期货合约 TF1909 中的转换因子为:

$$\sum_{i=0}^{4}\frac{0.032}{(1+3\%)^{i+\frac{6}{12}}}+\frac{1}{(1+3\%)^{4\frac{6}{12}}}-0.032\times\frac{6}{12}\approx1.008\ 2$$

案例 5.4 展示了转换因子的计算过程。事实上,平时我们并不需要自行确定可交割券及其转换因子。从计算过程可以看出,尽管同一个债券对于不同国债期货合约的转换因子是不同的,但对于给定的国债期货合约,由于哪些券是可交割券是已知的,交割月首日的时间是确定的,贴现率 3%也是确定的,这样其可交割券的转换因子就是确定不变的。因此在公布可交割券时,中金所会同时公布其转换因子。② 这里介绍转换因子的计算过程,是为了更好地理解其原理和优缺点,为后续深入理解国债期货奠定基础。

(三)计算国债期货的交割全价

转换因子在国债期货中发挥着非常重要的作用。这一小节我们介绍转换因子的一个应用:用于计算国债期货交割时空方应收到(多方应支付)的现金,就是国债期货的交割全价。每交割 100 元面值的债券,有公式如下:

① 财政部发行的国债有的一年付息一次,有的一年付息两次,如果一年计息一次的到期收益率为 3%,对应等价的一年计息两次的到期收益率应该略低于 3%,但中金所并未对此进行区分,统一采用 3%的年化到期收益率,这成为转换因子误差的一个来源,但其引起的误差很小。

② 中金所也在其网站上公布转换因子的计算公式(参见中金所主页),其基本原理与案例 5.4 一致,因此案例 5.4 计算得到的转换因子与中金所公布的相等。

国债期货空方交割时收到的现金(期货交割全价)

= 期货交割结算价×交割券转换因子+交割券配对缴款日应计利息　　(5.12)

我们直接用案例 5.5 加以解释。

【案例 5.5】

国债期货的交割全价

2019 年 6 月 14 日,5 年期国债期货合约 TF1906 的结算价为 99.43 元,若期货空方决定用前述国债 170006.IB 交割 1 份国债期货合约,请问空方应收到多少现金?

为运用式(5.12),我们先确定期货交割结算价。由于期货市场每日盯市结算,无论投资者期货开仓于哪一天,从开仓日到 2019 年 6 月 14 日之间的期货净价盈亏都已经通过每日盯市结算实现,交割时只需考虑 2019 年 6 月 14 日的结算价,将其作为交割净价,即 99.43 元。确切地说,99.43 是标准券的期货交割结算净价。

接下来我们考虑交割券转换因子。由于采用国债 170006.IB 进行交割,由案例 5.4 可知其对于 TF1906 的转换因子为 1.008 6。

比较容易出错的是应计利息的确定。前文已经介绍过,中金所规定国债期货的应计利息以交割意向申报日之后第二个工作日(配对缴款日)为基准计算。2019 年 6 月 14 日后的 T+2 日为 2019 年 6 月 18 日。在案例 5.3 中,我们已经计算得到国债 170006.IB 在 2019 年 6 月 18 日的应计利息为 0.821 857 9 元。

将上述结果代入式(5.12),并考虑一份国债期货合约面值为 100 万元,因此每交割一份国债期货合约,期货空方需提交 1 万张国债 170006.IB,相应收到现金

$$10\ 000\times(99.43\times1.008\ 6+0.821\ 857\ 9)=1\ 011\ 069.56\text{ 元}$$

(四) 确定最合算交割券

1. 空方的择券期权

从理论上说,理想的转换因子应该是债券在交割月某一特定时刻的实际价格之比,才能保证转换之后所有可交割券之间完全等价。但从案例 5.4 可以看出,在转换因子计算过程中存在如下不足:① 由于事先无法预知可交割券在交割月的真实到期收益率,计算转换因子时所有债券简单使用了同一个贴现率 3%,这样,如果可交割券在交割月的真实到期收益率大于 3%,用 3%计算的转换因子显然会高于合理值;反之,如果可交割券在交割月的真实贴现率小于 3%,用 3%计算的转换因子就会低于合理值。② 在计算转换因子时,由于无法预知真实交割时刻,中金所规定使用整数月份,这进一步使得转换因子成为一个近似值。③ 在计算转换因子时,中金所对一年支付一次利息和一年支付两次利息的债券都使用 3%的贴现率,实际上应对计息频率进行转换才能使两个贴现率等价,这也带来了很微小的不精确。

中国国债期货市场上转换因子的最后一点不足是可以通过更为精细的计算加以规避的,但这一点的影响非常小,真正导致转换因子不完美的是前两点不足,而这两点是由于人无法预知未来而导致的,从本质上说是无法改进的。因此,转换因子的这些不足天然导致不同可交割券之间的转换并不完美、公平,必然会出现交割时相对合算和不合算的债券。

相应产生的问题是,交割时如何在多个可能的可交割券中进行选择?买卖双方的合算

与不合算显然是刚好相反的。由于债券市场的流动性较差，期货空方在现货市场上买券进行期货交割的难度较大，因而在国债期货合约中相对处于劣势，容易出现空方被逼仓的现象。基于这一现象，我国与国际市场一致，都规定在交割时由期货空方决定用哪一个券进行交割。换言之，在国债期货中，空方获得了一个择券期权①。

2. CTD 券

由于拥有择券期权，在到期交割时，国债期货空方必然会选择对其来说交割最合算的债券，就是交割成本最低（交割收益最大）的债券。其中交割成本用公式表达为：

$$\text{交割成本}=\text{交割券现券报价}+\text{现券应计利息}-(\text{期货结算价}\times\text{交割券转换因子}+\text{期货应计利息})=\text{交割券现券报价}-\text{期货结算价}\times\text{交割券转换因子} \quad (5.13)$$

在期货交割时，现券和期货的应计利息是（基本）相等的，因此式（5.13）中的两个应计利息可以相互消去，从而得到第二行的公式。只要对所有可交割券计算式（5.13），具有最小交割成本的债券将是期货空方选择用于交割的债券，因此常常也被称为“最合算交割券”（the cheapest-to-deliver，CTD 券），或直译为“最便宜交割券”。

3. 准 CTD 券与 IRR

式（5.13）的计算并不复杂，但问题在于，只有到期货交割时我们才能获知交割时的现券报价和期货结算价。这意味着在国债期货交割前，哪个券是真正的 CTD 券是无法预知的。我们只能退而求其次，根据当时的信息条件判断哪个券未来交割时最可能成为 CTD 券；也就是说，在国债期货到期交割前，我们只能确定准 CTD 券。市场情况变化，准 CTD 券也可能发生变化。

在准 CTD 券的判断上，最常用的规则是：具有最高隐含回购利率（implied repo rate，IRR）的券就是当时条件下的准 CTD 券。如果期货剩余期限内没有遇到债券付息日，t 时刻可交割券 j 的 $IRR_{j,t}$ 被定义为：

$$IRR_{j,t}=\frac{t\text{ 时刻锁定的债券 }j\text{ 期货交割全价}-t\text{ 时刻债券 }j\text{ 现货全价}}{t\text{ 时刻债券 }j\text{ 现货全价}}\times\frac{365\text{ 或 }366}{T-t} \quad (5.14)$$

式中：T 表示期货交割日。

可以看出，对期货空方来说，$IRR_{j,t}$ 实际上是这样一种“持有到期策略”的年化收益率：在 t 时刻购买 1 单位现券 j，同时卖空同样数量的国债期货，然后将可交割券 j 持有到 T 时刻交割。在这一策略下，初始投资为 t 时刻的现券全价，交割时收到的是 t 时刻锁定的期货全价。②

$$\begin{aligned}&t\text{ 时刻锁定的债券 }j\text{ 期货交割全价}\\&=t\text{ 时刻国债期货报价}\times\text{债券 }j\text{ 的转换因子}+\text{债券 }j\text{ 在配对缴款日应计利息}\end{aligned}$$

对所有可交割券均计算其 IRR，IRR 最大者意味着在 t 时刻的条件信息下，期货空头能锁定的年化收益率最大，因而是 t 时刻条件信息下的最合算债券。事实上，如果 t 等于 T，式（5.14）就与式（5.13）一致了。

---

① 又叫质量期权（quality options）。

② 注意，每日盯市结算的制度使得我们在计算最后期货交割需支付的现金时只需要考虑交割日的结算价（见案例 5.5）。但在计算整个持仓期间的期货盈亏时，仍然应从开仓日开始计算盈亏。

在现实中,可交割券在期货剩余期限内经常会遇上付息日,这时 IRR 的计算公式需要加入支付的利息,还需要考虑利息的再投资收入。如果假设期货期限内收到的利息现金流发生在 τ_i 时刻(可能不止一次),并仍以 $IRR_{i,t}$ 利率再投资到期末,IRR 的计算公式应为:

$$IRR_{i,t}=\frac{\begin{matrix}t\text{时刻锁定的债券}\\ j\text{期货交割全价}\end{matrix}-\begin{matrix}t\text{时刻债券}\\ j\text{现货全价}\end{matrix}+\begin{matrix}\text{期货剩余期限内}\\ \text{债券}j\text{付息}\end{matrix}}{t\text{时刻债券}j\text{现货全价}\times\dfrac{T-t}{365\text{或}366}-\sum_i\text{期货剩余期限内债券}j\text{付息}i\times\dfrac{T-\tau_i}{365\text{或}366}}\tag{5.15}$$

显然,不同的再投资假设得到的 IRR 公式不会完全相同,但大多情况下差异不太大。

案例 5.6 给出了一个计算 IRR 并据此推断准 CTD 券的实际例子。

【案例 5.6】

IRR 与准 CTD 券

2019 年 2 月 18 日,5 年期国债期货合约 TF1906 报价为 99.415 元,共有 5 只可交割券,分别为国债 160020、160025、170006、180016 和 180023(均为一年支付一次利息)。若假设 2019 年 6 月 14 日申请交割,用 IRR 准则判断,哪个券为 2 月 18 日条件信息下的准 CTD 券?

根据当时的市场状况,可以计算各可交割券的 IRR 如下:

债券代码	到期日	息票率	转换因子	现券报价	期货报价×转换因子	IRR
160020	2023/09/01	2.75%	0.990 1	99.549 6	98.430 791 5	-0.65%
160025	2023/11/17	2.79%	0.991 3	99.597 4	98.550 089 5	-0.39%
170006	2024/03/16	3.20%	1.008 6	101.174 8	100.269 969 0	0.43%
180016	2023/07/12	3.30%	1.011 3	101.664 5	100.538 389 5	-0.12%
180023	2023/10/18	3.29%	1.011 5	101.796 5	100.558 272 5	-0.46%

注:详细计算过程请见本书所附软件。

可以看出,在 5 个可交割券中,国债 170006 的 IRR 最高(0.43%),其余可交割券的 IRR 均小于零。因此以 IRR 标准衡量,国债 170006 是 2019 年 2 月 18 日 TF1906 合约的准 CTD 券。

从案例 5.6 可以看出,IRR 是事前判断准 CTD 券的重要指标。但在应用时,需要注意以下几个问题:首先,从其计算公式可以看出,IRR 在本质上只是刻画了在 t 时刻条件信息下执行"持有到期"这一特定策略所得到收益最高的债券特征,与该债券未来是否成为真正的 CTD 券并无必然的关联,但因为人类在事前无法准确预知未来的实际情况,只能在条件信息下进行分析和预判;其次,IRR 仅仅从收益率角度进行筛选,在现实中流动性等也是影响准 CTD 券选择的可能因素,这一点在中国市场上尤其明显。事实上,除了 IRR,还存在着其他判断指标①。因此在现实市场中,可能存在不同投资者对准 CTD 券有不同看法的现象。

① 相关分析比较复杂,本书就不再详述。感兴趣的读者可参见陈蓉和葛骏:谁是国债期货的 CTD 券?[J]. 中国期货,2015(2)。该文深入分析了国债期货"准 CTD 券"的两大判断准则:IRR 最大和择券期权价值最小,并对其进行了改进。

即使到最后交割时,不同空方根据自身具体情况提交的交割券也可能是不同的。

最后,我们来说明 IRR 因何得名。仔细体会前述分析和例子可以看出,如果 $IRR_{j,t}$ 高于交易者的资金成本,理论上就存在套利机会:借钱买入现券 j,卖出期货,锁定收益率为 $IRR_{j,t}$,由于资金成本相对较低,可以获得无风险套利利润。因此在无套利情况下,$IRR_{j,t}$ 应等于 t 时刻的资金成本。由于金融机构的短期资金成本常为回购利率,IRR(隐含回购利率)因此而得名。

4. 准 CTD 券的经验法则

随着市场状况变化和时间的推移,基于条件信息判断的准 CTD 券可能会随之变化。市场中存在一些经验法则,帮助投资者快速(但不精确)地判断准 CTD 券。其中最常见的包括[①]:

经验法则 1(久期法则):到期收益率相同的两个可交割券,如果到期收益率高于 3%,久期[②]大的更可能成为准 CTD 券;反之,如果到期收益率低于 3%,久期小的更可能成为准 CTD 券。

经验法则 2(收益率法则):久期相同的两个可交割券,到期收益率高的更可能成为准 CTD 券。

久期法则可以用 IRR 公式来近似帮助理解。久期是刻画债券价格对到期收益率变化敏感性的指标。久期越大,敏感性越高。对 IRR 的计算公式(5.14)略做整理,可以得到:

$$
\begin{aligned}
IRR_{j,t} &= \frac{t\text{ 时刻锁定的债券 } j \text{ 期货交割全价}-t\text{ 时刻债券 } j \text{ 现货全价}}{t\text{ 时刻债券 } j \text{ 现货全价}}\times\frac{365\text{ 或 }366}{T-t} \\
&= \left(\frac{t\text{ 时刻国债期货报价}\times\text{债券 } j \text{ 转换因子}+\text{期货应计利息}}{t\text{ 时刻债券 } j \text{ 现货净价}+\text{现货应计利息}}-1\right)\times\frac{365\text{ 或 }366}{T-t} \\
&\approx \left(\frac{t\text{ 时刻国债期货报价}}{\dfrac{t\text{ 时刻债券 } j \text{ 现货净价}}{\text{债券 } j \text{ 转换因子}}}\right)\times\frac{365\text{ 或 }366}{T-t}
\end{aligned}
\tag{5.16}
$$

对于所有的可交割券来说,t 时刻国债期货报价都是一样的,因此如果认可 IRR 最大准则,则 t 时刻拥有最小的$\dfrac{\text{现货报价}}{\text{转换因子}}$的可交割券很可能是当时的准 CTD 券。进一步在坐标轴上画出债券的$\dfrac{\text{现货报价}}{\text{转换因子}}$与其到期收益率的关系,如图 5.3 所示。

从图 5.3 可以看出,如果两个债券的到期收益率都是 3%,前述转换因子的第一个不足将不再存在,转换后的债券价格($\dfrac{\text{现货报价}}{\text{转换因子}}$)都将等于 100[③],转换是公平等价的。但如果两个债券的到期收益率不是 3%,转换后的净价显然就不再等价。那么,对于拥有择券期权的国债期货空方来说,交割哪个债券看起来更合算呢?从图 5.3 可知:如果两个债券的到期收益率相等,并且都大于 3%,也就是在图的右半边,显然价格曲线较为陡峭(久期较大)的债券[④]的$\dfrac{\text{现货报价}}{\text{转换因子}}$较低,从而相对合算;反之,如果两个债券的到期收益率相等,但都小于 3%,

---

① 戎志平基于中国实际情况补充提出流动性法则:准 CTD 券应在一篮子可交割券的可交易子集中。详见戎志平.国债期货交易实务[M]. 北京:中国财政经济出版社,2017.

② 久期指的是债券价值百分比变动对利率变化的一阶敏感性。我们将在下文详细介绍。

③ 事实上转换因子的后两点不足仍将使得转换后的现货报价不完全等于 100,但此处近似分析忽略不计。

④ 价格曲线较为陡峭,意味着利率变化引起的债券价格变化较大,也就是价格敏感性较高;反之价格敏感性较低。

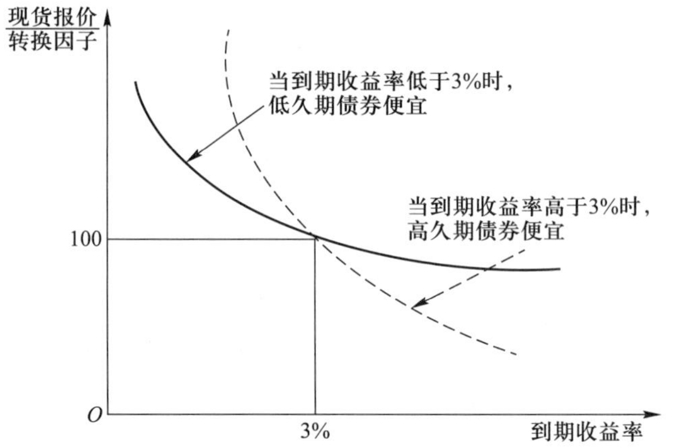

图 5.3 准 CTD 券的久期法则

也就是在图的左半边，价格曲线较为平缓（久期较小）的债券的$\frac{现货报价}{转换因子}$较低，相对合算。

理解久期法则之后，收益率法则也就相对易于理解了。在控制久期的影响之后，到期收益率越大，价格越便宜，自然更可能成为准 CTD 券。

需要再次说明的是，经验法则仅供快速判断使用，通常准确性较低，使用需谨慎。

（五）国债期货价格的确定与分析

除了择券期权，为使交割能够顺利进行，与国际做法一致，中金所国债期货还额外给予国债期货空头以“择时期权”：合约进入交割月至最后交易日之前，由空方提出交割申报，交易所根据一定的规则抽取多方进行匹配交割，从而使得国债期货空头在交割时间上也有选择的权利。也就是说，买入一份国债期货，实际上等于一份一个不含权的普通期货合约，卖出一份择券期权和一份择时期权，因而有：

$$国债期货价值=期货合约价值-择券期权价值-择时期权价值 \tag{5.17}$$

择券期权和择时期权价值的确定难度较大，超过本书的范围。[①] 这个部分首先假定准 CTD 券和交割日期已知，介绍式（5.17）右式的第一部分：不含权的普通期货合约的定价。

国债期货合约的设定使其在定价时需要增加一些特殊处理：首先，每个时刻需要筛选出准 CTD 券，再基于这一特定债券进行期货定价；第二，期货定价公式计算得到的是准 CTD 券的期货全价，而国债期货报价使用的是标准券期货报价，需要转换为净价和标准券。

假设准 CTD 券和交割日期已知，可以通过以下 4 个步骤来确定国债期货价格：

（1）根据准 CTD 券现货报价，计算得到该券的现货全价；

（2）运用支付已知红利的期货定价公式（3.5），基于准 CTD 券的现货全价，算出准 CTD 券对应的期货全价[②]，实际上就是式（5.12）中期货空方收到的现金；

（3）反向运用式（5.12），从准 CTD 券期货全价倒算出准 CTD 券的期货净价；

（4）将第 3 步计算得到的准 CTD 券期货净价除以其转换因子，即为标准券期货的合理

① 一般认为择时期权影响不大，主要侧重考虑择券期权。感兴趣的读者可以阅读陈蓉和葛骏. 谁是国债期货的 CTD 券？[J]. 中国期货，2015(2).

② 注意这一特定债券的期货并不真实存在，计算这一期货价格的目的是推算出标准券期货的合理价格。

报价。

下面我们用案例 5.7 来帮助理解国债期货的定价。

【案例 5.7】

国债期货的定价

2019 年 2 月 18 日，假设某投资者认为对于 2019 年 6 月到期的中期国债期货 TF1906 而言，准 CTD 券为前述的国债 170006.IB，并预期申请交割日为该合约的最后交易日(2019 年 6 月 14 日)，合约剩余期限 116 天。假设当天的 26 天和 116 天期无风险利率分别为 2.4%和 2.81%(连续复利)。试求 TF1906 期货的理论报价。

第一步：计算准 CTD 券现券全价。从案例 5.3 可知，2019 年 2 月 18 日当天国债 170006.IB 的全价为 104.146 9 元。

第二步：计算准 CTD 券期货全价。由于 TF1906 合约期限内，准 CTD 券 170006.IB 将于 26 天后(2019 年 3 月 16 日)支付利息 3.2 元，因此对应期货定价公式(3.5)，分别有：

$$S=104.146\ 9,\ I=3.2e^{-2.4\%\times\frac{26}{365}},\ r=2.81\%,\ T-t=\frac{116}{365}$$

从而得到国债 170006.IB 对应的期货全价为：

$$F=101.857\ 904\ 1\ \text{元}$$

第三步：计算准 CTD 券期货净价。由于在 2019 年 6 月 14 日申请交割，相应的配对缴款日为 2019 年 6 月 18 日。根据案例 5.3 可知，国债 170006.IB 在该日每 100 元面值的应计利息为 0.821 857 9 元。因此反向运用式(5.12)，可得国债 170006.IB 对应的期货净价为：

$$101.857\ 904\ 1-0.821\ 857\ 9=101.036\ 046\ 2\ \text{元}$$

第四步：计算国债期货报价，即标准券期货净价。将以上价格除以转换因子，即可得到国债期货的理论报价为：

$$\frac{101.036\ 046\ 2}{1.008\ 6}\approx 100.175\ \text{元}$$

(六) 关于国债期货价格的进一步讨论

用期货的一般定价公式(3.5)计算得到的国债期货价格通常会高于真实的市场价格，这是因为该定价公式并未考虑国债期货中隐含的择券期权和择时期权。由于国债期货卖方拥有这两个期权，合理的国债期货价格必然低于该公式计算得到的价格。

进一步来看，式(3.5)是基于无套利原则得到的。但对于国债期货来说，只有在国债期货市场价格过高时，实施“买现货卖期货”的套利策略才有可能盈利，所获得的毛收益其实就是前文介绍过的 IRR，如果相应现货能以合理价格买到，并在扣除资金成本和交易费用后仍有正的净利润，此套利就是可行的。但在国债期货市场价格偏低时，投资者们并不能像普通期货那样进行“买期货卖现货”的套利交易，因为未来期货交割时间和交割券种的选择权都在期货空方手中，套利者无法确定赚取无风险利润。从案例 5.6 和案例 5.7 可以看到，TF1906 在 2019 年 2 月 18 日的市场价格低于我们计算得到的理论价格，这与当天 5 只可交割券中最高的 IRR 只有 0.43%的结论是一致的，IRR 远低于市场资金成本，不存在期货高估带来的无风险套利机会。

不仅如此,我们还可以看到其他可交割券的 IRR 甚至为负。这在国债期货市场上是相当常见的。回忆 IRR 的计算公式,小于零的 IRR 大致对应着期货价格小于现货价格。有几个因素都倾向于使得国债期货价格相对低于现货价格:首先,由于标的债券在期货期限内经常会支付现金票息,这意味着式(3.5)中的 I 是正数,而且这一票息经常大于式(3.5)中的短期利率 r,这很容易使得式(3.5)中的 $F<S$。再根据式(5.17),国债期货的价格还要再减去择券期权和择时期权的价格,进一步降低了国债期货的价格水平。

最后,我们来讨论国债期货中的一个重要概念:基差。对于每一个可交割券,都可以计算其对应的国债期货基差,具体定义为:

国债期货基差$_i$=可交割券净价$_i$-国债期货报价×转换因子$_i$

第五节　利率风险的管理

利率远期和利率期货都可以用来为利率风险进行管理。我们先介绍常用的利率敏感性指标,再讨论如何运用其进行利率风险管理。

一、利率敏感性指标

资产的利率风险可以用资产价值对利率的敏感性来描述。只要资产价值 P 是利率 y 的函数,则资产价值的利率风险可以用泰勒展开表示如下:

$$dP=\frac{dP}{dy}(dy)+\frac{1}{2!}\frac{d^2P}{dy^2}(dy)^2+\cdots+\frac{1}{n!}\frac{d^nP}{dy^n}(dy)^n+\cdots \tag{5.18}$$

如果资产价值 P 是利率 y 的线性函数,式(5.18)就只有一阶导是非零的,只需要分析一阶导即可。但对于债券等不少利率敏感性资产,其价值常常是到期收益率的非线性函数,需要用整个泰勒展开才能完全刻画,但显然一阶导仍然是其中最重要的部分。因此最常见的利率敏感性指标都是围绕一阶导构造的。

久期和货币久期是最常见的利率敏感性指标。久期(duration,以下用 D 表示)是利率敏感性资产价值变动的百分比对利率变动的一阶敏感性,用公式表示为

$$D=-\frac{\frac{dP}{P}}{dy} \tag{5.19}$$

由于利率与资产价值在大部分情况下总是反向变动,式(5.19)中的负号意味着久期一般为正。由于一阶导数捕捉了价值敏感性变动中的主要部分,因此久期刻画了资产价值利率风险的主要部分。久期越大,资产的利率风险越大;反之则越小。如果资产价值是利率的非线性函数,显然其久期并非常数,而是会动态变化的。

将式(5.19)乘以资产价值 P 可得

$$D\times P=-\frac{dP}{dy} \tag{5.20}$$

式(5.20)被称为货币久期(dollar duration,以下用 \$D 表示),即资产价值变动对利率变动的一阶敏感性。类似地,对于非线性产品而言,货币久期也是时变的。对衍生产品而言,货

币久期尤为重要。因为很多衍生产品刚签约时的合约价值为零，无法计算合约的久期，只能计算合约的货币久期。对于期货合约来说，由于期货合约价值的变动源于期货价格的变动，因此如果不考虑合约规模的影响，期货合约的货币久期就等于期货价格的货币久期。

对传统的不含权债券来说，最著名的久期指标是麦考利久期（Macaulay duration）和修正久期（modified duration），它们其实是式（5.19）的一个特例。为了便于理解，假设一年支付一次利息，而且第一次利息支付刚好在一年后，则不含权债券的定价公式可以写为①

$$P=\sum_{i=1}^{m}\frac{C}{(1+y)^{i}}+\frac{A}{(1+y)^{m}} \tag{5.21}$$

式中：C 为债券的息票；

A 为本金；

m 为现金流支付的总次数；

y 为年化到期收益率；

对式（5.21）运用式（5.19）可得：

$$D=-\frac{\mathrm{d}P}{\mathrm{d}y}\frac{1}{P}=\frac{1}{1+y}\times\text{麦考利久期}$$

$$=\frac{1}{1+y}\left[1\cdot\frac{\frac{C}{1+y}}{P}+2\cdot\frac{\frac{C}{(1+y)^{2}}}{P}+3\cdot\frac{\frac{C}{(1+y)^{3}}}{P}+\cdots+m\cdot\frac{\frac{C}{(1+y)^{m}}}{P}+m\cdot\frac{\frac{A}{(1+y)^{m}}}{P}\right] \tag{5.22}$$

式（5.22）就是传统的修正久期，中括号中的部分则是著名的麦考利久期。麦考利久期的优点在于经济含义直观，可以视为现金流期限的一种加权平均，其权重为每次现金流现值占债券价值（所有现金流现值之和）的比重，权重之和为1。因此麦考利久期是未来现金流期限的加权平均，其单位为年，相应的修正久期的单位也是年。这是久期名称的最初来源。

有意思的是，如果我们用连续复利形式来表达债券的定价公式，那就不存在麦考利久期和修正久期的区别了。对于传统的不含权债券来说，如果到期收益率使用连续复利收益率，则债券定价公式②可以写为

$$P=\sum_{i=1}^{m}C_{i}\,\mathrm{e}^{-y(t_{i}-t)} \tag{5.23}$$

式中：C_i 为第 i 期现金流；

y 为连续复利年到期收益率；

t_i 为第 i 期现金流的支付日期；

t 为当前时刻。对公式（5.23）进行求导可得：

$$D=-\frac{\mathrm{d}P}{\mathrm{d}y}\frac{1}{P}=\frac{\sum_{i=1}^{m}C_{i}\times\mathrm{e}^{-y\times(t_{i}-1)}\times(t_{i}-t)}{P} \tag{5.24}$$

从式（5.24）可以看出，在使用连续复利到期收益率时，普通债券的久期就是现金流的加权

① 一年计息超过一次以及第一次利息支付不刚好在一年之后的公式较为复杂，此处为清晰说明原理起见，仅以一年计息一次为例。

② 注意，公式（5.23）对现金流的支付时间没有任何限制，而公式（5.21）对现金流的支付时间有严格限制。可见，使用连续复利到期收益率进行债券定价比较简便。

平均期限,无须再调整。

值得注意的是,关于久期的概念存在很多误解。一些常见的误解包括:麦考利久期就是久期,久期一定是时间的加权,久期的单位一定是年。但仔细推敲可以看出,首先,式(5.22)中的修正久期才真正考察了债券价值的利率风险,麦考利久期只是久期计算公式中的一部分,并非真正的久期①;其次,式(5.22)所得到的麦考利久期这种时间加权的特性以及相应带来的以年为单位的特征,只是特定定价公式求导后得到的结果,现代固定收益证券市场的迅速发展使得越来越多的利率敏感性资产定价模型不同于式(5.21),其求导后的结果也必然不同,因此久期与期限加权之间并没有必然联系,其单位也并不必然为年。式(5.19)才是最具一般性、最能反映久期性质的定义与公式。

除了久期和货币久期,在实际中,在直接求导较为困难时,人们还常常用下述中心差分形式近似计算定价模型比较复杂的利率敏感性资产的久期:

$$D \approx \frac{P_{-} - P_{+}}{2(P)(\Delta y)} \tag{5.25}$$

式中,P_{-}和P_{+}分别代表利率下跌和上升时所达到的资产价格。式(5.25)也被称为有效久期(effective duration)。由于使用的是变动达到的价格P_{-}和P_{+},有效久期考虑的不仅仅是一阶导,也包含了可能的非线性的影响。

基点价格值(basis point value,BPV,也称为DV01)则是另一个常用的利率风险指标,其估计的是利率变化一个基点(0.01%)所导致的资产价值变化绝对金额,也常用中心差分进行计算,即

$$BPV \approx \frac{P_{-0.01\%} - P_{+0.01\%}}{2} \tag{5.26}$$

尽管基点价格值和1个基点对应的货币久期分别通过差分和一阶导求得,并不完全相同,但由于1个基点引起的变化很微小,因而在实务中这两者经常混用。

二、利率远期和利率期货的利率敏感性

利率远期和利率期货的利率敏感性估计取决于其标的资产的利率敏感性和远期(期货)本身价值变化的计算方式。例如,欧洲美元期货通常使用基点价格值这一利率敏感性指标,即1个基点对应着一份欧洲美元期货合约的价格变动为25美元。

对国债期货而言,则与国债现货一样,久期和货币久期是常用的利率敏感性指标。准CTD券的理论期货价格F的久期和货币久期可以运用式(5.19)和式(5.20)进行推导②。从$F=(S-I)e^{r(T-t)}$可知

$$\$D_F = -\frac{dF}{dy} = \frac{dS}{dy}e^{r(T-t)} = \$D_S e^{r(T-t)}$$

① 当然,如果使用连续复利定价公式求久期,就不存在麦考利久期和修正久期的区别了。

② 可能影响国债期货价格的利率有两个,准CTD券的到期收益率y会通过影响现货价格来影响国债期货价格,短期无风险利率r会直接影响国债期货价格。也可能影响票息现值I。但由于y和r的期限差异通常较大,我们假设y的变动与r无关。

$$D_F=-\frac{\mathrm{d}F/F}{\mathrm{d}y}=-\frac{\frac{\mathrm{d}S}{\mathrm{d}y}\mathrm{e}^{r(T-t)}}{(S-I)\mathrm{e}^{r(T-t)}}\approx\frac{-\frac{\mathrm{d}S}{\mathrm{d}y}}{S}=D_S$$

也就是说,理论上准 CTD 券期货价格的久期近似等于准 CTD 现券的久期。

但在现实中运用国债期货进行利率风险管理时,我们是在用期货合约价值的变动去对冲其他资产的利率风险,而每天国债期货合约价值的变动是由标准券期货报价的变动引起的。因此需要计算国债期货报价的久期和货币久期。

国债期货报价(用 G 表示)久期的推导如下:

$$D_G=-\frac{1}{G}\frac{\partial G}{\partial y}=-\frac{1}{\frac{F-\text{期货应计利息}}{\text{转换因子}}}\times\frac{\partial\left(\frac{F-\text{期货应计利息}}{\text{转换因子}}\right)}{\partial y}=\frac{1}{F-\text{期货应计利息}}\times D_F\times F\approx D_F \tag{5.27}$$

也就是说,国债期货报价 G 的久期约等于准 CTD 券期货价格 F 的久期,进而等于准 CTD 现券的久期(D_S)。

用类似的思路,可以推知国债期货报价的货币久期如下:

$$\$D_G=-\frac{\partial G}{\partial y}=-\frac{\partial\left(\frac{F-\text{期货应计利息}}{\text{转换因子}}\right)}{\partial y}=\frac{1}{\text{转换因子}}\times\$D_F=\frac{1}{\text{转换因子}}\times\$D_S\mathrm{e}^{r(T-t)}\approx\frac{1}{\text{转换因子}}\times\$D_S \tag{5.28}$$

也就是说,国债期货报价 G 的货币久期约等于准 CTD 券的货币久期除以其转换因子。

可以看到,由于债券和国债期货价格都是利率的非线性函数,其久期和货币久期都是动态变化的。不仅如此,国债期货报价的久期和货币久期都是基于准 CTD 券的利率敏感性指标计算得到的。准 CTD 券一旦变化,期货的利率敏感性也会随之变化。

三、基于久期的利率风险管理

最常见的利率风险管理是基于上述利率敏感性对冲进行的,其基本逻辑是:分别计算被对冲资产和对冲资产的利率敏感性指标,通过交易一定数量的对冲资产,使得利率发生不利变化时,被对冲资产对利率的敏感性能为对冲资产所对冲。具体地说,当 1 单位资产用 n 单位对冲资产对冲利率风险时,最优的利率风险套期保值比率 n 是使得整个套保组合价值对利率的敏感性为零的套期保值比率。

如果基于久期类指标进行套期保值,就是仅考虑一阶敏感性,则上述目标可以更具体地表达为

$$\frac{\mathrm{d}\Pi}{\mathrm{d}y}=0 \tag{5.29}$$

换言之,基于一阶敏感性的 n 是使得套期保值组合的货币久期[①]为零的套期保值比率。

---

① 也可以采用基点价格值敏感性为零的目标。在实际使用时,由于 1 个基点的货币久期和基点价格值相当接近,常常混用。

以现货多头和期货空头的空头套期保值组合为例①，

$$d\Pi = dH - n dG \tag{5.30}$$

即套期保值组合的价值变动 $d\Pi$ 等于现货价格（价值）的变动 dH 和 n 单位期货价值的变动 ndG 之差，尽管期货价格不等于期货价值，但期货报价的变动等于 1 单位期货价值的变动。

将式（5.30）代入式（5.29）可得

$$n = \frac{\frac{dH}{dy}}{\frac{dG}{dy}} = \frac{D_H \times H}{D_G \times G} \tag{5.31}$$

式（5.31）的第一个等式表明，n 是使得现货和期货的货币久期相等，从而使得两者相互抵消，整个组合的货币久期为零的套期保值比率；第二个等式则将其转换为包含了久期的公式。如果使用国债期货进行套期保值，注意 G 指的是标准券的国债期货报价，D_G 则是指国债期货报价的久期。

由于上述最优套期保值比率 n 是针对单位价值变动的，与第四章相同，在实际进行利率风险的套期保值时，实际的最优套期保值数量 N 还应在 n 的基础上考虑具体的头寸规模，整理可得

$$N = n \times \frac{Q_H}{Q_G} = \frac{D_H \times H \times Q_H}{D_G \times G \times Q_G} = \frac{D_H \times V_H}{D_G \times V_G} \tag{5.32}$$

其中 Q_H 为需要进行套期保值的现货资产头寸的数量，$V_H = H \times Q_H$ 显然就是现货头寸的总金额；Q_G 则为用于套期保值的每份期货合约中的数量或乘数，具体由期货合约规则确定，如我国 5 年期国债期货的每份合约规模是 1 万张债券，$V_G = G \times Q_G$ 是一份期货合约的现金规模。

式（5.32）再一次显示，需要交易的期货合约份数 N 就是使得现货总头寸的货币久期等于期货总头寸货币久期的数量。事实上，匹配并对冲组合中的货币久期，是基于久期的套期保值的本质。读者可以从案例 5.8 中进一步理解运用利率期货进行久期套期保值的基本原理。

【案例 5.8】

基于久期的套期保值

假设一个手中管理着价值 1 000 万元、久期为 4.6 的国债组合的基金经理担心利率在接下来的一个月内波动剧烈，决定于 2019 年 2 月 18 日运用 TF1906 进行利率风险管理。当她进入市场时，TF1906 报价为 99.415 元。

2019 年 2 月 18 日，该基金经理判断 TF1906 的 CTD 券为 170006.IB。其转换因子为 1.008 6，现货报价为 104.146 元。根据债券修正久期的计算公式，该债券的修正久期为 4.628 5，故此 TF1906 的久期近似等于 4.628 5，根据式（5.32），有

$$N = \frac{D_H}{D_F} \times \frac{V_H}{V_G} = \frac{4.6}{4.628\ 5} \times \frac{10\ 000\ 000}{99.415 \times 10\ 000} \approx 10$$

因此，该基金经理应卖出 10 份 TF1906 进行利率风险管理，以实现久期为零。

① 多头套期保值组合和其他类型套期保值组合的结果可以类似地得到。

此外，与第一节股指期货风险管理中对 β 系数的调整相似，投资者除了可以通过利率敏感性证券降低组合的久期至零，还可以通过利率敏感性证券调整组合的久期至自己期望的水平。比如，一个相信利率将下降的债券多头显然希望提高整体组合的久期，以从利率的下降中得到更多的债券价格上升带来的收益。一个担心利率上升但并不完全确定未来利率走势的债券组合管理者可能希望将原先的组合久期降低一定的水平，但不要完全降至零。

设定投资组合的原久期为 D_H，目标久期为 D_H^*，则需要交易的利率敏感性证券份数为

$$\frac{D_H^*-D_H}{D_G}\times\frac{V_H}{V_G} \tag{5.33}$$

当式(5.33)为负时，说明需要进行反向操作，即现货是多头的要做空新资产，现货是空头的则要做多新资产。当该值为正时，则进行同向操作。显然，原先的最优套期保值数量 N 是目标 $D_H^*=0$ 的特例。

可以看到，久期类指标是利率风险管理的重要工具。但必须注意的是，久期有天然的局限性：首先，我们从泰勒展开式中可以看到，久期仅仅是资产价值对利率的一阶敏感性，如果资产价值是利率的非线性函数，久期无法反映和管理资产价格的全部利率风险，当利率变化较大时这个缺陷尤其显著；其次，久期的定义建立在利率曲线平移，即所有期限的利率变化幅度相等的假设基础之上，这是一个不符合现实的假设。因此，基于久期的利率风险管理存在着一定的局限性。由于超过本书范围，相应拓展就不再展开讨论。

最后，我们来比较一下第四章第一节与本节所介绍的套期保值比率估计方法。尽管基本思想都是用衍生品的盈利来对冲现货的亏损，以达到套期保值和风险管理的效果，这两节对套期保值比率的估计方法显然是有差异的。实际上，第四章第一节的线性回归方法只适合于所考察的两个变量之间存在线性关系的情形；由于线性回归时考察的是整个风险管理期间两个价格变动的线性关系，一旦估计得到套期保值比率，就无须再进行调整，因而被称为“静态套保”；在完美静态套保的情况下，构造出来的套保组合是一个无风险组合。而本节的出发点是对冲资产价值变动对利率的敏感性，在资产价值和利率为非线性关系的情况下，一阶导是时变的，相应估计得到的套保比率也应该是时变的，需要不断调整，以保持货币久期为零，因而被称为“动态套保”；相应构造得到的套保组合由于只对冲了一阶的变动，实际上并不是完全无风险的组合。

本章小结

1. 股指期货的价格为 $F=Se^{(r-q)(T-t)}$，而在 CME 交易的以美元标价的日经 225 指数期货无法使用此式进行定价。

2. 指数套利常常需要对多种股票进行打包交易，因此往往需借助计算机程序来自动完成交易指令，这种由计算机进行的打包交易就称为程序交易。

3. 用股指期货进行风险管理对冲的是股票市场的系统性风险，另外股指期货的风险管理操作中大多存在交叉风险管理的现象。

4. 当满足以下两个条件时，β 系数才能作为股指期货最小方差套期保值比率的一个良好近似：① 被套期保值的股票组合与市场指数 r_M 之间的 β 系数等于股票组合与股指期货之间的 β 系数；② 所采用的 β 系数等于套期保值期间真实的 β 系数。

5. 投资者可以根据自身的预期和特定的需求，利用股指期货改变股票投资组合的 β 系数。

6. 远期外汇协议（FXA）的远期价值为 $f=Se^{-r_f(T-t)}-Ke^{-r(T-t)}$，远期汇率为 $F=Se^{(r-r_f)(T-t)}$。

7. 远期利率协议通常为现金结算，这种交割方法无须协议双方真实交换本金。远期利率协议多头的价值为：

$$\left[Ae^{r_F(T^*-T)}-Ae^{r_K(T^*-T)}\right]e^{-r^*(T^*-t)}$$

为使远期利率协议价值为零，合同利率应等于：

$$r_K=r_F=\hat{r}=\frac{r^*(T^*-t)-r(T-t)}{T^*-T}$$

8. 欧洲美元期货的报价是以“100-期货利率”给出的，市场称之为 IMM 指数（IMM index）。

9. 国债期货中含有择券期权和择时期权，因此定价较为复杂。

10. 久期（duration）是利率敏感性资产价格变动的百分比对到期收益率变动的一阶敏感性，公式为：

$$D=-\frac{\frac{dP}{P}}{dy}$$

11. 匹配并对冲组合中的货币久期，是久期风险管理的本质。

12. 基于久期的最优套期保值数量为：

$$N=\frac{D_H}{D_G}\times\frac{V_H}{V_G}$$

即测即评

习　题

1. 某基金公司拥有一个系数为 2.2、价值为 1 亿元的 A 股投资组合，1 个月期的沪深 300 指数期货价格为 2 500 点。请问该公司应如何应用沪深 300 指数期货为投资组合进行套期保值？会达到怎样的效果？如果该基金公司希望将系统性风险降为原来的一半，应如何操作？

2. 瑞士法郎和美元两个月连续复利率分别为 2% 和 7%，瑞士法郎的现货汇率为 0.680 0 美元，2 个月期的瑞士法郎期货价格为 0.700 0 美元，请问有无套利机会？

3. 假设某投资者 A 持有一份 β 系数为 0.85 的多样化的股票投资组合，请问：如果不进行股票现货的买卖，只通过期货交易，是否能提高该投资组合的 β 系数？

4. 假设一份 60 天后到期的欧洲美元利率期货的报价为 88，那么在 60 天后至 150 天的

LIBOR 远期利率为多少?

5. 假设连续复利的零息票利率如表 5.5 所示。

表 5.5　利　率　表

期限/年	年利率/%
1	3
2	4
3	4.5
4	4.8
5	5.0

试计算第 2、3、4、5 年的连续复利远期利率。

6. 2020 年 1 月 23 日,某机构购买了 2020 年 6 月到期的中金所 5 年期国债期货合约,市场报价为 100.360 元。该机构 2 个月期的资金成本为 3.5%(连续复利)。

(1) 请计算息票率为 2.94%,每年付息 1 次,2024 年 10 月 17 日到期的国债的转换因子。

(2) 请计算息票率为 3.77%,每年付息 1 次,2025 年 3 月 8 日到期的国债的转换因子。

(3) 若上述两种债券报价分别为 100.864 和 104.688,请问哪个券更可能被空方选择交割?

(4) 假设该机构拟到期交割,请以这两者中的较便宜券计算该期货的理论报价。

(5) 若该机构按照国债期货的市场报价成交,若不考虑盯市结算,到期交割时,该机构每份合约实际应收到的现金为多少?

7. 假设某基金手中持有价值 10 亿元的国债组合,久期为 7.2,希望降低久期至 3.6。当时的中国 10 年期国债期货市场报价为 110 元,久期为 6.4。请问应如何实现风险管理目标?

8. 试解释为何远期利率被视为即期利率的边际利率。

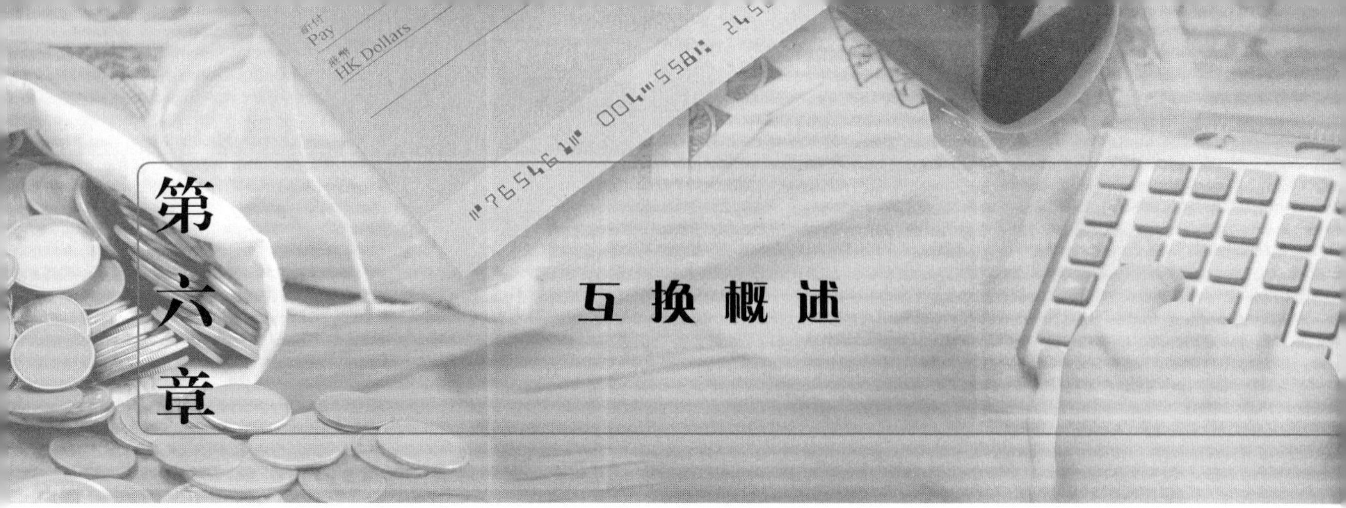

第六章 互换概述

互换市场是增长最快的金融产品市场之一。本章将讨论互换的定义与种类,并对互换市场的发展与基本运行机制加以介绍。

第一节　互换的定义与种类

互换(swaps),是两个或两个以上当事人按照商定条件,在约定的时间内交换一系列现金流的合约。远期合约可以被看作仅交换一次现金流的互换。在大多数情况下,互换协议的双方会约定在未来多次交换现金流,因此互换可以看作一系列远期的组合。由于计算或确定现金流的方法很多,互换的种类也就很多。其中,最重要和最常见的是利率互换(interest rate swap,IRS)、货币互换(currency swap)、总收益互换(total return swap)和信用违约互换(credit default swap)。

一、利率互换

利率互换,是指双方同意在未来的一定期限内根据同种货币的相同名义本金交换现金流的一种场外交易的金融合约,其中一方的现金流根据事先选定的某一浮动利率计算,而另一方的现金流则根据固定利率计算。利率互换的常见期限包括1年、2年、3年、4年、5年、7年与10年,30年与50年的互换也时有发生。案例6.1介绍了我国首笔基于SHIBOR的利率互换。

【案例6.1】

国内首笔基于SHIBOR的标准利率互换

2007年1月22日,花旗银行宣布与兴业银行于1月18日完成了中国国内银行间第一笔基于上海银行间同业拆放利率(SHIBOR)的标准利率互换。公开披露的协议细节如表6.1所示。

表6.1　国内首笔基于SHIBOR的标准利率互换

期限	1年
名义本金	未透露
固定利率支付方	兴业银行
固定利率	2.98%
浮动利率支付方	花旗银行
浮动利率	3个月期SHIBOR

利率互换是一种场外交易的金融产品，具体细节由双方商定，交易双方也没有披露的义务。但从已披露的协议内容来看，此次利率互换的基本设计是：从 2007 年 1 月 18 日起的一年内，花旗银行与兴业银行在每 3 个月计息期开始时就按照最新 3 个月期的 SHIBOR 确定当期的浮动利率，计息期末双方根据名义本金交换利息净额，基本流程如图 6.1 所示。

图 6.1　利率互换流程图

按照业界的惯例，利率互换协议中通常会事先明确浮动利率确定日和现金流交换日，且固定利率和浮动利率的天数计算惯例通常有所不同。由于交易细节不可得，同时为了集中说明利率互换的利息现金流交换本质，这里假设该协议的 4 个浮动利率确定日分别为 2007 年 1 月 18 日、4 月 18 日、7 月 18 日和 10 月 18 日，现金流交换日是浮动利率确定日之后的 3 个月(0.25 年)。表 6.2 给出了事后观察到的 4 次 3 个月期 SHIBOR 和兴业银行在此互换中的 4 次实际现金流。

表 6.2　兴业银行的现金流量表(每 1 元本金)

时点	3 个月期 SHIBOR	收到的浮动利息	支付的固定利息	净现金流
2007 年 1 月 18 日	2.808 0%	—	—	—
2007 年 4 月 18 日	2.904 9%	$\frac{2.808\ 0\%}{4}=0.007\ 02$	$\frac{2.98\%}{4}=0.007\ 45$	-0.000 43
2007 年 7 月 18 日	3.142 1%	$\frac{2.904\ 9\%}{4}=0.007\ 26$	$\frac{2.98\%}{4}=0.007\ 45$	-0.000 19
2007 年 10 月 18 日	3.875 7%	$\frac{3.142\ 1\%}{4}=0.007\ 86$	$\frac{2.98\%}{4}=0.007\ 45$	0.000 41
2008 年 1 月 18 日	—	$\frac{3.875\ 7\%}{4}=0.009\ 69$	$\frac{2.98\%}{4}=0.007\ 45$	0.002 24

二、货币互换

货币互换，是在未来约定期限内将一种货币的本金和固定利息与另一货币的等价本金和固定利息进行交换。案例 6.2[①] 给出了一个货币互换的案例。对比图 6.1 和图 6.2 可以看到，在利率互换中通常无须交换本金，只需定期交换利息差额。而在货币互换中，期初和期末须按照约定的汇率交换不同货币的本金，其间还需定期交换不同货币的利息。

① 该案例引自 Don M Chance. An Introduction to Derivatives and Risk Management[M]. London: Thomson Learning, 2003.

【案例 6.2】

货 币 互 换

雷斯顿科技(Reston Technology)公司是成立于弗吉尼亚州科技开发区的一家互联网公司,由于计划到欧洲拓展业务,该公司需要借入 1 000 万欧元,当时汇率是 0.980 4 美元/欧元。雷斯顿公司因此借入 2 年期的 980.4 万美元借款,利率为 6.5%,并需要将其转换为欧元。但由于其业务拓展所产生的现金流是欧元现金流,它希望用欧元支付利息,因此雷斯顿公司转向其开户行的一家分支机构——全球互换公司(Global Swaps, Inc., GSI)进行货币互换交易。图 6.2 是该笔货币互换的主要流程。

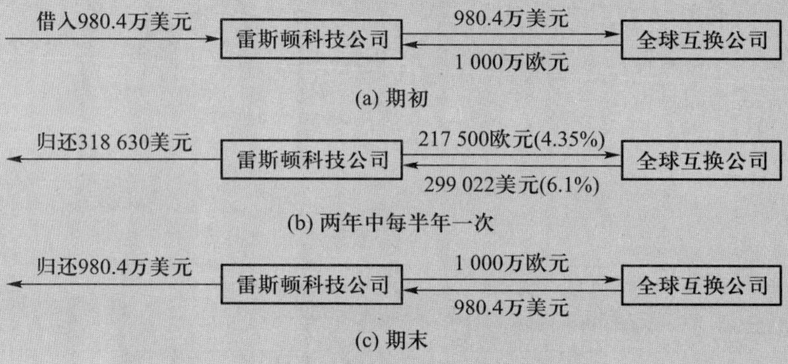

图 6.2 货币互换流程图

从图 6.2 中可以看到,雷斯顿公司通过货币互换将其原先的美元借款转换成了欧元借款。在美国市场上,它按照 6.5%的利率支付利息。同时在货币互换中,收到 6.1%的美元利息,支付 4.35%的欧元利息。假设汇率不变,其每年的利息水平大约为 4.35%+(6.5%-6.1%)= 4.75%。

三、总收益互换

总收益互换(total return swap, TRS),是在未来约定期限内将一种或一篮子资产的总收益(包括现金流与资本利得或损失)与等值浮动利率债券的利息加或减价差进行交换(见图 6.3)。总收益互换的一个重要特征是合约双方并不转让资产的实际所有权,只是转让收益权。

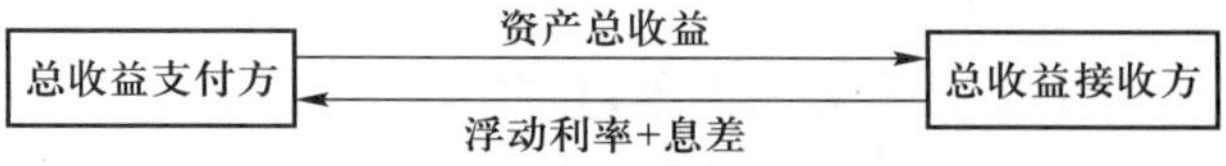

图 6.3 总收益互换现金流示意图

总收益互换由总收益端(total return leg)和融资端(funding leg)组成。总收益端的资产可以是单一股票、指数、公司债、抵押贷款、市政债券、不动产、可转债、资产抵押证券、大宗商品、农产品、贵金属等。总收益端的一方称为总收益支付方,或者总收益互换卖方;总收益端的另一方称为总收益接收方，或者总收益互换买方。

总收益互换具有如下优点：节省交易费用，减少税收，提高杠杆，规避监管。

以我国的融资融券为例，通过券商进行融资融券的成本都很高，融资成本高达8.5%左右，融券成本更高达10.5%左右甚至一券难求。如果通过总收益互换，则可大大节省客户的融资融券费用。对融资买入股票的客户来说，他要支付融资利率（8.5%左右）、买入股票的佣金以及未来卖出股票的佣金和印花税。而通过总收益互换（图6.4中的融资方），他只要支付浮动利率（如SHIBOR，大约3%左右）加息差（1%以下），最多再加上他缴纳给金融机构的保证金所需要的利息。对于融券卖出股票的客户来说，他要支付融券费用（10.5%左右）、卖出股票的佣金和印花税以及未来买回股票的佣金。而通过总收益互换（图6.4中的融券方），他只需承担缴纳给金融机构的保证金所需要的利息，其他不但没有任何支出，还可以收到浮动利息！对于金融机构来说，利用总收益互换来开展融资融券业务，则无须承担任何风险（通过向两边客户收取保证金来防范信用风险）和资本金就可以赚取息差，是真正意义上的中间业务。

图6.4　通过总收益互换实现融资融券

如果把总收益端的资产设定为国外的股票，同时用人民币结算盈亏，则既可让国人低成本地买卖国外的股票，又可以绕过外汇管制的难题。

四、信用违约互换

信用违约互换（credit default swap，CDS）是20世纪90年代出现的一种信用衍生产品。CDS买方定期向CDS卖方支付一定费用（相当于保费），一旦出现事先约定的信用事件，CDS买方将有权从卖方手中获得补偿，互换终止。这些信用事件可以是特定贷款或债券主体还款违约、破产、资不抵债、拖欠，也可以是企业重组或信用评级下调。该补偿可以用现金支付，也可以是实物交割。如果以现金支付，支付额通常等于贷款（债券）面值减去公平回收价值；如果以实物交割，则通常以面值交换实际资产。如果信用事件并未发生，则互换到期自动失效。整个过程如图6.5所示。

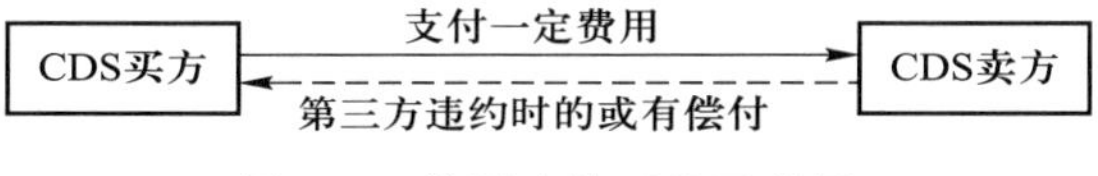

图6.5　信用违约互换示意图

因此，这实际上是CDS的买方以一定的费用为代价将基础资产的信用风险转移给CDS的卖方，相当于购入了一份信用保险。

CDS可以按照不同的维度进行分类。比如，按照参考实体不同，可以分为企业类或主权类。这里的主权可以是国家，也可以是政府的政治机构、央行等。CDS还可以按参考实体分为单一实体（single name）和多实体（multi-name）两类。

CDS出现后，可以使原来专业化与分散化的矛盾大大缓解。在CDS出现之前，为了防止信用风险过于集中，银行只能向众多企业贷款。有了 CDS 后，银行就可以集中贷款给少量的企业，然后通过购买这些企业的 CDS 把大部分信用风险转嫁出去，卖出其他企业的 CDS 来承担相应的信用风险，从而实现信用风险的多样化。由于贷款对象少了，银行可以集中精力管好这些贷款，既可以大大节约贷款成本，又可以体现专业化的好处。

随着市场的发展，从 CDS 衍生出了其他信用衍生品，如篮子 CDS（basket CDS）、信用违约互换期权（credit default swaption）、信用联结票据（credit-linked notes，CLN）和合成型 CDO（synthetic CDO）等。篮子 CDS 就是以一篮子多个参考实体为标的的 CDS，任何一家参考实体违约时均提供违约赔偿。信用违约互换期权是以预先约定的行权价购买或出售 CDS 的权利。信用联结票据首先是一种债务融资工具，但区别在于 CLN 持有人承担的风险不是发行人的风险，而是 CLN 所挂钩标的的信用风险。CLN 的发行人是 CDS 买方，投资人则是 CDS 卖方，因而可以视为债券和 CDS 的结合。当 CLN 所挂钩的标的是经由资产证券化构造出来的担保债务凭证（collateralized debt obligations，CDO）时，就是所谓的合成 CDO。此外，基于 CDS 还诞生了 CDS 指数，是一种跟踪多个基础 CDS 的平均 CDS 利差、按一定标准编制的指数。

除了从 CDS 拓展而来的信用产品，其他信用衍生品还有总收益互换和信用利差期权等。当总收益互换的资产是某种信用资产时，总收益互换就属于信用衍生产品，因为它在不交易该资产的情况下，实现了信用风险和市场风险的同时转移。信用利差期权则是以某债权的信用利差为标的的期权合约。可以看到，在信用衍生产品中，尽管也有期权等产品形式，但主要还是采取互换形式。

我国于 2010 年 11 月 5 日正式启动中国版的 CDS——信用风险缓释工具（CRM），包括信用风险缓释合约（CRMA）和信用风险缓释凭证（CRMW）两类产品。CRMA 与参考债务捆绑销售，不可单独流通。中债 Ⅰ 号、中债 Ⅱ 号和中债 Ⅲ 号就属于 CRMA，其标的债务类型包括短期融资券、中期票据和贷款。CRMW 是由独立于参考实体以外的第三方创设的，为凭证持有人就参考债务提供信用风险保护，是可在银行间市场交易流通的有价凭证，参考债务为债券或其他类似债务。

2016 年 9 月 23 日，中国银行间交易商协会（NAFMII）发布了修订后的《银行间市场信用风险缓释工具试点业务规则》及配套产品指引文件，并同步发布了《中国场外信用衍生产品交易基本术语与适用规则（2016 年版）》，在以往 CRMA 和 CRMW 的基础上，新推出了信用违约互换（CDS）和信用联结票据（CLN）两项新产品，标志着中国版 CDS 正式起步。信用风险缓释品种的创新在丰富风险管理手段、促进市场化风险分担、推动金融体系效率提升、助力实体经济降杠杆等方面有重要的意义。

五、其他互换

虽然互换产生的历史较短，但其品种创新却日新月异。除了传统的货币互换和利率互换外，一大批新的互换品种不断涌现。其他的互换品种主要有：

（一）交叉货币利率互换

交叉货币利率互换（cross-currency interest rate swaps）是利率互换和货币互换的结合，它以一种货币的固定利率交换另一种货币的浮动利率。

（二）基点互换

在普通的利率互换中，互换一方是固定利率，另一方是浮动利率。而在基点互换（basis

swaps)中,双方都是浮动利率,只是两种浮动利率的参照利率不同,如一方为 LIBOR,另一方为 1 个月期美国商业票据利率(commercial paper rates)。

常期限利率互换(constant maturity swap,CMS)和常期限国债利率互换(constant maturity treasury swap,CMT)是最常见的浮动-浮动利率互换。在 CMS 中,交易双方交换的是 LIBOR 与特定期限的互换利率(swap rate,即特定期限标准利率互换中的固定利率);CMT 中交换的则是 LIBOR 与特定期限的美国国债利率。

一个基点互换等同于两个利率互换的组合。现金流由浮动转为固定,然后由固定转为浮动,只是依据不同的基准。

(三) 增长型互换、减少型互换和滑道型互换

在标准的互换中,本金是不变的,而在这三种互换中,名义本金是可变的。其中增长型互换(accreting swaps)的本金在开始时较小,而随着时间的推移逐渐增大。减少型互换(amortizing swaps)则正好相反,其本金随时间的推移逐渐变小。近年来,互换市场中出现了一种特殊的减少型互换,即指数化本金互换(indexed principal swaps),其本金的减少幅度取决于利率水平,利率越低,名义本金减少幅度越大。滑道型互换(roller-coaster swaps)的本金则在互换期内时而增大,时而变小。

(四) 可延长互换和可赎回互换

在标准的互换中,期限是固定的。而可延长互换(extendable swaps)的一方有权在一定限度内延长互换期限。可赎回互换(puttable swaps)的一方则有权提前终止互换。

(五) 零息互换

零息互换(zero-coupon swaps),是指固定利息的多次支付流量为一次性的支付所取代,该一次性支付可以在互换期初,也可在互换期末。

(六) 后期确定互换

在涉及浮动利率的普通互换中,每次浮动利率都是在计息期开始之前确定的。后期确定互换(back-set swaps)的浮动利率则是在每次计息期结束之时确定的。

(七) 差额互换

差额互换(differential swaps)是对两种货币的浮动利率的现金流量进行交换,只是两种利息现金流量均按同种货币的相同名义本金计算。

差额互换允许使用者利用不同市场的利率差异,而不用考虑汇率问题。例如,互换一方按 6 个月期美元的 LIBOR 对 1 000 万美元的名义本金支付美元利息,另一方按 6 个月期欧元的 LIBOR 减去 1.90%的浮动利率对 1 000 万美元的名义本金支付美元利息。

(八) 远期互换

远期互换(forward swaps),又称延迟生效互换(delayed-start swaps),是指互换生效日是从未来某一确定时间开始的互换。

(九) 互换期权

互换期权(swaption),本质上属于期权而不是互换,该期权的标的物为互换,互换期权的持有人有权在未来签订一个互换协议。利率互换期权本质上是按期权中规定的固定利率把固定利率交换为浮动利率,或把浮动利率交换为固定利率的权利。但许多机构在统计时都把互换期权列入互换的范围。

(十) 股票互换

股票互换(equity swaps),是以股票指数产生的红利和资本利得与固定利率或浮动利率交换。在股票互换中,交易方的净现金流取决于特定股票指数的收益率。例如,股票互换中的一方接受以日经225指数收益率为基础的现金流,同时以美元LIBOR为基础支付浮动利率。因此,投资组合管理者可以通过股票互换把债券投资转换成股票投资;反之亦然。

股票互换还可以被设计为交易方收到以某种股指(如标准普尔500指数)为基础的现金流,同时以另一种股指(如英国富时100指数)为基础进行支付的结构。单个股票的互换也已经出现,在这种结构安排中,现金流的一方可以用单只股票的收益率来交换股指收益率。

(十一) 商品互换

商品互换,是用商品价格而不是利率或者汇率计算的互换。在1986年,出现了第一笔石油交易的互换。与前面介绍过的其他类型互换相似,交易双方确定一个名义本金,只是名义本金是以石油的桶数而不是以美元来表示的,定期的清算安排则是基于固定和浮动的石油价格进行的。与利率互换、货币互换不同的是,在石油互换中采用的浮动价格并不是通常意义上的单一即时价格,而是在一个特定时期内的石油平均价格。在石油互换中,尽管现金流是用石油表示的,但在交割结算中并不涉及实际数量的石油,结算时的净现金流仅仅是石油价格的反映。

第二节 互换市场

一、互换市场的起源与发展

互换市场可以追溯到20世纪70年代末,当时的货币交易商为了逃避英国的外汇管制而开发了货币互换。1981年,所罗门兄弟公司促成了IBM与世界银行之间基于固定利率的一项货币互换,这被认为是互换市场发展的里程碑。第一个利率互换于1981年出现在伦敦,并于1982年被引入美国。从那以后,互换市场发展迅速,全球利率互换日均成交金额从2004年的6 200亿美元增长到2019年4月的41 460亿美元,货币互换的日均成交金额也从2004年的210亿美元增长到2019年4月的1 080亿美元。[①] 到2019年6月底,利率互换未清偿名义本金高达389万亿美元,占全球OTC衍生品未清偿名义本金的60.82%(见图6.6),货币互换未清偿名义本金也达26万亿美元,占全球OTC衍生品未清偿名义本金的4.13%。可以说,互换市场是增长速度最快的金融产品市场之一。尤其是利率互换,已经成为所有金融衍生产品中交易量最大的一个品种,影响巨大。

CDS交易最初由J.P.摩根于1994年引进,到1996年名义本金规模达到数万亿美元。1999年国际互换和衍生品协会(ISDA)推出了标准化的CDS合约,从而大大推动了市场的发展。到2019年6月底,CDS市场的未清偿名义本金高达78.09万亿美元。

国际互换市场之所以发展得如此迅速,主要原因有三:第一,互换交易在风险管理、降低

---

① http://www.bis.org.

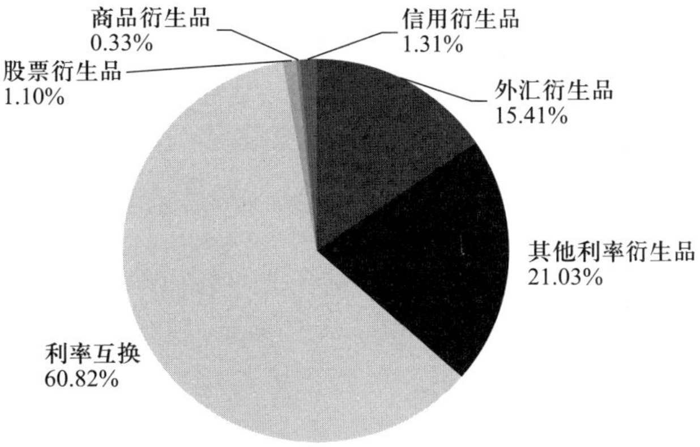

图 6.6　全球 OTC 市场各类衍生品未清偿名义本金占比(2019 年 6 月底)

资料来源:http://www.bis.org。

交易成本、规避管制和创造新产品等方面都有着重要的运用。[①] 第二,在其发展过程中,互换市场形成的一些运作机制也在很大程度上促进了该市场的发展。[②] 第三,当局的监管态度为互换交易提供了合法发展的空间。互换是一个 OTC 产品,其在商业银行的资产负债表上属于表外业务。但对参与互换市场的商业银行来说,它们往往需要承担各种市场风险和信用风险。基于这些原因,人们一度担心互换会被监管当局禁止。但在互换市场的发展历史中,从主要相关国家的监管当局到后来的巴塞尔协议,监管当局并没有简单地禁止互换交易,而是采取了具有针对性的监管方法,包括针对互换头寸提出资本要求和对商业银行的风险管理制度进行监管等。监管当局的这一态度在互换市场的迅猛发展中起到了不可忽视的重要作用。

2006 年 1 月,中国人民银行下发了《中国人民银行关于开展人民币利率互换交易试点有关事宜的通知》,明确了开展人民币利率互换交易试点的有关事项,这标志着我国人民币利率互换试点业务正式启动。2008 年 1 月 18 日,在总结试点经验的基础上,中国人民银行下发了《中国人民银行关于开展人民币利率互换业务有关事宜的通知》。2009 年 3 月,中国人民银行授权中国银行间市场交易商协会制定并发布《中国银行间市场金融衍生产品交易主协议》(简称《NAFMII 主协议》),同时要求市场参与者开展利率互换交易时必须签署该协议。NAFMII 主协议为我国场外金融衍生产品交易提供了一份统一、规范的法律文本,是我国金融市场制度建设的一项重要成果,其发布进一步规范了人民币利率互换交易流程。

2014 年 1 月,中国人民银行发布《关于建立场外金融衍生产品集中清算机制及开展人民币利率互换集中清算业务有关事宜的通知》,宣布将对银行间市场成交的场外金融衍生品实施集中清算。同年 3 月,中国外汇交易中心宣布推出利率互换的最新交易机制(基于双边授信的撮合交易平台 X-Swap),这是我国金融市场机制的又一大创新。从 2014 年 7 月 1 日起,人民币利率互换交易被要求在上海清算所进行强制集中清算,非清算会员通过代理实现集中清算。

根据全国银行间同业拆借中心官方网站上披露的信息,截至 2020 年 1 月 14 日,共有

---

① 第八章将对互换的应用进行详细的讨论。

② 在下一部分将进行具体介绍。

489家机构(包括产品类市场参与者)完成了IRS业务备案,可以进入银行间市场从事利率互换交易。

从互换的交易品种来看,随着互换市场的发展,交易品种日渐丰富。交易期限方面,原先仅有少数几个期限,而如今1个月、2个月、3个月、6个月、9个月、1年、2年、3年、4年、5年、6年、7年、10年,从短期到中长期几乎所有期限都有对应的交易品种。其中大部分交易都集中在1年及1年以下。

2019年,我国利率互换成交量达到18万亿元人民币,年末未平仓名义本金达到23亿元人民币。2019年,我国货币互换成交量为513亿美元,相对比较清淡。

二、利率互换市场的基本运作机制

由于利率互换的重要地位,下面主要以利率互换为例介绍互换市场的基本运作机制。

(一) 做市商制度

互换属于OTC产品,在场外交易。早期的金融机构通常在国际互换交易中充当经纪人,即帮助希望进行互换的客户寻找交易对手并协助谈判互换协议,赚取佣金。但事实证明,在短时间内找到完全匹配的交易对手往往是相当困难的。因此许多国际金融机构(主要是银行)开始作为做市商参与交易,同时报出其作为互换多头和空头所愿意支付和接受的价格,被称为互换交易商,或称互换银行(swap bank)。其中,国际利率互换市场的做市商制度尤其发达。其原因在于:① 与其他互换相比,利率互换的同质性较强,比较容易形成标准化的交易和报价;② 美元的固定收益证券现货和衍生品市场都非常发达,利率互换的做市商可以很容易地进行利率风险的套期保值。

做市商为互换市场提供了流动性,成为其发展的重要推动力量。从另一个角度来看,从经纪制度到做市商制度的转变,也反映了国际互换市场的变迁与发展。在国际互换市场发展早期,强调的是经纪商对互换交易的安排和匹配,而不是去承担交易风险,因此早期的经纪商多为投资银行;做市商制度发展起来以后,金融机构通过承担和管理风险为市场提供流动性,商业银行以其资金规模优势以及在管理大规模和标准化产品方面的优势,成为互换市场的中坚力量。相应地,互换产品也从个性化的公司财务管理工具转变为国际金融市场中的一种大宗批发交易。

(二) 合约的标准化

与做市商制度发展密切相关的是互换市场的标准化进程。OTC产品的重要特征之一就是产品的非标准化,互换中包含的多个现金流交换使得非标准化协议的协商和制定相当复杂、费时,这促使了互换市场尽可能地寻求标准化。1984年,一些主要的互换银行开始推动互换协议标准化的工作。1985年,这些银行成立了国际互换交易商协会(International Swaps Dealers Association,ISDA),并主持制定了互换交易的行业标准、协议范本和定义文件等。时至今日,由于在互换市场取得的成功和巨大影响,ISDA所做的工作已经推广到了包括互换在内的多种场外衍生品交易,其制定、修改和出版的《衍生产品交易主协议》(ISDA Master Agreement)已经成为全球金融机构签订互换和其他多种OTC衍生产品协议的范本,ISDA也于1993年更名为国际互换与衍生产品协会(International Swaps and Derivatives Association,ISDA),是目前全球规模和影响力最大、最具权威性的场外衍生产品的行业组织。

具体来看,ISDA主协议包括协议主文、附件(schedule)和交易确认书(confirmations)三部分。在开展场外衍生品交易之前，交易双方需就主文部分签署主协议，就释义条款、支付条款、先决条件条款、净额结算条款、陈述与承诺条款、违约事件和终止事件条款、管辖法律与司法管辖权等条款达成一致，明确交易可能涉及的所有定义和双方的权利义务。主协议签署后，每次交易只需对价格、数量等具体条款进行谈判并签订协议附件和交易确认书。附件的作用是让交易双方对主协议的主文条款进行修改与补充，以适应双方当事人之间的特定交易情形。交易确认书则是对主协议项下每项具体交易的条款进行确认，是每笔交易中最重要的法律文件。值得注意的是，主协议的此种制度安排使得每项交易并不构成当事人双方之间的独立合同关系，而仅是在主协议这一合同关系下的一笔交易，故此每份交易确认书中总会说明 ISDA 主协议条款适用于该交易。

表 6.3 是一个利率互换交易确认书概要的例子，该例子给出了利率互换交易的主要条款。

表 6.3　基于一笔假想的利率互换交易确认书摘要

交易日：	2020 年 3 月 3 日
起息日：	2020 年 3 月 10 日
营业日准则：	下一营业日
节假日日历：	美国
终止日：	2023 年 3 月 10 日
固定利率方	
固定利率支付者：	微软公司
固定利率名义本金：	1 亿美元
固定利率：	2.8%
固定利率天数计算惯例：	实际天数/365
固定利率支付日期：	自 2020 年 3 月 10 日至（包含）2023 年 3 月 10 日的每年 3 月 10 日和 9 月 10 日
浮动利率方	
浮动利率支付者：	高盛公司
浮动利率名义本金：	1 亿美元
浮动利率：	美元 6 个月期 LIBOR
浮动利率天数计算惯例：	实际天数/360
浮动利率支付日期：	自 2020 年 3 月 10 日至 2023 年 3 月 10 日的每年 3 月 10 日和 9 月 10 日

从目前看来，ISDA 所建立的整套标准化文件已经成为国际互换市场的基础性制度安排和互换交易的重要发展平台。除了减少交易所需的时间与成本，提高市场运作的效率以外，标准化的文件与协议体系实际上还为市场参与者提供了一个重要承诺：市场是在共同认可的标准下进行运作的。这极大地降低了市场参与者的风险。因此，ISDA 文件标准化进程与做市商制度的发展相互促进，对互换市场的迅速发展起到了非常重要的作用。

【案例 6.3】

中国银行间市场金融衍生产品交易主协议

制定与签署交易主协议是国际场外金融衍生品市场的惯例，其中被广为接受的是 ISDA 交易主协议。但 ISDA 主协议是以英美法律体系为基础拟订的，在中国法律环境下无法执行，难以适用于人民币的金融衍生产品。我国自 2005 年推出债券远期交易以来，场外金融衍生产品市场发展迅速，逐步推出债券远期、人民币利率互换、远期利率协议、利率期权、外汇远期、外汇掉期、外汇期权、信用缓释工具等金融衍生产品，我国金融衍生产品市场呈现出稳步发展的局面。但我国一直采用"一个产品一个主协议"的做法，即对每种产品都制定一个主协议。这大大增加了金融衍生品组合交易中协议使用的复杂性，难以实现净额结算，在很大程度上降低了市场效率，也具有较高的信用风险。

2007 年，经中国人民银行授权，中国银行间市场交易商协会发布了适用范围包括但不限于利率衍生产品交易、债券衍生产品交易、汇率衍生产品交易和信用衍生产品交易的《中国银行间市场金融衍生产品交易主协议（2007 年版）》（简称《NAFMII 主协议》）。同年，外管局为了配合外汇管理体制的改革，组织中国外汇交易中心发布了适用范围为通过外汇交易中心系统进行的人民币外汇衍生产品交易的《全国银行间外汇市场人民币外汇衍生产品主协议》（简称《CFETS 主协议》）。两个主协议的发布和应用，结束了我国场外金融衍生产品市场"一个产品一个主协议"的状况，在一定程度上满足了市场参与者对统一的主协议文本的渴望。但两份主协议并存，使得任何一份主协议作为场外金融衍生产品市场基础性制度安排的作用都没有得到切实发挥，并且两个主协议存在重叠管辖的问题，给市场参与者造成了一定的法律风险和业务困扰。

为顺应市场参与者解决文本风险、提高交易效率的需求，在中国人民银行领导下，中国银行间市场交易商协会启动了主协议合并起草工作，并于 2009 年 3 月 11 日正式公布了《中国银行间市场金融衍生产品交易主协议（2009 年版）》。该协议整体采用文件群形式，整套文本由《主协议》《补充协议》《转让式履约保障文件》《质押式履约保障文件》及《定义文件》组成。

根据《主协议》的约定，《主协议》《补充协议》以及交易有效约定共同构成交易双方之间单一和完整的协议。"单一协议"原则的确立为终止净额制度的实施提供了重要基础。其中，《主协议》是《主协议》文件群的核心文件，该文件共 25 条，主要分为三个部分：第 1 条至第 5 条是基础性条款，分别明确了《主协议》文件群的构成与各文件间的效力等级以及单一协议原则、《主协议》的适用范围、交易双方需要作出的声明与保证、交易正常履约情况下交易双方的支付或交付义务以及交易双方可能采用的履约保障机制等；第 6 条至第 11 条是核心条款，分别就违约事件和终止事件的类型、对某一事件可能同时具备违约事件和终止事件构成要素的情况下的事件等级、发生违约事件和终止事件后的处理，以及各种未能正常履约情形下的利息计算与支付安排等作出约定；第 12 条至第 25 条是辅助性条款，分别对主协议项下的合同货币与终止货币、抵消机制、转让机制、权利保有、电话录音、保密与信息披露、争议解决、通知方式与生效、费用、标题、累积补救、协议的修改、协议的签署和定义等一般性问题进行了约定。《补充协议》是供交易双方对《主协议》进行修改或补充时的示范文件，该文件共 16 条，分别对《主协议》中需双方另行约定的多笔交易支付净额、履约保障、特定实体、特定交易违约、交叉违约、公允市场价值计算方法等条款预置了选项或提示。在不违反有关法律法规和《主协议》有关约定的情况下，交易双方可在补充协议中对《主协议》中不适用自己的条款进行修改，也可以对没有约定的条款进行补充约定。

《质押式履约保障文件》和《转让式履约保障文件》均是为保障《主协议》下交易履行而签署的支持性文件。从法律关系上说，《转让式履约保障文件》是《主协议》的补充，是一种交易有效约定，为单一协议的一部分，参与终止净额结算。而《质押式履约保障文件》与《主协议》属主合同与从合同关系，不参与终止净额结算。两份文件均分为标准条款和补充条款两部分，其中《质押式履约保障文件》标准条款共13条，补充条款共15条；《转让式履约保障文件》标准条款共11条，补充条款共14条。两份文件的标准条款均对各自履约保障形式下的释义与效力等级、交付金额与返还金额、计算与估值、保障品替换、计算与估值争议处理、利息金额以及定义等问题进行了约定。根据履约保障形式的不同特点，《质押式履约保障文件》对履约保障品的担保范围、无须履行义务情况、质权设立与解除方式、出质方和质权方享有的救济权利等进行了约定；《转让式履约保障文件》对履约保障品的转让和提前终止处置等进行了约定。同时，两个文本的补充条款分别对标准条款可选项提供了补充、修改提示，增加了文件的灵活性。

《定义文件》为一份独立的参考文件，供交易双方在交易有效约定中引用，以降低交易双方因对相关术语理解不一致而产生的纠纷或法律风险，提高交易效率。《定义文件》是对金融衍生产品交易中所使用的交易术语进行界定的文件，2012年最新制定的《中国银行间市场金融衍生产品交易定义文件（2012年版）》由利率、汇率、债券和信用定义文件四份文件组成。金融衍生产品市场参与者在进行交易时，可在交易有效约定中直接引用这些要素。

（三）利率互换的其他市场惯例

1. 浮动利率的选择

在国际利率互换交易中，最常用的浮动利率基准（称为参考利率）是伦敦银行间同业拆放利率（LIBOR），它是由英国银行家协会（BBA）与路透社（Reuters）一起根据选定的银行（一般为AA级银行）在伦敦市场报出的银行同业拆放利率进行取样并平均计算形成的。伦敦时间每个营业日的上午11点，BBA都会就世界主要货币报出隔夜、1周、2周、1个月到12个月共15个期限的LIBOR。LIBOR是目前国际上最重要和最常用的短期浮动利率基准，大部分利率互换协议中的浮动利率为3个月期和6个月期的LIBOR。

一般来说，浮动利率的确定日为每次支付日的前两个营业日或另行约定。以表6.3中的交易为例，由于浮动利率的支付日为自2020年3月10日至（包含）2023年3月10日的每年3月10日和9月10日，若以前两个营业日计，每次浮动利率的确定日就为自2020年3月8日至2023年9月8日的每年3月8日和9月8日（遇节假日需按协议规定调整）。

目前在人民币利率互换中以FR007、FDR007、SHIBOR O/N、SHIBOR 1W、SHIBOR 3M、LPR1Y、LPR5Y、1年期定期存款利率、10年国债收益率（GB10）、10年国开债收益率（CDB10）、10年期国开债与国债收益率基差（D10/G10）、3年期中短期票据AAA与国开债收益率基差(AAA3/D3)等为参考利率的互换品种在市场上均有交易。其中以FR007和SHIBOR 3M为参考利率的利率互换最为常见。

银行间回购定盘利率是以银行间市场每天上午9:00—11:30间的回购交易利率为基础同时借鉴国际经验编制而成的利率基准参考指标,每天上午11:30起对外发布。回购定盘利率包括FR001、FR007、FR014、FDR001、FDR007、FDR014等品种,其中FDR001、FDR007和FDR014为银银间回购定盘利率品种。

FR001、FR007和FR014编制方法如下:

(1) 以隔夜回购(R001)、7天回购(R007)、14天回购(R014)交易在每个交易日上午9:00—11:30之间(包括9:00和11:30)的全部成交利率为计算基础。特别地,交易对手相同(交易方向相同或相反)且交易利率相同的交易只作为一笔交易纳入样本。

(2) 分别对隔夜回购、7天回购、14天回购利率进行排序,记从小到大排序之后的最大序号为N,则$[N/2]$(向下取整)+1位置上的那个利率即为当日的定盘利率。

(3) 隔夜回购定盘利率、7天回购定盘利率、14天回购定盘利率分别以FR001、FR007、FR014进行标识。

(4) 异常情况处理。如果当日某个回购品种在9:00—11:30没有成交数据,则选用当日SHIBOR对应期限利率×365/360作为当日定盘利率。

银银间回购定盘利率FDR001、FDR007和FDR014以银行间市场每天上午9:00—11:30存款类机构以利率债为质押的回购交易为样本,编制方法如下:

(1) 存款类机构包括政策性银行、大型商业银行、股份制银行、城市商业银行、农村商业银行及合作银行、农村信用联社、外资银行、民营银行、村镇银行等存款类机构;利率债包括国债、央行票据和政策性金融债。

(2) 以银行间隔夜回购(DR001)、7天回购(DR007)、14天回购(DR014)交易在每个交易日上午9:00—11:30的全部成交利率为计算基础。特别地,交易对手相同(交易方向相同或相反)且交易利率相同的交易只作为一笔交易纳入样本。

(3) 分别对银行间隔夜回购、7天回购、14天回购利率进行排序,记从小到大排序之后的最大序号为N,则$[N/2]$(向下取整)+1位置上的那个利率即为当日的银行间定盘利率。

(4) 银行间隔夜回购定盘利率、7天回购定盘利率、14天回购定盘利率分别以FDR001、FDR007、FDR014进行标识。

(5) 异常情况处理。如果当日某个银行间回购品种在9:00—11:30没有成交数据,则选用当日SHIBOR对应期限利率×365/360作为当日银行间回购定盘利率。

上海银行间同业拆放利率,以位于上海的全国银行间同业拆借中心为技术平台计算、发布并命名,是由信用等级较高的银行组成报价团自主报出的人民币同业拆放利率计算确定的算术平均利率,是单利、无担保、批发性利率。目前,对社会公布的SHIBOR品种包括隔夜、1周、2周、1个月、3个月、6个月、9个月及1年。SHIBOR报价银行团现由18家商业银行组成。报价银行是公开市场一级交易商或外汇市场做市商,在中国货币市场上人民币交易相对活跃、信息披露比较充分的银行。中国人民银行成立SHIBOR工作小组,依据《上海银行间同业拆放利率(SHIBOR)实施准则》确定和调整报价银行团成员、监督和管理SHIBOR运行、规范报价行与指定发布人行为。全国银行间同业拆借中心授权SHIBOR报价计算和信息发布。每个交易日根据各报价行的报价,剔除最高、最低各4家报价,对其余报价进行算术平均计算后，得出每一期限品种的 SHIBOR，并于 11:00 对外发布。

2. 天数计算惯例

在国际市场上，不同利率的天数计算惯例是不同的。表 6.4 给出了常见的美元利率产品天数计算惯例。从国际利率互换来看，参考利率多使用 LIBOR，由于 LIBOR 是一个货币市场利率，故此通常以 *A*/360 报出。*A* 表示实际(actual)天数。以表 6.3 中的最后一个计息期的浮动利息支付为例，根据算头不算尾的惯例，2022 年 9 月 10 日至 2023 年 3 月 10 日间的实际天数为 181 天，故此该期间内的 LIBOR 利息支付为(181/360)×LIBOR。从利率互换的固定利率来看，其天数计算惯例主要取决于参考产品。假设固定利率使用债券等价收益率(bond equivalent yield，BEY)，其参考产品为美国国债，其报价使用 *A*/*A* 或 *A*/365 的报价方法。因此，表 6.3 中最后一个计息期的固定利息支付就为(181/365)×2.8% = 1.39%。

表 6.4 美元利率产品的天数计算惯例

天数计算惯例	释义	适用产品
A/*A* 或 *A*/365	计息期与一年均按实际天数计，有时一年固定以 365 天计	美国中长期国债
30/360	一个月按 30 天计，一年按 360 天计	美国公司债和市政债券
A/360	计息期按实际天数计，一年按 360 天计	美国货币市场工具

当浮动利率与固定利率的天数计算惯例不同时，就意味着两者利息无法直接比较，必须对两种利率报价的不同天数进行调整。

在我国的利率互换市场上，SHIBOR 和 1 年期定期存贷款利率的计息基准为 *A*/360，而回购定盘利率的计息基准为 *A*/365。固定利率则通常使用 *A*/365 的报价方法。

3. 支付频率

支付频率是利息支付周期的约定。如 S. A. 是 semi-annually 的缩写，即每半年支付一次。利率互换中最常见的是每半年支付一次或是每 3 个月支付一次。货币互换则通常为每年支付一次。有些利率互换的固定利息与浮动利息支付频率一致，有些则不一致。例如，在美国，标准的利率互换是固定利息每半年支付一次，而浮动利息则与 3 个月期 LIBOR 挂钩，每 3 个月支付一次；又如，中国基于 7 天回购利率的利率互换的常见设定是每 3 个月交换一次，浮动端的支付额等于这 3 个月内所有 7 天回购利率的滚动复利值。

4. 净额结算

如案例 6.1 所展示，利率互换在实际结算时通常尽可能地使用利息净额交割，即在每个计息期初根据定期观察到的浮动利率计算其与固定利率的利息净差额，在计息期末支付。由于每次结算都只交换利息净额，本金主要用于计算所需交换的利息，并不发生本金的交换，因而利率互换中的本金通常也被称为名义本金。显然，净额结算能很大程度上降低交易双方的风险敞口头寸，从而降低信用风险。

5. 营业日准则

营业日准则，是指互换交易在结算时应遵循的节假日规避规则。由于各国节假日规定不同，互换协议中通常要对所采用的节假日日历进行规定，如表 6.3 中规定使用美国的节假日日历。同时，互换协议要确定结算日若遇上节假日时的规避准则。表 6.5 列出了主要的节假日规避准则。其中“下一营业日”与“经修正的下一营业日”是常见的营业日准则，如

表 6.3 中采用的就是“下一营业日”准则。

表 6.5 营业日准则

节假日规避准则	释义
下一营业日(the following business day convention)	遇节假日顺延至下一营业日
经修正的下一营业日(the modified following business day convention)	遇节假日顺延至下一营业日,但若下一营业日为另一个日历月,则倒推至节假日上一营业日
上一营业日(the preceding business day convention)	遇节假日倒推至上一营业日
经修正的上一营业日(the modified preceding business day convention)	遇节假日倒推至上一营业日,但若上一营业日为另一个日历月,则顺延至节假日下一营业日

6. 互换行情

图 6.7 是 2020 年 1 月 23 日 FR007 利率互换收盘曲线。与远期利率协议相同,市场通常将利率互换交易中固定利率的支付者(fixed rate payer)称为互换买方,或互换多方,而将固定利率的收取者(fixed rate receiver)称为互换卖方,或互换空方。在做市商制度下,做市商每天都会进行双边互换报价,买价(bid rate)就是做市商在互换中收到浮动利率时愿意支付的固定利率,卖价(ask rate)则是做市商在互换中支付浮动利率时要求收到的固定利率,显然互换卖价应高于买价。

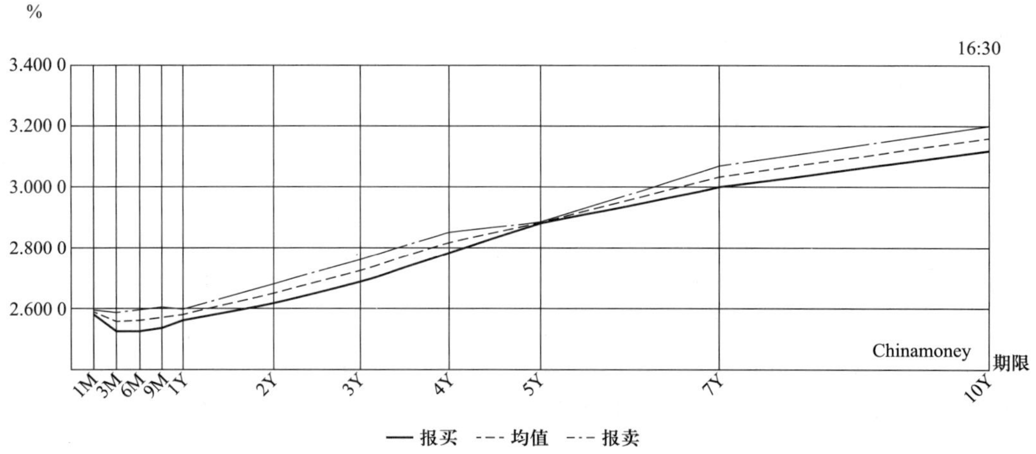

图 6.7 2020 年 1 月 23 日 FR007 利率互换收盘曲线

数据来源:http://www.chinamoney.com.cn。

7. 互换头寸的结清

从图 6.7 中可以看到,利率互换的期限可能相当长。通常来说,结清互换头寸的方式主要包括:

(1) 出售原互换协议。结清互换头寸的一种方式是在市场上出售未到期的互换协议,将原先利息收付的权利与义务完全转移给购买协议者。但由于不同交易者的信用风险不同,该交易只有经过互换原对手方的同意才能进行。互换协议出售后,实际上等同于原先的利率互换已经终止,而原来的交易对手与协议购买者之间签订了一份完全相同的新协议。

（2）对冲原互换协议。结清互换头寸的另一种方式是在市场上进行对冲交易，签订一份与原互换协议的本金、到期日和互换利率等均相同，但收付利息方向相反的互换协议。如果该对冲交易是与原先的互换交易对手进行的，此种对冲又被称为镜子互换，等价于终止了原先的利率互换。如果是与其他交易对手对冲原互换协议，在利息的现金流上的确能够实现对冲，但由于交易对手不同，仍然无法完全抵消对手方违约的风险。除此之外，交易互换期货、互换期权等互换衍生产品也是对冲原有互换头寸的一种方法。

（3）解除原有的互换协议。结清互换头寸的第三种方式是与原先的交易对手协议提前结束互换，双方的权利义务同时抵消。在解除原有互换协议时，通常由希望提前结束的一方提供一定的补偿，或者协议将未来的现金流贴现后进行结算支付，提前实现未实现损益，使原先的互换协议完全解除。此种结清头寸方式的一个优点在于，冲销了原先的信用风险，也不会再产生新的信用风险。

总的来看，上述三种方式都为互换头寸的流动提供了重要的工具与途径，而国际互换交易的二级市场流动性不断增强，在互换市场的迅速发展中也起到了不可忽视的作用。

本章小结

1. 互换是约定两个或两个以上当事人按照商定条件，在约定的时间内交换一系列现金流的合约。

2. 利率互换是指双方同意在未来的一定期限内根据同种货币的相同名义本金交换现金流，其中一方的现金流根据事先选定的某一浮动利率计算，而另一方的现金流则根据固定利率计算。

3. 货币互换是在未来约定期限内将一种货币的本金和固定利息与另一货币的等价本金和固定利息进行交换。

4. 互换实际上是现金流的交换。由于计算或确定现金流的方法有很多，因此互换的种类也很多。

5. ISDA 文件的标准化进程与做市商制度的发展相互促进，对互换市场的迅速发展起到了非常重要的作用。

6. 利率互换的市场惯例包括浮动利率的选择、天数计算惯例、支付频率、净额结算、营业日准则、互换行情和互换头寸的结清等。

即测即评

习　题

1. 阐述互换的主要种类。

2. 阐述国际互换市场迅速发展的主要原因。

3. 了解中国互换市场发展现状,并加以概述。

4. 互换头寸的结清方式之一是对冲原互换协议,这一方式完全抵消了违约风险。请判断这种说法是否正确并说明原因。

5. 假设甲与乙签订了1年期股票指数互换协议,甲支付3个月期SHIBOR,收入沪深300指数收益率+0.10%。所有的互换现金流均以人民币支付,每3个月交换一次。名义本金为1亿元。试计算出表6.6中乙各期的现金流。

表6.6 现金流量表

时间/年	沪深300指数	3个月SHIBOR	利差	现金流
0.00	3 960.60	2.5%		
0.25	4 000.20	2.4%		
0.50	4 300.8	2.5%		
0.75	4 100.0	2.7%		
1.00	3 900.0	2.8%		

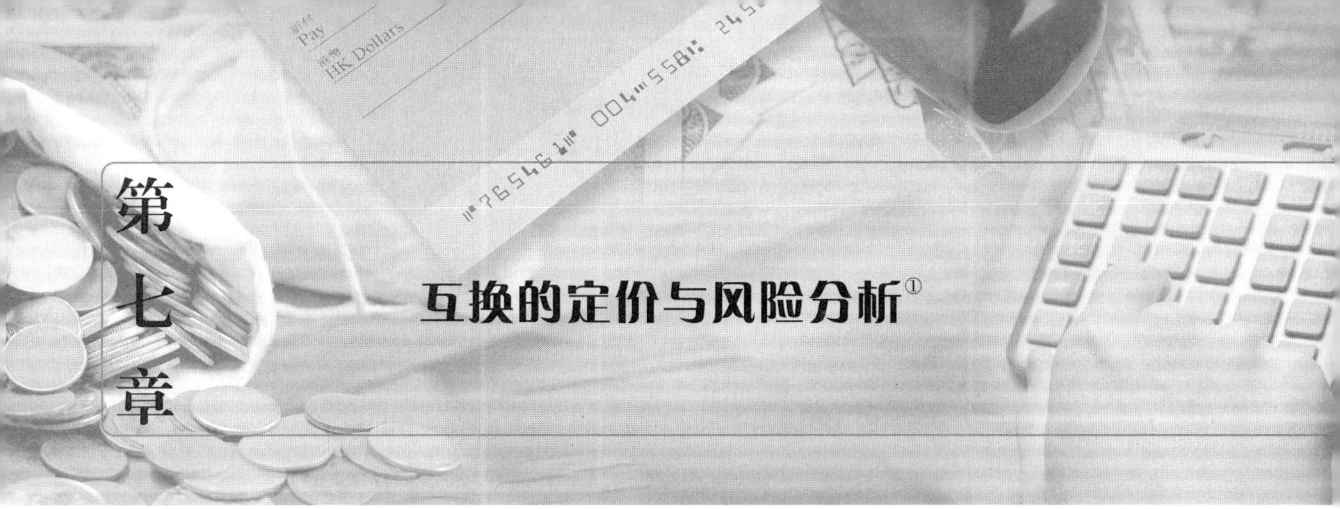

第七章 互换的定价与风险分析[①]

互换,既可以分解为债券的组合,也可以分解为一系列远期协议的组合。根据这一思路就可以对互换进行定价。与互换相联系的风险主要包括信用风险与市场风险。

从第六章中已知,由于利率基准不同、现实市场中的互换在天数计算上存在一些变化以及交易对手可能发生违约,因此互换的现金流是不确定的。为了集中讨论互换的定价原理,在本节中计算时忽略天数,3 个月以 0.25 年计,半年以 0.5 年计,一年以 1 年计。

同时,根据国际市场上的惯例,在给互换和其他柜台交易市场上的金融工具定价时,现金流通常用 LIBOR 贴现。这是因为 LIBOR 反映了金融机构的资金成本。这样做的隐含假设,是被定价的衍生工具的现金流风险与银行同业拆借市场的风险相同。由于国内互换市场已逐渐成熟,因此我们在为国内利率互换和货币互换定价时,以 SHIBOR 作为贴现率。

第一节　利率互换的定价

一、利率互换定价的基本原理

考虑一个 2020 年 9 月 1 日生效的两年期利率互换,名义本金为 1 亿元人民币。甲银行同意支付给乙公司年利率为 2.8% 的利息,同时乙公司同意支付给甲银行 3 个月期 SHIBOR 的利息,利息每 3 个月交换一次,如图 7.1 所示。

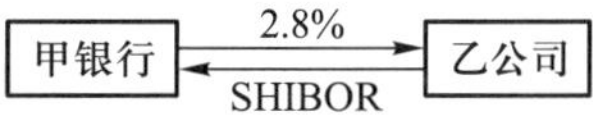

图 7.1　甲银行与乙公司的利率互换

2020 年 9 月 1 日互换协议签订时,交易双方并不知道未来的一系列 3 个月期 SHIBOR。假设事后得知此两年中的 3 个月期 SHIBOR 如表 7.1(a) 中的列(1)所示,从而可以得到甲银行在此互换中每半年收到的浮动利息、支付的固定利息与净现金流,分别如表 7.1(a) 中的列(2)、列(3)与列(4)所示。

---

① 由于利率互换和货币互换是最主要的互换品种,本章主要讨论这两类互换交易的定价与风险管理问题。

表 7.1　利率互换中甲银行的现金流量表

（a）不考虑名义本金　　单位：百万元人民币

日期	SHIBOR/% （1）	浮动利息现金流 （2）	固定利息现金流 （3）	净现金流 （4）
2020.9.1	2.13			
2020.12.1（Ⅰ）	2.47	+0.53	−0.7	−0.17
2021.3.1（Ⅱ）	2.67	+0.62	−0.7	−0.08
2021.6.1（Ⅲ）	2.94	+0.67	−0.7	−0.03
2021.9.1（Ⅳ）	3.27	+0.74	−0.7	+0.04
2021.12.1（Ⅴ）	3.64	+0.82	−0.7	+0.12
2022.3.1（Ⅵ）	3.86	+0.91	−0.7	+0.21
2022.6.1（Ⅶ）	4.12	+0.97	−0.7	+0.27
2022.9.1（Ⅷ）	4.75	+1.03	−0.7	+0.33

（b）考虑名义本金　　单位：百万元人民币

日期	SHIBOR/% （5）	浮动利息和本金 现金流（6）	固定利息和本金 现金流（7）	净现金流 （8）
2020.9.1	2.13	−100	+100	0
2020.12.1（Ⅰ）	2.47	+0.53	−0.7	−0.17
2021.3.1（Ⅱ）	2.67	+0.62	−0.7	−0.08
2021.6.1（Ⅲ）	2.94	+0.67	−0.7	−0.03
2021.9.1（Ⅳ）	3.27	+0.74	−0.7	+0.04
2021.12.1（Ⅴ）	3.64	+0.82	−0.7	+0.12
2022.3.1（Ⅵ）	3.86	+0.91	−0.7	+0.21
2022.6.1（Ⅶ）	4.12	+0.97	−0.7	+0.27
2022.9.1（Ⅷ）	4.75	+1.03	−0.7	+0.33
		+100	−100	0

观察表 7.1(a)，可以从三个角度来理解该利率互换：

（1）该利率互换由列(4)的净现金流序列组成，这是互换的本质，即未来系列现金流的组合。

（2）如果对列(4)的净现金流按列进行拆分，该利率互换可以看作由列(2)和列(3)的现金流序列组成。为了更好地理解，假设在互换生效日与到期日增加 1 亿元的本金现金流，列(2)和列(3)转化为表 7.1(b)的列(6)与列(7)。从列(8)可见，由于相互抵消，增加的本金现金流并未改变互换最终的现金流和互换的价值，但列(6)却可以被视为甲银行向乙公司购买了一份本金1亿元的以3个月期SHIBOR为浮动利率的债券，列(7)则可以被看作甲银行向乙公司发行(出售)了一份本金1亿元的固定利率为2.8%的债券，3个月支付一次利息。这样，对甲银行而言，该利率互换事实上可以看作一个浮动利率债券多头与固定利率债券空头头寸的组合，这个利率互换的价值就是浮动利率债券与固定利率债券价值的差。由于互换为零和游戏，对乙公司来说，该利率互换的价值就是固定利率债券价值与浮动利率债券价值的差。也就是说，利率互换可以通过分解成一个债券的多头与另一个债券的空头来定价。

(3) 如果对列(4)的现金流按行进行拆分，该利率互换可以看作由从行(Ⅰ)至行(Ⅷ)共8次的现金流序列组成。观察各行，除了行(Ⅰ)的现金流在互换签订时就已经确定，其他各行的现金流都类似远期利率协议(FRA)的现金流。回忆在第三章与第五章中所学的知识，FRA是这样一笔合约：交易双方事先约定将来某一时间一笔借款的利率。但在FRA执行的时候，支付的只是市场利率与合约协定利率的利差。如果市场利率高于协定利率，贷款人支付给借款人利差，反之由借款人支付给贷款人利差。所以实际上FRA可以看成一个用事先确定的固定利率交换市场利率的合约。很明显，利率互换可以看成一系列用固定利率交换浮动利率的FRA的组合。例如，行(Ⅱ)的利息交换可以看作一笔2021年3月1日到期，以2.8%交换2020年12月1日确定的3个月期SHIBOR的FRA，行(Ⅴ)则是一笔2021年12月1日到期，以2.8%交换2021年9月1日确定的3个月期SHIBOR的FRA。从这个角度来说，利率互换可以通过分解成一系列远期利率协议的组合来定价。只要知道组成利率互换的每笔FRA的价值，就可以计算出利率互换的价值。

由上可见，利率互换既可以分解为债券组合，也可以分解为FRA的组合进行定价。由于都是列(4)现金流的不同分解，在不考虑不同产品的信用风险和流动性风险差异的情况下，这两种定价结果必然是等价的。在下文的例子中，也将看到这一点。

显然，无论是计息天数比较复杂还是付息频率有所不同，都不影响上述运用债券组合或FRA组合来给利率互换定价的基本原理。

具体来看，与远期合约相似，利率互换的定价有两种情形：第一，在协议签订后的互换定价，是根据协议内容与市场利率水平确定利率互换合约的价值。对利率互换协议的持有者来说，该价值可能是正的，也可能是负的。第二，在协议签订时，一个公平的利率互换协议应使得双方的互换价值相等。也就是说，协议签订时的互换定价，就是选择一个使得互换的初始价值为零的固定利率。下面分别进行介绍。

二、协议签订后的利率互换定价

(一) 运用债券组合给利率互换定价

定义：

B_{fix}为互换合约中分解出的固定利率债券的价值。

B_{fl}为互换合约中分解出的浮动利率债券的价值。

对于互换多头，也就是固定利率的支付者(如上例中的甲银行)来说，利率互换的价值就是：

$$V_{\text{互换}}=B_{\text{fl}}-B_{\text{fix}} \tag{7.1}$$

反之，对于互换空头，也就是浮动利率的支付者（如上例中的乙公司）来说，利率互换的价值就是：

$$V_{互换} = B_{\text{fix}} - B_{\text{fl}} \tag{7.2}$$

这里固定利率债券的定价公式为：

$$B_{\text{fix}} = \sum_{i=1}^{n} k\mathrm{e}^{-r_i t_i} + A\mathrm{e}^{-r_n t_n} \tag{7.3}$$

式中：A 为利率互换中的名义本金额；

k 为现金流交换日交换的固定利息额；

n 为交换次数；

t_i 为距第 i 次现金流交换的时间长度（$1 \leqslant i \leqslant n$）；

r_i 为到期日为 t_i 的 SHIBOR 连续复利即期利率。显然，固定利率债券的价值就是未来现金流的贴现和。这里为了与全书保持一致，使用了连续复利的贴现计算方式。

浮动利率债券的定价公式则为：

$$B_{\text{fl}} = (A + k^*)\mathrm{e}^{-r_1 t_1} \tag{7.4}$$

式中：k^* 为下一交换日应交换的浮动利息额（这是已知的），距下一次利息支付日则还有 t_1 的时间。

理解式（7.4）并不难。在浮动利率始终等于该债券的合理贴现率的条件下，第一，在浮动利率债券新发行时，该债券的价值就等于它的面值；第二，在任一重新确定利率的时刻，付息之后的浮动利率债券价值就等于新发行的同期限的浮动利率债券面值，付息之前的浮动利率债券价值就等于面值 A 加上应付利息 k^*；第三，根据证券定价的一般原理，在不考虑流动性因素的情况下，选定证券存续期内的任一时点，证券的价值等于该时刻的证券价值加上现在到该时点之间现金流的贴现值。在为浮动利率债券定价时，选定下一个付息日为未来时点，这样就得到了式（7.4）。

案例 7.1 给出了一个运用债券组合给利率互换定价的例子。

【案例 7.1】

利率互换的定价：运用债券组合

假设在一笔利率互换协议中，某一金融机构支付 3 个月期的 SHIBOR，同时收取 4.8%的年利率（3 个月计一次复利），名义本金为 1 亿元人民币。互换还有 9 个月的期限。目前 3 个月、6 个月和 9 个月的 SHIBOR（连续复利）分别为 4.8%、5%和 5.1%。试计算此笔利率互换对该金融机构的价值。

在这个例子中，$k = 120$ 万元，因此有：

$$B_{\text{fix}} = 120\mathrm{e}^{-0.048\times0.25} + 120\mathrm{e}^{-0.05\times0.5} + 10\,120\mathrm{e}^{-0.051\times0.75} = 9\,975.825 \text{ 万元}$$

由于互换刚好还有 9 个月的期限，处于重新确定利率的时刻，因此 $B_{\text{fl}} = 10\,000$ 万元。

因此，对该金融机构而言，此利率互换的价值为：

$$9\,975.825 - 10\,000 = -24.175 \text{ 万元}$$

显然，对该金融机构的交易对手来说，此笔利率互换的价值为正，即 24.175 万元。

（二）运用远期利率协议给利率互换定价

根据式(5.9)，对于收取固定利息的交易方，FRA 的定价公式为：

$$[Ae^{r_K(T^*-T)}-Ae^{r_F(T^*-T)}]e^{-r^*(T^*-t)}$$

更确切地理解，t 时刻 FRA 的价值等于约定利率 r_K 与 T 至 T^* 时刻远期利率 r_F 差异导致的息差现值。因此，只要知道利率期限结构，从中估计出 FRA 对应的远期利率与息差现值，即可得到每笔 FRA 的价值，加总就可以得到利率互换的价值。案例 7.2 就案例 7.1 中的相同情形给出了运用 FRA 定价的计算过程。可以看到，两种方法确定的互换价值是相等的。

【案例 7.2】

利率互换的定价：运用 FRA 组合

假设在一笔利率互换协议中，某一金融机构支付 3 个月期的 SHIBOR，同时收取 4.8%的年利率(3 个月计一次复利)，名义本金为 1 亿元人民币。互换还有 9 个月的期限。目前 3 个月、6 个月和 9 个月的 SHIBOR(连续复利)分别为 4.8%、5%和 5.1%。试计算此笔利率互换对该金融机构的价值。

根据案例 7.1 中的情形，用表 7.2 列示了具体的计算过程。为了与公式一致，表中的利率均为连续复利。其中，3 个月计一次复利的 4.8%对应的连续复利利率分别为：

$$4\times\ln\left(1+\frac{4.8\%}{4}\right)=4.771\ 4\%$$

表 7.2　运用 FRA 组合给利率互换定价　　单位：万元人民币

	贴现率	固定利率	远期利率	现金流或 FRA 价值
3 个月后	4.8%	4.771 4%		$10\ 000\times(e^{4.771\ 4\%\times0.25}-e^{4.80\%\times0.25})\times e^{-4.8\%\times0.25}=-0.715$
6 个月后	5%	4.771 4%	$\frac{5\%\times0.5-4.8\%\times0.25}{0.25}=5.2\%$	$10\ 000\times(e^{4.771\ 4\%\times0.25}-e^{5.2\%\times0.25})\times e^{-5\%\times0.5}=-10.581$
9 个月后	5.1%	4.771 4%	$\frac{5.1\%\times0.75-5\%\times0.5}{0.25}=5.3\%$	$10\ 000\times(e^{4.771\ 4\%\times0.25}-e^{5.3\%\times0.25})\times e^{-5.1\%\times0.75}=-12.88$
互换总价值				−24.176

显然，这个结果与案例 7.1 中运用债券组合定出的利率互换价值−24.175 万元基本是一致的，10 元的差异则是由连续复利与普通复利之间转换时四舍五入导致的。

三、协议签订时的利率互换定价

在案例 7.1 与案例 7.2 中，已经解释了如何使用债券组合和 FRA 组合的方法为一个已经存在的利率互换定价。下面通过案例 7.3 来说明利率互换签订当日的定价问题,即如何确定互换协议中的固定利率。由于债券组合方法与 FRA 组合方法本质上是一致的,在案例 7.3 中仅运用债券组合方法为利率互换定价。

【案例 7.3】

确定利率互换协议中的固定利率:运用债券组合

假设在一笔 2 年期的利率互换协议中,某一金融机构支付 3 个月期的 SHIBOR,同时每 3 个月收取固定利率(3 个月计一次复利),名义本金为 1 亿元。目前 3 个月、6 个月、9 个月、12 个月、15 个月、18 个月、21 个月与 2 年的贴现率(连续复利)分别为 4.8%、5%、5.1%、5.2%、5.15%、5.3%、5.3%与 5.4%。第一次支付的浮动利率即为当前 3 个月期利率 4.8%(连续复利)。试确定此笔利率互换中合理的固定利率。

利率互换中合理固定利率的选择应使得利率互换的价值为零,即 $B_{fl}=B_{fix}$。在这个例子中,$B_{fl}=10\ 000$ 万元。

令

$$B_{fix}=\frac{k}{4}e^{-0.048\times0.25}+\frac{k}{4}e^{-0.05\times0.5}+\frac{k}{4}e^{-0.051\times0.75}+\frac{k}{4}e^{-0.052\times1}+\frac{k}{4}e^{-0.0515\times1.25}+$$

$$\frac{k}{4}e^{-0.053\times1.5}+\frac{k}{4}e^{-0.053\times1.75}+\left(10\ 000+\frac{k}{4}\right)e^{-0.054\times2}=10\ 000\text{ 万元}$$

可以求得 $k=543$ 元,即固定利率水平应确定为 5.43%(3 个月计一次复利)。

从案例 7.3 可以看出,利率互换协议中合理的固定利率就是使得互换价值为零的利率水平,也就是通常所说的互换利率。由于互换市场实行做市商制度,而且计息频率等往往有所变化,现实中的互换利率往往是市场以一定的计息频率为基础、就特定期限形成的互换中间利率。

根据案例 7.3,我们可以推导出互换利率的确定公式。假设利率互换的互换周期为每半年一次,互换利率为 r_s,在契约期间共互换 n 次。则契约到期日可视为 $n/2$ 年,固定利率债券的价值 B_{fix} 在 $t=0$ 时为:

$$B_{fix}=100(r_s/2)(e^{-r_1\times\frac{1}{2}}+e^{-r_2\times\frac{2}{2}}+e^{-r_3\times\frac{3}{2}}+\cdots+e^{-r_n\times\frac{n}{2}})+100e^{-r_n\times\frac{n}{2}}$$

而 $B_{fl}=100$。令两者相等并整理可得(其中 t 表示次数):

$$r_s=\frac{2(1-e^{-r_n\times\frac{n}{2}})}{\sum_{t=1}^{n}e^{-r_t\times\frac{t}{2}}} \tag{7.5}$$

由于互换合约多头等于固定利率债券空头加浮动利率债券多头,在签订合约时其价值应为零,也就是此时两个债券的价值相等。其中,固定利率债券的票面利率就是互换利率,浮动利率债券的利率就是 SHIBOR。因此,互换利率与 SHIBOR 存在内在的联系。

基于上述密切联系,加上所覆盖的时间期限不同,SHIBOR 与互换利率常常互相补充,形成市场中所称的“互换利率期限结构”或“互换收益率曲线”(the term structure of swap rate or the swap curve)。一般来说,1 年以下的短期期限使用 SHIBOR,中长期期限则使用互换利率中隐含的即期利率。[①]

互换收益率曲线在市场中的作用日益重要。众所周知，无风险利率期限结构是根据国债价格信息构造的，互换收益率曲线则主要是基于银行间市场报价形成的，这两者的差异被称为互换价差（swap spread），主要体现了银行间市场的信用风险、流动性风险与税收等的差异。因此，互换曲线不是一个无风险的利率期限结构。但与国债利率期限结构相比，互换曲线有其自身的突出优势：① 新的互换会在市场上不断地产生，这使得特定到期日的互换利率具有延续性，几乎每天都可以估计出特定到期日的互换利率，而特定期限国债利率则往往只有在国债新发行之后才能更新，以发行期限进行循环，例如 30 年国债利率只有在每次的 30 年国债发行日才能准确估计；② 互换是零成本合约，其供给是无限的，不会受到发行量的制约，而国债则由于供给的制约会产生新券（on the run）与旧券（off the run）价格的差异，进而对利率产生影响。此外，对许多银行间的金融衍生产品来说，与无风险利率相比，互换利率由于反映了其现金流的信用风险与流动性风险，是一个更好的贴现率基准。上述原因决定了互换收益率曲线成为市场中重要的利率期限结构，影响日益显著。

第二节　货币互换的定价

一、货币互换定价的基本原理

与利率互换类似，货币互换也可以分解为债券的组合或远期协议的组合。只是这里的债券组合不再是浮动利率债券和固定利率债券的组合，而是一份外币债券和一份本币债券的组合，远期协议也不再是 FRA，而是远期外汇协议。

假设甲银行和乙公司之间签订的一份 5 年期货币互换协议，在 2020 年 12 月 1 日生效。如图 7.2 所示，协议规定本金分别是 1 000 万美元和 7 000 万人民币，期初甲银行以 1 000 万美元与乙公司交换 7 000 万人民币本金，其后甲银行每年向乙公司支付 3% 的人民币利息并向乙公司收取 2.5% 的美元利息，期末本金再次交换。表 7.3 给出了甲银行的现金流。

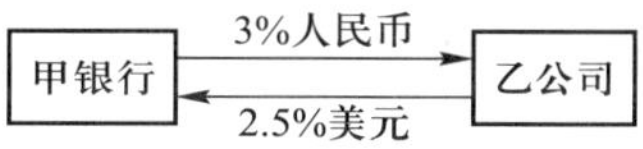

图 7.2　甲银行和乙公司的货币互换流程图

表 7.3　货币互换中甲银行的现金流量表　　单位：百万美元或元

日期	美元现金流 （1）	人民币现金流 （2）
2020. 12. 1	−10. 00	+70. 00
2021. 12. 1	+0. 25	−2. 1
2022. 12. 1	+0. 25	−2. 1
2023. 12. 1	+0. 25	−2. 1

① 从案例 7. 3 中可以看出，互换利率实际上是付息票债券的平价到期收益率，并非即期利率，故此在构造互换利率期限结构时，需要从平价到期收益率信息中提取出相应期限的即期利率。所谓平价到期收益率，是指在当前即期利率期限结构下，使得附息票债券价格等于面值的票面利率。

续表

日期	美元现金流 (1)	人民币现金流 (2)
2024. 12. 2	+0. 25	−2. 1
2025. 12. 1	+10. 25	−72. 1

显然,与利率互换类似,如果按列进行分解,对甲银行来说,这笔货币互换可以看作一个美元固定利率债券多头与一个人民币固定利率债券空头的组合;如果按行进行分解,该笔货币互换则可以看作一系列远期外汇协议的组合。下面针对已经存在的货币互换协议,分别运用债券组合与远期外汇协议组合方法为其定价。

二、运用债券组合为货币互换定价

定义 $V_{互换}$ 为货币互换的价值,那么对于收入本币利息、付出外币利息的那一方(如图7.2 中的甲银行):

$$V_{互换}=B_D-S_0B_F \tag{7.6}$$

式中:B_F 是用外币表示的从互换中分解出来的外币债券的价值;

B_D 是从互换中分解出来的本币债券的价值;

S_0 是即期汇率(直接标价法)。

对付出本币利息、收入外币利息的那一方:

$$V_{互换}=S_0B_F-B_D \tag{7.7}$$

【案例 7.4】

货币互换的定价:运用债券组合

假设美元和日元的 LIBOR 的期限结构是平的,在日本是 2%而在美国是 6%(均为连续复利)。某一金融机构在一笔货币互换中每年收入日元,利率为 3%(每年计一次复利),同时付出美元,利率为 6.5%(每年计一次复利)。两种货币的本金分别为 1 000 万美元和 120 000 万日元。这笔互换还有 3 年的期限,每年交换一次利息,即期汇率为 1 美元=110 日元。如何确定该笔货币互换的价值?

如果以美元为本币,那么有:

$$B_D=65e^{-0.06\times1}+65e^{-0.06\times2}+1\ 065e^{-0.06\times3}=1\ 008.427\text{ 万美元}$$

$$B_F=3\ 600e^{-0.02\times1}+3\ 600e^{-0.02\times2}+123\ 600e^{-0.02\times3}=123\ 389.7\text{ 万日元}$$

货币互换的价值为:

$$\frac{123\ 389.7}{110}-1\ 008.427\approx113.30\text{ 万美元}$$

如果该金融机构是支付日元、收入美元,则对它来说,货币互换的价值为−113.30万美元。

三、运用远期外汇协议的组合为货币互换定价

与利率互换类似,货币互换还可以分解成一系列远期合约的组合。货币互换中的每

次支付，都可以用一笔远期外汇协议的现金流来代替。因此，只要能够计算并加总货币互换中分解出来的每笔远期外汇协议的价值，就可得到相应货币互换的价值。

【案例 7.5】

货币互换的定价：运用远期外汇协议组合

假设美元和日元 LIBOR 的期限结构是平的，在日本是 2% 而在美国是 6%（均为连续复利）。某一金融机构在一笔货币互换中每年收入日元，利率为 3%（每年计一次复利），同时付出美元，利率为 6.5%（每年计一次复利）。两种货币的本金分别为 1 000 万美元和 120 000 万日元。这笔互换还有 3 年的期限，每年交换一次利息，即期汇率为 1 美元 = 110 日元。如何确定该笔货币互换的价值？

即期汇率为 1 美元 = 110 日元，或 1 日元 = 0.009 091 美元。根据 $F=Se^{(r-r_f)(T-t)}$，1 年期、2 年期和 3 年期的远期汇率分别为：

$$0.009\ 091e^{0.04\times1}=0.009\ 462$$

$$0.009\ 091e^{0.04\times2}=0.009\ 848$$

$$0.009\ 091e^{0.04\times3}=0.010\ 25$$

与利息交换等价的三份远期合约的价值分别为：

$$(3\ 600\times0.009\ 462-65)\ e^{-0.06\times1}=-29.135\ 5\text{ 万美元}$$

$$(3\ 600\times0.009\ 848-65)\ e^{-0.06\times2}=-26.205\ 8\text{ 万美元}$$

$$(3\ 600\times0.010\ 25-65)\ e^{-0.06\times3}=-23.471\ 2\text{ 万美元}$$

与最终的本金交换等价的远期合约的价值为：

$$(120\ 000\times0.010\ 25-1\ 000)\ e^{-0.06\times3}=192.109\ 3\text{ 万美元}$$

所以这笔互换的价值为：

$$192.109\ 3-29.135\ 5-26.205\ 8-23.471\ 2\approx113.30\text{ 万美元}$$

这显然与案例 7.4 中运用债券组合定价的结果是一致的。

第三节　互换的风险

与互换相联系的风险主要包括信用风险与市场风险。

一、互换的信用风险

由于互换是交易对手之间私下达成的场外协议，因此包含着信用风险，也就是交易对手违约的风险。当利率或汇率等市场价格的变动使得互换对交易者而言价值为正时，互换实际上是该交易者的一项资产，同时是协议另一方的负债，该交易者就面临着协议另一方不履行互换协议的信用风险。当互换对交易者而言价值为负且协议的另一方即将破产时，理论上该交易者面临一个意外收益，因为对方的违约将导致一项负债的消失。不过在实践中，更有可能的是破产方将互换转让或进行重新安排以使互换的价值不会丧失。因此，当互换对交易者而言价值为负且协议的另一方即将破产时，更合理的假设是该交易者互换头寸的价值保持不变。

对利率互换的交易双方来说，由于交换的仅是利息差额，其真正面临的信用风险暴露远比互换的名义本金要少得多。货币互换则有所不同，由于进行本金的交换，其交易双方面临的信用风险显然比利率互换要大一些。

一般来看，互换交易中的信用风险是很难估计的，交易者通过信用增强（credit enhancement）来管理和消除信用风险。前述的净额结算就是一种信用增强的方式。信用增强的其他常见形式包括抵押和盯市。如果使用抵押来提高信用，当互换价值变化时，所需抵押品的数量也要相应变化；盯市则是指每隔一段时间即重新评估互换的价值，根据该评估值由互换一方对另一方进行相应的支付，互换中的价格变量（如固定利率）则重新设置为使得互换价值为零的值（显然这与期货的交易机制是非常类似的）。除此之外，信用衍生产品也是对互换信用风险进行管理的手段之一。总的来看，由于国际市场上的互换协议通常涉及资本雄厚、信用等级高的大型机构，互换违约造成的总损失历来是较低的。

二、互换的市场风险

与互换相联系的市场风险，主要可分为利率风险和汇率风险。对利率互换来说，主要的市场风险是利率风险；对货币互换而言，市场风险包括利率风险和汇率风险。案例 7.6 给出了一个货币互换的利率风险与汇率风险的分解案例，从中可以看到，根据交易者在互换中的头寸位置，利率和汇率的变动将影响该交易者的互换价值。一般来说，人们可以通过久期、凸性等分析工具，运用市场上的固定收益产品如欧洲美元期货等对冲互换中的利率风险，通过远期外汇协议等对冲货币互换中的汇率风险。

【案例 7.6】

货币互换的风险

假设美元和日元 LIBOR 的期限结构是平的，在日本是 2.96%而在美国是 6.3%（均为连续复利）。A 银行签订了一笔 4 年期的货币互换，每年交换一次利息，按 3%年利率（每年计一次复利）收入日元，按 6.5%年利率（每年计一次复利）付出美元。两种货币的本金分别为 1 000 万美元和 120 000 万日元。即期汇率为 1 美元 = 120 日元。1 年以后，美元与日元 LIBOR 分别变为 2%和 6%（连续复利），即期汇率变为 110。试分析该货币互换的价值变化。

运用式（7.7），1 年前货币互换签订时的互换价值为：

$$
\begin{aligned}
V_{\text{互换}} &= S_0 B_F - B_D \\
&= \frac{1}{120} \times \left(\sum_{t=1}^{4} 3\,600 e^{-0.029\,6 \times t} + 120\,000 e^{-0.026\,9 \times 4} \right) - \\
&\quad \left(\sum_{t=1}^{4} 65 e^{-0.063 \times t} + 1\,000 e^{-0.063 \times 4} \right) \\
&= 0
\end{aligned}
$$

根据案例 7.4，1 年后货币互换的价值变为 113.296 8 万美元。也就是说，对 A 银行来说，该货币互换头寸的价值增长了 113.296 8 万美元。该收益可以分解为四个部分之和：

首先，由于时间的推移与美元利率的下降，A 银行在美元债券上的空头遭受损失，金额为 1 000－1 008.427＝－8.427 万美元。

其次，由于时间的推移与日元利率的下降，A 银行在日元债券的多头上盈利了 1 203 389.7−1 200 000＝3 389.7 万日元。根据初始汇率，这相当于 28.247 5 万美元的收益。

再次，由于日元的升值，外币债券头寸 120 000 万日元，1 年后价值上升了 $\frac{120\ 000}{110}-\frac{120\ 000}{120}=90.909$ 万美元。

最后，日元债券多头因利率变动带来的 3 389.7 万日元收益，由于日元的升值，还带来了额外的 $\frac{3\ 389.7}{110}-\frac{3\ 389.7}{120}=2.568$ 万美元的收益。

加总以上四个部分，可得 −8.427+28.247 5+90.909+2.568＝113.298 5 万美元，显然与互换头寸价值的变化是一致的。

值得注意的是，在互换交易的市场风险与信用风险之间存在相互影响与作用，把这两者区分开来是十分重要的。市场风险是由于利率、汇率等市场变量发生变动引起互换价值变动的风险，而信用风险则是（当市场变量的变动导致）互换协议对交易者而言价值为正时对方不履行协议的风险。也就是说，当利率和汇率的变动对交易者有利的时候，交易者往往面临着信用风险。市场风险可以用对冲交易来规避，信用风险则通常通过前述信用增强的方法来加以规避。

本章小结

1. 协议签订后利率互换的定价方法主要有两种：一种是将利率互换分解成债券组合来定价；另一种是将利率互换分解成 FRA 组合来定价。
2. 协议签订时的利率互换定价方法，是在协议签订时让互换多空双方的价值相等，即选择一个使得互换的初始价值为零的固定利率。
3. 货币互换定价的方法主要有两种：一种是将货币互换分解成债券组合来定价；另一种是将货币互换分解成远期外汇组合来定价。
4. 将互换分解成债券组合与分解成远期组合进行定价得出的结果是一致的。
5. 与互换相联系的风险主要包括信用风险与市场风险。

即测即评

习　题

1. 假设在一笔互换合约中，某一金融机构每半年支付 6 个月期的 LIBOR，同时收取 8%

的年利率(半年计一次复利),名义本金为 1 亿美元。互换还有 1.25 年的期限。3 个月、9 个月和 15 个月的 LIBOR(连续复利率)分别为 10%、10.5%和 11%。上一次利息支付日的 6 个月 LIBOR 为 10.2%(半年计一次复利)。试分别运用债券组合和 FRA 组合计算此笔利率互换对该金融机构的价值。

2. 请解释协议签订后的利率互换定价和协议签订时的互换定价有何区别。

3. 由当前时刻直至第 1.5 年的 LIBOR 即期利率都是 5%(连续复利)。对于标准化的利率互换协议(即互换利率为相应期限的平价到期收益率),2 年期、2.5 年期和 3 年期的互换利率(半年计一次复利)分别为 5.4%、5.5%和 5.6%。请估计当前时刻的 2 年、2.5 年和 3 年期的即期利率。

4. 假设美元和日元的 LIBOR 利率的期限结构是平的,在日本是 4%而在美国是 9%(均为连续复利)。某一金融机构在一笔货币互换中每年收入日元,利率为 5%,同时付出美元,利率为 8%。两种货币的本金分别为 1 000 万美元和 120 000 万日元。这笔互换还有 3 年的期限,每年交换一次利息,即期汇率为 1 美元 = 110 日元。试分别运用债券组合和远期外汇组合计算此笔货币互换对该金融机构的价值。

5. 一个金融机构与某公司签订了一份 10 年期的、每年交换一次利息的货币互换协议,金融机构每年收入瑞士法郎,利率为 3%(每年计一次利息),同时付出美元,利率为 8%(每年计一次复利)。两种货币的本金分别为 700 万美元和 1 000 万瑞士法郎。假设该公司在第 6 年末宣告破产,即期汇率为 1 瑞士法郎 = 0.8 美元,此时美元和瑞士法郎的利率期限结构是平的,美元为 8%,瑞士法郎为 3%(均为连续复利)。请问:公司的破产对金融机构造成的损失是多少?

6. 具体阐述与互换相联系的主要风险。

第八章 互换的运用

互换主要被用于套利、风险管理与构造新的金融产品。无论何种用途，其最终目的都是降低交易成本、提高收益与规避风险。正是互换的这些重要运用，极大地促进了互换市场的迅速发展。

第一节　运用互换进行套利

根据套利收益来源的不同，互换套利可大致分为信用套利与税收及监管套利。

一、信用套利

案例 8.1 是运用利率互换进行信用套利的一个经典例子。从这个例子中可以看到，只要下述条件成立，交易者就可以利用互换进行套利：① 双方对对方的资产或负债均有需求。② 双方在两种资产或负债上存在比较优势。更确切地说，市场上存在信用定价差异。也就是说，A、B 两家公司在固定利率市场和浮动利率市场上的信用差价不同。

【案例 8.1】

运用利率互换进行信用套利

假设 A、B 公司都想借入 5 年期的 1 000 万元借款，A 想借入与 6 个月期相关的浮动利率借款，B 想借入固定利率借款。但两家公司信用等级不同，故市场向它们提供的利率也不同，如表 8.1 所示。

表 8.1　市场提供给 A、B 两公司的借款利率 *

	固定利率	浮动利率
A 公司	6.00%	6 个月期 SHIBOR+0.30%
B 公司	7.20%	6 个月期 SHIBOR+1.00%

* 表中的利率均为一年计一次复利的年利率。

从表 8.1 可以看出，A 的借款利率均比 B 低。但在固定利率市场上 A 比 B 低 1.2%，而在浮动利率市场上 A 仅比 B 低 0.7%。这种情形称为 A 在两个市场上均具有绝对优势，但 A 在固定利率市场上有比较优势，而 B 则在浮动利率市场上具有比较优势。这样，双方就可利用各自的比较优势为对方借款，然后互换，从而达到共同降低筹资成本的目的。

具体来看,基本的合作与互换机制为:A 在其具有比较优势的固定利率市场上以 6%的固定利率借入 1 000 万元,而 B 则在其具有比较优势的浮动利率市场上以 SHIBOR+1%的浮动利率借入 1 000 万元,然后进行互换。由于本金相同,故双方不必交换本金,而只交换利息的现金流。即 A 向 B 支付浮动利息,而 B 向 A 支付固定利息。对 A 来说,由于在市场上定期支付 6%的固定利率,而在互换中支付浮动、收入固定,从而使其实际上融入的是浮动利率贷款。对 B 来说,由于在市场上定期支付 SHIBOR+1%的浮动利率,而在互换中支付固定、收入浮动,从而使其实际上融入的是固定利率贷款。

在明确基本的合作和互换机制之后,可以看到:如果 A 与 B 不合作,它们的总筹资成本为 7.20%+6 个月期 SHIBOR+0.30% = SHIBOR+7.5%。而如果合作,总筹资成本则为 6.00%+6 个月期 SHIBOR+1.00% = SHIBOR+7%,比不合作的情形降低了 0.5%,这就是合作与互换的利益。互换利益是双方合作的结果,理应由双方分享。具体分享比例由双方谈判决定。假定双方各分享一半,则双方都将使筹资成本降低 0.25%,即双方最终实际筹资成本目标分别为:A 支付 SHIBOR+0.05%,实质上融入浮动利率贷款;B 支付 6.95%,实质上融入固定利率贷款。

这样,双方就可根据借款成本与实际筹资成本目标的差异,计算互换中各自向对方支付的现金流,即每半年 A 向 B 支付按 SHIBOR 计算的利息,B 向 A 支付按 5.95%计算的利息,就可实现双方的融资目标。如图 8.1 所示。当然,根据市场惯例,每半年 A、B 之间交换的是利息差额。

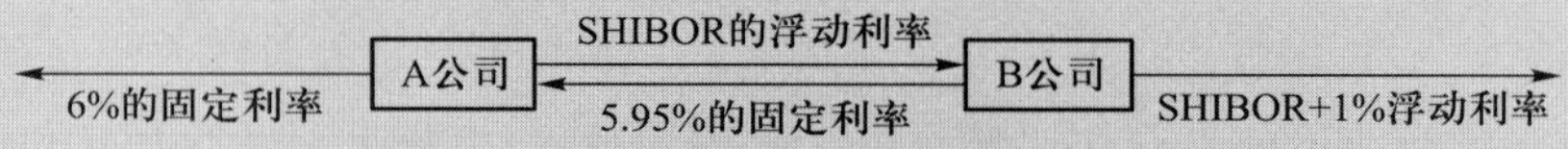

图 8.1 利率互换流程图

货币互换也可以进行类似的信用套利。案例 8.2 给出了一个典型的例子,从中可以看到,两国市场对 A 公司和 B 公司信用差异的定价也是不同的,从而为货币互换套利奠定了基础。

【案例 8.2】

运用货币互换进行信用套利

假设人民币和美元汇率为 1 美元 = 7.000 0 元人民币。A 想借入 5 年期的 7 000 万元人民币借款,B 想借入 5 年期的 1 000 万美元借款。A 的信用等级高于 B。但两国金融市场对 A、B 两公司的熟悉状况不同,因此市场向它们提供的固定利率也不同。如表 8.2 所示。

表 8.2 市场提供给 A、B 两公司的借款利率 *

	美元	人民币
A 公司	6.00%	7.00%
B 公司	8.00%	7.40%

* 表中的利率均为一年计一次复利的年利率。

从表 8.2 可以看出,A 的借款利率均比 B 低,即 A 在两个市场都具有绝对优势,但绝对优势大小不同。A 在美元市场上的绝对优势为 2%,在人民币市场上只有 0.4%。就是说,A 在美元市场上有比较优势,而 B 在人民币市场上有比较优势。这样,双方就可利用各自的比较优势为对方借款,然后互换,从而达到共同降低筹资成本的目的。

于是,A 以 6%的利率借入 5 年期的 1 000 万美元借款,B 以 7.4%的利率借入 5 年期的 7 000 万元人民币借款。然后,双方先进行本金的交换,即 A 向 B 支付 1 000 万美元,B 向 A 支付 7 000 万人民币。

由于不合作的总筹资成本为 7.00%+8.00%=15%,合作的总筹资成本为 6.00%+7.40%=13.40%,互换收益为 1.6%。假定 A、B 公司商定双方平分互换收益,则 A、B 公司都将使筹资成本降低 0.8%,即双方最终实际筹资成本分别为:A 支付 6.2%的人民币利率,而 B 支付 7.2%的美元利率。

这样,双方就可根据借款成本与实际筹资成本的差异计算并协议确定各自向对方支付的现金流,进行利息互换。一种方案为:A 向 B 每年支付 6.2%的人民币借款的利息计 434 万元人民币,B 向 A 每年支付 6.0%的美元借款的利息计 60 万美元。经过互换后,A 的最终实际筹资成本降为 6.2%人民币借款利息,而 B 的最终实际筹资成本变为 6.0%美元借款利息加 1.2%人民币借款利息。若汇率水平不变的话,B 最终实际筹资成本相当于 7.2%美元借款利息。若担心未来汇率水平变动,B 可以通过购买外汇远期或期货来规避汇率风险。

在贷款期满后,双方要再次进行借款本金的互换,即 A 向 B 支付 7 000 万元人民币,B 向 A 支付 1 000 万美元。若不考虑本金交换,上述货币互换的流程如图 8.2 所示。

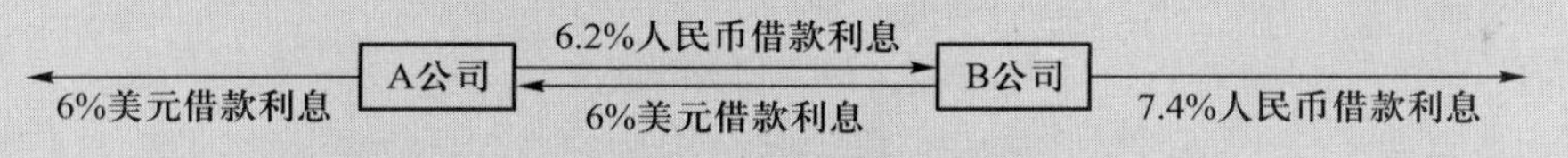

图 8.2　货币互换流程图

20 世纪 80 年代,基于比较优势[①]与信用套利的互换分析非常流行。很多交易者认为,互换各方以各自在不同融资领域的相对比较优势为基础进行合作与交换,从而能够降低成本、提高收益。这些比较优势可能来源于浮动利率贷款更高的灵活性,可能来源于不同市场对借款人的熟悉和接受程度,也可能来源于特定市场的供求关系。然而,随着市场的发展,人们逐渐对此种比较优势与信用套利的说法提出疑问:一方面,随着资本市场的不断完善,套利机会将消失;另一方面,互换交易本身所进行的套利也将使得套利机会逐渐减少乃至消失。这些都将导致互换的信用套利功能逐渐退化。

事实上,互换市场的发展也证明,除最初的信用套利功能之外,互换还可以被运用在很多其他情况下,为交易者提供其他套利、风险管理和合成产品的途径,帮助市场交易者降低

① 比较优势理论最早是由英国著名经济学家大卫·李嘉图(David Ricardo)提出的,主要应用于国际贸易领域。他认为,在两国都能生产两种产品、一国在这两种产品的生产上均处于有利地位而另一国均处于不利地位的条件下,如果前者专门生产优势较大的产品,后者专门生产劣势较小(即具有比较优势)的产品,那么通过专业化分工和国际贸易,双方仍能从中获益。

成本、提高收益,这成为互换市场迅速发展的推动力。当然,如果市场不完善导致出现信用套利机会,仍然可以运用互换进行上述套利。

二、税收及监管套利

税收及监管套利,是指交易者利用各国税收及监管要求不同,运用互换规避税收及监管的特殊规定,降低成本,获取收益。

案例8.3给出了两个运用互换进行税收及监管套利的例子。从例子中可以看到,只要税收及监管制度的规定导致定价上的差异,市场交易者就可以进入定价优惠的市场,并通过互换套取其中的收益。总的来说,不同国家、不同种类收入、不同种类支付的税收待遇(包括纳税与税收抵扣)差异,一些人为的市场分割与投资限制,出口信贷、融资租赁等能够得到补贴的优惠融资等,都可能成为互换套利的基础。

【案例8.3】

运用互换进行税收及监管套利

1. 澳元预扣税(withholding tax)的互换套利

澳大利亚规定,一个非澳大利亚居民在澳大利亚购买澳元证券所得的利息要缴纳10%的预扣税。例如,一位欧洲投资者购买收益率为13%的澳大利亚联邦政府债券,在每个付息日将只收到11.70%的收益,因为要从13%中扣除10%的预扣税。如果他无法在本国税负中抵补该笔预扣税的话,显然将失去这1.3%的收益。

一家信用等级很高(这是为了使其信用等级接近于澳大利亚联邦政府)且希望发行美元债券的欧洲机构,可以运用互换对此预扣税机制进行套利。具体机制如下:

第一步,该机构在欧洲市场上发行欧洲澳元债券。由于欧洲澳元债券在澳大利亚之外发行,不受澳大利亚税法约束。因此,投资于欧洲澳元债券的利息所得免缴预扣税。假设欧洲澳元债券的收益率为12.50%,低于澳大利亚联邦政府债券的13%收益率。但对欧洲投资者来说,由于免缴预扣税,其投资实际收益率仍比澳大利亚联邦政府债券高0.8%。

第二步,该机构与澳大利亚国内机构进行货币互换。澳大利亚国内机构向该欧洲机构支付澳元利息,而欧洲机构向澳大利亚国内机构支付美元利息。由于节省了预扣税,此互换中的澳元利息低于澳大利亚国内债券利息,澳大利亚机构因此愿意向该欧洲机构收取较市场利率为低的美元利息,从而实现了双方融资成本的降低。

2. 日本外币资产投资监管的互换套利

1984年年底,在日元兑换限制解除的背景下,澳元证券的高收益引起了日本投资者的极大兴趣。但是,日本当局规定日本机构在外币证券方面的投资不应超过其证券组合的10%。1985年年初,上述10%的规定有所放宽,日本居民出于某些特殊原因投资的外币证券不属于10%的外币证券份额之内。一些日本金融机构运用货币互换对上述监管制度进行了套利。具体机制如下:

第一步,日本金融机构向日本投资者发行澳元证券。这些证券的利率水平较高,但仍低于澳大利亚境内的澳元证券。在当时的监管规则下,日本投资者无法大量投资于澳大利亚境内的澳元证券,而只能购买日本金融机构发行的澳元证券,因为这些证券被认定为不属于10%的外币证券份额之内。

第二步，日本金融机构与澳大利亚国内机构进行货币互换。澳大利亚国内机构向日本金融机构支付澳元利息，而日本金融机构向澳大利亚国内机构支付美元利息。由于日本境内的澳元利息成本低，此互换中的澳元利息低于澳大利亚国内债券利息，澳大利亚机构因此愿意向日本金融机构收取较市场利率低的美元利息，从而实现了双方融资成本的降低。

然而，与信用套利类似，基于税收与监管待遇差异的互换套利也是不稳定的。随着市场走向开放与完善，很多套利来源可能消失或有所变化。因此，从互换的发展来看，其最重要的运用领域还是风险管理和创造新产品。

第二节　运用互换进行风险管理

一般认为，风险管理是互换最重要、最基本的功能与运用领域。互换种类不同，其管理的风险也是各不相同的。例如，利率互换主要用于管理利率风险，货币互换主要用于管理汇率风险，股票互换主要针对股票价格风险，信用违约互换主要针对信用风险等。总收益互换的用途则相当广泛。由于利率互换和货币互换是互换交易的主体，也是本书的主要讨论对象，下面主要介绍如何运用利率互换和货币互换管理利率风险和汇率风险。

一、运用利率互换管理利率风险

（一）运用利率互换①转换资产的利率属性

图 8.3 描述了如何运用利率互换转换资产的利率属性。如图所示，如果交易者原先拥有一笔固定利率资产，可以通过进入利率互换的多头，使所支付的固定利率与资产中的固定利率收入相抵消，同时收到浮动利率，从而转换为浮动利率资产。类似地，如果交易者原先拥有一笔浮动利率资产，可以通过进入利率互换的空头，使所支付的浮动利率与资产中的浮动利率收入相抵消，同时收到固定利率，从而转换为固定利率资产。案例 8.4 中给出了一个将浮动利率资产转换为固定利率资产的简单例子。

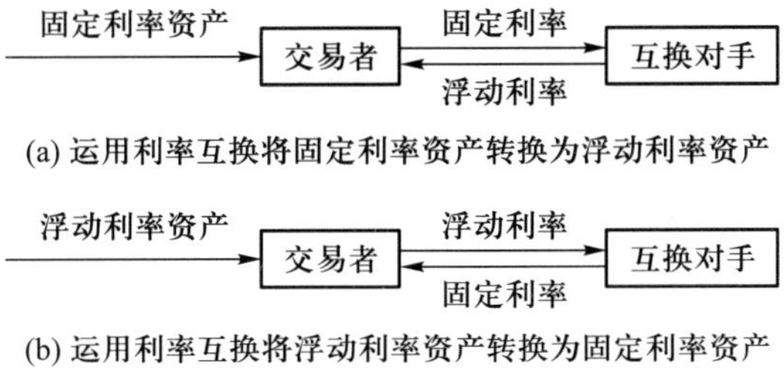

(a) 运用利率互换将固定利率资产转换为浮动利率资产

(b) 运用利率互换将浮动利率资产转换为固定利率资产

图 8.3　运用利率互换转换资产的利率属性

（二）运用利率互换转换负债的利率属性

负债利率属性的转换与资产利率属性的转换是非常相似的。图 8.4 描述了如何运用利

---

① 严格地说，利率互换的期限与下文需要转换的资产和负债的期限要相等。

率互换转换负债的利率属性。如图所示，如果交易者原先拥有一笔浮动利率负债，可以通过进入利率互换的多头，使所收到的浮动利率与负债中的浮动利率支付相抵消，同时支付固定利率，从而转换为固定利率负债。类似地，如果交易者原先拥有一笔固定利率负债，可以通过进入利率互换的空头，使所收到的固定利率与负债中的固定利率支付相抵消，同时支付浮动利率，从而转换为浮动利率负债。案例 8.4 的第二部分给出了一个将固定利率负债转换为浮动利率负债的简单例子。从案例 8.4 中可以看到，同一笔互换运用在不同的情形下，可以实现不同的转换目标。

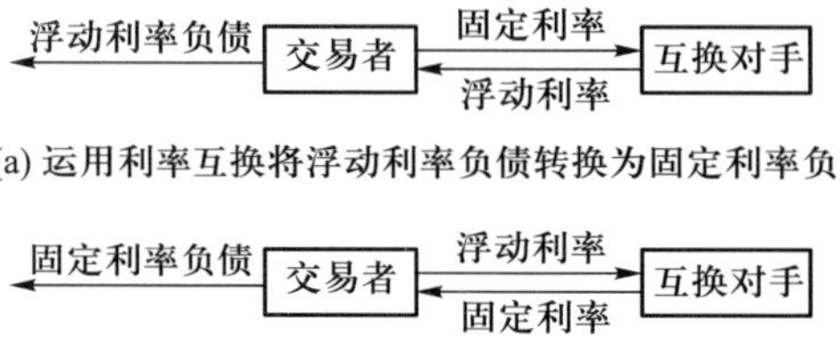

(a) 运用利率互换将浮动利率负债转换为固定利率负债

(b) 运用利率互换将固定利率负债转换为浮动利率负债

图 8.4 运用利率互换转换负债的利率属性

【案例 8.4】

运用利率互换转换资产与负债的利率属性

假设乙公司拥有一份 2 年期的本金为 1 亿元、利率为 3 个月期 SHIBOR+0.5%的浮动利率债券。它认为未来 2 年市场利率将下降，因此希望持有固定利率债券，此时市场上的 2 年期国债到期收益率为 3.3%。按传统做法，它可以将手中的浮动利率债券卖掉，再买入固定利率债券。但这样做要支付 2 笔债券交易费用。乙公司也可以通过利率互换来实现上述目的。乙公司可以与甲银行签订一份名义本金 1 亿元、期限 2 年的利率互换协议：支付 3 个月 SHIBOR，收取 2.8%的年利率，利息每 3 个月交换一次，如图 8.5 所示。

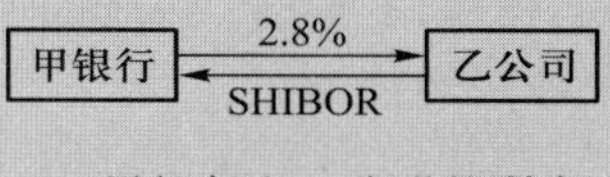

图 8.5 甲银行和乙公司的利率互换

在签订了此笔利率互换协议后，乙公司面临如下 3 个现金流：(1) 从浮动利率债券中获得 3 个月期 SHIBOR+0.5%的浮动利息收入；(2) 从互换中收入 2.8%的年利率；(3) 在互换中支付 3 个月期 SHIBOR。这样，乙公司的利息现金流就转化为 3.3%的固定利息收入，从而将其浮动利率资产转化为固定利率资产。

如果乙公司持有的是一笔 2 年期、本金为 1 亿元、利率为 3.3%、每 3 个月支付一次利息的固定利率借款，而它认为未来利率会下降，那它也可以通过与甲银行签订上述利率互换协议将固定利率借款转换成浮动利率借款。在这种情况下，乙公司面临如下 3 个现金流：(1) 支付 3.3%的年利率给贷款人；(2) 从互换中收入 2.8%的年利率；(3) 在互换中支付 3 个月期 SHIBOR。这样，乙公司的利息现金流就转化为 3 个月期 SHIBOR+0.5%的浮动利息支出，从而将其固定利率负债转化为浮动利率负债。

（三）运用利率互换进行利率风险管理

作为利率敏感性资产，利率互换与利率远期、利率期货一样，经常被用于进行久期套期保值，管理利率风险。在第七章中已经知道，利率互换可以视为固定利率债券头寸与浮动利率债券头寸的组合。例如，对互换空头也就是浮动利率的支付者来说，利率互换的价值可以写为式(7.2)：

$$V_{\text{互换}}=B_{\text{fix}}-B_{\text{fl}}$$

式(7.2)可以有两种理解：① 利率互换的价值等于固定利率债券价值与浮动利率债券价值之差，而浮动利率债券价值总是在面值附近浮动；② 利率互换的货币久期等于固定利率债券货币久期与浮动利率债券货币久期之差。这意味着利率互换协议也可以提供类似的久期对冲功能，而所需成本则要低得多，因而利率互换成为利率风险管理的重要工具。

在国外，利率互换协议最长可达 30 年。在国内，利率互换协议的期限也长达 10 年。在互换市场发展起来之前，长期固定收益产品比较少，流动性通常较差。因此，利率互换是长期利率风险管理的重要工具之一。

二、运用货币互换[①]管理汇率风险

与利率互换类似，货币互换也可以用来转换资产和负债的货币属性。以图 7.2 货币互换中的乙公司为例。假设乙公司有一笔 5 年期的年收益率为 2.5%、本金为1 000 万美元的投资，但觉得人民币相对于美元会走强。通过该笔互换，这笔投资就转换成了本金 7 000 万元人民币、年收益率为 3%的人民币投资。如果乙公司发行了一笔 5 年期、本金为 7 000 万人民币、年利率为 3%的人民币债券，在签订该笔互换以后，乙公司的人民币负债显然就转化成了美元负债。因此，货币互换为市场投资者提供了管理汇率风险，尤其是长期汇率风险的工具。当然，在现实生活当中，由于汇率和利率的变化，实际情况总是要复杂得多。案例 8.5 给出了一个运用货币互换转换资产货币属性的例子。

【案例 8.5】

运用货币互换转换资产的货币属性

一个英国的国际债券投资组合管理者手中持有大量以欧元标价的法国国债，剩余期限 10 年，年利率 5.2%，每年支付一次利息。债券的价格等于面值4 615万欧元。如果以当时的汇率 1 欧元等于 0.65 英镑计算，该债券价格等于3 000万英镑。该管理者打算将手中的这些法国国债转换为以英镑标价的固定利率投资。请问除了直接出售这笔法国国债，将之投资于英镑固定利率债券之外，该组合管理者是否还有其他的选择？

显然，该组合管理者还可以通过英镑与欧元的货币互换实现这笔资产货币属性的转换。当时这位组合管理者在货币互换市场上可以得到的价格是：英镑固定利率为 4.9%，而欧元固定利率则为 5.7%。具体操作过程为：

---

① 严格地说，货币互换的期限与下文需要转换的资产和负债的期限要相等。

（1）继续持有法国国债头寸，未来10年内每年定期获取5.2%的欧元利息。

（2）签订一份支付欧元利息和收到英镑利息的货币互换合约：名义本金为4 615万欧元和3 000万英镑，利息交换日期和到期日与原国债投资相匹配。

（3）货币互换协议初始，该组合管理者应支付3 000万英镑，得到4 615万欧元，因其相互抵消，没有实际现金流动。

（4）每年利息交换日，在互换协议中支付5.7%的欧元利息，得到4.9%的英镑利息，与国债利息收入相抵消后，该管理者的真实现金流为每年支付4 615万欧元的0.5%欧元利息，得到3 000万英镑的4.9%英镑利息。

（5）到期日在法国国债投资上收回4 615万欧元本金，在互换协议中4 615万欧元与3 000万英镑互换，最终获得3 000万英镑本金。

显然，该组合管理者可以通过货币互换来虚拟地出售手中的法国国债头寸，将之转换为英镑固定利率投资。但在这个过程中仍然存在一定的汇率风险，主要体现为每年支付0.5%的欧元利息，收到4.9%的英镑利息。该管理者的真实利息收入显然会随着欧元对英镑汇率的变化而变化，可以通过购买远期欧元管理其中的汇率风险。

第三节　运用互换构造新产品

互换的第三个用途是构造新的金融产品。例如，一笔固定利率的英国国债投资加上一份支付英镑固定利息、收入瑞士法郎固定利息的高信用等级货币互换，可以构造出一个近似的瑞士国债投资头寸。案例8.6给出了一个运用利率互换构造反向浮动利率债券的典型案例。

【案例8.6】

运用利率互换构造反向浮动利率债券

通过案例8.4已经知道，如果一笔名义本金为A的浮动利率资产与一份名义本金相同的利率互换空头组合在一起，将构造出一份合成的固定利率资产。现在，设想一下如果该笔利率互换空头的名义本金是$2A$而非A，会发生什么？

假设乙公司拥有一份2年期的本金为A、利率为1年期SHIBOR的浮动利率资产（为简要起见，这里设定浮动期限为1年）。现在乙公司签订一份名义本金为$2A$的2年期利率互换，支付SHIBOR，收到年利率r，利息每年交换一次，如图8.6所示。

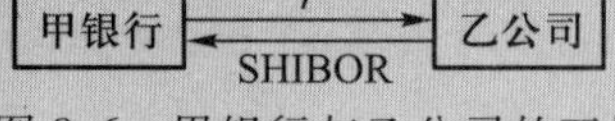

图8.6　甲银行与乙公司的互换

在签订了此笔利率互换协议后，乙公司面临如下3个现金流：① 从资产中获得$A\times$SHIBOR的浮动利息收入；② 从互换中收入$2Ar$固定利息；③ 在互换中支付$2A\times$SHIBOR的浮动利息。这样，乙公司的现金流就转化为$A\times(2r-\text{SHIBOR})$。也就是说，当市场利率上升的时候，该资产的利息收入下降。这样的资产被称为反向浮动利率债券。因此，一笔名义本金为A的浮动利率资产与一份名义本金为$2A$的利率互换空头组合在一起，将构造出一份合成的反向浮动利率债券。

由于利率互换既可以分解为债券头寸的组合，也可以拆分为远期协议的组合，在现实中，随实际市场状况、投资者预期与需要不同，它与其他金融资产可以再组合，构造出符合投资者需要的新金融产品。

最后值得一提的是，无论是套利、风险管理还是构造新产品，互换的运用目的都是降低成本、提高收益与进行风险管理。也正是因为互换在这些方面所发挥的重要作用，互换市场才得以迅速发展，并成为广泛存在、影响巨大的金融衍生产品。

本章小结

1. 互换的运用主要包括三个方面：套利、风险管理与构造新产品。

2. 根据套利收益来源不同，互换套利可大致分为信用套利与税收及监管套利。

3. 风险管理是互换最重要、最基本的功能与运用领域。

4. 互换的种类不同，其管理的风险也是各不相同的，其中利率互换主要用于管理利率风险，货币互换主要用于管理汇率风险。

5. 无论是套利、风险管理还是构造新产品，运用互换的目的都是降低成本、提高收益与进行风险管理。

即测即评

习　题

1. 假设 A、B 公司都想借入 1 年期的 100 万元借款，A 想借入与 6 个月期 SHIBOR 相关的浮动利率借款，B 想借入固定利率借款。但两家公司信用等级不同，故市场向它们提供的利率也不同（见表 8.3）。请简要说明两公司应如何运用利率互换进行信用套利。

表 8.3　A 公司和 B 公司的借贷成本

	A	B
借入固定利率	10.8%	12.0%
借入浮动利率	SHIBOR+0.25%	SHIBOR+0.75%

2. 阐述利率互换在风险管理上的运用。

3. 假设 A 公司有一笔 5 年期的年收益率为 11%、本金为 100 万英镑的投资。如果 A 公司觉得美元相对于英镑会走强，简要说明 A 公司在互换市场上应如何进行操作。

4. 公司 A 是一家中国制造商，想要以固定利率借美元。公司 B 是一家美国跨国公司，想要以固定利率借人民币。做了必要的税务调整后，他们可获得如下年利率报价，如表 8.4 所示。

表 8.4 A 公司和 B 公司年利率报价

	人民币	美元
公司 A	5%	3%
公司 B	4.6%	2.2%

设计一个互换，银行为中介，使得互换收益的分配在公司 A、公司 B 和银行间的比例分别为 50%、25%、25%。

5. 设有一份 10 年期的、每年交换一次利息的利率互换协议，名义本金为 10 亿元，固定利率方的支付利率为 9.55%。在协议签订时刻，各期限的即期利率如表 8.5 所示。

表 8.5 各期限的即期利率

期限/年	1	2	3	4	5	6	7	8	9	10
即期利率/%	8.005	7.856	8.235	8.669	8.963	9.235	9.478	9.656	9.789	9.883

注：以上为一年计一次的复利。

（1）请计算该互换合约空头的价值。

（2）请计算使得互换合约价值为零的互换利率。请问这是一个公平的协议吗？

（3）假设互换合约按合理互换利率签订。某投资者持有一个债券组合，该债券组合的价值及修正久期分别为 9 991 565 452 和 8.92，互换合约中可分解出的固定利率债券的修正久期为 9.26。若投资者希望利用互换合约来规避利率风险，那么他应该如何操作？（互换的头寸方向和份数）

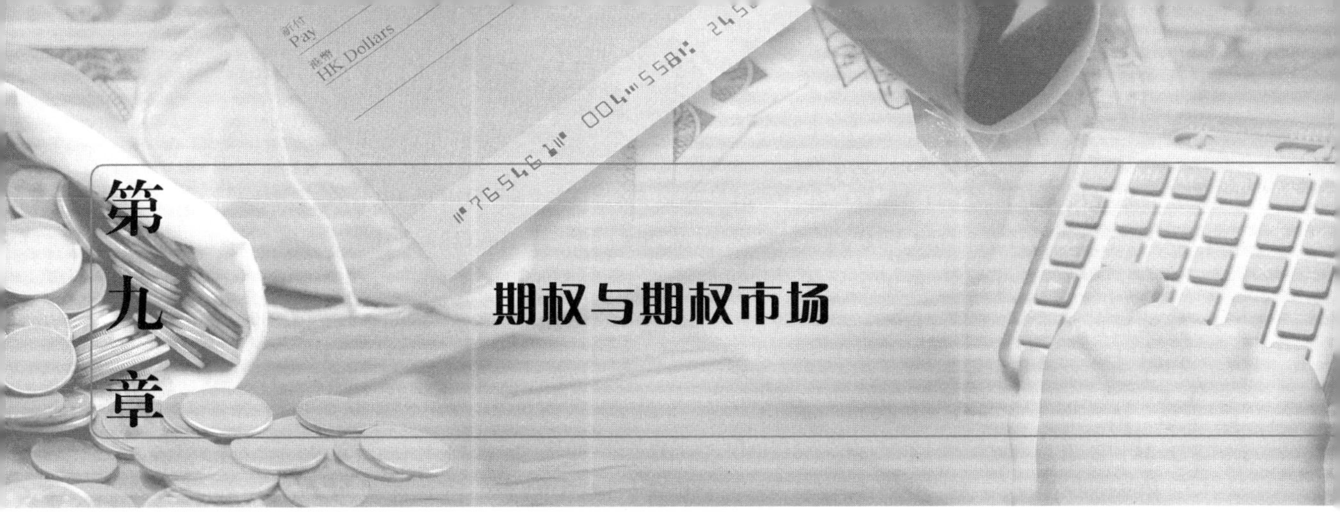

第九章 期权与期权市场

期权是人类在金融领域最伟大的发明之一,被称为“期权革命”。“期权革命”不仅对金融领域产生了重大影响,对其他领域也产生了深远影响。由于其高度复杂性,本书将分八章来探讨。

第一节　期权的定义与种类

期权(option)是买卖未来权利的合约,赋予其购买方(权利方)在规定期限内按双方约定的价格(行权价)购买或出售一定数量某种标的资产的权利。期权权利方为获得这一权利向期权义务方支付的价款就是期权价格(option price),也称期权费(premium)或权利金。

根据权利不同、行权时限不同和标的资产不同,期权又有多种不同的分类。下面结合实际案例,分别加以介绍。

一、看涨期权与看跌期权

按权利划分,期权可分为看涨期权(call)和看跌期权(put)。赋予权利方购买标的资产权利的合约,就是看涨期权,或称认购期权、买权;赋予权利方出售标的资产权利的合约,就是看跌期权,或称认沽期权、卖权。

案例 9.1 是一个看涨期权的例子。

【案例 9.1】

上证 50ETF 看涨期权(2020 年 1 月 23 日)

50ETF购9月2950　10002234

0.2247　-0.0211　-8.58%　隐含波动率　22.72%

	价格	量(手)	隐含波动率
卖五	0.2359	1	23.82%
卖四	0.2301	1	23.20%
卖三	0.2277	1	22.95%
卖二	0.2270	1	22.88%
卖一	0.2263	1	22.80%
买一	0.2247	1	22.63%
买二	0.2220	1	22.35%
买三	0.2218	2	22.33%
买四	0.2172	1	21.84%
买五	0.2145	1	21.56%

昨结	0.2458	开盘	0.2288
最高	0.2374	最低	0.2132
均价	0.2236	振幅	9.85%
总手	2260	现手	30
持仓	1515	增仓	+1515
外盘	634	内盘	1626
总额	505.24万	今结	0.2247
涨停	0.5464	跌停	0.0001
标的代码	510050	期权类型	认购
标的现价	2.9250	行权价	2.9500
价值状态	虚值	行权方式	欧式
上市日	20200123	到期日	20200923
剩余自然日	240	剩余交易日	162
标的30日波动率	14.47%	标的60日波动率	12.98%
标的90日波动率	12.42%	合约乘数	10000

数据来源:Wind 资讯。

2020 年 1 月 23 日 15:00,在上海证券交易所,以上证 50ETF 为标的资产、行权价格为 2.95 元、到期日为 2020 年 9 月 23 日的看涨期权(代码 10002234)价格为 0.224 7 元(当时的上证 50ETF 价格为 2.925 元)。该期权的简称是 50ETF 购 9 月 2950。其中“50ETF”指期权的标的资产,“购”表示认购期权,“9 月”表示 2020 年 9 月到期,“2950”表示行权价为 2.95 元。

这意味着,如果一个投资者在 2020 年 1 月 23 日按照每份 0.224 7 元的价格买入 1 张上证 50ETF 的这个看涨期权,他就有权利在 2022 年 9 月 23 日按照每份 2.95 元的价格买入 1 万份上证 50ETF。到 2020 年 9 月 23 日,如果上证 50ETF 价格高于 2.95 元,该权利方可以行使这个权利,上证 50ETF 价格比 2.95 元高多少就获利多少(乘以 1 万份),当然还要扣除最初的每份 0.224 7 元的期权费才是其最终利润(假设不考虑交易费用,下同);反之,如果 9 月 23 日那天上证 50ETF 价格低于 2.95 元,由于按 2.95 元买不合算,权利方有权不进行交易,最终损失的就是每份 0.224 7 元的期权费。2020 年 9 月 23 日之后,期权到期,这一权利也就失效了。

如果一个投资者在 2020 年 1 月 23 日按照每份 0.224 7 元的价格卖出 1 张上证 50ETF 的这个看涨期权,他就成为该看涨期权的义务方。在收取了每份 0.224 7 元的期权费后,义务方就只有义务没有权利了:当上证 50ETF 价格高于 2.95 元,权利方要行使期权时,义务方必须按照每份 2.95 元的价格将 1 万份上证 50ETF 卖给权利方;当上证 50ETF 价格低于 2.95 元,权利方弃权时,义务方也必须接受。

从这个例子中我们可以看出,所谓看涨期权,就是赋予权利方未来按行权价买入某种资产的权利。未来如果价格上涨,权利方将行使这个权利;如果下跌,权利方有权放弃。看涨期权费,就是购买该权利所支付的费用。显然正是因为权利方对标的资产未来看涨,才愿意付出期权费买入这样一个期权,这是为什么此类期权被叫作“看涨期权”。

案例 9.2 是一个看跌期权的例子。

【案例 9.2】

上证 50ETF 看跌期权(2020 年 1 月 23 日)

50ETF沽9月2950 10002243

0.1337 +0.0352 +35.74% 隐含波动率 15.21%

	价格	量(手)	隐含波动率
卖五	0.1449	1	16.16%
卖四	0.1429	1	15.95%
卖三	0.1417	1	15.82%
卖二	0.1413	1	15.78%
卖一	0.1379	1	15.42%
买一	0.1338	2	14.99%
买二	0.1334	1	14.95%
买三	0.1308	1	14.68%
买四	0.1289	1	14.48%
买五	0.1277	1	14.35%

昨结	0.0985	开盘	0.1000
最高	0.1536	最低	0.1000
均价	0.1250	振幅	54.42%
总手	1892	现手	3
持仓	852	增仓	+852
外盘	996	内盘	896
总额	236.55万	今结	0.1338
涨停	0.3879	跌停	0.0001
标的代码	510050	期权类型	认沽
标的现价	2.9250	行权价	2.9500
价值状态	实值	行权方式	欧式
上市日	20200123	到期日	20200923
剩余自然日	240	剩余交易日	162
标的30日波动率	14.47%	标的60日波动率	12.98%
标的90日波动率	12.42%	合约乘数	10000

数据来源:Wind 资讯。

2020 年 1 月 23 日 15:00,在上海证券交易所,以上证 50ETF 为标的资产、行权价格为 2.95 元、到期日为 2020 年 9 月 23 日的看跌期权(代码 10002243)价格为 0.133 7 元(当时上证 50ETF 价格为 2.925 元)。

从这个案例中可以看出,看跌期权就是赋予了权利方未来按约定价格卖出某种资产的权利。未来如果价格下跌,权利方将行使这个权利;如果价格上涨,权利方有权放弃这个权利。看跌期权费,就是购买这个权利所支付的费用。显然,正是因为权利方对标的资产未来看跌,才愿意付出期权费买入这样一个期权。这就是为什么此类期权被叫作"看跌期权"。

以案例 9.1 和案例 9.2 为基础,可以对期权及其相关概念做深入的理解:期权是一种金融合约,是买卖双方关于未来某种权利的协议。其协议要素包括:买卖双方、约定的权利、约定期限、行权价格、约定交易数量和期权价格(option price,又称期权费 premium)等。

可以看到,在期权交易中存在双重的买卖关系:对期权本身的购买和出售形成了期权的买方(buyer 或 holder)和卖方(seller 或 writer);期权买方有权购买(对看涨期权而言)或出售(对看跌期权而言)标的资产。其中的权利义务关系可用表 9.1 加以列示。

表 9.1　期权交易中的双重买卖关系

	看涨期权	看跌期权
期权买方	以行权价格买入标的资产的权利	以行权价格卖出标的资产的权利
期权卖方	以行权价格卖出标的资产的义务	以行权价格买入标的资产的义务

从表 9.1 可以看出,对期权的购买方来说,期权合约赋予他的只有权利,而没有义务。他可以在期权合约规定的时间内行使其购买或出售标的资产的权利,也可以不行使这个权利。对期权的出售者来说,则只有履行合约的义务,而没有权利。当期权购买者按合约规定行使其买进或卖出标的资产的权利时,期权出售者必须依约相应地卖出或买进该标的资产。天下没有免费的午餐,作为给期权出售者承担义务的报酬,期权购买者要支付给期权出售者一定的费用,即期权费。期权费视期权种类、期限、标的资产价格的易变程度不同而不同。显然,期权费是对上述不对称权利义务关系的弥补。一经支付,无论期权购买者是否行使权利,其所付出的期权费均不退还。

期权的其他要素包括期限、行权价格和交易数量等。期权权利方只能在合约所规定的时间内行使其权利,一旦超过期限仍未执行即意味着自愿放弃了这一权利。行权价格是指期权合约所规定的、期权权利方在行使其权利时实际执行的买卖标的资产的价格。交易数量则指每份期权公约可以交易的标的数量。

二、欧式期权与美式期权

按期权权利方行使期权的时限划分,期权可分为欧式期权和美式期权。欧式期权的权利方只有在期权到期日才能行使期权(即行使买进或卖出标的资产的权利),而美式期权允许权利方在期权到期前的任何交易日行使期权。

以一份到期日为 2021 年 3 月 24 日、行权价格为 10 元、标的资产为 Z 股票的看涨期权为例,若该期权为欧式期权,则期权权利方只有在 2021 年 3 月 24 日到期后的规定时间内才能行使该期权,即有权以 10 元的价格买入 Z 股票;若该期权为美式期权,则在 2021 年 3 月 24 日前的任意时刻,期权权利方都可以行使该期权。

我国的 ETF 期权、股价指数期权为欧式期权,商品期货期权则为美式期权。

显然,在其他条件(标的资产、行权价格和到期时间)都相同的情况下,由于美式期权的权利方除了拥有欧式期权的所有权利之外,还拥有一个在到期前随时行使期权的权利,其价值肯定不应小于其他条件都相同的欧式期权的价值。

另外,有一些期权的行权时限既非到期日,也不是到期日前的所有时间,而是到期日前的某一段时间(如百慕大期权)。这些设计特殊的奇异期权将在第十六章加以介绍。

三、期权合约的标的资产

按期权合约标的资产划分,期权合约可分为股票期权(stock options)、股价指数期权(index options)、期货期权(futures options)、利率期权(interest rate options)、信用期权(credit options)、货币期权(currency options,或称外汇期权)、商品期权(commodity option)及互换期权(swap option)等。

股票期权,是指以单一股票或者 ETF 作为标的资产的期权合约。

全球最著名的股价指数期权是在美国的芝加哥期权交易所(Chicago Board Options Exchange, CBOE)交易的 S&P 100 和 S&P 500 指数期权。前者为美式期权,后者为欧式期权。除此之外,还有大量的针对不同行业和市场的指数期权。中国金融期货交易所的沪深 300 指数期权为欧式期权。指数期权的合约乘数多为每点 100 元。由于指数没有实物,无法进行实物交割,只能进行现金结算。例如,假设沪深 300 指数看涨期权的行权价为 4 000,如果在指数为 4 292 时行权,则看涨期权的义务方得支付给权利方 2 920 元($(4\ 292-4\ 000)\times 100=2\ 920$)。那些管理着复杂投资组合的机构投资者是指数期权最主要的交易者之一。通过现金结算,这些机构投资者可以以最简单的方式为他们的投资组合进行套期保值。

期货期权可进一步分为基于股价指数期货、利率期货、外汇期货、农产品期货、能源期货和金属期货等标的资产的期权,其标的资产为各种相应的期货合约。在发达市场,大多数期货合约都有相应的期货期权合约。到 2020 年 2 月 3 日,我国已有 11 种商品期货期权。期货合约的到期日通常紧随着相应的期货期权的到期日。期货期权的重要特点之一也在于其交割方式:期货期权的权利方行权时,将从期权义务方处获得标的期货合约的相应头寸(看涨期权为多头寸,看跌期权为空头),再加上行权价格与行权日期货结算价格之间的差额。由于期货合约价值为零,并且可以立即结清,因此期货期权的损益状况就和以期货结算价格代替标的资产价格时相应期权的损益状况一致。由于交割期货合约比交割标的资产本身往往更为方便和便宜,期货期权产生以后,受到市场的广泛欢迎,成为最主要的期权品种之一。

利率期权,是指以各种利率或利率资产(如债券)作为标的资产的期权,主要包括交易所交易的利率期权、场外交易的利率期权和内嵌在其他金融工具中的利率期权等。

信用期权则以特定公司的信用情形作为标的资产。在期权权利方支付期权费后,若标的公司出现信用问题(包括破产或信用等级下降),期权义务方将支付事先约定的金额给期权权利方;倘若在期权存续期内标的公司没有出现信用问题,期权义务方就无须支付。

货币期权,或者称为外汇期权,是以各种货币为标的资产的期权。

商品期权,是以大宗商品为标的资产的期权。

互换期权,是以互换合约作为标的资产的期权(它也常常被列入互换产品的种类)。

除了以上主要的期权种类外,还有以期权作为标的资产的复合期权(也称期权的期权)。

标的资产不同,期权的特性、定价和风险管理也呈现出不同的特点。

第二节 期权市场

一、期权的产生与发展

在许多人的心目中,期权是直到最近才出现的金融创新工具之一。其实,早在公元前580年,古希腊的哲学家、数学家和天文学家泰勒斯就通过购买橄榄油榨机使用的期权来对冲未来使用权价格上涨的风险。泰勒斯预期下一年的橄榄会大丰收,从而带动橄榄油榨机的需求增高,因此他提前与橄榄油榨机的业主签订了期权合约,获得了下一年以固定价格优先租用这些榨机的权利。古希腊和古罗马时期,就已经出现了期权交易的雏形。在17世纪30年代的"郁金香球茎热"时期,郁金香的一些品种堪称欧洲最昂贵的花卉。1635年,那些珍贵品种的郁金香球茎供不应求,加上投机炒作,致使其价格飞涨20倍,成为最早有记载的泡沫经济。同时,这股投机狂潮开启了期权交易的大门。郁金香交易商向种植者收取一笔费用,授予种植者按约定最低价格向该交易商出售郁金香球茎的权利。同时,郁金香交易商通过支付给种植者一定数额的费用,来获取以约定的价格购买球茎的权利。这是人类历史上最早的期权交易。到18世纪和19世纪,美国和欧洲的农产品期权交易已经相当流行。19世纪,以单一股票为标的资产的股票期权在美国诞生,期权交易开始被引入金融市场。之后,伴随着金融市场的发展,期权市场迅速成长起来。

然而,在美国的CBOE建立前,期权的交易都是在场外市场(OTC)进行的。20世纪初,美国出现了一种较有序的期权交易市场,被称为"看跌期权和看涨期权经纪商和自营商协会"(Put and Call Broker and Dealers Association),该协会的成员公司负责对期权的买方和卖方进行撮合成交。这是对原来分散化期权市场的一大改进,但由于仍未具有集中性的交易场所和完善的标准化期权合约,其OTC市场的基本性质并未从根本上得到改变,期权交易的效率仍然较低,期权市场的发展依然比较缓慢。直到1968年,在美国成交的股票期权合约所代表的标的股票数量还只有纽约证券交易所(New York Stock Exchange,NYSE)成交股票数量的1%。

1973年4月26日CBOE建立后,标准化的期权合约第一次出现。交易所建立当日,以16只股票为标的的期权合约在交易所交易,当天的成交量达到911手。同年,布莱克、舒尔斯和默顿在期权定价方面的经典论文正式发表,得州仪器公司也推出了具有期权价值计算功能的计算器。交易制度方面的创新和理论技术方面的发展共同促进了CBOE迅速发展。顺应市场发展的内在要求,美国商品期货交易委员会放松了对期权交易的限制,有意识地推出多种不同的商品期权交易和金融期权交易,由此促使越来越多的交易所竞相开办期权交易,新的期权品种也不断推出。1982年,作为试验计划的一部分,芝加哥期货交易所推出了以长期国债期货为标的的期权交易。1983年1月,芝加哥商业交易所推出了S&P 500股价指数期权。随着股价指数期权交易的成功,各交易所将期权交易迅速扩展至其他金融品种,如利率、外汇等。1984年到1986年间,芝加哥期货交易所还先后推出了大豆、玉米、小麦等品种的期货期权。美国期权交易的示范效应带动了世界各国期权市场的发展。

期权市场的发展呈现场内与场外齐头并进的局面。据美国期货业协会统计,2019年全球场内期权类产品总成交量152.4亿手(占比44.2%)、年末持仓量6.5亿手(占比72.4%),同比分别增长16%、8.7%。按挂钩资产标的和交易市场划分,股票、股指期权交易集中在亚洲和北美，利率期权交易集中在北美，外汇期权交易集中在亚洲，能源类商品期权交易集中在北美和欧洲，农产品期权交易集中在北美和亚洲，贵金属期权交易集中在北美，非贵金属期权交易则主要集中在亚洲和欧洲。表 9.2 和表 9.3 分别是 2009—2019 年全球按地区和标的资产划分的场内期权交易量。

表 9.2 2009—2019 年全球各地区期权交易量

单位：亿手

年份	亚洲	北美	欧洲	拉丁美洲	其他	总计
2009	34.61	40.05	13.60	6.26	1.00	95.52
2010	43.33	43.77	13.61	9.50	1.01	111.22
2011	52.27	50.92	14.11	9.77	1.18	128.25
2012	33.18	44.98	11.36	10.79	0.86	101.17
2013	25.23	47.26	10.78	9.79	1.25	94.31
2014	26.99	49.91	10.47	8.58	1.17	97.12
2015	35.20	49.32	10.61	7.14	0.96	103.23
2016	24.78	49.57	10.42	7.60	0.91	93.28
2017	32.35	51.69	10.24	8.32	0.96	103.56
2018	46.43	62.39	11.01	10.47	1.01	131.31
2019	68.26	60.06	10.69	12.49	8.44	150.24

数据来源：http://fia.org。

表 9.3 2009—2019 年全球各类标的资产期权交易量

单位：亿手

年份	股价指数	个股	外汇	利率	能源	农产品	贵金属	有色金属	其他	总计
2009	52.83	35.74	0.41	5.24	0.65	0.45	0.12	0.05	0.02	95.53
2010	63.38	39.30	0.56	6.46	0.73	0.59	0.10	0.08	0.03	111.24
2011	75.89	41.10	2.97	6.55	0.79	0.72	0.13	0.08	0.04	128.28
2012	51.72	39.35	2.73	5.44	0.98	0.75	0.12	0.07	0.03	101.21
2013	44.23	38.96	3.31	5.57	1.37	0.66	0.13	0.07	0.02	94.33
2014	48.73	38.10	2.46	5.60	1.29	0.75	0.11	0.09	0.02	97.14
2015	55.02	35.41	4.71	5.67	1.41	0.81	0.09	0.09	0.03	103.26
2016	44.47	33.32	6.55	6.32	1.57	0.83	0.12	0.10	0.03	93.31
2017	50.12	34.70	8.21	7.84	1.66	0.80	0.12	0.11	0.03	103.59
2018	65.52	42.51	11.66	8.74	1.62	1.01	0.14	0.11	0.03	131.34
2019	81.66	43.64	13.41	10.71	1.38	1.17	0.20	0.16	0.07	152.40

数据来源：http://fia.org。

我国上海证券交易所率先于 2015 年 2 月 9 日在中国市场推出了上证 50ETF 期权。到 2019 年，上证 50ETF 期权合约全年累计成交 6.18 亿张，年末持仓 379.1 万张，累计成交面值 17.7 万亿元。2019 年 12 月 23 日，中国金融期货交易所推出了沪深 300 股指期权。同日，上海证券交易所和深圳证券交易所同时推出了沪深 300ETF 期权。

2017 年 3 月，大商所上市豆粕期权，标志着首只场内商品期货期权正式推出。当前场内商品期权集中在三个交易所：大连商品交易所、郑州商品交易所、上海期货交易所。自豆粕期权后，各交易所陆续推出了包括白糖、铜、玉米等在内的各类期权品种。截至 2020 年 1 月底，合计共有 11 个场内商品期权在各交易所挂牌上市，领域涉及农产品（豆粕、白糖、玉米、棉花、菜籽粕）、能源化工（天胶、PTA、甲醇）、有色金属（铜）、黑色金属（铁矿石）和贵金属（黄金）。

除了交易所市场外，期权在场外市场也有很大的规模。据国际清算银行统计，截至 2019 年上半年，利率、外汇、股票三类期权衍生品名义未平仓金额总和为 62 万亿美元，其中利率期权占比 73%，外汇期权占比 21%，股票期权占比 6%。

中国的场外期权交易始于外汇期权。2011 年 2 月 16 日，为进一步发展外汇市场，为企业和银行提供更多的汇率避险保值工具，国家外汇管理局发布《国家外汇管理局关于人民币对外汇期权交易有关问题的通知》，批准中国外汇交易中心在银行间外汇市场组织开展人民币对外汇期权交易。到 2019 年，银行间外汇市场全年期权交易额已经达到 8 500 亿美元。

为了推动场外衍生品市场的发展，2013 年 3 月，中国证券业协会相继发布了《证券公司金融衍生品柜台交易业务规范》《证券公司金融衍生品和柜台交易风险管理指引》和《中国证券市场金融衍生品交易主协议及其补充协议》等规范文件，6 家券商获得首批场外衍生品业务试点资格。2017 年 5 月，中证机构间报价系统场外衍生品交易业务开始运行，推进了业务标准化交易。2018 年 5 月，中国证监会下发了《关于进一步加强证券公司场外期权业务监管的通知》，随后中国证券业协会也发布了《关于进一步加强证券公司场外期权业务自律管理的通知》，大幅提高准入门槛，要求对交易商实行分级管理、设立场内对冲专门账户、加强投资者适当性管理等。2018 年，券商场外衍生品业务累计新增初始名义本金8 772. 06亿元，同比增长 17.13%，其中，场外期权业务平均占比 78.02%。[①] 在有关监管措施的引导下，期货公司的场外衍生品业务现已交由其风险管理子公司开展，且主要进行大宗商品类交易。2018 年 12 月底，期货公司风险管理子公司场外期权名义本金存量为 550 亿元。[②]

为了进一步推进利率市场，为企业和金融机构提供更多的利率避险保值工具，中国外汇交易中心于 2020 年 2 月 24 日推出挂钩 LPR1Y 和 LPR5Y 的利率互换期权、利率上/下限期权，标志着中国利率衍生品市场进入了发展的快车道。

总之，从期权交易发展的历史可以看到，期权交易虽然早已有之，但真正意义上的期权市场的形成和发展只有 40 多年的时间。实际上大多数市场和产品都是在近 20 年出现的，却呈现出迅猛发展的势头，具有巨大的发展潜力。

二、期权交易的新趋势

回顾期权的历史，交易所期权的巨大成功及其对期权交易的重要推动已经成为不可否认的事实。人们一般认为，这主要有以下三个原因：第一，交易所交易的集中性和合约的标

① 数据来源：中国证券业协会、中证机构间报价系统。

② 数据来源：中国期货业协会。

准化极大地便利了期权的交易管理和价格信息、产品信息的发布，为投资者提供了期权工具的流动性，使得交易者能够更灵活地管理他们的资产头寸，因而极大地促进了期权市场的发展；第二，清算所的建立解决了场外市场长期为之困扰的信用风险问题；第三，无纸化交易的发展带来了更畅通的交易系统和更低的交易成本。

尽管交易所交易期权有着上述的优越性，然而，这并不意味着场外期权交易的消亡。场外期权最大的好处，在于金融机构可以根据客户的需要为客户量身定做许多非标准的个性化期权合约，从而创造了其特有的存在空间。事实上，20 世纪 70 年代以后，交易所期权所带来的巨大冲击，反而在一定程度上促进了场外市场的创新和发展。面对激烈的竞争，OTC 市场的金融机构充分利用自身的灵活性优势，不断创新，吸引客户，抢夺市场，这反过来又引发了交易所期权的变革和创新。这些竞争在 20 世纪 90 年代之后日益明显，全球期权市场出现了一些新的发展动态和趋势：

（1）日益增多的奇异期权。20 世纪 90 年代之后，OTC 市场的金融机构越来越意识到期权市场的激烈竞争和普通期权利润空间的缩小，这迫使它们不得不进一步利用其非标准的特点，开发出更复杂的期权产品。期权结构越复杂，复制所需时间越长，客户发现其定价过高的可能性越小，就越能保证开发者的利润空间。这类竞争的结果，导致了期权创新的迅速发展和奇异期权的日益增多。

（2）交易所交易产品的灵活化。事实上，随着金融创新的发展，期权的 OTC 市场越来越具有竞争力，场外交易日渐普遍。这使得期权交易所开始寻求新的竞争手段，保持和开拓市场空间。相较于场外期权，交易所期权合约的最大劣势就在于其标准化条款不具备灵活性。因此，一些交易所开始提供非标准的期权交易，如灵活期权（flex options），即在交易所内交易但具有非标准的行权价格和到期日条款的期权。显然，这样的期权具有 OTC 市场的灵活性，但仍然由清算所而非交易方来承担交易的信用风险，因而可以被看作交易所企图从场外市场争夺客户的一种尝试。

（3）交易所之间的合作日益加强，购并潮不断涌现。在金融市场全球化的趋势下，期权交易所开始希望它们的合约能在全球范围内进行交易并为此做出努力，从而带来了交易所之间的合作和联系。例如，一家交易所上市的期权产品可以在其他交易所进行交易；或者在一家交易所交易，而在其他交易所平盘或交割；一些交易所则允许其他交易所的会员在本所进行交易等。这也促成了收购兼并的浪潮。例如，纽约泛欧交易所收购了 ARCA 和美国股票交易所（AMEX），纳斯达克—OXM 集团收购了费城股票交易所（PHLX）。

（4）高频交易日益盛行。高频交易（high frequent trading），是指常常每秒发送多达数千条委托的交易行为。高频交易者通常运用复杂的算法，试图抢在其他人前面发现趋势并捕捉价格的微小波动，他们通常运用高速计算机与交易所的委托处理系统直接连接以减少时滞。目前，高频交易已达美国股票交易量的 50%~70%，在期权市场所占份额也日趋增多。

第三节　期权交易机制

与期货交易不同，期权市场既包括各种标准化、集中化的交易所市场，也包括各种场外市场。本节主要以上海证券交易所的上证 50ETF 为例，来说明期权市场的基本运行机制和交易机制。

一、期权的基本条款

上海证券交易所于 2015 年 2 月 9 日进行上证 50ETF 期权试点，标志着中国内地场内期权市场的诞生。下面我们主要以上证 50ETF 期权合约为例，介绍期权合约的基本条款。

表 9.4 是上证 50ETF 期权的基本条款。

表 9.4　上证 50ETF 期权合约基本条款

合约标的	上证 50 交易型开放式指数证券投资基金(50ETF)
合约类型	认购期权和认沽期权
合约单位	10 000 份
合约到期月份	当月、下月及随后两个季月
行权价格	9 个(1 个平值合约、4 个虚值合约、4 个实值合约)
行权价格间距	3 元或以下为 0.05 元，3 元至 5 元(含)为 0.1 元，5 元至 10 元(含)为 0.25 元，10 元至 20 元(含)为 0.5 元，20 元至 50 元(含)为 1 元，50 元至 100 元(含)为 2.5 元，100 元以上为 5 元
行权方式	到期日行权(欧式)
交割方式	实物交割(业务规则另有规定的除外)
到期日	到期月份的第四个星期三(遇法定节假日顺延)
行权日	同合约到期日，行权指令提交时间为 9:15—9:25，9:30—11:30，13:00—15:30
交收日	行权日次一交易日
交易时间	上午 9:15—9:25，9:30—11:30(9:15—9:25 为开盘集合竞价时间) 下午 13:00—15:00(14:57—15:00 为收盘集合竞价时间)
委托类型	普通限价委托、市价剩余转限价委托、市价剩余撤销委托、全额即时限价委托、全额即时市价委托以及业务规则规定的其他委托类型
买卖类型	买入开仓、买入平仓、卖出开仓、卖出平仓、备兑开仓、备兑平仓以及业务规则规定的其他买卖类型
最小报价单位	0.000 1 元
申报单位	1 张或其整数倍
涨跌幅限制	认购期权最大涨幅 = Max{合约标的前收盘价×0.5%，Min[(2×合约标的前收盘价 - 行权价格)，合约标的前收盘价]×10%} 认购期权最大跌幅 = 合约标的前收盘价×10% 认沽期权最大涨幅 = Max{行权价格×0.5%，Min[(2×行权价格 - 合约标的前收盘价)，合约标的前收盘价]×10%} 认沽期权最大跌幅 = 合约标的前收盘价×10%
熔断机制	连续竞价期间，期权合约盘中交易价格较最近参考价格涨跌幅度达到或者超过 50% 且价格涨跌绝对值达到或者超过该合约最小报价单位 10 倍时，期权合约进入 3 分钟的集合竞价交易阶段

续表

开仓保证金最低标准	认购期权义务仓开仓保证金=[合约前结算价+Max(12%×合约标的前收盘价-认购期权虚值,7%×合约标的前收盘价)]×合约单位 认沽期权义务仓开仓保证金=Min[合约前结算价+Max(12%×合约标的前收盘价-认沽期权虚值,7%×行权价格),行权价格]×合约单位
维持保证金最低标准	认购期权义务仓维持保证金=[合约结算价+Max(12%×合约标的收盘价-认购期权虚值,7%×合约标的收盘价)]×合约单位 认沽期权义务仓维持保证金=Min[合约结算价+Max(12%×合约标的收盘价-认沽期权虚值,7%×行权价格),行权价格]×合约单位

(一) 合约单位

所谓合约单位,也被称为交易单位或合约规模(contract size),就是一张期权合约所包含的标的资产数量。标的资产不同,期权合约的合约单位是不一样的,但即使相同标的资产的期权,在不同的交易所上市,其合约单位也不一定相同。

一般来说,股票期权的合约单位是100股股票,而上交所和深交所ETF期权的合约单位是10 000份ETF;指数期权的合约单位是标的指数点数乘以每点100元;期货期权的合约单位是一张标的期货合约;至于各种外汇期权的合约单位,则视交易所不同和货币种类不同而不同,如在PHLX,英镑期权合约的合约单位为31 250英镑,而欧元期权合约的合约单位则为62 500欧元。

(二) 到期循环、到期月、到期日和行权日

到期循环、到期月、到期日和行权日等是期权交易所对期权时间的预先规定,尽管在细节上可能不完全相同,但基本原理都是一样的。

在到期月方面,期权交易中使用与期货交易类似的到期循环规则。例如,在CBOE,所有期权(除了LEAPS)都将在以下3个月份的基础上循环:1月、2月和3月。1月期权循环的到期月包括1月、4月、7月和10月;2月循环期权的到期月包括2月、5月、8月和11月;3月份循环期权的到期月则包括3月、6月、9月和12月。从实际交易情况来看,每个月在CBOE交易的股票期权都有以下4个到期月:离当前最近的两个日历月和本期权所属循环中的下两个到期月,而特定期权到底属于哪一个循环是由交易所预先指定的。例如,在12月1日,一个属于1月循环的期权包括以下4个到期月:12月、1月、4月和7月。当12月的到期日已经过去之后,一个属于1月循环的期权则包括以下4个到期月:1月、2月、4月和7月。上交所和深交所ETF期权的到期月份有4个,即当月、下月及随后两个季月。例如,2020年11月5日,上证50ETF期权的到期月份有2020年11月、12月和2021年3月、6月。中金所的沪深300股指期权的到期月份有6个,即当月、下2个月及随后3个季月。

有了到期月后,交易所会在期权合约中进一步规定期权到期日,即期权买方可以享有期权赋予的权利的最后日期。例如,我国ETF期权的到期日为到期月份的第四个星期三(遇法定节假日顺延)。这样,2020年11月25日是11月期权的最后交易日。到2020年11月26日,上交所和深交所将新开2021年1月到期的合约,从而使到期月份变为2020年12月和2021年1月、3月和6月。而中金所的沪深300股指期权到期日与沪深300股指期货到期日一样,都是第三个周五。

行权日是指交易所规定的，期权权利方可以实际行权的日期。我国的股票期权和股指期权都是欧式期权，都只能在到期时行权。而我国的商品期货期权都是美式期权，可以在到期日之前的任意交易日行权。

（三）行权价格

期权合约中的行权价格也是由交易所事先设定的。一般来说，当交易所准备上市某种期权合约时，将首先根据该合约标的资产的最近收盘价，依据某一特定的形式来确定一个中心行权价格，然后再根据特定的幅度设定该中心价格的上下各若干级距（intervals）的执行价格。因此，在期权合约规格中，交易所通常只规定行权价格的级距。

上交所和深交所规定，每个期权合约最少要有 9 个期权价格，其中最接近市价的成为平值[①]合约，外加 4 个实值和 4 个虚值合约。行权价格之间的间距则规定为：3 元或以下为 0.05 元，3 元至 5 元（含）为 0.1 元，5 元至 10 元（含）为 0.25 元，10 元至 20 元（含）为 0.5 元，20 元至 50 元（含）为 1 元，50 元至 100 元（含）为 2.5 元，100 元以上为 5 元。当合约标的价格发生变化，导致已挂牌合约中的虚值合约或者实值合约数量不足时，上交所和深交所将于下一交易日依据行权价格间距，依序加挂新行权价格的合约。到 2015 年 10 月 12 日，该合约共有 31 个行权价，最低 1.80 元，最高 3.60 元。而当天的上证 50ETF 价格为 2.288 元。

中金所则规定，行权价覆盖沪深 300 指数上一交易日收盘价上下浮动 10%对应的价格范围。对当月与下 2 个月合约：行权价≤2 500 点时，行权价间距为 25 点；2 500 点<行权价≤5 000 点时，行权价间距为 50 点；5 000 点<行权价≤10 000 点时，行权价间距为 100 点；行权价>10 000 点时，行权价间距为 200 点。对随后 3 个季月合约：行权价≤2 500 点时，行权价间距为 50 点；2 500 点<行权价≤5 000 点时，行权价间距为 100 点；5 000 点<行权价≤10 000点时，行权价间距为 200 点；行权价>10 000 点时，行权价间距为 400 点。

（四）除权除息的处理

在国外，早期的场外期权是受红利保护的，也就是说如果公司派发现金红利，则除权日后，公司股票期权的行权价格要减去红利金额。目前，派发现金红利时交易所交易的期权一般都不进行调整。但是当股票分割或者是送红股的时候，交易所一般规定期权要进行调整。其调整方法如下：在 n 对 m（即 m 股股票分割为 n 股）股票分割之后，行权价格降为原来执行价格的 m/n，每一期权合约所包含的交易数量上升到原来的 n/m 倍。同时，n%的股票红利等同于 $100+n$ 对 100 的分割，从而可以应用股票分割的方式对期权合约进行调整。

上交所和深交所规定，期权合约标的发生除权、除息的，在除权、除息当日，对该合约标的所有未到期合约的合约单位、行权价格进行调整，并对除权、除息后的合约标的重新挂牌新的期权合约。

调整公式如下：

新合约单位=[原合约单位×(1+流通股份实际变动比例)×除权(息)前一日合约标的收盘价]/[(除权(息)前一日合约标的收盘价格-现金红利)+配股价格×流通股份实际变动比例]

新行权价格=原行权价格×原合约单位/新合约单位

---

① 这里的平值与本书后面要定义的平值期权是不同的，请读者注意。

调整后的合约单位，按照四舍五入的原则取整数；调整后的行权价格，按照四舍五入的原则取小数。合约标的为股票的，保留 2 位小数，合约标的为 ETF 的，保留 3 位小数。

由于上证 50ETF 和沪深 300ETF 通常只有分红，因此上述公式可以简化为：

$$新合约单位=原合约单位\times b$$

$$新行权价格=原行权价格/b$$

式中：b=除息前一日合约标的收盘价/（除息前一日合约标的收盘价格-现金红利），即除息比例。

这样，调整前的看涨期权回报为 $\max(S_T-K,0)$，调整后变为 $b\times\max(S_T-K/b,0)=\max(bS_T-K,0)$。由此可以看出，上述调整相当于对期权到期日的股价按除息比例做了复权处理。经过处理后，分红对期权回报就几乎没有影响了。看跌期权的情况也一样。我们把分红时相应调整合约单位和行权价格的规定称为红利保护机制。有了红利保护机制之后，在期权定价时，有红利资产可以视同为无红利资产。

例如，上证 50ETF 于 2019 年 12 月 2 日每 10 份派发了 0.47 元红利，按照规则，必须对当时交易的所有期权（包括 2019 年 12 月、2020 年 1 月、2020 年 3 月和 2020 年 6 月到期的期权）的合约单位和行权价格进行调整。由于 2019 年 11 月 29 日 50ETF 的收盘价为 2.938 元，因此调整后的合约单位为 10 163[10 000×2.938/(2.938-0.047)]。行权价格则按原行权价格除以 1.016 3 进行调整。

同时，根据上交所规定，除权后还需加挂 2019 年 12 月、2020 年 1 月、2020 年 3 月和 2020 年 6 月到期的上证 50ETF 期权，行权价格共 9 个，分别为 2.70、2.75、2.80、2.85、2.90、2.95、3.00、3.10 和 3.20。

股指期权和期货期权不存在除权除息的问题。

（五）行权方式

在场内期权交易中，如果交易者不想继续持有未到期的期权头寸，就可以在最后交易日结束之前，随时进行反向交易，结清头寸。这与期货交易中的平仓是完全相同的。相反，如果最后交易日结束之后，交易者所持有的头寸仍未平仓，权利方就有权要求行权，而义务方就必须做好相应的履约准备。当然，如果是美式期权，期权权利方随时有权利决定行权。

不同的期权，行权方式也各不相同。一般来说，各种现货期权在行权时，交易双方都直接以行权价格对标的资产进行实际的交割；指数期权是按照行权价格与期权行权日当天交易结束时的市场价格之差以现金进行结算；而期货期权的权利方行权时，将从期权义务方处获得标的期货合约的相应头寸，再加上行权价格与期货结算价格之间的现金差额。

（六）合约代码和简称

上交所的期权合约交易代码共 17 位，按以下顺序填写，以“510050C2009M03000”为例。

（1）第 1 至第 6 位为数字，取标的证券代码，示例中“510050”是上证 50ETF 的证券代码。

（2）第 7 位为 C(call)或者 P(put)，分别表示认购期权或者认沽期权。

（3）第 8、9 位表示到期年份，示例中“20”，表示 2020 年。

（4）第 10、11 位表示到期月份，示例中“09”，表示 9 月份。

（5）第 12 位期初设为“M”。当合约首次调整后，“M”修改为“A”，以表示该合约被调整过一次，如发生第二次调整，则“A”修改为“B”，以此类推。

（6）第13至17位表示期权行权价格，股票期权合约为乘以100后整数，ETF期权合约为乘以1 000后整数，不足五位前补0。示例中“3 000”是3.00乘以1 000后的整数，不足5位前面补“0”变为“03000”。

所以，“510050C2009M03000”表示“2020年9月份到期的、行权价格是3.0元/份的上证50ETF认购合约”。

期权合约简称不超过20个字符，按以下顺序填写（无分隔符或空格），以“50ETF购1月2 500”为例。

（1）“50ETF”是合约标的简称（直接取合约标的证券简称，不超过8个字符）。

（2）合约标的简称后面为“购”或者“沽”，分别表示认购期权、认沽期权。

（3）“1月”，表示合约到期月份。

（4）“2 500”为行权价格（不超过五位），股票期权合约为乘以100后整数，ETF期权合约为乘以1 000后整数，不足五位前不补0，亦不补空格，示例中“2 500”是2.5乘以1 000后的整数。

（5）最后一位，为标志位，如果出现字母，表示合约调整过，合约首次调整时修改为“A”，发生第二次调整，则“A”修改为“B”，示例中没有字母，表示合约没有调整过。

所以，在2020年11月26日至2021年1月27日之间，“50ETF购1月3100”表示“2021年1月份到期的、行权价是3.10元/份的上证50ETF认购合约”。

深交所的合约代码包含合约标的、合约类型、到期月份、行权价等要素。期权合约的合约代码共有20位，具体组成为：第1至第6位为标的证券代码；第7位为C（Call）或者P（Put），分别表示认购期权或者认沽期权；第8、9位表示到期年份的后两位数字，第10、11位表示到期月份（用01至12代替）；第12位为“M”，代表月合约序列；第13至18位表示期权行权价，保留三位小数。第19位为合约版本号，首次调整改为“A”，再次调整改为“B”，以此类推。预留第20位。

中金所沪深300股指看涨期权的交易代码为IO合约月份-C-行权价，看跌期权的交易代码为IO合约月份-P-行权价。

二、基本交易制度

（一）持仓限额

交易所为每种期权都规定了期权交易的持仓限额（position limit），即每个投资者在市场的一方（即多方或空方，可以认为看涨期权的权利方和看跌期权的义务方均处于标的资产的多方，因为他们未来可能都以约定的价格买入标的资产，这说明他们都对未来看涨；反之看涨期权的义务方和看跌期权的权利方都处于标的资产的空方）中所能持有的期权头寸的最大限额。与之相关的是期权的行权限额（exercise limit），即一个期权权利方在规定的一段时间内所能行权的期权合约的最大限额。显然，交易所之所以做这样的规定，主要是为了防止某一投资者承受过大的风险或对市场有过大的操纵能力。但事实上，这样的限制是否合理及有必要，仍然是一个具有争议的问题。

具体来看，不同的交易所、不同的期权、不同的市场状况，交易所对持仓限额会有不同的规定。有的交易所以合约的数量作为限制标准，有的则以合约的总金额作为限制标准；在期货期权中，有的交易所将期权头寸与相应的期货头寸合并计算，有的则将这两者分开计算。

除此之外,标的资产的性质和具体市场状况不同,限额也各自不同。例如,CBOE 股票期权的头寸和行权限额要视公司发行在外的股份数多少和标的股票过去 6 个月内的交易量大小而定,从 25 000 份合约到 250 000 份合约不等。

上交所的持仓限额处于不断调整之中,按该所 2019 年 12 月 19 日发布的《关于调整 ETF 期权持仓限额有关事项的通知》,上证 50ETF 期权持仓限额规定如下:

期权经营机构应当根据客户期权交易、额度使用及风险承受能力情况,按照以下标准审慎确定、调整客户衍生品合约账户(以下简称合约账户)单个合约品种持仓限额:

(1) 新开合约账户权利仓持仓限额为 100 张,总持仓限额为 200 张,单日买入开仓限额为 400 张。

(2) 经期权经营机构评估认为风险承受能力较强、开户满 10 个交易日、期权合约成交量达到 100 张且具备三级交易权限的客户,权利仓持仓限额 1 000 张,总持仓限额 2 000 张,单日买入开仓限额 4 000 张。

(3) 经期权经营机构评估认为风险承受能力较强、开户满 10 个交易日、期权合约成交量达到 500 张、自有资产余额超过 100 万元且具备三级交易权限的客户,权利仓持仓限额 2 000张,总持仓限额 4 000 张,单日买入开仓限额 8 000 张。

(4) 经期权经营机构评估认为风险承受能力较强、开户满 10 个交易日、期权合约成交量达到 1 000 张、自有资产余额超过 300 万元且具备三级交易权限的客户,权利仓持仓限额为 5 000 张,总持仓限额为 10 000 张,单日买入开仓限额为 10 000 张。

(二) 委托类型和买卖类型

上交所目前的期权买卖指令有以下 6 种类型:

(1) 买入建仓,即买入一个期权,建立一个新头寸。

(2) 卖出建仓,即卖出一个期权,建立一个新头寸。

(3) 买入平仓,即买入一个期权,对冲原有的空头头寸。

(4) 卖出平仓,即卖出一个期权,对冲原有的多头头寸。

(5) 备兑开仓,即投资者在持有足额标的证券的基础上,卖出相应数量的认购期权合约。

(6) 备兑平仓,即投资者持有备兑持仓头寸时,申请买入相应期权将备兑头寸平仓的指令。

上交所的期权交易委托指令有如下种类:

(1) 普通限价申报(限价 GFD)。投资者可设定价格,在买入时成交价格不超过该价格,卖出时成交价格不低于该价格。限价订单当日有效,未成交部分可以撤销。

(2) 市价剩余转限价申报(市价剩余转限价 GFD)。投资者无须设定价格,仅按照当时市场上可执行的最优报价成交(最优价为买一价或卖一价),市价订单未成交部分转为限价订单(按照成交价格申报)。

(3) 市价剩余撤销申报(市价 IOC)。投资者无须设定价格,仅按照当时市场上可执行的最优报价成交(最优价为买一价或卖一价),市价订单未成交部分自动撤单。

(4) 全额即时限价申报(限价 FOK)。立即全部成交否则自动撤销订单,限价申报(即须设定价格)。

(5) 全额即时市价申报(市价 FOK)。立即全部成交否则自动撤销订单,市价申报(即无须设定价格）。

在各集合竞价阶段，上交所仅接受普通限价申报及撤单申报，上交所规定不接受撤单申报的集合竞价时段除外。期权合约的交易单位为张，期权交易的申报数量为 1 张或者其整数倍，限价申报的单笔申报最大数量为 50 张，市价申报的单笔申报最大数量为 5 张。根据市场需要，上交所可以调整单笔买卖申报的最小和最大数量。

（三）涨跌停和熔断机制

上交所的期权交易实行价格涨跌停制度，申报价格超过涨跌停价格的申报无效。期权合约涨跌停价格的计算公式为：

合约涨跌停价格＝合约前结算价格±最大涨跌幅

认购期权最大涨幅＝max｛合约标的前收盘价×0.5%，min［（2×合约标的前收盘价－行权价格），合约标的前收盘价］×10%｝

认购期权最大跌幅＝合约标的前收盘价×10%

认沽期权最大涨幅＝max｛行权价格×0.5%，min［（2×行权价格－合约标的前收盘价），合约标的前收盘价］×10%｝

认沽期权最大跌幅＝合约标的前收盘价×10%

合约涨跌幅，按照四舍五入原则取最小价格变动单位的整数倍。根据市场需要，上交所可以调整期权合约涨跌停价格计算公式的参数。期权合约的最后交易日，合约价格不设跌幅限制。上交所于每个交易日开盘前，公布期权合约当日的涨跌停价格。

除了涨跌停制度之外，上交所对期权交易还设立了熔断机制。上交所规定，连续竞价交易期间，合约盘中交易价格较最近参考价格①上涨、下跌达到或者超过 50%，且价格涨跌绝对值达到或者超过该合约最小报价单位 10 倍的，该合约进入 3 分钟的集合竞价交易阶段。集合竞价交易结束后，合约继续进行连续竞价交易。

上交所还可以根据市场需要调整期权交易的熔断标准。

期权交易达到熔断标准进入集合竞价的，市价剩余转限价申报中尚未成交的部分，按本方申报最新成交价格转为限价申报，进入集合竞价。

全额即时限价申报以及全额即时市价申报如果全部成交将导致期权交易达到熔断标准的，则该申报为无效申报。

（四）竞价与成交

上交所的期权竞价交易采用集合竞价和连续竞价两种方式。

集合竞价是指在规定时间②内接受的买卖申报一次性集中撮合的竞价方式。连续竞价是指对买卖申报逐笔连续撮合的竞价方式。

期权竞价交易按价格优先、时间优先的原则撮合成交。

价格优先的原则为：较高价格买入申报优先于较低价格买入申报，较低价格卖出申报优先于较高价格卖出申报。

时间优先的原则为：买卖方向、价格相同的，先接受的申报优先于后接受的申报。

---

① 指期权合约在最近一次集合竞价阶段产生的成交价格。

② 上交所期权合约的交易时间为每个交易日 9:15—9:25、9:30—11:30、13:00—15:00。其中，9:15—9:25 为开盘集合竞价时间，14:57—15:00 为收盘集合竞价时间，其余时段为连续竞价时间。

连续竞价交易时段，以涨跌停价格进行的申报，按照平仓优先、时间优先的原则撮合成交。

平仓优先的原则为：以涨停价格进行的申报，买入平仓（含备兑平仓）申报优先于买入开仓申报；以跌停价格进行的申报，卖出平仓申报优先于卖出开仓申报。

集合竞价时，成交价格的确定原则依次为：

（1）可实现最大成交量的价格。

（2）高于该价格的买入申报与低于该价格的卖出申报全部成交的价格。

（3）与该价格相同的买方或卖方至少有一方全部成交的价格。

（4）有两个以上申报价格符合上述条件的，以在该价格以上的买入申报累计数量与在该价格以下的卖出申报累计数量之差最小的申报价格为成交价格。

（5）仍有两个以上申报价格符合上述条件的，以最接近前结算价格的申报价格为成交价格。

（6）仍有两个申报价格符合上述条件的，以其中间价为成交价格。

集合竞价的所有交易以同一价格成交。

连续竞价时，成交价格的确定原则为：

（1）最高买入申报价格与最低卖出申报价格相同，以该价格为成交价格。

（2）买入申报价格高于即时揭示的最低卖出申报价格的，以即时揭示的最低卖出申报价格为成交价格。

（3）卖出申报价格低于即时揭示的最高买入申报价格的，以即时揭示的最高买入申报价格为成交价格。

期权交易在 11:27—11:30 之间达到熔断标准进入集合竞价的，在 11:30 前未完成的集合竞价阶段，延续至 13:00 后的交易时段继续进行。

期权交易达到熔断标准进入集合竞价阶段时，该集合竞价阶段的最后 1 分钟内，本所不接受撤单申报；期权交易在 14:54—14:57 之间达到熔断标准的，直接进入收盘集合竞价阶段，收盘前 1 分钟内不接受撤单申报。

三、保证金制度

从期权保证金账户的操作方式来看，它与投资者从事期货交易时保证金账户的操作方式基本一样，具体内容可参见第二章。但由于期权交易与期货交易之间的差异，期权的保证金制度存在一些特殊之处：期权的权利方须在交易时支付全部期权费，之后只有权利没有义务，所以他们无须再缴纳保证金。而期权的义务方在收取期权费后只有义务没有权利，因此必须缴纳保证金。

上交所的期权保证金包括结算准备金和交易保证金。交易保证金分为开仓保证金和维持保证金。开仓保证金是指上交所对每笔卖出开仓申报实时计算并对有效卖出开仓申报实时扣减的保证金日间额度。中国证券登记结算有限责任公司（以下简称“中国结算”）向结算参与人收取结算准备金和维持保证金。结算准备金是指结算参与人存入期权保证金账户（以下简称“保证金账户”），用于期权交易结算且未被占用的保证金；维持保证金是指结算参与人存入保证金账户，用于担保合约履行且已被合约占用的保证金。

保证金最低标准由上交所与中国结算规定并向市场公告。期权经营机构向客户、结算参与人向委托其结算的期权经营机构收取的保证金标准,不得低于上交所、中国结算规定的保证金最低标准。委托结算参与人结算的期权经营机构向客户收取的保证金标准,不得低于结算参与人向其收取的标准。保证金要求以现金或者经上交所及中国结算认可的证券缴纳。

目前,上证 50ETF 期权每张合约的开仓保证金的计算公式为:

认购期权义务仓开仓保证金=[合约前结算价+max(12%×合约标的前收盘价-认购期权虚值,7%×合约标的前收盘价)]×合约单位

认沽期权义务仓开仓保证金=min[合约前结算价+max(12%×合约标的前收盘价-认沽期权虚值,7%×行权价),行权价]×合约单位

注意,这里的虚值和实值的定义与本书定义不同:认购期权虚值=max(行权价-合约标的前收盘价,0);认沽期权虚值=max(合约标的前收盘价-行权价,0)。

上证 50ETF 期权每张合约的维持保证金的计算公式为:

认购期权义务仓维持保证金=min[合约结算价+max(12%×合约标的收盘价-认购期权虚值,7%×合约标的收盘价)]×合约单位。

认沽期权义务仓维持保证金=min[合约结算价+max(12%×合约标的收盘价-认沽期权虚值,7%×行权价),行权价]×合约单位。

下面是保证金计算的一个例子。投资者 A 于 2020 年 1 月 23 日按每股 0. 013 8 元的价格卖出一份 2 月到期、行权价格为 3. 10 的上证 50ETF 认购期权,共收入期权费 138 元。该期权合约的前结算价为 0. 026 9 元,上证 50ETF 前收盘价为 3. 006 元。则该投资者应缴纳的开仓保证金为:

$$[0.0269+\max(12\%\times3.006-(3.10-3.006),7\%\times3.006)]\times10\,000=2\,936.20\text{ 元}$$

这样,该投资者除了将其出售期权所得的 138 元作为保证金外,还得另行缴纳 2 798. 20 元开仓保证金。

如果投资者构建期权组合策略,则按照上交所及中国结算规定的标准收取相应保证金。

在交易过程中,如果客户保证金不足或者备兑证券不足,且未能在期权经营机构规定时间内补足或自行平仓,期权经营机构会对其实施强行平仓。强行平仓的盈亏和相关费用由直接责任人或者相关主体自行承担。

四、结算价

由于结算价关系到保证金的计算等重要事项,因此上交所和中国结算详细规定了期权合约结算价格的具体计算方法。

(1) 期权合约的结算价格为该合约当日收盘集合竞价的成交价格。

(2) 如果期权合约当日收盘集合竞价未形成成交价格,但收盘前 8 分钟内的连续竞价阶段有成交的,以该连续竞价阶段最后成交价作为基准价格,按照以下原则确定期权合约的结算价格:

① 收盘时有最优买价且大于等于基准价格的,结算价格为该最优买价。

② 收盘时有最优卖价且小于或者等于基准价格的,结算价格为该最优卖价。

③ 收盘时有最优买价和最优卖价,且基准价格介于最优买价和最优卖价之间的,结算价格为基准价格。

（3）如果期权合约当日收盘集合竞价未形成成交价格，且收盘前 8 分钟内的连续竞价阶段没有成交，但收盘时同时存在最优买价和最优卖价的，结算价格为该最优买价和最优卖价的中间值。

（4）若按上述方法均未能确定期权合约结算价格的，如果期权合约当日收盘时最优买价为涨停价格的，则结算价格为该涨停价格。

（5）若按上述方法均未能确定期权合约结算价格，或确定的结算价格为无效价格[①]，则进一步按照以下原则确定结算价格：

① 对于同一合约品种中到期月份、行权价格及合约类型均相同的期权合约，如果标准合约[②]具备结算价格，而非标准合约[③]无结算价格或者结算价格为无效价格，则参考标准合约的结算价格，确定非标准合约的结算价格；如果非标准合约具备结算价格，而标准合约无结算价格或者结算价格为无效价格，则参考非标准合约的结算价格，确定标准合约的结算价格。

② 对于同一合约品种中到期月份及行权价格相同的期权合约，如果认购期权具备结算价格，而认沽期权无结算价格或者结算价格为无效价格，则参考认购期权的结算价格对应的隐含波动率，确定认沽期权的结算价格；如果认沽期权具备结算价格，而认购期权无结算价格或者结算价格为无效价格，则参考认沽期权的结算价格对应的隐含波动率，确定认购期权的结算价格。

③ 对于同一合约品种中到期月份与合约类型相同的期权合约，如果有一个及以上合约具备结算价格，而其他合约无结算价格或者结算价格为无效价格的，则参考该一个及以上合约的结算价格对应的隐含波动率，确定其他期权合约的结算价格。

（6）如果按照前述规定仍未能确定结算价格，则由上交所根据市场情况以及期权品种交易情况，计算该期权合约的结算价格。

由于期权价格需满足一定的无套利条件，对于按照规定确定的期权合约结算价格，还需要按照以下原则进行合理性检查和修正：

① 对于同一合约品种中到期月份、行权价格以及合约类型均相同的期权合约，如果标准合约和非标准合约都具备结算价格但结算价格不同的，则取当日交易量较大的标准或者非标准合约的结算价格，作为非标准合约或者标准合约的结算价格；如果二者交易量相等，则取标准合约的结算价格，作为非标准合约的结算价格。

② 如果按照前述规定确定的期权合约结算价格比其内在价值小，则以其内在价值作为该期权合约的结算价格。

③ 对于同一合约品种中到期月份及合约类型相同的期权合约，按照行权价格序列进行检查和修正，以保证认购期权行权价格越高、结算价格越低，认沽期权行权价格越高、结算价格越高。

④ 对于同一合约品种中行权价格及合约类型相同的期权合约，按照到期月份顺序进行检查和修正，以保证期权合约到期月份越晚、结算价格越高。

① 指小于或者等于期权合约内在价值的期权合约结算价格。

② 是指合约条款未因合约标的除权、除息而发生调整的期权合约。

③ 是指合约条款因合约标的除权、除息而发生调整的期权合约。

⑤ 按照上述原则进行合理性检查和修正后形成的结算价格仍明显不合理的,上交所可以根据市场情况进行调整。

在期权合约的最后交易日,按照以下原则确定期权合约的结算价格:

① 最后交易日为实值的认购合约,其结算价格为合约标的当日收盘价格减去行权价格的差值;最后交易日为实值的认沽合约,其结算价格为行权价格减去合约标的当日收盘价格的差值。

② 最后交易日为虚值或者平值的期权合约,其结算价格为 0。

五、期权报价与行情表解读

表 9.5 是 2020 年 1 月 23 日上证 50ETF 期权的收盘行情。当天收盘时,上证 50ETF 价格为 2.925 元。从表 9.5 可以看出,2002 年 3 月和 6 月到期的期权都有 2 个序列,那是因为该期权的标的资产 50ETF 于 2019 年 12 月 2 日每 10 份派发了 0.47 元红利,按照规则,必须对当时正在交易的所有期权(包括 2019 年 12 月、2020 年 1 月、2020 年 3 月和 2020 年 6 月到期的期权)的合约单位和行权价格进行调整。调整后的合约要一直交易到到期为止。同时,除权后的上证 50ETF 还得加挂 2019 年 12 月、2020 年 1 月、2020 年 3 月和 2020 年 6 月到期的期权。因此 2019 年 12 月 2 日那天,上证 50ETF 期权共有 8 个序列的期权在交易。到了 2020 年 1 月 23 日,由于调整后的 2019 年 12 月和 2020 年 1 月的期权已到期,因此市场上只剩下 6 个序列在交易。

从表 9.5 还可以看出,不同到期月的期权序列的行权价格、数量是不相等的。这是因为正在交易的期权会根据标的资产价格的波动情况加挂新的行权价格,以满足虚值期权数量不少于 4 个的规定。而不同到期月的期权由于开始交易的时间不同,因此加挂行权价格的数量也常常不同。另外,合约单位和行权价格调整后的期权序列不再加挂新的行权价格。

从表 9.5 还可以看出,近月合约的成交量和持仓量通常都大于远月合约,虚值期权的交易量也通常大于实值期权。

表 9.5　上证 50ETF 期权行情(2020.1.23)

认购					认沽			
最新价	涨跌幅	成交量	持仓量	行权价	最新价	涨跌幅	成交量	持仓量
2020 年 2 月(到期日 2020-02-26;剩余 27 个自然日、18 个交易日;合约乘数 10 000)								
0.152 0	-32.35%	1.98 万	19 254	2.800	0.015 8	305.13%	10.99 万	74 982
0.110 0	-37.92%	2.41 万	12 534	2.850	0.025 8	337.29%	17.91 万	106 757
0.076 1	-42.95%	6.74 万	38 011	2.900	0.039 9	216.67%	24.36 万	114 502
0.050 4	-46.95%	20.98 万	107 871	2.950	0.064 8	172.27%	28.52 万	98 470
0.031 8	-48.87%	32.32 万	229 085	3.000	0.095 5	133.50%	27.26 万	129 605
0.013 8	-48.70%	29.89 万	377 923	3.100	0.178 0	71.81%	11.22 万	113 031
0.006 0	-36.17%	13.61 万	254 418	3.200	0.268 7	38.51%	2.54 万	39 787
0.003 5	-2.78%	5.84 万	98 674	3.300	0.374 0	27.21%	2 374	10 225
0.001 9	5.56%	1.42 万	30 616	3.400	0.465 0	18.02%	3 405	7 674
0.001 5	7.14%	8 188	18 366	3.500	0.560 7	13.50%	1 150	1 414

续表

认购					认沽			
最新价	涨跌幅	成交量	持仓量	行权价	最新价	涨跌幅	成交量	持仓量
2020 年 3 月(到期日 2020-03-25;剩余 55 个自然日、38 个交易日;合约乘数 10 163)								
0.390 0	-17.53%	752	5 996	2.558	0.004 2	61.54%	4 666	40 181
0.342 4	-19.47%	480	2 688	2.607	0.006 5	85.71%	4 811	29 713
0.296 7	-21.24%	466	2 266	2.657	0.008 9	102.27%	7 571	11 434
0.249 4	-24.17%	1 049	3 432	2.706	0.013 1	114.75%	7 683	11 574
0.207 6	-26.75%	2 316	4 649	2.755	0.019 4	108.60%	6 899	12 478
0.168 9	-29.42%	2 208	3 381	2.804	0.029 8	119.12%	9 211	11 113
0.134 9	-31.83%	3 712	13 714	2.853	0.045 0	119.51%	9 607	9 156
0.104 6	-33.92%	6 630	6 019	2.903	0.063 3	101.59%	1.09 万	11 964
0.080 9	-34.97%	9 183	13 978	2.952	0.087 5	90.22%	1.05 万	11 203
0.046 0	-36.99%	2.57 万	30 619	3.050	0.152 7	64.19%	8 993	22 483
0.027 1	-30.51%	1.70 万	39 396	3.149	0.231 7	47.11%	3 645	25 146
0.014 1	-35.62%	9 973	50 725	3.247	0.315 3	30.83%	1 062	11 280
0.010 0	-20.00%	7 498	42 790	3.345	0.406 8	20.00%	397	6 666
0.007 0	-4.11%	6 278	36 865	3.444	0.499 9	14.13%	270	3 712
2020 年 3 月(到期日 2020-03-25;剩余 55 个自然日、38 个交易日;合约乘数 10 000)								
0.257 0	-23.28%	1 094	3 102	2.700	0.013 0	128.07%	8 614	14 246
0.213 1	-26.08%	617	943	2.750	0.019 8	120.00%	1.25 万	15 476
0.174 2	-28.25%	1 900	6 240	2.800	0.027 6	113.95%	1.35 万	12 875
0.139 5	-30.18%	3 749	3 737	2.850	0.040 5	125.00%	2.04 万	30 165
0.106 3	-33.81%	1.06 万	7 532	2.900	0.062 1	104.95%	2.79 万	40 125
0.082 0	-39.26%	2.11 万	15 736	2.950	0.087 9	94.04%	3.20 万	24 742
0.061 3	-36.41%	4.26 万	33 284	3.000	0.117 0	78.08%	3.08 万	30 098
0.034 4	-35.70%	4.17 万	66 996	3.100	0.188 1	52.06%	1.25 万	27 665
0.019 3	-35.02%	3.21 万	46 806	3.200	0.272 0	37.72%	5 118	8 834
0.012 7	-17.53%	1.88 万	50 080	3.300	0.366 6	24.69%	1 467	4 960
0.007 5	-11.76%	8 415	30 958	3.400	0.475 6	20.71%	256	2 098
0.005 4	-3.57%	1.03 万	16 538	3.500	0.559 7	13.30%	213	916
2020 年 6 月(到期日 2020-06-24;剩余 146 个自然日、99 个交易日;合约乘数 10 000)								
0.318 9	-16.97%	793	8 980	2.700	0.036 5	99.45%	1.06 万	18 402
0.278 3	-18.41%	566	2 423	2.750	0.047 0	92.62%	5 518	9 814
0.241 6	-19.76%	814	3 988	2.800	0.060 3	80.54%	7 008	10 005
0.206 3	-21.53%	1 831	2 045	2.850	0.076 6	70.60%	9 727	14 646
0.176 6	-22.10%	3 269	3 311	2.900	0.096 1	60.17%	6 024	10 416
0.151 0	-23.23%	2 570	3 600	2.950	0.119 9	54.31%	7 677	9 449

续表

认购					认沽			
最新价	涨跌幅	成交量	持仓量	行权价	最新价	涨跌幅	成交量	持仓量
0.128 0	-23.63%	6 328	12 711	3.000	0.145 0	45.73%	9 412	12 672
0.092 9	-23.60%	9 079	16 247	3.100	0.207 4	36.45%	4 262	8 496
0.065 7	-23.60%	8 412	13 853	3.200	0.279 3	29.85%	1 814	3 033
0.046 6	-21.42%	5 015	11 287	3.300	0.360 6	22.65%	1 052	2 172
0.032 7	-19.46%	7 453	13 511	3.400	0.447 2	13.50%	361	1 990
0.025 0	-12.28%	1.15 万	14 876	3.500	0.537 6	8.83%	950	1 696
2020 年 6 月(到期日 2020-06-24;剩余 146 个自然日、99 个交易日;合约乘数 10 163)								
0.320 0	-15.34%	289	2 666	2.706	0.037 1	102.73%	3 855	12 253
0.272 0	-19.31%	383	4 480	2.755	0.050 0	96.85%	9 569	30 526
0.236 9	-20.37%	508	1 537	2.804	0.061 0	77.33%	2 529	13 221
0.204 7	-21.09%	635	4 520	2.853	0.077 2	66.02%	2 780	4 188
0.175 3	-21.60%	868	2 105	2.903	0.098 3	61.94%	2 657	4 229
0.150 4	-22.07%	1 296	3 402	2.952	0.120 6	53.83%	2 533	4 917
0.109 9	-23.20%	4 560	6 666	3.050	0.176 4	43.30%	2 646	9 343
0.077 1	-24.49%	7 111	10 778	3.149	0.242 5	34.50%	2 238	7 316
0.051 9	-22.07%	3 787	11 459	3.247	0.313 9	26.98%	794	3 056
0.040 4	-19.20%	2 915	10 959	3.345	0.396 1	16.84%	446	4 141
0.030 1	-14.97%	4 595	20 931	3.444	0.448 2	11.46%	691	10 108
2020 年 9 月(到期日 2020-09-23;剩余 237 个自然日、162 个交易日;合约乘数 10 000)								
0.316 5	-9.13%	1 225	701	2.800	0.079 2	54.99%	1.22 万	6 327
0.285 2	-8.24%	1 301	821	2.850	0.095 5	48.99%	2 212	941
0.251 6	-8.48%	1 296	696	2.900	0.112 8	40.65%	2 106	859
0.224 7	-8.58%	2 260	1 515	2.950	0.133 7	35.74%	1 892	852
0.198 7	-8.18%	3 838	2 113	3.000	0.159 1	32.25%	1 485	566
0.154 5	-8.85%	3 324	1 985	3.100	0.215 5	26.32%	1 361	432
0.117 2	-10.47%	2 364	1 157	3.200	0.277 1	21.22%	847	532
0.087 7	-12.21%	2 833	1 210	3.300	0.344 6	13.73%	1 089	870
0.066 6	-12.71%	5 324	3 161	3.400	0.419 9	3.45%	968	759

第四节　期权与其他衍生产品的区别与联系

一、期权与期货的区别与联系

期权和期货都是关于未来交易的一种事先约定,但两者在很多方面存在一定的差异。

（一）权利和义务

期货合约的双方都被赋予相应的权利和义务，这种权利和义务在到期日必须行使和履行，也只能在到期日行使和履行。期货的空方常常额外拥有在交割月选择在哪一天交割的权利。而期权合约只赋予权利方权利，义务方则无权利，而只有在权利方行权时进行对应买卖标的物的义务。美式期权的权利方，可在约定期限内的任何交易日行权，也可以不行使权利；美式期权的义务方则需准备随时履行相应的义务。

（二）标准化

期货合约都是标准化的，因为它都是在交易所中交易的，而期权合约则不一定。场外交易的期权是非标准化的，但在交易所交易的期权则是标准化的。①

（三）盈亏风险

对期货交易来说，空方的亏损可能是无限的，盈利则可能是有限的；多方最大的亏损可能是标的资产价格跌至零，盈利可能是无限的。而期权义务方的亏损可能是无限的（看涨期权），也可能是有限的（看跌期权），盈利则是有限的（以期权费为限）；期权权利方的亏损风险是有限的（以期权费为限），盈利则可能是无限的（看涨期权），也可能是有限的（看跌期权）。关于这个问题，第十章将加以具体分析。

（四）保证金

期货交易的买卖双方都需交纳保证金。期权的权利方则无须交纳保证金，因为其亏损不会超过他已支付的期权费。而在交易所交易的期权义务方要交纳保证金，这与期货交易一样。场外交易的期权空方是否及如何交纳保证金则取决于双方约定。

（五）套期保值

运用期货进行的套期保值，在把不利风险转移出去的同时，把有利风险转移出去，其优点是初始零成本。而期权权利方在运用期权进行套期保值时，只把不利风险转移出去而把有利风险留给自己，但需要为此支付期权费。

二、股票期权与权证的区别与联系

（一）权证的定义和类型

1. 权证的定义

权证（warrants），是发行人与持有者之间的一种契约，其发行人可以是上市公司，也可以是上市公司股东或投资银行等第三者。权证允许其持有人在约定的时间（行权时间），按约定的价格（行权价格）向权证发行人购买或卖出一定数量的标的资产。

2. 权证的类型

根据认股权证的权利不同，权证可以分为认购权证（call warrant）和认沽权证（put warrant）。

认购权证赋予权证持有者在一定期限内按照一定的价格向发行人购买一定数量的标的资产的权利。而认沽权证则赋予权证持有者在一定期限内按照一定的价格向发行人出售一定数量的标的资产的权利。

按照发行者不同，权证一般分为股本权证与备兑权证。

如果权证由上市公司自己发行，就叫作股本权证。它授予持有人一项权利，在到期日或

---

① 交易所的灵活期权（flex option）是个例外。

到期日之前按行权价格向上市公司买卖该公司股票。股本权证的两个主要特点是:第一,期限通常较长,可能长达数年;第二,股本权证持有人行使权利时,由于上市公司不能持有自己的股票,往往必须通过新发行股票或注销公司股票的方式进行,因此会导致公司股本扩张(认购权证)或收缩(认沽权证)。目前大部分股本权证都是认购权证。上市公司发行股本权证的主要情形有二:其一是赋予本公司员工或者经理人一定数量的认股权作为激励机制,这类激励权证通常不可转让且交易期限较长;其二是公司在发行新股或是其他类型的公司证券如债券时,将权证附送给证券购买方,用以增加公司证券的吸引力。其中认沽权证,由于赋予持有者按特定价格出售公司股票的权利,具有很强的向市场传达公司经营层信心、保证股价一定会高于执行价格的信息的作用。

如果权证由独立的第三方(通常是投资银行)发行,则称为备兑权证。实际上,备兑权证的标的资产除了可以是个股股票外,还可以是股价指数、一篮子股票或其他标的物(如利率、汇率和商品)。

股本权证与备兑权证的差别主要在于:

(1) 发行目的不同。股本权证的发行通常作为公司员工激励机制的一部分,或是作为促进融资和传达公司信心的手段。而备兑权证则是由投资银行或其他第三方根据市场需求或特殊目的(如中国股权分置改革时大股东作为支付对价的手段)而发行的。

(2) 发行人不同。股本权证的发行人为上市公司,而备兑权证的发行人为独立的第三方,一般为投资银行。

(3) 对总股本的影响不同。股本权证行权后,公司总股本的增减等于行使股本权证时所买卖的股票数量,从而对股票价格有压低或提升的作用;备兑权证到期行权时由其发行者,即独立于公司的第三方来进行股票或现金的交割,行权时所需股票完全从市场上购入,上市公司的总股本并不会增减。

虽然最早的权证是从股本权证开始的,但在如今的全球权证市场中,占绝对主导地位的却是备兑权证,股本权证的市场地位则呈现衰落的趋势。以我国的香港市场和台湾市场为例,在香港证券交易所交易的几乎全部是备兑权证(在香港被称为衍生权证),而在台湾证交所交易的权证全部都是备兑权证。2020 年 1 月 29 日,香港市场共有权证 5 025 只,其中有 4 393 只是衍生权证。

(二) 股本权证与股票期权的区别

股本权证与股票期权的区别主要在于:

(1) 有无发行环节。股本权证在进入交易市场之前,必须由发行股票的公司向市场发行。而股票期权无须经过发行环节,只要买卖双方同意,就可直接成交。

(2) 数量是否有限。股本权证由于先发行后交易,在发行后,其流通数量是相对固定的。而股票期权没有发行环节,只要有人愿买,有人愿卖,就可以成交,因此其数量在理论上是无限的。

(3) 是否影响总股本。股本权证行权后,公司总股本的增减等于行使股本权证时所买卖的股票数量,从而对股票价格有压低或提升的作用;股票期权行权时所需股票完全从市场上购入,上市公司的总股本并不会增减,期权行权对上市公司无任何影响。

备兑权证比股本权证更贴近于股票期权,因为备兑权证的行权也不会影响公司的总股本。因此,两者的区别仅在于有无发行环节和数量是否有限。

案例 9.3 是对我国权证市场的一个简要介绍和描述。

【案例 9.3】

中国权证市场

1992 年到 1996 年间，中国股票市场上曾经出现过上市公司向股东发行的认购权证，后因权证市场过度投机、价格暴涨暴跌而被迫关闭。2005 年起权证重返中国市场。沪深交易所挂牌交易的权证分为两类：一类是由上市公司发行的常规股本权证，如深发 SFC1、深发 SFC2、云化 CWB1、马钢 CWB1 等。另一类是在股权分置改革过程中作为股改对价的一部分支付给流通股股东的权证，如五粮 YGC1、招行 CMP1 等。这部分权证行权时不会影响公司的总股本，因此这一类权证属于备兑权证。在这部分权证上市交易后，中国证监会又允许具备资格的券商按照一定的条件创设其中一部分权证。所谓创设，就是由独立的第三方证券公司增发与那些对价权证条款完全相同的权证，以增加流通的权证数量，这类权证也属于备兑权证。2011 年 8 月 11 日，伴随着中国最后一只权证——长虹权证的到期，由于没有新权证发行，权证再次退出中国历史舞台。

三、内嵌期权与实物期权

期权在现实中还常常以其他多种方式存在，主要体现为内嵌期权和实物期权。在这里加以简要介绍。

（一）内嵌期权

内嵌期权，是指在普通的金融产品中，加上一个具有期权性质的条款，使得该产品成为普通金融工具和期权的一个组合。可转换债券、可赎回债券、可回售债券以及很多结构性产品都是内嵌期权的典型。第一章中的案例 1.1 就是两个典型的债券内嵌看涨期权多头的结构性产品。表 9.6 给出了中国金融市场上内嵌期权的一个真实例子。

表 9.6 顺丰转债（128080.SZ）的基本条款

利率	第一年 0.2%、第二年 0.4%、第三年 0.6%、第四年 0.8%、第五年 1.2%、第六年 2.0%
补偿利率	在本次发行的可转债期满后 5 个交易日内，公司将按债券面值的 106%（含最后一期利息）的价格赎回未转股的可转债
初始转股价格	40.41
初始转股比例	2.475
转股价格调整原则	在本次可转债发行之后，当公司因派送股票股利、转增股本、增发新股（不包括因本次可转债转股而增加的股本）、配股使公司股份发生变化及派送现金股利等情况时，将按下述公式进行转股价格的调整（保留小数点后两位，最后一位四舍五入）：派送股票股利或转增股本：$P_1=P_0/(1+n)$；增发新股或配股：$P_1=(P_0+A\times k)/(1+k)$；上述两项同时进行：$P_1=(P_0+A\times k)/(1+n+k)$；派送现金股利：$P_1=P_0-D$；上述三项同时进行：$P_1=(P_0-D+A\times k)/(1+n+k)$。其中：$P_0$ 为调整前转股价，n 为送股或转增股本率，k 为增发新股或配股率，A 为增发新股价或配股价，D 为每股派送现金股利，P_1 为调整后转股价

续表

转股期间	2020 年 5 月 22 日(发行 6 个月后)至 2025 年 11 月 18 日
特别向下修正条款说明	在本次发行的可转换公司债券存续期间,当公司股票在任意连续三十个交易日中至少有十五个交易日的收盘价低于当期转股价格的 80%时,公司董事会有权提出转股价格向下修正方案并提交公司股东大会审议表决。上述方案须经出席会议的股东所持表决权的三分之二以上通过方可实施。股东大会进行表决时,持有公司本次发行的可转换公司债券的股东应当回避。修正后的转股价格应不低于该次股东大会召开日前二十个交易日公司股票交易均价和前一个交易日公司股票交易均价。若在前述三十个交易日内发生过转股价格调整的情形,则在调整前的交易日按调整前的转股价格和收盘价格计算,调整后的交易日按调整后的转股价格和收盘价格计算
赎回条款	在本次发行的可转换公司债券转股期内,当下述两种情形的任意一种出现时,公司有权决定按照债券面值加当期应计利息的价格赎回全部或部分未转股的可转换公司债券:① 在本次发行的可转换公司债券转股期内,如果公司股票连续三十个交易日中至少有十五个交易日的收盘价格不低于当期转股价格的 130%(含 130%)。② 当本次发行的可转换公司债券未转股余额不足 3 000 万元时。当期应计利息的计算公式为:$IA=B\times i\times t\div 365$。其中:$IA$ 为当期应计利息;B 为本次发行的可转换公司债券持有人持有的将赎回的可转换公司债券票面总金额;i 为可转换公司债券当年票面利率;t 为计息天数,即从上一个付息日起至本计息年度赎回日止的实际日历天数(算头不算尾)。本次可转债的赎回期与转股期相同,即发行结束之日满六个月后的第一个交易日起至本次可转债到期日止。若在前述三十个交易日内发生过转股价格调整的情形,则在调整前的交易日按调整前的转股价格和收盘价格计算,调整后的交易日按调整后的转股价格和收盘价格计算
回售条款	本次发行的可转换公司债券最后两个计息年度,如果公司股票在任何连续三十个交易日的收盘价格低于当期转股价格的 70%时,可转换公司债券持有人有权将其持有的可转换公司债券全部或部分按债券面值加上当期应计利息的价格回售给公司。当期应计利息的计算公式为:$IA=B\times i\times t\div 365$。其中:$IA$ 为当期应计利息;B 为本次发行的可转换公司债券持有人持有的将回售的可转换公司债券票面总金额;i 为可转换公司债券当年票面利率;t 为计息天数,即从上一个付息日起至本计息年度回售日止的实际日历天数(算头不算尾)。若在上述交易日内发生过转股价格因发生派送红股、转增股本、增发新股(不包括因本次发行的可转换公司债券转股而增加的股本)、配股以及派发现金股利等情况而调整的情形,则在调整前的交易日按调整前的转股价格和收盘价格计算,在调整后的交易日按调整后的转股价格和收盘价格计算。如果出现转股价格向下修正的情况,则上述连续三十个交易日须从转股价格调整之后的第一个交易日起按修正后的转股价格重新计算

资料来源:wind 资讯。

可转换债券[①]是一种极其复杂的信用衍生产品。除了一般债权之外,它常常包含着很多期权。这些期权主要有:投资者按照一定价格在一定期限内将债券转换成公司股票的期

① 关于可转债的详细分析,可参考郑振龙,林海. 中国可转换债券定价研究[J]. 厦门大学学报(哲学社会科学版),2004(02):93~99.

权(转股权),投资者在一定条件下将债券按照一定价格回售给公司的期权(回售权),公司在一定条件下调整转股价格的期权(转股价格调低权),以及公司在一定条件下赎回可转债的期权(赎回权)。其中转股权和回售权属于投资者的多头期权,而转股价调低权和赎回权则属于发行公司的多头期权。

(二) 实物期权

随着期权理论的发展和对期权认知的深入,人们发现现实生活中的不少现象可以被视作期权,而期权的分析思想和定价方法也越来越多地被运用到金融市场之外的其他领域,由此产生了实物期权的概念,即以实物资产为标的物的未来选择权。实物期权方法最主要的运用领域就是实物资产投资决策分析。案例 9.4 给出了一个典型的实物期权案例。事实上,实物期权的思想还被广泛地运用于土地、房屋、工厂、企业和设备的投资决策分析过程中,涉及制造业、不动产、自然资源、信息与生物技术、收购兼并、竞争战略等诸多领域。只要是一项未来以一定的价格出售或购入某种资产的选择权,都可运用实物期权的思想加以分析,这已成为金融工程方法应用的一个重要方面。

【案例 9.4】

实物期权案例:公司投资决策

A 公司实收资本 1 亿元人民币,经营状况良好,没有负债。目前面临一个投资机会。该公司应该如何决策?

在传统的净现值分析法下,决策者计算出该投资项目的净现值。如果净现值大于 0,就可以投资。但由于公司融资能力是有限的,该公司决定融资来投资该项目,未来若有更好的投资项目,该公司就只能错失良机。

但投资机会是逐一出现的,该公司事先无法知道哪个项目是最好的。假设每个投资机会需要的投资总额都是 1 亿元人民币,A 公司只能选择一个投资项目进行投资。那么,在面临某个投资机会时,该如何决策呢?

首先,我们应该认识到,A 公司有选择一个且只有一个投资项目的权利,我们把这种权利视为期权。因此我们应估计出未来各种投资机会好坏的概率分布,并据此计算出该期权的价值。

其次,在面临某个投资机会时,我们按传统方法计算出该项目的净现值。若该项目的净现值大于该期权价值,我们就决定投资。否则就放弃。

本章小结

1. 期权,是指赋予其买者在规定期限内按双方约定的价格购买或出售一定数量标的资产的权利的合约。按买者的权利划分,期权可以分为看涨期权和看跌期权;按期权多方执行期权的时限划分,期权又可以分为欧式期权和美式期权。

2. 期权的标的可以是股票、股价指数、期货、利率、信用、货币、商品及互换等。

3. 期权买者只有权利而没有义务,卖者只有义务而没有权利。因此,买者要向卖者支付期权费。

4. 在交易所中,期权合约在交易单位、行权价格、到期日、红利和股票分割、交割方式等方面都规定了统一、明确的标准。

5. 期权与期货的最大区别在于权利与义务是否对等。

6. 期权与权证的最大区别在于有无发行环节和数量是否有限。

7. 期权在现实中还常常以其他多种方式存在,主要体现为内嵌期权和实物期权。

即测即评

习　题

1. 为什么美式期权价格至少不低于同等条件下的欧式期权价格?

2. 为什么交易所向期权卖方收取保证金而不向买方收取保证金?

3. “期权交易具有很高的杠杆,因此征收越高的保证金,期权交易的风险越低。”试评论这一观点。在期权交易中征收很高的保证金,可能产生什么不利影响?

4. 投资者 A 于 2020 年 1 月 23 日按每股 0.112 8 元的价格卖出一份 9 月到期行权价为 2.90 的 50ETF 认沽期权,共收入期权费 1 128 元。该期权合约的前结算价为 0.080 2 元,50ETF 前收盘价为 3.006 元。请计算该投资者应缴纳的开仓保证金。1 月 23 日,50ETF 收盘价为 2.925 元,上述期权的结算价为 0.112 8 元,请计算该投资者的维持保证金。投资者当天浮动盈亏金额是多少?若开仓时该投资者账户上的资金刚好只够缴纳开仓保证金,那么该投资者还需补缴多少保证金?

5. 请简要说明股票期权和权证、金融市场上的股票看涨期权和雇员股票期权的差别。

6. 考虑上海证券交易所交易的一个看涨期权合约,期权在 4 个月后到期,期权拥有人有权以每股 3.00 元的行权价格买入 10 000 份上证 50ETF。说明在以下情况下期权合约条款的变化:

(1) 10%的股票股息;

(2) 10%的现金红利;

(3) 1 拆 4 的股票分割。

7. 请根据上海证券交易所推出的上证 50ETF 期权交易合约中的规定,以具体数字举例,清晰说明到期交割将如何进行。

8. 请用一个实际例子说明用期货和期权进行套期保值存在哪些差异。

第十章 期权的回报与价格分析

作为投资者，交易期权最关注的就是未来可能获得的收益、可能承担的风险和期权价格的变化情形。本章将运用图形、公式和表格相结合的方式讨论期权的回报与盈亏，并进一步对期权价格的可能分布区间及影响期权价格的主要因素进行深入分析。

第一节 期权的回报与盈亏分布

本节将分析期权到期时多空双方①的回报（payoff）与盈亏（gain or loss）分布。这两个概念的区别在于，回报未考虑期权费，而盈亏则考虑了期权费对交易双方最终收益状况的影响。从这一章开始，K 表示期权的行权价格，c 与 p 表示欧式看涨期权与看跌期权价格，C 与 P 表示美式看涨期权与看跌期权价格。除非另有定义，其他符号仍沿用第五章中的定义。

一、看涨期权的回报与盈亏分布

以一个行权价格为 40 元的欧式股票看涨期权为例，期权到期时多头的回报与盈亏分布如图 10.1(a)所示。

可以看到，期权到期时，标的股票价格若高于行权价格 40 元，多头必然行权，按 40 元买入股票获利，股票价格比 40 元高多少，多头就获得多少回报；若股票价格低于 40 元，多头弃权，回报为零。由于不考虑期权费，看涨期权多头的回报如图中的“期权回报”线所示，40 元以下为零，40 元以上则以 45 度角向右上方延伸。

在计算盈亏时，就要考虑付出的期权费成本（为分析方便，不考虑利息成本和交易费用，下同）。因此，看涨期权多头的盈亏线就要比回报线向下平移，平移量正是多头所支付的期权费。值得注意的是，40 元仍然是看涨期权多头是否执行期权的转折点，但只有当股票价格涨到图中 A 点（称为盈亏平衡点，等于行权价格加期权费）以后，期权多头才开始盈利。

由于期权合约是零和游戏（zero-sum games），期权多头和空头的回报和盈亏正好相反，据此可以画出看涨期权空头的回报和盈亏分布，如图 10.1(b)所示。

从图中可以看出，看涨期权多头的亏损风险是有限的，其最大亏损限度是期权价格，而其盈利可能是无限的。相反，看涨期权空头的亏损可能是无限的，而盈利是有限的，其

---

① 如无特别说明，以下章节中的期权多方是指期权买方，即权利方；期权空方指期权卖方，即义务方。

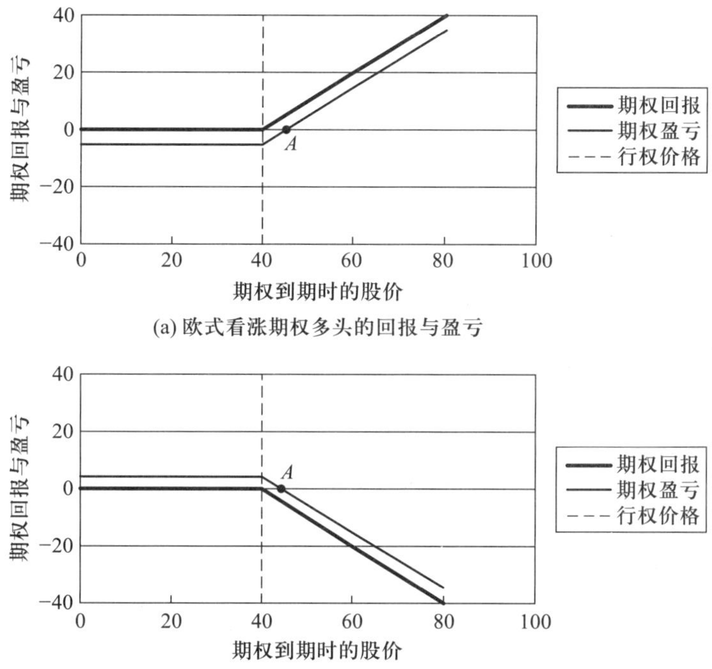

(a) 欧式看涨期权多头的回报与盈亏

(b) 欧式看涨期权空头的回报与盈亏

图 10.1 欧式看涨期权回报与盈亏分布

最大盈利限度是期权价格。期权多头以较低的期权费为代价换取较大盈利的可能性，如同买了一个保险，这也是期权费在英文中为何与保险费为同一个词（premium）的主要原因。而期权空方则为了赚取期权费冒着大量亏损的风险。

二、看跌期权的回报与盈亏分布

行权价格为 40 元的欧式看跌期权的回报与盈亏分布如图 10.2 所示。显然，期权到期时，标的股票价格若低于行权价格 40 元，多头必然行权，按 40 元卖出股票获利，股票价格比 40 元低多少，多头就获得多少回报；若股票价格高于 40 元，多头弃权，回报为零。由于不考虑期权费，看跌期权多头的回报如图 10.2(a) 中的"期权回报"线所示，40 元以上为零，40 元以下则以 45 度角向左上方延伸。

由于考虑了付出的期权费成本，看跌期权多头的盈亏线也要比回报线向下平移，平移量也是多头所支付的期权费。与看涨期权类似，40 元仍然是看跌期权多头是否执行期权的转折点，但只有当股票价格跌到盈亏平衡点 B 点（等于行权价格减期权费）之下，期权多头才开始盈利。

看跌期权也是零和游戏，多空双方的回报和盈亏正好相反，据此可以画出欧式看跌期权空头的回报与盈亏分布，如图 10.2(b) 所示。

从图中可以看到，看跌期权多头的亏损风险是有限的，其最大亏损限度也是期权费。但其盈利可能并非无限，当标的资产价格为零时看跌期权多头的盈利最大，等于行权价格减去期权价格。看跌期权空方的盈亏状况与多方刚好相反，盈利为有限的期权费，亏损也是有限的，其最大限度为行权价格与期权价格之差。

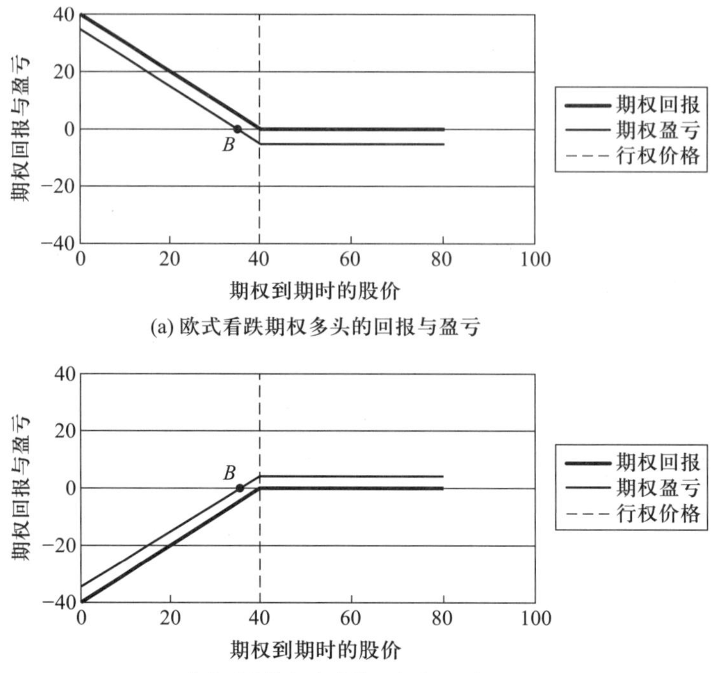

(a) 欧式看跌期权多头的回报与盈亏

(b) 欧式看跌期权空头的回报与盈亏

图 10.2 欧式看跌期权回报与盈亏分布

特别需要说明的是，尽管上述回报和盈亏图对于快速、直观地把握期权特征有很大帮助，但图中并没有回报和盈亏对应的概率分布，从而很容易让人误解期权多空双方在盈亏上严重不对称。实际上期权多方的特征是“大概率亏期权费，小概率获利”；期权空方刚好与之相反，“大概率赚期权费，小概率亏损”。在一个公平市场上，期权多空双方的期望损益是相对称的。只要在卖出期权后，能有效地对冲小概率亏损的风险，仍然是可以充当期权空方的，如专业的金融机构。但如果单纯卖出期权，就是在冒小概率的巨亏风险，是高风险的行为。

三、期权到期回报公式

除了回报与盈亏分布图，还可以用公式来描述期权到期的回报与盈亏状况。表 10.1 给出了欧式期权到期回报与盈亏的计算公式。

对期权回报与盈亏分布图和计算公式的深刻理解与认知是非常重要的，它们描述了期权的本质特征。现代金融市场与现代经济中，很多期权以复合的或是复杂不易辨别的产品形式存在，如在第九章介绍的内嵌期权和实物期权。对此类产品进行解构、分析和管理的第一步，就是根据这些产品的回报判断其是否期权，期权的标的资产、行权价格、到期期限等要素如何。

表 10.1 欧式期权多空到期时的回报与盈亏

头寸	到期回报公式		到期盈亏公式
	公式	分析	
看涨期权多头	$\max(S_T-K,0)$	若到期价格 S_T 高于 K，多头行权获得差价；否则弃权，回报为零	$\max(S_T-K,0)-c$

续表

头寸	到期回报公式		到期盈亏公式
	公式	分析	
看涨期权空头	$-\max(S_T-K,0)$ 或 $\min(K-S_T,0)$	若到期价格 S_T 高于 K，多头行权，空头损失差价；否则多头弃权，空头回报为零	$-\max(S_T-K,0)+c$ 或 $\min(K-S_T,0)+c$
看跌期权多头	$\max(K-S_T,0)$	若到期价格 S_T 低于 K，多头行权获得差价；否则弃权，回报为零	$\max(K-S_T,0)-p$
看跌期权空头	$-\max(K-S_T,0)$ 或 $\min(S_T-K,0)$	若到期价格 S_T 低于 K，多头行权，空头损失差价；否则多头弃权，空头回报为零	$-\max(K-S_T,0)+p$ 或 $\min(S_T-K,0)+p$

第二节　期权价格的特性

一、期权价格

期权价格（或价值）包括两个部分：一是内在价值（intrinsic value），是指在不考虑标的资产价格波动的情况下，期权条款赋予期权多头的最高价值[①]；二是时间价值（time value），是指在期权剩余期限内，标的资产价格的波动为期权多头带来收益的可能性所隐含的价值（波动带来的价值）。时间价值会受内在价值的影响，但内在价值不受时间价值的影响。因此，我们可以使用两分法，把期权价格分解成内在价值和时间价值两部分。

（一）期权的内在价值

根据上述定义和期权的本质特征，我们可以计算出各类期权的内在价值。

1. 欧式看涨期权的内在价值

如果不考虑时间价值，欧式看涨期权合约与远期合约[②]多头的唯一区别就是前者只有权利没有义务。从第三章可知，对于交割价格为 K 的远期合约的多头来说，如果合理的远期价格为 F，则这份远期协议的价值 f 为 $(F-K)e^{-r(T-t)}$。对于期权合约来说，当远期价值为正时，期权多头拥有同样的远期价值；远期价值为负时，期权多头可以选择弃权，其拥有的价值最小为零。因此，欧式看涨期权的内在价值的计算公式为：

$$\max(f,0)=\max[(F-K)e^{-r(T-t)},0] \tag{10.1}$$

在完美市场中，利用远期价格和现货价格的关系（见式（3.2）、式（3.5）和式（3.7）），欧式看涨期权内在价值也可表示为：

无红利资产：

$$\max[S-Ke^{-r(T-t)},0] \tag{10.2}$$

已知现金红利资产：

---

① 在理论界与实务界存在不同的内在价值定义。本书定义的内在价值及平值点与现有的定义都不同，此定义拥有众多优点，可以克服现有定义的诸多缺陷，具体分析请参见本章附录。

② 如无特别说明，远期和欧式期权的标的资产、期限相同，期权的行权价格等于远期的交割价格。下同。

$$\max[S-I-Ke^{-r(T-t)},0] \tag{10.3}$$

已知红利率资产：

$$\max[Se^{-q(T-t)}-Ke^{-r(T-t)},0] \tag{10.4}$$

式中：I 表示红利的现值；

q 表示标的资产的连续红利率。

2. 欧式看跌期权的内在价值

如果不考虑时间价值，欧式看跌期权合约与远期合约空头的唯一区别就是前者只有权利没有义务。同样道理，欧式看跌期权内在价值的计算公式为：

$$\max[-f(t,T),0]=\max[(K-F)e^{-r(T-t)},0] \tag{10.5}$$

在完美市场中，利用远期价格和现货价格的关系，欧式看跌期权内在价值也可表示为：

无红利资产：

$$\max[Ke^{-r(T-t)}-S,0] \tag{10.6}$$

已知现金红利资产：

$$\max[Ke^{-r(T-t)}-S+I,0] \tag{10.7}$$

已知红利率资产：

$$\max[Ke^{-r(T-t)}-Se^{-q(T-t)},0] \tag{10.8}$$

3. 中国期权的内在价值

上证 50ETF 和沪深 300ETF 每年都有分红，因此属于有红利资产，但上证 50ETF 期权和沪深 300ETF 期权都有红利保护机制，而 ETF 远期合约没有红利保护机制，因此其内在价值必须调整为：

看涨期权的内在价值：

$$\max[(F-K)e^{-r(T-t)}+I,0] \tag{10.9}$$

看跌期权的内在价值：

$$\max[(K-F)e^{-r(T-t)}-I,0] \tag{10.10}$$

另外，由于在中国市场上，做空现货存在很大的限制，做空现货的成本也很高，远期（期货）和现货之间的套利活动无法自由开展，式（3.2）就不适用，因此期权的内在价值就不能用式（10.2）和式（10.6）来表达。

而沪深 300 股指在遇到成分股分红时，指数不做调整，因此可以视为有红利资产。另外，沪深 300 股指期权和沪深 300 股指期货均没有红利保护机制，因此其内在价值适用式（10.1）和式（10.5）。但同样由于现货的做空限制，其内在价值就不能用式（10.4）和式（10.8）来表达。

4. 无红利资产美式看涨期权的内在价值

美式期权多头由于可以随时行权，而且多头会选择在最有利的时点行权。因此，美式看涨期权可以看作以所有可能行权日为到期日的一系列欧式期权中价格最高者。该美式看涨期权的内在价值也就是这些欧式期权中的最高内在价值。

我们用 $F(t,\tau)$ 来表示到期日为 τ 的远期价格。在完美市场中，由于 $[F(t,\tau)-K]e^{-r(\tau-t)}$ 是行权日（τ）的递增函数，$\tau=T$ 时无红利资产美式看涨期权内在价值是最大的，因此无红利资产美式看涨期权的内在价值与欧式期权是一样的，也可以表示为式（10.1）和式（10.2）。

在存在卖空限制的不完美市场中，由于式（3.3）不一定成立，我们无法保证 $[F(t,\tau)-$

$K]e^{-r(\tau-t)}$是行权日(τ)的递增函数①,因此无红利资产美式看涨期权的内在价值只能用如下公式②表示:

$$\max[\max_i f(t,\tau_i),0]=\max\{\max_i[F(t,\tau_i)-K]e^{-r(\tau_i-t)},0\} \quad (10.11)$$

式中:$i=t,t+1,t+2,\cdots,T-1,T$;

$\max_i$是指在 i 的所有可能取值中函数值的最大者;

τ_i是第 i 个可能的行权日。

5. 无红利资产美式看跌期权的内在价值

美式看跌期权可以看作以所有可能行权日为到期日的一系列欧式期权中价格最高者。该美式看跌期权的内在价值也就是这些欧式期权中的最高内在价值。

同理,在完美市场中,由于$[K-F(t,\tau)]e^{-r(t,\tau)}$是行权日的递减函数,可以发现在当前时刻 t 无红利资产美式看跌期权内在价值是最大的,而 $F(t,t)=S$,因此无红利资产美式看跌期权的内在价值为:

$$\max(K-S,0) \quad (10.12)$$

用 T 时刻到期的远期价格来表示,则根据式(3.2)、式(10.12)也可以写成:

$$\max[K-F(t,T)e^{-r(t,T)},0]$$

在存在卖空限制的不完美市场中,无红利资产美式看跌期权的内在价值只能用如下公式表示:

$$\max[-\max_i f(t,\tau_i),0]=\max\{\max_i[K-F(t,\tau_i)]e^{-r(\tau_i-t)},0\} \quad (10.13)$$

6. 有红利资产③美式看涨期权的内在价值

以只派发一次红利为例,我们可以将期权剩余期限以股权登记日(τ)为界分为两段。在这两段时间中,标的资产都可视为无红利资产。按照前面的分析,两段时间内最大的内在价值都是期末的,我们只要比较两个期末到期的欧式看涨期权的内在价值就可以了。因此在完美市场中,有红利资产美式看涨期权的内在价值为:

$$\max\{[F(t,\tau)-K]e^{-r(\tau-t)},[F(t,T)-K]e^{-r(T-t)},0\} \quad (10.14)$$

或者写成:

$$\max[S-Ke^{-r(\tau-t)},S-I-Ke^{-r(T-t)},0] \quad (10.15)$$

在存在卖空限制的不完美市场中,有红利资产美式看涨期权的内在价值只能用式(10.11)。

7. 有红利资产美式看跌期权的内在价值

以只派发一次红利为例,我们可以将期权剩余期限以除权日(τ)为界分为两段。在这两段时间中,标的资产都可视为无红利资产。按照前面的分析,在完美市场中,其内在价值为:

$$\max\{K-S,[K-F(t,\tau)]e^{-r(\tau-t)},0\} \quad (10.16)$$

或者写成:

---

① 在2015年中国股灾及其后的较长时间内,由于存在较严重的卖空限制,我国三大股指期货期限越长的价格越低,即使考虑它们的标的资产是有红利资产,也完全不符合式(3.3)。

② 假定不同期限的利率水平都等于 r。下同。

③ 对于支付已知红利率资产的美式看涨和看跌期权,我们也可以用类似方法求出其内在价值。但结果较复杂,这里就不具体列出。

$$\max[K-S,Ke^{-r(\tau-t)}-(S-I),0] \tag{10.17}$$

在存在卖空限制的不完美市场中，有红利资产美式看跌期权的内在价值则只能用式(10.13)。

表 10.2 和表 10.3 归纳了完美市场和不完美市场中期权内在价值的计算公式。

表 10.2　完美市场中期权的内在价值

分类			用远期价格*表示	用现货价格表示
看涨期权	欧式	无红利	$\max[(F-K)e^{-r(T-t)},0]$	$\max[S-Ke^{-r(T-t)},0]$
		有红利		$\max[S-I-Ke^{-r(T-t)},0]$
		红利率		$\max[Se^{-q(T-t)}-Ke^{-r(T-t)},0]$
	美式	无红利	$\max[(F-K)e^{-r(T-t)},0]$	$\max[S-Ke^{-r(T-t)},0]$
		有红利	$\max\{[F(t,\tau)-K]e^{-r(\tau-t)},$ $[F(t,T)-K]e^{-r(T-t)},0\}$	$\max[S-Ke^{-r(\tau-t)},S-I-Ke^{-r(T-t)},0]$
看跌期权	欧式	无红利	$\max[(K-F)e^{-r(T-t)},0]$	$\max[Ke^{-r(T-t)}-S,0]$
		有红利		$\max[Ke^{-r(T-t)}-S+I,0]$
		红利率		$\max[Ke^{-r(T-t)}-Se^{-q(T-t)},0]$
	美式	无红利	$\max[K-F\,e^{-r(t,T)},0]$	$\max(K-S,0)$
		有红利	$\max\{K-F\,e^{-r(t,T)},[K-F(t,\tau)]e^{-r(\tau-t)},0\}$	$\max[K-S,Ke^{-r(\tau-t)}-(S-I),0]$

* 在实践中，如果有活跃的远期市场，那么远期价格就可以从市场直接得到。如果没有活跃的远期市场，那么可以用期货价格来替代。远期价格和期货价格的关系我们在第三章已讨论过。值得注意的是，远期和期货的期限必须与期权一致。但在我国，ETF 期权的到期日为第 4 个周三，而上证 50 股指期货和沪深 300 股指期货的到期日是第 3 个周五，因此在使用时要对到期日进行调整。

注：无红利是指期权存续期内标的资产无红利，有红利指期权存续期内标的资产有已知的现金红利，红利率指期权存续期内标的资产有已知的红利率，下同。

表 10.3　不完美市场中期权的内在价值

看涨期权	欧式	无红利	$\max[(F-K)e^{-r(T-t)},0]$
		有红利	
		红利率	
	美式	无红利	$\max\{\max_i[F(t,\tau_i)-K]e^{-r(\tau_i-t)},0\}$
		有红利	
看跌期权	欧式	无红利	$\max[(K-F)e^{-r(T-t)},0]$
		有红利	
		红利率	
	美式	无红利	$\max\{\max_i[K-F(t,\tau_i)]e^{-r(\tau_i-t)},0\}$
		有红利	

（二）实值期权、平值期权与虚值期权

与期权内在价值紧密联系的几个概念是期权的平值点以及相应的实值期权（in the money, ITM）、平值期权（at the money, ATM）与虚值期权（out of the money, OTM）。所谓平值点，就是期权内在价值由正值变化到零的行权价格的临界点。根据上述对期权内在价值的分析，我们可以把期权的平值点归纳为表 10.4。

对于看涨期权来说，行权价格小于平值点的就是实值期权，行权价格大于平值点的就是虚值期权；对于看跌期权来说，行权价格大于平值点的就是实值期权，行权价格小于平值点的就是虚值期权。虚值期权和平值期权的内在价值为零，其全部价值都体现为时间价值，而实值期权具有正的内在价值。

表 10.4　期权的平值点

分类			完美市场		不完美市场
			用远期价格表示	用现货价格表示	
看涨期权	欧式	无红利	F	$Se^{r(T-t)}$	F
		有红利		$(S-I)e^{r(T-t)}$	
		红利率		$Se^{(r-q)(T-t)}$	
	美式	无红利	F	$Se^{r(T-t)}$	$\max_i[F(t,\tau_i)]$
		有红利	$\max[F(t,\tau),F(t,T)]$	$\max[Se^{r(\tau-t)},(S-I)e^{r(T-t)}]$	$\max_i[F(t,\tau_i)]$
看跌期权	欧式	无红利	F	$Se^{r(T-t)}$	F
		有红利		$(S-I)e^{r(T-t)}$	
		红利率		$Se^{(r-q)(T-t)}$	
	美式	无红利	$F e^{-r(t,T)}$	S	$\min_i[F(t,\tau_i)]$
		有红利	$\min[Fe^{-r(t,T)},F(t,\tau)]$	$\min[S,(S-I)e^{r(\tau-t)}]$	$\min_i[F(t,\tau_i)]$

从表 10.4 可以看出，欧式期权的看涨期权与看跌期权的平值点都是相同的，而美式期权的看涨期权与看跌期权则是不同的。

由于我们上证 50ETF 和沪深 300ETF 期权都存在红利保护机制，所以它们的平值点也比较特殊，应该表达为：

$$F+Ie^{r(T-t)}$$

与实值期权和虚值期权密切相关的概念是期权的在值程度（moneyness）。业界和学界关于在值程度的定义也各有不同，有的用 $K-K_{ATM}$，有的用 K/K_{ATM}，其中 K_{ATM} 为上文定义的平值点。我们认为较为科学的定义是 $\ln \frac{K}{K_{ATM}}$。之所以取对数是因为其值域范围为 $(-\infty, +\infty)$，这样虚值和实值程度在幅度上可以对称，有利于比较。显然，平值期权的在值程度为 0；实值看涨期权的在值程度小于 0，虚值看涨期权的在值程度大于 0；实值看跌期权的在值程度大于 0，虚值看跌期权的在值程度小于 0。之所以没有区分看涨和看跌的在值程度度量公式，则是为了方便在同一张图中表示看涨期权和看跌期权的在值程度。

(三) 期权的时间价值

前已述及,期权的时间价值是指在期权剩余期限内标的资产价格的波动为期权多头带来收益的可能性所隐含的价值(波动带来的价值)。显然,期权的时间价值是基于期权多头权利义务不对称这一特性,在期权到期前,标的资产价格的变化可能给期权多头带来的收益的一种反映。

很容易证明,按本书对期权内在价值的定义,期权的时间价值一定大于等于 0。这是因为期权的价值等于内在价值加上时间价值,如果期权的时间价值小于 0,那么期权的价值就会小于期权的内在价值,这样我们就可以做多期权同时做空远期来获取无风险利润。①

在其他条件相同的情况下,一般来说,距离期权到期时间越长,期权时间价值越大,对美式期权来说尤其如此。这也是称之为"期权的时间价值"的原因。

在其他条件相同的情况下,标的资产价格的变化越大,期权的时间价值就越大。一般用标的资产价格的波动率来描述价格的变化,其确切定义将在第十一章给出。因此有时也将期权的时间价值称为期权的波动价值。

另一个重要的关系是期权内在价值与时间价值之间的相关性。图 10.3 近似描述了期权的时间价值和在值程度的关系。如果按本书的平值点和在值程度定义,那么平值期权(在值程度为 0)的时间价值最大,实值期权与虚值期权的时间价值则随着实值和虚值程度的提高而逐渐递减。②

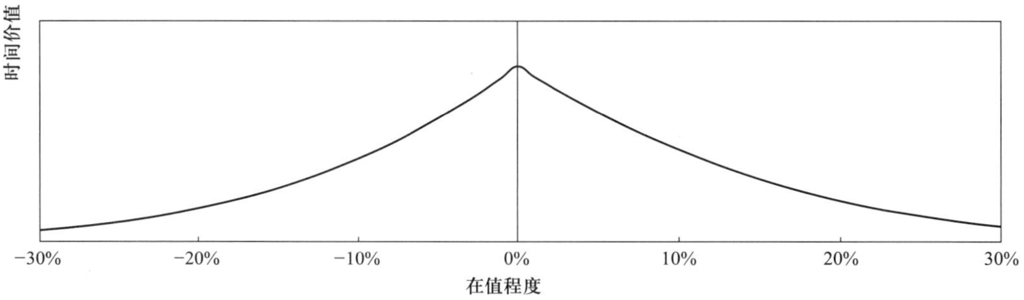

图 10.3 期权时间价值与在值程度的关系

例 10.1 能帮助我们很好地理解期权内在价值与时间价值之间的关系。

【例 10.1】

内在价值与时间价值

假设 A 股票(无红利)的市价为 9.05 元,A 股票有两种欧式看涨期权,其行权价格分别为 $K_1=10$ 元,$K_2=8$ 元,它们的有效期都是 1 年,1 年期无风险利率为 10%(连续复利)。显然,这两种期权的内在价值分别为:

$$\max[S-K_1 e^{-r(T-t)},0]=\max(9.05-10\times e^{-10\%\times 1},0)=\max(0,0)=0$$

---

① 详细证明请读者通过课后习题来尝试。

② 在下一章将介绍的 B-S-M 期权定价框架下,对于在值程度绝对值相等的期权,其时间价值将相等,图 10.3 是绝对对称的。

和

$$\max[S-K_2e^{-r(T-t)},0]=\max(9.05-8\times e^{-10\%\times 1},0)=1.81\text{ 元}$$

期权 1 处于平值点，而期权 2 是实值期权。那么，哪一种期权的时间价值高呢？

假设这两种期权的时间价值相等，都等于 2 元，则期权 1 的价格为 2 元，期权 2 的价格为 3.81 元。那么如果让你从中挑一种期权，你愿意挑哪一种呢？为了比较这两种期权，假定 1 年后出现如下 3 种情况：

情况一：$S_T\geq 10$ 元。则期权持有者可从期权 1 中获利 $(S_T-10-2\times e^{0.1})=(S_T-12.21)$ 元，可从期权 2 中获利 $(S_T-8-3.81\times e^{0.1})=(S_T-12.21)$ 元。期权 1 获利金额等于期权 2。

情况二：$8<S_T<10$ 元。则期权 1 亏 $2\times e^{0.1}=2.21$ 元，而期权 2 亏 $(S_T-8-3.81\times e^{0.1})$ 元，介于 2.21 元与 4.21 元之间。期权 1 亏损少于期权 2。

情况三：$S_T\leq 8$ 元，则期权 1 亏 $2\times e^{0.1}=2.21$ 元，而期权 2 亏 $3.81\times e^{0.1}$ 元 $=4.21$ 元。期权 1 亏损少于期权 2。

由此可见，无论未来 A 股票价格是涨、跌还是平，期权 1 均优于或等于期权 2。显然，期权 1 的时间价值不应等于而应高于期权 2。

再引入期权 3：$K_3=12$ 元，其他条件相同。比较期权 1 和期权 3，期权 1 处于平值点，而期权 3 为虚值期权。读者可以通过同样的分析发现，期权 1 的时间价值应高于期权 3。

推广上述结论可以发现，无论期权 2 和期权 3 行权价格如何选择，只要是虚值或实值期权，其时间价值一定小于平值期权，且时间价值随期权实值和虚值程度的增加而递减。

案例 10.1 则呈现了内在价值不同计算方法对时间价值的影响。

【案例 10.1】

2020 年 2 月 10 日，沪深 300 股价指数为 3 916.01 点，2 月 21 日到期的沪深 300 股指期货价格为 3 891.4 点，2 周的 SHIBOR 为 2.292%，沪深 300 股价指数的红利率为 1.5%。2 月 21 日到期的沪深 300 股指期权价格如表 10.5 的第 1 列（看涨期权）和第 7 列（看跌期权）所示。

我们根据表 10.2 的定义，分别用现货价格和期货价格来计算内在价值，计算结果如表 10.5 的第 2 列（看涨期权）、第 3 列（看跌期权）和第 8 列（看涨期权）、第 9 列（看跌期权）所示。再根据期权价格和不同的内在价值定义计算期权的时间价值，结果如表 10.5 的第 4 列、第 5 列和第 10 列、第 11 列所示。

从表 10.5 可以看出，如果使用现货价格来计算期权的内在价值，那么期权的时间价值就可能出现负数的情况。显然这样的定义是不合理的。这是因为做空沪深 300 现货受到很大限制，属于不完美市场的情形，因此不能使用现货价格来计算期权的内在价值，而只能使用期货价格来计算期权的内在价值。

表 10.5 期权的时间价值

看涨期权					行权价格	看跌期权				
期权价格	内在价值		时间价值			期权价格	内在价值		时间价值	
	现货法	期货法	现货法	期货法			现货法	期货法	现货法	期货法
596.00	616.52	593.68	-20.52	2.32	3 300.00	1.40	0.00	0.00	1.40	1.40
546.60	566.55	543.71	-19.95	2.89	3 350.00	1.40	0.00	0.00	1.40	1.40
498.80	516.59	493.75	-17.79	5.05	3 400.00	2.00	0.00	0.00	2.00	2.00
444.40	466.62	443.78	-22.22	0.62	3 450.00	2.80	0.00	0.00	2.80	2.80
400.00	416.66	393.82	-16.66	6.18	3 500.00	3.60	0.00	0.00	3.60	3.60
347.40	366.69	343.85	-19.29	3.55	3 550.00	5.40	0.00	0.00	5.40	5.40
302.60	316.73	293.89	-14.13	8.71	3 600.00	7.40	0.00	0.00	7.40	7.40
255.60	266.76	243.92	-11.16	11.68	3 650.00	10.20	0.00	0.00	10.20	10.20
212.00	216.80	193.95	-4.80	18.05	3 700.00	14.80	0.00	0.00	14.80	14.80
169.00	166.83	143.99	2.17	25.01	3 750.00	20.60	0.00	0.00	20.60	20.60
128.00	116.86	94.02	11.14	33.98	3 800.00	31.60	0.00	0.00	31.60	31.60
92.60	66.90	44.06	25.70	48.54	3 850.00	46.00	0.00	0.00	46.00	46.00
63.80	16.93	0.00	46.87	63.80	3 900.00	66.20	0.00	5.91	66.20	60.29
41.00	0.00	0.00	41.00	41.00	3 950.00	94.60	33.03	55.87	61.57	38.73
25.80	0.00	0.00	25.80	25.80	4 000.00	126.60	83.00	105.84	43.60	20.76
15.00	0.00	0.00	15.00	15.00	4 050.00	169.40	132.96	155.80	36.44	13.60
8.60	0.00	0.00	8.60	8.60	4 100.00	212.00	182.93	205.77	29.07	6.23
5.20	0.00	0.00	5.20	5.20	4 150.00	258.20	232.89	255.73	25.31	2.47
3.20	0.00	0.00	3.20	3.20	4 200.00	307.80	282.86	305.70	24.94	2.10
2.00	0.00	0.00	2.00	2.00	4 250.00	366.20	332.83	355.67	33.37	10.53
1.60	0.00	0.00	1.60	1.60	4 300.00	409.00	382.79	405.63	26.21	3.37
1.20	0.00	0.00	1.20	1.20	4 350.00	474.00	432.76	455.60	41.24	18.40
1.00	0.00	0.00	1.00	1.00	4 400.00	512.00	482.72	505.56	29.28	6.44
1.00	0.00	0.00	1.00	1.00	4 450.00	558.80	532.69	555.53	26.11	3.27
0.60	0.00	0.00	0.60	0.60	4 500.00	607.80	582.65	605.49	25.15	2.31
0.60	0.00	0.00	0.60	0.60	4 550.00	658.60	632.62	655.46	25.98	3.14
0.40	0.00	0.00	0.40	0.40	4 600.00	712.60	682.58	705.42	30.02	7.18
0.60	0.00	0.00	0.60	0.60	4 650.00	758.00	732.55	755.39	25.45	2.61

图 10.4 和图 10.5 更清楚地展示了内在价值两种计算方法对时间价值的影响，其中横坐标表示在值程度（用 $\ln\frac{K}{K_{ATM}}$ 表示）。图 10.4 展示的是按现货价格计算的结果，而图 10.5 展示的是按期货价格计算的结果。对比两个图形可以清楚地看到，使用现货价格来计算内在价值存在如下三个问题：① 时间价值存在负数的情况，这与时间价值的性质不符。② 看涨期权和看跌期权的时间价值不相等。③ 虽然平值点的时间价值最大，但实值期权与虚值期权的时间价值不对称。

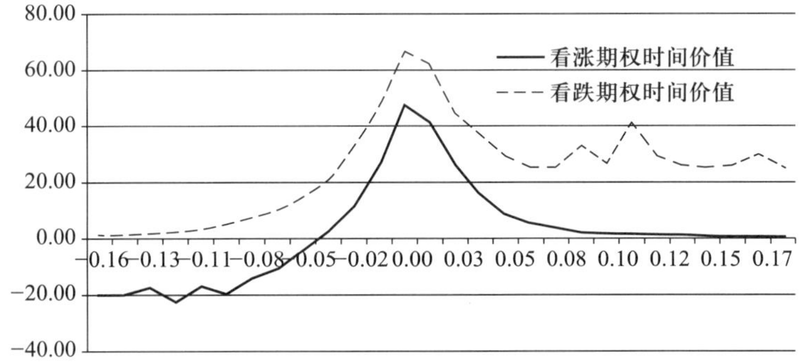

图 10.4 用现货价格计算的期权时间价值

如果使用本教材定义的不完美市场的内在价值的定义，即用远期（期货）价格来计算内在价值，那么期权的时间价值非常接近图 10.3 所示的理想状态：时间价值不会出现负数的情况，同一行权价的看涨期权和看跌期权的时间价值非常接近，而且都在平值点达到最高点，实值和虚值期权的时间价值较为对称。这充分说明本教材在讨论期权内在价值和时间价值时区分完美市场和不完美市场两种情形的重要性。

从图 10.4 来看，似乎沪深 300 股指期权定价很不合理，存在较明显的套利机会。但图 10.5 说明，沪深 300 股指期权相对定价其实是相对合理的，没有明显的相对定价偏差。

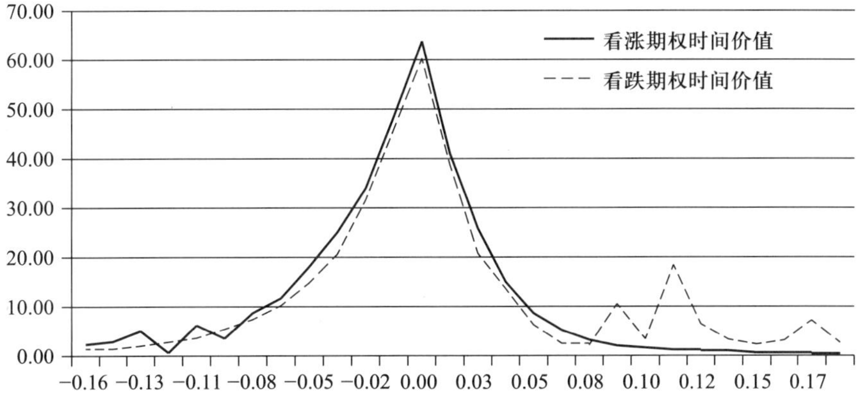

图 10.5 用期货价格计算的期权时间价值

二、期权价格的影响因素

期权价格既然由内在价值和时间价值两部分构成，那么凡是影响内在价值和时间价值的因素，就会影响期权价格。总的来看，期权价格的影响因素主要有以下几个，它们通过影响期权的内在价值和时间价值来影响期权的价格。

（一）标的资产的市场价格与期权的行权价格

标的资产的市场价格与期权的行权价格，是影响期权价格最主要的两个因素。因为这两个价格及其相互关系不仅决定着内在价值，而且进一步影响着时间价值。

看涨期权在行权时，其回报等于标的资产当时的市价与行权价格之差。因此，标的资产的价格越高、行权价格越低，看涨期权的价格就越高。

对看跌期权而言，由于行权时其收益等于行权价格与标的资产市价的差额，因此，标的资产的价格越低、行权价格越高，看跌期权的价格就越高。

（二）期权的剩余期限

如前所述，对美式期权而言，由于它可以在剩余期限内任意交易日行权，剩余期限越长，期权多头获利机会就越大，而且剩余期限长的期权包含了剩余期限短的期权的所有行权机会，因此剩余期限越长，期权价格越高。

对欧式期权而言，由于它只能在期末行权，剩余期限长的期权就不一定包含剩余期限短的期权的所有行权机会。这就使欧式期权的剩余期限与期权价格之间的关系显得较为复杂。例如，同一股票的两份欧式看涨期权，一个剩余期限为 1 个月，另一个剩余期限为 2 个月，假定在 6 周后标的股票将有大量红利支付，由于支付红利会使股价下降，在这种情况下，剩余期限短的期权价格甚至会大于剩余期限长的期权。

（三）标的资产价格的波动率

简单地说，标的资产价格的波动率是用于衡量标的资产未来价格不确定性的指标，其确切定义将在第十一章给出。标的资产价格的波动率对期权价格具有重要的影响，“没有波动，则期权就没有时间价值”。如前所述，波动率对期权价格的影响，是通过对时间价值的影响而实现的。波动率越大，则在期权到期时，标的资产市场价格涨跌达到实值期权的可能性也就越大，而如果为虚值期权，期权多头亏损有限。因此，无论是看涨期权还是看跌期权，其时间价值从而期权价格都随着标的资产价格波动率的增大而提高，随标的资产价格波动率的减小而降低。[①]

值得注意的是，与决定和影响期权价格的其他因素不同，在期权定价时，标的资产价格在期权剩余期限内的波动率是一个未知数。因此，在期权定价时，需要对期权到期前的标的资产价格波动率进行预测。具体预测方法将在第十一章介绍。

（四）无风险利率

无风险利率越高，标的资产的预期收益率也越高，这意味着对应于标的资产现在特定的市价 S，未来预期价格 $E(S_T)$ 越高。同时由于贴现率越高，未来同样预期回报的现值就越低。这两种效应都将降低看跌期权的价值。但对看涨期权来说，前者将使期权价格上升，而后者将使期权价格下降。由于前者的效应大于后者，因此无风险利率越高，看涨期权的价格越高。

---

① 对于奇异期权来说，波动率与期权价格的关系比较复杂。关于奇异期权的详细介绍，参见第十六章。

（五）标的资产的收益

标的资产进行分红付息，将减少标的资产的价格。如果标的资产分红的时候并不对期权的行权价格进行调整，那么在期权剩余期限内标的资产产生红利将使看涨期权价格下降，而使看跌期权价格上升。

但如果标的资产分红的时候期权的行权价也相应调整，分红对期权价格就没有影响。我国的上证 50ETF 期权和沪深 300ETF 期权就实行这样的红利保护机制。

由以上分析可知，决定和影响期权价格的因素很多，而且各因素对期权价格的影响也很复杂，既有影响方向的不同，又有影响程度的不同；各个影响因素之间既有相互补充的关系，又有相互抵消的关系。表 10.6 对这些主要影响因素做了一个基本的总结。

表 10.6 影响期权价格的主要因素

变量	期权类型			
	欧式看涨	欧式看跌	美式看涨	美式看跌
标的资产市场价格	+	−	+	−
期权的行权价格	−	+	−	+
期权的有效期	?	?	+	+
标的资产价格的波动率	+	+	+	+
无风险利率	+	−	+	−
标的资产的红利	−	+	−	+

注：“+”表示正向的影响，“−”表示反向的影响，“?”则表示影响方向不一定。

三、提前行权美式期权的合理性

很多读者都有这样一个认知：由于美式期权随时可以行权，而欧式期权只能在到期日行权，因此美式期权价格一定高于欧式期权价格。其实这种认知是不完全正确的。这里的关键问题在于，美式期权虽然可以随时行权，但提前行权是否合理？如果提前行权不合理，投资者就不应提前行权，那么美式期权的价格就有可能与欧式期权价格相等。因此有必要讨论在什么情形下美式期权提前行权是合理的。

（一）提前行权无红利资产美式期权的合理性

1. 看涨期权

我们先从最直观的角度来考虑这个问题。对于在期权存续期内不支付红利的标的资产来说，提前行权对权利方有 3 个影响：① 权利方需要提前支付行权价，因此要多损失行权价格的利息；② 权利方提前获得标的资产，但该标的资产没有红利，因此提前获得标的资产并没有好处；③ 提前行权意味着失去了期权的时间价值，而时间价值永远大于等于零。由此可见，提前行权无红利资产的美式看涨期权是不明智的。

换个角度看，如果提前行权，期权权利方所获回报的现值就是期权的内在价值，他将丧失期权剩余期限的时间价值；而如果不提前行权，期权权利方拥有的价值为期权价值。因为期权价值总是大于等于期权的内在价值，因此提前行权是不明智的。对于无红利资产的美式看涨期权，如果预判未来资产价格可能下跌，最优的选择是卖掉期权，而不是提前行权。

有的读者还会疑惑：如果在某个时刻标的资产价格已经涨到高位，未来很可能下跌，此时美式看涨期权权利方可以提前行权，而欧式看涨期权只能持有到期，因此美式看涨期权价格显然应该高于欧式看涨期权。实际上,在这种情况下,美式看涨期权提前行权的回报等于期权的内在价值,而欧式看涨期权权利方可以卖掉期权,其回报为期权价格。显然欧式期权多头卖掉期权所获的回报也不会低于美式看涨期权权利方提前行权所获的回报。

因此,在其他条件相同的情况下,无红利资产美式看涨期权和欧式看涨期权实际上是等价的,它们的价值是相同的,其内在价值和时间价值都相等。细心的读者应该已经从上文分析期权内在价值时发现了这个现象。

2. 看跌期权

对于不支付红利的标的资产来说,提前行权对权利方有 3 个影响:① 权利方提前得到行权价格,因此可以获得行权价的利息;② 权利方提前支付标的资产,但该标的资产没有红利,因此提前行权并没有损失红利;③ 提前行权意味着失去了期权的时间价值。

简单地说,提前行权无红利资产的美式看跌期权将获得行权价格的利息,但会损失期权的时间价值。因此是否提前行权无红利资产的美式看跌期权,主要取决于期权的实值程度、无风险利率水平等因素。一般来说,只有当实值程度较高[①]、利率较高时,提前行权无红利资产美式看跌期权才可能是有利的。

由于无红利资产的美式看跌期权有可能提前行权,因此其价格会大于等于欧式期权的价格,美式看跌期权的内在价值也会大于欧式看跌期权的内在价值。读者从表 10.2 和表 10.3 也可以看出这点。

(二) 提前行权有红利资产美式期权的合理性

1. 看涨期权

由于提前行权有红利资产的美式看涨期权可较早获得标的资产,从而获得红利,因此在一定的条件下,提前行权有红利资产的美式看涨期权可能是合理的。

简单地说,对权利方来说,提前行权有红利资产的美式看涨期权的好处是可以获得红利,但坏处有 2 个:① 要提前支付行权价格,会损失行权价的利息;② 会浪费期权的时间价值。由于期权时间价值总大于等于 0。因此如果红利小于行权价格的利息,那么提前行权是不合理的。但如果红利大于行权价格的利息,那么提前行权就有可能是合理的。

因此是否提前行权有红利资产的美式看跌期权,主要取决于期权的实值程度、红利水平、无风险利率水平等因素。一般来说,只有当实值程度较高[②]、红利较高、利率较低时,提前行权有红利资产美式看涨期权才可能是有利的。

由于有红利资产美式看涨期权存在提前行权的可能性,因此有红利资产美式期权的价格和内在价值将大于等于欧式期权的价格和内在价值。读者从表 10.2 和表 10.3 也可以看出这点。

2. 看跌期权

由于提前行权有红利资产的美式看跌期权意味着自己放弃标的资产的红利,因此与无红利资产的美式看跌期权相比,有红利资产美式看跌期权提前行权的可能性减小,但仍无法完全排除提前执行的可能性。

由于有红利资产的美式看跌期权有提前行权的可能性,因此其价格和内在价值都大于等于欧式期权。读者从表 10.2 和表 10.3 也可以看出这点。

---

① 此时期权的时间价值趋于 0。

② 此时期权的时间价值趋于 0。

四、期权价格的上下限

在分析了期权的内在价值、时间价值和影响因素之后，下面进一步讨论期权价格的上下限，找到期权价格应落入的合理区间。

（一）期权价格的上限

1. 看涨期权价格的上限

在任何情况下，无红利资产看涨期权价值都不会超过 S。因为投资者买入看涨期权，就是为了获取未来以特定价格 K 买入标的资产的权利，如果这个权利本身的价格高于标的资产当前市价，投资者不如直接买入标的资产本身。显然，如果期权价值高于标的资产价格，套利者可以通过买入标的资产并卖出期权来获取无风险利润。

对于有红利资产欧式看涨期权，由于标的资产在期权到期前将派发现值为 I 的收益，因此该期权价格不应超过 $S-I$。同理，支付已知红利率资产的欧式看涨期权价格的上限为 $Se^{-q(T-t)}$。

有红利资产和已知红利率资产的美式看涨期权由于可以提前行权，因此其上限为标的资产价格。

用远期价格表示，看涨期权价格的上限都可以表示成 $Fe^{-r(T-t)}$。

2. 看跌期权价格的上限

由于美式看跌期权的多头行使期权的最高回报为行权价格 K，投资者一定不会花费高于 K 的价格，去购入一个可以卖出标的资产获得 K 元收入的美式看跌期权，因此美式看跌期权价格的上限为 K，即：

$$P \leqslant K \tag{10.18}$$

由于欧式看跌期权只能在到期日 T 时刻执行，因此，无红利资产欧式看跌期权价格不能高于 K 的现值，即：

$$p \leqslant Ke^{-r(T-t)} \tag{10.19}$$

而有红利资产欧式看跌期权价格不能高于 K 的现值加上标的资产红利的现值，即：

$$p \leqslant Ke^{-r(T-t)}+I \tag{10.20}$$

（二）期权价格的下限

由于期权的时间价值一定大于等于 0，因此期权价格一定大于等于期权的内在价值。也就是说，期权的内在价值就是期权价值的下限。这是我们定义期权内在价值的重要优点。

五、期权价格曲线的形状

在确定期权价格的影响因素和期权价格上下限后，就可以初步推出期权价格曲线的形状。期权价格曲线反映的是给定行权价格、期限、波动率和利率的情况下，期权价格与标的资产价格之间的关系。

（一）看涨期权价格曲线

如前所述，期权价格不会高于其上限，也不会低于其下限。因此期权价格一定落在上下限组成的区间内。

以完美市场中的无红利情形为例。由于无红利资产看涨期权价格上限为 S，因此期权价格曲线一定落在 45°线下方。而无红利资产看涨期权的下限为 $\max[S-Ke^{-r(T-t)},0]$，即期权的内在价值。因此期权价格的曲线一定落在期权价格下限的上方。

由于期权价格等于内在价值加上时间价值。对于虚值和平值期权而言,其内在价值都等于零,因此在平值点左边部分,期权内在价值是一条等于 0 的水平线。在行权价格和利率不变的情况下,过了平值点之后,期权内在价值是一条 45°的直线(即 $S-Ke^{-r(T-t)}$)。期权时间价值线则如图 10.3 所示。把内在价值线与时间价值曲线叠加起来,就是期权价格曲线,如图 10.6 所示。此外,r 越高、期权期限越长、标的资产价格波动率越大,则期权价格曲线以 O 点为中心,越往左上方旋转,但基本形状不变,且不会超过上限。

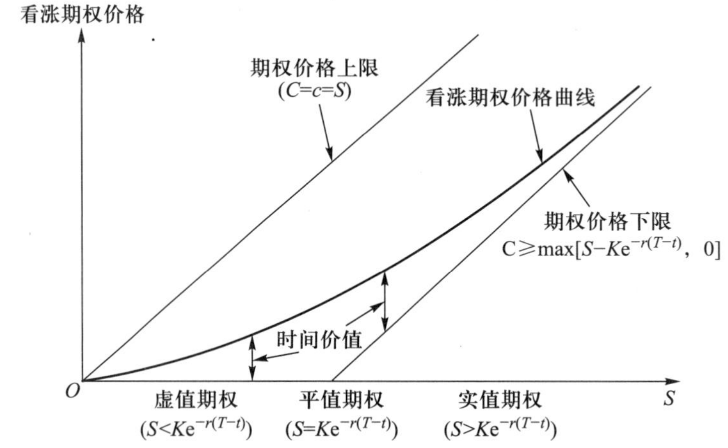

图 10.6 无红利资产看涨期权价格曲线

在完美市场中,有红利资产欧式看涨期权价格曲线的基本形状与图 10.6 类似,只是平值点的位置变为 $Ke^{-r(T-t)}+I$,另外上限变为 $S-I$。有红利资产美式看涨期权价格曲线的基本形状也与图 10.6 类似,只是平值点的位置不同。

(二)看跌期权价格曲线

在完美市场中,用同样方法,我们可以很容易确定看跌期权的价格曲线。图 10.7 展示了无红利资产欧式看跌期权的价格曲线。r 越低、期权期限越长、标的资产价格波动率越高,看跌期权价格曲线以点$(0, Ke^{-r(T-t)})$为中心越往右上方旋转,但不能超过上限。

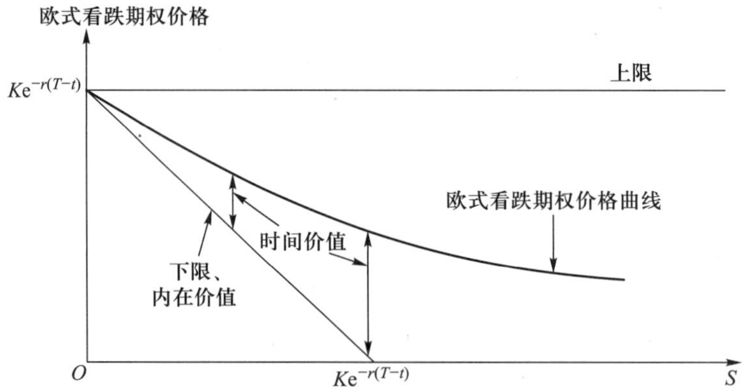

图 10.7 无红利资产欧式看跌期权价格曲线

有红利资产的欧式看跌期权价格曲线与图 10.7 相似，只是上限和平值点都由 $Ke^{-r(T-t)}$ 变为 $Ke^{-r(T-t)}+I$。而美式看跌期权价格曲线的形状与图 10.7 也是类似的，只是上限和平值点不同。

六、看跌期权与看涨期权之间的平价关系（put-call parity，PCP）

看涨期权和看跌期权总是成双成对出现的[①]，用一对期权可以复制出远期合约，用其中一个期权和远期合约也可以复制出另一个期权。因此一对期权的价格与远期价格之间必然存在某种关系。我们可以用无套利方法找到这种关系。

（一）欧式看跌期权与看涨期权之间的平价关系

为了推导 c 和 p 之间的关系，构建如下两个组合[②]：

组合 A：欧式看涨期权多头。

组合 B：欧式看跌期权多头加上远期合约多头。[③]

到 T 时刻，如果 $S_T>K$，看涨期权多头将行权并获得 S_T-K 的回报，因此组合 A 的回报为 S_T-K。组合 B 中看跌期权没有回报，远期多头的回报为 S_T-K，因此组合 B 的价值也等于 S_T-K。如果 $S_T\leqslant K$，则组合 A 中的看涨期权没有回报，因此组合 A 的回报为 0。组合 B 中看跌期权的回报为 $K-S_T$，远期多头的回报为 S_T-K，因此组合 B 的价值也等于 0。由于组合 A 和 B 在 T 时刻的回报在任何情况下都相等，因此组合 A 和 B 在 t 时刻的价值也必须相等，否则就可以套利。[④]

由于远期合约的交割价格为 K，而合理的远期价格为 F，因此组合 B 中远期合约当前时刻 t 的价值为 $(F-K)e^{-r(T-t)}$。因此欧式期权的 PCP 为：

$$c=p+(F-K)e^{-r(T-t)} \tag{10.21}$$

从式（10.21）可以看出，欧式看涨期权和看跌期权的时间价值是相等的。这是因为：从式（10.9）和式（10.10）可知，如果 $F>K$，则欧式看涨期权的内在价值等于 $(F-K)e^{-r(T-t)}$，欧式看涨期权的时间价值等于 $c-(F-K)e^{-r(T-t)}$，而欧式看跌期权的内在价值等于 0，欧式看跌期权的时间价值等于欧式看跌期权价格，所以欧式看涨期权和看跌期权的时间价值是相等的；如果 $F<K$，则欧式看涨期权的内在价值等于 0，欧式看涨期权的时间价值等于欧式看涨期权价格，而欧式看跌期权的内在价值等于 $(K-F)e^{-r(T-t)}$，欧式看跌期权的时间价值等于 $p+(F-K)e^{-r(T-t)}$，所以欧式看涨期权和看跌期权的时间价值也是相等的。案例 10.1 也用实际例子证明了这一点。

从式（10.21）还可以看出，对于欧式平值期权（$K=F$）来说，它们的内在价值都等于 0，

---

① 我们称标的资产、行权价和期限都一样的看涨期权和看跌期权为一对期权。

② 国内外金融工程的教科书都是用标的资产来推导 PCP。由于这种 PCP 只有在标的资产卖空不受限制的情况下才成立，而中国卖空现货通常受很大限制，因此为了推导更符合实际的 PCP，我们使用远期合约来替代标的资产。远期合约可以做多也可以做空，这样推导出来的 PCP 更具有普遍适用性。它既适用于现货卖空不受限制的情形，也适用于现货卖空受限制的情形。在实际应用中，如果远期价格数据不可得，可以用期货价格来近似替代。

③ 期权和远期合约的标的资产、期限都相同，期权的行权价格和远期合约的交割价格也相同。下同。

④ 不考虑交易成本和流动性，下同。

因此欧式平值看涨期权和看跌期权价格相等,它们的时间价值也相等。

在完美市场中,利用远期价格和现货价格的关系(见式(3.2)、式(3.5)和式(3.7)),欧式期权的 PCP 也可表示为:

无红利资产:

$$c+Ke^{-r(T-t)}=p+S \tag{10.22}$$

已知现金红利资产:

$$c+Ke^{-r(T-t)}=p+S-I \tag{10.23}$$

已知红利率资产:

$$c+Ke^{-r(T-t)}=p+Se^{-q(T-t)} \tag{10.24}$$

从式(10.22)~式(10.24)可以看出,按本书的平值点定义,无红利资产、已知现金红利资产和已知红利率资产的欧式平值看涨和看跌期权的价格都是相等的。

值得注意的是,中国的上证 50ETF 期权和沪深 300ETF 期权的标的资产都是有红利资产,但都存在红利保护机制,因此可以视为无红利资产。但 ETF 远期合约并没有红利保护机制,因此中国的 ETF 期权的 PCP 不能使用通用公式(10.21),而必须改用公式(10.25):

$$c=p+(F-K)e^{-r(T-t)}+I \tag{10.25}$$

在完美市场中,ETF 远期价格和现货价格满足式(3.5),将它代入式(10.25),就可以得到中国 ETF 期权的 PCP 满足式(10.22)。而式(10.22)适用于无红利资产,这也从另一个侧面说明式(10.25)是正确的。

在金融工程中,数学等式往往具有丰富的经济和金融内涵。接下来我们讨论 PCP 公式的内涵和运用。

首先,数学等式可以用于价格计算,如根据式(10.25),如果我们知道期权价格和标的资产的红利,我们就可以计算出上证 50ETF 期权和沪深 300ETF 期权隐含的远期价格:

$$F=(c-p)e^{r(T-t)}+K-Ie^{r(T-t)} \tag{10.26}$$

同理,我们也可以根据式(10.21)计算出沪深 300 股指期权隐含的远期价格(见案例 10.2):

$$F=(c-p)e^{r(T-t)}+K \tag{10.27}$$

其次,数学等式可以告诉我们如何复制金融产品。例如,根据式(10.25),我们可以用一份上证 50ETF 看涨期权多头、一份 50ETF 远期空头和金额为 I 的无风险负债来复制上证 50ETF 看跌期权多头:

$$p=c+(K-F)e^{-r(T-t)}-I$$

又如,式(10.22)可以变换为:

$$-S=p-c-Ke^{-r(T-t)}$$

这意味着,借钱并卖出一个看涨期权,再买入一个看跌期权,等价于卖空标的资产。因此,在一个存在看涨看跌期权的市场中,监管者若不允许卖空现货,投资者可以通过期权市场实现卖空的目的。

最后,当数学等式不成立的时候,意味着市场中存在理论上的无风险套利机会。本章的习题 14 给出了相应的练习。

【案例 10.2】

2020 年 2 月 10 日，沪深 300 股价指数为 3 916.01 点，2 月 21 日到期的沪深 300 股指期货价格为 3 891.4 点，2 周的 SHIBOR 为 2.292%。2 月 21 日到期的沪深 300 股指期权价格如表 10.5 的第 1 列（看涨期权）和第 7 列（看跌期权）所示。

我们可以根据式（10.27）计算期权隐含的期货价格（见表 10.7）。从表 10.7 可以看出，沪深 300 股指期权隐含的期货价格（$\widetilde{F}$）与沪深 300 股指期货的市场价格（$\overline{F}$）相差很小，考虑到套利成本后，几乎不存在套利机会。再次证明了沪深 300 期权市场的相对定价较为合理。

这个案例表明，寻找期权市场套利机会的最简单办法就是利用期权价格计算出隐含的期货价格，再与市场的期货价格进行对比。

表 10.7　期权隐含期货价格与市场期货价格的偏差

行权价	$\widetilde{F}$	$(\widetilde{F}-\overline{F})/\overline{F}$	行权价	$\widetilde{F}$	$(\widetilde{F}-\overline{F})/\overline{F}$
3 300.00	3 895.0	0.09%	4 000.00	3 899.1	0.20%
3 350.00	3 895.6	0.11%	4 050.00	3 895.5	0.11%
3 400.00	3 897.1	0.15%	4 100.00	3 896.5	0.13%
3 450.00	3 891.9	0.01%	4 150.00	3 896.8	0.14%
3 500.00	3 896.7	0.14%	4 200.00	3 895.2	0.10%
3 550.00	3 892.2	0.02%	4 250.00	3 885.5	−0.15%
3 600.00	3 895.4	0.10%	4 300.00	3 892.3	0.02%
3 650.00	3 895.6	0.11%	4 350.00	3 876.9	−0.37%
3 700.00	3 897.3	0.15%	4 400.00	3 888.6	−0.07%
3 750.00	3 898.5	0.18%	4 450.00	3 891.8	0.01%
3 800.00	3 896.5	0.13%	4 500.00	3 892.4	0.03%
3 850.00	3 896.6	0.13%	4 550.00	3 891.5	0.00%
3 900.00	3 897.6	0.16%	4 600.00	3 887.3	−0.11%
3 950.00	3 896.4	0.13%	4 650.00	3 892.1	0.02%

（二）美式看涨期权和看跌期权之间的平价关系

美式期权比较复杂，我们只推导完美世界中美式期权的 PCP。

1. 无红利资产美式期权

由于美式看跌期权有可能提前行权，因此 $P \geqslant p$。从式（10.22）中可得：

$$P \geqslant c+Ke^{-r(T-t)}-S$$

而无红利资产美式看涨期权提前行权是不合理的，因此其价格与欧式看涨期权相等，即，$c=C$，因此有：

$$P \geqslant C+K\mathrm{e}^{-r(T-t)}-S$$

移项可得：

$$C-P \leqslant S-K\mathrm{e}^{-r(T-t)} \tag{10.28}$$

将式(3.2)代入上式可得：

$$C-P \leqslant (F-K)\mathrm{e}^{-r(T-t)} \tag{10.29}$$

为了推导出 C 和 P 之间更严谨的关系，考虑以下两个组合：

组合 A：一份欧式看涨期权加上金额为 K 的现金。

组合 B：一份美式看跌期权加上一单位标的资产。

如果美式期权没有提前行权，则在 T 时刻组合 B 的价值为 $\max(S_T, K)$，而此时组合 A 的价值为 $\max(S_T, K)+K\mathrm{e}^{r(T-t)}-K$。因此，组合 A 的价值大于组合 B。

如果美式期权在 τ 时刻提前行权，则在 τ 时刻，组合 B 的价值为 K，而此时组合 A 的价值大于等于 $K\mathrm{e}^{r(\tau-t)}$。因此，组合 A 的价值也大于组合 B。

这就是说，无论美式期权是否提前行权，组合 A 的价值都大于组合 B 的价值，因此在当前 t 时刻，组合 A 的价值也应不小于组合 B 的价值，即：

$$c+K \geqslant P+S$$

由于 $c=C$，因此有：

$$C+K \geqslant P+S$$

$$C-P \geqslant S-K \tag{10.30}$$

将式(3.2)代入上式可得：

$$C-P \geqslant F\mathrm{e}^{-r(T-t)}-K \tag{10.31}$$

结合式(10.28)和式(10.30)可得：

$$S-K \leqslant C-P \leqslant S-K\mathrm{e}^{-r(T-t)} \tag{10.32}$$

结合式(10.29)和式(10.31)可得：

$$F\mathrm{e}^{-r(T-t)}-K \leqslant C-P \leqslant (F-K)\mathrm{e}^{-r(T-t)} \tag{10.33}$$

由于美式期权可能提前行权，因此得不到美式看涨期权和看跌期权的精确平价关系，但可以得出结论：无红利美式期权必须符合式(10.32)和式(10.33)的不等式。

由不等式(10.32)和式(10.33)可以得到推论：

推论 1：若 $K \leqslant S$，无红利资产美式看涨期权的时间价值都小于等于美式看跌期权的时间价值。

证明如下：若 $K \leqslant S$，无红利资产美式看跌期权属于虚值期权，其价格等于时间价值，而美式看涨期权属于实值期权，其内在价值等于 $(F-K)\mathrm{e}^{-r(T-t)}$，因此其时间价值等于 $C-(F-K)\mathrm{e}^{-r(T-t)}$。从式(10.33)右边不等式可知 $C-(F-K)\mathrm{e}^{-r(T-t)} \leqslant P$，得证。

推论 2：若 $K \geqslant F$，无红利资产美式看涨期权的时间价值都大于等于美式看跌期权的时间价值。

证明如下：若 $K \geqslant F$，无红利资产美式看涨期权属于虚值期权，其价格等于时间价值，而美式看跌期权属于实值期权，其内在价值等于 $K-S$，因此其时间价值等于 $P-(K-S)$。从式(10.32)左边不等式可知 $P-(K-S) \leqslant C$，得证。

推论 3：若 $S<K<F$，则无红利资产美式看涨和看跌期权的时间价值孰大孰小无法确定，

但差别很小。

2. 有红利资产美式期权

同样，只要把组合 A 的现金改为 $I+K$，就可得到有红利资产美式期权必须遵循的不等式：

$$S-I-K \leqslant C-P \tag{10.34}$$

有红利资产美式看涨期权多头提前行权的唯一好处是可以得到红利，但他要损失期权的时间价值和行权价的利息。由此可得：

$$c+I \geqslant C \tag{10.35}$$

将式(10.35)代入式(10.23)可得：

$$C-p \leqslant S-Ke^{-r(T-t)} \tag{10.36}$$

综合式(10.34)和式(10.36)，我们可以得到有红利资产美式期权的 PCP 不等式：

$$S-I-K \leqslant C-P \leqslant S-Ke^{-r(T-t)} \tag{10.37}$$

将式(3.5)代入式(10.37)，我们可以得到用远期价格表示的有红利资产美式期权的 PCP 不等式：

$$F\,e^{-r(T-t)}-K \leqslant C-P \leqslant (F-K)e^{-r(T-t)}+I \tag{10.38}$$

本章小结

1. 所有的期权和期权组合都可画出盈亏分布图。

2. 期权价值等于内在价值与时间价值之和。内在价值，是指在不考虑标的资产价格波动的情况下期权条款赋予期权多头的最高价值；时间价值，是指在期权剩余期限内标的资产价格的波动为期权多头带来收益的可能性所隐含的价值(波动带来的价值)。期权的时间价值受内在价值的影响，在期权平值点达到最大，并随期权实值程度和虚值程度增加而递减。随着时间的延长，期权的时间价值一般是递增的。标的资产价格波动率越高，时间价值也越大。

3. 期权价格的影响因素有：标的资产的市价、期权的行权价格、期权的剩余期限、标的资产价格的波动率、无风险利率、标的资产的红利。

4. 期权价格的上限都可以表示成 $F\,e^{-r(T-t)}$。欧式看跌期权价格上限为行权价格的现值，美式看跌期权价格的上限就是行权价。期权价格下限就是期权的内在价值。

5. 无论是完美市场，还是现货卖空受限的市场，欧式看涨和看跌期权的平值点都是 $K=F$。美式期权的平值点是不同的。

6. 在值程度比较科学的表达式是 $\ln(K/K_{ATM})$。

7. 提前行权无红利资产美式看涨期权是不合理的，而提前行权美式看跌期权和有红利资产的美式看涨期权，则有可能是合理的。

8. 无论是完美市场，还是现货卖空受限的市场，欧式看涨和看跌期权的平价关系都可以表示为：

$$c=p+(F-K)e^{-r(T-t)}$$

9. 在完美市场中，无红利资产美式期权平价关系为：

$$Fe^{-r(T-t)}-K \leqslant C-P \leqslant (F-K)e^{-r(T-t)}$$

10. 在完美市场中,有红利资产美式期权平价关系为:

$$F\,e^{-r(T-t)}-K\leqslant C-P\leqslant (F-K)\,e^{-r(T-t)}+I$$

11. 除了无红利资产美式看涨期权之外,由于美式期权存在提前行权的可能,因此其内在价值、平值点、价格下限、看跌期权和看涨期权平价均与欧式期权不同。

即测即评

习　题

1. 以下哪些说法是正确的?

A. 期权的买卖双方都必须缴纳保证金

B. 期权空头的可能最大损失是无限的

C. 看跌期权空头有权按行权价买入标的资产

D. 看涨期权空头到期时的可能操作是卖出标的资产

E. 看跌期权空头到期时的可能操作是买进标的资产

F. 看跌期权空头一般认为标的资产价格不会下跌

G. 看涨期权空头一般认为标的资产价格不会上涨

2. 某投资者买进一份看涨期权同时卖出一份标的资产、期限和协议价格都相同的看跌期权。请描述该投资者的状况,并揭示相关衍生产品之间的关系。

3. 请描述如何用期权和远期复制无风险资产。

4. 表 10.8 是某日上证 50ETF 剩余期限为 12 天的期权的报价表,当天的上证 50ETF 现货价格为 2.461,市场上的 12 天利率为 3.3%(连续复利)。请计算各期权的内在价值和时间价值,并分析哪个期权的时间价值最大。

表 10.8　行　权　价

0.393 0	2.05	0.000 8	0.073 0	2.40	0.029 9
0.343 8	2.10	0.001 1	0.048 1	2.45	0.053 5
0.293 1	2.15	0.001 3	0.032 3	2.50	0.087 7
0.242 6	2.20	0.001 6	0.021 2	2.55	0.127 2
0.196 2	2.25	0.003 2	0.014 1	2.60	0.169 8
0.151 1	2.30	0.006 5	0.009 2	2.65	0.214 9
0.109 2	2.35	0.013 9			

5. 请证明期权的时间价值大于等于 0。

6. 简要说明影响期权价格的各个因素及其影响方向,并说明其原因。

7. 欧式期权和美式期权的上下限分别是多少？为什么？

8. 请简要解释以下说法：

（1）深度实值看涨期权与标的资产价格几乎同涨同跌；

（2）深度实值期权价值基本由内在价值构成；

（3）深度虚值期权价值基本由时间价值构成。

9. 一个美式看涨期权的行权价格为 20 元，期限为 5 个月，期权价格为 1.5 元。假定当前股票价格为 19 元，无风险利率为年利率 10%。请问具有相同行权价格和期限的美式看跌期权的上下限分别为多少？

10. 为什么当无风险利率上升及波动率下降时，提前行使美式看跌期权会变得更加吸引人？

11. 为什么一个支付现金红利的美式股票看涨期权，在除息日（已经完成除息）行权永远不会是最佳选择？

12. 假设你是一家负债率很高的公司的唯一股东。该公司的所有债务在 1 年后到期。如果到时公司的价值高于债务，你将偿还债务。否则的话，你将宣布破产并让债权人接管公司。

（1）请将你的股权表示为公司价值的期权；

（2）请将债权人的债权表示为公司价值的期权；

（3）你有什么办法来提高股权的价值？

13. 标的股票价格为 31 元，执行价格为 30 元，无风险年利率为 10%，3 个月期的欧式看涨期权价格为 3 元，欧式看跌期权为 2.25 元，如何套利？如果看跌期权价格为 1 元呢？

14. 期限为 3 个月的欧式看涨和看跌期权，执行价格都为 \$20，现在价格都为 \$3。无风险利率为 10%。现在标的的股票价格为 \$19，并且 1 个月后支付 \$1 的红利。请说明是否存在套利机会？如果存在，将如何套利？套利结果是什么？

15. 假设 c_1、c_2 和 c_3 分别是三个到期时间相同、协议价格分别为 K_1、K_2 和 K_3 的欧式看涨期权价格，且满足 $K_3>K_2>K_1$ 和 $K_3-K_2=K_2-K_1$，试证明：

$$c_2 \leqslant \frac{1}{2}\times(c_1+c_3)$$

16. 考虑一个 5 年期无股息的雇员股票期权，期权可在一年后的任何时间行使。与通常在交易所交易的看涨期权不同，雇员期权不能出售。这一限制对提前行使决策有什么影响？

17. 拥有无红利支付的美式看涨期权多头的投资者有可能采取下列行动中的哪些？说明理由。

A. 一旦有钱可赚就立即执行期权

B. 当股价跌到执行价格以下时，购买一补偿性的看跌期权

C. 当期权处于深度实值时，投资者可以提前执行期权

D. 对于投资者而言，提前执行该期权可能是不明智的

18. 2020 年 2 月 3 日 15:00，沪深 300 股价指数为 3 688.36，2020 年 2 月到期的沪深 300 股指期货价格为 3 591.20，2020 年 2 月到期行权价为 3 600 的沪深 300 股指看涨期权和看跌期权价格分别为 106.20 元和 133.00 元。假设连续复利无风险年利率为 3%，沪深 300

股价指数的年化红利率为 1%。请比较用现货价格和期货价格来计算期权的内在价值、平价点有何不同？并比较用现货价格和期货价格表示的 PCP 平价哪个表现更好。

附录 内在价值与平值点

学界和业界对内在价值和平值点的定义五花八门，其中最常见也是最有代表性的是将当前的标的资产价格作为包括所有期权的平值点，并未区分美式期权与欧式期权的不同特点。常见的教材和文献（Hull，2018①；Neftci，2013②）均采用该方法，上交所、万得资讯等也采用该方法来定义平值点。该方法的优点是简单易懂，但实际应用中存在较大的缺陷。主要问题包括以下几点：

（1）标的资产价格是当前的价格，而欧式期权的行权价格是到期时才可能支付的价格。不同时点的价格不能简单比较，因为货币是有时间价值的。

（2）用该方法确定的同一到期期限的平值看涨期权和平值看跌期权的价格不相等。从理论上说，平值看涨期权和平值看跌期权的全部价值均来源于时间价值，即波动带来的价值，由于标的资产相同，标的资产的波动当然相同，同一到期期限的两类期权价值应该相等。

（3）根据该方法计算的时间价值可能出现负值。因为期权多方只有权利没有义务，时间价值作为波动为期权多方带来隐含好处的价值应当是大于等于零的。

（4）该方法下平值期权的时间价值不是最大的，这有违定义平值点的初衷。

（5）该方法没有对美式和欧式期权做区分。实际上何时可以行权、能否提前行权对于合约的内在价值和时间价值都是有影响的，平值点也理应不同。

（6）该方法没有考虑标的资产具有卖空限制等市场不完美情形。

本书定义的内在价值和平值点具有以下特点：

（1）它是根据内在价值和时间价值的内涵通过两分法得到的自然定义，而不是人为定义。

（2）同一标的、同样期限的欧式平值看涨和看跌期权价格相等。

（3）同样期限、同样行权价的欧式看涨和看跌期权的时间价值总是相等。

（4）可以保证期权的时间价值不会小于 0，所有期权价格的下限就是其内在价值，而且期权的时间价值都在平值点最大。

（5）美式看涨和看跌期权的平值点不同，可以解释美式平值看涨期权和看跌期权价格不相等的问题。

（6）可以区分完美市场与不完美市场两种不同的情形。

虽然对内在价值和平值点的不同定义对期权定价并无直接影响，但分析内在价值和时间价值的主要目的，是帮助理解期权价格的构成要素，深入理解期权价格的本质，更容易制定交易策略，更准确提取市场信息等，故此，本书中采用了在理论上更严谨的内在价值定义，并相应地定义了平值点、实值期权、平值期权和虚值期权的内涵。在后文的分析中读者可以进一步体会到这种定义的妙处。

---

① Hull. Options, Futures, and Other Derivatives [M]. 10th edition. Pearson, 2018.

② Neftci. An Introduction to the Mathematics of Financial Derivatives [M]. Academic Press, 2013.

第十一章 布莱克-舒尔斯-默顿期权定价模型

在所有衍生金融工具定价中，期权定价是最复杂的。自期权交易，尤其是股票期权交易产生以来，学者们一直致力于期权定价问题的探讨。1973 年，美国芝加哥大学教授费雪·布莱克（Fischer Black）和梅隆·舒尔斯（Myron Scholes）发表《期权与公司债务定价》[①]一文，提出了著名的布莱克-舒尔斯期权定价模型，用于确定欧式股票期权价格，在学术界和实务界引起了强烈反响。同年，罗伯特·默顿（Robert C. Merton）独立地提出了一个更一般化的模型。[②] 舒尔斯和默顿因此获得 1997 年的诺贝尔经济学奖。本章将循序渐进，以股票期权为例，尽量深入浅出地介绍布莱克-舒尔斯-默顿期权定价模型（下文简称 B－S－M 模型），并由此导出衍生产品定价的一般方法。

第一节 布莱克-舒尔斯-默顿期权定价模型的基本思路

由于本章内容丰富，涉及随机过程等较复杂的概念，在介绍具体内容之前，本节先对 B－S－M模型的整体思路作一个简要的归纳，并用相对易于理解的方式表述出来，以帮助读者更好地掌握期权定价的内容。

由于最终目标是为股票期权定价，而期权是股票的衍生工具，在已知行权价、期权有效期、无风险利率和标的资产红利的情况下，期权价格变化的唯一不确定性来源就是股票价格的变化。因此，要研究期权的价格，首先必须研究股票价格的变化规律。

通过观察市场，人们普遍接受股票价格的变化过程可以用随机过程[③]来描述。相应地，受其影响的期权价格的变化过程也必然是一个随机过程。事实上，人们发现，股票价格的变化过程可以用一种随机过程——几何布朗运动——较好地[④]加以描述。其具体形式如下[⑤]：

---

① F Black，M Scholes.The pricing of options and corporate liabilities[J].Journal of Political Economy，1973，81(3)：637－659.

② Robert C Merton. Theory of rational option pricing[J]. Bell Journal of Economics，1973，4(1)：141－183.

③ 简要地说，随机过程是指某变量的值以某种不确定的方式随时间变化的过程。显然股票价格和期权价格这两个变量的值都以某种不确定的方式随时间而变化，因此股票价格和期权价格的变化都可以用随机过程来加以描述。

④ 必须强调的是，经验事实证明，几何布朗运动只能说是较好地而非完美地描述了股票价格的变化过程，但从这个较简单的随机过程开始，有助于循序渐进地了解期权定价的基本原理。

⑤ 从本章开始，下标 t 表示该变量在时间上是以某种不确定的方式变化的，不加下标 t 的表示常数，形如 $f(s,t)$ 的表示 f 是 s 和 t 的确定性函数。

$$\frac{\mathrm{d}S_t}{S_t}=\mu\mathrm{d}t+\sigma\mathrm{d}z_t \tag{11.1}$$

本章的第二节将对式(11.1)进行深入的剖析,这里暂时只需明白,等式右边第二项中的 $\mathrm{d}z_t$ 完全捕捉了影响股票价格变化的随机因素。

根据数学家伊藤(K. Itô)提出的伊藤引理(Itô Lemma),当股票价格服从式(11.1)时,作为股票衍生产品的期权价格 f_t 将服从:

$$\mathrm{d}f_t=\left(\frac{\partial f}{\partial S}\mu S_t+\frac{\partial f}{\partial t}+\frac{1}{2}\ \frac{\partial^2 f}{\partial S^2}\sigma^2 S_t^2\right)\mathrm{d}t+\frac{\partial f}{\partial S}\sigma S_t\mathrm{d}z_t \tag{11.2}$$

观察式(11.2)会发现,影响期权价格的随机因素也完全体现在等式右边的第二项中的 $\mathrm{d}z_t$ 上,这与我们的直觉是一致的:股票及其衍生产品(期权价格)都只受到同一种不确定性的影响,其区别只是在于随机因素 $\mathrm{d}z_t$ 前面的系数不同,也就是对随机因素变化的反应程度不同。

如果式(11.1)两边同时乘以$\frac{\partial f}{\partial S}$,并与式(11.2)相减,则可以消去 $\mathrm{d}z_t$ 项。

正如在前面曾经谈到的,金融工程分析过程中的许多数学等式和数学变换都具有丰富的金融内涵。式(11.1)的两边同时乘上$\frac{\partial f}{\partial S}$并将两式相减消去 $\mathrm{d}z_t$,意味着买入$\frac{\partial f}{\partial S}$单位的股票,同时卖空 1 单位的期权,可以构造出一个瞬时内没有不确定性的投资组合。而在一个无套利的市场中,一个没有不确定性的投资组合的收益必须等于无风险利率。这样在数学上,就可以从式(11.1)和式(11.2)的联立方程组中解出一个期权价格 f 所满足的偏微分方程,求解这一方程,就得到了期权价格的最终公式。

以上就是 B－S－M 期权定价模型推导过程的基本思路。大致把握这一思路,将有助于避免在后文的数学推导中迷失方向。在本章第二节中,将介绍为何以及如何采用几何布朗运动来捕捉股票价格的变化规律。本章第三节将推导出股票期权价格 f_t 所满足的布莱克-舒尔斯-默顿微分方程(简称 B－S－M 微分方程),讨论其中蕴含的风险中性定价原理,并求解 B－S－M 微分方程得到期权定价公式。最后,在本章第四节中,将对 B－S－M 模型做进一步的讨论。

第二节　股票价格的变化过程

人们通常用形如式(11.1)

$$\frac{\mathrm{d}S_t}{S_t}=\mu\mathrm{d}t+\sigma\mathrm{d}z_t$$

的几何布朗运动来描绘股票价格的变化过程,这是 B－S－M 期权定价模型的基础性假设,也是金融中最普遍、最重要的假设之一。本节将从介绍几何布朗运动的相关基础知识开始,分析其被选择用于描述股价变化的原因,之后运用伊藤引理推导出几何布朗运动假设下期权所服从的随机过程。需要再次强调的是,几何布朗运动仅仅是一种较好地贴近股票价格变化规律的假设。

如前所述,几何布朗运动中最重要的是 $\mathrm{d}z_t$ 项,它代表影响股票价格变化的随机因素,通常被称为标准布朗运动(standard Brownian motion)或维纳过程(Wiener process)。

一、标准布朗运动

如果连续随机过程 z_t 的初始值为零,并具有以下两个特征,就被定义为标准布朗运动:第一,独立增量,对于任何两个不重合的时间间隔,变量 z_t 的增量相互独立;第二,在任意小的时间间隔 Δt 内,变量 z_t 的增量均服从均值为零、方差等于时间长度的正态分布。

标准布朗运动的简易数学表达式为①:

$$dz_t = \varepsilon_t \sqrt{dt} \tag{11.3}$$

其中,$\varepsilon_t \sim \varphi(0,1)$,即 ε_t 代表从标准正态分布(均值为 0、标准差为 1 的正态分布)中取的一个随机值②。其离散形式为:

$$\Delta z_t = \varepsilon_t \sqrt{\Delta t}$$

显然 Δz_t 服从均值为零、方差为 Δt 的正态分布。

对于任意两个时刻 t 和 $T(T>t)$,随着时间推移,标准布朗运动的值将由 z_t 变为 z_T。将这段较长的时间分为 N 个小时间间隔,z_T-z_t 显然可以看作每个小时间间隔内 z_t 增量之和,即:

$$z_T - z_t = \sum_{i=1}^{N} \varepsilon_i \sqrt{\Delta t_i}$$

其中 $\varepsilon_i(i=1,2,\cdots,N)$ 是在第 i 个时间间隔 Δt_i 中,标准正态分布的随机抽样值。从特征 1 可知,ε_i 是相互独立的,因此 z_T-z_t 也具有正态分布特征,其均值为 0,方差为 $T-t$,标准差为 $\sqrt{T-t}$。

从上述分析可见:① 在任意长度的时间间隔 $T-t$ 中,标准布朗运动的变化值服从均值为 0、标准差为 $\sqrt{T-t}$ 的正态分布。② 在任意长度的时间间隔 $T-t$ 中,方差具有可加性,总是等于时间长度,不受 Δt 如何划分的影响,但标准差就不具有可加性。

事实上,标准布朗运动起源于物理学中对完全浸没于液体或气体中的小粒子运动的描述,以发现这种现象的英国植物学家罗伯特·布朗(Robert Brown)的名字命名。然而,真正用于描述标准布朗运动的随机过程的定义是诺伯特·维纳(Norbert Wiener)给出的,因此标准布朗运动又称维纳过程。

那么,为什么采用维纳过程来描述股票价格变化中的随机因素呢? 下面将不加证明地直接运用维纳过程的一些数学性质来大致解释其在股票价格建模中如此重要的原因。

首先,在维纳过程中用 ε 即标准正态分布的随机变量来反映变量变化的随机特征。现实生活中很多变量的分布都近似于正态分布,加上其在数学上易于处理,使得正态分布成为最常见和最重要的分布假设之一。金融市场也不例外,经验事实证明,股票价格的连续复利收益率近似地服从正态分布。这为维纳过程在股票价格随机过程中的运用奠定了最重要的基础。

---

① 确切地说,标准布朗运动在时间上是处处不可导的,式(11.3)的微分形式在数学上并不精确,但这一形式非常易于理解,因此本书采用这一简易形式介绍标准布朗运动。关于标准布朗运动的详细性质,感兴趣的读者可参见 Shreve S E. Stochastic calculus for finance Ⅱ: Continuous-time models [M]. Springer Science & Business Media, 2004。

② $\varphi(m,s)$ 表示均值为 m,标准差为 s 的正态分布,下文同。

其次,在数学上可以证明,具备特征 1 和特征 2 的维纳过程是一个马尔可夫随机过程(Markov stochastic process)①,这一点与金融学中的弱式效率市场假说不谋而合。1965 年,法玛(Fama)提出了著名的效率市场假说。之后许多学者运用各种数据进行实证分析发现,发达国家的证券市场大体符合弱式效率市场假说,即证券价格变动的历史不包含任何对预测证券价格未来变动有用的信息,也就是说不能通过技术分析获得超额收益。而这一点正好与马尔可夫随机过程的性质相符。

除了上述两个原因,维纳过程在数学上对时间处处不可导和二次变分(quadratic variation)不为零的性质,与股票收益率在时间上存在转折尖点等性质也是相符的。由于所涉及的数学较为复杂,本书中就不再详述。

二、普通布朗运动

维纳过程描述了变量 z_t 的随机运动,然而现实生活中大部分变量的运动过程不仅包括随机波动,还可能存在时间趋势等特征,而且随机波动的方差不一定等于时间长度。因此,需要在维纳过程的基础上拓展至普通布朗运动,以更好地描述随机变量的运动特征。

为介绍普通布朗运动,需引入两个概念:漂移项和方差项。漂移项是指单位时间内变量变化的均值。方差项是指单位时间内变量变化的方差。

令漂移项为 a,方差项为 b^2,如果 a 和 b 均为时间 t 的函数,即:

$$dx_t = a(t)dt + b(t)dz_t \tag{11.4}$$

则我们称随机变量 x_t 服从普通布朗运动,其中 dz_t 为前述标准布朗运动。由于时间 t 是确定性变化的,因此 $a(t)$ 和 $b(t)$ 即使是时变的,也都是确定的。其中最常见的情形是假设 $a(t)$ 和 $b(t)$ 为常数。

式(11.4)表明服从普通布朗运动的变量 x_t 是关于时间和 dz_t 的动态过程。式中的第一项 $a(t)dt$ 为确定项,意味着 x 的漂移速度是每单位时间为 $a(t)$;第二项 $b(t)dz_t$ 是随机项,它代表着对 x_t 的时间趋势过程所添加的噪声,使变量 x_t 围绕着确定趋势上下随机波动,且这种噪声是由维纳过程的 $b(t)$ 倍给出的。

可以看出,普通布朗运动也是连续的随机过程,其保持了标准布朗运动的增量独立同分布性质,仍然具有马尔可夫性和方差可加性,仍然保持了正态分布性质,只是均值和方差发生了变化。从式(11.3)和式(11.4)可知,在短时间 Δt 后,x 值的变化值 Δx 为:

$$\Delta x = a(t)\Delta t + b(t)\varepsilon\sqrt{\Delta t}$$

因此,Δx 也具有正态分布特征,其均值为 $a(t)\Delta t$,标准差为 $b(t)\sqrt{\Delta t}$,方差为 $b(t)^2\Delta t$。同样,在任意时间长度 $T-t$ 后 x 值的变化也具有正态分布特征,其均值为 $a(t)\cdot(T-t)$,标准差为 $b(t)\cdot\sqrt{T-t}$,方差为 $b(t)^2\cdot(T-t)$,在后文将会用到这一结论。

两相对比,标准布朗运动的漂移项为 0,方差项为 1.0。漂移项为 0 意味着在未来任意时刻 z 的均值都等于它的当前值,这一特性被称为鞅性质(martingale);方差项为 1.0 意味着

① 通俗地说,马尔可夫随机过程,是指只有变量的当前值才与未来的预测有关,变量过去的历史和变量从过去到现在的演变方式与未来的预测无关。

在一段长度为 $T-t$ 的时间段后，z 的方差为 $1.0\times(T-t)$。标准布朗运动是普通布朗运动的一个特例。

三、伊藤[①]过程与伊藤引理

在一定的正则性条件下[②]，如果随机变量 x_t 的瞬时变化可以表达为：

$$dx_t = a_t dt + b_t dz_t \tag{11.5}$$

也就是说，x_t 的漂移项和方差项本身可能也是随机过程，我们就称其服从伊藤过程（Itô process）。

可以看到，伊藤过程的核心仍然是标准布朗运动，但由于 a_t 和 b_t 的形式具有很大的一般性，其可能是常数、时间和（或）x_t 的确定性函数，也可能是源于其他风险源的随机过程，因此伊藤过程可以刻画更为丰富的随机过程特征。事实上，由于对 a_t 和 b_t 的形式没有具体设定，伊藤过程可以涵盖任何复杂的连续（不带跳跃的）随机过程。但一般化也同时意味着难度大大提升。例如，一个复杂的伊藤过程可能不再是马尔可夫过程，也就是说，除了当前变量值，历史变量值也可能对未来的预期产生影响，这极大地增加了处理的复杂度。

为了在数学上便于处理，在金融中最常见的一类伊藤过程，是将 a_t 和 b_t 设定为变量 x_t 和时间 t 的确定性函数，

$$dx_t = a(x_t, t)dt + b(x_t, t)dz_t$$

我们称之为扩散过程（diffusion process）。

可以看出，扩散过程在标准布朗运动基础上，在漂移项和方差项中引入了随机性，从而大大提高了灵活性。由于每一期的漂移项和方差项中都包含着随机变量 x_t 自身，多期之后扩散过程的条件分布就无法保证仍然是正态分布，从而能刻画更为一般的动态变化。但扩散过程并未引入新的风险源，并且仍然是连续的随机过程，仍然具有独立增量性质、马尔可夫性和方差可加性，因而在数学上仍然相对易于处理，因而是最常见的伊藤过程。标准布朗运动和普通布朗运动显然都可以视为其特例。

针对伊藤过程，伊藤清进一步推导得到：若变量 x_t 服从伊藤过程，并且 $\frac{\partial G}{\partial x}$、$\frac{\partial^2 G}{\partial x^2}$ 和 $\frac{\partial G}{\partial t}$ 都存在并连续，则变量 x_t 和 t 的函数 $G(x_t, t)$ 将服从如下过程：

$$dG_t = \left(\frac{\partial G}{\partial x}a_t + \frac{\partial G}{\partial t} + \frac{1}{2}\frac{\partial^2 G}{\partial x^2}b_t^2\right)dt + \frac{\partial G}{\partial x}b_t dz_t \tag{11.6}$$

式中：dz_t 仍是一个标准布朗运动。

可以看到，$\frac{\partial G}{\partial x}a_t + \frac{\partial G}{\partial t} + \frac{1}{2}\frac{\partial^2 G}{\partial x^2}b_t^2$ 和 $\frac{\partial G}{\partial x}b_t$ 都是时变的，因此函数 G 也服从伊藤过程，漂移项为 $\frac{\partial G}{\partial x}a_t + \frac{\partial G}{\partial t} + \frac{1}{2}\frac{\partial^2 G}{\partial x^2}b_t^2$，方差项为 $\left(\frac{\partial G}{\partial x}\right)^2 b_t^2$。这就是著名的伊藤引理[③]。

---

① 伊藤清（Kiyoshi Itô）是一位数学家，他在 1951 年提出伊藤过程及下文的伊藤引理。

② a 和 b 需满足以下条件：$\int_0^t |a_s| ds < \infty$，$E\int_0^t b_s^2 ds < \infty$。

③ 式（11.6）的证明过程请参见本章附录 11.1。

例 11.1 和例 11.2 给出了伊藤引理的两个应用。

【例 11.1】

运用伊藤引理推导 $\ln S_t$ 所服从的随机过程

假设变量 S_t 服从：

$$dS_t=\mu S_t dt+\sigma S_t dz_t$$

式中：μ 和 σ 都为常数，则 $\ln S_t$ 将服从怎样的随机过程？

由于 μ 和 σ 是常数，S_t 显然服从 $a(S_t,t)=\mu S_t$，$b(S_t,t)=\sigma S_t$ 的伊藤过程，可以运用伊藤引理推导 $\ln S_t$ 所服从的随机过程。

令 $G_t=\ln S_t$，则：

$$\frac{\partial G}{\partial S}=\frac{1}{S_t},\frac{\partial^2 G}{\partial S^2}=-\frac{1}{S_t^2},\frac{\partial G}{\partial t}=0$$

代入式(11.6)，就可得到 $G_t=\ln S_t$ 所服从的随机过程为：

$$dG_t=d\ln S_t=\left(\mu-\frac{\sigma^2}{2}\right)dt+\sigma dz_t \tag{11.7}$$

如果假设 S_t 为股票价格，则 $d\ln S_t$ 是股票的连续复利收益率。式(11.7)说明了股票的连续复利收益率服从期望值 $\left(\mu-\frac{\sigma^2}{2}\right)dt$，方差为 $\sigma^2 dt$ 的正态分布。

【例 11.2】

运用伊藤引理推导期货价格 F_t 所服从的随机过程

假设无红利标的资产价格 S_t 服从：

$$dS_t=\mu S_t dt+\sigma S_t dz_t$$

式中：μ 和 σ 都为常数，则该标的资产的期货价格 F_t 服从怎样的随机过程？

由于 μ 和 σ 是常数，S_t 显然服从 $a(S,t)=\mu S_t$，$b(S,t)=\sigma S_t$ 的伊藤过程，可以运用伊藤引理推导 F 所服从的随机过程。

由于 $F_t=S_t e^{r(T-t)}$，则：

$$\frac{\partial F}{\partial S}=e^{r(T-t)},\frac{\partial^2 F}{\partial S^2}=0,\frac{\partial F}{\partial t}=-rF_t$$

代入式(11.6)，就可得到 F_t 所服从的随机过程为：

$$dF_t=(\mu-r)F_t dt+\sigma F_t dz$$

这说明，股票期货价格的漂移项比股票小 r，这是因为股票投资需要现金投入，所以投资回报中包含时间报酬和风险报酬，而期货投资无须现金投入（除了少量保证金忽略不计外），因此只有风险报酬。

四、股票[①]价格的变化过程：几何布朗运动

前文已经数次提及，股票价格的变化过程可以用形如式（11.1）的几何布朗运动来描述

$$\frac{\mathrm{d}S_t}{S_t}=\mu\mathrm{d}t+\sigma\mathrm{d}z_t$$

式中：S_t 表示股票价格；μ 和 σ 都为常数。两边同时乘以 S_t 可得

$$\mathrm{d}S_t=\mu S_t\mathrm{d}t+\sigma S_t\mathrm{d}z_t$$

显然这是一个漂移项为 μS_t、方差项为 $\sigma^2S_t^2$ 的伊藤（扩散）过程。其中 μ 常被业界和学界称为漂移率，σ 则被称为波动率。

本节的第一部分已经讨论了为何用标准布朗运动来捕捉股票价格变化中的随机因素。接下来，我们说明为何要采用几何布朗运动这一特定的伊藤过程来描述股票价格的随机过程。其主要原因有二：

第一，可以避免股票价格为负从而与有限责任相矛盾的问题。从例 11.1 我们已经知道，如果股票价格服从几何布朗运动，有式（11.7）

$$\mathrm{d}G_t=\mathrm{d}\ln S_t=\left(\mu-\frac{\sigma^2}{2}\right)\mathrm{d}t+\sigma\mathrm{d}z_t$$

从自然对数的定义域可知，在几何布朗运动中的 S_t 不能为负数，这显然与股票价格非负的性质是一致的。

第二，几何布朗运动意味着股票连续复利收益率服从正态分布，这与实际较为吻合。从式（11.7）可以看出，在几何布朗运动下，股票价格的对数服从普通布朗运动，具有恒定的漂移项 $\mu-\frac{\sigma^2}{2}$ 和恒定的方差项 σ^2。由前文普通布朗运动的性质可知，当一个随机变量服从普通布朗运动 $\mathrm{d}x_t=a\mathrm{d}t+b\mathrm{d}z_t$ 时，其在任意时间长度 $T-t$ 内的变化值都服从均值为 $a\cdot(T-t)$、方差为 $b^2\cdot(T-t)$ 的正态分布。也就是说，

$$\ln S_T-\ln S_t\sim\varphi\left\{\left(\mu-\frac{\sigma^2}{2}\right)\cdot(T-t),\sigma\sqrt{T-t}\right\}\tag{11.8}$$

式中：$\ln S_t$ 和 $\ln S_T$ 分别为当前 t 时刻和未来 T 时刻股票价格的自然对数。根据第 1 章中连续复利收益率的知识，$\ln S_T-\ln S_t$ 就是股票价格在 $T-t$ 期间的连续复利收益率。以图 11.1 中的沪深 300 指数和上证 50ETF 为例，现实生活中的股票对数收益率虽然与正态分布并不完全一致，但大致服从钟形分布。用正态分布来刻画股票对数收益率的真实分布，是可以接受的假设。

进一步看，由于在 t 时刻，$\ln S_t$ 是已知的，因此 $\ln S_T$ 的条件分布为：

$$\ln S_T\sim\varphi\left\{\ln S_t+\left(\mu-\frac{\sigma^2}{2}\right)\cdot(T-t),\sigma\sqrt{T-t}\right\}\tag{11.9}$$

也就是说，股票价格服从几何布朗运动意味着未来 T 时刻股票价格的对数 $\ln S_T$ 服从正态分布，即未来 T 时刻的股票价格 S_T 服从对数正态分布。根据对数正态分布的基本性质，S_T 的条件均值与条件方差分别为：

---

① 这里的股票专指无红利股票，红利对股票价格随机过程和期权定价的影响将在下文专门讨论。

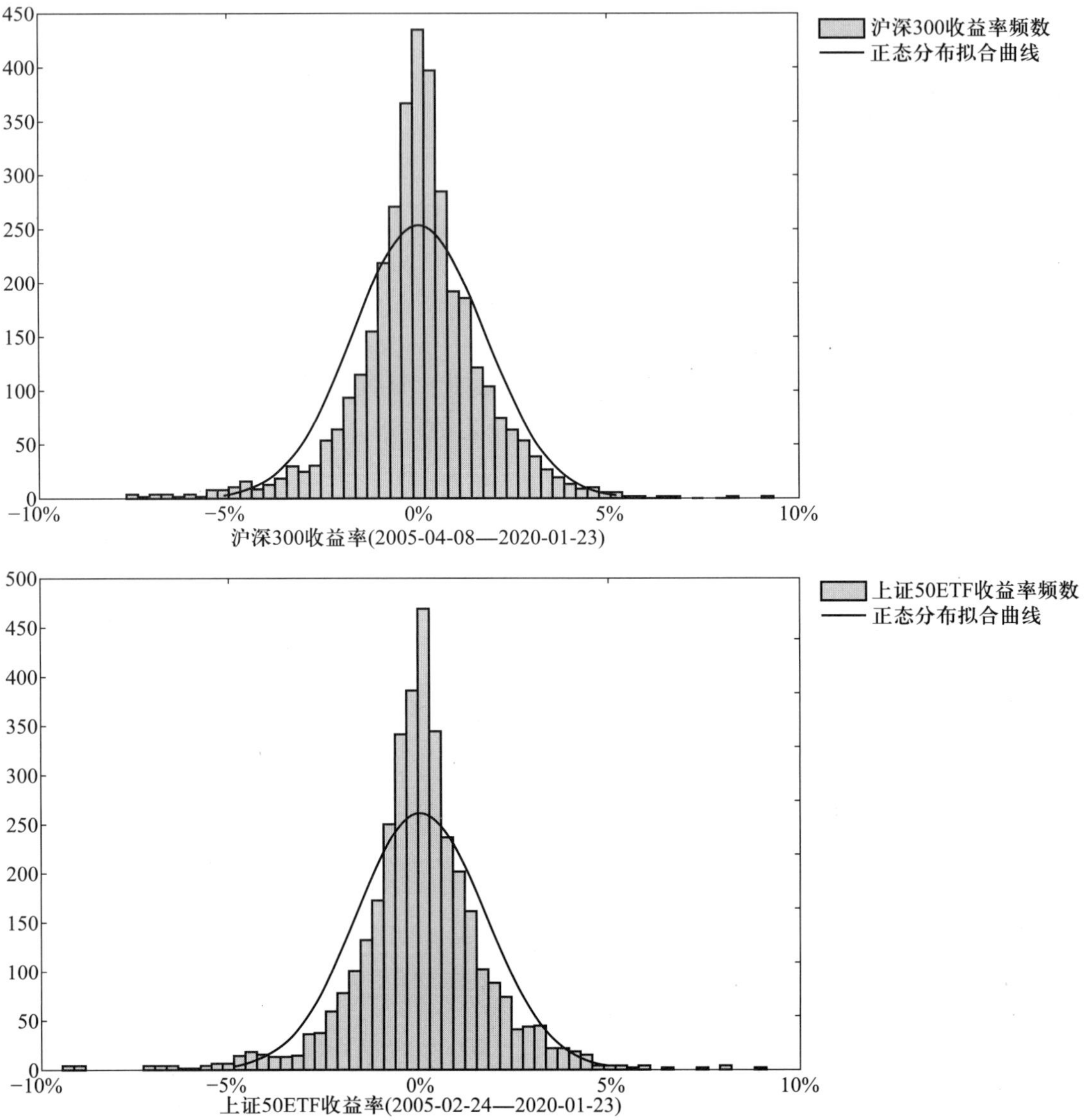

图 11.1　沪深 300 指数和上证 50ETF 的历史分布

$$\mathbb{E}_t(S_T)=S_t e^{\mu(T-t)}$$
$$var_t(S_T)=S_t^2 e^{2\mu(T-t)}\left[e^{\sigma^2(T-t)}-1\right] \tag{11.10}$$

总之,几何布朗运动意味着未来 T 时刻的股票价格 S_T 服从对数正态分布或股票连续复利收益率服从正态分布,而金融中的大量经验事实证明这些假设基本符合现实,加上其在数学和计量上相对易于处理,因此股票价格服从几何布朗运动长期以来一直是金融中的一个经典假设。

【例 11.3】

几何布朗运动下股票价格的条件概率分布

设 A 股票当前价格为 50 元，漂移率为每年 18%，波动率为每年 20%，假设该股票价格服从几何布朗运动且该股票在 6 个月内不付红利，请问该股票 6 个月后的价格 S_T 的条件概率分布如何？条件期望和条件标准差分别是多少？

由式(11.9)可知，6 个月后 S_T 的条件概率分布为

$$\ln S_T \sim \varphi\left\{\ln 50+\left(0.18-\frac{0.04}{2}\right)\times 0.5, 0.2\times\sqrt{0.5}\right\}$$

即 $\ln S_T \sim \varphi(3.992, 0.141)$ 。

由于一个正态分布变量取值位于均值左右两个标准差范围内的概率为 95%，因此，置信度为 95%时，

$$3.71<\ln S_T<4.274$$

$$40.85<S_T<71.81$$

因此，6 个月后 A 股票价格落在 40.85 元到 71.81 元之间的概率为 95%。根据式(11.10)相应的条件期望和条件方差为

$$\mathbb{E}_t(S_T)=50\mathrm{e}^{0.18\times 0.5}=54.71$$

$$var_t(S_T)=2\,500\mathrm{e}^{2\times 0.18\times 0.5}\times(\mathrm{e}^{0.04\times 0.5}-1)=60.46$$

半年后，A 股票价格的条件期望值为 54.71 元，条件标准差则为 $\sqrt{60.46}$ 或 7.78。

对于几何布朗运动，有几个彼此有关又特别容易引起混淆的要点：

第一，由于随机项 $\mathrm{d}z_t$ 的存在，不能简单地将普通微积分公式 $\frac{\mathrm{d}S}{S}=\mathrm{d}\ln S$ 直接代入式(11.1)的左边得到

$$\mathrm{d}\ln S_t=\mu \mathrm{d}t+\sigma \mathrm{d}z_t$$

而应该像例 11.1 那样，运用伊藤引理得到式(11.7)。

$$\mathrm{d}\ln S_t=\left(\mu-\frac{1}{2}\sigma^2\right)\mathrm{d}t+\sigma \mathrm{d}z_t$$

也就是说，在式(11.1)的几何布朗运动下，股票价格对数收益率的年化期望值是 $\mu-\frac{\sigma^2}{2}$，而非 μ。

第二，到底是连续复利收益率还是百分比收益率服从正态分布？如果直接对式(11.1)进行离散化处理，可以得到，在一个很短的瞬间 Δt 中，股票价格的百分比收益率 $\frac{\Delta S_t}{S_t}$ 服从

$$\frac{\Delta S_t}{S_t}=\mu\Delta t+\sigma\varepsilon_t\sqrt{\Delta t}$$

也就是说，在很短的时间内，$\frac{\Delta S_t}{S_t}$ 也具有正态分布特征，其均值为 $\mu\Delta t$，方差为 $\sigma^2\Delta t$。然而，如

果时间段较长，即使假设每个短时间间隔 Δt 内百分比收益率$\frac{\Delta S}{S}$都服从正态分布，但由于较长时间内的百分比毛收益率为每个短时间百分比收益率的乘积（例如股票价格先增长15%，再下跌5%，则其总的百分比收益率应为 $(1+15\%)\times(1-5\%)=1.0925\%$，即股票只上涨9.25%，而非10%），而正态分布变量的乘积并不服从正态分布，所以几何布朗运动至多只能意味着短时间内的百分比收益率服从正态分布，在长时期内其正态分布的性质不再存在。

与百分比收益率不同，较长时间内的连续复利收益率为每个短时间连续复利收益率之和（例如连续两个时间间隔的连续复利收益率分别为15%和-5%，则其总的连续复利收益率是10%），由于独立正态分布变量之和仍为正态分布，因此无论期限多长，总的连续复利收益率都仍能服从正态分布。

总之，几何布朗运动意味着任意期限的连续复利收益率服从正态分布。而在几何布朗运动下，至多只能认为在短时间内，股票价格的百分比收益率服从正态分布。不仅如此，百分比收益率的取值范围与正态分布取值也存在着天然的矛盾。因此在金融中，特别是涉及概率分布的地方，相对百分比收益率，连续复利收益率是更为科学和常见的选择。

第三，可以看出，短时间间隔 Δt 内百分比收益率的年化期望值为 μ，而连续复利收益率的年化期望值仅为 $\mu-\frac{\sigma^2}{2}$，股票价格的波动越大，两者的差异也越大。再从式（11.10）可以看到，T 时刻股票价格 S_T 的期望值为 $S_t e^{\mu(T-t)}$。如何理解这三个期望值？从经济角度，μ 可以理解为多期百分比收益率的算术平均，而 $\mu-\frac{\sigma^2}{2}$则可以理解为多期百分比收益率的几何平均，显然略低的后者更为合理。例如，某投资组合的3年百分比收益率分别为10%、6%和-4%。如果使用算术平均，3年的年化平均收益率为4%，但由于回报存在波动，几何平均得到的年化平均收益率约为3.83%，这才是连续投资的真实回报率。而式（11.10）中股票价格的期望值 $S_t e^{\mu(T-t)}$ 则是运用连续复利收益率的年化期望值 $\mu-\frac{\sigma^2}{2}$ 和正态分布的特性得到的：

$$\mathbb{E}_t(S_T)=\mathbb{E}_t(e^{\ln S_T})=e^{\mathbb{E}_t(\ln S_T)+\frac{1}{2}var_t(\ln S_T)}=e^{\ln S_t+\left(\mu-\frac{\sigma^2}{2}\right)(T-t)+\frac{\sigma^2}{2}(T-t)}=S_t e^{\mu(T-t)}$$

$$E_t(e^x)\neq e^{E_t(x)}$$

由于e^x函数是非线性的，e^x 函数的期望值并不等于 x 的期望值再以 e 为底求指数，即 $E[e^x]\neq e^{E[x]}$。因此股票价格的期望值 $E_t(S_T)$ 等于 $S_t e^{\mu(T-t)}$ 并不意味着年化连续复利收益率的期望值为 μ。

综合以上讨论，对于几何布朗运动来说，$\mu-\frac{\sigma^2}{2}$才是合理的股票连续复利收益率期望值。

第四，从式（11.8）可以看到

$$\ln S_T-\ln S_t\sim\varphi\left\{\left(\mu-\frac{\sigma^2}{2}\right)\cdot(T-t),\sigma\sqrt{T-t}\right\}$$

因此几何布朗运动中的 σ 是股票连续复利收益率的年化标准差。注意 σ 既不是股票价格，也不是股票百分比收益率的年化标准差，但却常常被简化称为股票价格的波动率（volatility）。

五、漂移率 μ 与波动率 σ

要运用几何布朗运动，其中的参数 μ 与 σ 显然是十分重要的。我们已经了解，漂移率 μ 是股票预期年化收益率的主要部分，单位为年；而 σ 则是股票连续复利收益率的年化标准差，单位为 $\sqrt{年}$ 。

事实上，股票预期年化收益率是人类孜孜以求但却永远无法准确预测的一个重要参数。在经典金融理论中，根据资本资产定价原理（CAPM），μ 的大小取决于无风险利率、标的股票的系统性风险和市场的风险收益偏好。由于风险收益偏好受制于主观因素，因此 μ 是无法准确预测的。幸运的是，我们将在后文看到，在一定的条件下，衍生产品（包括期权）的定价与 μ 是无关的，从而在期权定价中无须考虑 μ 的估计。

对衍生产品的定价来说，波动率 σ 则是非常重要且不可回避的参数。股票价格的波动率可理解为股票价格的"脾气"，刻画了股票收益率围绕着均值上下震荡的幅度。我们将在本章第三节的最后简要介绍波动率的估计方法。值得注意的是，在几何布朗运动中，σ 是常数。而实际上，股票价格的脾气是会变的，σ 会随时间而变化。因此对于股票价格服从几何布朗运动，通常认为假设常数波动率是其最大的不足。

六、衍生产品所服从的随机过程

当股票价格服从几何布朗运动即：

$$dS_t = \mu S_t dt + \sigma S_t dz_t$$

时，由于衍生产品价格 G 是标的价格 S_t 和时间 t 的函数 $G(S_t, t)$，根据伊藤引理，衍生产品的价格 G_t 应服从如下过程：

$$dG_t = \left(\frac{\partial G}{\partial S}\mu S_t + \frac{\partial G}{\partial t} + \frac{1}{2}\frac{\partial^2 G}{\partial S^2}\sigma^2 S_t^2\right) dt + \frac{\partial G}{\partial S}\sigma S_t dz_t \tag{11.11}$$

比较式（11.1）和式（11.11）可看出，衍生产品价格 G_t 和股票价格 S_t 都受同一个不确定性来源 dz_t 的影响，这对推导衍生产品的定价公式很重要。

第三节　布莱克-舒尔斯-默顿期权定价公式

了解股价和衍生产品价格所服从的随机过程后，我们就可以开始学习著名的布莱克-舒尔斯-默顿偏微分方程和期权定价公式。

一、布莱克-舒尔斯-默顿偏微分方程

由于衍生产品价格和标的股票价格都受同一种不确定性 dz_t 的影响，若匹配适当，这种不确定性就可以相互抵消。因此，构建一个包括一单位衍生产品空头和若干单位标的股票多头的投资组合，若数量适当，股票多头与衍生产品空头的盈亏可以相互抵消，所以在很短的时间 Δt 内该投资组合是无风险的。那么，在无套利机会的情况下，该投资组合在 Δt 内的收益率应该等于无风险利率，由此可以推导得到 B-S-M 偏微分方程，进而得到 B-S-M 期权定价公式。

推导 B-S-M 偏微分方程需要用到如下假设：

（1）不存在无风险套利机会；

（2）允许卖空标的股票；

（3）没有交易费用和税收；

（4）证券交易是连续的，价格变动也是连续的；

（5）所有证券都完全可分；

（6）股票价格服从几何布朗运动，即 μ 和 σ 为常数；

（7）在衍生产品有效期内，无风险连续复利利率 r 为常数；

（8）在衍生产品有效期内标的股票无红利。

上述假设有的对于衍生产品定价至关重要，有的假设则是为了把复杂的问题尽量简化，以突出关键问题，这些假设可以加以放松。本章第四节将对这些假设和 B－S－M 模型的具体运用进行深入讨论。

假设股票价格 S_t 服从几何布朗运动，即：

$$dS_t=\mu S_t dt+\sigma S_t dz_t$$

在一个小的时间间隔 Δt 中，S_t 的变化值 ΔS_t 近似为：

$$\Delta S_t=\mu S_t\Delta t+\sigma S_t\Delta z_t \tag{11.12}$$

假设 f_t 是依赖于 S_t 的衍生产品的价格，则 f_t 一定是 S_t 和 t 的函数，从式（11.11）可得 f_t 服从：

$$df_t=\left(\frac{\partial f}{\partial S}\mu S_t+\frac{\partial f}{\partial t}+\frac{1}{2}\frac{\partial^2 f}{\partial S^2}\sigma^2 S_t^2\right)dt+\frac{\partial f}{\partial S}\sigma S_t dz_t$$

在一个小的时间间隔 Δt 中，f_t 的变化值 Δf_t 近似满足：

$$\Delta f_t=\left(\frac{\partial f}{\partial S}\mu S_t+\frac{\partial f}{\partial t}+\frac{1}{2}\frac{\partial^2 f}{\partial S^2}\sigma^2 S_t^2\right)\Delta t+\frac{\partial f}{\partial S}\sigma S_t\Delta z_t \tag{11.13}$$

可以看出，式（11.12）和式（11.13）中的 Δz_t 相同，因此只要选择适当数量的衍生产品和标的股票构造组合就可以消除不确定性。为了消除 Δz_t，我们构建一个包括一单位衍生产品空头和 $\frac{\partial f}{\partial S}$ 单位标的股票多头的组合。令 Π 代表该投资组合的价值，则：

$$\Pi_t=-f_t+\frac{\partial f}{\partial S}S_t \tag{11.14}$$

在 Δt 时间后，该投资组合的价值变化 $\Delta\Pi_t$ 为：

$$\Delta\Pi_t=-\Delta f_t+\frac{\partial f}{\partial S}\Delta S_t \tag{11.15}$$

将式（11.12）和式（11.13）代入式（11.15），可得：

$$\Delta\Pi_t=\left(-\frac{\partial f}{\partial t}-\frac{1}{2}\frac{\partial^2 f}{\partial S^2}\sigma^2 S_t^2\right)\Delta t \tag{11.16}$$

由于式（11.16）中不含有 Δz_t，该组合的价值在一个小的时间间隔 Δt 内的变化是确定的，在无套利的条件下，该组合在 Δt 中的瞬时收益率一定等于 Δt 中的无风险收益率，即：

$$\Delta\Pi_t=r\Pi_t\Delta t$$

把式（11.14）和式（11.16）代入上式得：

$$\left(\frac{\partial f}{\partial t}+\frac{1}{2}\ \frac{\partial^2 f}{\partial S^2}\sigma^2 S_t^2\right)\Delta t=r\left(f_t-\frac{\partial f}{\partial S}S_t\right)\Delta t$$

化简为：

$$\frac{\partial f}{\partial t}+rS_t\ \frac{\partial f}{\partial S}+\frac{1}{2}\sigma^2 S_t^2\ \frac{\partial^2 f}{\partial S^2}=rf_t \tag{11.17}$$

这就是著名的 B－S－M 偏微分方程，它是衍生产品价格 f_t 所满足的方程。我们一直坚持使用衍生产品而非期权来表述，是因为 B－S－M 微分方程实际上适用于其价格仅取决于标的价格 S（S 必须服从几何布朗运动）和时间 t 的所有衍生产品，股票期权仅是其中的一个特例。在一定的边界条件[①]下求解式（11.17），就可以得到 f_t 所满足的表达式，也就是衍生产品的定价公式。

应该注意的是，当 S_t 和 t 变化时，$\frac{\partial f}{\partial S}$ 的值也会变化，因此上述投资组合并不是永远无风险的，它只是在一个很短的时间间隔 Δt 中才是无风险的。在一个较长的时间中，要保持该投资组合无风险，必须根据$\frac{\partial f}{\partial S}$的变化而相应调整标的股票的数量，以实现组合动态无风险。

二、布莱克-舒尔斯-默顿期权定价公式

（一）无红利资产欧式看涨期权的定价公式

从 B－S－M 偏微分方程的推导过程可以看出，期权是可以用股票和债券动态复制出来的。因此我们可以直接使用风险中性定价法为期权定价。

必须强调的是：风险中性定价仅仅是为了衍生品定价而做出的技术假定，并不意味着我们真的认为市场投资者是风险中性的，但通过这种假定得到的定价结果，不仅适用于风险中性的情形，也适用于投资者厌恶风险的所有情形。这就如同一个物理实验，如果其在现实有空气的情况下无法得到结论，但在真空实验室中则很容易完成。若我们能证明有否空气对试验结果是没有影响的，显然我们可以将试验移至真空实验室完成，其试验结果同样适用于现实情形。

接下来我们直接运用风险中性定价原理来求解期权定价公式[②]。

我们首先讨论最简单的情形——无红利股票的欧式看涨期权。根据风险中性定价原理，欧式看涨期权的价格 c_t应等于其到期回报的风险中性期望值按无风险利率进行贴现后的现值，即：

$$c_t=\mathrm{e}^{-r(T-t)}\hat{E}_t[\max(S_T-K,0)] \tag{11.18}$$

式中：t 和 T 分别为当前时刻和欧式期权到期时刻，$\hat{E}_t$表示风险中性测度下 t 时刻条件期望

① 对于不同衍生产品而言，其主要的边界条件就是到期回报，例如看涨期权到期边界条件为 $\max(S_T-K,0)$，而远期合约到期边界条件为 S_T-K。虽然同一标的的衍生证券所满足的偏微分方程都是式（11.17），但不同边界条件得到的解是不同的。

② 我们还可以运用数学方法解偏微分方程式（11.17），解出期权价值 f_t的表达式，即期权定价公式。但难度较大，此处不再详述。

算子；$\hat{E}_t[\max(S_T-K,0)]$为欧式看涨期权到期回报的风险中性期望值；S_T为 T 时刻的标的股票价格；K 为期权行权价。

式(11.18)中唯一的随机变量是 S_T。在风险中性测度下，股票价格的漂移率为无风险利率 r。求风险中性期望值 $\hat{E}_t[\max(S_T-K,0)]$，就是用 r 取代式(11.9)中的漂移项 μ，即：

$$\ln S_T \sim \varphi\left\{\ln S_t+\left(r-\frac{\sigma^2}{2}\right)(T-t),\sigma\sqrt{T-t}\right\} \tag{11.19}$$

然后通过积分求期望①，可以得到：

$$c_t=S_tN(d_1)-Ke^{-r(T-t)}N(d_2) \tag{11.20}$$

式中：

$$d_1=\frac{\ln\left(\frac{S_t}{K}\right)+\left(r+\frac{\sigma^2}{2}\right)(T-t)}{\sigma\sqrt{T-t}}$$

$$d_2=\frac{\ln\left(\frac{S_t}{K}\right)+\left(r-\frac{\sigma^2}{2}\right)(T-t)}{\sigma\sqrt{T-t}}=d_1-\sigma\sqrt{T-t}$$

$N(\cdot)$为标准正态分布变量的累积概率分布函数。根据标准正态分布函数特性，有 $N(-x)=1-N(x)$。

式(11.20)就是著名的 B－S－M 期权定价公式。这个公式最早产生时，就是针对股票期权进行定价的。显然，该公式适用于无红利可交易资产的欧式看涨期权定价，前提是市场无套利和可复制，且标的资产价格服从几何布朗运动。

B－S－M 期权定价公式看起来很复杂。可以从三个角度来理解这个公式的金融含义。

首先，期权定价公式(11.20)的右边可以看作一个与欧式看涨期权等价的(或者说是复制期权)的投资组合，这个投资组合由股票和负债两部分组成。可以证明，$N(d_1)=\frac{\partial c}{\partial S}$②是构造无风险组合 Π 时的 Δ，就是复制投资组合中股票的数量，$S_tN(d_1)$就是股票的市值，而 $Ke^{-r(T-t)}N(d_2)$则可以视为复制交易策略中负债的价值。由于主要参数都是时变的，因此这种复制策略是动态复制策略，必须不断调整相关头寸数量。

其次，从附录的推导过程中可以看出，$N(d_2)$是在风险中性测度下 S_T 大于 K 的概率，或者说欧式看涨期权被行权的风险中性概率，因此 $Ke^{-r(T-t)}N(d_2)$是行权价格与行权(风险中性)概率乘积以无风险利率贴现到当前时刻的现值；更通俗地说，可以看成预期行权所需支付现金的现值。而 $e^{r(T-t)}S_tN(d_1)=\hat{\mathbb{E}}_t(S_T)N(d_1)$则是在风险中性测度下，如果$S_T\geqslant K$ 就等于 S_T，否则就等于 0 的变量的期望值。$S_tN(d_1)$是这个期望值的贴现值，可以看成期权持有者预期行权所得回报的现值。因此，整个看涨期权定价公式就是在风险中性世界里期权未来期望回报的现值。

最后，从金融工程的角度来看，欧式看涨期权可以分拆为或有资产看涨期权(asset-or-

① 详细推导过程请见本章附录 11.2。

② 参见本章习题 7。

nothing call option）多头和或有现金看涨期权（cash-or-nothing call option）空头的组合，$S_tN(d_1)$是或有资产看涨期权的价值，$-Ke^{-r(T-t)}N(d_2)$是K份或有现金看涨期权空头的价值。[①]

（二）无红利资产欧式看跌期权的定价公式

根据无红利资产欧式看涨期权和看跌期权之间的平价关系（参见式（10.22））：

$$c_t+Ke^{-r(T-t)}=p_t+S_t$$

可以从式（11.20）的看涨期权定价公式推出无红利资产欧式看跌期权的定价公式：

$$p_t=Ke^{-r(T-t)}N(-d_2)-S_tN(-d_1) \tag{11.21}$$

各参数定义如前。

下面，用例11.4来帮助读者理解和运用期权定价公式。

【例11.4】

无红利资产的欧式期权定价

假设某只不支付红利股票的市价为50元，无风险利率为12%，该股票的年波动率为10%，求该股票的行权价格为50元、期限1年的欧式看涨期权和看跌期权价格。

相关参数表达如下：$S_t=50, K=50, r=0.12, \sigma=0.1, T=1$。

计算过程可分为三步：

第一步，先算出d_1和d_2。

$$d_1=\frac{\ln(50/50)+(0.12+0.01/2)\times 1}{0.1\times\sqrt{1}}=1.25$$

$$d_2=d_1-0.1\times\sqrt{1}=1.15$$

第二步，计算$N(d_1)$和$N(d_2)$。

$$N(d_1)=N(1.25)=0.8944$$

$$N(d_2)=N(1.15)=0.8749$$

第三步，将上述结果及已知条件代入式（11.20）和式（11.21），可以得到欧式看涨期权和看跌期权价格分别为：

$$c_t=50\times 0.8944-50\times 0.8749e^{-0.12\times 1}=5.92\text{元}$$

$$p_t=50\times(1-0.8749)e^{-0.12\times 1}-50\times(1-0.8944)=0.27\text{元}$$

在本例中，标的资产行权价格和现货价格相等，但看涨期权的价格却与看跌期权的价格相差悬殊，原因在于利率和到期期限对期权价格的影响。在本例中，利率高达12%，到期期限长达一年。在这种情况下，行权价格的现值将大大降低。因此，以第十章定义的平值点来看，本例中的看涨期权是实值期权而看跌期权则是一个虚值期权，这两者的期权价格不会相等。这再次说明了本书关于内在价值和时间价值定义法的科学性。

对平值期权来说，由于$S_t=Ke^{-r(T-t)}$，代入式（11.20）可得：

---

① 关于或有资产期权和或有现金价值期权的介绍，详见第十六章。

$$c_t/S_t = p_t/S_t = N\left(\frac{\sigma}{2}\sqrt{(T-t)}\right) - N\left(-\frac{\sigma}{2}\sqrt{(T-t)}\right) \approx 0.4\sigma\sqrt{T-t}$$

也就是说,平值的看涨(看跌)期权价格与股价之比与股价、利率都无关,只与波动率和时间有关。通过数值分析可以发现,对两年以下的短期期权而言,c_t/S_t和 p_t/S_t几乎与波动率是同比例变化的,如表 11.1 所示。可以看到,对波动率低于 30%的期权来说,期限延长 n 倍,c_t/S_t和 p_t/S_t的增幅不足$\sqrt{n}$。波动率越大,c_t/S_t和 p_t/S_t随时间延长的增幅越慢。例如,当波动率等于 1%时,1 年期的 c_t/S_t和 p_t/S_t等于 0.4%,4 年期等于 0.8%(即 0.4%×$\sqrt{4}$),16 年期等于 1.6%(即 0.4%×$\sqrt{16}$)。

表 11.1 平价期权股价之比与波动率及期限的关系*

波动率	期限/年									
	0.1	0.2	0.4	0.5	0.9	1	2	4	9	16
1%	0.001 3	0.001 8	0.002 5	0.002 8	0.003 8	0.004 0	0.005 6	0.008 0	0.012 0	0.016 0
2%	0.002 5	0.003 6	0.005 0	0.005 6	0.007 6	0.008 0	0.011 3	0.016 0	0.023 9	0.031 9
5%	0.006 3	0.008 9	0.012 6	0.014 1	0.018 9	0.019 9	0.028 2	0.039 9	0.059 8	0.079 7
10%	0.012 6	0.017 8	0.025 2	0.028 2	0.037 8	0.039 9	0.056 4	0.079 7	0.119 2	0.158 5
20%	0.025 2	0.035 7	0.050 4	0.056 4	0.075 6	0.079 7	0.112 5	0.158 5	0.235 8	0.310 8
30%	0.037 8	0.053 5	0.075 6	0.084 5	0.113 2	0.119 2	0.168 0	0.235 8	0.347 3	0.451 5
50%	0.063 0	0.089 0	0.125 6	0.140 3	0.187 5	0.197 4	0.276 3	0.382 9	0.546 7	0.682 7
70%	0.088 1	0.124 4	0.175 2	0.195 5	0.260 1	0.273 7	0.379 4	0.516 1	0.706 3	0.838 5
80%	0.100 7	0.142 0	0.199 7	0.222 7	0.295 7	0.310 8	0.428 4	0.576 3	0.769 9	0.890 4
100%	0.125 6	0.176 9	0.248 2	0.276 3	0.364 7	0.382 9	0.520 5	0.682 7	0.866 4	0.954 5

* 相关计算见本书所附软件,在本书网站上可下载。

(三) 无红利资产美式期权的定价公式

在第十章中我们已经讨论过,在标的资产无红利情况下,美式看涨期权的最优选择是不要提前行权,因此其价值等于其他条件都相同的欧式看涨期权,即 $C_t = c_t$。因此无红利资产美式看涨期权的价值 C_t也是:

$$C_t = S_t N(d_1) - K\mathrm{e}^{-r(T-t)} N(d_2)$$

各参数定义如前。

无红利资产美式看跌期权则有可能提前行权,其价值不低于其他条件都相同的欧式看涨期权。由于美式看跌期权与看涨期权之间不存在严密的平价关系,因此美式看跌期权的定价无法得到一个精确的解析公式,但可以用蒙特卡罗模拟、二叉树和有限差分三种数值方法①以及解析近似方法求出。

① 我们将在第十二章介绍期权定价的这三种数值方法。

三、有红利资产的期权定价公式

到现在为止,我们一直假设期权的标的资产在期权存续期内不支付红利。实际上,如果红利可以准确预测,或者说是已知的,那么有红利资产的期权定价并不复杂,很多情况可以简单由前述定价公式拓展得到。

(一) 有红利资产欧式期权的定价公式

在红利已知的情况下,可以把标的资产的价格分解成两部分:期权有效期内已知红利的现值部分和有风险部分。在期权到期之前,红利现值部分将由于标的资产支付红利而消失。因此,只要从标的资产当前的价格 S 中消去红利现值部分,将剩下有风险部分的价格作为真正影响期权价值的标的资产价格,用 σ 表示资产价格中有风险部分的波动率[①],就可直接套用式(11.20)和式(11.21)分别计算出有红利资产的欧式看涨期权和看跌期权的价值。具体地说:

(1) 当标的资产已知红利的现值为 I_t 时,只要用(S_t-I_t)代替式(11.20)和式(11.21)中的 S_t,即可求出已知红利资产的欧式看涨和看跌期权的价格。

(2) 当标的资产的红利为按连续复利计算的已知红利率 q(单位为年)时,只要将 $S_t e^{-q(T-t)}$ 代替式(11.20)和式(11.21)中的 S_t,就可求出支付连续复利红利率资产的欧式看涨和看跌期权的价格。这个方法在股票指数期权、外汇期权和期货期权中广泛应用,第十五章将对此进行更详细的讨论。

(二) 有红利资产美式期权的定价

1. 有红利资产的美式看涨期权

当标的资产在期权存续期内有支付红利时,美式看涨期权就有提前行权的可能,因此有红利资产美式期权的定价较为复杂,费雪·布莱克(Fischer Black)提出了一种计算有红利资产美式看涨期权价格的近似处理方法。该方法是先确定提前行权美式看涨期权是否合理。若不合理,就按欧式期权处理;若在 t_i 时刻提前行权可能是合理的,则分别计算在 T 时刻(期权合约到期)和 t_i 时刻到期的欧式看涨期权的价格,然后将其中的较大者作为美式看涨期权的价格。大多数情况下,这种近似效果都不错。

【例 11.5】

有红利资产美式看涨期权的定价

假设一种 1 年期的美式股票看涨期权,标的股票在 5 个月和 11 个月后各有一个除权日,每个除权日的红利为 1.0 元,标的股票当前的市价为 50 元,期权行权价格为 50 元,标的股票波动率为每年 30%,无风险连续复利年利率为 10%,求该期权的价值。

第一步,要判断该期权是否应提前行权。根据第十章的结论,美式看涨期权不提前行权的条件是红利低于行权价的利息:$D_i \leqslant K[1-e^{-r(t_{i+1}-t_i)}]$ 和 $D_n \leqslant K[1-e^{-r(T-t_n)}]$,其中 $i=1,2,\cdots,n$ 表示第 i 个除权日前。

在本例中,$D_1=D_2=1$ 元。计算可得,第一个除权日前不等式右边为:

---

① 从理论上说,风险部分的波动率并不完全等于整个证券价格的波动率,有风险部分的波动率近似等于整个证券价格波动率乘以 $S_t/(S_t-I_t)$,这里 I_t 是红利现值。但在本书中为方便起见,假设两者是相等的。

$$K[1-e^{-r(t_2-t_1)}]=50\times(1-e^{-0.1\times0.5})=2.438\ 5\ \text{元}$$

2.438 5 元>1 元，因此在第一个除权日前期权不应行权。

第二个除权日前不等右边为 $K[1-e^{-r(T-t_2)}]=50\times(1-e^{-0.1\times0.083\ 3})=0.414\ 8$ 元

0.414 8 元<1 元，因此在第二个除权日前有可能提前行权。

第二步，要对 1 年期和 11 个月期欧式看涨期权价格进行比较。

（1）对 1 年期欧式看涨期权来说，红利的现值为：

$$1.0\times e^{-0.1\times0.416\ 7}+1.0\times e^{-0.1\times0.916\ 7}=1.871\ 6\ \text{元}$$

因此 $S_t-I_t=50-1.871\ 6=48.128\ 4$，代入式（11.20）得：

$$c_{12}=48.128\ 4N(d_1)-50e^{-0.1\times1}N(d_2)=48.128\ 4N(d_1)-45.241\ 9N(d_2)$$

式中：

$$d_1=\frac{\ln(48.128\ 4/50)+(0.1+0.09/2)\times1}{0.3\times\sqrt{1}}=0.356\ 2$$

$$d_2=0.356\ 2-0.3\times\sqrt{1}=0.056\ 2$$

由于 $N(0.356\ 2)=0.639\ 2$，$N(0.056\ 2)=0.522\ 4$，因此有：

$$c_{12}=48.128\ 4\times0.639\ 2-45.241\ 9\times0.522\ 4=7.129\ 3\ \text{元}$$

（2）对 11 个月期的欧式看涨期权来说，红利的现值为：

$$1.0\times e^{-0.1\times0.416\ 7}=0.959\ 2\ \text{元}$$

因此，$S_t-I_t=50-0.959\ 2=49.040\ 8$，代入式（11.20）得：

$$\begin{aligned}c_{11}&=49.040\ 8N(d_1)-50e^{-0.1\times0.916\ 7}N(d_2)\\&=49.040\ 8N(d_1)-45.620\ 3N(d_2)\end{aligned}$$

式中：

$$d_1=\frac{\ln(49.040\ 8/50)+(0.1+0.09/2)\times0.916\ 7}{0.3\times\sqrt{0.916\ 7}}=0.395\ 2$$

$$d_2=0.395\ 2-0.3\times\sqrt{0.916\ 7}=0.108\ 0$$

$$c_{11}=49.040\ 8\times0.653\ 6-45.620\ 3\times0.543=7.281\ 2\ \text{元}$$

由于 $c_{11}>c_{12}$，因此该美式看涨期权的价值近似为 7.281 2 元。

2. 有红利资产美式看跌期权

红利的存在虽然使美式看跌期权提前行权的可能性减小，但仍不排除提前行权的可能性，因此有红利资产美式看跌期权的价值仍不同于欧式看跌期权，只能通过第十二章即将介绍的数值方法来求出。

四、波动率和波动率曲面

我们已经知道，B-S-M 期权定价公式中的期权价格取决于下列六个参数：标的资产市场价格、行权价格、到期期限、红利、无风险利率和标的资产价格波动率（即标的资产连续复利收益率的标准差）。在这些参数当中，前四个都是很容易获得的确定数值（如果红利已知)。无风险利率相对也容易获得,不过要注意以下两个问题:第一,应选择即期利率而非附息债的到期收益率;第二,期限应匹配,在利率期限结构严重非水平时更应注意这一点。有时,金融机构会以自己的资金成本作为无风险利率。

在期权参数的估计中,波动率是难度最大的,也是最重要的。波动率本身是无法直接观测的,而且在 t 时刻为 T 时刻到期的期权定价时,人们关心的是 t 时刻到 T 时刻之间标的资产价格的波动率,也就是未来的波动率。因此在期权定价中使用的,本质上是人们对未来给定期限的波动率的预期值。

在预测未来波动率时,常用的方法有两类:历史法和隐含法。相应产生了历史波动率(historical volatility)和隐含波动率(implied volatility)的概念。需要说明的是,由于波动率是不可观测的,较难判断哪种预测是准确的。

(一) 历史法

所谓历史法就是从标的资产价格的历史数据中估计得到历史波动率,再相应外推得到未来波动率的预测值。

最常见的历史波动率估计方法是标准差法。在几何布朗运动假设下,波动率 σ 为常数,而且是股票对数收益率的年化标准差。因此统计学中估计样本标准差的方法自然成为最常见的历史波动率估计法。

在使用标准差法时,需注意以下几个问题:

第一,由于波动率是股票对数收益率的年化标准差,因此计算对象既不是百分比收益率,也不是股票价格,而是对数收益率。

第二,在 B-S-M 公式所用的参数中,有四个参数与时间有关:到期期限、无风险利率、红利率和波动率。这些参数的时间单位必须相同,或者同为天、周,或者同为年,一般以年为时间单位。也就是说,波动率 σ 通常指的是年化波动率。

第三,由于交易日才有历史价格和收益率数据,因此在历史法下,通常一年天数按交易日算。例如,在日波动率和年波动率之间就以交易日进行转换。美国一年的交易日通常有 252 天,中国通常只有 240 天左右。

第四,波动率指的是收益率的年化标准差,而非年化收益率的标准差。也就是说,应先计算收益率(如日收益率、周收益率等)的标准差再年化,而不是先将收益率年化再算标准差。

第五,由于方差才是可加的,标准差的年化应乘以一年天数的开方。若一年 242 个交易日,年化波动率是日波动率的大约 15.6 倍①;若一年 252 个交易日,年化波动率是日波动率的大约 15.9 倍。换言之,若以交易天数计算,年化波动率 16%左右意味着日波动率大约为 1%。

第六,尽管在几何布朗运动下,波动率 σ 为常数,但现实中的波动率是时变的,因此估计时历史样本窗口期的选取就非常重要。一般来说,时间越长,数据越多,估计值越能反映长期波动率的平均状况。但波动率的时变性意味着历史窗口过长,估计值可能难以准确反映最新的波动率状况。因此常见的做法是选取距离今天较近的时间样本,样本长度等于期

---

① 如果对日收益率先年化再求标准差,是先乘以 242 再求标准差,年波动率是日波动率的 242 倍,显然是不对的。因此必须先求标准差再年化。

权的剩余期限,例如要为剩余期限 6 个月的期权定价,就使用过去 6 个月的历史数据;如果过去 6 个月中市场发生了变化,则适宜选择变化后规律相对稳定的一段样本进行估计。

例 11.6 给出了一个用标准差方法计算历史波动率的例子。

【例 11.6】

历史波动率估计:标准差方法

天数	日收盘价/P_t	日收盘价对数/ln P_t	对数日收益率/R_t	$(R_t-\bar{R})^2$
0	100.00			
1	101.50	4.605 2	0.014 9	0.000 2
2	98.00	4.620 1	-0.035 1	0.001 4
3	96.75	4.585 0	-0.012 8	0.000 2
4	100.50	4.572 1	0.038 0	0.001 3
5	101.00	4.610 2	0.005 0	0.000 0
6	103.25	4.615 1	0.022 0	0.000 4
7	105.00	4.637 2	0.016 8	0.000 2
8	102.75	4.654 0	-0.021 7	0.000 6
9	103.00	4.632 3	0.002 4	0.000 0
10	102.50	4.634 7	-0.004 9	0.000 1
加总			0.024 7	0.004 3

样本均值 $\bar{R}=\frac{1}{T}\sum_{t=1}^{T}R_t=\frac{0.024\,7}{10}\approx 0.002\,5$,

样本方差 $=\frac{1}{T-1}\sum_{t=1}^{T}(R_t-\bar{R})^2=\frac{0.004\,3}{9}\approx 0.000\,5$

样本标准差 $=\sqrt{\text{样本方差}}\approx 0.021\,8$

波动率 $\sigma=0.021\,8\times\sqrt{242}\approx 34\%$(若一年交易日 242 天)

除了标准差方法,常见的历史波动率估计方法还有已实现波动率(realized volatility)和极差波动率,其分别是用日内的高频数据和每日最高最低价计算得到的波动率指标。这两种方法的计算原理较为复杂,超出本书范围,此处不再加以介绍。

在估计得到历史波动率之后,关于如何外推得到未来波动率的预测值,又有不同的做法。最简单的方法就是认为历史将会重复,直接将历史数据中得到的历史波动率作为未来波动率的预测值;更复杂一些的则是通过一些计量方法构建起波动率历史值和未来值之间的时间序列模型,以此模型进行外推预测,比如著名的广义自回归条件异方差(generalized autoregressive conditional heteroskedasticity,GARCH)模型和随机波动率模型等。这些方法较为复杂,超出本书范围,此处不再加以介绍。①

（二）隐含法

由于波动率的时变性,历史并不会简单重复,用历史法外推的未来波动率的预测值通常并不准确,期权市场上的交易者往往更倾向于使用隐含法。所谓隐含法,就是将期权的市场价格代入特定期权定价模型,倒求出当时期权价格所对应的波动率,就是隐含波动率,然后再用于其他条件类似的期权定价和风险对冲等。

用隐含法求波动率的本质是对金融市场强大信息功能的认可和运用。金融市场是信息的集散地,金融资产价格是所有市场参与者信息、经验、判断和审慎决策的综合结果,是全体参与者整体信念的综合体现,蕴含着重要的预测和决策信息。市场流动性越好,信息含量越丰富和精确。由于在交易期权时波动率是重要的决策参数,每个期权交易者都会在对未来波动率进行预测的基础上进行交易,相应得到的期权市场价格天然蕴含了市场对未来波动率的预期。

在求隐含波动率时,使用的模型不同,得到的隐含波动率显然是不可比的。对于欧式期权来说,市场公认的惯例是以 B-S-M 期权定价模型来估计隐含波动率,具体做法就是将欧式期权市场价格和波动率之外的其他所有参数代入 B-S-M 期权定价公式,从而求出期权价格对应的波动率。因此如无特别注明,隐含波动率常专指 B-S-M 隐含波动率。② 有的市场甚至在期权报价时直接以 B-S-M 隐含波动率而不是以期权价格进行报价,交割时再转化为具体金额的价格。因为不同到期期限和行权价的期权价格往往差异巨大,难以进行直观的比较,而转化为隐含波动率之后,由于都是市场对同一个标的资产在未来不同期限的波动率的预测值,更具可比性。

隐含法也存在自身的问题。首先,由于隐含波动率是利用期权定价公式从期权市场价格中提取出来,如果期权定价公式不准确,提取出来的隐含波动率也就不准确。特别是在卖空受限比较严重的市场,如中国股市,这个偏差有可能很大。解决办法是适用更准确的定价模型。在下一节,我们将看到,在现货做空受限情况下,Black 期权定价公式更适用,因此我们强烈建议使用 Black 期权定价模型来求隐含波动率。其次,B-S-M 模型和 Black 模型都假设波动率为常数,而且股票或期货价格服从对数正态分布,这意味着对于不同期限和行权价格的期权,计算得到的 B-S-M 或 Black 隐含波动率应该都是相等的。然而事实并非如此。因此我们使用时就不能只用一个期权来计算 B-S-M 或 Black 隐含波动率,而应尽量使用不同期限、不同行权价格的期权价格来计算 B-S-M 或 Black 隐含波动率,得到 B-S-M 或 Black 隐含波动率曲面,从而得到隐含波动率的更全面的信息。

具体而言,人们将给定时刻、同样剩余期限但不同行权价格的 B-S-M 或 Black 隐含波动率形成的曲线称为波动率微笑(volatility smile),由于常呈现实值和虚值隐含波动率高于平值隐含波动率,形似微笑而得名。波动率微笑曲线的坐标横轴为行权价格(或在值程度,或第十四章介绍的 Delta),纵轴为 B-S-M 隐含波动率,如图 11.2(a)所示。若微笑两边不对称,常称为波动率偏斜(volatility skew);若低行权价的隐含波动率高于高行权价的隐含波

---

① 在本书网站上可下载 GARCH 等波动率估计和预测的计算软件。

② 由于 B-S-M 期权定价公式较为复杂,B-S-M 隐含波动率的计算一般需要通过计算机完成,在本书网站上可下载计算 B-S-M 隐含波动率的软件。

动率,又被称为波动率坏笑(volatility smirk)。

给定时刻、同样行权价格但不同剩余期限的 B-S-M 或 Black 隐含波动率形成的曲线被称为波动率期限结构(volatility term structure),其坐标横轴为剩余期限,纵轴为 B-S-M 隐含波动率,如图 11.2(b)所示。

波动率微笑和波动率期限结构合成的三维曲面就是波动率曲面。图 11.2(c)展示了 2020 年 1 月 23 日沪深 300 看涨期权收盘价拟合的波动率曲面。①

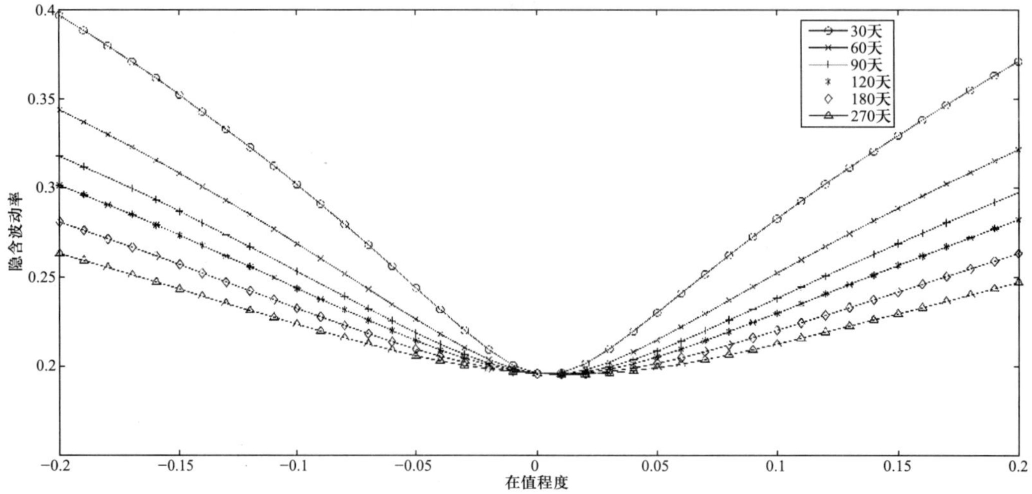

(a) 不同在值程度的沪深300看涨期权隐含波动率微笑(2020-01-23)

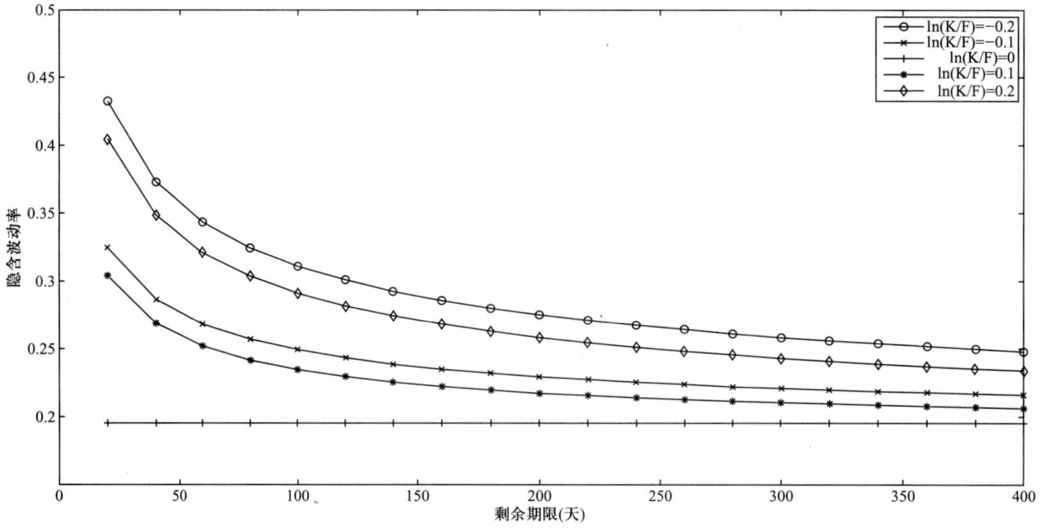

(b) 不同剩余期限的沪深300看涨期权隐含波动率期限结构(2020-01-23)

① 图中的在值程度如第十章所定义,为 $\ln\frac{K}{F}$。

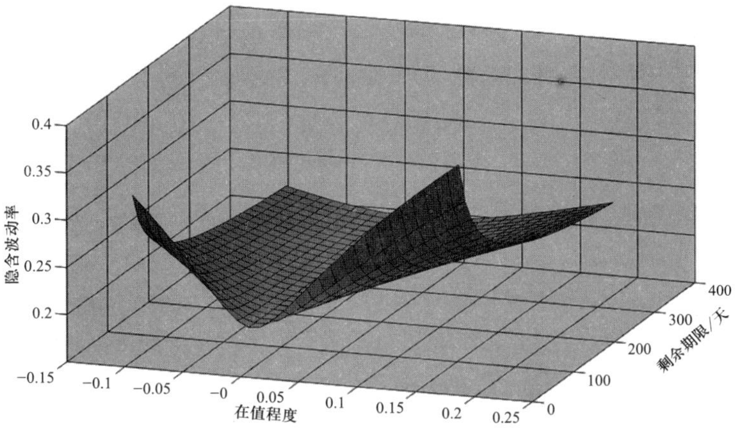

(c) 沪深300看涨期权的隐含波动率曲面(2020-01-23)

图 11.2　沪深 300 看涨期权隐含波动率微笑、波动率期限结构与波动率曲面

数据来源:根据 Wind 资讯的期权价格计算而得。

给定同样的剩余期限,如果不同行权价格的 B-S-M 隐含波动率都不相等,未来波动率的预测值究竟应该采用哪个行权价的隐含波动率呢?最经常使用的是平值期权的隐含波动率。但若只考虑平值期权的隐含波动率,其他期权价格所隐含的信息就无法得到反映。2003 年,芝加哥期权交易所(CBOE)推出新版 VIX 指数(volatility index),其原理相对复杂①,但可以大致理解为同样剩余期限、不同行权价格的隐含波动率的某种加权平均,因而是整个波动率微笑的综合体现。由于美国股市的走势常与波动率的变化呈现负相关,也就是说股市暴跌时波动率上升,因此 VIX 指数常被称为"恐慌指数"。这种称呼容易引起误解。实际上,在利率常数的情况下,VIX 的平方是期权市场对未来一段时间股票市场方差的风险中性预期。VIX 指数不仅提供了市场隐含波动率水平的综合量化指标,丰富了投资者可观测到的市场信息,有助于投资者定价、制定相应的交易策略和避险策略,还为监管机构提供了市场的预警指标,提高风险识别、风险度量和风险管理的效率,为宏观决策提供有效参考,因而日益成为全球关注的重要指标。在 CBOE 之后,全球重要的衍生品市场均发布了类似的波动率指数。②

第四节　B-S-M 期权定价模型:讨论、运用与拓展

B-S-M 模型价格是否与市场上的实际期权价格相符?答案颇令人尴尬:这取决于你所

---

① 其基本原理是在无套利和马尔可夫假设下,通过数学推导,将标的资产未来方差在远期测度下的期望值表达为同样剩余期限但不同行权价格的期权价格的特定积分。简言之,期权价格的某种加总就是人们对未来方差的某种预期值。由于期权价格和 B-S-M 隐含波动率是一一对应的,也可以理解为 B-S-M 隐含波动率的某种加总是人们对未来方差的某种预期值。

② 2015 年 6 月至 2018 年 2 月期间,上海证券交易所也发布了基于上证 50ETF 期权的中国波动率指数(iVIX)。由于中国市场的市场制度和合约设计,直接在中国市场上采用 CBOE 的 VIX 指数算法可能会出现一些问题。Zheng, Jiang and Chen(2017)推出了更具一般性的 VIX 指数计算公式,并针对中国情形进行了改进。详见 Zhenlong Zheng, Zhengyun Jiang and Rong Chen. AVIX: An Improved VIX Based on Stochastic Interest Rates and an Adaptive Screening Mechanism [J]. Journal of Futures Markets, 2017, 37:374~410.

采用的参数，特别是波动率参数。选择特定参数，你总能算出一个与实际价格相符的模型价格。事实上，只要 B-S-M 模型的假设条件在现实中不成立，模型价格与实际价格存在差异是必然的。运用 B-S-M 公式倒算出的隐含波动率不是常数而存在波动率曲面，就是这一差异的典型表现。然而，迄今为止 B-S-M 期权定价模型在实际市场特别是欧式期权市场中仍然广泛运用，有着不可撼动和不可替代的市场地位。原因何在？我们应如何理解和合理运用 B-S-M 期权定价模型？下面我们围绕这些问题进行一些讨论。

一、B-S-M 期权定价模型为何广受欢迎

首先需要明确的是，现实中的期权价格是交易出来的。B-S-M 理论价格是作为内部模型价格为实务提供参考的。

毫无疑问，B-S-M 模型对现实市场做了一些简化的假定。但是要用数学描述现实，抓住实质和简化模型是两大要素。前者用以刻画问题本质，后者则用来保证数学上的可处理性。尽管 B-S-M 模型的假设不完全符合现实，但该模型捕捉了期权定价的核心问题：作为衍生品，只要期权与标的可以构造出动态的无风险组合，并且市场是无套利的，就可以在不考虑风险溢酬的情况下为期权定价。抓住这一本质问题，B-S-M 模型理论价格必然具有重要的参考意义，从而成为业界必备的定价模型。

实质上，自 1973 年 B-S-M 模型诞生以来，许多学者致力于放松各种假设，希望能找到更符合现实的模型。但到目前为止，在欧式期权市场上，B-S-M 模型的市场地位仍是无可取代的。因为人们发现，B-S-M 模型的假设对简单的欧式期权来说影响相对较小。而拓展的模型往往存在两个问题：第一，计算速度偏慢；第二，即使放松某些假定，拓展模型也并不能完全符合现实，仍然存在出错的可能。这两个缺点对于交易频率较高的场内欧式期权来说特别突出。按一些场内期权交易员的说法："我宁可使用一个简单但我已经了解它可能什么时候出错的模型，也不愿意采用一个看上去完美但我不知道它什么时候出问题的模型。"

除了抓住本质和简单易用两大优点，B-S-M 模型被广泛使用，还有一个非常重要的原因。在第三节介绍隐含波动率时我们已经提到，不同到期期限和行权价格的期权价格往往差异巨大，难以进行直观的比较。转化为隐含波动率之后，由于都是市场对同一个标的资产未来波动率的预测值，虽然仍有差异，但可比性大大提高。因此，B-S-M 模型在实务中最有价值的应用，是通过其将直观上难以比较的期权价格便捷转化为可比较的隐含波动率。此时，B-S-M 模型是否准确并不重要，它只是一个客观的转换器，只要大家都用这一公式进行转换，得到的隐含波动率就可以相互比较，有助于快速确定期权价格的相对高低。

出于上述几个原因，B-S-M 模型在实务中特别是场内欧式期权市场中被广泛接受和使用。而正如本节开头所提到的，B-S-M 模型价格和实际价格存在的差异，在接受 B-S-M 模型的前提下，可以视为参数选择错误的结果。合适的参数有助于减少模型价格和实际价格的差距。作为 B-S-M 模型中唯一的不可观测参数，如何确定合适的波动率就成为重要任务。在场内欧式期权市场，寻找更合理的波动率，可能比拓展 B-S-M 模型更具应用价值和可操作性。

二、中国期权市场：B-S-M 还是 Black 期权定价公式

尽管 B-S-M 模型在国际实务中被广泛接受和使用，当我们在中国的场内欧式期权市场上运用 B-S-M 期权定价公式计算隐含波动率时，却时常会出现诸如隐含波动率为负等

不正常现象。这是因为 B-S-M 模型的关键前提是标的与期权市场需是“无套利”和“可复制”的，这一前提在中国市场的现货和期权之间并不成立，导致 B-S-M 期权定价公式在中国市场上不能使用。在中国市场上，适宜使用 Black 期权定价公式。

本章第三节已经提到，是否“无套利”和“可复制”，决定了风险中性定价原理是否成立，决定了在给期权定价时我们是否可以仅仅使用无风险利率而无须考虑风险溢酬，决定了期权是否可以相对客观定价。由于 B-S-M 期权定价公式是基于现货和期权之间的复制和无套利推出的，中国市场的现货卖空受限较为严重，加上交易费用相对较高，都使得上述重要前提无法成立，直接在中国市场上运用 B-S-M 期权定价公式并不适合。

相较而言，Black 期权定价公式（以下简称 Black 公式）就成为中国期权市场上的更优选择。Black 公式由费雪·布莱克（Fischer Black）于 1976 年提出①，最初用以拓展 B-S-M 模型为欧式期货期权定价，后来被证明可以用于为所有假设到期标的资产价格服从对数正态分布的欧式期权定价，并在实务中被广泛应用。

有多种方法可以推导得到 Black 期权定价公式，例如将本章第三节中的标的资产由现货改为远期合约，以同样的推导逻辑，即可得到：

$$c_t = e^{-r(T-t)}[F_t N(d_1) - KN(d_2)] \tag{11.22}$$

$$p_t = e^{-r(T-t)}[KN(-d_2) - F_t N(-d_1)] \tag{11.23}$$

式中：F_t为同一标的资产、同样到期期限的远期价格。

$$d_1 = \frac{\ln(F_t/K) + \sigma^2(T-t)/2}{\sigma\sqrt{T-t}}$$

$$d_2 = d_1 - \sigma\sqrt{T-t}$$

很容易证明，在完美市场中，只要把$F_t = S_t e^{r(T-t)}$分别代入上述 Black 公式，就可以得到 B-S-M公式。有红利资产和红利率资产的欧式期权也一样。因此 Black 公式比 B-S-M 适用面更广，既适用于完美市场，也适用于现货卖空受限制的市场。

Black 期权定价公式之所以更适合中国市场，是因为中国市场上的现货卖空受限，现货交易费用也相对较高，而远期（期货）可以做空，交易费用也相对较低。在市场实务中，交易者通常都是以期货进行对冲的。

但是，对于上交所和深交所的 ETF 期权来说，由于期权实行红利保护，远期或期货价格F_t则没有红利保护，因此在使用 Black 模型的时候，需要将红利加回到定价模型中。具体而言，若现金红利现值为 I_t，则有红利保护的欧式期权定价公式为：

$$c_t = e^{-r(T-t)}[(F_t + I_t)N(d_1) - KN(d_2)] \tag{11.24}$$

$$p_t = e^{-r(T-t)}[KN(-d_2) - (F_t + I_t)N(-d_1)] \tag{11.25}$$

式中：

$$d_1 = \frac{\ln[(F_t + I_t)/K] + (\sigma^2/2)(T-t)}{\sigma\sqrt{T-t}}$$

$$d_2 = d_1 - \sigma\sqrt{T-t}$$

由于中国 ETF 没有活跃的远期市场，因此远期价格不可得。但中国有上证 50 股指期货

---

① 参见 F. Black. The Pricing of Commodity Contracts [J]. Journal of Financial Economics, 1976,3:167-179.

和沪深300股指期货，我们可以用股指期货价格来近似代替上式中的远期价格。只是由于股指期货到期日和ETF期权到期日不同，所以要进行相应调整。具体细节这里就不赘述了。在现货卖空受到限制的情况下，期货价格常常大幅低于运用式(3.2)、式(3.5)和式(3.7)计算出来的理论价格。在这种情况下，用修改后的Black公式(11.24)和(11.25)计算的平价隐含波动率要比B-S-M的隐含波动率更准确。用修改后的Black公式(11.24)和(11.25)计算出来的同一期限、同一行权价的一对看涨与看跌期权的隐含波动率也更为接近。从案例11.1可以明显看到B-S-M隐含波动率与Black隐含波动率具有很大的差别。Black隐含波动率由于模型误差较小，所以更能准确反映市场的真实情况。

【案例11.1】

沪深300股价指数的成分股存在较大的卖空限制，不能用现货复制期权，导致B-S-M期权定价公式不适用。而期货则可以较好地复制期权，因此Black期权定价公式比B-S-M更适用。2020年，沪深300指数为3 916.01点，3月到期的沪深300股指期货价格为3 889.8点。对比现货和期货价格可以发现，现货价格存在较明显的高估现象，这种高估现象将导致用B-S-M期权定价模型计算隐含波动率会存在较大的偏差。图11.3和图11.4分别展示了根据2020年3月到期的沪深300股指期权用2020年2月10日收盘价格从B-S-M和Black期权定价公式计算的隐含波动率微笑的形状。

从图11.3可以发现，通过B-S-M期权定价模型求解隐含波动率存在如下问题：(1) 存在很多无法求解情形(在图上展示为0)；(2) 看涨期权隐含波动率普遍高于看跌期权隐含波动率，造成看涨期权价格被高估的假象。实际上，造成这种现象的真正原因是现货由于卖空限制，不能真正反映市场全体多空双方的意见，其价格相对于期货价格被高估。因此B-S-M隐含波动率无法准确识别期权价格的市场定价错误。

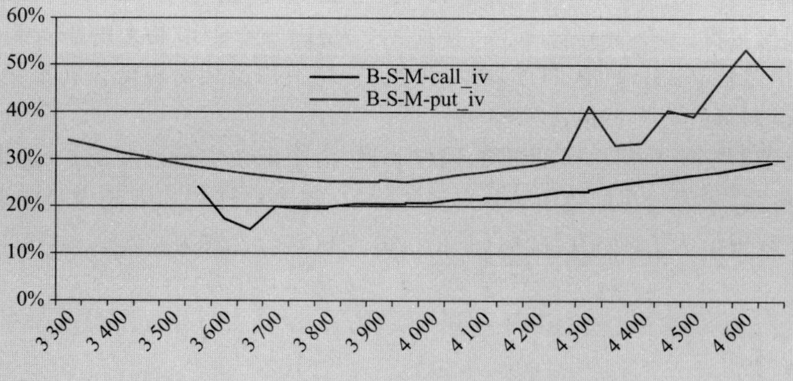

图11.3 B-S-M隐含波动率微笑(2020-02-10)

从图11.4可以看出，Black隐含波动率的取值范围比较合理，不存在无法求解的情形。看涨期权与看跌期权隐含波动率也没有存在系统性的偏差。这是因为，不同期权如果存在市场价格偏差，套利者就会利用期货和期权进行套利，从而使期权定价快速恢复到无套利均衡水平。而Black期权定价公式刻画了真实期货价格与期权价格之间的关系，因此比较准确。

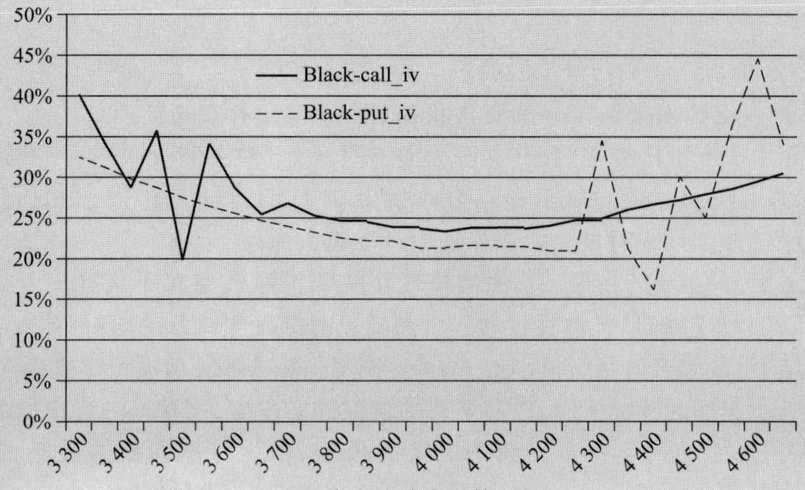

图 11.4 Black 隐含波动率微笑(2020-02-10)

三、B-S-M 期权定价模型的其他拓展①

作为迄今为止应用最成功的金融模型之一,B-S-M 期权定价模型在实际金融和经济生活中应用非常广泛,影响深远。但如前所述,B-S-M 期权定价模型主要运用于欧式期权。对其他相对复杂的期权来说(如第十五章中介绍的奇异期权),诸如常数波动率的假设可能会带来较大的价格误差,可能就是难以接受的。因此许多学者致力于在各个方面放松假设,拓展模型,为促进期权定价模型的发展做出了大量的努力。这里简要介绍一些常见的拓展。

(一) 常数波动率假设的放松

B-S-M 期权定价模型的基本假设之一是几何布朗运动,其假定标的资产波动率是一个已知的常数。这一点在标的资产价格的实证检验中被否定,B-S-M 隐含波动率微笑和曲面的存在就是一个典型的反证。实际上,人们发现波动率本身就是一个随机变量。

通常有两种思路来改善这个问题:其一是从期权价格的隐含波动率中获取即时波动率的信息,来为同样标的的其他期权定价;其二是从标的资产价格变化中获取波动率变化的信息,对 B-S-M 期权定价模型进行修正和扩展,其中最广为接受的拓展包括常弹性方差模型(constant elasticity of variance model, CEV model)②和随机波动率模型(stochastic volatility model, SV model)等。在随机波动率模型中,除了标的资产价格本身服从一定的随机过程之外,波动率本身也用一个随机过程来描述,并以此为基础对衍生产品定价。如:

$$dS_t = \mu S_t dt + \sigma_t S_t dz_{1t}$$

$$d\sigma_t^2 = p(S_t, \sigma_t, t)dt + q(S_t, \sigma_t, t)dz_{2t}$$

---

① 这部分难度较大,可以略过,不影响对全书的理解。

② 详细可参见 J C Cox, S A Ross. The valuation of options for alternative stochastic processes [J]. Journal of Financial Economics, 1976,3: 145-166.

式中：dz_{1t}和dz_{2t}的相关系数为ρ。目前最著名的随机波动率模型有 Heston 模型①和 SABR 模型②等。

（二）资产价格连续变动假设的放松

B-S-M 期权定价模型假定标的资产价格连续变动，未来的资产价格服从对数正态分布。然而实际中资产价格常常跳跃（并多为向下跳跃）。对正态分布假设来说，这些跳跃往往幅度过大，发生过于频繁，基于正态分布的几何布朗运动无法描述和捕捉这些现象。B-S-M模型下的连续动态对冲也无法保证组合动态无风险。

在这个方面，最主要的拓展工作主要体现在跳跃扩散模型和崩盘模型上。跳跃扩散模型，是普通的（路径连续的）扩散过程和一个在随机时刻发生跳跃的（跳跃幅度也是随机的）跳跃过程的结合，最著名的跳跃模型有 Merton 模型③等。而崩盘模型则主要考虑在标的资产价格出现极端变动的情况下，假设最糟糕的情况确实发生，度量标的资产价格变化可能导致的最大损失，之后使用下一章介绍的二叉树模型，根据可能获得的最低收益来为期权定价。

（三）其他参数假设的放松

B-S-M 模型假设利率和标的资产红利等参数都是已知的常数，但事实上这些参数都不是常数，甚至也不是以时间和标的资产价格为自变量的确定性函数。已经可以证明 Black 模型在利率随机假设下仍然成立。对于其他参数假设的放松，这时可以采取的方法之一是为这些参数再确定一个随机模型，将其与标的资产价格的随机过程结合起来推导期权价格；另一种思路是为这些参数的价值确定一个变动区间，然后计算期权的价格区间。

（四）无交易成本假设的放松

B-S-M 期权定价模型假定交易成本为零，可以连续进行动态的套期保值，从而保证了无风险组合连续存在和期权风险中性定价的正确性。但事实上交易成本总是客观存在的。从理论上说，引进交易成本并不仅仅导致期权定价从一个确定的值拓展为一个合理区间，交易成本的存在将无法保证连续动态套期保值和无风险组合的存在，从而在根本上威胁到风险中性定价的基础。

到目前为止，在放松无交易成本假设上的拓展主要有两种思路：一是赫格（Hoggard）、威利（Whalley）和威尔莫特（Wilmott）提出的 H-W-W 模型④，其特点是仍然采用 B-S-M 模型的无套利和风险中性定价框架，但套期保值策略改为定期离散调整，从而得到一个非线性偏微分方程；二是赫杰斯（Hodges）、纽伯格（Neuberger）和戴维斯（Davis）等人⑤提出的效用无

---

① 详细可参见 S L Heston. A closed form solution for options with stochastic volatility with applications to bonds and currency options [J]. Review of Financial Studies, 2(1993)2(6):327-343.

② 详细可参见 P Hagan, D Kumar, A Lesniewskis, D Woodward. Managing smile Risk. Wilmott, September 2002: 84-108.

③ 详细可参见 R C Merton. Option pricing when underlying stock returns are discontinuous [J]. Journal of Financial Economics, 1976, 3: 125-144

④ 详细可参见 Hoggard T, Whalley A E, Wilmott P. Hedging option portfolios in the presence of transaction costs [J]. Advances in Futures and Options Research, 1994, 7: 21-35.

⑤ 详细可参见 Hodges S D, Neuberger A. Optimal replication of contingent claims under transaction costs [J]. Review of Futures Markets, 1989, 8:222 和 Davis, Panas V G, Zariphopoulou T. European option pricing with transaction costs [J]. Siam J. Control and Option, 1993, 31:470-493.

差异定价方法,他们认为交易成本的存在已经彻底动摇了风险中性的定价基础,因此必须重新引入投资者风险偏好和效用函数来给期权定价,但尚未得到易于应用的结论。

最后,让我们再回顾 B-S-M 模型及其基本假设。B-S-M 模型适用于为欧式期权定价,标的资产是可交易的现货,Black 模型将其拓展至标的资产为远期(期货)的情形。本章第三节中介绍的 B-S-M 模型的 8 个假设实质上可以分为三个层次。第一层次:无套利和可复制假设。这是衍生品定价的关键性和根本性的假设,凡是采用风险中性定价原理、不涉及风险溢酬和效用函数的衍生品定价都必须满足这两个前提条件,包括 Black 模型、第十二章将介绍的数值方法等。这两个条件不满足,整个衍生品定价的基石将被撼动。第二层次:几何布朗运动假设。这也是 B-S-M 模型的标志性假设,很多时候人们在谈到 B-S-M 模型的时候,实际上说的是几何布朗运动假设。Black 模型采用的也是同一假设,对 B-S-M 模型的核心拓展主要针对这一假设,如随机波动率、跳跃模型等。第三层次:无红利假设。这显然是很容易拓展的,属于不重要的假设。

本章小结

1. 实证研究表明,股票价格基本满足弱式效率市场假说,因此可以用马尔可夫随机过程来描述股票的变化过程。

2. 证券价格的变化过程,可以用漂移项为 μS_t、方差项为 $\sigma^2 S_t^2$ 的伊藤(扩散)过程来表示:

$$dS_t=\mu S_t dt+\sigma S_t dz_t$$

这一随机过程又称为几何布朗运动。

3. 根据伊藤引理,若变量 x_t 服从伊藤过程,则变量 x_t 和 t 的函数 G_t 将服从如下过程:

$$dG_t=\left(\frac{\partial G}{\partial x}a_t+\frac{\partial G}{\partial t}+\frac{1}{2}\frac{\partial^2 G}{\partial x^2}b_t^2\right)dt+\frac{\partial G}{\partial x}b_t dz_t$$

4. 在几何布朗运动假设下,证券价格的对数呈正态分布:

$$\ln S_T \sim \Phi\left\{\ln S_t+\left(\mu-\frac{\sigma^2}{2}\right)(T-t),\sigma\sqrt{T-t}\right\}$$

5. 假设标的资产可交易,且在衍生品期限内不支付红利,标的资产价格服从几何布朗运动,可以推导出著名的布莱克-舒尔斯-默顿偏微分方程:

$$\frac{\partial f}{\partial t}+rS_t\frac{\partial f}{\partial S}+\frac{1}{2}\sigma^2 S^2\frac{\partial^2 f}{\partial S^2}=rf_t$$

这一偏微分方程适用于该标的资产的所有衍生产品。

6. 如果市场是无套利和可复制的,在为衍生产品定价时,可以假设所有投资者都是风险中性的,这就是风险中性定价原理。它可大大简化衍生产品的定价,然而得出的结论也适用于厌恶风险的情形。

7. 布莱克-舒尔斯-默顿期权定价公式适用于为欧式期权和美式看涨期权定价。对美式看跌期权定价只能用二叉树、蒙特卡罗模拟、有限差分以及解析近似方法。

8. 在期权定价中使用的波动率是人们对未来给定期限波动率的预期值。在预测未来波动率时,主要方法包括历史法和隐含法。将欧式期权市场价格和波动率之外的其他所有参数代入 B-S-M 期权定价公式,就可倒求出 B-S-M 隐含波动率。

9. 对于同一标的资产,不同期限和不同行权价格的欧式期权价格倒求出的隐含波动率通常不一致,从而形成了波动率微笑、波动率期限结构和波动率曲面。

即测即评

习　题

1. 假设某不付红利股票价格服从几何布朗运动,其预期年收益率为 16%,年波动率为 30%,该股票当天收盘价为 50 元,求:

(1) 第二天收盘时的预期价格;

(2) 第二天收盘时股价的标准差;

(3) 在置信度为 95%的情况下,该股票第二天收盘时的价格范围。

2. 变量x_1和x_2服从普通布朗运动,漂移率分别为μ_1和μ_2,方差率分别为σ_1^2和σ_2^2。请问在下列两种情况下,x_1+x_2分别服从什么样的过程?

(1) 在任何短时间间隔中x_1和x_2的变动都不相关;

(2) 在任何短时间间隔中x_1和x_2变动的相关系数为 ρ。

3. 假设 x_t 是在 T 时刻支付 1 美元的零息票债券按连续复利计息的到期收益率。x_t 服从如下过程:

$$\mathrm{d}x_t = a(x_0 - x_t)\mathrm{d}t + s x_t \mathrm{d}z_t$$

式中:a、x_0 和 s 是正常数;$\mathrm{d}z_t$ 是维纳过程。请写出债券价格服从的过程。

4. 试证明当标的资产支付连续复利红利率为 q 的红利时,相应的偏微分方程形式为:

$$\frac{\partial f}{\partial t} + (r-q)S_t\frac{\partial f}{\partial S} + \frac{1}{2}\sigma^2 S_t^2\frac{\partial^2 f}{\partial S^2} = rf_t$$

5. 请在充分理解 BS 期权定价公式推导的基础上完成以下练习:

(1) 证明 $N(d_1) = \frac{\partial c}{\partial S}$;

(2) 证明在风险中性测度下,欧式看涨期权被执行的概率是 $N(d_2)$;

(3) 一只或有现金期权满足:若到期时标的资产价格大于行权价格则回报 100 美元,反之则没有回报。试为该或有现金期权定价。

6. 假设某种不支付红利股票的市价为 50 元,风险利率为 10%,该股票的年波动率为 30%,求该股票行权价格为 50 元、期限 3 个月的欧式看跌期权价格。

7. 某股票市价为 70 元,年波动率为 32%,该股票预计 3 个月和 6 个月后将分别支付 1 元股息,市场无风险利率为 10%。现考虑该股票的美式看涨期权,其行权价格为 65 元,有效期 8 个月。请证明在上述两个除息日提前执行该期权都不是最优的,并请计算该期权价格。

8. 某股票目前价格为 40 元,假设该股票 1 个月后的价格要么为 42 元、要么为 38 元。连续复利无风险年利率为 8%。请问 1 个月期的行权价格等于 39 元的欧式看涨期权价格等于多少?

9. 为什么以下说法是错误的?

(1) 股票价格的波动率可由股票价格的标准差计算得到;

(2) 股票价格的波动率可由股票价格百分比收益率的标准差计算得到;

(3) 股票价格的波动率可由股票价格年化对数收益率的标准差计算得到;

(4) 几何布朗运动意味着股票价格百分比收益率服从正态分布;

(5) 只要为衍生品定价,就可直接适用风险中性定价原理。

10. 为什么说风险中性定价原理意味着在无套利和可复制的前提下,在为期权定价时,我们并不需要了解真实测度下股票未来价格的概率和期望值,也不需要了解真实的预期收益率是多少?

11. 试总结平价期权具有哪些特性。

12. 什么是波动率微笑、波动率期限结构和波动率曲面?

附录 11.1 单变量单一风险源的伊藤引理

若变量 x_t 服从伊藤过程

$$\mathrm{d}x_t = a_t \mathrm{d}t + b_t \mathrm{d}z_t$$

G 是 x_t 和 t 的确定性函数,并且$\dfrac{\partial G}{\partial x}$、$\dfrac{\partial G}{\partial t}$和$\dfrac{\partial^2 G}{\partial x^2}$都存在并连续,那么 G 将服从如下伊藤过程:

$$\mathrm{d}G_t = \left(\frac{\partial G}{\partial x}a_t + \frac{\partial G}{\partial t} + \frac{1}{2}\frac{\partial^2 G}{\partial x^2}b_t^2\right)\mathrm{d}t + \frac{\partial G}{\partial x}b_t \mathrm{d}z_t$$

一个比较简易的证明如下。

在一个很短的瞬间,运用泰勒展开,$G(x_t, t)$的增量可以写为:

$$\Delta G_t = \frac{\partial G}{\partial x}\Delta x_t + \frac{\partial G}{\partial t}\Delta t + \frac{1}{2}\frac{\partial^2 G}{\partial x^2}\Delta x_t^2 + \frac{\partial^2 G}{\partial x \partial t}\Delta x_t \Delta t + \frac{1}{2}\frac{\partial^2 G}{\partial t^2}\Delta t^2 + \cdots$$

在常微分中,我们通常舍去高阶小项,从而有:

$$\Delta G_t \approx \frac{\partial G}{\partial x}\Delta x_t + \frac{\partial G}{\partial t}\Delta t$$

但在随机微积分中,需要将第三项$\dfrac{1}{2}\dfrac{\partial^2 G}{\partial x^2}\Delta x_t^2$ 保留下来,因为若将

$$\Delta x_t = a_t \Delta t + b_t \varepsilon_t \sqrt{\Delta t}$$

代入第三项,并忽略比 Δt 高阶的项,有

$$\Delta G_t \approx \frac{\partial G}{\partial x}\Delta x_t + \frac{\partial G}{\partial t}\Delta t + \frac{1}{2}\frac{\partial^2 G}{\partial x^2}b_t^2 \varepsilon_t^2 \Delta t$$

由于 $\varepsilon_t \sim \varphi(0,1)$,意味着$\mathbb{E}(\varepsilon_t^2) \approx 1$,即

$$\mathbb{E}(\varepsilon_t^2 \Delta t) \approx \Delta t$$

而 $\varepsilon_t^2\Delta t$ 的方差与 Δt^2 同阶，可以忽略，因此最后有

$$\Delta G_t=\frac{\partial G}{\partial x}\Delta x_t+\frac{\partial G}{\partial t}\Delta t+\frac{1}{2}\ \frac{\partial^2 G}{\partial x^2}b_t^2\Delta t$$

对上式取极限，并代入 $\mathrm{d}x_t=a_t\mathrm{d}t+b_t\mathrm{d}z_t$，即可得证。

附录 11.2 布莱克-舒尔斯-默顿期权定价公式的推导

在风险中性的测度下，欧式看涨期权的价格 c_t 等于其期望值按无风险利率贴现的现值：

$$c_t=\mathrm{e}^{-r(T-t)}\hat{\mathbb{E}}_t[\max(S_T-K,0)]$$

式中：$\hat{\mathbb{E}}_t(\cdot)$ 表示风险中性测度下的条件期望值。

同时，在此风险中性测度下，期权到期 T 时刻标的资产价格 S_T 服从如下的对数正态分布：

$$\ln S_T\sim\Phi\left\{\ln S_t+\left(r-\frac{\sigma^2}{2}\right)(T-t),\sigma\sqrt{T-t}\right\}$$

令

$$W=\frac{\ln S_T-m}{s}$$

这里

$$m=\hat{\mathbb{E}}_t(\ln S_T)=\ln S_t+\left(r-\frac{\sigma^2}{2}\right)(T-t)$$

$$s=\sqrt{var_t(\ln S_T)}=\sigma\sqrt{T-t}$$

显然

$$W\sim N(0,1)$$

W 的密度函数 $h(W)$ 为

$$h(W)=\frac{1}{\sqrt{2\pi}}\mathrm{e}^{-\frac{W^2}{2}}$$

用 g_1、g_2 分别表示 S_T 和 $\ln S_T$ 的密度函数，则

$$\begin{aligned}\hat{\mathbb{E}}_t[\max(S_T-K,0)]&=\int_{-\infty}^{\infty}\max(S_T-K,0)g_1(S_T)\mathrm{d}S_T\\&=\int_K^{\infty}(S_T-K)g_1(S_T)\mathrm{d}S_T\\&=\int_{\ln K}^{\infty}(\mathrm{e}^{\ln S_T}-K)g_2(\ln S_T)\mathrm{d}(\ln S_T)\\&=\int_{\frac{\ln K-m}{s}}^{\infty}(\mathrm{e}^{sW+m}-K)h(W)\mathrm{d}W\\&=\int_{\frac{\ln K-m}{s}}^{\infty}\mathrm{e}^{sW+m}\frac{1}{\sqrt{2\pi}}\mathrm{e}^{-\frac{W^2}{2}}\mathrm{d}W-\int_{\frac{\ln K-m}{s}}^{\infty}Kh(W)\mathrm{d}W\\&=\int_{\frac{\ln K-m}{s}}^{\infty}\mathrm{e}^{\frac{s^2}{2}+m}\frac{1}{\sqrt{2\pi}}\mathrm{e}^{-\frac{(W-s)^2}{2}}\mathrm{d}W-KN\left(\frac{m-\ln K}{s}\right)\end{aligned}$$

$$= \int_{\frac{\ln K - m}{s} - s}^{\infty} e^{\frac{s^2}{2}+m} h(W)\,dW - KN\left(\frac{\ln \frac{S_t}{K} + \left(r - \frac{\sigma^2}{2}\right)(T-t)}{\sigma\sqrt{T-t}}\right)$$

$$= S_t e^{r(T-t)} N\left(\frac{\ln \frac{S_t}{K} + \left(r + \frac{\sigma^2}{2}\right)(T-t)}{\sigma\sqrt{T-t}}\right) - KN\left(\frac{\ln \frac{S_t}{K} + \left(r - \frac{\sigma^2}{2}\right)(T-t)}{\sigma\sqrt{T-t}}\right)$$

故此

$$c_t = e^{-r(T-t)} \hat{\mathbb{E}}_t[\max(S_T - K, 0)] = S_t N(d_1) - Ke^{-r(T-t)} N(d_2)$$

式中：

$$d_1 = \frac{\ln\left(\frac{S_t}{K}\right) + \left(r + \frac{\sigma^2}{2}\right)(T-t)}{\sigma\sqrt{T-t}}$$

$$d_2 = \frac{\ln\left(\frac{S_t}{K}\right) + \left(r - \frac{\sigma^2}{2}\right)(T-t)}{\sigma\sqrt{T-t}} = d_1 - \sigma\sqrt{T-t}$$

需要特别强调的是，从上述推导过程中的 * 行可以看到，$N(d_2)$ 就是风险中性测度下 W 大于 $\frac{\ln K - m}{s}$ 的概率，即风险中性测度下 $S_T > K$ 的概率。

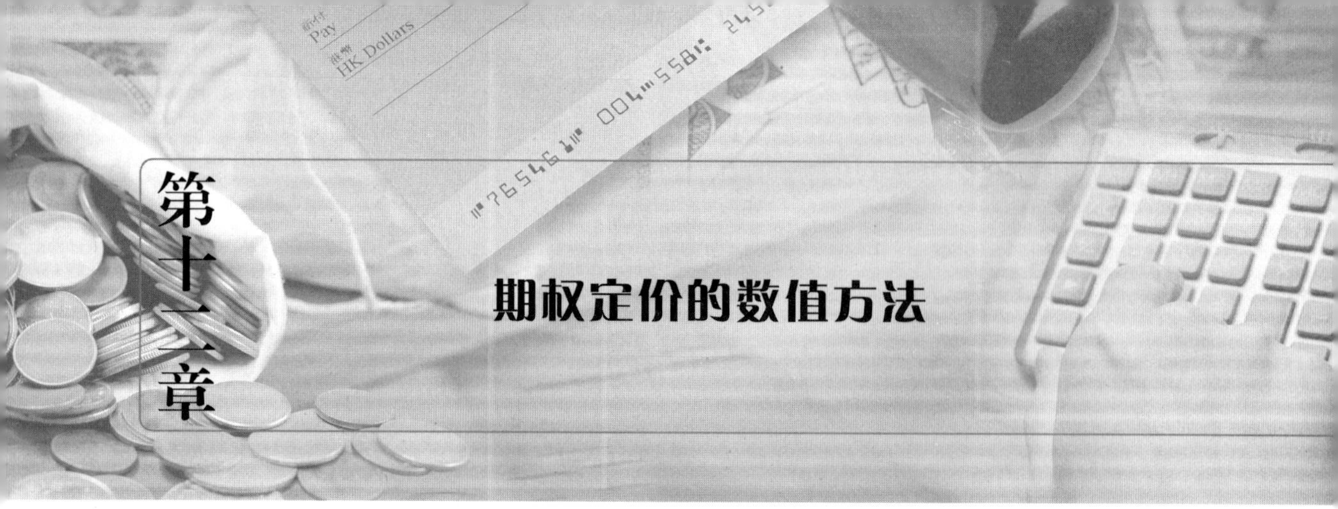

第十二章 期权定价的数值方法

在第十一章中，我们得到了期权价格所满足的偏微分方程，并推出了特定条件下的期权解析定价公式。但在很多情形下无法得到期权价格的解析解，例如具有提前行权可能的美式看跌期权、路径依赖期权等。这时人们经常采用数值方法（numerical procedures）为期权定价，求得数值近似解。其中主要包括二叉树方法（binomial trees）、蒙特卡罗模拟（Monte Carlo simulation）和有限差分方法（finite difference methods）。本章将介绍如何借助上述三种数值方法来为期权定价。

本章与第十一章一样，仍然假设市场是无套利和可复制的，标的资产可交易，标的资产价格服从几何布朗运动。无套利和可复制[①]意味着我们可以采用风险中性定价原理为期权定价，无须估计效用函数、主观风险偏好和风险溢酬。[②]

第一节　二叉树期权定价模型

本节介绍的二叉树期权定价模型由约翰·C. 考克斯（John C. Cox）、斯蒂芬·A. 罗斯（Stephen A. Ross）和马克·鲁宾斯坦（Mark Rubinstein）于 1979 年提出，已经成为金融界最常用的美式期权定价方法之一（如无特殊说明，下文中的二叉树图均指他们提出的 CRR 二叉树图）。[③] 其优点在于比较简单、直观，不需要太多的数学知识就可应用。

一、二叉树模型的基本方法

二叉树模型的基本思路是：将期权剩余期限分为很多个很短的时间间隔 Δt，并假设在每个时间间隔内标的资产价格只有两种运动的可能：从起始点价格 S_t 上升到原先的 u 倍，达到 $S_tu(u>1)$；或下降到原先的 d 倍，变为 $S_td(d<1)$。由于假设几何布朗运动并采用风险中性定价原理，可以利用均值和方差匹配来确定标的资产价格变化的相关参数（u、d 和风险中性涨跌概率），从而构造出标的资产价格的离散二叉树图，用以模拟标的资产价格在期权剩

---

① 当标的资产卖空受限时（中国经常出现这种情形），无套利和可复制条件就不再成立。这时可以借鉴第十一章的做法，将标的资产价格利用第三章的知识转换为远期（或者期货）价格。由于远期（或期货）与期权基本满足无套利和可复制条件，因此本章介绍的基本方法在中国依然可用。

② 需要注意的是，由于基于风险中性定价原理为期权定价，本章在风险中性测度下介绍三种数值方法的运用。当然这些数值方法也可以在现实测度下刻画资产价格的变化规律，但在现实测度下就不能简单套用本章方法为衍生品定价了。

③ Cox J C, Ross S A, Rubinstein M. Option pricing: a simplified approach[J]. Journal of Financial Economics, 1979, 10(7):229-264.

余期限内的可能变化。然后从树图的末端开始逐步倒推，就可计算出当前时刻合理的期权价格。

下面我们将整个定价过程分为两步介绍：二叉树图的构建和期权价格的倒推定价法。

（一）二叉树图的构建

在构建树图之前，先明确我们的已知信息：期权到期日为 T，期权的剩余期限被人为划分成很多个短时间间隔 Δt；当前标的资产价格为 S①；假设标的资产无红利，其价格服从几何布朗运动，则其在风险中性测度下的连续随机过程为②：

$$dS_t = rS_t dt + \sigma S_t dz_t \tag{12.1}$$

其中无风险利率 r 和波动率 σ 均为常数。

在树图的构建中，我们的目标也可以明确如下；

（1）构建标的资产价格在期权剩余期限内的二叉树图。也就是说，假设每个时间间隔内资产价格只有上升和下跌两种可能，用大量离散的小幅度二值运动来模拟连续的几何布朗运动。③

（2）为在数学上便于处理，二叉树图应是节点重合的。在 CRR 二叉树图的构建中，通过假设资产价格在每一步中都是上升和下降至初始价格的 u 倍和 d 倍（$u>1, d<1$），就保证了节点的重合④；图 12.1 给出了节点重合的多步二叉树的示意图。

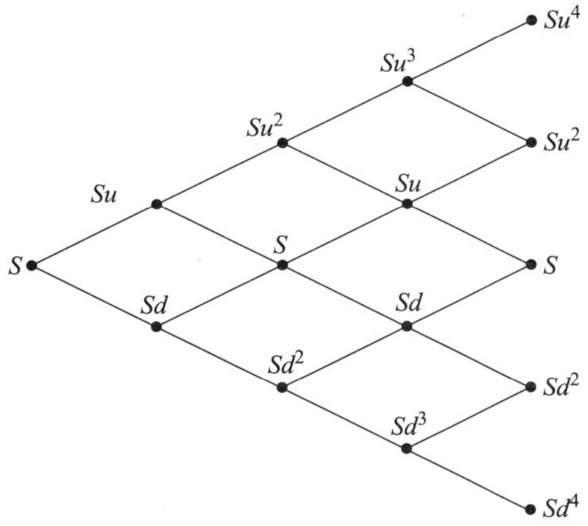

图 12.1　标的资产价格的二叉树示意图

（3）无论划分多少时间间隔，整个 CRR 树图的待估参数只有三个：u、d 和风险中性上涨概率 $\hat{p}$。这是因为：首先，尽管标的资产价格在未来每个时刻的可能取值都是随机的，但

---

① 注意这里的 S 没有下标，表示是已知数。下文的 S_t 则表示随机变量。S 是随机变量 S_t 在当前时刻的值。

② 为便于说明，此处先假设标的资产在期权剩余期限内无红利。后文再放松这一假设。

③ 在较大的时间间隔内，二值运动的假设当然不符合实际。但是当时间间隔非常小的时候，比如在每个瞬间，资产价格只有上涨、下跌两个运动方向的假设是可以接受的。因此，二叉树模型实际上是在用大量离散的小幅度二值运动来模拟连续的资产价格运动。由统计学原理可知，当 N 趋于无穷大时，二项分布就趋近于正态分布。因此当将一段时间分割成足够多的小时间间隔时，二项分布就逼近正态分布。

④ 所谓节点重合，是指第 i 步中上升节点在下一步（i+1 步）中下跌后达到的节点，与第 i 步中下降节点在下一步（i+1步）中上升后达到的节点要重合。节点重合的二叉树图，第 i 步的节点数量为 i+1，树图构造后可以逐步倒推出期权定价。而节点不重合的二叉树图，第 i 步的节点数量将为 2^i，呈现指数级爆炸式增长，也难以逐步倒推出期权定价。

由于服从同一个随机过程(式(12.1)),在每个 Δt 内 S_t 所服从的分布和参数都是一样的,因此我们只要研究单步二叉树图的规律,即可推广至整个多步二叉树图。其次,二叉树图本质上是未来标的资产价格的离散概率分布图,其中,u 和 d 是用于确定资产价格的未来可能取值,$\hat{p}$ 则足以确定每一步的二项分布概率(相应的下跌概率显然为 $1-\hat{p}$),因此只需要估计这三个参数即可。

为求得 u、d 和 $\hat{p}$ 三个参数,CRR 模型采用了如下三个联立方程:

$$\begin{cases} S_t e^{r\cdot\Delta t}=\hat{p}\,S_t u+(1-\hat{p})S_t d \\ S_t^2\sigma^2\Delta t=\hat{p}\,S_t^2u^2+(1-\hat{p})S_t^2d^2-S_t^2[\hat{p}u+(1-\hat{p})d]^2 \\ u=\dfrac{1}{d} \end{cases} \tag{12.2}$$

方程组(12.2)的前两个方程是在风险中性定价原理和几何布朗运动假设下,基于二项分布的性质写出的。第一个方程的含义是,假设单个时间间隔 Δt 初始时刻的标的资产价格为 S_t,则在风险中性测度下,在每个时间间隔 Δt 的期末,标的资产价格的期望值都应等于按无风险利率计算的终值 $S_t e^{r\cdot\Delta t}$;第二个方程的含义是,在几何布朗运动假设下,在每个时间间隔 Δt 内,标的资产价格变化的方差约为 $S_t^2\sigma^2\Delta t$①,方程右边则是根据方差定义写出的(变量 x 的方差等于 $E(x^2)-[E(x)]^2$);方程组(12.2)的第三个方程则可以有不同的写法,这里列出的是常用的一种写法。②

由方程组(12.2)可以很容易求得,当 Δt 很小时,有:

$$\begin{cases} \hat{p}=\dfrac{e^{r\Delta t}-d}{u-d} \\ u=e^{\sigma\sqrt{\Delta t}} \\ d=e^{-\sigma\sqrt{\Delta t}} \end{cases} \tag{12.3}$$

可以看到,上涨倍数 u 和下跌倍数 d 都仅取决于资产价格波动率和时间间隔长度。波动率越大、时间间隔越长,上涨和下跌倍数均越大,这是符合直观理解的。风险中性概率则除了受涨跌倍数和时间间隔影响之外,还取决于无风险利率 r。这也是和我们的理解一致的。在第十一章中我们已经提到,不同的预期收益率对应着不同的概率,在式(12.3)中,风险中性概率正对应着无风险利率。

将无风险利率、波动率和人为划分的时间长度 Δt 代入式(12.3),就可以估计出三个参数的具体数值。再从当前时刻的已知标的资产价格 S 出发,就可以从左往右推,逐步画出标的资产价格的二叉树图。读者可以从例 12.1 的简化示例中进一步理解二叉树图的构建过程。

---

① 事实上,在几何布朗运动下,标的资产价格在 Δt 内变化的方差应如式(11.10)所示,公式十分复杂。但在时间间隔很短时,可以近似等于 $S_t^2\sigma^2\Delta t$。

② 后文将会谈到对第三个条件的其他设定方法。这样设定的好处是二叉树中心线上的标的资产价格与初始值相等。

【例 12.1】

标的资产价格二叉树图的构建

假设某无红利股票的当前市场价格为 50 元，波动率为每年 40%，无风险连续复利年利率为 10%。假设将 5 个月期限分为 5 步，每步 1 个月（约等于 0.083 3 年）。试构造该股票在未来 5 个月内的二叉树图。

从已知信息，我们有 $S=50$，$r=10\%$，$\sigma=40\%$，$\Delta t=0.083\ 3$。代入式（12.3），可以算出：

$$u=e^{\sigma\sqrt{\Delta t}}=1.122\ 4$$

$$d=e^{-\sigma\sqrt{\Delta t}}=0.890\ 9$$

$$\hat{p}=\frac{e^{r\Delta t}-d}{u-d}=0.507\ 6$$

$$1-\hat{p}=0.492\ 4$$

据此可以画出该股票在未来5个月的离散二叉树，如图 12.2 所示。节点 A 为初始时刻，从左向右前进一列表示时间推移 1 步，每个时刻的纵向节点代表该时刻股票价格的可能取值，计算得到的每个节点股价标在该节点上方。例如，节点 B 和 C 分别表明 4 个月后，在股票价格的 5 个可能取值中，有两个分别为 $50\times1.122\ 4\times0.890\ 9^3=39.69$ 元或 $50\times1.122\ 4^2\times0.890\ 9^2=50$ 元。而无论哪个节点，在接下来的一步内，股价上涨的风险中性概率总是等于 0.507 6，下跌的风险中性概率总是等于 0.492 4。

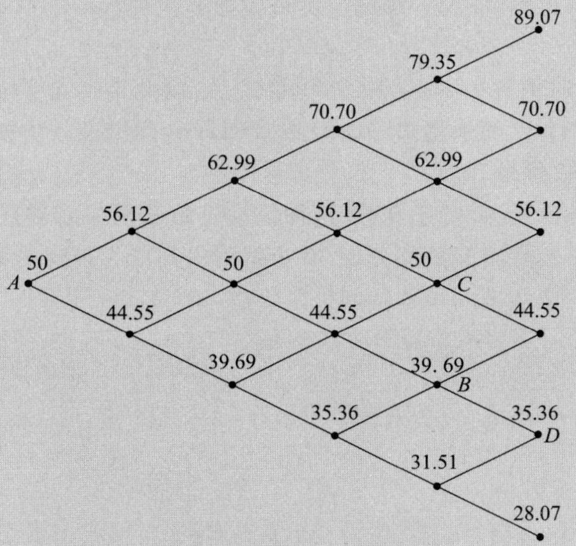

图 12.2　无红利股票的二叉树图

可以证明，只要步数足够多，二叉树图可以近似反映未来标的资产价格的可能取值和分布。因此在二叉树期权定价模型下，仅考虑树图节点处的标的资产价格和期权价格即可。

一般地，我们用 (i,j) 对应 $i\Delta t$ 时刻的第 j 个节点。设定起始时刻为 0，整个期限分为 N 个 Δt，则 $i=0,1,2,\cdots,N$。在 $i\Delta t$ 时刻，CRR 二叉树图中的资产价格总有 $i+1$ 种可能，从下往上可以依次表达为：

$$Su^{j}d^{i-j} \quad (j=0,1,\cdots,i)$$

但无论哪个节点，在接下来的一步变化中，股价上涨的风险中性概率总是等于 $\hat{p}$，下跌的风险中性概率总是等于 $1-\hat{p}$。最后，我们用f_{ij}表示节点(i,j)处的期权价格。

（二）倒推定价法

构建完成二叉树图，得到每个节点的标的资产价格和风险中性概率之后，二叉树定价模型的下一步就是采用倒推定价法，从树形结构图的末端 T 时刻开始，往回逐步倒推，为对应的期权定价。具体步骤如下：

第一，在期权到期 $T=N\Delta t$ 时刻，由于每个节点上的标的资产价格已经得到，直接运用期权合约规定的到期回报公式推出 T 时刻所有节点上的期权价格。以看跌期权为例，其到期回报公式为 $\max(K-S_T,0)$，因此有：

$$f_{N,j}=\max(K-Su^{j}d^{N-j},0) \quad j=0,1,\cdots,N. \tag{12.4}$$

第二，如果期权不会提前行权，根据风险中性定价原理，在每个单步二叉树中都应该有：

$$f_{ij}=e^{-r\cdot\Delta t}[\hat{p}f_{i+1,j+1}+(1-\hat{p})f_{i+1,j}] \tag{12.5}$$

也就是说，在单步二叉树中，前一时刻的期权价格等于下一个时刻期权回报期望值的无风险贴现。① 在 $T-\Delta t$ 时刻不会提前行权的树图节点，这一公式计算得到的就是该节点的期权价格。

第三，在可能会提前行权的树图节点，还需要额外考虑提前行权的期权回报，与第二步中贴现得到的期权价格相比较，取两者较大值作为该节点的期权价格。以美式看跌期权为例，在可能提前行权的树图节点，合理期权价格应为：

$$f_{ij}=\max\{K-Su^{j}d^{i-j},e^{-r\cdot\Delta t}[\hat{p}f_{i+1,j+1}+(1-\hat{p})f_{i+1,j}]\} \tag{12.6}$$

第四，得到 $T-\Delta t$ 时刻各个节点的期权价格之后，以此类推至 $T-2\Delta t$、$T-3\Delta t$ 等，不断倒推，在每个时刻的每个节点都采用式（12.5）或式（12.6）确定期权价格，倒推至初始时刻，即可求得当前合理的期权价格。

可以证明，当每一区间 Δt 趋于 0 时，这种倒推定价法可以求得美式看跌期权的准确价值。根据实践经验，一般将时间区间分成 30 步就可得到较为理想的结果。

读者可以通过例 12.2 进一步理解倒推定价法。

【例 12.2】

美式看跌期权的二叉树定价

假设标的资产为例 12.1 中的无红利股票，现有该股票 5 个月期的美式看跌期权，行权价为 50 元，求该期权的价值。

第一步，运用式（12.4）算出期权到期 T 时刻各个节点的期权价格。例如，D 节点（$i=5,j=1$）的期权价格等于 50−35.36＝14.64 元。

第二步，先运用式（12.5）算出倒数第二列时刻各个节点的暂定期权价格。例如，如果不提前行权，B 节点（$i=4,j=1$）处的期权价格等于

① 简单画图即可看出，对于树图上的(i, j)节点，$(i+1, j+1)$节点和$(i+1, j)$节点分别为一步之后的上升节点和下降节点，这两个节点的期权价格用概率加权就是下一时刻的期权价格期望值。

$$(0.5076\times5.45+0.4924\times14.64)e^{-0.1\times0.0833}=9.90\text{ 元}$$

C 节点($i=4,j=2$)处的期权价格则等于

$$(0.5076\times0+0.4924\times5.45)e^{-0.1\times0.0833}=2.66\text{ 元}$$

第三步，检查倒数第二列各个节点提前行权的情况。显然，在最上方的两个节点，标的资产价格高于 50 元(分别为 62.99 元和 79.35 元)，看跌期权不会提前行权；下方的三个节点则要逐一比较。例如，在 B 节点，提前行权的期权价格为 50.00−39.69=10.31 元，大于上述不行权的 9.90 元，因此 B 节点的期权价格应为两者中的较大值，即 10.31 元；而 C 节点的提前行权价值为 0，因此该节点的合理期权价格应为 2.66 元。

第四步，运用同样方法逐步倒推，可以算出各节点处的期权价格，并最终倒推算出初始 A 节点处的期权价格为 4.48 元。

整个计算结果如图 12.3 所示。

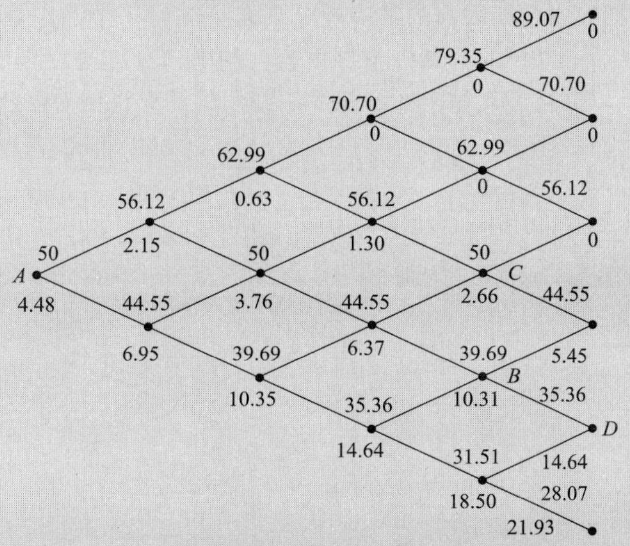

图 12.3　运用股票二叉树图为美式看跌期权定价

如果把期权有效期分成更多的小时段，节点数会更多，计算会更复杂，但得出的期权价格会更精确。当 Δt 非常小时，期权价格约等于 4.29 元。

(三) 有红利资产的二叉树期权定价

1. 支付连续红利率资产的期权定价

若已知标的资产支付的年化连续红利率为 q，在风险中性测度下，标的资产价格的漂移率应该等于 $r-q$，这意味着方程组(12.2)中的第一式就变为：

$$S_t e^{(r-q)\cdot\Delta t}=\hat{p}\,S_t u+(1-\hat{p})S_t d$$

相应地，式(12.3)中的第一式变为：

$$\hat{p}=\frac{e^{(r-q)\Delta t}-d}{u-d}$$

式(12.2)和式(12.3)中的其他式子仍然适用。

2. 支付离散红利率资产的期权定价

若标的资产在未来某一确定时间将支付已知红利率 δ(红利与资产价格之比),只要调整在各个节点上的标的资产价格,仍可沿用上述二叉树模型为期权定价。调整方法如下:

如果时刻 $i\Delta t$ 在除权日之前,则节点处的标的资产价格仍为:

$$Su^j d^{i-j} \quad (j=0,1,\cdots,i)$$

如果时刻 $i\Delta t$ 在除权日之后,则节点处的标的资产价格相应调整为:

$$S(1-\delta)u^j d^{i-j} \quad (j=0,1,\cdots,i)$$

对在期权有效期内有多个已知红利率的情况,也可进行同样处理。若 $\delta_m(m=1,2,\cdots,M)$ 为 0 时刻到 $i\Delta t$ 时刻之间第 m 个除权日的红利率,则 $i\Delta t$ 时刻节点的相应的证券价格为:

$$S\prod_1^M(1-\delta_m)u^j d^{i-j}$$

3. 支付已知数额红利资产的期权定价

若标的资产在期权剩余期限内的某一确定日期将支付一个确定数额的红利,而不是一个确定的比率,除息后二叉树的节点将不再重合(见图 12.4),这意味着节点数量可能变得很大,倒推定价也难以进行。支付多次已知数额红利的情况将更为复杂。

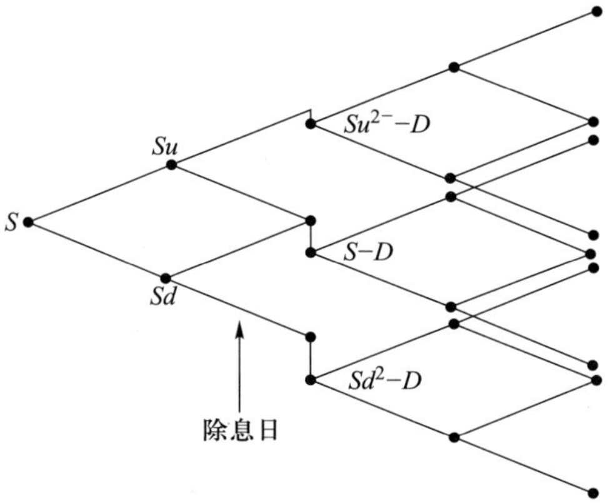

图 12.4 假设红利数额已知且波动率为常数时的二叉树图

为解决这个问题,可以将标的资产价格分为两个部分:一部分是不确定的;另一部分是期权剩余期内所有未来红利的现值。以期权剩余期限内只有一次红利为例(多次红利可直接推广),设除息日为 τ,红利金额为 D 元,则在 $i\Delta t$ 时刻不确定部分的价值 S^* 为:

$$\begin{cases} S^*_{i\Delta t}=S_{i\Delta t}, & (\text{当 } i\Delta t>\tau \text{ 时}) \\ S^*_{i\Delta t}=S_{i\Delta t}-D\,\mathrm{e}^{-r(\tau-i\Delta t)} & (\text{当 } i\Delta t\leqslant\tau \text{ 时}) \end{cases}$$

设 σ^* 为 S^* 的标准差(假设 σ^* 是常数),用 σ^* 代替式(12.3)中的 σ 就可计算出参数 $\hat{p}$、u 和 d,这样就可用通常的方法构造出 S^* 的二叉树了。之后,把未来红利现值加在每个节点的资产价格上,就可以将 S^* 的二叉树图转化为 S 的二叉树,并仍然保证节点重合。

用符号表达,假设初始 0 时刻 S^* 的值为 S_0^*,则在 $i\Delta t$ 时刻:

当 $i\Delta t\leqslant\tau$ 时,每个节点对应的资产价格为:

$$S_0^* u^j d^{i-j}+D\mathrm{e}^{-r(\tau-i\Delta t)} \quad j=0,1,\cdots,i$$

当 $i\Delta t>\tau$ 时,每个节点对应的资产价格为:

$$S_0^* u^j d^{i-j} \quad j=0,1,\cdots,i$$

这种方法，与第十一章在已知红利金额的情况下应用 B-S-M 期权定价公式时所用的思路在本质上是一致的。该方法可以重新得到重合的分支，减少了节点数量，简化了定价过程。

二、构造树图的其他方法和思路

（一）$\hat{p}=0.5$ 的二叉树图

如前所述，在式（12.2）中，前两个等式是确定参数 $\hat{p}$、u 和 d 的固定条件，而第三个条件 $u=\dfrac{1}{d}$ 是人为给定的，也是最常用的条件，但它并不是唯一的。我们也可以放弃这个条件，采用 $\hat{p}=0.5$ 作为第三个条件，当 Δt 的高阶小量可以忽略时得到二叉树图的另一组参数公式：

$$\begin{cases} \hat{p}=0.5 \\ u=\mathrm{e}^{\left(r-q-\frac{\sigma^2}{2}\right)\Delta t+\sigma\sqrt{\Delta t}} \\ d=\mathrm{e}^{\left(r-q-\frac{\sigma^2}{2}\right)\Delta t-\sigma\sqrt{\Delta t}} \end{cases}$$

这种方法的优点在于，无论 σ 和 Δt 如何变化，涨跌的风险中性概率总是不变；缺点在于，二叉树图中的中心线上的标的资产价格不会再和初始值相等。

（二）三叉树图

另一种替代二叉树图的方法是三叉树图法，该树图的形状如图 12.5 所示。在每一个时间间隔 Δt 内证券价格有三种运动的可能：从开始的 S 上升到原先的 u 倍，即到达 Su；保持不变，仍为 S；下降到原先的 d 倍，即 Sd。整个树图如图 12.5 所示。

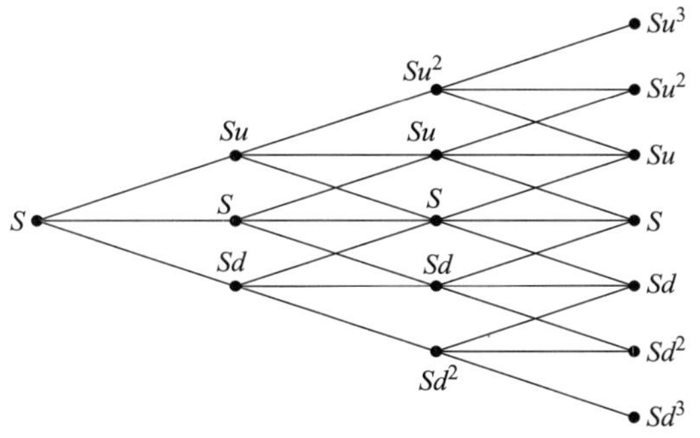

图 12.5　资产价格的三叉树图

令 $\hat{p}_u$、$\hat{p}_m$、$\hat{p}_d$ 分别为每个节点价格上升、持平和下降的风险中性概率。当 Δt 的高阶小量可以忽略时，满足资产价格变化均值和方差的参数分别为：

$$\begin{cases} u = e^{\sigma\sqrt{3\Delta t}} \\ d = \dfrac{1}{u} \\ \hat{p}_u = \sqrt{\dfrac{\Delta t}{12\sigma^2}}\left(r-q-\dfrac{\sigma^2}{2}\right)+\dfrac{1}{6} \\ \hat{p}_d = -\sqrt{\dfrac{\Delta t}{12\sigma^2}}\left(r-q-\dfrac{\sigma^2}{2}\right)+\dfrac{1}{6} \\ \hat{p}_m = \dfrac{2}{3} \end{cases}$$

用三叉树图为期权定价的计算过程与二叉树图的计算过程相似。可以证明:三叉树图的方法与本章第三节将要介绍的显性有限差分方法是一致的。

(三) 控制方差技术

控制方差技术是数值方法的一个辅助技术,可以应用在二叉树模型、蒙特卡罗模拟和有限差分方法上。其基本原理为:期权 A 和期权 B 的性质相似(例如其他条件都相同的欧式期权和美式期权,又如将在第十六章中谈到的几何平均亚式期权和算术平均亚式期权),我们可以得到期权 B 的解析定价公式,但只能得到期权 A 的数值方法解,这时就可以利用期权 B 解析法与数值法的定价差异来纠正期权 A 的数值法的定价误差。

用f_B表示期权 B 的精确定价(解析解),用f_A表示关于期权 A 的较优估计值,用$\hat{f}_A$和$\hat{f}_B$表示用同一个二叉树、相同的蒙特卡罗模拟或是同样的有限差分方法得到的 A、B 期权价格的近似数值解。假设用数值方法计算出的期权 B 的误差,等于用数值方法计算出的期权 A 的误差,即:

$$f_B-\hat{f}_B=f_A-\hat{f}_A$$

就可以以此推断期权 A 的更优估计值为:

$$f_A=\hat{f}_A+f_B-\hat{f}_B$$

可以证明,当$\hat{f}_A$和$\hat{f}_B$之间的协方差较大时,$var(f_A)<var(\hat{f}_A)$。也就是说,这个方法减少了期权 A 定价的方差,利用f_B和$\hat{f}_B$的信息改进了对期权 A 的定价。

可以看出,虽然从计算工作量来看,控制方差技术需要计算两个估计值$\hat{f}_A$和$\hat{f}_B$,但是由于两个期权的性质相似或技术路线相同,实际增加的工作量并不大。

(四) 适应性网状模型

菲格鲁斯基(S. Figlewski)和高(B. Gao)① 提出了一种适应性网状模型(the adaptive mesh model)来改进数值估计方法的效率。此方法是:在使用三叉树图为美式期权定价时,在临近到期的行权价附近,用高密度的树图来取代原先低密度的树图。具体而言,就是在树图中那些对是否提前行权比较敏感的价格附近,将一个时间步长 Δt 进一步细分,如分为$\dfrac{\Delta t}{4}$,

① Figlewski S, Gao B. The adaptive mesh model: a new approach to efficient option pricing[J]. Journal of Financial Economics, 1999, 53: 313-351.

每个小步长仍然采用相同的三叉树定价过程，以使树图更好地反映实际情形，提高定价的效率和精确程度。

第二节　蒙特卡罗模拟期权定价法

期权定价中的蒙特卡罗模拟，是一种通过模拟标的资产价格在风险中性测度下的随机运动路径，然后根据期权合约的条款计算期权的期望回报，再将其以无风险利率贴现得到当前期权定价的数值方法，也是一种应用十分广泛的期权定价方法。

一、蒙特卡罗模拟期权定价的基本过程

根据风险中性定价原理，运用蒙特卡罗模拟为期权定价的基本思路是：由于大部分期权（如欧式期权）价格等于期权到期回报的期望值的贴现，因此先模拟风险中性测度下标的资产价格的多种可能运动路径，计算该路径下的期权回报，然后求出所有路径下的期权回报均值，最后用无风险利率贴现。

以一个简单的欧式期权 $f(S_t,t)$（利率为常数）为例，可以说明蒙特卡罗模拟期权定价的基本方法：

（1）从初始时刻的标的资产价格开始，直至到期为止，在风险中性测度下（即漂移率为无风险利率 r），为 S_t 取一条跨越整个期权剩余期限的随机路径。这是众多可能路径中的一条。

（2）计算出该条路径下期权的到期回报。

（3）重复第一步和第二步，得到许多样本结果，即风险中性测度下期权回报的大量可能取值。

（4）计算这些样本回报的均值，得到风险中性测度下预期的期权回报。

（5）用无风险利率贴现，得到这个期权的当前估值。

二、蒙特卡罗模拟的技术实现

（一）随机路径

如果假设标的资产价格服从几何布朗运动，我们已经知道，在风险中性测度下，服从几何布朗运动且连续收益率为 q 的标的资产价格所遵循的随机过程可以写作：

$$\mathrm{d}S_t=(r-q)S_t\mathrm{d}t+\sigma S_t\mathrm{d}z_t \tag{12.7}$$

也可以写作：

$$\mathrm{d}\ln S_t=\left(r-q-\frac{\sigma^2}{2}\right)\mathrm{d}t+\sigma\mathrm{d}z_t \tag{12.8}$$

为了模拟 S_t 的路径，把期权的有效期分为 N 个长度为 Δt 的时间段，则式（12.7）和式（12.8）的近似方程分别为：

$$\Delta S_t=S_{t+\Delta t}-S_t=(r-q)S_t\Delta t+\sigma S_t\varepsilon_t\sqrt{\Delta t} \tag{12.9}$$

$$\Delta\ln S_t=\ln S_{t+\Delta t}-\ln S_t=\left(r-q-\frac{\sigma^2}{2}\right)\Delta t+\sigma\varepsilon_t\sqrt{\Delta t} \tag{12.10}$$

式（12.10）还可写为：

$$S_{t+\Delta t}=S_t\exp\left[\left(r-q-\frac{\sigma^2}{2}\right)\Delta t+\sigma\,\varepsilon_t\sqrt{\Delta t}\right] \tag{12.11}$$

式中：ε_t是从标准正态分布中抽取的一个随机样本。

因此，蒙特卡罗模拟的主要过程是离散地模拟资产价格 S_t的时间序列。从初始 0 时刻已知的资产价格 S 开始，随机抽取一个 ε_1，就能算出 $0+\Delta t$ 时刻的 $S_{\Delta t}$值；然后再抽取一个 ε_2，算出 $0+2\Delta t$ 时的 $S_{2\Delta t}$值；以此类推，通过 N 个正态分布的随机取样就可以组建一条在风险中性测度下资产价格的蒙特卡罗模拟样本路径，并得到相应的回报值。重复以上的模拟至足够多的次数，可以得到多条可能路径。计算各条路径期权到期回报的平均值，按无风险利率折现后就得到了期权的估值，同时也可以得到期权价格的标准差。

在以上两种模拟路径中，用 $\ln S_t$比用 S_t本身更准确。使用式(12.9)模拟会存在 Δt 的高阶小项 $o(\Delta t)$的误差，仅仅在 $\Delta t\to 0$ 时是完全正确的。但是式(12.10)或式(12.11)却是精确的，因而对于所有的 Δt 都是正确的。特别地，当用蒙特卡罗模拟为欧式期权定价时，由于期权回报只与期权到期时刻的标的价格有关，而与具体路径无关，因此就可以让 $t+\Delta t=T$ 并直接利用式(12.11)来求 T 时刻的股票价格。这样可以大大节省计算时间。

例 12.3 给出了一个运用蒙特卡罗模拟生成路径的例子。

【例 12.3】

蒙特卡罗模拟中的路径模拟

已知某一无红利的股票价格初始值为 30 元，波动率为每年 20%，市场无风险利率为 5%。若以 0.01 年为时间步长，采用式(12.10)模拟路径，我们有：

$$\Delta\ln S_t=\left(r-q-\frac{\sigma^2}{2}\right)\Delta t+\sigma\,\varepsilon_t\sqrt{\Delta t}=\left(5\%-\frac{0.2^2}{2}\right)\times 0.01+0.2\times\varepsilon_t\times\sqrt{0.01}$$

不断从标准正态分布样本中抽取 ε_t的值代入上式，可以得到股票价格在风险中性假设下的一条路径。

表 12.1 显示了模拟的一条样本路径(股票价格精确至 0.001)。解释如下：如果 ε_t的第一个样本值为 0.52，则第一个时间步长结束后有：

$$\Delta\ln S_t=\left(5\%-\frac{0.2^2}{2}\right)\times 0.01+0.2\times 0.52\times\sqrt{0.01}\approx 0.011$$

因此，第二步开始时的股票价格上升到 $30\times e^{0.011}\approx 30.323$ 元。第二次抽到的 ε_t为 1.44，因而有第二步的价格对数变化为：

$$\Delta\ln S_t=\left(5\%-\frac{0.2^2}{2}\right)\times 0.01+0.2\times 1.44\times\sqrt{0.01}\approx 0.029$$

相应地第三步开始时的股票价格变为 31.218 元。以此类推，最终可以得到股票价格的一条模拟路径，其最后的价格 31.40 元本质上是 10 个时间步长或是 0.1 年末股票价格分布中的一个随机抽样值。

应当注意的是：表 12.1 仅仅表示了股票价格运动的一条可能路径，不同的随机取样将会导致不同的结果。进行这样的模拟达到足够多次，就可以得到 0.1 年末股票价格的一个概率分布。

表 12.1　当 $r=0.05,\sigma=0.20,\Delta t=0.01$ 时的股票价格模拟

每步开始时的股票价格	ε_t 的随机抽样值	该时间步长中的对数股票价值变化
30.000	0.52	0.011
30.323	1.44	0.029
31.218	-0.86	-0.017
30.695	1.46	0.030
31.614	-0.69	-0.014
31.190	-0.74	-0.015
30.741	0.21	0.005
30.880	-1.10	-0.022
30.217	0.73	0.015
30.670	1.16	0.024
31.400		

（二）随机样本的产生和模拟运算次数的确定

在介绍蒙特卡罗模拟的主要过程和方法之后，下面来讨论两个细节问题。

1. ε_t的产生

如前所述，ε_t是服从标准正态分布的一个随机数。大多数程序语言都为抽取 0 到 1 之间的均匀分布随机数编制了程序。如果只有一个单变量，则 ε_t可以通过下式近似获得：

$$\varepsilon_t = \sum_{i=1}^{12} R_{it} - 6$$

式中：$R_{it}(1\leqslant i\leqslant 12)$是相互独立的 0 到 1 均匀分布的随机数。

在 Excel 中，通过调用函数 NORM. S. INV（RAND（））就可以直接产生服从标准正态分布的随机数。

如果需要从二元标准正态分布中抽取样本，则可以用如下的方法：x_1和 x_2是用上述方法从单变量标准正态分布中抽取的独立样本，则二元标准正态分布的随机抽样值分别等于：

$$\varepsilon_1 = x_1$$

$$\varepsilon_2 = \rho x_1 + x_2\sqrt{1-\rho^2}$$

式中：ρ 是相关系数。

如果从 n 元标准正态分布中取样，同样先从单变量标准正态分布中抽取 n 个独立变量 $x_i(1\leqslant i\leqslant n)$，然后运用

$$\varepsilon_i = \sum_{k=1}^{k=i} \alpha_{ik}x_k$$

得到 ε_i。为了使 ε_i有正确的方差，并使 ε_i与 ε_j之间有正确的相关系数 $\rho_{ij}(1\leqslant j<i)$，必须满足：

$$\sum_{k}^{i} \alpha_{ik}^2 = 1$$

且

$$\sum_{k=1}^{j} \alpha_{ik}\alpha_{jk} = \rho_{ij}$$

令第一个样本 ε_1 等于 x_1，就可以解出这些 α 的方程，通过 x_1 和 x_2 计算出 ε_2，再通过 x_1、x_2 和 x_3 计算出 ε_3，以此类推。

2. 模拟运算次数的确定

蒙特卡罗模拟过程是用随机数序列实现有限次数的模拟，进行模拟运算的次数取决于所要求的精度。在模拟运算得到期权价格均值的时候，也可以得到其标准差。用 M 表示运算的次数，μ 为均值，ω 是标准差，则期权估计值的标准误差为 $\frac{\omega}{\sqrt{M}}$。如果对估计值要求 95% 的置信度，则期权价格应满足：

$$\mu-\frac{1.96\omega}{\sqrt{M}}<f<\mu+\frac{1.96\omega}{\sqrt{M}}$$

可见，期权价格的不确定性与模拟运算次数的平方根 $\sqrt{M}$ 成反比，如果要将精确度提高为原来的 10 倍，则模拟运算次数应为原来的 100 倍。实际中常用的一个 M 值是 10 万次。

三、蒙特卡罗模拟期权定价法的理解和应用

运用蒙特卡罗模拟为期权定价的实质是模拟标的资产价格在风险中性测度下的随机运动，计算期权的平均回报，并由此得到期权价格。特别需要强调的是，蒙特卡罗模拟也广泛应用于现实测度下的路径模拟，用于其他目的。但在期权定价中，采用的是风险中性定价原理，因而使用的是无风险利率作为漂移率。蒙特卡罗模拟期权定价法的主要优点包括：

（1）运用简单、直接。在大多数情况下，人们可以很直接地应用蒙特卡罗模拟方法，而无须对期权定价模型有深刻的理解，所涉及的数学知识也很基本。为了获得更精确的结果，只需要进行更多的模拟。如果对几何布朗运动的假设不够满意，还可以将其拓展至更为复杂的随机过程。[①] 以上这些优点使得蒙特卡罗方法成为一个应用相当广泛和强大的期权定价技术。

（2）蒙特卡罗模拟期权定价法的适用情形相当广泛。其中包括：

① 期权的回报仅仅取决于标的变量的最终价格的情形（如欧式期权）。

② 期权的回报依赖于标的变量所遵循的路径，即路径依赖的情形。

③ 期权的回报取决于多个标的变量的情形，尤其当随机变量的数量增加时，蒙特卡罗模拟的运算时间近似为线性增长，而不像其他方法那样以指数增长，因此该方法对依赖三种以上风险资产的多变量期权模型很有竞争力。

因此，蒙特卡罗模拟可以适用于复杂随机过程和复杂终值的计算，比如将在第十六章介绍的路径依赖期权等奇异期权。同时，在运算过程中蒙特卡罗模拟能给出估计值的标准误，这也是该方法的优点之一。

蒙特卡罗模拟期权定价法的缺点主要是：

（1）难以处理提前行权的情形，因此难以为美式期权定价。2001 年，朗斯塔夫（F. A.

---

① 拓展时要注意，要使用风险中性定价原理，要求市场是无套利和可复制的。

Longstaff)和舒尔茨(E. S. Schwartz)①发展了一种最小平方方法(least squares approach),在一定程度上解决了这个问题。

(2) 为了达到一定的精确度,一般需要大量的模拟运算。尤其在处理三个以下的变量时,蒙特卡罗模拟相对于其他方法来说偏慢,例如在处理一些路径依赖期权时,人们常用二叉树模型等来取代蒙特卡罗模拟,就是因为其耗费的计算时间太长。为了改进计算的效率,人们也提出了许多减少方差的技巧,因超过了本书的难度,在此不再赘述。

可以看出,期权定价中的二叉树和蒙特卡罗模拟方法具有一定的互补性。二叉树擅长处理提前行权的情形,但树图显然无法处理路径依赖情形,当标的变量超过 3 个时,高维树图也难以构建;而蒙特卡罗模拟则与之相反。

第三节　有限差分方法

在应用微分方程建模的学科当中,有限差分方法是最常用的数值求解方法。在金融界,这个方法也日益受到人们的重视,越来越多地用在期权定价当中。其主要思想是:

将衍生产品价格所满足的偏微分方程,如 B-S-M 偏微分方程

$$\frac{\partial f}{\partial t}+(r-q)S_t\frac{\partial f}{\partial S}+\frac{1}{2}\sigma^2 S_t^2\frac{\partial^2 f}{\partial S^2}=rf_t$$

用有限差分方法转化为一系列近似的差分方程,即用离散算子逼近$\frac{\partial f}{\partial t}$、$\frac{\partial f}{\partial S}$和$\frac{\partial^2 f}{\partial S^2}$各项,之后用迭代法求解,得到期权价格。有限差分方法用格点(grids)来标示期权价格,如图 12.6 所示。

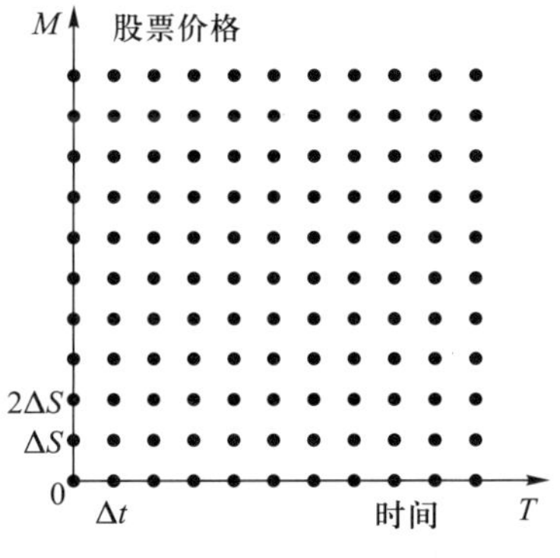

图 12.6　有限差分方法的格点图

具体地说,有限差分方法就是用有限的离散区域来替代连续的时间和资产价格变化。

首先,把初始 0 时刻到到期日 T 时刻之间的时间分为有限(N)个等间隔的小时间段,设 $\Delta t=\frac{T}{N}$,就有 $N+1$ 个格点。

---

① 具体方法参见 Longstaff, Schwartz. Valuing American options by simulation: a simple least squares approach [J]. Review of Financial Studies, 2001, 14(1): 113-147.

其次，把资产价格的变化从 0 到最大值 $S_{\max}$ 也分成 M 个等间隔的小价格段，定义 $\Delta S=\frac{S_{\max}}{M}$，就得到 $M+1$ 个资产价格 $(0,\Delta S,2\Delta S,\cdots,S_{\max})$①；如果划分合理，初始的资产价格会落在零时刻的一个格点上。其中，Δt 和 ΔS 是相互独立的。

这样，就构造了一个共有 $(M+1)(N+1)$ 个格点的图，时间、资产价格和期权价格都仅仅在相应的格点处离散计算。点 (i,j) 对应 $i\Delta t$ 时刻和资产价格 $j\Delta S$，$f(i,j)$ 则表示 (i,j) 处的期权价格。应用这些格点之间的关系和已知的边界条件，可以把连续偏微分方程转化为一系列的差分方程，逐次求解，就可以得到零时刻初始资产价格所对应格点的期权价格。

下面具体介绍如何使用这些格点逼近微分，求出期权价格。这可以运用多种方法实现，包括隐性有限差分法（implicit finite difference method）、显性有限差分法（explicit finite difference method）和其他的一些方法。为了方便说明，以一个无红利股票的美式看跌期权作为例子，并仍沿用 B-S-M 模型的基本假设，标的股票价格服从几何布朗运动。实际上，有限差分方法不仅适用于 B-S-M 假设，也可以拓展到更复杂的设定，如随机利率的情形等。

一、隐性有限差分法

（一）$\frac{\partial f}{\partial S}$、$\frac{\partial f}{\partial t}$和$\frac{\partial^2 f}{\partial S^2}$的差分近似

1\. $\frac{\partial f}{\partial S}$的近似

对于坐标方格内部的点 (i,j)，期权价格对资产价格的一阶导数可以用三种差分来表示：$\frac{f_{i,j+1}-f_{i,j}}{\Delta S}$、$\frac{f_{i,j}-f_{i,j-1}}{\Delta S}$和$\frac{f_{i,j+1}-f_{i,j-1}}{2\Delta S}$。这三种逼近方法分别称为向上差分近似（forward difference approximation）、向下差分近似（backward difference approximation）和中心差分近似（central difference approximation）。可以看到，这三种方法是针对 $i\Delta t$ 时刻进行的差分近似，只是 Δf 的取值方向不同，中心差分实际上是前两者的平均值。

应用泰勒展开式考察这三种近似方法的精确度，可以发现向上差分近似和向下差分近似的误差均为 ΔS 的同阶无穷小项 $O(\Delta S)$，而中心差分的误差则为 $O(\Delta S^2)$，精确度更高。这是因为这一近似方法关于 S 对称，使得一些误差项可以相互抵消。因此，采用中心差分法来逼近$\frac{\partial f}{\partial S}$。

2\. $\frac{\partial f}{\partial t}$的近似

对于点 (i,j) 处的$\frac{\partial f}{\partial t}$，则采取向右差分近似，以使 $i\Delta t$ 时刻的值和 $(i+1)\Delta t$ 时刻的值相关联：

---

① 从数学意义上说，S 的范围是无限的，但是在经济意义上，资产价格一般会有一个特定的合理变化边界，超出这一边界的价格是没有意义的，因此只需考虑从 0 到价格上限之间的变化即可。这个上限也不需要太大，一般在行权价格的三到四倍即可。

$$\frac{\partial f}{\partial t}=\frac{f_{i+1,j}-f_{i,j}}{\Delta t}$$

这一近似的误差是 $O(\Delta t)$,可以进一步改进。但是在这里,这样的精确度已基本令人满意了。

3. $\frac{\partial^2 f}{\partial S^2}$的近似

如前所述,点$(i,j+1)$处的$\frac{\partial f}{\partial S}$的向上差分近似和向下差分近似分别为$\frac{f_{i,j+1}-f_{i,j}}{\Delta S}$和$\frac{f_{i,j}-f_{i,j-1}}{\Delta S}$,因此点$(i,j)$处期权价格对标的资产价格的二阶差分为:

$$\frac{\partial^2 f}{\partial S^2}=\frac{\frac{f_{i,j+1}-f_{i,j}}{\Delta S}-\frac{f_{i,j}-f_{i,j-1}}{\Delta S}}{\Delta S}=\frac{f_{i,j+1}+f_{i,j-1}-2f_{i,j}}{\Delta S^2}$$

这个二阶差分也是中心差分,其误差为 $O(\Delta S^2)$。

从以上三个近似可以发现,除了对时间的差分涉及 $i\Delta t$ 时刻和$(i+1)\Delta t$ 时刻的期权价格,对资产价格 S 的一阶和二阶差分都只使用了 $i\Delta t$ 时刻的不同期权价格。

(二) 差分方程

把以上三个近似代入 B-S-M 偏微分方程,整理得到:

$$a_j f_{i,j-1}+b_j f_{i,j}+c_j f_{i,j+1}=f_{i+1,j} \tag{12.12}$$

式中:

$$a_j=\frac{1}{2}(r-q)j\Delta t-\frac{1}{2}\sigma^2 j^2\Delta t$$

$$b_j=1+\sigma^2 j^2\Delta t+r\Delta t$$

$$c_j=-\frac{1}{2}(r-q)j\Delta t-\frac{1}{2}\sigma^2 j^2\Delta t$$

$$i=0,1,\cdots,N-1, j=0,1,\cdots,M-1$$

从式(12.12)可以看出,$a_j+b_j+c_j=1+r\Delta t$。

由于$\frac{\partial f}{\partial S}$和$\frac{\partial^2 f}{\partial S^2}$使用中心差分,整个方程的误差为 $O(\Delta t,\Delta S^2)$。

这个差分方程的思想可以在图 12.7 中得到体现。也就是说,根据这个方程,可以从 $i\Delta t$ 时刻上下三个相邻格点的期权价格(其对应的标的资产价格分别为$(j+1)\Delta S$、$j\Delta S$ 和$(j-1)$

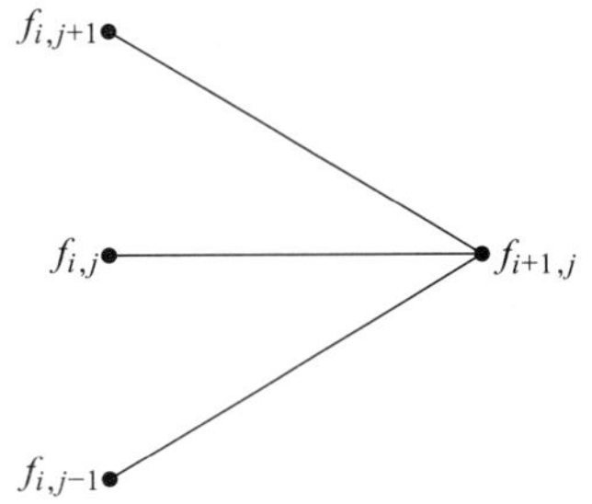

图 12.7　隐性有限差分法

ΔS)，求出 $(i+1)\Delta t$ 时刻资产价格为 $j\Delta S$ 时的期权价格。因此，隐性有限差分法可以理解为从格点图内部向外推知外部格点的期权价格。

（三）边界条件

第一，从到期时刻的期权回报可以推出边界 $t=T$ 上所有格点的期权价格。T 时刻看跌期权的回报公式为：

$$f_{N,j}=\max(K-S_T,0)$$

式中：$S_T=j\Delta S, j=0,1,\cdots,M$。

第二，当标的资产价格为零时，看跌期权的价格为行权价 K，由此可以得到下方边界 $S=0$ 上所有格点的期权价格：

$$f_{i,0}=K \quad i=0,1,\cdots,N$$

第三，当标的资产价格趋于无穷时，看跌期权的价格趋于零。可以近似认为上方边界 $S=S_{\max}$ 上

$$f_{i,M}=0 \quad i=0,1,\cdots,N$$

（四）求解期权价格

已知差分方程式(12.12)和三个边界条件之后，我们的目的是求出格点图左边界 $f_{0,j}$ 的值，其中标的资产价格等于初始市场价格的那个格点就是要求的期权价格。

利用方程式(12.12)和边界条件，可以首先写出 $(N-1)\Delta t$ 时刻的 $M-1$ 个联立方程：

$$a_j f_{N-1,j-1}+b_j f_{N-1,j}+c_j f_{N-1,j+1}=f_{N,j} \qquad j=1,\cdots,M-1$$

和

$$j=0 \text{ 时}, f_{N-1,0}=K$$

$$j=M \text{ 时}, f_{N-1,M}=0$$

由此可以解出每个 $f_{N-1,j}$ 的期权价格，然后与每个格点的期权内在价值 $\max(K-j\Delta S,0)$ 进行比较，选择较大者作为 $(N-1)\Delta t$ 时刻每个格点的期权价格。

以此向前类推，最后可以计算出 0 时刻上的 $f_{0,j}$，当 $j\Delta S$ 等于初始资产价格时，该格点对应的 f 就是要求的期权价格。

【例 12.4】

美式看跌期权的隐性有限差分定价

表 12.2 列出了用隐性有限差分法求得例 12.2 中期权价格的过程。相关格点参数为 $M=20, N=10, \Delta S=5$。最后解得无红利股票美式看跌期权的价格为 4.07 元(即表格第 1 列股票价格为 50 的那个格点值)。

表 12.2　用隐性有限差分法计算的期权价格

股票价格	剩余期限/月										
	5.0	4.5	4.0	3.5	3.0	2.5	2.0	1.5	1.0	0.5	0
100	0.00	0.00	0.00	0.00	0.00	0.00	0.00	0.00	0.00	0.00	0.00
95	0.02	0.02	0.01	0.01	0.00	0.00	0.00	0.00	0.00	0.00	0.00
90	0.05	0.04	0.03	0.02	0.01	0.01	0.00	0.00	0.00	0.00	0.00

续表

股票价格	剩余期限/月										
	5.0	4.5	4.0	3.5	3.0	2.5	2.0	1.5	1.0	0.5	0
85	0.09	0.07	0.05	0.03	0.02	0.01	0.01	0.00	0.00	0.00	0.00
80	0.16	0.12	0.09	0.07	0.04	0.03	0.02	0.01	0.00	0.00	0.00
75	0.27	0.22	0.17	0.13	0.09	0.06	0.03	0.02	0.01	0.00	0.00
70	0.47	0.39	0.32	0.25	0.18	0.13	0.08	0.04	0.02	0.00	0.00
65	0.82	0.71	0.60	0.49	0.38	0.28	0.19	0.11	0.05	0.02	0.00
60	1.42	1.27	1.11	0.95	0.78	0.62	0.45	0.30	0.16	0.05	0.00
55	2.43	2.24	2.05	1.83	1.61	1.36	1.09	0.81	0.51	0.22	0.00
50	4.07	3.88	3.67	3.45	3.19	2.91	2.57	2.17	1.66	0.99	0.00
45	6.58	6.44	6.29	6.13	5.96	5.77	5.57	5.36	5.17	5.02	5.00
40	10.15	10.10	10.05	10.01	10.00	10.00	10.00	10.00	10.00	10.00	10.00
35	15.00	15.00	15.00	15.00	15.00	15.00	15.00	15.00	15.00	15.00	15.00
30	20.00	20.00	20.00	20.00	20.00	20.00	20.00	20.00	20.00	20.00	20.00
25	25.00	25.00	25.00	25.00	25.00	25.00	25.00	25.00	25.00	25.00	25.00
20	30.00	30.00	30.00	30.00	30.00	30.00	30.00	30.00	30.00	30.00	30.00
15	35.00	35.00	35.00	35.00	35.00	35.00	35.00	35.00	35.00	35.00	35.00
10	40.00	40.00	40.00	40.00	40.00	40.00	40.00	40.00	40.00	40.00	40.00
5	45.00	45.00	45.00	45.00	45.00	45.00	45.00	45.00	45.00	45.00	45.00
0	50.00	50.00	50.00	50.00	50.00	50.00	50.00	50.00	50.00	50.00	50.00

二、显性有限差分法

显性有限差分法的通用做法是保留前述对$\frac{\partial f}{\partial t}$的定义，而重新定义$\frac{\partial f}{\partial S}$和$\frac{\partial^2 f}{\partial S^2}$。具体做法是用点$(i+1,j)$的$\frac{\partial f}{\partial S}$和$\frac{\partial^2 f}{\partial S^2}$来代替点$(i,j)$的$\frac{\partial f}{\partial S}$和$\frac{\partial^2 f}{\partial S^2}$，即点$(i,j)$的$\frac{\partial f}{\partial S}$和$\frac{\partial^2 f}{\partial S^2}$分别定义为：

$$\frac{\partial f}{\partial S}=\frac{f_{i+1,j+1}-f_{i+1,j-1}}{2\Delta S}$$

$$\frac{\partial^2 f}{\partial S^2}=\frac{f_{i+1,j+1}+f_{i+1,j-1}-2f_{i+1,j}}{\Delta S^2}$$

将其代入 B-S-M 微分方程，整理可得：

$$f_{i,j}=a^{*}f_{i+1,j-1}+b^{*}f_{i+1,j}+c^{*}f_{i+1,j+1} \tag{12.13}$$

式中：

$$a^{*}=\frac{-\frac{1}{2}(r-q)j\Delta t+\frac{1}{2}\sigma^{2}j^{2}\Delta t}{1+r\Delta t}$$

$$b^{*}=\frac{1-\sigma^{2}j^{2}\Delta t}{1+r\Delta t}$$

$$c^{*}=\frac{\frac{1}{2}(r-q)j\Delta t+\frac{1}{2}\sigma^{2}j^{2}\Delta t}{1+r\Delta t}$$

可以看出，$a^{*}+b^{*}+c^{*}=\frac{1}{1+r\Delta t}$。因此式(12.13)可以理解为 $i\Delta t$ 时刻的期权价格等于下一个时刻上下三个相邻格点的期权价格某种期望值的无风险现值。

上述方法的缺陷在于$\frac{\partial f}{\partial S}$和$\frac{\partial^{2} f}{\partial S^{2}}$的定义有点牵强。我们提出一种新的方法。

只要我们采用$\frac{\partial f}{\partial t}$的另一种定义，而保留$\frac{\partial f}{\partial S}$和$\frac{\partial^{2} f}{\partial S^{2}}$的定义就可以得到显性有限差分法。令

$$\frac{\partial f}{\partial t}=\frac{f_{i,j}-f_{i-1,j}}{\Delta t}$$

将其代入 B-S-M 偏微分方程，整理可得：

$$f_{i-1,j}=a_{j}^{*}f_{i,j-1}+b_{j}^{*}f_{i,j}+c_{j}^{*}f_{i,j+1} \tag{12.14}$$

式中：

$$a_{j}^{*}=-\frac{1}{2}(r-q)j\Delta t+\frac{1}{2}\sigma^{2}j^{2}\Delta t$$

$$b_{j}^{*}=1-r\Delta t-\sigma^{2}j^{2}\Delta t$$

$$c_{j}^{*}=\frac{1}{2}(r-q)j\Delta t+\frac{1}{2}\sigma^{2}j^{2}\Delta t$$

可以看出，式(12.14)中的$a_{j}^{*}+b_{j}^{*}+c_{j}^{*}=1-r\Delta t\approx\frac{1}{1+r\Delta t}$。因此式(12.14)同样可以理解为 $i\Delta t$ 时刻的期权价格等于下一时刻上下三个相邻格点期权价格某种期望值的无风险现值。

这就是显性有限差分法(explicit finite difference method)。比较式(12.12)和式(12.13)、式(12.14)可以发现，显性有限差分法和隐性有限差分法正好相反，是直接从$(i+1)\Delta t$ 时刻的三个相邻格点的期权价格(其对应的资产价格分别为$(j+1)\Delta S$、$j\Delta S$ 和$(j-1)\Delta S$)，求出 $i\Delta t$ 时刻资产价格为 $j\Delta S$ 时的期权价格，如图 12.8 所示。因此，显性有限差分法可以理解为从格点图外部推知内部格点期权价格的方法。

三、有限差分方法的比较分析和理解

(一) 有限差分方法和树图方法的比较分析

从以上介绍的两种有限差分方法和相应的格点图来看，有限差分方法和树图方法是相当类似的。实际上，很多人认为树图方法就是解出一个偏微分方程的一种数值方法，而有

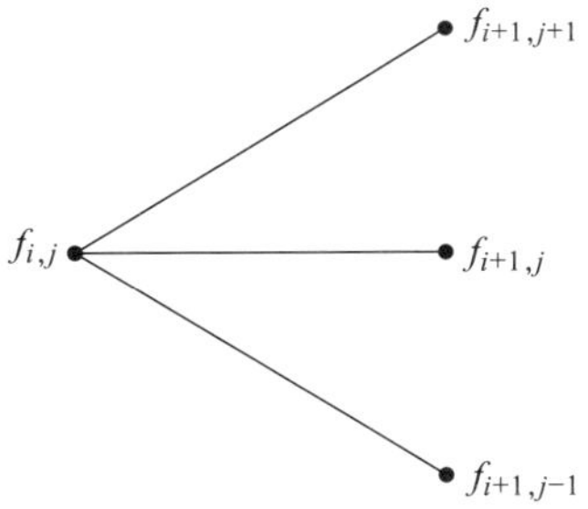

图 12.8　显性有限差分方法

限差分方法其实是这个概念的一个扩展和一般化。这两种方法都用离散的模型模拟资产价格的连续运动,主要差异在于树图方法中包含了资产价格的扩散和波动率情形,而有限差分方法中的格点则是固定均匀的,只是参数进行了相应的变化,以反映改变了的扩散情形。

有限差分方法的优点主要在于:当格点有规律且很均匀时,把一个偏微分方程化成差分方程是相对简单的。而且,在数学和数值分析文献中存在大量帮助改进有限差分方法的技术,使其运算能够更加迅速和准确。树图模型就没有这么灵活。

具体来看,显性有限差分法和三叉树图是非常类似的。例如,在式(12.14)中,可以把 a_j^*、b_j^*、c_j^* 中的以下各项分别看作相应的概率:

(1) $\frac{1}{1-r\Delta t}\left[-\frac{1}{2}(r-q)j\Delta t+\frac{1}{2}\sigma^2 j^2\Delta t\right]$:$\Delta t$ 时间内股票价格从 $j\Delta S$ 下降到 $(j-1)\Delta S$ 的概率。

(2) $1-\frac{1}{1-r\Delta t}\sigma^2 j^2\Delta t$:$\Delta t$ 时间内股票价格在 $j\Delta S$ 上保持不变的概率。

(3) $\frac{1}{1-r\Delta t}\left[\frac{1}{2}(r-q)j\Delta t+\frac{1}{2}\sigma^2 j^2\Delta t\right]$:$\Delta t$ 时间内股票价格从 $j\Delta S$ 上升到 $(j+1)\Delta S$ 的概率。

这三个概率相加之和为 1。这正好和三叉树模型类似。进一步计算可以发现,式(12.14)可以解释为 $i\Delta t$ 时刻的期权价格是由 $(i+1)\Delta t$ 时刻期权价格的风险中性期望值以无风险利率 r 贴现而来。

但是,显性有限差分法中的这三个概率可能小于零,导致了它和三叉树方法不同,这也是它的重要缺陷之所在。

(二) 隐性和显性有限差分法的比较

隐性和显性有限差分是有限差分的两种基本方法,二者各有优劣。显性有限差分法计算比较直接方便,无须像隐性有限差分法那样求解大量的联立方程,工作量小,易于应用。但是如前所述,显性有限差分法存在一个缺陷:它的三个概率可能小于零,这导致了这种方法的不稳定,它的解有可能不收敛于偏微分方程的解。而隐性有限差分法则不存在这个问题,它始终是有效的。

除了隐性和显性有限差分法,人们还提出了其他的有限差分方法,试图将以上两种方法的优点结合起来。比如,跳格子方法(hopscotch method),如图 12.9 所示。这种方法的思路是:先用显性方法计算出 $(N-1)\Delta t$ 时刻中一些格点的期权价格,如图 12.9 中 E 点的价格,然后利用隐性有限差分法计算出其他格点的价值，这样由于相邻格点的期权价格已经得到，求解隐性有限差分法的联立方程组时就轻松多了。

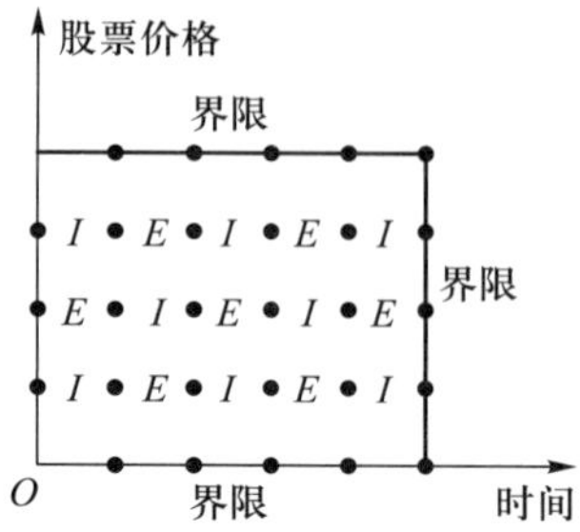

图 12.9　跳格子方法

四、有限差分方法在期权定价中的应用

我们已经看到，有限差分方法和树图方法是近似的，可以解决相同类型的衍生产品定价问题，尤其是那些具有提前行权特征的期权。以上讨论的是单变量的情况，实际上有限差分方法还可以进一步推广到多个标的变量的情形，在标的变量小于三个的时候，这一方法是相当有效的，但是超过三个变量时，由于三维以上的格点图难以分析，蒙特卡罗模拟方法就相对有效了。同时，有限差分方法不善于处理期权价格取决于标的变量历史路径的情况。

本章小结

1. 并非所有的期权定价模型都可以得到解析解。当无法求得解析解时，可以用数值方法求得期权价格的近似解，包括二叉树方法、蒙特卡罗模拟和有限差分方法。数值方法仍然要求市场是“无套利”和“可复制”的，只有这样才能采用风险中性定价原理。

2. 二叉树方法用离散的模型模拟资产价格的连续运动，利用均值和方差匹配来确定相关参数，然后从二叉树的末端开始倒推计算出期权价格。

3. 蒙特卡罗期权定价法是通过多次随机抽取标的资产价格的路径，并据此计算每条路径下的期权回报，然后把期权平均回报以无风险利率贴现得到期权价格。

4. 有限差分期权定价法将标的变量满足的偏微分方程转化成差分方程来求解，具体的方法包括隐性有限差分法、显性有限差分法和跳格子方法等。

5. 树图方法和有限差分方法在概念上是相当类似的，它们都可以看成用离散化过程解出偏微分方程的数值方法，都适用于具有提前执行特征的期权，不太适合路径依赖型的期权。

6. 蒙特卡罗方法的优点在于应用起来相当直接，能处理许多盈亏状态很复杂的情况，尤其是路径依赖期权和标的变量超过三个的期权；其缺点是不擅长于处理美式期权，而且往往所需计算时间较长。

即测即评

习　题

1. 二叉树数值定价方法的基本原理是什么？

2. 一个 3 个月期美式看跌期权的执行价格为 20 元。股票价格为 20 元，年无风险利率为 3%（连续复利），波动率为 25%。预计 1.5 个月之后有红利 2 元。请利用 3 步的二叉树图计算期权价格（需画出树图）。

3. 假设当前黄金期货合约的价格是 250 元/克，黄金期货的波动率是每年 15%，无风险连续复利利率是 4%，基于该黄金期货的某看涨期权剩余期限为 6 个月，多头有权在 4 个月之后到最后交易日之间行权，期权的行权价为 250 元/克。请用二叉树方法为该黄金期货看涨期权进行定价。

4. 考虑一个无股息股票 5 个月期限的美式看跌期权，股票的当前价格为 50 美元，执行价格为 50 美元，无风险利率为每年 5%（连续复利），波动率为每年 40%。请用 5 步二叉树的控制变量技术为该期权定价（需画出树图）。

5. 如何理解蒙特卡罗模拟方法？其主要优缺点是什么？蒙特卡罗模拟方法是否可以用来为美式期权、亚式期权和回溯期权定价？为什么？（亚式期权、回溯期权定义可参考教材第十六章）

6. 假设无红利股票价格运动服从对数正态分布，股票当前价格为 100 元，执行价格为 105 元，波动率为 20%，年无风险利率为 5%（连续复利），1 年后到期。时间步长选择为 0.01，运用 Excel 软件计算出股票价格的一条模拟路径。

7. 有限差分方法的主要特点是什么？用隐形差分方法为美式看涨期权定价时的边界条件是什么？

8. 一个无红利股票的美式看涨期权还有 4 个月到期，执行价格为 21 元，股票现价为 20 元，无风险利率为 5%，波动率为 30%。运用显性有限差分法为该期权定价。股票价格区间为 4 元，时间区间为 1 个月。

9. 假设当前股票价格为 100 元，利率期限结构是平的，无风险年化利率均为 5%，股票价格波动率为 20%。有一个衍生产品合约有效期为 1 年，合约规定，如果 $S_T \geqslant 100$，该产品持有者将获得 1 元，反之则不用亏损。试用解析解、二叉树、蒙特卡罗模拟（至少 1 000 次）和有限差分方法为该产品定价，并讨论比较这些定价方法。

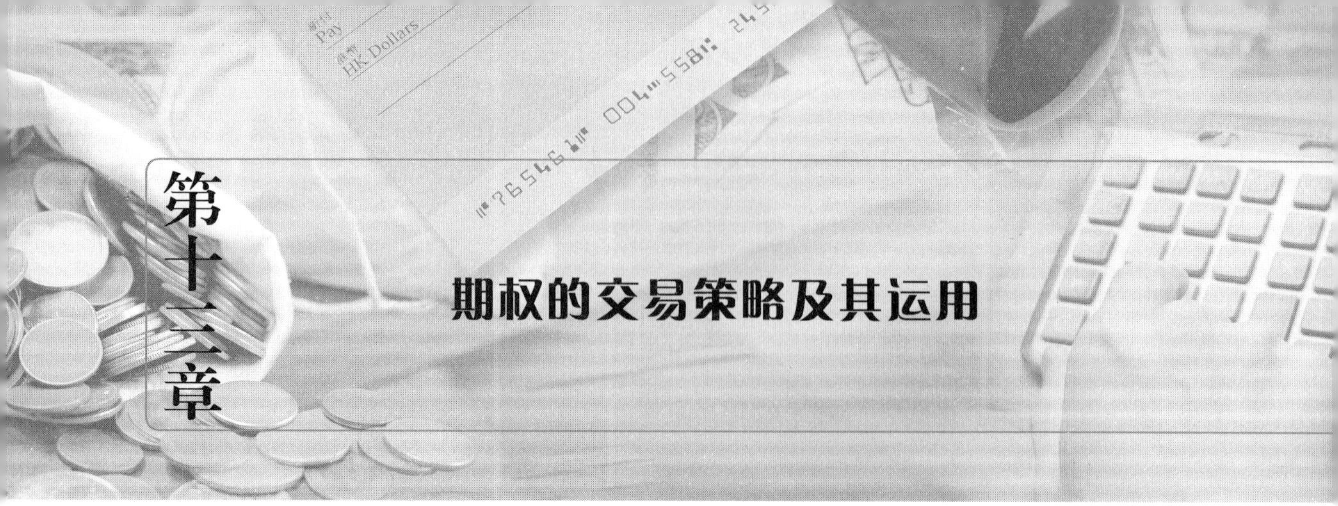

第十三章 期权的交易策略及其运用

期权是现代金融市场中运用最广泛、变化最丰富、结构最精妙的金融产品，交易者通过期权与期权之间的组合、期权与其他金融产品之间的组合，可以构造出具有不同盈亏分布特征的交易策略，实现不同的回报，满足不同的风险收益偏好。本章将介绍多种常见的期权交易策略及其运用。在本章的分析中，同一个策略中的期权标的资产均相同。

第一节 单期权策略及其运用

由第九章已经知道，存在四种基本的期权头寸：看涨期权权利方、看涨期权义务方、看跌期权权利方与看跌期权义务方。在对标的资产价格未来走势的看法上，看涨期权权利方和看跌期权义务方是一致的，均为看涨；而看跌期权权利方和看涨期权义务方则都认为资产价格未来会下跌。可以说，不同的交易者都根据各自对未来标的资产现货价格概率分布的预期，以及各自的风险收益偏好，选择最适合自己的期权头寸。在本节中，将介绍四类常见的期权运用方法。

一、运用期权进行静态风险管理

静态风险管理，是指一次交易之后直至到期都不再调整的风险管理，它是相对需要不断调整头寸的动态风险管理而言的。运用期权对其他资产进行静态风险管理，就是指通过买入看涨期权以保护标的资产价格上升的风险，或是通过买入看跌期权以保护标的资产价格下跌可能给自己带来的风险，也就是说，都是通过支付期权费、作为期权权利方实现的。案例 13.1 给出了一个用看跌期权进行静态风险管理的典型例子。

【案例 13.1】

运用看跌期权进行静态风险管理

2011 年 4 月 11 日，东京商品交易所（TCE）的黄金看跌期权价格（更长期限的期权价格省略）如表 13.1 所示。当时黄金现货价格为 3 930 日元/克。假设某生产黄金的矿业公司认为黄金仍有上升空间，但也有可能大跌。为了防范黄金大跌的风险，该公司决定买入看跌期权。

表 13.1　TCE 黄金看跌期权价格(2011.4.11)　　单位:日元/克

行权价格	2011.6 到期		2011.8 到期	
	看涨期权	看跌期权	看涨期权	看跌期权
3 300	627	1	633	5
3 350	578	1	585	8
3 400	528	1	539	11
3 450	479	2	494	16
3 500	431	4	450	22
3 550	384	7	407	29
3 600	338	11	366	38
3 650	295	17	328	49
3 700	253	25	291	62
3 750	214	37	257	77
3 800	179	51	225	95
3 850	146	69	196	116
3 900	118	90	169	139
3 950	94	116	145	165
4 000	73	145	123	193
4 050	56	177	104	223
4 100	42	213	87	256
4 150	31	252	72	291
4 200	22	294	60	328
4 250	16	337	49	367

该公司应该如何选择期权期限和行权价格呢？期限和行权价格的选择跟该公司对后市的判断有关。

如果该公司认为黄金只可能短期调整,一般就买短期的期权;如果该公司认为黄金有可能进入大熊市,那就要买长期的期权。特别是平值期权,随着时间的延长,其价格只是按照时间的平方根增长。实值期权的价格增长速度则更慢。

行权价格的选择也跟后市判断有关。如果该公司对后市很悲观,则要选择尽量高的行权价。如果较乐观,则可以选择较低的行权价。

举个例子,假设该公司认为黄金在 8 月份之前很有可能大幅下降,因此它购买了 8 月份到期行权价格为 4 200 的看跌期权,为此它支付了 328 日元/克的期权费。如果 8 月份到期时黄金价格下跌到3 000 日元/克,则该公司仍然可以按 4 200 日元/克来出售黄金,扣除期权费后,实际售价为 3 872 日元/克。如果 8 月份到期时黄金价格继续上升到 5 000 日元/克,该公司就可以放弃期权,直接按市价出售黄金,扣掉期权费后,其实际售价为 4 672 日元/克。

有了看跌期权保护后，该公司面临的风险就大大降低了，其融资成本就可能因此降低。

假设该公司最终选择支付 139 日元期权费购买 2011 年 8 月到期的行权价格为 3 900 日元的看跌期权以保护金价下跌的风险，则到 2011 年 8 月期权到期时其黄金实际售价如图 13.1 所示。

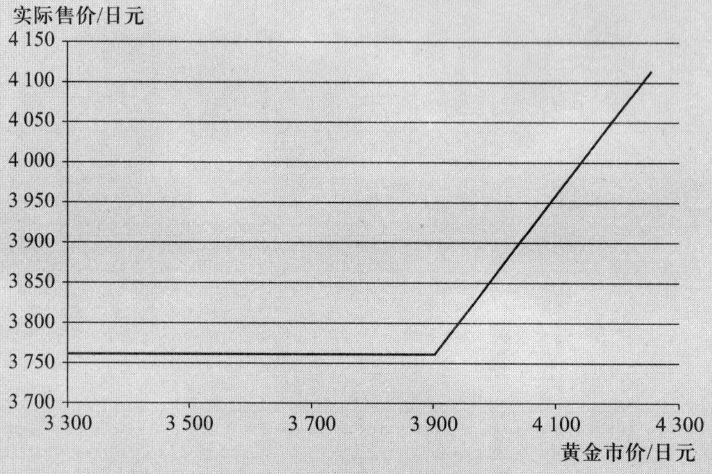

图 13.1　买入看跌期权保护的效果

如果该公司认为看跌期权价格太贵，并且认为未来黄金价格暴跌的可能性不大，则可在买进上述期权的同时卖出虚值看跌期权，以减少期权费的净支出。假设其卖出 2011 年 8 月到期的行权价为 3 600 日元的看跌期权（收入 38 日元期权费），则其黄金实际售价如图 13.2 所示。

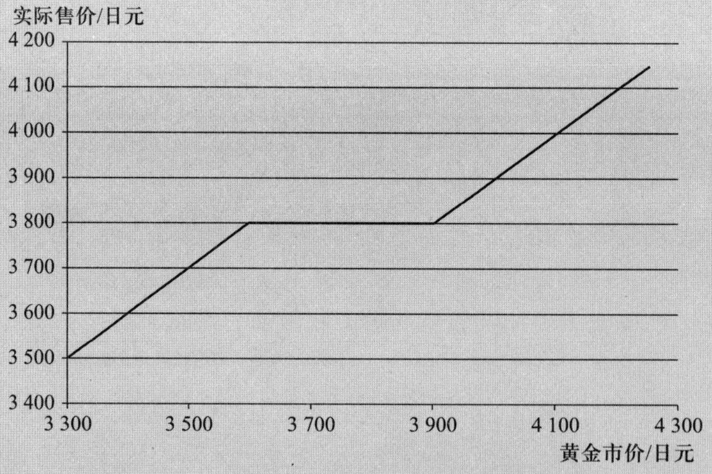

图 13.2　买入看跌期权+卖出虚值看跌期权的保护效果

如果该公司认为黄金上升空间不大，则它可在买进上述看跌期权的同时卖出看涨期权。假设其卖出 2011 年 8 月到期行权价为 4 000 日元的看涨期权（收入 123 日元期权费），则其黄金实际售价如图 13.3 所示。

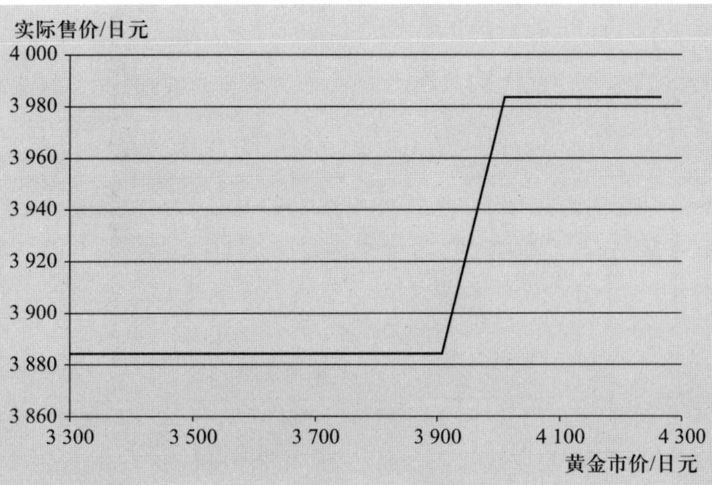

图 13.3 买入看跌期权+卖出看涨期权的保护效果

如果该公司认为黄金暴跌暴涨的可能性都很小，则可以在上述做法的基础上再卖出虚值看跌期权，以便进一步减少期权费支出。假设其卖出 2011 年 8 月到期行权价为 3 600 日元的看跌期权（收入 38 日元期权费），则其黄金实际卖价如图 13.4 所示。

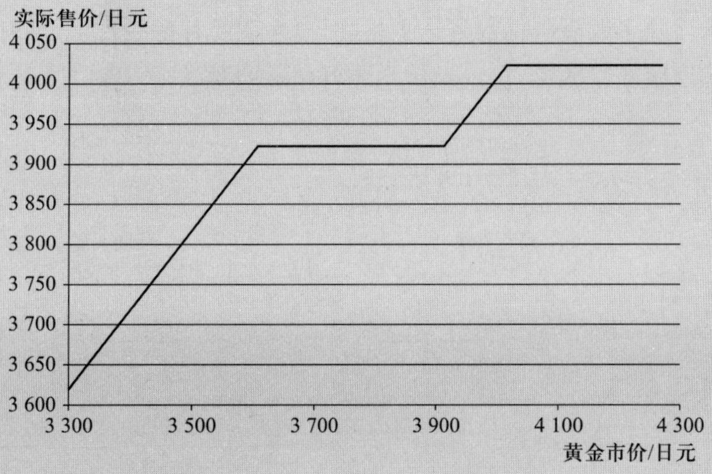

图 13.4 买入看跌期权+卖出虚值看跌期权+卖出看涨期权的保护效果

从以上分析可以看出，企业可以根据自己对后市的判断和期权价格的高低，灵活运用各种套保策略，以期实现最好的套保效果。

二、运用期权进行杠杆投资

与其他衍生产品一样，期权可以提供杠杆的作用。对期权多头来说，如果市场价格走势与其预期方向相同，一个小比例的价格变化即会带来放大的收益。但是，一旦市场价格走势与其预期相反，一个小比例的价格变化也会带来放大的亏损。通过案例 13.2，可以更具体地理解期权的杠杆效应。

【案例 13.2】

2020 年 1 月 23 日凌晨，武汉市新型冠状病毒感染的肺炎疫情防控指挥部通告称，自 1 月 23 日 10 时起，全市城市公交、地铁、轮渡、长途客运暂停运营；无特殊原因，市民不要离开武汉，机场、火车站离汉通道暂时关闭。此消息显然属于利空消息。如果投资者看空沪深 300 股价指数，则其有以下两种投资途径：

(1) 按 1 月 23 日开盘价 4 093.0 点做空 2 月到期的沪深 300 股指期货 IF2002。

(2) 按 1 月 23 日开盘价 1.4 点的价格买进 2 月到期、行权价为 3 600 点的沪深 300 股指看跌期权。

从 1 月 24 日到 2 月 2 日，中国股市因为春节假期休市。受疫情影响，2 月 3 日股市开市后，中国股市大跌。到 2 月 3 日收盘，IF2002 跌到 3 591.2 点，2 个交易日期货价格下跌 12.26%，按股指期货 10% 的保证金计算，2 个交易日做空期货的收益率达到 122.6%。而 2 月到期、行权价为 3 600 点的沪深 300 股指看跌期权涨到 133.0 点，两个交易日涨幅高达 9 500%！

可见期权具有远高于期货的杠杆效应。

三、卖空期权进行投机

由于期权价格除了取决于标的资产价格外，还主要受标的资产波动率的影响。因此，期权既可以用来赌方向性的涨跌，也可以用来赌波动率的升降，如图 13.5 所示。

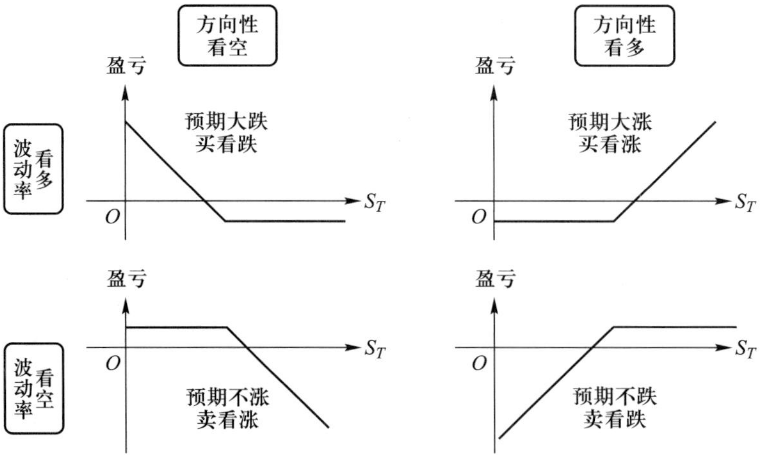

图 13.5 运用期权进行投机

四、运用期权的其他方法

在现实市场中，还可以利用期权赚取短线收益，如案例 13.3 所示。

【案例 13.3】

应用期权赚取短线收益

2020 年 2 月 5 日，投资者 A 长期看好上证 50 指数，但认为市场短期很有可能向下调整。该投资者可以有多种操作手段：

方法 1：备兑开仓

2 月 5 日以 2.811 元的价格买入 1 万份上证 50ETF，同时以 0.052 1 的价格卖出 1 份 2 月 26 日到期、行权价格为 2.80 元的上证 50ETF 认购期权，收入期权费 521 元。

假如 2 月 26 日到期时上证 50ETF 股票价格未能高于 2.80 元，多头不行权，则 A 白赚了期权费，相当于持股成本降低了 1.85%。

当然，如果 2 月 26 日到期时上证 50ETF 价格高于 2.80 元，A 就必须以 2.80 元卖出手中的 ETF，其实际卖出价是 2.852 1 元，赚了 1.86%。

方法 2：做空看跌期权

2 月 5 日以 0.051 3 元的价格卖出 1 份行权价格为 2.80 元、2 月 26 日到期的 50ETF 看跌期权，收入期权费 513 元。

如果到期时上证 50ETF 未跌穿 2.80 元，则 A 净赚 513 元期权费。

如果到期时上证 50ETF 跌穿 2.80 元，则对于 A 来说，他实际上以 2.80−0.051 3=2.748 7 元的价格买入了 50ETF，比 2 月 5 日直接购买上证 50ETF 节省了 1.83%的成本。

此外，期权还可以用来避税、提供金融解决方案、设计结构性理财产品等。限于篇幅，在此就不一一详述。

第二节　期权组合策略及其运用

除了直接运用单一期权头寸，市场中更多的是将不同期权和相应资产组合形成一定的交易策略，以满足投资者不同的风险收益偏好和特定的市场预期。

当期权价格被高估（低估）时，投资者可以卖出（买入）期权，同时用标的资产对冲方向性风险；而当期权相对价格不合理时，投资者可以卖出价格被相对高估的期权，同时买入价格被相对低估的期权。这样都可以用较小的风险来赚取较高的预期收益率。

一、标的资产与期权的组合

通过组建标的资产与各种期权头寸的组合，可以得到与各种期权头寸本身盈亏图形状相似但位置不同的盈亏图，如图 13.6 所示[①]。

图 13.6（a）反映了标的资产多头与看涨期权空头组合的盈亏，该组合称为有担保的看涨期权（covered call）空头，或者称为备兑看涨期权空头。标的资产空头与看涨期权多头组合的盈亏图，与有担保的看涨期权空头刚好相反。

图 13.6（b）反映了标的资产多头与看跌期权多头组合的盈亏，标的资产空头与看跌期

① 图 13.6 至图 13.18，都是以股票作为标的资产的典型例子。为了便于对比，除了组合盈亏外，在此也画出组合中各期权或标的资产本身的盈亏分布图。

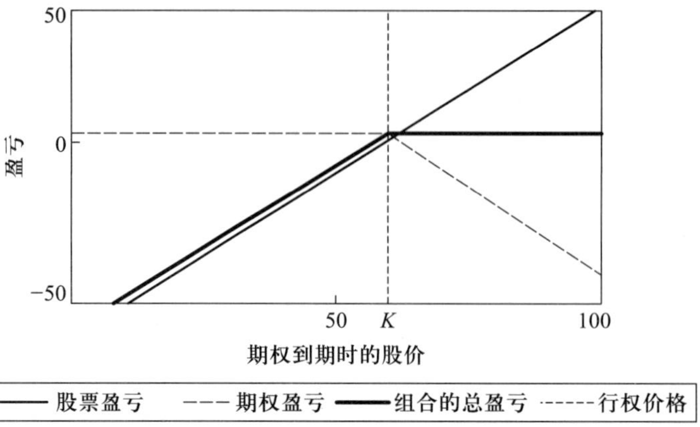

(a) 标的资产多头与看涨期权空头的组合

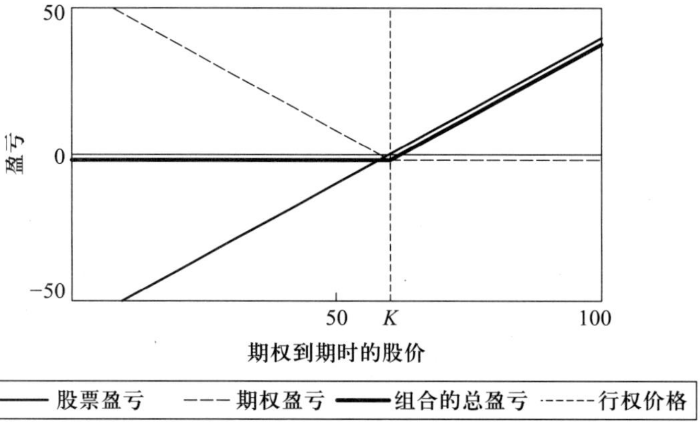

(b) 标的资产多头与看跌期权多头的组合

图 13.6　标的资产与期权组合的盈亏分布图

权空头组合的盈亏图刚好相反。

从图 13.6 可以看出，组合的盈亏曲线可以直接由构成这个组合的各种资产的盈亏曲线叠加而来。

二、差价组合

差价(spreads)组合，是指持有相同期限、不同行权价格的两个或多个同种期权头寸组合(即同是看涨期权，或者同是看跌期权)，其主要类型有牛市差价组合、熊市差价组合、蝶式差价组合等。

(一) 牛市差价组合

牛市差价(bull spreads)组合可以由一份看涨期权多头与一份同一期限较高行权价格的看涨期权空头组成，也可以由一份看跌期权多头与一份同一期限、较高行权价格的看跌期权空头组成，分别参见图 13.7(a)和图 13.7(b)。从图中可以看出，到期日现货价格上升对组合持有者较有利，故称牛市差价组合。由于行权价格高的看涨期权价格较低，所以用看涨期权构造的牛市差价组合期初现金流为负，用看跌期权构造的牛市差价组合则正好相反，期初现金流为正，但前者的期末回报大于后者。

另外，通过比较标的资产现价与行权价格的关系，可以把牛市差价组合分为三类：① 两

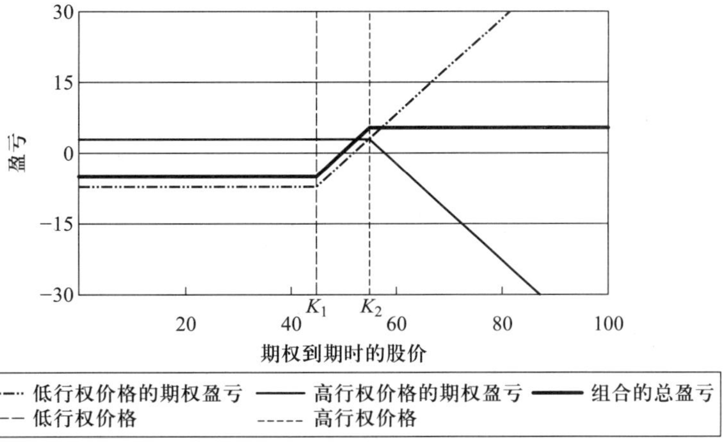

(a) 看涨期权构造的牛市差价组合

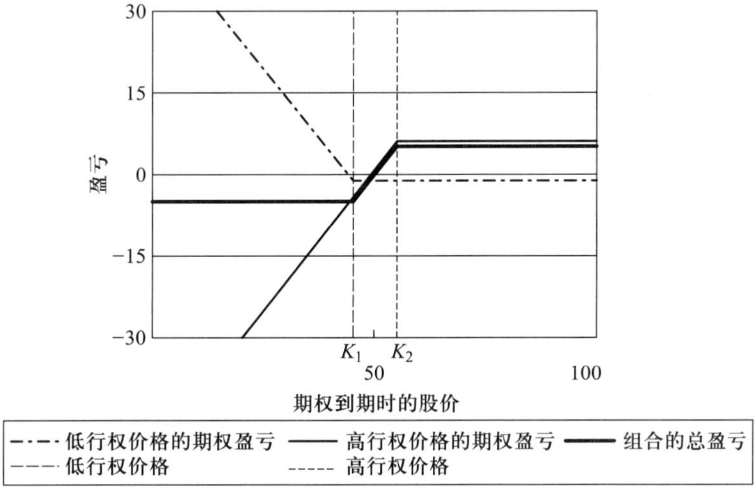

(b) 看跌期权构造的牛市差价组合

图 13.7　牛市差价组合

虚值期权组合，即两期权均为虚值期权；② 一实值期权加一虚值期权组合；③ 两实值期权组合。这三类组合的盈亏概率和赔率有很大的差异。

案例 13.4 呈现了用 50ETF 虚值认购期权构建牛市组合的盈亏分布图和盈亏概率对比。

【案例 13.4】

2020 年 2 月 5 日，上证 50ETF 的价格为 2.801 元，2 月 26 日到期、行权价格为 2.90 和 3.40 的欧式认购期权价格分别等于 0.012 8 元和 0.000 8 元。如果买进 1 份行权价格 2.90 的认购期权、同时卖出 1 份行权价格为 3.40 的认购期权，构建牛市差价组合，需要净支付 120 元期权费。

2 月 26 日期权到期，如果 ETF 价格低于 2.90 元，则 2 份期权同时作废，该组合净亏 120 元期权费①。如果 ETF 价格高于 3.40 元，则 2 份期权都会被行权，该组合按 2.90 元

① 不考虑利息和交易成本，下同。

买进 1 万份 ETF，同时按 3.40 元卖出 1 万份 ETF，获得 5 000 元回报，扣掉期初支付的 120 元期权费，净赚 4 880 元。最大亏损和最大盈利之间的赔率高达 40.67 倍，盈亏平衡点为 2.911 8。其盈亏情况如图 13.8 所示。

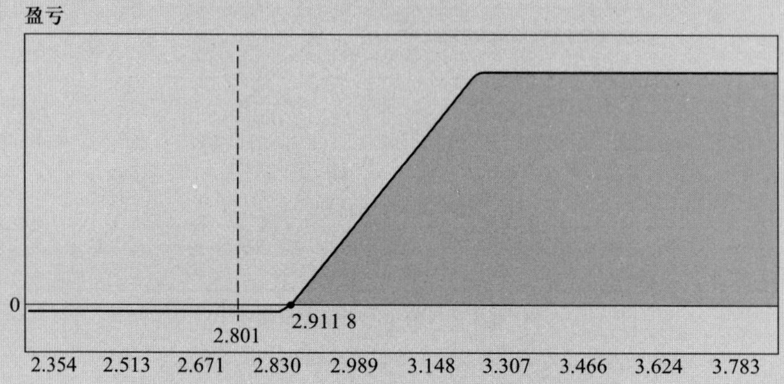

图 13.8 虚值认购期权构造的牛市差价组合盈亏

该牛市差价组合是否好的策略呢？要确定该策略是否有利，还得分析该组合的盈亏概率分布。如果假定上证 50ETF 的价格服从对数正态分布，并假设波动率等于隐含波动率 15.82%，则我们可以画出该组合的盈亏概率分布图（如图 13.9 所示）。如果你对后市较为乐观，不妨可以试试这个策略。

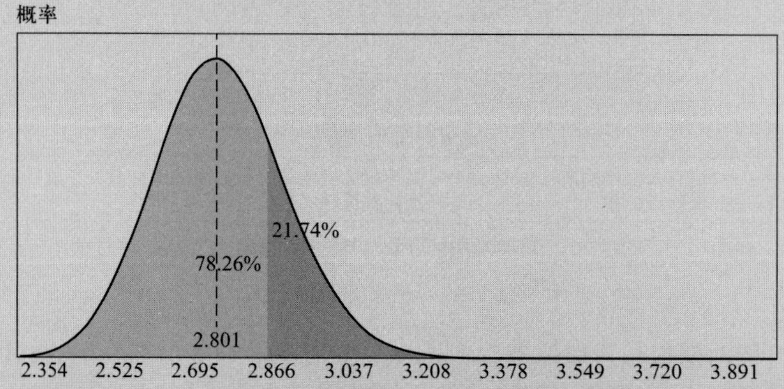

图 13.9 虚值认购期权牛市差价组合的盈亏概率分布图

一般来说，构建牛市差价组合的主要原因有二：① 投资者对后市较乐观，但看涨期权价格整体太高，使得买进看涨期权不太合算，而牛市差价组合可以规避期权绝对价格过高的问题。② 低行权价期权价格被低估，高行权价期权价格被高估，这时牛市差价组合的概率赔率组合较为有利。

（二）熊市差价组合

熊市差价（bear spreads）组合正好与牛市差价组合相反，它可以由一份看涨期权多头和一份相同期限、行权价格较低的看涨期权空头组成，也可以由一份看跌期权多头和一份相同期限、行权价格较低的看跌期权空头组成，如图 13.10（a）和图 13.10（b）所示。

看涨期权的熊市差价组合和看跌期权的熊市差价组合的差别在于，前者在期初有正的现金流，后者在期初则有负的现金流，但后者的期末回报大于前者。

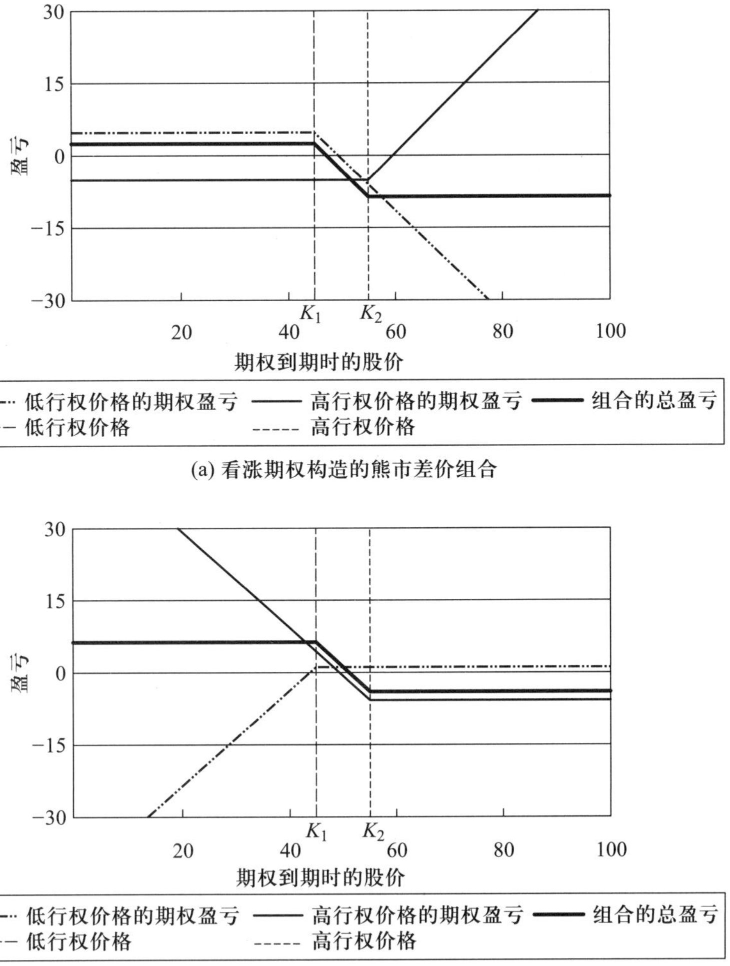

(a) 看涨期权构造的熊市差价组合

(b) 看跌期权构造的熊市差价组合

图 13.10　熊市差价组合

一般来说，构建熊市差价组合的主要原因有二：① 投资者对后市较悲观，但看跌期权价格整体太高使得买进看跌期权不太合算，而熊市差价组合可以规避期权绝对价格过高的问题。② 低行权价期权价格被高估，高行权价期权价格被低估，这时熊市差价组合的概率赔率组合较为有利。

比较牛市差价组合和熊市差价组合可以看出，对同类期权而言，凡“买低卖高”的即为牛市差价策略，而“买高卖低”的则为熊市差价策略，这里的“低”和“高”是指行权价格。两者的图形刚好以 x 轴对称。

（三）蝶式差价组合

蝶式差价（butterfly spreads）组合，是由四份具有相同期限、不同行权价格的同种期权头寸组成的。在此用三种行权价格分别为 $K_1<K_2<K_3$ 且 $K_2=(K_1+K_3)/2$ 的例子来说明蝶式差价组合。在这种情况下，蝶式差价组合有如下四种：

1. 看涨期权的正向蝶式差价组合

看涨期权的正向蝶式差价组合，由行权价格分别为 K_1 和 K_3 的看涨期权多头和两份行

权价格为 K_2 的看涨期权空头组成，其盈亏分布如表 13.2 和图 13.11(a)所示。表 13.2 中的 c_1、c_2 和 c_3 分别代表行权价格为 K_1、K_2 和 K_3 的看涨期权价值。

表 13.2 看涨期权构造的正向蝶式差价组合盈亏分布

S_T 的范围	c_1 盈亏	2 份 c_2 盈亏	c_3 的盈亏	总盈亏
$S_T \leqslant K_1$	$0-c_1$	$0+2c_2$	$0-c_3$	$2c_2-c_1-c_3$
$K_1<S_T \leqslant K_2$	$S_T-K_1-c_1$	$0+2c_2$	$0-c_3$	$S_T-K_1+2c_2-c_1-c_3$
$K_2<S_T \leqslant K_3$	$S_T-K_1-c_1$	$2K_2-2S_T+2c_2$	$0-c_3$	$K_3-S_T+2c_2-c_1-c_3$
$S_T>K_3$	$S_T-K_1-c_1$	$2K_2-2S_T+2c_2$	S_T-K_3	$2c_2-c_1-c_3$

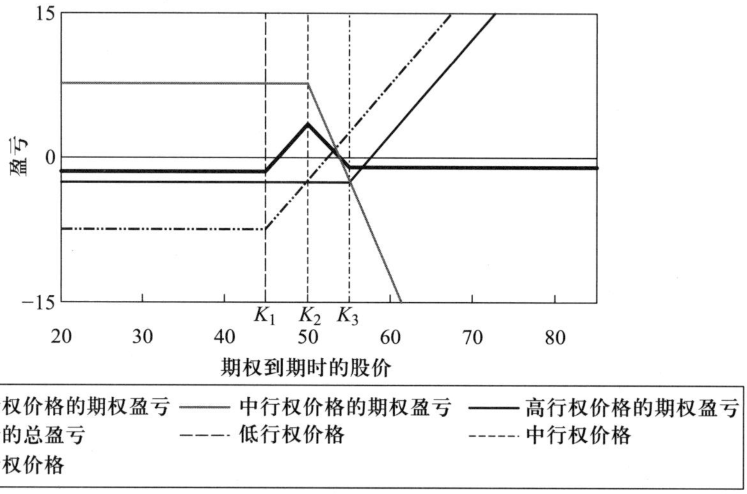

(a) 看涨期权的正向蝶式差价组合

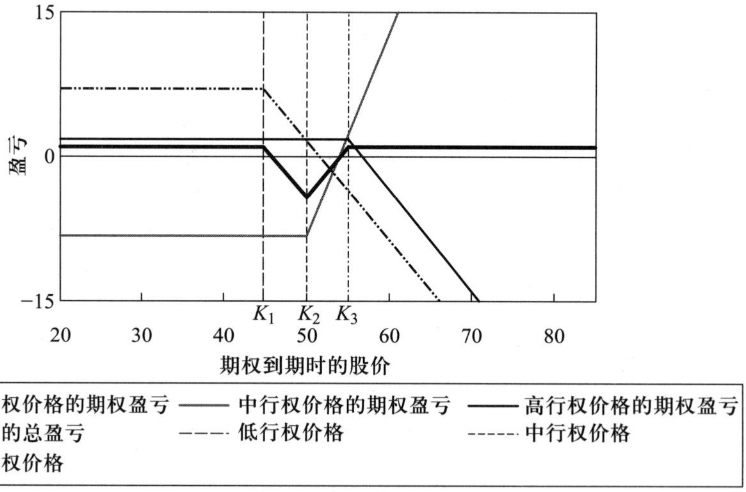

(b) 看涨期权的反向蝶式差价组合

图 13.11 蝶式差价组合

2. 看涨期权的反向蝶式差价组合

看涨期权的反向蝶式差价组合，由行权价格分别为 K_1 和 K_3 的看涨期权空头和两份行

权价格为 K_2 的看涨期权多头组成，其盈亏分布如图 13.11(b)所示。

3. 看跌期权的正向蝶式差价组合

看跌期权的正向蝶式差价组合，由行权价格分别为 K_1 和 K_3 的看跌期权多头和两份行权价格为 K_2 的看跌期权空头组成，其最终盈亏分布与图 13.11(a)相同。

4. 看跌期权的反向蝶式差价组合

看跌期权的反向蝶式差价组合，由行权价格分别为 K_1 和 K_3 的看跌期权空头和两份行权价格为 K_2 的看跌期权多头组成，其最终盈亏与图 13.11(b)相同。

无论用看涨期权还是看跌期权构造，正向蝶式差价组合都只有在市场波动不大时才有盈利的可能，而反向蝶式差价组合只有在市场波动较大时才有盈利的可能。因其形似蝴蝶而被称为蝶式差价组合。

进一步来看，无论用看涨期权还是看跌期权构造，正向蝶式差价组合和反向蝶式差价组合结果都相同，并且初始投资相同。

蝶式期权可以有如下变化：① 可以由全部实值或虚值期权构成；② 行权价格之间的差距可以不同；③ 可以由 2 份看涨期权和 2 份看跌期权构成，如买进行权价为 K_1 的看涨期权和行权价为 K_3 的看跌期权，卖出行权价为 K_2 的看涨期权和看跌期权，也可以构建正向蝶式差价组合。

案例 13.5 给出了混合期权构建的蝶式差价组合的例子。

【案例 13.5】

2020 年 2 月 5 日，2 月 26 日到期的上证 50ETF 期权价格如下：行权价格为 2.50 元的认购期权(c_1)价格为 0.295 0 元，行权价格为 2.70 元的认购期权(c_2)价格为 0.111 6 元，行权价格为 2.70 元的认沽期权(p_2)价格为 0.021 9 元，行权价格为 2.80 元的认沽期权(p_3)价格为 0.056 5 元。我们可以通过买进 c_1 和 p_3，卖出 c_2 和 p_2 来构建混合期权的蝶式正向差价组合。

构建该组合所需净支出为 2 180 元。通过分析可以发现，到期上证 50ETF 价格如果等于 2.70 元，该组合的盈利将达到最大，为 820 元；如果上证 50ETF 价格大于 2.80 元，该组合将亏损 180；如果上证 50ETF 价格低于 2.50 元，该组合将亏损 1 180 元。该组合的详细盈亏情况如图 13.12 所示。

如果假定上证 50ETF 的价格服从对数正态分布，并假设波动率等于隐含波动率 15.82%，则我们可以画出该策略的盈亏概率分布图(如图 13.13 所示)。

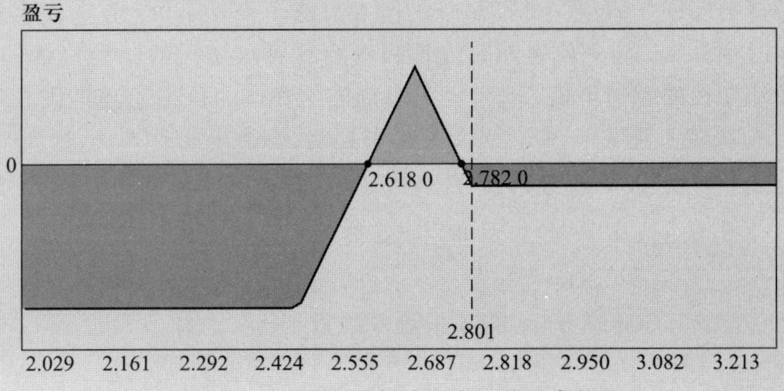

图 13.12　混合期权的蝶式正向差价组合的盈亏

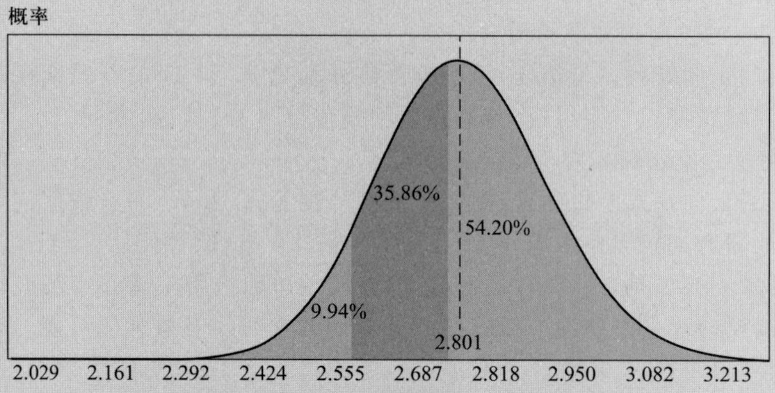

图 13.13 混合期权蝶式正向差价组合的盈亏概率分布

三、差期组合

差期(calendar spreads)组合,是由两份相同行权价格、不同期限的同种期权的不同头寸组成的组合。它有四种类型。

(一) 看涨期权的正向差期组合

一份看涨期权多头与一份期限较短的看涨期权空头的组合,称为看涨期权的正向差期组合。

(二) 看涨期权的反向差期组合

一份看涨期权多头与一份期限较长的看涨期权空头的组合,称为看涨期权的反向差期组合。

(三) 看跌期权的正向差期组合

一份看跌期权多头与一份期限较短的看跌期权空头的组合,称为看跌期权的正向差期组合。

(四) 看跌期权的反向差期组合

一份看跌期权多头与一份期限较长的看跌期权空头的组合,称为看跌期权的反向差期组合。

我们先分析看涨期权的正向差期组合的盈亏分布。令 T 和 T^* 分别代表期限较短和较长的期权到期时刻,c_1、c_2 分别代表期限较长和较短的看涨期权的期初价格,c_{1T}代表 T 时刻期限较长的看涨期权的时间价值,S_T 代表 T 时刻标的资产的价格。当期限较短的期权到期时,若 $S_T\to\infty$,空头盈亏为 $K-S_T+c_2$,而多头虽未到期,但由于此时 S_T 已远高于 K,故其价值趋近于 $S_T-Ke^{-r(T^*-T)}$,即多头盈亏趋近于 $S_T-Ke^{-r(T^*-T)}-c_1$,总盈亏趋近于 $K-Ke^{-r(T^*-T)}+c_2-c_1$。若 $S_T=K$,空头赚 c_2,多头还未到期,尚有价值 $c_{1T}+S_T-Ke^{-r(T^*-T)}$,即多头盈亏为 $K-Ke^{-r(T^*-T)}+c_{1T}-c_1$,总盈亏为 $K-Ke^{-r(T^*-T)}+c_2-c_1+c_{1T}$。若 $S_T\to 0$,空头赚 c_2,多头虽未到期,但由于 S_T 远低于 K,故其价值趋于 0,即多头盈亏趋近于$-c_1$,总盈亏趋近于 c_2-c_1。我们把上述三种情况列于表 13.3。

表 13.3　看涨期权的正向差期组合的盈亏状况

S_T 的范围	看涨期权多头的盈亏	看涨期权空头的盈亏	总盈亏
$S_T \to \infty$	趋近 $S_T-Ke^{-r(T^*-T)}-c_1$	$K-S_T+c_2$	趋近 $K-Ke^{-r(T^*-T)}+c_2-c_1$
$S_T=K$	$K-Ke^{-r(T^*-T)}+c_{1T}-c_1$	c_2	$K-Ke^{-r(T^*-T)}+c_2-c_1+c_{1T}$
$S_T \to 0$	趋近 $-c_1$	c_2	趋近 c_2-c_1

根据表 13.3,可以画出看涨期权正向差期组合的盈亏分布图,如图 13.14(a)所示。看涨期权反向差期组合的盈亏分布图正好与图 13.14(a)相反,故从略。

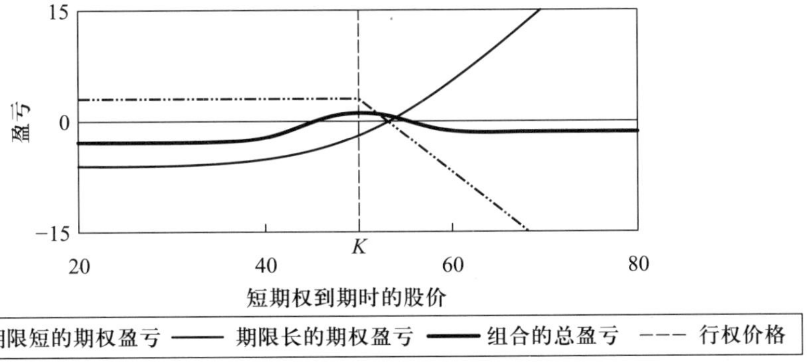

(a) 看涨期权的正向差期组合

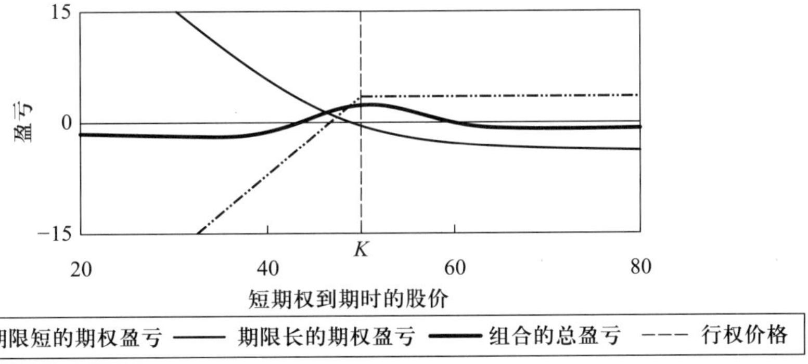

(b) 看跌期权的正向差期组合

图 13.14　差期组合

用同样的分析法,可以画出看跌期权正向差期组合的盈亏分布,如图 13.14(b)所示。看跌期权反向差期组合的盈亏分布图正好与图 13.14(b)相反,也从略。

当投资者认为未来一段时间(如 3 个月)标的资产价格将窄幅波动,之后标的资产价格波动将加大,他就可以构造正向差期组合,如买进 6 个月期的平值看涨期权,同时卖出 3 个月期的平值看涨期权,这样他就相当于以较低成本买入未来 3 个月至 6 个月期间的平值看涨期权。由于期权的边际时间价值递减,因此若未来 3 个月标的资产没有发生大的波动,3 个月期期权的时间价值减少速度将快于 6 个月期的期权,他就将从中获利。

差期组合的行权价格可以选在平值点,也可以选在虚值区或实值区。

案例 13.6 给出了一个用认沽期权构建反向差期组合的例子。

【案例 13.6】

2020 年 2 月 5 日,2 月和 3 月到期的沪深 300 股指期货价格分别为 3 829 点和 3 798.6点,行权价格为 3 800 点、2 月和 3 月到期的沪深 300 股指看跌期权价格分别为 73.8 点和 119.2 点。通过买进 2 月看跌期权、卖出 3 月看跌期权,可以构建反向差期组合,期初净收入期权费 4 540 元。

到 2 月 21 日,如果沪深 300 股指期货仍然处于贴水,其价格刚好等于 3 800 点,则 2 月期权作废,3 月期权还有 1 个月剩余期限,按 Black 公式计算(假定未来 1 个月波动率等于 22.31%),此时 3 月看跌期权的理论价格应为 96.71 点。如果按此价格平仓,则组合净亏 5 131(4 540−96.71×100)元。此时亏损最大。

到 2 月 21 日,如果沪深 300 股指跌到 0,则 2 月期权的回报为 380 000 元,3 月期权虽然还有一个月剩余期限,但属于深度实值期权,其时间价值趋于 0,假定无风险利率为 3%,则其理论价格等于其内在价值,等于 3 790.51 点,平仓需付出 379 051 元,该组合净赚 5 489(4 540+380 000−379 051)元。

到 2 月 21 日,如果沪深 300 股指涨得足够高,则 2 月期权作废,3 月期权属于深度虚值期权,价值也趋于 0,因此该组合净赚 4 540 元。图 13.15 呈现了该组合的盈亏情况。

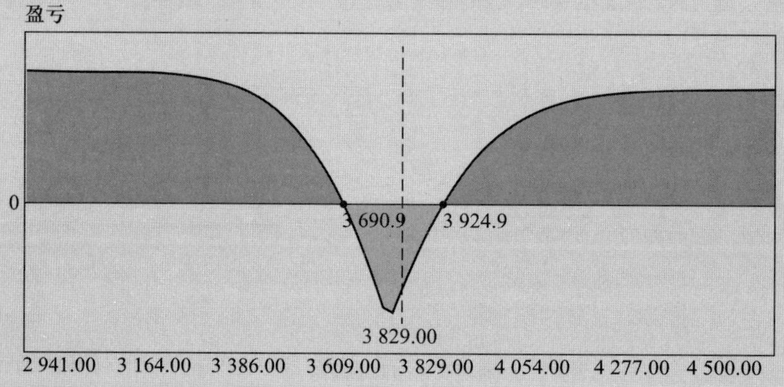

图 13.15 看跌期权反向差期组合的盈亏

如果假定沪深 300 股价指数服从对数正态分布,则我们可以画出该策略的盈亏概率分布图(如图 13.16 所示)。

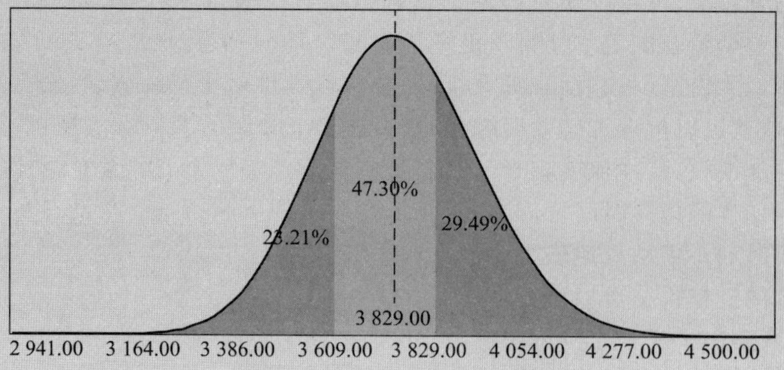

图 13.16 看跌期权反向差期组合的盈亏概率分布

四、对角组合

对角组合(diagonal spreads),是指由两份行权价格不同(K_1 和 K_2,且 $K_1<K_2$),期限也不同(T 和 T^*,且 $T<T^*$)的同种期权的不同头寸组成的组合①。它有八种类型:

(一) 看涨期权的牛市正向对角组合

看涨期权的牛市正向对角组合是由看涨期权的(K_1,T^*)多头加(K_2,T)空头组成的组合。在期限较短的期权到期时,若 $S_T=K_2$,空头赚 c_2,由于多头尚未到期,其价值为 $K_2-K_1e^{-r(T^*-T)}+c_{1T}$,按价值卖掉,则多头盈利 $K_2-K_1e^{-r(T^*-T)}+c_{1T}-c_1$,共计盈亏 $K_2-K_1e^{-r(T^*-T)}+c_2-c_1+c_{1T}$;若 $S_T\to\infty$,空头盈亏 $K_2-S_T+c_2$,多头虽未到期,但由于 S_T 远高于 K_1,故此时多头价值趋近于 $S_T-K_1e^{-r(T^*-T)}$,即多头盈利 $S_T-K_1e^{-r(T^*-T)}-c_1$,共计盈亏 $K_2-K_1e^{-r(T^*-T)}+c_2-c_1$;若 $S_T\to0$,空头赚 c_2,多头虽未到期,但由于 S_T 远低于 K_1,故此时多头价值趋近于 0,即多头亏损 c_1,共计盈亏 c_2-c_1。在此把上述三种情形列于表 13.4。

表 13.4　看涨期权的牛市正向对角组合的盈亏状况

S_T 的范围	(K_1,T^*)多头的盈亏	(K_2,T)空头的盈亏	总盈亏
$S_T\to\infty$	趋近于 $S_T-K_1e^{-r(T^*-T)}$	$K_2-S_T+c_2$	趋近于 $K_2-K_1e^{-r(T^*-T)}+c_2-c_1$
$S_T=K_2$	$K_2-K_1e^{-r(T^*-T)}+c_{1T}-c_1$	c_2	$K_2-K_1e^{-r(T^*-T)}+c_2-c_1+c_{1T}$
$S_T\to0$	趋近$-c_1$	c_2	趋近 c_2-c_1

根据表 13.4,可以画出看涨期权的牛市正向对角组合的盈亏分布,如图 13.17(a)所示。

(二) 看涨期权的熊市反向对角组合

它是由看涨期权的(K_1,T^*)空头加(K_2,T)多头组成的组合。其盈亏分布与图 13.17(a)刚好相反。

(三) 看涨期权的熊市正向对角组合

它是由看涨期权的(K_2,T^*)多头加(K_1,T)空头组成的组合。用同样的办法可以画出该组合的盈亏分布,如图13.17(b)所示。

(四) 看涨期权的牛市反向对角组合

它是由看涨期权的(K_2,T^*)空头加(K_1,T)多头组成的组合。其盈亏分布与图 13.17(b)刚好相反。

(五) 看跌期权的牛市正向对角组合

它是由看跌期权的(K_1,T^*)多头加(K_2,T)空头组成的组合。其盈亏分布如图 13.17(c)所示。

(六) 看跌期权的熊市反向对角组合

它是由看跌期权的(K_1,T^*)空头加(K_2,T)多头组成的组合。其盈亏分布与图 13.17(c)刚好相反。

---

① 在下文的分析中,c_1、p_1 分别代表行权价格较低的看涨和看跌期权的期初价格,c_{1T}、p_{1T} 分别代表行权价格较低的看涨和看跌期权在 T 时刻的时间价值,c_2、p_2 分别代表行权价格较高的看涨和看跌期权的期初价格,c_{2T}、p_{2T} 分别代表行权价格较高的看涨和看跌期权在 T 时刻的时间价值,T 代表期限较短的期权到期时刻,S_T 代表 T 时刻标的资产的价格。

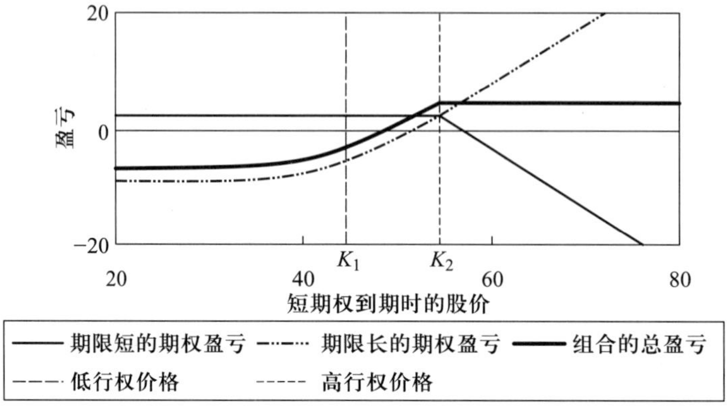

(a) 看涨期权的牛市正向对角组合

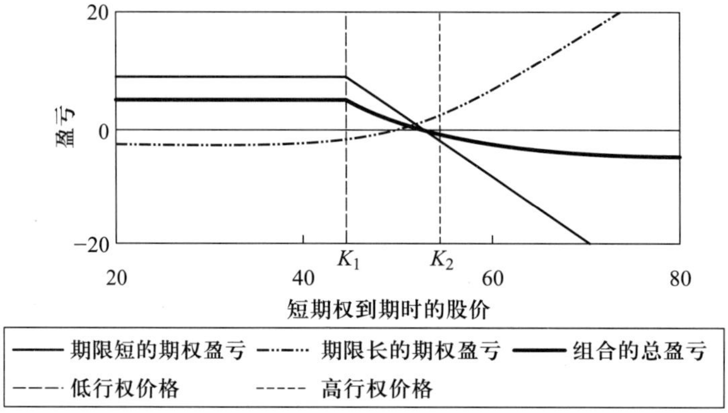

(b) 看涨期权的熊市正向对角组合

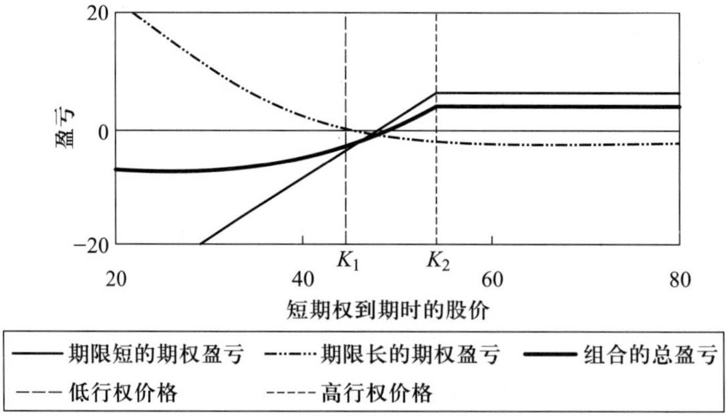

(c) 看跌期权的牛市正向对角组合

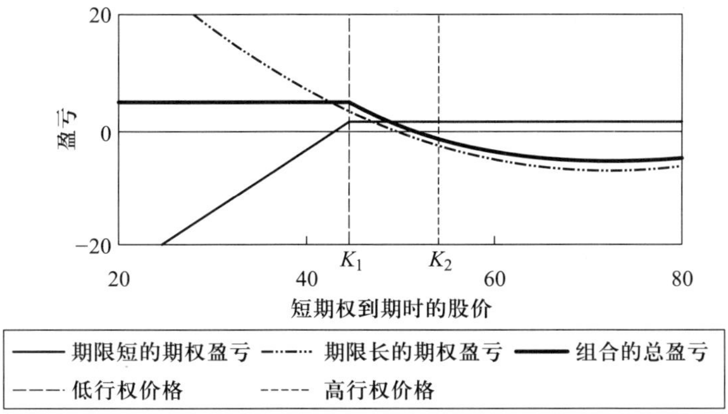

(d) 看跌期权的熊市正向对角组合

图 13.17 对角组合

(七) 看跌期权的熊市正向对角组合

它是由看跌期权的(K_2, T^*)多头加(K_1, T)空头组成的组合。其盈亏分布如图13.17(d)所示。

(八) 看跌期权的牛市反向对角组合

它是由看跌期权的(K_2, T^*)空头加(K_1, T)多头组成的组合。其盈亏分布与图13.17(d)刚好相反。

五、混合期权

混合期权是由看涨期权和看跌期权构成的组合。其形式可谓五花八门,这里仅介绍最简单的几种。

(一) 跨式组合

跨式(straddle)组合,由具有相同行权价格、相同期限的一份看涨期权和一份看跌期权组成。跨式组合分为两种:底部跨式组合和顶部跨式组合。前者由两份多头组成,后者由两份空头组成。

底部跨式组合的盈亏分布如图 13.18 所示,顶部跨式组合的盈亏图与图 13.18 刚好相反。从图 13.18 可以看出,底部跨式组合获利机会随市场(预期)波动加剧而增加,因此,底

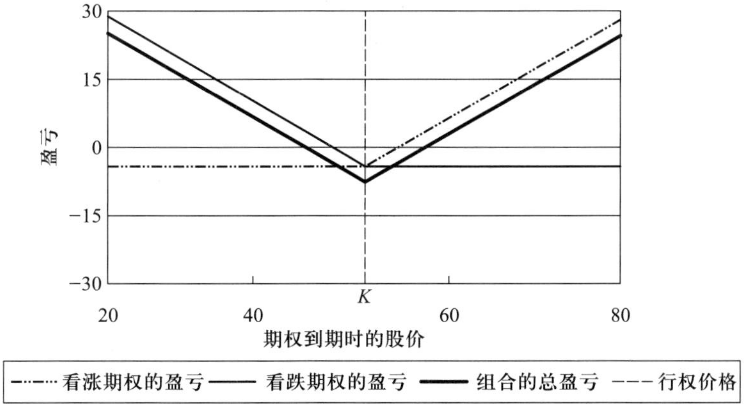

图 13.18 底部跨式组合

部跨式组合属于看多波动率(long volatility)策略。相反,顶部跨式组合属于看空波动率(short volatility)策略。

(二) 条式组合和带式组合

条式(strip)组合,由具有相同行权价格、相同期限的一份看涨期权和两份看跌期权组成。条式组合也分底部和顶部两种。前者由多头构成,后者由空头构成。底部条式组合的盈亏分布如图 13.19 所示,顶部条式组合的盈亏图刚好相反。

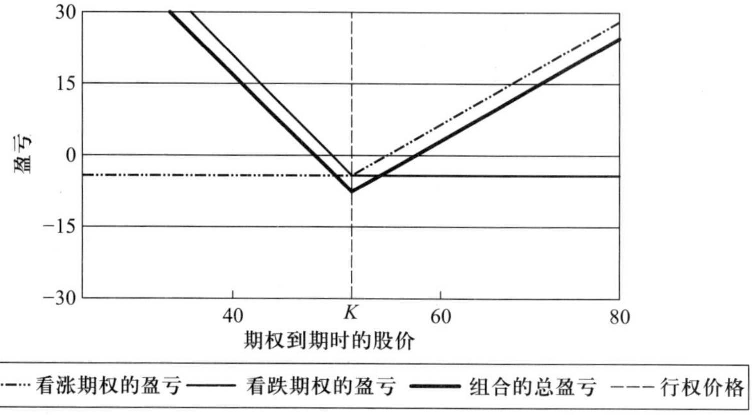

图 13.19 底部条式组合

带式(strap)组合,由具有相同行权价格、相同期限的资产的两份看涨期权和一份看跌期权组成。带式组合也分底部和顶部两种。前者由多头构成,后者由空头构成。底部带式组合的盈亏分布如图 13.20 所示,顶部带式组合的盈亏图刚好相反。

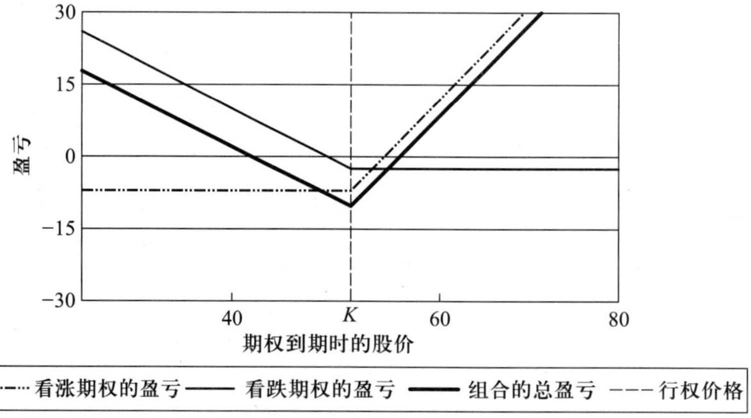

图 13.20 底部带式组合

(三) 勒式组合

勒式(strangle)组合,由相同到期日但行权价格不同的一份看涨期权和一份看跌期权组成,其中看涨期权的行权价格高于看跌期权。勒式组合也分底部和顶部。前者由多头组成,后者由空头组成。前者的盈亏分布如图 13.21 所示,后者的盈亏图刚好相反。

比较底部跨式、条式、带式和勒式期权组合,可以看到此类策略适合预期标的资产价格

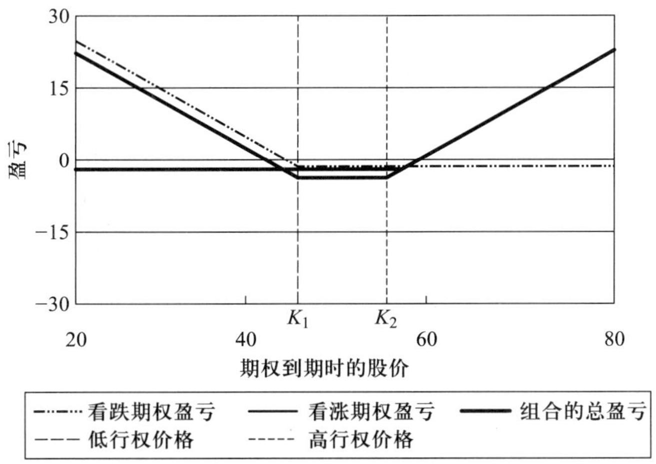

图 13.21　底部勒式组合

将有大幅波动但不能确定方向[①]的投资者。跨式组合是对称的，条式和带式分别适合有一定预期偏好的投资者；相比跨式组合，勒式组合只有在股价有更大幅度波动时才可能获利，但其初始成本也较低，其收益特征取决于两个行权价格的接近程度。

从理论上说，只要期权行权价格足够多，期权的可能组合种类就是无限的。投资者可以根据自己对未来价格的判断、套期保值和套利的不同需要以及自己的风险-收益偏好，组建不同的期权组合，甚至构建新的金融品种。而金融工具的拆分和组合正是金融工程学研究的主要内容。在现实生活中，各种期权组合盈亏图的具体形状是由构成该组合的各种期权的价格决定的。从理论上说，盈亏曲线在 x 轴上方的部分与下方的部分在概率上应该是平衡的，即各组合的净现值应等于零。但在现实生活中，由于各种期权价格是分别由各自的供求决定的，所以常常出现不平衡的情况。有时，盈亏曲线甚至完全位于 x 轴的上方或下方，这时就出现了无风险套利的大好机会。

第三节　期权组合盈亏图的算法

前文中介绍了盈亏表和盈亏分布图两种分析工具，本节将介绍另一种简单的分析方法。通过符号，可以形象化地表示期权和期权组合的盈亏状态。首先定义符号规则：如果期权交易的结果在盈亏图上出现负斜率，就用（-1）表示；如果出现的结果是正斜率，就用（+1）表示；如果出现的结果是水平状，就用（0）表示。每个折点都用逗号隔开，各种基本头寸的盈亏状态可以分别表示成：

（1）看涨多头：（0，+1）；

（2）看涨空头：（0，-1）；

（3）看跌多头：（-1，0）；

（4）看跌空头：（+1，0）；

---

① 例如，某公司若被收购成功，则股价可能大幅上涨；若收购不成功，股价可能下跌。

（5）标的资产多头：(+1,+1)；

（6）标的资产空头：(-1,-1)。

这六个基本的头寸就好像建筑材料，只要将它们进行不同的组合，就可以创造出各种各样的盈亏状态，从而满足不同的金融需求。比如：

如图 13.22 所示，因为(0,+1)+(+1,0)=(+1,+1)，所以有：

看涨多头+看跌空头=标的资产多头

如图 13.23 所示，因为(-1,-1)+(+1,0)=(0,-1)，所以有：

标的资产空头+看跌空头=看涨空头

如图 13.24 所示，因为(-1,0)+(+1,+1)=(0,+1)，所以有：

看跌多头+标的资产多头=看涨多头

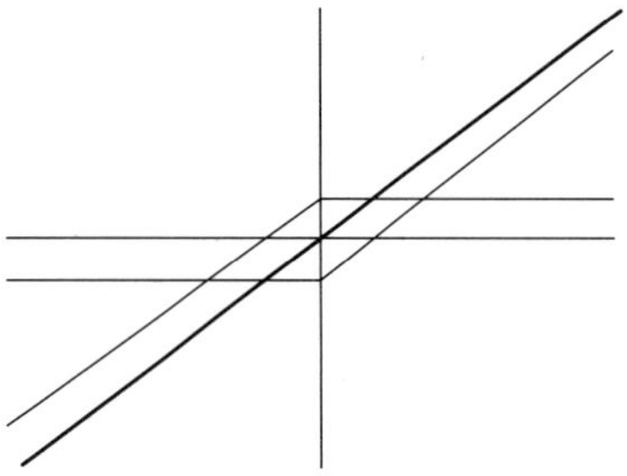

图 13.22 标的资产多头的组合分解图

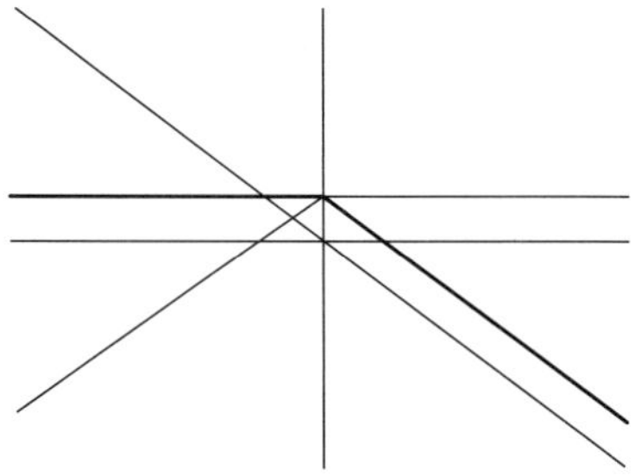

图 13.23 看涨空头的组合分解图

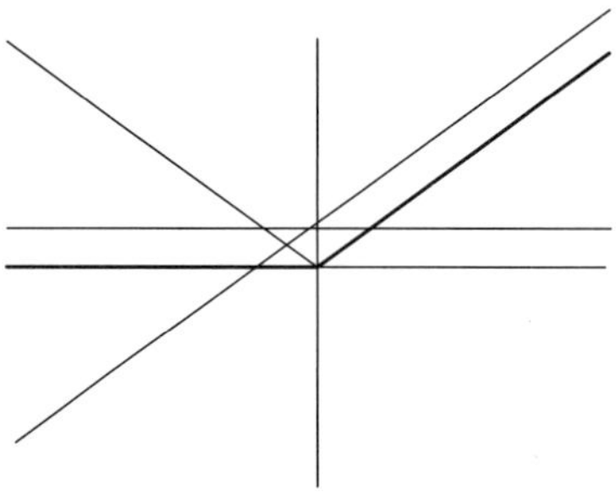

图 13.24 看涨多头的组合分解图

本 章 小 结

1. 期权可用来进行静态套期保值。期权也可以用来投机，其杠杆作用将给期权的多头带来巨大的盈利可能，而给期权空头带来巨大的风险。运用期权，还能进行资产组合管理。

2. 可以用同样标的资产、同样期限但不同行权价格的期权头寸组合出不同回报的差价组合，如牛市差价组合、熊市差价组合、蝶式差价组合。这些差价组合都是既可以用看涨期权来构建，又可以用看跌期权来构建的。

3. 可以用同样标的资产、同样行权价格但到期时间不同的期权来构建差期组合，这些组合同样是既可以用看涨期权又可以用看跌期权构建的。

4. 对角组合是由标的资产相同但行权价格和到期时间都不同的同种期权组合而成的。

5. 混合期权是由几种看涨或看跌期权组合而成的，基本的组合有跨式组合、条式组合、带式组合和勒式组合。

6. 期权组合的盈亏图可以通过组成组合的成分期权的盈亏图叠加起来求得。

7. 期权盈亏图可以通过简单的符号方便地表示出来。

即测即评

习　题

1. 请用看涨期权、看跌期权平价证明用欧式看跌期权构造蝶式差价组合的成本等于用欧式看涨期权构造蝶式差价组合的成本。

2. 箱型差价组合（Box Spread）由看涨期权的牛市差价组合和看跌期权的熊市差价组合组成。两个差价组合的行权价格都是 K_1 和 K_2。所有期权的期限都一样，请分析该箱型组合的结果。

3. 购买行权价格为 K_2、到期日为 T_2 的看涨期权和出售行权价格为 K_1、到期日为 T_1（$T_2>T_1$）的看涨期权，可构造对角差价期权，画简图分别说明当 $K_2>K_1$ 和 $K_2<K_1$ 时的情况。

4. 三种同一股票看跌期权有相同的到期日。行权价格为 55 元、60 元和 65 元，市场价格分别为 3 元、5 元和 8 元。解释如何构造蝶式差价期权。请用一个表格说明这种策略带来的盈利性。股票价格在什么范围时，蝶式差价期权将导致损失？

5. 试证明以下说法：对于标的资产、行权价格和剩余期限相同的期权，用看涨期权来构造牛市差价期权，初始现金流为负，但期末回报较大；用看跌期权来构造牛市差价组合，初始现金流为正，但期末回报较小。因此从理论上说两者的期末回报是等价的。

6. 运用期权如何构造出具有确定交割价格和交割日期的远期合约？在什么条件下，其他方面完全相同的看涨期权比看跌期权价格贵？

7. 解释如何用看跌期权构造一个激进的熊市差价组合。

8. 某投资者相信股票价格会有大幅度变动，但对变动方向不确定。举出投资者所能采取的 6 种不同交易策略，并解释这些交易策略的不同之处。

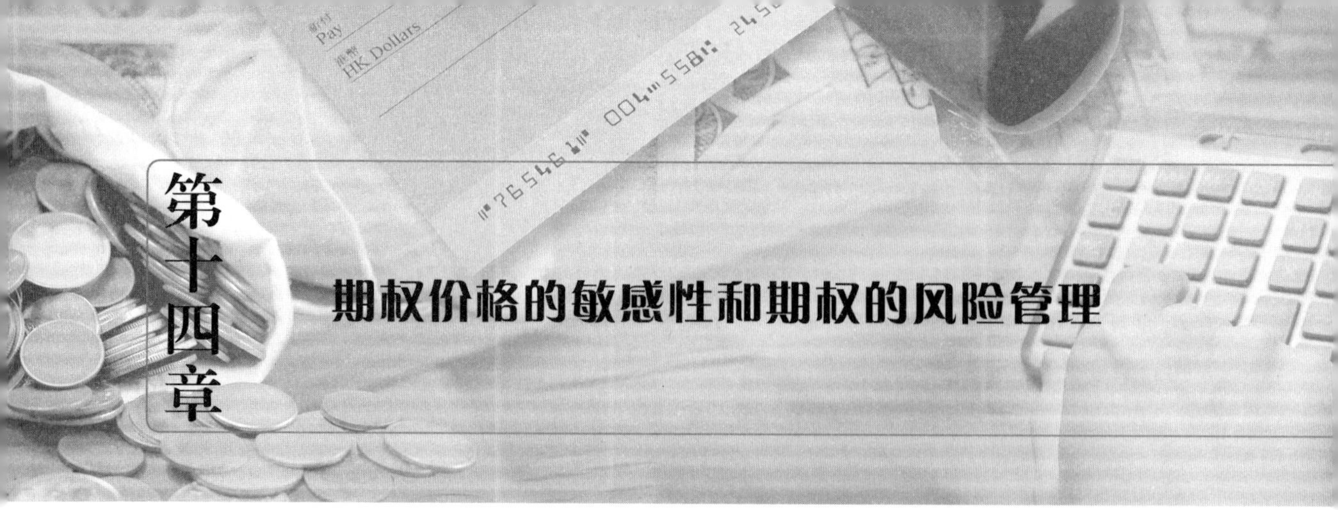

第十四章 期权价格的敏感性和期权的风险管理

在前几章中，我们已经分析了决定和影响期权价格的主要因素，以及这些因素对期权价格的影响方向。在现实中，人们常常还需要更深入地了解各因素对期权价格的影响程度，或者说期权价格对这些因素的敏感性。从数学上说，期权价格对这些因素的敏感性，就是假设其他条件不变时期权价格对这些因素的偏导数；从经济上来说，当我们通过各种方式将期权（组合）的这些敏感性降为0时，就实现了对期权（组合）的套期保值（又称对冲）。这些因素的变动将不会再影响期权（组合）的价值。在本章当中，我们主要以无红利资产的欧式期权为例，介绍期权价格对其标的资产价格、到期时间、波动率和无风险利率四个参数的敏感性指标，并以此为基础讨论相关的期权动态风险管理问题。

第一节 Delta 与期权的风险管理

Delta（Δ），用于衡量衍生品价格对标的资产价格变动的敏感度，它等于衍生品价格变化与标的资产价格变化的比率。准确地说，它是表示在其他条件不变情况下，标的资产价格的微小变动所导致的期权价格的变动。用数学语言表示，期权的 Delta 值等于期权价格对标的资产价格的偏导数。从几何上看，它是期权价格与标的资产价格关系曲线的切线的斜率。

一、期权 Delta 值的计算

令 f_t 表示期权的价格，S_t 表示标的资产的价格，Δ 表示期权的 Delta，则有：

$$\Delta_t = \frac{\partial f}{\partial S} \tag{14.1}$$

从理论上说，只要我们知道正确的期权定价公式[①]，就可以利用这个公式对标的资产求偏导，从而得到正确的 Δ。例如，在 B－S－M 期权定价框架中，无红利资产欧式看涨期权定价公式为 $c_t = S_t N(d_1) - Xe^{-r(T-t)}N(d_2)$，相应的无红利资产欧式看跌期权定价公式为 $p_t = Xe^{-r(T-t)}N(-d_2) - S_t N(-d_1)$，据此可以算出无红利资产欧式看涨期权的 Δ_t 值为：

$$\Delta_t = N(d_1)$$

① 在第十一章我们已经讨论过，由于股票现货做空在中国受到较大限制，B－S－M 期权定价公式在中国并不适用，应该使用 Black 期权定价公式。读者只要按照本章所教方式，利用 Black 期权定价公式求偏导，就可以得到相应的希腊字母。

无红利资产欧式看跌期权的 Δ_t 值为：

$$\Delta_t=-N(-d_1)=N(d_1)-1$$

式中：d_1 的定义与式(11.20)相同。

当期权更为复杂时，期权 Δ_t 值的计算也更为复杂。例如，支付已知红利率 q（连续复利）的欧式看涨期权的 Δ_t 值为：

$$\Delta_t=\mathrm{e}^{-q(T-t)}N(d_1)$$

第十五章将给出股票指数期权、外汇期权和期货期权的相应 Δ_t 值。

二、期权 Delta 值的性质和特征分析

从概率分布的性质可知，$0\leqslant N(d_1)\leqslant 1$，因此，无红利资产看涨期权的 Δ_t 值总在 0 与 1 之间，而无红利资产欧式看跌期权的 Δ_t 值则总是在-1 到 0 之间。反过来，无红利资产欧式看涨期权空头的 Δ_t 值就总在-1 和 0 之间，而无红利资产欧式看跌期权空头的 Δ 值则总在 0 与 1 之间。

从 d_1 定义可知，期权的 Δ_t 值取决于 S_t、r、σ 和 $T-t$，根据期权价格曲线的形状（见图 10.4 和图 10.5），可知无红利资产看涨期权和欧式看跌期权的 Δ_t 值与标的资产价格的关系如图 14.1(a) 和图 14.1(b) 所示。

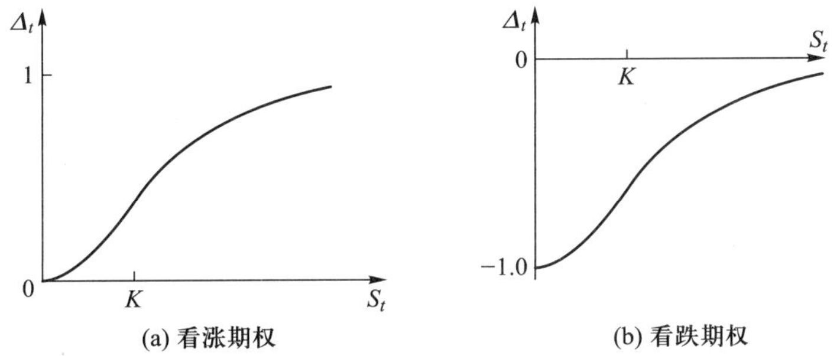

图 14.1　无红利资产看涨期权和欧式看跌期权 Δ_t 值与标的资产价格的关系

从 $N(d_1)$ 函数的特征还可得出，无红利资产看涨期权和欧式看跌期权在实值、平值和虚值三种状况下的 Δ_t 值与到期期限之间的关系如图 14.2(a) 和图 14.2(b) 所示。

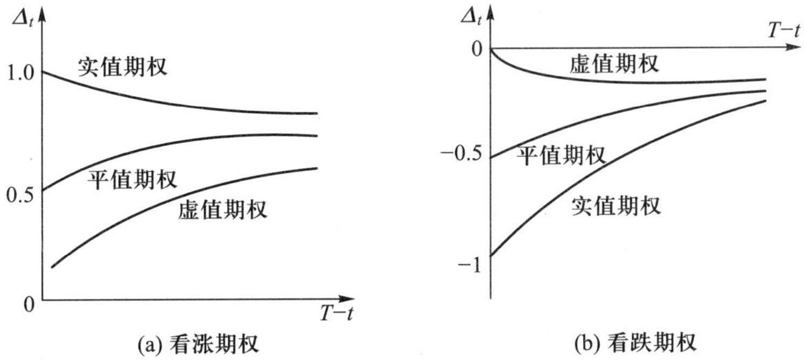

图 14.2　无红利资产看涨期权和欧式看跌期权 Δ_t 值与到期期限之间的关系

此外，无风险利率水平越高，无红利资产看涨期权和欧式看跌期权的 Δ_t 值也越高，如图 14.3(a)和图 14.3(b)所示。

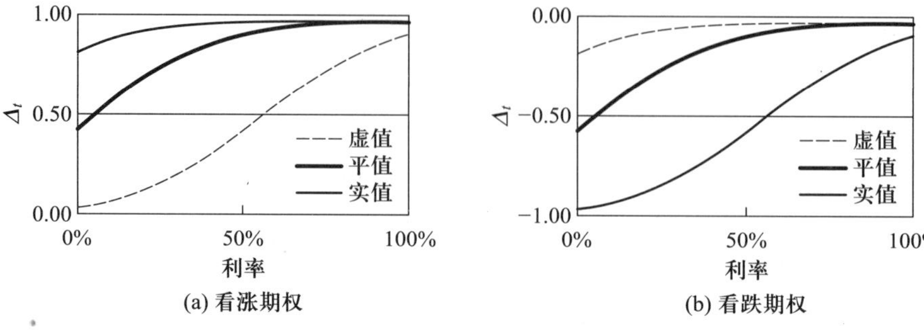

图 14.3 无红利资产看涨期权和欧式看跌期权 Δ_t 值与 r 之间的关系

标的资产价格波动率对期权 Δ_t 值的影响跟 Δ_t 与期限之间的关系很像，如图 14.4(a)、图 14.4(b)所示。

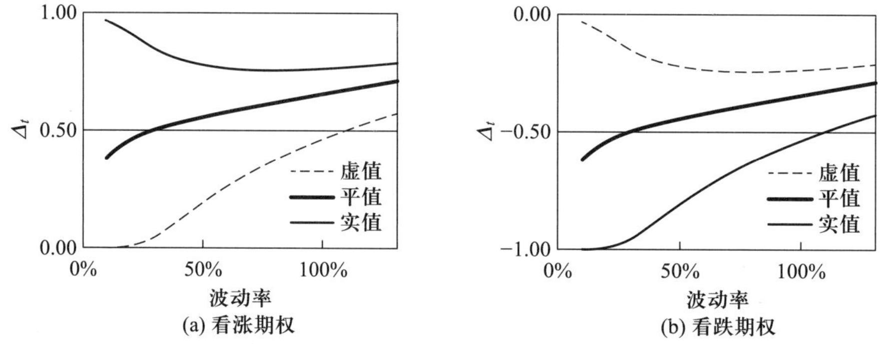

图 14.4 无红利资产看涨期权和欧式看跌期权 Δ_t 值与 σ 之间的关系

看涨期权和看跌期权 Delta 的三维图如图 14.5 和图 14.6 所示。

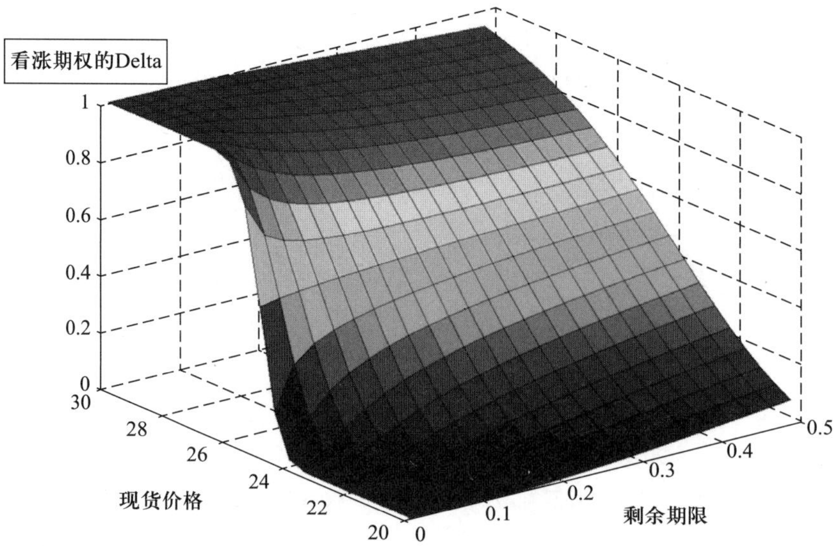

图 14.5 看涨期权 Delta 与标的资产价格和期限的关系

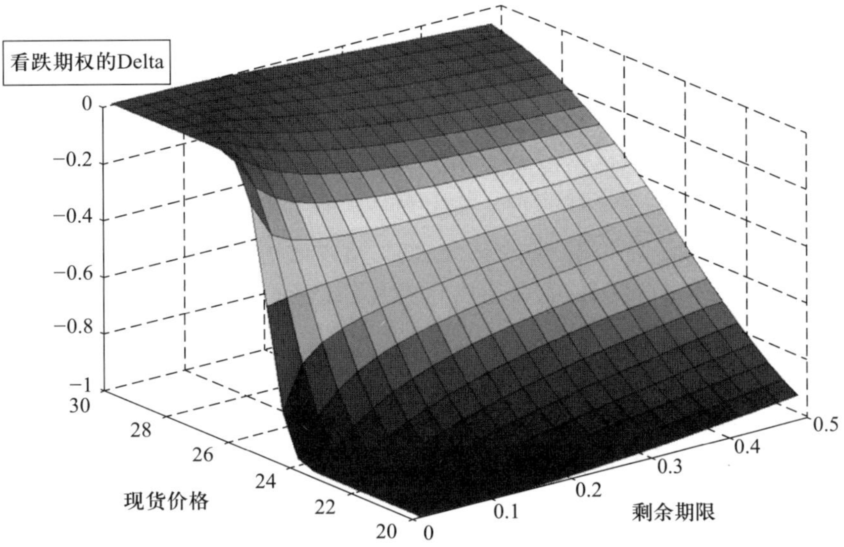

图 14.6　看跌期权 Delta 与标的资产价格和期限的关系

三、证券组合的 Delta 值

事实上，不仅期权有 Δ_t 值，现货资产和远期、期货都有相应的 Δ_t 值。显然，期权标的现货资产的 Δ_t 值就等于 1。运用第三章中关于远期合约价值的计算公式可知，远期合约的 Δ_t 值同样恒等于 1。但期货合约的 Δ_t 值就不同了。由于期货是每天结算的，投资期货合约的损益源于期货价格的变化，也就是说，我们需要运用期货价格公式计算出 Δ_t 值。根据期货价格公式，无红利资产和支付已知红利资产的期货合约的 Δ_t 值为：

$$\Delta_t = \mathrm{e}^{r(T-t)}$$

支付已知连续红利率 q 资产的期货合约的 Δ_t 值为：

$$\Delta_t = \mathrm{e}^{(r-q)(T-t)}$$

注意：上面两个式子给出的 Δ_t 值都是针对多头而言的，和期权一样，相应空头的 Δ_t 值只是符号发生了相反的变化。

这样，当资产组合中含有标的资产、该标的资产的各种期权和其他衍生产品的不同头寸时，该资产组合的 Δ_t 值就等于组合中单个资产 Δ_t 值的总和（注意这里的标的资产都应该是相同的）：

$$\Delta_t = \sum_{i=1}^{n} w_i \Delta_{it} \tag{14.2}$$

式中：w_i 表示第 i 种资产的数量；

Δ_{it}表示第 i 种资产的 Δ_t 值。

四、Delta 中性状态与套期保值

由于标的资产和相应的衍生产品可取多头或空头，因此其 Δ_t 值可正可负。这样，若组合内标的资产和期权及其他衍生产品数量配合适当，整个组合的 Δ_t 值就可能等于 0。称 Δ_t

值为 0 的资产组合处于 Δ_t 中性状态。

当资产组合处于 Δ_t 中性状态时,组合的价值显然不受标的资产价格波动的影响,从而实现相对于标的资产价格的套期保值。但值得强调的是,除了标的资产本身和远期合约的 Δ_t 值恒等于 1,其他衍生产品的 Δ_t 值可能随时变化。因此,资产组合处于 Δ_t 中性状态只能维持一个很短的时间。所以,只能说当资产组合处于 Δ_t 中性状态时,该组合价值在一个短时间内不受标的资产价格波动的影响,从而实现了瞬时套期保值。

这样,当我们手中拥有某种资产或资产组合时,可以通过相应的标的资产、期权、期货等进行相互套期保值,使资产组合的 Δ_t 值等于 0,也就是不受标的资产价格变化的影响。这种套期保值方法称为 Δ_t 中性保值法。又因为 Δ_t 中性保值只是在瞬间实现的,随着 S_t、$T-t$、r 和 σ 的变化,Δ_t 值也在不断变化,需要不断调整保值头寸以使保值组合重新处于 Δ_t 中性状态,这种调整称为再均衡(rebalancing),因此这种保值方法属于动态套期保值,与第十三章中讨论的只需交易一次的静态套期保值法相区别。

下面用案例 14.1 来说明运用标的资产为期权对冲的 Δ_t 中性对冲法。

【案例 14.1】

期权的 Delta 中性对冲

某金融机构在 OTC 市场出售了基于 100 000 股不付红利股票的欧式看涨期权,收入 300 000 元。该股票的市场价格为 49 元,行权价格为 50 元,无风险利率为连续复利年利率为 5%,股票价格年波动率为 20%,距离到期时间为 20 周。由于该金融机构无法在市场上找到相应的看涨期权多头对冲,这样就面临着风险管理的问题。

在这里,可以运用 Δ_t 中性保值法,用标的资产(股票)对冲此期权的风险。由于该金融机构目前为欧式看涨期权空头,这意味着其目前的 Δ_t 值是负的,需要用正的 Δ_t 值进行对冲,因此只有购买标的资产,才能构建 Δ_t 中性组合。之后,该金融机构还需要不断地调整标的资产持有数量,以适应期权 Δ_t 值的变化,维持资产组合的 Δ_t 中性。在实际中,对冲频率是个重要的决策变量。对冲越频繁,对冲就越精确,但对冲成本也越高。这里只是作为例子。假设每周对冲一次。

将相关参数表达为:

$$S_t=49,X=50,r=0.05,\sigma=0.20,T-t=0.384\ 6$$

初始的 Δ_t 值可以计算得到:$\Delta=-0.521\ 6$。这意味着在出售该看涨期权的同时,针对每份期权需要借入 $0.521\ 6\times49=25.559$ 元,以 49 元的价格购买 0.521 6 股股票。第一周内发生的相应利息费用为 0.025 元。表 14.1 给出了期权到期时为实值和虚值两种状况下的模拟对冲过程。

从表 14.1(a)可知,到第一周末,股票价格下降到 48.12 元。这使得 Δ_t 值下降到 0.458,要保持 Δ_t 中性,必须出售 0.063 6 股股票,得到 3.06 元的现金,从而使得成本下降。之后,如果 Δ_t 值上升,就需要再借钱买入股票;如果 Δ_t 值下降,就卖出股票减少借款。在期权接近到期时,很明显为实值期权,期权将被执行,Δ_t 值接近 1。因此,到 20 周时,该金融机构具有足够标的资产头寸,累计成本为 52.673 元。当期权被行权时,金融机构将其所持有的股票出售,获得50 元,因此每份期权对冲成本为 2.673 元。

表 14.1(b)给出了另一种价格序列，即到期时期权处于虚值状态的情形。显然，到期时期权不会被行权，Δ_t 值接近 0，而该金融机构最后也没有持有标的资产，每份期权对冲成本为 2.549 元。

表 14.1　期权 Δ_t 对冲模拟

(a) Δ_t 对冲模拟：实值期权，对冲成本 = 2.673 元

周次	股票价格/元	Δ_t	购买股票数/股	购买股票成本/元	累计成本/元（包括上周利息费用）	利息费用/元
0	49	0.521 6	0.521 6	25.559	25.559	0.025
1	48.12	0.458 0	−0.063 6	−3.060	22.523	0.022
2	47.37	0.400 0	−0.058 0	−2.747	19.798	0.019
3	50.25	0.596 3	0.196 3	9.862	29.679	0.029
4	51.75	0.693 0	0.096 7	5.003	34.710	0.033
5	53.12	0.773 8	0.080 9	4.296	39.039	0.038
6	53.00	0.771 3	−0.002 5	−0.134	38.943	0.037
7	51.87	0.706 2	−0.065 1	−3.379	35.601	0.034
8	51.37	0.673 5	−0.032 7	−1.679	33.956	0.033
9	53.00	0.786 5	0.113 1	5.993	39.982	0.038
10	49.87	0.549 3	−0.237 3	−11.832	28.188	0.027
11	48.50	0.412 8	−0.136 5	−6.621	21.594	0.021
12	49.87	0.541 5	0.128 7	6.418	28.033	0.027
13	50.12	0.564 0	0.022 5	1.129	29.189	0.028
14	52.12	0.767 3	0.203 4	10.599	39.817	0.038
15	51.87	0.758 2	−0.009 1	−0.473	39.381	0.038
16	52.87	0.865 0	0.106 8	5.648	45.067	0.043
17	54.87	0.978 2	0.113 2	6.212	51.322	0.049
18	54.62	0.989 9	0.011 6	0.635	52.007	0.050
19	55.86	1.000 0	0.010 1	0.564	52.621	0.051
20	57.36	1.000 0	0.000 0	0.002	52.673	
总计			1.0			

(b) Δ_t 对冲模拟:虚值期权,对冲成本=2.549 元

周次	股票价格/元	Δ_t	购买股票数/股	购买股票成本/元	累计成本/元(包括上周利息费用)	利息费用/元
0	49	0.521 6	0.521 6	25.559	25.559	0.025
1	49.35	0.541 1	0.019 5	0.964	26.548	0.026
2	52.00	0.705 1	0.164 0	8.527	35.101	0.034
3	50.00	0.579 3	-0.125 8	-6.292	28.843	0.028
4	48.48	0.466 5	-0.112 8	-5.470	23.401	0.023
5	48.25	0.442 9	-0.023 6	-1.139	22.284	0.021
6	48.75	0.475 1	0.032 3	1.573	23.879	0.023
7	49.60	0.537 7	0.062 6	3.104	27.005	0.026
8	48.36	0.429 0	-0.108 7	-5.259	21.773	0.021
9	48.50	0.432 4	0.003 5	0.168	21.962	0.021
10	51.25	0.668 2	0.235 8	12.084	34.067	0.033
11	51.50	0.691 8	0.023 5	1.212	35.312	0.034
12	49.88	0.542 5	-0.149 3	-7.447	27.899	0.027
13	49.98	0.548 9	0.006 5	0.323	28.249	0.027
14	48.75	0.399 8	-0.149 1	-7.269	21.007	0.020
15	47.50	0.236 2	-0.163 6	-7.772	13.256	0.013
16	48.00	0.261 5	0.025 2	1.212	14.480	0.014
17	46.30	0.064 7	-0.196 7	-9.109	5.385	0.005
18	48.10	0.179 0	0.114 3	5.499	10.889	0.010
19	46.60	0.006 4	-0.172 7	-8.046	2.854	0.003
20	48.20	0.000 0	-0.006 4	-0.307	2.549	
总计			0.00			

如果把表 14.1(a)和表 14.1(b)中的最后对冲成本贴现到期初,则可以发现应用标的资产对冲该期权的成本,近似于运用 B-S-M 期权定价公式计算出来的 2.4 元,但不完全相等。不完全相等的原因在于调整频率较低,而 B-S-M 框架是假设连续对冲以保证 Δ_t 在任何时候都是中性的。如果采用的是瞬时连续调整,就会发现它们是完全相等的。

案例 14.1 展示了一个重要的现象:可以通过标的资产的买卖来对冲期权的风险,在不考虑交易费用并假设波动率为常数的情况下,运用标的资产进行 Δ_t 中性对冲的成本和效果就和买入了一个看涨期权多头一样。也就是说,对冲的结果是:通过标的资产构成了一个合成的期权头寸。在这个对冲的过程中,当 Δ_t 上升的时候,也就是标的资产价格上涨的时候,必须增加借款买入股票;当 Δ_t 下降的时候,也就是标的资产价格下跌的时候,必须卖出股票偿还借款。对冲的成本正是来源于这个“买高卖低”的过程,其总成本正好等于市场上相应

的期权价格。

在实际操作中，由于期货交易成本更低、占用资金更少甚至价格更合算（中国常常出现这种情况），因此常用期货对冲。以无红利资产期货合约为例，由于 $\Delta_t = e^{r(T-t)}$，这意味着 $e^{-r(T-t)}$ 个期货单位对标的资产价格变动的敏感性与一个标的资产对其自身价格变化的敏感性是相同的，因此有：

$$Q_{Ft} = e^{-r(T-t)} H_{At}/N$$

式中：Q_{Ft} 和 H_{At} 分别表示在 t 时刻实现 Δ_t 中性所需要的期货合约数和标的资产总头寸；

N 表示一份期货合约的名义金额。

如果出售一份看涨期权，就需要买入一份看涨期权或是通过 Δ_t 中性构造一个合成的看涨期权多头，收入和费用相抵消。Δ_t 对冲到底有何意义呢？首先，专业的金融运营和风险管理机构，往往能够以比市场价格优惠的费率进行套期保值，从而在对冲风险的同时仍能获取收益，如案例 14.1 中的期权出售价为 300 000 元，而对冲成本则大约在 240 000 元。其次，一家高效运营的现代金融机构，往往先在总资产组合层面上计算对某一标的资产的净 Δ_t 值，由于不同资产头寸的 Δ_t 值可正可负，可以在公司内部实现初步的风险对冲，再到外部市场上进行净 Δ_t 值的对冲，从而可以降低套期保值的成本。最后，Δ_t 对冲具有很大的灵活性，金融机构可以结合自身的资产状况、市场预期和风险目标来管理 Δ_t 指标，不同目标 Δ_t 值的设定就可以实现不同的风险管理策略，具体可参见本章第五节中的案例 14.4。

第二节　Gamma 与风险管理

一、期权 Gamma 值的计算

Gamma（Γ）是一个与 Δ 联系密切的敏感性指标，可以认为是 Δ 的敏感性指标。它用于衡量衍生品的 Δ_t 值对标的资产价格变化的敏感度，等于衍生品价格对标的资产价格的二阶偏导数，也等于衍生品的 Δ_t 对标的资产价格的一阶偏导数。从几何上看，它反映了期权价格与标的资产价格关系曲线的凸度。

$$\Gamma_t = \frac{\partial^2 f}{\partial S^2} = \frac{\partial \Delta}{\partial S} \tag{14.3}$$

值得注意的是，由于其他条件相同的看涨期权与看跌期权的 Δ_t 值之间只相差一个常数，因此两者的 Γ_t 值总是相等的。

根据 B－S－M 无红利资产欧式期权定价公式，可以算出无红利资产看涨期权和欧式看跌期权的 Γ_t 值为：

$$\Gamma_t = \frac{e^{-0.5d_1^2}}{S_t \sigma \sqrt{2\pi(T-t)}}$$

无红利资产期权多头的 Γ_t 值总为正值，相应地，期权空头的 Γ_t 值则总为负值。

二、期权 Gamma 值的性质和特征分析

期权的 Γ_t 值也会随着 S_t、$T-t$、r 和 σ 的变化而变化。图 14.7 和图 14.8 分别展示了它

与 S_t 及 $T-t$ 的关系。

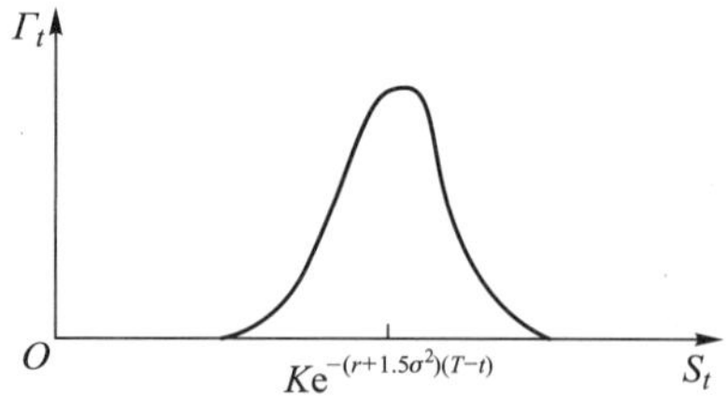

图 14.7 无红利资产看涨期权和欧式看跌期权 Γ_t 值与 S_t 的关系

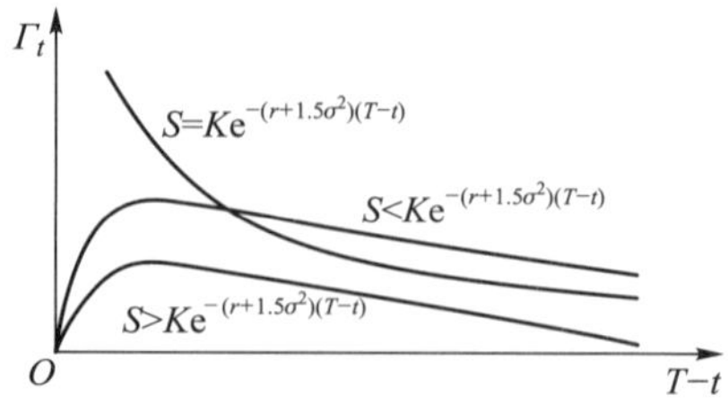

图 14.8 无红利资产看涨期权和欧式看跌期权 Γ_t 与 $T-t$ 的关系

从图 14.7 可以看出，当 S_t 在 $Ke^{-(r+1.5\sigma^2)(T-t)}$ 点时[①]，Γ_t 值最大，即 Δ 值对 S_t 最敏感。从图 14.8 可以看出，对平值期权来说，期权有效期很短时，Γ_t 值将非常大，即 Δ 值对 S_t 非常敏感。

图 14.9 展示期权 Γ 与标的资产价格和剩余期限之间关系的三维图。

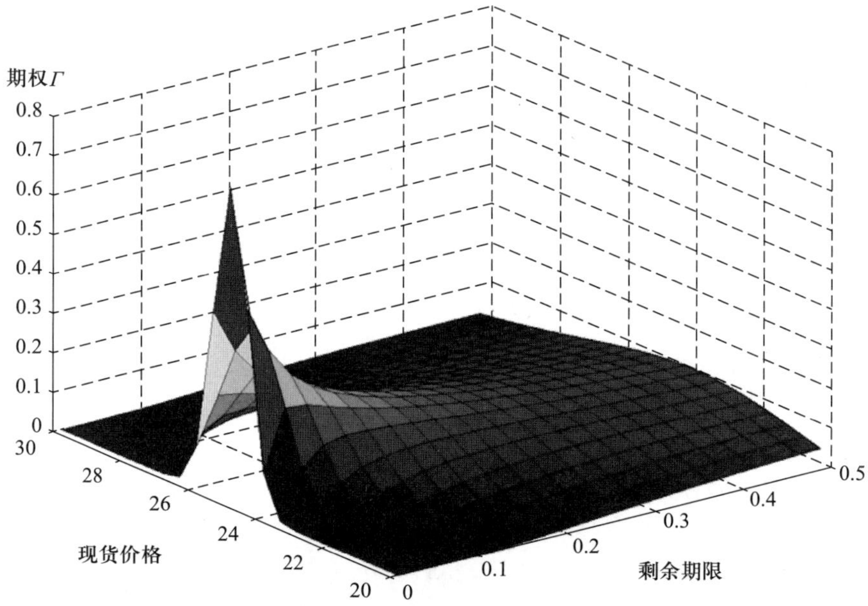

图 14.9 期权 Γ 与 S 和 $T-t$ 的关系

三、资产组合的 Gamma 值

对标的资产及远期和期货合约来说，其 Γ_t 值均为 0。这意味着只有期权有 Γ_t 值。因此，当资产组合中含有标的资产和该标的资产的各种期权与其他衍生产品时，该资产组合的 Γ 值就等于组合内各种期权 Γ 值与其数量乘积的总和：

① Γ_t 的极值点可以通过 Γ_t 对 S_t 的一阶条件得出。

$$\Gamma_t = \sum_{i=1}^{n} w_{it}\Gamma_{it} \tag{14.4}$$

式中：w_{it}表示第 i 种期权的数量；

Γ_{it}表示第 i 种期权的 Γ_t 值。

四、Gamma 中性状态

由于期权多头的 Γ_t 值总是正的，而期权空头的 Γ_t 值总是负的，因此若期权多头和空头数量配合适当，组合的 Γ_t 值就等于零。称 Γ_t 值为零的资产组合处于 Γ_t 中性状态。

计算资产组合的 Γ_t 值对于风险管理的重要意义体现在，它可用于衡量 Δ_t 中性对冲法的保值误差。这是因为期权的 Δ_t 值仅衡量了标的资产价格 S_t 微小变动时期权价格的变动量，而期权价格与标的资产价格的关系是一条曲线，因此当 S_t 变动量较大时，用 Δ_t 估计出的期权价格的变动量与期权价格的实际变动量就会有所偏差，如图 14.10 所示。

从图 14.10 可以看出，当标的资产价格从 S_0 上涨到 S_1 时，Δ 中性对冲法假设期权价格从 c_0 增加到 c_1，而实际上是从 c_0 增加到 c_1'，c_1 和 c_1'之间的误差就是 Δ_t 中性对冲的误差。这种误差的大小，取决于期权价格与标的资产价格之间关系曲线的曲度。Γ 值越大，意味着曲度越大，Δ_t 中性对冲误差就越大。

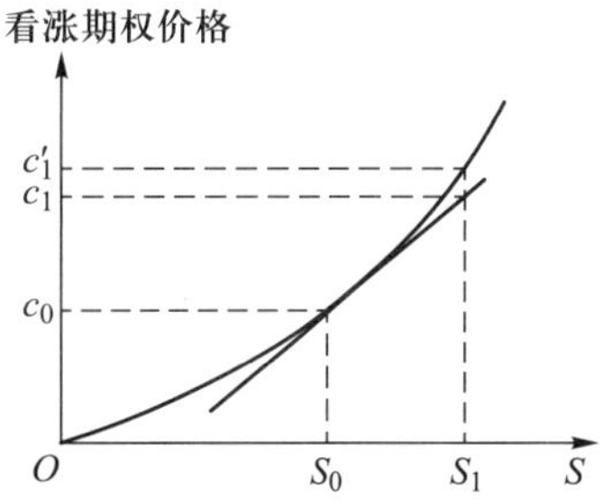

图 14.10　Delta 对冲的误差

为了消除 Δ_t 中性对冲的误差，应使对冲组合的 Γ_t 中性化。由于资产组合的 Γ_t 值会随时间变化而变化，因此随时间推移，要不断调整期权头寸和标的资产或期货头寸，以保持保值组合处于 Γ_t 中性状态。值得注意的是，由于保持 Γ_t 中性只能通过期权头寸的调整获得，实现 Γ_t 中性的结果往往是 Δ_t 非中性，因而常常还需要运用标的资产或期货头寸进行调整，以使得资产组合同时实现 Γ_t 中性和 Δ_t 中性。

【案例 14.2】

Gamma 中性

假设某个 Delta 中性的资产组合的 Γ_t 值等于−5 000，该组合中标的资产的某个看涨期权多头的 Δ_t 和 Γ_t 值分别等于 0.80 和 2.0。为使该组合 Γ_t 中性，并保持 Δ_t 中性，该组合应购买多少份该期权，同时卖出多少份标的资产？

该组合应购入的看涨期权数量等于：

$$\frac{5\ 000}{2.0}=2\ 500$$

由于购入 2 500 份看涨期权后，新组合的 Δ_t 值将由 0 增加到 2 500×0.80＝2 000。因此，为保持 Δ_t 中性，应出售 2 000 份标的资产。

第三节 Theta与风险管理

Theta(Θ),用于衡量衍生品价格对时间变化的敏感度,是在其他条件不变情况下衍生品价格变化与时间变化的比率,即衍生品价格对时间 t 的偏导数。

一、期权Theta值的计算

$$\Theta_t = \frac{\partial f}{\partial t} \tag{14.5}$$

根据B-S-M期权定价公式,对无红利资产的欧式和美式看涨期权而言有:

$$\Theta_t = -\frac{S_t N'(d_1)\sigma}{2\sqrt{T-t}} - rKe^{-r(T-t)}N(d_2)$$

根据标准正态分布的特性:

$$N'(x) = \frac{1}{\sqrt{2\pi}}e^{-0.5x^2}$$

因此有:

$$\Theta_t = -\frac{S_t \sigma e^{-0.5d_1^2}}{2\sqrt{2\pi(T-t)}} - rKe^{-r(T-t)}N(d_2)$$

对无红利资产的欧式看跌期权而言有:

$$\Theta_t = -\frac{S_t \sigma e^{-0.5d_1^2}}{2\sqrt{2\pi(T-t)}} + rKe^{-r(T-t)}[1-N(d_2)]$$

二、期权Theta值的性质和特征分析

一般来说,当越来越临近到期日时,期权的价值逐渐衰减(time decay),因此期权的 Θ 值常常是负的。① 它代表的是期权的价值随着时间推移而逐渐衰减的程度。图14.11显示了平值期权价格如何随着剩余期限的缩短而加速衰减。

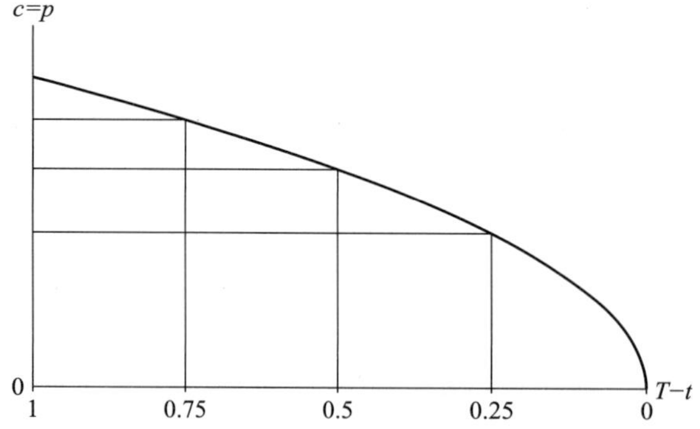

图14.11 平值期权与剩余期限的关系

① 有一些例外。如对处于实值状态的无红利资产欧式看跌期权和处于实值状态的红利率很高的欧式看涨期权来说,Theta可能为正。详见本书所附软件。

期权的 Θ_t 值同时受 S_t、$T-t$、r 和 σ 的影响。

首先，无红利资产看涨期权的 Θ_t 值与标的资产价格的关系曲线如图 14.12 所示。当 S_t 很小时，Θ_t 近似为 0；当 S_t 在 $Ke^{\left(r+\frac{\sigma^2}{2}\right)(T-t)}$ 附近时①，Θ_t 最小。当 S_t 升高时，Θ_t 趋近于 $-rKe^{-r(T-t)}$。

其次，无红利资产看涨期权的 Θ_t 值与 $T-t$ 之间的关系跟在值程度（moneyness）有很大关系，如图 14.13 所示。快到期时，实值、虚值、平值期权的 Θ 值差异很大。

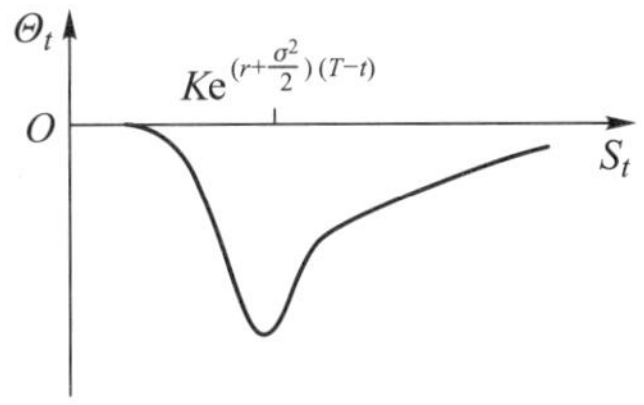

图 14.12　无红利资产看涨期权 Θ_t 值与 S_t 的关系

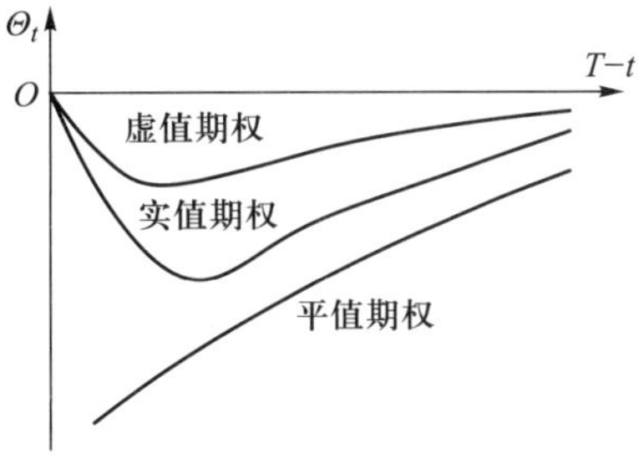

图 14.13　无红利资产看涨期权 Θ_t 值与有效期之间的关系

无红利资产欧式看跌期权的 Θ_t 值与 S_t 以及与有效期之间的关系，读者可参见本书所附软件。

图 14.14 和图 14.15 分别展示了看涨和看跌期权 Θ 的三维图。

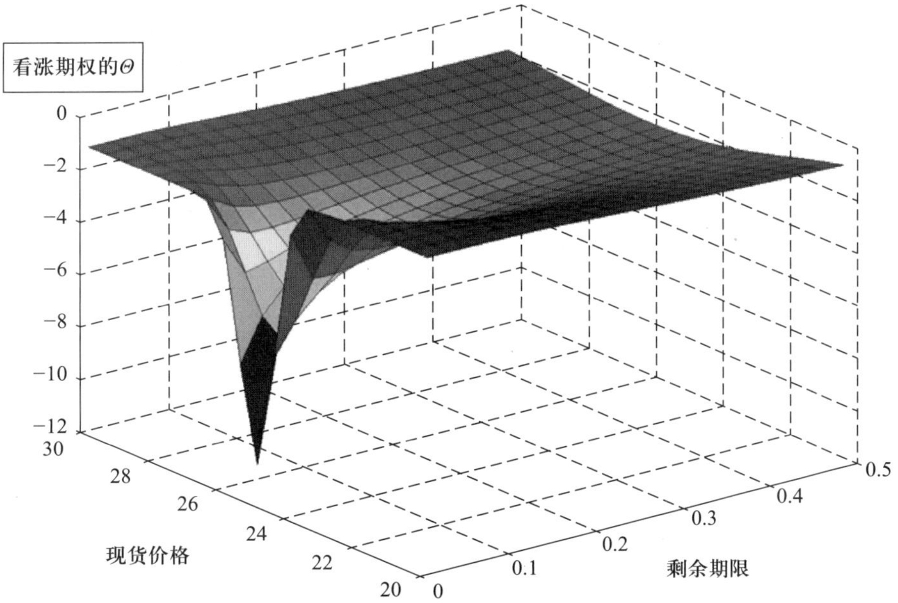

图 14.14　看涨期权 Θ 与 S 和 $T-t$ 的关系

① Θ 的极值点可以通过 Θ 对 S 的一阶条件得出。

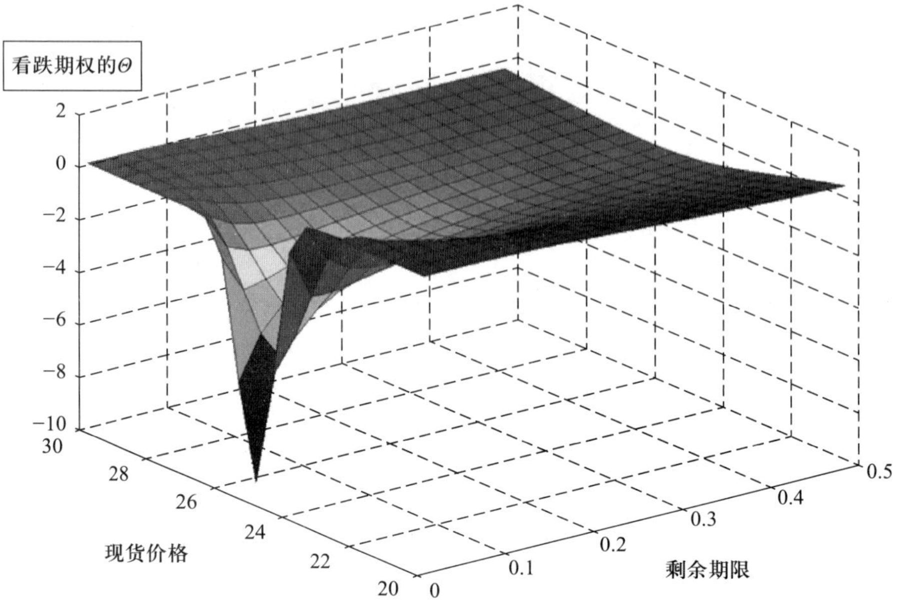

图 14.15 看跌期权 Θ 与 S 和 T−t 的关系

三、Theta 值与套期保值

由于时间的推移是确定的，没有风险可言。因此无须对时间进行套期保值。但 Θ_t 值与 Δ_t 值及下文的 Gamma 值有较大关系。同时，在期权交易中，尤其是在差期交易中，由于 Θ 值的大小反映了期权购买者随时间推移所损失的价值，因而无论对避险者、套利者还是投资者而言，Θ_t 值都是一个重要的敏感性指标。

四、Delta、Theta 和 Gamma 之间的关系

在第十一章，曾讨论过无红利资产的看涨期权价格 f_t 必须满足 B－S－M 微分方程：

$$\frac{\partial f}{\partial t}+rS\frac{\partial f}{\partial S}+\frac{1}{2}\sigma^2 S_t^2\frac{\partial^2 f}{\partial S^2}=rf_t$$

根据在本节的定义有：

$$\frac{\partial f}{\partial t}=\Theta,\frac{\partial f}{\partial S}=\Delta,\frac{\partial^2 f}{\partial S^2}=\Gamma$$

因此有：

$$\Theta_t+rS_t\Delta_t+\frac{1}{2}\sigma^2 S_t^2\Gamma_t=rf_t \tag{14.6}$$

该公式对无红利资产的单个期权和多个期权组合都适用。

对处于 Δ_t 中性的组合来说

$$\Theta_t+\frac{1}{2}\sigma^2 S_t^2\Gamma_t=rf_t$$

这意味着，对于一个 Δ_t 中性组合，若 Θ_t 为负值并且很大，Γ_t 将会为正值并且很大。对

处于 Δ_t 中性和 Γ_t 中性状态的组合来说

$$\Theta_t = rf_t$$

这意味着，Δ_t 中性和 Γ_t 中性组合的价值将随时间以无风险连续复利率的速度增长。Delta、Theta 和 Gamma 三者之间的一般符号关系如表 14.2 所示。

表 14.2　Delta、Theta 和 Gamma 三者之间的符号关系

	Delta	Theta	Gamma
多头看涨期权	+	−	+
多头看跌期权	−	−	+
空头看涨期权	−	+	−
空头看跌期权	+	+	−

第四节　Vega、*rho* 与风险管理

一、Vega 与风险管理

衍生品的 Vega(V)，用于衡量衍生品的价值对标的资产价格波动率的敏感度，等于衍生品价格对标的资产价格波动率 σ 的偏导数，即：

$$V_t = \frac{\partial f}{\partial \sigma} \tag{14.7}$$

资产组合的 Vega 值等于该组合中各资产的数量与各资产的 Vega 值乘积的总和。资产组合的 Vega 值越大，说明其价值对波动率的变化越敏感。

标的资产远期和期货合约的 Vega 值等于零。

值得注意的是，由于 B－S－M 公式假定 σ 是常数，因此我们不能再通过 B－S－M 公式对 σ 求偏导来求 Vega。因为当 σ_t 是随机变量时，B－S－M 公式不再成立。遗憾的是，目前大多数教科书（如 Chance（1998）①、Rebonato（2002）②、Kolb（2003）③、Whaley（2006）④、Hull（2012）⑤等）以及业界大多犯了这个错误。

实际上，当波动率为随机变量时，更恰当的期权定价模型应该是⑥：

$$c_t = \int_0^{\infty} f_t(\theta_0) h(\theta_0 \mid \sigma_0) \mathrm{d}\theta_0$$

式中：$f_t(\cdot)$ 是 B－S－M 公式；

① Chance D. An Introduction to Derivatives[M]. 4th edition. Texas: The DrydenPress, 1998.

② Rebonato R. Modern Pricing of Interest Rate Derivatives: The Libor Market Model and Beyond[M]. Princeton: Princeton University Press, 2002.

③ Kolb R. Futures, Options and Swaps. 4th edition[M]. Malden, Massachusetts: Blackwell Publishing, 2003.

④ Whaley R. Derivatives: Market Valuation and Risk Management[M]. Hoboken, New Jersey: John Wiley & Sons, Inc., 2006.

⑤ Hull J. Options, Futures and Other Derivatives[M]. 8th edition. New York: Prentice Education Inc., 2012.

⑥ 参见 Eisenberg L, Jarrow R. Option Pricing with Random Volatilities in Complete Markets[J]. Review of Quantitative Finance and Accounting, 1994, 4: 5－17; Fouque J, Papanicolaou G, Sircar K R. Derivatives in Financial Markets with Stochastic Volatility[M]. Cambridge: Cambridge University Press, 2000.

T 是期权到期日；

$\theta_0 = \int_0^T \sigma_t \mathrm{d}t$，$h(\cdot)$ 是风险中性概率密度。

用这个公式对 σ_t 求导，就可以得到欧式看涨期权正确的 Vega：

$$V_t = \frac{\partial c}{\partial \sigma_t} = \int_t^{\infty} \left[\frac{\partial f(\theta_t)}{\partial \theta_t} \frac{\partial \theta_t}{\partial \sigma_t} h(\theta_t \mid \sigma_t) + f(\theta_t) \frac{\partial h(\theta_t \mid \sigma_t)}{\partial \sigma_t} \right] \mathrm{d}\theta_t$$

从上述公式可以看出，Vega 值总是正的，但其大小取决于 S_t、$T-t$、r 和 σ_t。

由于资产组合的 Vega 值只取决于期权的 Vega 值，因此，可以通过持有某种期权的多头或空头来改变资产组合的 Vega 值。只要期权的头寸适量，新组合的 Vega 值就可以等于零，称此时资产组合处于 Vega 中性状态。

遗憾的是，当调整期权头寸使资产组合处于 Vega 中性状态时，新期权头寸会同时改变资产组合的 Γ_t 值，因此，若使资产组合同时达到 Γ_t 中性和 Vega 中性，至少要使用同一标的资产的两种期权。

令 Γ_{pt} 和 V_{pt} 分别代表原资产组合的 Γ_t 值和 Vega 值，Γ_{1t} 和 Γ_{2t} 分别代表期权 1 和期权 2 的 Γ_t 值，V_{1t} 和 V_{2t} 分别代表期权 1 和期权 2 的 Vega 值，w_{1t} 和 w_{2t} 分别代表为使新组合处于 Γ_t 中性和 Vega 中性需要的期权 1 和期权 2 的数量，则 w_{1t} 和 w_{2t} 可用下述联立方程求得：

$$\begin{cases} \Gamma_{pt} + \Gamma_{1t} w_{1t} + \Gamma_2 w_{2t} = 0 \\ V_{pt} + V_{1t} w_{1t} + V_2 w_{2t} = 0 \end{cases} \tag{14.8}$$

【案例 14.3】

Gamma 中性和 Vega 中性

假设某个处于 Δ_t 中性状态的资产组合的 Γ_t 值为 6 000，Vega 值为 9 000，而期权 1 的 Γ_t 值为 0.8，Vega 值为 2.2，Δ_t 值为 0.9。期权 2 的 Γ_t 值为 1.0，Vega 值为 1.6，Δ_t 值为 0.6。求应持有多少期权头寸才能使该资产组合同时处于 Gamma 中性和Vega 中性状态。

根据式(14.8)有：

$$\begin{cases} 6\,000 + 0.8 w_{1t} + 1.0 w_{2t} = 0 \\ 9\,000 + 2.2 w_{1t} + 1.6 w_{2t} = 0 \end{cases}$$

求解这个方程组得：$w_{1t} \approx 652$，$w_{2t} \approx -6\,522$。因此，加入 652 份第一种期权的多头和 6 522 份第二种期权的空头才能使该组合同时处于 Gamma 中性和Vega 中性状态。

加上这两种期权头寸后，新组合的 Δ_t 值为 $652 \times 0.9 - 6\,522 \times 0.6 = -3\,326$。因此仍需卖空 3 326 份标的资产才能使该组合处于 Δ_t 中性状态。

二、*rho* 与风险管理

衍生品的 *rho*，用于衡量衍生品价格对利率变化的敏感度，等于衍生品价格对利率的偏导数：

$$rho_t = \frac{\partial f}{\partial r} \tag{14.9}$$

同样道理，由于 B－S－M 公式假定利率为常数，所以我们也不能直接用该公式对利率求偏导来求 *rho*。

如果利率是随机变量，正确的欧式看涨期权定价公式是：

$$c_t=P(t,T)[F_tN(d_1)-XN(d_2)] \tag{14.10}$$

式中：$P(t,T)$ 表示 T 时刻到期的无风险贴现式债券在 t 时刻的价格；

F_t 表示标的资产的期货价格；

$$d_1=\frac{\ln[F_t/X]+\sigma_{F_t}^2(T-t)/2}{\sigma_{F_t}\sqrt{T-t}},d_2=\frac{\ln[F_t/X]-\sigma_{F_t}^2(T-t)/2}{\sigma_{F_t}\sqrt{T-t}}。$$

因此，欧式看涨期权的 rho_t 应该用式(14.10)对利率求偏导求出，这里就不再赘述。

另外，期货价格的 rho_t 值为：

$$rho_t=(T-t)F_t$$

标的资产的 rho_t 值为 0。因此，可以通过改变期权或期货头寸使资产组合处于 rho_t 中性状态。

第五节　交易费用与风险管理

从前述的讨论可以看出，为了保持资产组合处于 Δ_t、Γ_t 和 Vega 中性状态，必须不断调整组合。然而，频繁地调整需要大量的交易费用。因此在实际运用中，风险管理者更倾向于使用 Δ_t、Γ_t、V_t、Θ_t 和 rho_t 等参数来评估其资产组合的风险，然后根据它们对 S_t、r_t、σ_t 未来运动情况的估计，考虑是否有必要对资产组合进行调整。如果风险是可接受的，或对自己有利，就不调整；若风险对自己不利且是不可接受的，则进行相应调整。

【案例 14.4】

初始保值支出为零的对冲策略

假定在 5 月份某种资产组合包含 10 000 股 A 股票，资产组合的管理者决定将 A 股票的市场风险降低一半，即要将头寸的 Δ_t 值从 10 000 转换成 5 000。有关的市场信息如表 14.3 所示。

表 14.3　A 股票及其期权的信息

股票价格	33
距 7 月份期权到期的天数	66
无风险利率	5%
A 股票的隐含波动率	0.31
7 月份到期的期权的价格和 Δ_t	
行权价格为 35 的看涨期权的价格	1.06
行权价格为 35 的看涨期权的 Δ_t	0.377
行权价格为 30 的看跌期权的价格	0.5
行权价格为 30 的看跌期权的 Δ_t	−0.196

运用联立方程，可以求出使期权交易现金支出为0的期权头寸。从表14.3中可以看出，供选择的期权只有两种，因为股票的Δ_t为1，为了降低组合的Δ_t，可以购买看跌期权，同时为了降低保值成本，可以出售看涨期权来为购买看跌期权融资。具体的计算过程如下：

假设X和Y分别为看涨期权和看跌期权合约的份数。那么目标是：

$$\begin{cases}\text{股票的}\Delta_t-\text{看涨期权的}\Delta_t+\text{看跌期权的}\Delta_t=5\ 000\\ \text{买入看跌期权的期权费支出}-\text{出售看涨期权的期权费收入}=0\end{cases}$$

即

$$\begin{cases}10\ 000-0.377X-0.196Y=5\ 000\\ 0.5X-1.06Y=0\end{cases}$$

解方程可得$X=6\ 305.17$，$Y=13\ 366.94$，所以大约需要63份看涨期权和134份看跌期权。

本章小结

1. 动态套期保值(或称对冲)，就是分别算出保值工具与保值标的资产价值对一些共同的变量(如标的资产价格、时间、标的资产价格的波动率、无风险利率等)的敏感度，这些敏感度分别用Δ_t、Θ_t、Γ_t、V_t和rho_t表示，然后通过建立适当的保值工具的头寸，使资产组合处于Δ_t、Θ_t、Γ_t、V_t和rho_t中性状态。

2. 期权的Delta用于衡量期权价格对标的资产市场价格变动的敏感度，等于期权价格变化与标的资产价格变化的比率。

3. 当资产组合中含有标的资产、该标的资产的各种期权和其他衍生产品的不同头寸时，该资产组合的Δ_t值就等于组合中各种资产Δ_t值的总和(标的资产相同的情形)。

4. Δ_t值为0的资产组合处于Delta中性状态。当资产组合处于Δ_t中性状态时，组合的价值在短时间内就不受标的资产价格波动的影响。

5. 在不考虑交易费用并假设波动率为常数的情况下，运用标的资产对看涨期权空头进行Delta中性套期保值的成本和效果与买入了一个看涨期权多头一样。也就是说，这种套期保值的结果是：通过标的资产构成了一个合成的期权头寸。

6. 期权的Theta(Θ_t)用于衡量期权价格对时间变化的敏感度，是期权价格变化与时间变化的比率。

7. 期权的Gamma(Γ_t)是一个与Delta联系密切的敏感性指标，是Delta的敏感性指标，它用于衡量该资产的Delta值对标的资产价格变化的敏感度。

8. 当资产组合中含有标的资产和该标的资产的各种期权和其他衍生产品时，该资产组合的Γ_t值就等于组合内各种期权Γ值与其数量乘积的总和。

9. 计算资产组合的Γ_t值对于风险管理的重要意义体现在它可用于衡量Δ_t中性对冲法的保值误差。

10. 期权的Vega(V_t)用于衡量该资产的价值对标的资产价格波动率的敏感度，rho用于衡量期权价格对利率变化的敏感度。

11. Δ_t、Γ_t、V_t 和 rho_t 中性状态只能维持一个相当短暂的时间。随着 S_t、$T-t$、r_t 和 σ_t 的变化，避险者需要定期调整对冲头寸，以便使保值组合重新处于中性状态。

12. 由于频繁地进行动态对冲需要较高的手续费，因此风险管理者应在成本与可容忍的风险之间进行权衡。

即测即评

习　题

1. 一个看涨期权的 Delta 值为 0.7 意味着什么？若每个期权的 Delta 值均为 0.7，如何使一个 1 000 个看涨期权的空头变成 Delta 中性？

2. 无风险年利率为 5%，股票价格的年波动率为 25%。计算标的为不支付红利的股票、6 个月期的平价欧式看涨期权的 Delta 值。

3. 以年计，一个期权头寸的 Theta 值为-0.1 意味着什么？若一个交易者认为股票价格的隐含波动率都不会变，那么期权头寸是什么类型？

4. 为什么说对处于实值状态的无红利资产欧式看跌期权和处于实值状态的红利率很高的欧式看涨期权来说，Theta 可能为正？

5. 某金融机构刚出售一些 7 个月期的日元欧式看涨期权，假设现在日元的汇率为 1 日元=0.80 美分，期权的行权价格为 0.81 美分，美国和日本的无风险利率分别为 2.5% 和 1%，日元的年波动率为 8%，请计算该期权的 Delta、Gamma、Theta，并解释其含义。

6. 有三个看涨期权，C、D 和 E，标的资产相同，价格均为 80 美元，无风险年利率为 5%，年波动率为 20%。C 的行权价格为 70 美元，还有 90 天到期；D 的行权价格为 75 美元，还有 90 天到期；E 的行权价格为 80 美元，还有 120 天到期。计算上述期权的价格、Delta 值和 Gamma 值。

7. 用第 6 题的数据计算：如果已有一份看涨期权 C，如何用 C 和 D 构造一个 Delta 中性组合？如何用 C、D 和 E 构造一个同时达到 Delta 中性和 Gamma 中性的组合？

第十五章 股价指数期权、外汇期权、期货期权与利率期权

股价指数期权、外汇期权、期货期权与利率期权，分别是以股价指数、汇率、期货合约与利率产品为标的资产的期权合约。股价指数期权、外汇期权和期货期权定价原理相同，都可以看成支付连续红利资产的期权。利率期权则具有高度的复杂性。本章将分析股价指数期权、外汇期权和期货期权的定价原理，并对利率期权进行初步介绍。

第一节　欧式股价指数期权、外汇期权和期货期权的定价

除股票期权外，股价指数期权、外汇期权和期货期权也是常见的期权产品，它们分别以特定股价指数、外汇和期货合约作为标的资产。由于这三种标的资产都可以被视为支付连续红利的资产，因而欧式股价指数期权、外汇期权和期货期权都适用支付连续红利率的欧式期权定价模型。第十一章已经初步介绍了有连续红利资产欧式期权的定价公式，在这里将进行更详细的讨论。

一、默顿模型

默顿在 B－S－M 定价模型中的贡献之一，就是通过将标的资产所支付的连续复利红利看成负利率来拓展原先无红利资产的欧式期权定价公式，被人们称为默顿模型。由于红利会降低期权标的股票的价值，红利的支付会降低看涨期权的价值，实际上连续红利支付可以被看成股票价值的连续漏损。令 q 表示漏损率，它等于红利的连续支付率，只要将 $S_t e^{-q(T-t)}$ 代替式(11.20)和式(11.21)中的 S_t，就可求出支付连续复利红利率证券的欧式看涨和看跌期权的价格。

因此，根据默顿模型，标的股票支付连续红利的欧式看涨期权的价值为：

$$c_t = S_t e^{-q(T-t)} N(d_1) - K e^{-r(T-t)} N(d_2)$$

由于

$$\ln \frac{S_t e^{-q(T-t)}}{K} = \ln \frac{S_t}{K} - q(T-t)$$

因此，这里的 d_1、d_2 分别为：

$$d_1 = \frac{\ln(S_t/K) + (r-q+\sigma^2/2)(T-t)}{\sigma\sqrt{T-t}}$$

$$d_2 = \frac{\ln(S_t/K) + (r-q-\sigma^2/2)(T-t)}{\sigma\sqrt{T-t}} = d_1 - \sigma\sqrt{T-t} \qquad (15.1)$$

依据默顿模型得出的欧式看跌期权价值为：

$$p=Ke^{-r(T-t)}N(-d_2)-S_te^{-q(T-t)}N(-d_1) \tag{15.2}$$

式中的 d_1、d_2 定义同式(15.1)。

很显然，当 $q=0$ 时，默顿模型就转化为基本的 B－S－M 模型，即式(11.20)和式(11.21)。

二、股价指数期权

股价指数期权的标的资产为特定股价指数。第三章第四节和第五章第一节已经介绍过，对红利支付不做调整的股价指数可以近似地看作支付已知红利率的资产。这样，默顿模型就可以用来给股价指数的欧式期权定价，式(15.2)中的 S 是股价指数价格，q 是股价指数近似连续支付的红利率，而 σ 则是股指波动率。例 15.1 给出了一个例子。

【例 15.1】

股价指数期权的定价

假设目前沪深 300 指数为 4 000 点，指数收益率的波动率是 20%，无风险利率是 8%，指数的连续红利支付率是 4%。该指数的欧式看涨期权和看跌期权的行权价格为 4 100点，有效期为 150 天，那么，$q=4\%$，$S_t=4\ 000$。(假设每一点值1 元，每份期权合约对应 1 份指数)

$$d_1=\frac{\ln\left(\dfrac{4\ 100}{4\ 000}\right)+(0.08-0.04+0.5\times0.2\times0.2)\times\dfrac{150}{365}}{0.2\sqrt{\dfrac{150}{365}}}=0.384\ 91$$

$$d_2=0.384\ 91-0.2\sqrt{\frac{150}{365}}=0.256\ 698$$

从而

$$N(d_1)=N(0.384\ 91)=0.649\ 848$$
$$N(d_2)=N(0.256\ 698)=0.601\ 294$$
$$N(-d_1)=N(-0.384\ 91)=0.350\ 152$$
$$N(-d_2)=N(-0.256\ 698)=0.398\ 706$$

因此，沪深 300 的欧式看涨和看跌期权价值分别为：

$$c_t=e^{-0.04\times\frac{150}{365}}\times4\ 000\times0.649\ 848-4\ 100\times e^{-0.08\times\frac{150}{365}}\times0.601\ 294=171.439\ 3$$

$$p_t=4\ 100\times e^{-0.08\times\frac{150}{365}}\times0.398\ 706-e^{-0.04\times\frac{150}{365}}\times4\ 000\times0.350\ 152=204.052\ 4$$

三、外汇期权

假设外汇的无风险利率为 r_f，由于货币总是会产生无风险收益，现在的 1 单位外币一定等价于 $T-t$ 时间后的 $e^{r_f(T-t)}$ 单位外币；或者说，现在的 $e^{-r_f(T-t)}$ 单位外币在 $T-t$ 时间后一定变为 1 单位外币，因此外汇的利息也可视作连续支付的红利，欧式外汇期权也可以在默顿模型中得到解释和定价。这时，默顿模型中的 S_t 是外汇汇率，q 是外汇的连续复利利率 r_f，σ 则是外汇汇率的波动率。因此，外汇的欧式看涨期权的价值为：

$$c_t = S_t e^{-r_f(T-t)} N(d_1) - K e^{-r(T-t)} N(d_2) \tag{15.3}$$

外汇的欧式看跌期权的价值为：

$$p_t = K e^{-r(T-t)} N(-d_2) - S_t e^{-r_f(T-t)} N(-d_1) \tag{15.4}$$

式中：

$$d_1 = \frac{\ln(S_t/K) + (r - r_f + \sigma^2/2)(T-t)}{\sigma\sqrt{T-t}}$$

$$d_2 = \frac{\ln(S_t/K) + (r - r_f - \sigma^2/2)(T-t)}{\sigma\sqrt{T-t}} = d_1 - \sigma\sqrt{T-t}$$

【例 15.2】

外汇期权的定价

假设当前英镑的即期汇率为 \$1.500 0，美国的无风险连续复利年利率为 7%，英国的无风险连续复利年利率为 10%，英镑汇率服从几何布朗运动，其波动率为 10%，求 6 个月期行权价格为 \$1.500 0 的英镑欧式看涨期权价格。

$$d_1 = \frac{\ln(1.500\,0e^{-0.1\times0.5}/1.500\,0) + (0.07 + 0.01/2)\times 0.5}{0.1\times\sqrt{0.5}}$$

$$= \frac{-0.05 + 0.037\,5}{0.070\,7} = -0.176\,8$$

$$d_2 = d_1 - \sigma\sqrt{T-t} = -0.176\,8 - 0.1\times\sqrt{0.5} = -0.247\,5$$

$$N(d_1) = 0.429\,8; N(d_2) = 0.402\,3$$

$$c = 1.500\,0\times e^{-0.1\times0.5} N(d_1) - 1.500\,0 e^{-0.07\times0.5} N(d_2)$$

$$= 1.426\,8N(d_1) - 1.448\,4N(d_2)$$

$$= 0.030\,5$$

因此，6 个月期英镑欧式看涨期权价格为 3.05 美分。

四、期货期权

由例 11.2 已知，当无红利标的资产价格服从几何布朗运动时，其期货价格 F 同样服从几何布朗运动，即：

$$dF_t = (\mu - r) F_t dt + \sigma F_t dz_t$$

也就是说，期货价格 F_t 以 $(\mu - r) F_t$ 作为其漂移项，实际上可以将其理解为一个漏损率或是连续红利率 q 等于 r 的资产。因此，默顿模型同样可以在欧式期货期权的定价中得到运用。

因此，欧式期货看涨期权和欧式期货看跌期权的价值分别为：

$$c_t = e^{-r(T-t)}[F_t N(d_1) - K N(d_2)]$$

$$p_t = e^{-r(T-t)}[K N(-d_2) - F_t N(-d_1)]$$

式中：

$$
\begin{aligned}
d_1 &= \frac{\ln(F_t/K)+(\sigma^2/2)(T-t)}{\sigma\sqrt{T-t}} \\
d_2 &= \frac{\ln(F_t/K)-(\sigma^2/2)(T-t)}{\sigma\sqrt{T-t}} \\
&= d_1-\sigma\sqrt{T-t}
\end{aligned} \tag{15.5}
$$

σ 是期货价格的波动率。

从式(15.5)可以看出,它与第十一章介绍的 Black 期权定价公式是一样的。

第二节　标的资产支付连续红利的期权价格的敏感性

在第十四章里,已经讨论了期权价格对其标的资产价格、到期时间、波动率和无风险利率四个参数的五个敏感性指标,本节将具体考察欧式股价指数期权、外汇期权和期货期权价格的敏感性。基本原则与第十四章是一样的,但敏感性指标的公式需要稍做调整。具体如下:

(1) 股价指数期权:S_t 是指数的价格,q 等于指数的连续红利收益率,同时在计算 d_1 和 d_2 时做相应的调整。

(2) 外汇期权:S_t 是外汇的价格(汇率),q 等于外汇连续复利无风险利率,同时在计算 d_1 和 d_2 时做相应的调整。

(3) 期货期权:S_t 是期货价格,q 等于本国无风险利率,因此 $r-q=0$,同时在计算 d_1 和 d_2 时做相应的调整。

表 15.1 给出了标的资产支付连续红利的期权价格的敏感性公式。

表 15.1　标的资产支付连续红利的期权价格的敏感性公式

(a) 看涨期权

名称	敏感性
Δ_{ct}	$\frac{\partial c}{\partial S}=e^{-q(T-t)}N(d_1)$
Γ_{ct}	$\frac{\partial \Delta}{\partial S}=\frac{\partial^2 c}{\partial S^2}=\frac{N'(d_1)e^{-q(T-t)}}{S_t\sigma\sqrt{T-t}}$
Θ_{ct}	$-\frac{\partial c}{\partial(T-t)}=-\frac{S_tN'(d_1)\sigma e^{-q(T-t)}}{2\sqrt{T-t}}+qS_tN(d_1)e^{-q(T-t)}-rKe^{-r(T-t)}N(d_2)$
式中	$N'(d_1)=\frac{1}{\sqrt{2\pi}}e^{-0.5d_1^2}$

(b) 看跌期权

名称	敏感性
Δ_{pt}	$\frac{\partial p}{\partial S}=e^{-q(T-t)}[N(d_1)-1]$
Γ_{pt}	$\frac{\partial \Delta}{\partial S}=\frac{\partial^2 p}{\partial S^2}=\frac{N'(d_1)e^{-q(T-t)}}{S_t\sigma\sqrt{T-t}}$

续表

名称	敏感性
Θ_{pt}	$-\dfrac{\partial p}{\partial(T-t)}=-\dfrac{S_tN'(d_1)\sigma e^{-q(T-t)}}{2\sqrt{T-t}}-qS_tN(-d_1)e^{-q(T-t)}+rKe^{-r(T-t)}N(-d_2)$
式中	$N'(d_1)=\dfrac{1}{\sqrt{2\pi}}e^{-0.5d_1^2}$

由于这些期权的敏感性计算很相似,在此只用一个沪深 300 指数期权的例子来加以说明,见例 15.3。

【例 15.3】

沪深 300 股指期权的敏感性

2020 年 2 月 7 日,沪深 300 股价指数为 3 899.87 点,无风险利率为 2.90%,3 月到期的期权剩余期限为 40 天,期权行权价格为 3 900,沪深 300 分红率为 0.015%,假设波动率按照历史波动率来计算为 22.68%,则:

$$S_t=3\ 899.87, K=3\ 900, \sigma=0.226\ 8, T-t=40\text{天}, r=0.029, q=0.015。$$

代入公式可得,沪深 300 欧式看涨期权的理论价格为 120.77,欧式看跌期权的价格为 114.81。表 15.2 给出了这个期权价格的敏感性。

表 15.2 沪深 300 期权价格的敏感性

项目	看涨	看跌
期权价格	120.77	114.81
Δ	52.23	-47.60
Γ	0.134 3	0.134 3
Θ	-150.80	-135.94

第三节 利 率 期 权

利率期权,是指其回报以某种方式取决于利率水平的期权。具体来看,其标的资产可能是特定的债券,也可能是某个利率。

与之前介绍的股票期权、股指期权、外汇期权和期货期权相比,利率期权的分析和定价要困难得多。主要原因在于:第一,利率期权的标的资产——利率的随机过程比股票价格或汇率的变化要复杂得多,几何布朗运动难以较好地捕捉利率的随机运动规律;第二,特定时刻的利率不是一个数值,而是整条利率期限结构曲线,所以用以描述利率随机运动规律的模型必须能捕捉整条利率期限结构曲线的特征;第三,整条利率期限结构曲线上不同到期时刻的利率的波动率都是互不相同的;第四,在利率期权中,利率本身影响期权的到期回报,同时要充当回报的贴现率,这进一步加大了利率期权的复杂性。实际上,由于利率衍生产品的复杂性，通常在专门的“固定收益证券”课程①中对其定价和风险管理进行深入的分析和探讨，在这里仅简要介绍几类常见的利率期权产品。

一般来说，利率期权可以分为三类：交易所交易的利率期权、场外市场交易的利率期权和内嵌的利率期权。

一、交易所交易的利率期权

交易所交易的利率期权主要包括债券期权、利率期权和利率期货期权。债券期权的例子是在 CBOE 交易的 10 年和 30 年美国国债期权。利率期权的例子是在 CME 交易的 1 个月 LIBOR 期权、欧洲美元期权，还有在 CBOT 交易的 13 周美国国库券期权。利率期货期权的例子是在 CME 交易的欧洲美元期货期权、13 周美国国库券期货期权等。从到期期限看，目前各交易所的期权品种已涵盖了从 90 天至 30 年不等的利率期权。从各国情况来看，只要有利率期权交易的国家，其交易所基本都拥有以该国基准利率为标的的利率期权。

二、场外市场交易的利率期权

场外市场上的利率期权，由于标的资产、剩余期限、行权方式和或然事件条款的不同而变化，十分广泛，常常以将在第十六章介绍的奇异期权的形式出现。这里主要介绍几类最常见的场外利率期权：利率上限（caps）、利率下限（floors）以及这两者的组合——利率双限（collars）、利率互换期权（swaption）。

利率上限，是指期权权利方在支付期权费后，如果特定利率指标（如 3 个月 LIBOR）在利率上限期权存续期内超过了约定的行权利率，就有权从期权义务方处获得市场利率与行权利率的差价。很显然，利率上限帮助期权权利方在市场利率超过行权利率时将融资成本控制在行权利率上，而当市场利率低于行权利率时，期权权利方可以放弃行权，享受到低利率的好处。例 15.4 给出了一个利率上限的例子。

【例 15.4】

利 率 上 限

2020 年 9 月 1 日，投资者 A 借入 1 年期 1 000 万美元浮动利率贷款，利息支付方式为每三个月按照 3 个月期 LIBOR 支付一次。也就是说，每个季度开始的第一天根据当日 3 个月期 LIBOR 确定本季度所需支付的利息，下一个季度开始的第一天支付上个季度的利息并确定下一季度的利率水平，以此类推。

显然，借款当日，第一个季度所需支付的利息已经确定，但剩下三个季度的利息水平则随 LIBOR 波动。如果投资者 A 预期市场利率上升，则可以买入一个 2020 年 12 月 1 日开始至 2021 年 8 月 31 日结束的利率上限期权，其名义本金为 1 000 万美元，标的利率为 3 个月期 LIBOR，行权利率为 6%。

① 参见陈蓉，郑振龙．固定收益证券［M］．北京：北京大学出版社，2011.

购买利率上限期权之后,在 2020 年 12 月 1 日,如果市场 3 个月期 LIBOR 高于 6%,如 6.5%,投资者 A 在浮动利率贷款上需按照 6.5%支付季度利息,但可从利率上限空头方获得 $10\,000\,000\times(6.5\%-6\%)\times\frac{1}{4}=12\,500$ 美元的利息补偿,从而将其所需承担的年利率水平限制在 6%上。如果市场利率低于 6%,投资者 A 放弃执行期权,按市场利率支付利息。2021 年 3 月 1 日和 2021 年 6 月 1 日的情况以此类推。

可以看到,一个利率上限期权其实通常是由数个"子利率上限"(caplet)构成的,参见图 15.1。

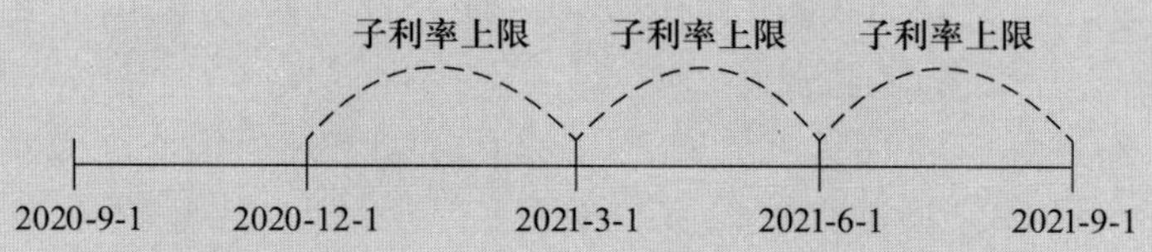

图 15.1 利率上限

利率下限与利率上限正好相反,当市场利率低于约定的利率下限时,期权多头可以从空头处获得相应的利率差异补偿,显然利率下限通常被投资者用来在市场利率下跌时将自己的投资(如贷款)收益控制在一定的利率水平之上。一般来说,一个利率下限是由多个"子利率下限"(floorlet)构成的。

如果同时买进利率上限,卖出利率下限,则可组成利率双限期权。利率双限的功能就是将利率波动的风险限制在上下限利率之间,而由于卖出利率下限的期权费收入可以部分抵消买入利率上限的期权费支出,因此利率双限的费用较低。类似地,一个利率双限往往是由多个子利率上限和子利率下限构成的。实际上,利率上限和利率下限还可以组合成其他多种利率期权组合,这里就不多介绍了。

利率互换期权,顾名思义,就是赋予其多头在未来某个时间,按约定的期限、行权利率和名义本金,进行利率互换的权利。按到时是有权收取固定利率,还是有权收取浮动利率,利率互换期权又可分为:① 互换多头期权。由于市场中通常定义固定利率支付者为互换多头,因此,互换多头期权是指期权多头有权按事先约定的条款获得一份支付固定利率、收取浮动利率的互换头寸。② 互换空头期权。由于市场中通常定义固定利率收入者为互换空头,因此,互换空头期权是指期权多头有权按事先约定的条款获得一份收取固定利率、支付浮动利率的互换头寸。

三、内嵌的利率期权

除了在交易所和场外市场直接交易的利率期权外,还有大量的利率期权是内嵌在其他证券之中的。常见的内嵌期权包括债券可提前赎回的权利、债券可提前回售的权利等。当市场利率下跌,导致债券的市场价格高于赎回价格的时候,债券发行者就会提前按赎回价买回债券;当市场利率上升导致债券的市场价格低于回售价格的时候,债券投资者就会提前按回售价卖出债券。可见债券是否要提前赎回、回售都是由利率升跌引起的,因此属于利率期权的范畴。

一般来说,在分析含内嵌利率期权的金融工具时,将它们分解为基础证券和内嵌期权两部分进行产品分析和定价。内嵌期权既可能增加基础证券的价值,也可能降低基础证券的价值,这取决于投资者究竟是内嵌期权的多头还是空头。

含内嵌利率期权的金融工具的价值=基础证券价值±利率期权价值

总的来看,内嵌利率期权使得基础金融工具的风险收益分布更加多样化,能更好地满足发行者和投资者的各种需求,因而在金融市场中广泛存在。

本章小结

1. 默顿模型中的参数经替换后,即可直接运用于股价指数期权、外汇期权和期货期权定价。具体而言,是用指数水平、外汇汇率和期货价格来替换默顿模型中的股票价格,用指数的红利率、外汇的利率和期货的持有成本来替换股票的红利率。

2. 利率期权的形式多种多样。在交易所中,长期国债期货期权、中期国债期货期权以及欧洲美元期货期权的交易相当活跃。由金融机构提供的贷款和存款工具也常常包含隐含的期权。在 OTC 市场,诸如利率上限和互换期权这些利率衍生工具的交易也很活跃。

即测即评

习　题

1. 为什么外汇的利率可以看成连续支付的红利率?

2. 为什么我们可以假设期货的持有成本等于无风险利率?

3. 考虑两个欧式外汇看涨期权和两个欧式外汇看跌期权,行权价格分别为 0.90 元和 1.00 元,所有期权将在一年后到期,无风险利率是 8%,外汇利率是 5%,外汇的波动率是 30%,外汇现在的汇率是 0.8 元。运用默顿模型计算期权价格。

4. 期货价格目前等于 19 元,行权价格为 20 元,无风险连续复利年利率为 6%,期货价格的年波动率为 20%。请计算该期货的 5 个月期的欧式看跌期权价格。

5. 某股价指数目前为 250 点,该指数年连续复利红利率为 4%,无风险连续复利年利率为 6%,该指数的年波动率为 30%。请计算该指数 6 个月期行权价格为 245 的欧式看涨期权价格。

第十六章 奇异期权

期权市场是世界上最具活力和变化的市场之一,盈利和避险的需要不断推动新工具的产生。本章将介绍一些常见的非标准期权,并讨论其定价机制。这些思路和方法将有助于我们理解市场中不断创新的期权工具。

第一节 常见的奇异期权

到目前为止,我们所涉及的主要是标准的欧式或美式期权,比这些常规期权更复杂的期权常常被叫作奇异期权(exotic options)。比如行权价格不是一个确定的数,而是一段时间内的平均资产价格;或是在期权有效期内,如果资产价格超过一定的界限,期权就作废;等等。大多数奇异期权都是在场外交易的,往往是金融机构根据客户的具体需求开发出来的,或者是嵌入结构性金融产品中用以实现特殊的风险收益,其灵活性和多样性是常规期权所不能比拟的。但是相应地,奇异期权的定价和保值往往也更加困难。奇异期权对模型设定正确与否的依赖性常常很强,合约中潜在的风险通常比较模糊,很容易导致非预期的损失,需要很谨慎地进行风险管理。

由于奇异期权的多样性,要对它们进行完全地描述是不可能的。在此,只能简要介绍一些常见的奇异期权,为读者提供一个参考。由于本书的难度所限,这里仅介绍常见奇异期权的种类和比较简单的定价与保值技术,难度较大的内容在此不再赘述。

一、两值期权

两值期权(binary options)的回报只有两种取值。较常见的两值期权有两类:

(1) 或有现金看涨期权(cash-or-nothing call)。到期日时,如果标的资产价格低于行权价格,该期权没有价值;如果高于行权价格,则该期权支付一个固定的数额 Q。在第十一章中我们已经了解,风险中性测度下期权到期时价格超过行权价格的概率为 $N(d_2)$,因此或有现金看涨期权的价值就是 $Qe^{-r(T-t)}N(d_2)$。相应的,或有现金看跌期权的价值就是 $Qe^{-r(T-t)}N(-d_2)$。

(2) 或有资产看涨期权(asset-or-nothing call)。如果标的资产价格在到期日时低于行权价格,该期权没有价值;如果高于行权价格,则该期权支付一个等于资产价格本身的款额。运用第十一章的知识,这种或有资产看涨期权的价值就是 $Fe^{-r(T-t)}N(d_1)$,在完美市场中,也可以表达成 $Se^{-q(T-t)}N(d_1)$。相应地,或有资产看跌期权的价值就是 $Fe^{-r(T-t)}N(-d_1)$。在完美市场中,也可以表达成 $Se^{-q(T-t)}N(-d_1)$。这里的 q 是标的资产在期权存续期内的连续红利率，如果标的资产无红利，则 $q=0$。

常规期权往往可分解为两值期权的组合。比如，一份常规欧式看涨期权就等于一份或有资产看涨期权多头与一份或有现金看涨期权空头之和，一份常规欧式看跌期权等于一份或有资产看跌期权空头与一份或有现金看跌期权多头之和，其中的现金支付金额等于行权价格。

二、打包期权

打包期权(packages options)，是指由常规的欧式期权、远期合约、现金和标的资产等构成的证券组合，在第十三章介绍过的牛市差价、熊市差价、蝶式差价和跨式期权等均属于打包期权的范围。打包期权的经济意义在于，可以利用这些金融工具之间的关系，组合成满足各种风险收益偏好的投资产品。最常见的打包期权是具有零初始成本的期权组合。比如，一份远期多头、一份看跌期权多头和一份看涨期权空头组合，其损益状态与牛市差价期权相似。如果选择的行权价格刚好使得看跌期权价格等于看涨期权价格，就可以实现零前端费用。

另一种可以实现零初始成本的期权是延迟支付期权(deferred payment options)，又称波士顿期权(Boston option)。其原理很简单：目前不支付期权价格，到期时支付期权价格的终值。与此相类似的一种期权是或有期权费期权(contingent premium option)，又称零期权费期权(zero-premium option)，是指期权买方在期初并不需要支付期权费，如果到期时期权属于实值期权才需要支付期权费。

三、障碍期权

障碍期权(barrier options)，是指期权的回报依赖于标的资产的价格在一段特定时间内是否达到了某个特定的水平，即临界值(又称障碍水平)。

(一) 障碍期权的种类

通常有许多种不同的障碍期权在场外市场进行交易。它们一般可划分为两类：

第一类，敲出障碍期权(knock-out options)。即当标的资产价格达到一个特定的障碍水平时，该期权作废(即被敲出)；如果在规定时间内资产价格并未触及障碍水平，则仍然是一个常规期权。

第二类，敲入障碍期权(knock-in options)。敲入障碍期权正好与敲出障碍期权相反，只有资产价格在规定时间内达到障碍水平，该期权才得以生效(即被敲入)，其回报与相应的常规期权相同；反之该期权无效。

在此基础之上，可以通过考察障碍水平与标的资产初始价格的相对位置，进一步为障碍期权分类：如果障碍水平高于初始价格，则把它叫作向上期权；如果障碍水平低于初始价格，则把它叫作向下期权。

将以上分类进行组合，可以得到诸如向下敲出看涨期权(down-and-out call options)、向下敲入看跌期权(down-and-in put options)、向上敲出看涨期权(up-and-out call options)和向上敲入看跌期权(up-and-in put options)等 8 种障碍期权。

障碍期权推出初期，交易量不大，很少有人能很熟练地为它们定价。但现在障碍期权的市场容量急剧扩大，金融工程师们还根据市场需求对它们作了进一步的变形。现在，出现了

许多在上述这些基本的障碍期权之上增加了许多新的特殊交易条款的期权。这些条款包括:

1. 障碍水平的时间依赖性

这是指障碍水平随时间不同将发生变化,比如障碍水平从某一个位置开始,逐渐上升。通常来说,障碍水平会是一个时间的分段常数函数(即在一段时间之内维持一个固定的水平,之后发生变化再维持一个水平)。其中的极端例子是被保护或是部分障碍期权(protected or partial barrier options)。在这类期权中,障碍是间断的,在一段特定的时间后,障碍会完全消失。这类期权又可以分为两种:一种是在障碍有效的时间内,只要资产价格处于障碍水平之外,障碍条件就被触发;第二种则是只有资产价格在有效时间内越过障碍,才被触发,如果价格已经位于障碍水平之外则不会触发。

2. 双重障碍(double barrier)

期权条款中包含一个障碍上限和一个障碍下限。障碍上限高于现价,而障碍下限则低于现价。在一个双重敲出期权中,如果任何一个障碍水平被触及,期权就作废。在一个双重敲入期权中,规定时间内价格至少要达到其中一个障碍水平期权才有效。还可以想象其他的情况:一个障碍水平是敲入,而另一个则是敲出。到期时,这个合约可能是一个敲入期权或是敲出期权的回报。

3. 多次触及障碍水平(repeated hitting of the barrier)

双重障碍期权可以进一步变得更复杂:有一类期权要求在障碍条件被触发之前,两重障碍水平都要被触及。实际上,当其中一个障碍水平第一次被触及,这个合约就变成了一个常规的障碍期权。

4. 障碍水平的重新设定

这种期权叫作重设障碍期权(reset barrier options)。当触及障碍水平的时候,合约变成另一个不同障碍水平的障碍期权。在规定时间之内障碍被触及的话,该期权就会变成一个新的障碍期权。

与这类合约相关的一类期权是上卷期权(roll-up options)和下卷期权(roll-down options)。这类期权开始时是常规期权,但如果资产价格达到某一事先确定的水平,就变为一个障碍期权。比如,一个上卷看跌期权,如果上卷水平达到,合约就变成一个向上敲出看跌期权,上卷水平就是障碍看跌期权的行权价,相应的障碍水平则是事先确定好的。

5. 外部障碍期权(outside barrier options)

它也被称为彩虹障碍期权(rainbow barrier options),其回报特征取决于第二种标的资产。这个期权的障碍水平可能被一个资产价格的变动触发,而期权的回报则取决于另一种资产价格。这类产品显然属于多因素合约。

6. 提前行权的可能性

除了以上对障碍的多种创新之外,还可以在障碍期权中加入提前行权的条款。

7. 折扣返还(rebate)

有时障碍期权合约中会规定,如果触及障碍水平,可以部分退款(折扣返还)。这常常发生在敲出期权的情况下,这部分退款可以看作对失去的回报部分的缓冲。这部分退款一般在障碍被触发时或是到期时才予以支付。

案例 16.1 是一个障碍期权的例子。

【案例 16.1】

2014 年 2 月，招商银行发行了一款基于沪深 300 股价指数的附带双向连续型障碍条款的理财产品，其基本条款如下（其中 R 表示指数的涨跌幅度）：

期限：2014-2-17—2014-7-10

障碍水平：$R=\pm 15\%$

年化收益率：

如果 $|R|\geqslant 15\%$，则 4.6%

如果 $|R|<15\%$：则 $4.6\%+\max(|R|-4.6\%,0)$

如果进行解构，这款理财产品实际上是由一份年化收益率 4.6% 的债券，加上一份双障碍看涨期权，再加上一份双障碍看跌期权构成的。

（二）障碍期权的性质

从上文可以看到，障碍期权的回报和价值都受资产到期前遵循的路径的影响，这称为路径依赖性质。比如，一个向上敲出看涨期权在到期时同样支付 $\max(S_T-X,0)$，除非在此之前资产交易价格达到或超过障碍水平 H。在这个例子中，如果资产价格到达这个价位（显然是从下面向上到达），那么该期权敲出。但障碍期权的路径依赖性质是较弱的，因为只需要知道这个障碍是否被触发，而并不需要关于路径的其他任何信息，关于路径的信息不会成为障碍期权定价模型中的一个新增独立变量，如果障碍水平没有被触发，障碍期权到期时的回报仍然和常规期权是相同的。

障碍期权受欢迎的主要原因在于：它们通常比常规期权便宜（特别是向上敲出看涨期权和向下敲出看跌期权），这对那些相信障碍水平不会（或会）被触发的投资者很有吸引力。而且，购买者可以使用它们来为某些非常特定的具有类似性质的现金流保值。通常来说，购买者对于市场方向都有自己精确的观点，如果他相信标的资产价格的上升运动在到期之前会有一定的限制，希望获得看涨期权的回报，但并不想为所有上升的可能性付款，那么他就有可能去购买一份向上敲出期权。由于上升运动受到限制，这个期权就会比相应的普通看涨期权便宜。如果预测是对的，那么这个障碍水平并不会被触发，该购买者就可以得到他所想要的回报。障碍距离资产价格现价越近，期权被敲出的可能性越大，合约就越便宜。相反，一个敲入期权将会被某个相信障碍水平将会实现的人购买，这时期权同样也会比相应的普通期权便宜。

（三）障碍期权的定价

根据障碍期权的特点，对于同样标的资产、同样期限、同样行权价格、同样障碍水平的障碍期权和普通期权而言，我们有：

$$\text{敲入期权}+\text{敲出期权}=\text{普通期权} \tag{16.1}$$

在 B-S-M 的框架下，可以求出常见障碍期权的解析解。[①]

例如，对于一种红利率为 q 的标的资产来说，用 H 表示障碍水平，如果 $H\leqslant K$，其向下敲入障碍看涨期权价格（c_{di}）由下列公式给出：

$$c_{di}=Se^{-q(T-t)}\left(\frac{H}{S}\right)^{2\lambda}N(d_3)-Ke^{-r(T-t)}\left(\frac{H}{S}\right)^{2\lambda-2}N(d_4) \tag{16.2}$$

① 详见保罗·威尔莫特．数量金融[M]．郑振龙，等，译．北京：机械工业出版社，2015.

式中：

$$\lambda=\frac{r-q+\frac{1}{2}\sigma^2}{\sigma^2}$$

$$d_3=\frac{\ln\left(\frac{H^2}{SK}\right)}{\sigma\sqrt{T-t}}+\lambda\sigma\sqrt{T-t}$$

$$d_4=d_3-\sigma\sqrt{T-t}$$

根据式(16.1)，$H\leqslant K$ 情形的向下敲出障碍看涨期权价格（c_{do}）由下列公式给出：

$$c_{do}=c-c_{di} \tag{16.3}$$

图 16.1(a)和(b)分别是 $H\leqslant K$ 情形的向下敲出和向下敲入看涨期权价格与普通看涨期权价格的对比。

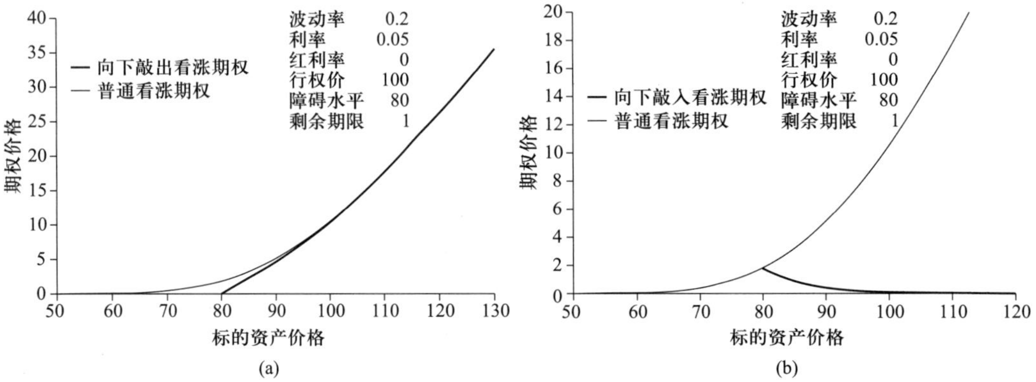

图 16.1 $H>K$ 情形的向下敲出和向下敲入看涨期权

如果 $H>K$，则

$$c_{do}=Se^{-q(T-t)}N(d_5)-Ke^{-r(T-t)}N(d_6)-Se^{-q(T-t)}\left(\frac{H}{S}\right)^{2\lambda}N(d_7)-Ke^{-r(T-t)}\left(\frac{H}{S}\right)^{2\lambda-2}N(d_8) \tag{16.4}$$

式中：

$$d_5=\frac{\ln\left(\frac{S}{H}\right)}{\sigma\sqrt{T-t}}+\lambda\sigma\sqrt{T-t}$$

$$d_6=d_5-\sigma\sqrt{T-t}$$

$$d_7=\frac{\ln\left(\frac{H}{S}\right)}{\sigma\sqrt{T-t}}+\lambda\sigma\sqrt{T-t}$$

$$d_8=d_7-\sigma\sqrt{T-t}$$

根据式(16.1)，$H>K$ 情形的向下敲入障碍看涨期权价格（c_{di}）由下列公式给出：

$$c_{di}=c-c_{do} \tag{16.5}$$

图 16.2(a)和(b)分别是 $H>K$ 情形的向下敲出和向下敲入看涨期权价格与普通看涨期权价格的对比。

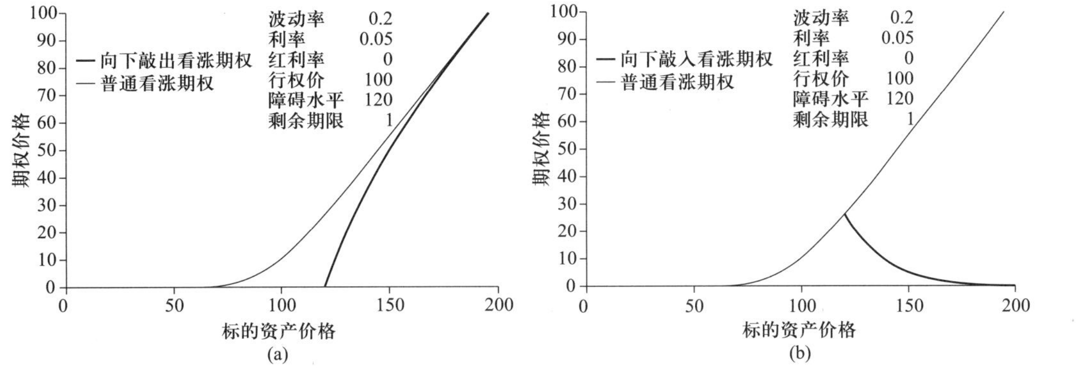

图 16.2 $H \leqslant K$ 情形的向下敲出和向下敲入看涨期权

值得注意的是,障碍期权价格跟障碍水平的高低有很大的关系。障碍水平的高低还会对障碍期权价格与波动率的关系产生很大影响。案例 16.2 展示了上述关系。

【案例 16.2】

某个无红利资产的向下敲出看涨期权,相关参数如下:$S=100, K=100, H=80, r=5\%, \sigma=20\%, q=0, T=1$。按上述参数计算的普通期权看涨价格为 10.45,向下敲出看涨期权为 10.35。表 16.1 呈现了障碍水平对向下敲出看涨期权价格的影响。

表 16.1 不同障碍水平下的向下敲出看涨期权价格

H	70	75	80	85	90	95	97.5	99.9
c_{do}	10.45	10.44	10.35	9.95	8.67	5.64	3.19	0.14

从表 16.1 可以看出,障碍水平越接近标的资产价格,向下敲出看涨期权价格就越低。表 16.2 则呈现了障碍水平对障碍期权价格与波动率的关系的影响。

表 16.2 障碍期权价格与波动率的关系

σ	H			
	无障碍	80	90	95
10%	6.80	6.80	6.73	5.70
20%	10.45	10.35	8.67	5.64
30%	14.23	13.24	9.39	5.50
40%	18.02	15.18	9.71	5.40

从表 16.2 可以看出,障碍水平越接近标的资产价格,那么向下敲出看涨期权价格对波动率越不敏感。通常情况下,波动率与期权价格呈正相关关系,但如果障碍水平较接近标的资产价格,波动率与障碍敲出期权价格有可能呈负相关关系。

四、亚式期权

亚式期权(Asian options),是当今金融衍生品市场上交易最活跃的奇异期权之一。它最大的特点在于:其到期回报依赖于标的资产在一段特定时间(整个期权有效期或其中部分时段)内的平均价格。

(一) 亚式期权的种类

亚式期权的分类主要从两方面进行:哪个值取平均值?如何取平均值?

首先,如果用平均值 A 取代到期资产价格 S_T,就得到了平均资产价期权(average price options),比如平均资产价看涨期权的到期回报为 $\max(A-K,0)$;如果用 A 取代行权价格,则得到平均行权价期权(average strike options),平均行权价看涨期权的到期回报为 $\max(S_T-A,0)$。

其次,所使用的平均值主要可以分为两类:算术平均和几何平均。算术平均的一种形式可以表示如下:$A=\frac{1}{n}(S_1+S_2+\cdots+S_n)$,而几何平均一般可以用 $A=(S_1S_2S_3\cdots S_n)^{\frac{1}{n}}$,或者 $\ln A=\frac{1}{n}(\ln S_1+\ln S_2+\ln S_3+\cdots+\ln S_n)$ 来表示。除此之外,还有一种使用广泛的方法是指数加权平均,也就是说,它不像算术平均或几何平均那样给予每个价格以相等权重,而是最近的价格权重大于以前的价格权重,并以指数的形式下降。

事实上,在亚式期权中还有一个很重要的问题:在取平均值时使用的是连续方法还是离散方法。如果在一个有限的时间内取时间上非常接近的价格相加,计算的平均价格就会变成在这个平均期内的资产价格(或是其某一函数)的积分值,这就给出了一个连续平均值。更一般的现实情况是,只取总体数据中的部分可靠的数据点,一般取每天或确定日子的收盘价,这被叫作离散平均。前面给出的平均值公式实际上都是离散形式的,相应地,连续算术平均和连续几何平均公式分别可以写成:

$$A=\frac{1}{T-t}\int_t^T S_\tau \mathrm{d}\tau \tag{16.6}$$

$$G=\exp\left(\frac{1}{T-t}\int_t^T \ln S_\tau \mathrm{d}\tau\right) \tag{16.7}$$

值得注意的是,对于平均资产价期权来说,算平均价时取样次数越少,期权将越便宜。而对于平均行权价期权来说,算平均价时取样次数越少,期权将越贵。

表 16.3 显示了取样次数 N 对亚式期权价格的影响,表中所用主要参数如下:$S=40,K=40,r=8\%,\sigma=30\%,t=1$。

表 16.3 取样次数对亚式期权价格的影响

N	平均资产价		平均行权价	
	看涨期权	看跌期权	看涨期权	看跌期权
1	6.285	3.209	0.000	0.000
2	4.708	2.645	2.225	1.213
3	4.209	2.445	2.748	1.436

续表

N	平均资产价		平均行权价	
	看涨期权	看跌期权	看涨期权	看跌期权
5	3.819	2.281	3.148	1.610
10	3.530	2.155	3.440	1.740
50	3.302	2.052	3.668	1.843
100	3.248	2.027	3.722	1.868
∞	3.246	2.026	3.725	1.869

（二）亚式期权的性质

可以看出，亚式期权和障碍期权类似，其回报和价值都要受到到期前标的资产价格遵循路径的影响，但很显然标的资产历史价格的平均数要成为亚式期权定价中的一个独立状态变量，因此它的路径依赖性质比障碍期权更强。

亚式期权受欢迎的一个重要原因在于：平均值的采用减少了波动，导致了它比一个类似的常规期权更便宜，而任何能降低期权合约前端费用的东西都会导致它们更受欢迎。另外，在许多情况下，在市场上寻求套期保值的公司往往需要为其在未来一段时间内连续平稳的可预测现金流进行保值，这时持有一个合适的亚式期权可以对冲平均价格的风险，因此亚式期权在对冲那些不断进行的小额交易风险时特别有用。有时，亚式期权所使用的是一个特定时期内的平均价格，往往可以满足投资者的特殊需求。例如，有一类亚式期权被称为尾部亚式期权（Asian tail options），使用的是期权快到期之前一段时间内的标的资产平均值，这对于那些到期时有固定的现金流出的交易者（比如养老金账户）就很有意义，可以避免到期前标的资产价格突然波动带来的风险。

（三）亚式期权的定价

对于连续取样的几何平均资产价格亚式期权来说，在 B-S-M 框架下，可以求出其价格的解析解。对于支付已知红利率 q 的标的资产而言，其看涨期权价格（c_G）为：

$$c_G = Se^{-\frac{1}{2}\left(r+2q+\frac{1}{6}\sigma^2\right)(T-t)}N(a_1) - Ke^{-r(T-t)}N(a_2) \tag{16.8}$$

式中：

$$a_1 = \frac{\ln(S/K)+\frac{1}{2}\left(r-2q+\frac{1}{6}\sigma^2\right)(T-t)}{\sigma\sqrt{(T-t)/3}}$$

$$a_2 = a_1 - \sigma\sqrt{(T-t)/3}$$

看跌期权价格（p_G）为：

$$p_G = Ke^{-r(T-t)}N(-a_2) - Se^{-\frac{1}{2}\left(r+2q+\frac{1}{6}\sigma^2\right)(T-t)}N(-a_1) \tag{16.9}$$

其他形式的亚式期权很难得到解析解，通常只能通过数值方法来定价。

五、回溯期权

能在价格最高点卖出，或在最低点买进，这是市场交易者梦寐以求的情形。回溯期权（lookback options）就提供了这样一种可能。回溯期权的收益依附于标的资产在某个确定的时段(称为回溯时段)中达到的最大或最小价格(又称为回溯价)。值得注意的是,离散取样和连续取样对回溯价是有影响的。

就像亚式期权一样,根据是资产价格还是行权价格采用这个回溯价格,回溯期权可以分为以下4种:

(1) 浮动行权价看涨期权(floating strike call options),其回报等于 $\max(S_T-S_{\min},0)$,其中$S_{\min}$指最低价。

(2) 浮动行权价看跌期权(floating strike put options),其回报等于 $\max(S_{\max}-S_T,0)$,其中$S_{\max}$指最高价。

(3) 固定行权价看涨期权(fixed strike call options),其回报等于 $\max(S_{\max}-K,0)$。

(4) 固定行权价看跌期权(fixed strike put options),其回报等于 $\max(K-S_{\min},0)$。

与亚式期权类似,回溯期权定价中需要增加考虑回溯价这个独立的状态变量,因此也属于具有较强的路径依赖性质的期权。回溯期权(或者说回溯的特征)常常出现在市场上许多不同种类的金融产品中,尤其是固定收益类工具,例如其中的利息支付取决于在确定时间内利率到达的最大水平。总的来说,回溯期权很适合那些对资产价格波动幅度较有把握,但对到期价格把握不大的投资者,它保证了持有者可以得到一个时期内的最优价格,因此价格也相对昂贵。

在B-S-M框架下,回溯期权都有解析解。① 其中,浮动行权价看涨期权价格c_{fl}为:

$$\begin{aligned}c_{fl}=&Se^{-q(T-t)}N(b_1)-Se^{-q(T-t)}\frac{\sigma^2}{2(r-q)}N(-b_1)\\&-S_{\min}e^{-r(T-t)}\left[N(b_2)-\frac{\sigma^2}{2(r-q)}e^{-g_1}N(-b_3)\right]\end{aligned}\tag{16.10}$$

式中:

$$b_1=\frac{\ln(S/S_{\min})+\left(r-q+\frac{1}{2}\sigma^2\right)(T-t)}{\sigma\sqrt{T-t}}$$

$$b_2=b_1-\sigma\sqrt{T-t}$$

$$b_3=\frac{\ln(S/S_{\min})+\left(-r+q+\frac{1}{2}\sigma^2\right)(T-t)}{\sigma\sqrt{T-t}}$$

$$g_1=-\frac{2\left(r-q-\frac{1}{2}\sigma^2\right)\ln(S/S_{\min})}{\sigma^2}$$

浮动行权价看跌期权价格p_{fl}为:

$$\begin{aligned}p_{fl}=&S_{\max}e^{-r(T-t)}\left[N(b_4)-\frac{\sigma^2}{2(r-q)}e^{g_2}N(-b_6)\right]+\\&Se^{-q(T-t)}\frac{\sigma^2}{2(r-q)}N(-b_5)-Se^{-q(T-t)}N(b_5)\end{aligned}\tag{16.11}$$

① 参见 Goldman M B, Sosin H B, Gatto M A. Path Dependent Options: "Buy at the Low, Sell at the High"[J]. Journal of Finance, 1979, 34(5):1111-1127.

式中：

$$b_4=\frac{\ln(S_{max}/S)+\left(-r+q+\frac{1}{2}\sigma^2\right)(T-t)}{\sigma\sqrt{T-t}}$$

$$b_5=b_4-\sigma\sqrt{T-t}$$

$$b_6=\frac{\ln(S_{max}/S)+\left(r-q-\frac{1}{2}\sigma^2\right)(T-t)}{\sigma\sqrt{T-t}}$$

$$g_2=\frac{2\left(r-q-\frac{1}{2}\sigma^2\right)\ln(S_{max}/S)}{\sigma^2}$$

固定行权价看涨期权价格（c_{fix}）①为：

$$c_{fix}=p_{fl}^*+Se^{-q(T-t)}-Ke^{-r(T-t)} \tag{16.12}$$

其中，p_{fl}^* 表示用 $S_{max}^*=\max(S_{max},K)$ 代替式（16.11）中的 S_{max} 时的浮动行权价看跌期权价格。

固定行权价看跌期权价格（p_{fix}）为：

$$p_{fix}=c_{fl}^*+Ke^{-r(T-t)}-Se^{-q(T-t)} \tag{16.13}$$

其中，c_{fl}^* 表示用 $S_{min}^*=\min(S_{min},K)$ 代替式（16.10）中的 S_{min} 时的浮动行权价看涨期权价格。

六、呐喊期权

呐喊期权（shout options）是一个常规欧式期权加上一个额外的特征：在整个期权有效期内，持有者可以向空头方呐喊一次。在期权到期时，期权权利方的回报等于以下两种回报中的较大者：一是常规欧式期权的回报；二是呐喊时刻的股价与行权价之差。

在此举一个看涨呐喊期权的例子来予以说明。假设一个看涨期权的行权价格是 50 美元，持有者在标的资产价格上升到 60 美元时呐喊了一次，如果到期时资产价格低于 60 美元，投资者就可以获得 10 美元，如果到期资产价格高于 60 美元，就按到期价格计算多头的回报。

因此，呐喊期权实际上和回溯期权有点类似，但由于呐喊次数有限，相对要便宜一些。定价的时候，可以把呐喊看涨期权的回报写为：

$$\max(S_T-S_\tau,0)+(S_\tau-K)$$

式中：T 是到期时刻；

S_τ 是指呐喊时刻的资产价格。

因此，可以把呐喊期权分解成行权价为 S_τ 的欧式期权加上 $S_\tau-K$ 的现值。呐喊之后，由于 S_τ 确定了，前者可以用 B－S－M 公式计算出来。而在呐喊之前，S_τ 是个随机变量，不能简单使用 B－S－M 公式。

也可以用二叉树或三叉树模型为呐喊期权定价，只是在每个节点都要分别计算持有者

① 参见 Hoi Ying Wong，Yue Kuen Kwok. Sub-Replication and Replenishing Premium：Efficient Pricing of Multi-State Lookbacks[J]. Review of Derivatives Research，6(2)：83-106.

呐喊的期权价值和持有者没有呐喊的期权价值,取其大者,因此整个过程很类似美式期权的定价过程。

呐喊期权显然比较受较自信的投资者欢迎,因为它需要对何时呐喊作出决策。

七、远期开始期权

顾名思义,远期开始期权(forward start options)是现在支付期权费而在未来某时刻才开始的期权。投资者在 t_0 时刻购买了期权,但行权价格需要到期权启动时刻 t_1 才得知,即为当时的资产价格 S_1,而该期权将在 $t_2(t_2>t_1>t_0)$ 时刻到期。

可以用第十一章中介绍的 B－S－M 模型框架为远期开始期权定价。假设一份支付已知红利率的远期开始欧式看涨期权,在 t_1 时刻显然满足 B－S－M 期权定价公式(符号含义同前):

$$c_1=S_1\mathrm{e}^{-q(t_2-t_1)}N(d_1)-S_1\mathrm{e}^{-r(t_2-t_1)}N(d_2)$$

式中:

$$d_1=\frac{\left(r-q+\dfrac{\sigma^2}{2}\right)(t_2-t_1)}{\sigma\sqrt{t_2-t_1}}$$
$$d_2=\frac{\left(r\mathrm{e}^{-q(t_2-t_1)}-\dfrac{\sigma^2}{2}\right)(t_2-t_1)}{\sigma\sqrt{t_2-t_1}}=d_1-\sigma\sqrt{t_2-t_1} \tag{16.14}$$

从式(16.14)中可以看到,期权价格与资产价格成正比,可以看成资产价格与一个函数的乘积:

$$c_1=S_1f(t_2-t_1)$$

根据风险中性定价原理,t_0 时刻的期权价值应为 $c_0=\mathrm{e}^{-r(t_1-t_0)}\hat{E}[c_1]$($\hat{E}[\cdot]$为风险中性测度下的期望值)。由于 $\hat{E}[S_1]=S_0\mathrm{e}^{(r-q)(t_1-t_0)}$,函数 $f(t_2-t_1)$ 对 c_0 和 c_1 来说是相等的,因此零时刻的期权价格为:

$$c_0=S_0\mathrm{e}^{-q(t_2-t_0)}N(d_1)-S_0\mathrm{e}^{-q(t_1-t_0)}\mathrm{e}^{-r(t_2-t_1)}N(d_2) \tag{16.15}$$

其中:d_1 和 d_2 的定义同式(16.14)。

对于无红利资产而言,

$$c_0=S_0N(d_1)-S_0\mathrm{e}^{-r(t_2-t_1)}N(d_2) \tag{16.16}$$

换句话说,$K=S_1$ 的远期开始期权的价格与具有相同剩余期限的 $K=S_0$ 的常规期权价格完全相同。

八、复合期权和选择者期权

复合期权(compounded options)和选择者期权(chooser options)都是期权的期权,即二阶期权,因此放在一起加以介绍。

(一) 复合期权

复合期权,在 t_0 时刻给予持有者一种在特定时间 $t_1(t_1>t_0)$ 以特定价格买卖另一种期权的权利,这个标的期权将在 $t_2(t_2>t_1>t_0)$ 时刻到期。复合期权是二阶期权,因为复合期权给了持有者对另一种期权的权利。

复合期权有 4 种基本类型：看涨期权的看涨期权、看涨期权的看跌期权、看跌期权的看涨期权和看跌期权的看跌期权。以看涨期权的看涨期权为例，其权利方有权在 t_1时刻按 K_1的行权价购买一份在 t_2时刻到期、行权价为 K_2的看涨期权。

在 B－S－M 的框架下，可以求出欧式复合期权的价格。① 其中t_0时刻看涨期权的欧式看涨期权价格（c_c）为：

$$c_c = Se^{-q(t_2-t_0)} M(e_1, d_1 : \sqrt{t_1/t_2}) - K_2 e^{-r(t_2-t_0)} M(e_2, d_2 : \sqrt{t_1/t_2}) - e^{-r(t_1-t_0)} K_1 N(e_2) \tag{16.17}$$

式中：

$$e_1 = \frac{\ln(S/S^*) + \left(r-q+\frac{\sigma^2}{2}\right)(t_1-t_0)}{\sigma\sqrt{t_1-t_0}}$$

$$e_2 = e_1 - \sigma\sqrt{t_1-t_0}$$

$$d_1 = \frac{\ln(S/K_2) + \left(r-q+\frac{\sigma^2}{2}\right)(t_2-t_0)}{\sigma\sqrt{t_2-t_0}}$$

$$d_2 = d_1 - \sigma\sqrt{t_2-t_0}$$

$M(a, b:\rho)$表示第一个变量小于 a、第二个变量小于 b、两个变量的相关系数等于 ρ 的双变量标准正态分布累积概率分布函数，S^* 表示t_1时刻让第二个期权价格等于K_1的标的资产价格。

看涨期权的欧式看跌期权价格（p_c）等于：

$$p_c = K_2 e^{-r(t_2-t_0)} M(-e_2, d_2 : -\sqrt{t_1/t_2}) - Se^{-q(t_2-t_0)} M(-e_1, d_1 : -\sqrt{t_1/t_2}) + e^{-r(t_1-t_0)} K_1 N(-e_2) \tag{16.18}$$

看跌期权的欧式看涨期权价格（c_p）等于：

$$c_p = K_2 e^{-r(t_2-t_0)} M(-e_2, -d_2 : \sqrt{t_1/t_2}) - Se^{-q(t_2-t_0)} M(-e_1, -d_1 : \sqrt{t_1/t_2}) - e^{-r(t_1-t_0)} K_1 N(-e_2) \tag{16.19}$$

看跌期权的欧式看跌期权价格（p_p）为：

$$p_p = Se^{-q(t_2-t_0)} M(e_1, -d_1 : -\sqrt{t_1/t_2}) - K_2 e^{-r(t_2-t_0)} M(e_2, -d_2 : -\sqrt{t_1/t_2}) + e^{-r(t_1-t_0)} K_1 N(e_2) \tag{16.20}$$

（二）选择者期权

选择者期权类似于复合期权，其特征在于，持有者在 t_0时刻购买该期权，并可在特定时间 $t_1(t_1>t_0)$决定该期权为看涨期权还是看跌期权。显然，选择者期权的标的资产是普通的看涨期权和看跌期权。在 t_1时刻，选择者期权的价格为：

$$\max(c, p)$$

如果标的期权是同样剩余期限、同样行权价的欧式期权，我们就可以利用 PCP 平价来计算选择者期权的价格。如果用S_1表示t_1时刻的标的资产价格，则：

---

① 详见 Geske Robert. The Valuation of Corporate Liabilities as Compound Options[J]. The Journal of Financial and Quantitative Analysis, 1977, 12(4):541.

$$\max(c,p)=\max[c,c+Ke^{-r(t_2-t_1)}-S_1e^{-q(t_2-t_1)}]$$
$$=c+e^{-q(t_2-t_1)}\max[0,Ke^{-(r-q)(t_2-t_1)}-S_1]$$

可见,选择者期权可以分拆成两部分:

(1) 行权价为 K,到期日为 t_2的欧式看涨期权;

(2) $e^{-q(t_2-t_1)}$ 份行权价为 $Ke^{-(r-q)(t_2-t_1)}$ 、到期日为t_1的欧式看跌期权。

这样,我们就可以用 B-S-M 期权定价公式为选择者期权估值了。

九、多资产期权

多资产期权(multi-asset options)中往往包含两个或两个以上标的资产,这就带来了多维的概念,比如在两种标的资产的情况下是三维的,包括两种资产价格和时间因素。在三维或多维概念下,必须考虑标的资产之间的相关关系,相应地产生了伊藤引理和 B-S-M 模型在多维世界中的拓展。

在多资产期权中,共有 n 个标的资产。我们用S_i表示第 i 个标的资产的价格,其中 $i=1,2,\cdots,n$。假设每个标的资产都服从如下扩散过程:

$$dS_i=a_i(S_i,t)dt+b_i(S_i,t)dz_i \tag{16.21}$$

式中:$E_t(dS_idS_j)=\rho_{ij}(t)dt$。

则这些资产价格和 t 的函数 $f(S_1,S_2,\cdots,S_n,t)$将服从如下扩散过程运动:

$$\begin{aligned}df&=\frac{\partial f}{\partial t}dt+\sum_{i=1}^{n}\frac{\partial f}{\partial S_i}dS_i+\frac{1}{2}\sum_{i=1}^{n}\sum_{j=1}^{n}\frac{\partial^2 f}{\partial S_i\partial S_j}dS_idS_j\\&=\left(\sum_{i=1}^{n}\frac{\partial f}{\partial S_i}a_i+\frac{\partial f}{\partial t}+\frac{1}{2}\sum_{i=1}^{n}\sum_{j=1}^{n}\frac{\partial^2 f}{\partial S_i\partial S_j}b_ib_j\rho_{ij}\right)dt+\sum_{i=1}^{n}\frac{\partial f}{\partial S_i}b_idz_i\end{aligned} \tag{16.22}$$

这就是多维伊藤引理。

利用式(16.21)和式(16.22),就可以按照 B-S-M 的分析框架,找出多资产期权 G 所服从的偏微分方程并进行定价。

在 B-S-M 框架中,建立一个包括多资产期权 $f(S_1,S_2,\cdots,S_n,t)$ 和$\frac{\partial f}{\partial S_i}$份各种标的资产的组合,就可以得到无风险组合,从而可以得到多资产期权的多维微分方程:

$$\frac{\partial f}{\partial t}+r\sum_{i=1}^{n}S_{it}\frac{\partial f}{\partial S_i}+\frac{1}{2}\sum_{i=1}^{n}\sum_{j=1}^{n}\sigma_i\sigma_j\rho_{ij}S_{it}S_{jt}\frac{\partial^2 f}{\partial S_i\partial S_j}=rf_t \tag{16.23}$$

利用风险中性定价原理或者直接求解式(16.23)就可以为多资产期权定价。如果无法得到解析解,就得用数值方法定价。

资产交换期权(exchange options)是较特殊的多资产期权,该期权的权利方有权用一种资产换取另一种资产。一个在 T 时刻用价格为 U_T的资产来换取价格为 V_T的资产的欧式期权,其回报为:

$$\max(V_T-U_T,0)$$

马格拉布(Margrabe)①首先提出了资产交换期权的定价公式:假设资产价格 U 和 V 都

① 参见 Margrabe W. The Value of an Option to Exchange One Asset for Another[J]. The Journal of Finance, 1978, 33(1):177-186.

服从几何布朗运动，波动率分别为 σ_U 和 σ_V，收益率分别为 q_U 和 q_V，U 和 V 之间的瞬时相关关系为 ρ，则资产交换期权的价格为：

$$Ve^{-q_V(T-t)}N(h_1)-Ue^{-q_U(T-t)}N(h_2) \tag{16.24}$$

式中：

$$h_1=\frac{\ln(V_0/U_0)+\left(q_U-q_V+\frac{\tilde{\sigma}^2}{2}\right)(T-t)}{\tilde{\sigma}\sqrt{T-t}}$$

$$h_2=h_1-\tilde{\sigma}\sqrt{T-t}$$

$$\tilde{\sigma}=\sqrt{\sigma_U^2+\sigma_V^2-2\rho\,\sigma_U\sigma_V}$$

以上这个公式有两个方面值得注意：第一，该公式是独立于无风险利率 r 的。这是因为当 r 上升的时候，风险中性世界中的两种资产价格增长率都上升了，但是这被贴现率的上升抵消了。第二，变量 $\tilde{\sigma}$ 是 $\frac{V}{U}$ 的波动率，这样这个期权可以理解为 U 份标的资产价格为 $\frac{V}{U}$、行权价格为 1 的欧式看涨期权的价格，其中无风险利率是 q_U，资产红利率为 q_V。马克·鲁宾斯坦（Mark Rubinstein）①证明了美式资产交换期权也有相同的性质。

较常见的多资产期权是彩虹期权（rainbow option），其回报取决于两种或多种标的资产的表现。彩虹期权的种类很多，如较差期权（worse-of option），其到期回报等于几种资产中价格最低者。以两资产为例，较差期权的回报为：

$$\min(U_T,V_T)=V_T-\max(V_T-U_T,0) \tag{16.25}$$

由式（16.25）可见，较差期权可以分解成一种资产的多头和用另一种资产换取这种资产的看涨期权空头。

同样，两资产较佳期权（better-of option）的回报为：

$$\max(U_T,V_T)=U_T+\max(V_T-U_T,0) \tag{16.26}$$

由式（16.26）可见，较佳期权可以分解成一种资产的多头和用这种资产换取另一种资产的看涨期权多头。

奇异期权是世界上最具有生命力的金融工具之一。它的内涵和外延无时不处在变化和拓展当中，没有人能够说出究竟有多少种奇异期权，也没有人能够精确地对它们进行分类和完全描述，上面介绍的只是最常见的部分奇异期权。只要市场需要，奇异期权就会不断延展、不断衍生，过去或现在被称为奇异期权的东西，也正在成为进一步衍生的基础。可以看一些有趣的例子：

部分回溯期权：其回溯时段只是期权有效期的一部分，而不再是整个有效期，这样期权价格会有所下降，这种期权对那些认为资产价格只可能在一段时间内发生有利变化的投资者来说，是较有吸引力的。

俄式期权：一种永远不会到期的美式回溯期权，期权持有者可以选择任意时刻行权，行权时收到资产价格的历史最大值（这时回溯时段是整个历史）。

回溯-亚式期权：这种期权的价值受到多个路径依赖变量的影响，是回溯期权和亚式期

① 参见 Rubinstein M. One for Another[J]. Risk, July/August 1991:30-32.

权的结合。

巴黎期权：一种障碍期权，但是其障碍特征只有在标的资产价格在障碍值之外保持了预先要求的时间长度之后，才会被触发。

…………

可见，奇异期权确实是无法尽述的，可以说，它的丰富多变就是金融工程的核心和魅力的体现。前几章所介绍的定价和敏感性分析为期权定价提供了基本思路和方法，可以根据期权的不同特征，将它们分别应用到新的期权定价和敏感性分析中去。

第二节　奇异期权的主要性质

本节的主要内容是对奇异期权的主要性质与类型进行大致的区分，以帮助读者更好地理解奇异期权。这些类型包括：分拆与组合、弱式路径依赖、强式路径依赖、时间依赖、维数和阶数。必须注意的是，因为奇异期权变化很多，本节内容并不能包括奇异期权的所有特点。

一、分拆与组合

最基本的奇异期权是对常规期权和其他一些金融资产的分拆与组合，从而得到所需要的回报，如打包期权。

分拆与组合的思想还可以用在为奇异期权定价上，这一方法是金融工程的核心之一。通过对奇异期权到期时回报的数学整理，常常可以把期权分成常规期权和其他金融资产的组合，从而大大简化期权定价。

二、弱式路径依赖

路径依赖（path dependence）性质，是指期权的价格会受到标的变量所遵循路径的影响。它又可以分为弱式路径依赖（weak path dependence）和强式路径依赖（strong path dependence）两种。如果期权价值会受到路径变量的影响，但是在期权定价的偏微分方程中，并不需要比与之类似的常规欧式期权增加新的独立路径依赖变量，就属于弱式路径依赖性质的期权。

美式期权（或者更一般地说，具有提前行权特征的期权）就是弱式路径依赖期权。当期权到期时，期权持有者是否仍持有期权要看他是否已经行权，或者说要看标的资产价格遵循的路径，但是在定价模型中，并不需要增加独立的状态变量，因此美式期权路径依赖的特征是比较弱的。

导致弱式路径依赖的最常见的原因是障碍水平。当标的资产价格在事先确定的时间内触及某个预先确定的障碍水平时，障碍期权（敲入或敲出期权）就可能被敲出（作废）或是敲入（开始生效）。这种期权显然是路径依赖的，但是因为仍然只需要解一个以资产价格和时间为变量的偏微分方程，它仍然只是弱式路径依赖的。

三、强式路径依赖

与弱式路径依赖对应的强式路径依赖，在奇异期权中也相当常见。这些期权的回报除了取决于标的资产的目前价格和时间之外,还取决于资产价格路径的一些特征,即不能将期权价格简单写作 $f(S,t)$,还需要获得资产价格路径的更多信息。期权价值是原先的期权价格、时间和至少再增加一个独立变量的函数,相应地,在期权价格偏微分方程中也将增加期权价格对这些独立变量的导数。在现实生活中存在许多这样的期权合约,亚式期权和回溯期权是其中的典型例子,其回报要受到标的资产在一定时间内价格函数的影响。

四、时间依赖

奇异期权的一种变化形式是在以上所述的所有特征中加入时间依赖(time dependence)的特性。只能在特定的时段内提前行权的百慕大期权就是一种典型的时间依赖期权;敲出期权的障碍位置也可以随着时间不同而不同,每个月都可以设定一个比上个月更高的水平。或者可以设立一个敲出期权,其障碍只在每个月的最后一星期有效。这些合约都可以称作是时间上非齐次的(time-inhomogeneous)。这些变化使得期权合约更加丰富,也更能满足客户和市场的特殊需求。

五、维数

维数(dimensions)指的是基本的独立变量的个数。常规期权有两个独立变量 S 和 t,因此是二维的。弱式路径依赖期权合约与那些除了不是路径依赖之外其他条件都完全相同的期权合约的维数相同,比如一个障碍期权和与之相应的常规期权都只有两个变量,都是二维的。对这些合约来说,资产价格这个变量的作用和时间变量的作用是彼此不同的,因为在 B－S－M 方程中,包含了对资产价格的二阶偏导而只有对时间的一阶偏导。

在两种情况下,会出现三维甚至多维。第一种情况出现在增加了其他随机源的时候,比如期权中有多个标的资产。假设有一种期权,要取两种股票价格的最大值。这两种标的资产都是随机的,每种都有自己的波动率,它们之间还有相关关系。在 B－S－M 微分方程中,将会出现对每种资产价格的二阶偏导,这就出现了三维问题。

三维的第二种情况是强式路径依赖的合约。比如,一种新的独立变量是路径依赖量(如亚式期权中的价格平均数),期权价格是依赖于这个变量的。这样,期权价格方程中需要再增加新的变量,但这时期权价格对这个新变量的导数只是一阶的。这样,这个新的变量看起来更像是一个类似于时间的变量,这与多标的资产的情况显然是不同的。

六、阶数

奇异期权的另一个分类特征是期权的阶数,但这不仅是一种分类特征,还牵涉建模的问题。

常规期权是一阶的,其损益仅直接取决于标的资产价格,其他的如路径依赖期权,如果路径变量直接影响期权价格,那么它也是一阶的。高阶期权指的是那些期权回报和价格取决于另一个(些)期权的价格。最典型的二阶期权的例子是复合期权。

从实际的角度来看,高阶期权的存在提出了一些重要的建模问题:复合期权的回报取决于标的期权的市场价格而非理论价格,但是对二阶期权都要使用理论模型,这时高阶期权对模型正确与否就非常敏感,需要很谨慎地处理。

本章小结

1. 奇异期权的基本类型包括分拆与组合、弱式路径依赖、强式路径依赖、时间依赖、维数和阶数。

2. 奇异期权的变化很多,并且处在不断的衍生和变化当中。

3. 障碍期权的回报依赖于标的资产的价格在特定时间内是否达到了一个特定的水平,一般可以分为敲出期权、敲入期权、向上期权和向下期权等。障碍期权属于弱式路径依赖期权。

4. 亚式期权的回报依赖于标的资产在一段时间内的平均价格,回溯期权的回报则依赖于标的资产在某个确定的时段中达到的最大或最小价格。它们都属于强式路径依赖期权。

5. 其他的奇异期权还包括两值期权(或有现金期权、或有资产期权)、打包期权(由期权和其他资产组成的组合)、远期开始期权(现在支付期权费而在未来某时刻才开始的期权)、二阶期权(复合期权和选择者期权)、多资产期权(多个标的资产的期权)以及呐喊期权等。

6. 大多数奇异期权和路径依赖期权的定价仍然可以在 B - S - M 模型框架中进行。例如,障碍期权中的障碍条件主要反映在相应的边界条件上,连续平均的亚式期权在原来的偏微分方程中加进了对新的平均值变量的一阶偏导。我们可以得到其中一些奇异期权的定价公式。但是大部分情况下,无法得到精确的解析解,或者是这些公式难以在实际中运用,大多时候人们是用数值方法或是近似方法为奇异期权和路径依赖期权定价。

即测即评

习　题

1. 奇异期权的主要类型有哪些?

2. 分别为弱式路径依赖期权、强式路径依赖期权、多维期权、高阶期权举出几例。

3. 分析障碍期权的性质。

4. 基于某个资产价格的欧式向下敲出期权的价格与基于该资产远期价格的欧式向下敲出期权价格相等吗(该远期合约到期日与期权到期日相同)?

5. 解释为什么几何平均有精确定价公式而算术平均无法得到精确定价。

6. 为什么亚式期权比障碍期权更易保值?

第十七章 风险管理

风险管理是现代金融的支柱之一，也是金融工程的核心。本章将介绍风险的定义与风险管理过程，并着重对在险值与信用风险管理进行讨论与分析。

第一节 风险与风险管理概述

诺贝尔经济学奖得主、哈佛大学金融学教授罗伯特·默顿和波士顿大学金融学教授兹维·博迪（Zvi Bodie）在其合著《金融学》一书中开宗明义："金融学是一门研究人们在不确定环境下如何进行稀缺资源跨时间配置的学科。"这个对现代金融的经典定义凸显了风险在现代金融中的核心地位。那么，究竟何谓风险？对风险的管理具体包括哪些方面？

一、风险的定义

常见的风险定义有三种：

第一，风险是未来损失的可能性。这是人们对风险的传统理解。由于损失是风险最受关注的后果，将风险与损失联系起来定义似乎是很自然的结果。但从风险的一般性质来看，风险既可能导致损失，也可能带来正的收益，因此这种定义相对狭隘。

第二，风险是未来结果对期望的偏离。这个观点源于马柯维茨对投资组合风险的定义。这个定义反映了风险的两面性，能直接与统计学中的方差等波动性指标相联系，特别适用于金融领域中的市场风险分析。

第三，风险是未来结果的不确定性。这个定义相对抽象且具有一般性，适用于经济、政治和社会等几乎所有领域。但也有许多学者认为，风险是已知未来的概率分布，而不确定性则意味着未来的概率分布是未知的，因此风险与不确定性仍存在一定的差异。

风险与收益[①]是金融的核心，是一个问题的两个方面。由于理性人均厌恶风险而偏好收益，为了吸引人们承担风险，就必须给予一定的风险补偿。由此形成了风险与收益的权衡，如高风险高收益、能够分散的风险无法得到风险补偿、将风险转移出去也将转让相应的风险报酬等。因此风险与收益始终是相伴相生的。这也意味着在评估收益时，应始终将承担的风险纳入考虑并进行相应的调整。

从事后的角度看，风险既可能带来实际的收益，也可能导致实际的损失。但是，由于在

---

① 这里的收益是指预期收益率，是事前的概念，而不是实际的收益。实际收益或损失是事后的概念，是已知的、确定的。

风险的结果中人们最关心的是损失,因此在很多情况下,尤其是在操作风险的分析与管理中,人们通常采用损失的可能性及潜在的损失规模来计量风险。需要注意的是,即使对于操作风险,风险仍然不同于损失。损失是一个事后的概念,而风险则是事前的概念。人们通常在事前进行风险管理,而在事后进行损失处置和管理。

二、风险管理的过程

尽管风险从一开始就是金融的本质特征,但直到20世纪70年代以后,随着布雷顿森林体系瓦解、金融管制逐步放松与国际资本流动规模日益扩大,风险和风险管理才逐渐成为现代金融的核心。在前述金融定义的基础上,罗伯特·默顿和兹维·博迪进一步提出,现代金融学的三大支柱为货币的时间价值、资产定价和风险管理。也就是说,风险管理是现代金融的三大支柱之一。作为金融学的一大分支,现代金融工程学为风险管理提供了创造性的解决方案,极大地推动了传统风险管理的发展。

总的来看,现代风险管理的全过程可以大致分为风险识别、风险度量、风险管理与控制三个环节。

(一) 风险识别

管理风险的第一个环节是对风险的识别,这涉及不同的风险类别。根据性质不同,风险可分为经济风险、政治风险、社会风险、自然风险与技术风险等;根据发生的范围不同,风险可分为系统性风险与非系统性风险;根据诱发原因不同,金融风险主要可分为市场风险、信用风险、流动性风险和操作风险等。其中最重要的是第三种风险的分类与识别。

1. 市场风险

市场风险又称为价格风险,是指市场价格波动而引起的风险。从来源看,市场风险可以进一步分为利率风险、汇率风险、股票价格风险和商品价格风险等。随着市场的发展和研究的深入,从市场风险又进一步发展出波动率风险、相关性风险、三阶矩风险和四阶矩风险等。[①]

与其他风险相比,由于市场价格数据可得且数据量大,市场风险具有数据优势和易于观测计量的特点,一般可以通过数量的方式来度量和管理。市场中往往同时存在多种对某一资产的价格变化具有敏感性的资产,这使得市场风险的管理与对冲比较容易实现。这两个特点决定了在所有的风险中,市场风险的管理技术是目前为止最为成熟的。

2. 信用风险

信用风险是指债务人或交易对手履约能力的变化给债权人或金融产品持有者带来的风险。[②] 具体来看,信用风险可以进一步分解为两个部分:一是对方信用状况发生变化的可能性大小;二是对方信用状况变化造成的价值变化。信用风险的大小主要取决于交易对手的资信、财务状况和金融产品的价值等。

贷款、债券与金融衍生产品都面临信用风险。金融机构信贷与未上市债券的信用风险主要源于借款人的违约,其可能的损失将是全部或部分票面价值和未付利息。对上市交易的债券来说,信用风险所带来的损失也可能发生在实际违约之前,即由于信用质量发生变化

---

① 参见郑振龙,孙清泉,关强。方差和偏度的风险价格[J]. 管理科学学报,2016,19(12):110—123.

② 在OTC金融衍生产品交易中,往往将信用风险称为对手方风险(counterparty risk)。

导致的债券价格变化也属于信用风险的一部分。金融衍生产品的信用风险则要具备两个条件：其一，交易对方信用状况发生变化；其二，合约价值为正值。即使发生违约，金融衍生产品真正的潜在损失也通常要远小于产品的名义价值损失，因为金融衍生产品通常采用净额结算，损失的往往仅是头寸价值的一定量而非全部。

与市场风险相比，由于大的信用事件（如违约）不会频繁、有规律地发生，信用风险的可观察数据通常较少，不易获取，因此比较难以进行数量化测度与管理。近年来信用风险的度量与管理技术才有革命性的发展，出现了新的信用风险模型和信用衍生产品（credit derivatives）。

3. 流动性风险

一般认为存在两类流动性风险：市场流动性风险（market liquidity risk）和融资流动性风险（funding liquidity risk）。前者是指由于市场交易量不足无法按照当前的市场价格进行交易所带来的风险；后者是指现金流不能满足支付义务，往往迫使机构提前清算。

与市场风险、信用风险和操作风险相比，流动性风险的原因往往更加复杂和广泛，常常是其他风险综合影响的结果，可以视为一种综合性风险。例如，市场风险和信用风险的发生不仅可能直接影响金融机构的资产和收益而导致流动性风险，还可能引发"金融恐慌"而导致整个金融系统的流动性下降。

4. 操作风险

操作风险指因为欺诈、未授权活动、错误、遗漏、效率低、系统失灵或是由外部事件引致损失的风险。此项风险潜藏于每个商业机构，涉及问题的层面很广。

常见的一些操作风险包括：

(1) 执行风险，即由于交易执行错误、不能执行或后台操作失误而导致损失的可能性。

(2) 由于诈骗和技术问题而导致的风险。诈骗风险是指因交易对方故意提供错误信息而导致损失的可能性；技术风险是指交易系统的错误操作或者崩溃而导致的损失的可能性，也包括由于无法预料的自然灾害或者关键人员出现事故而造成损失的可能性。

(3) 模型风险，即由于错误的模型或模型参数选择不当导致对风险或者交易价值估计错误而造成损失的可能性。[①] 有时人们将模型风险单独分离出来作为一种风险。

操作风险具有非营利性、分布的普遍性和不可避免性。金融机构只能在一定的管理成本基础上尽可能降低操作风险。此外，操作风险还可能引发市场风险、信用风险和流动性风险等。

除了上述四种风险以外，人们还定义了国家风险、法律风险等。但最重要的还是上述四种风险。值得注意的是，各种风险之间并不是相互独立的，而是相互作用的。其中，市场风险和信用风险是最具技术性和最核心的内容，也是本章的重点。

（二）风险度量

风险管理过程的第二个环节是对风险进行合理的测度。在前述所有风险中，操作风险比较侧重定性分析和制度建设而技术性偏低，因此风险测度主要关注市场风险、信用风险和流动性风险。

1. 市场风险的度量

一般来说，一个较完整的市场风险度量体系至少包括三个组成部分：敏感性分析（sensi-

---

① 参见郑振龙，刘杨树.衍生产品定价：模型风险及其影响[J].金融研究，2010(2).

tivity analysis)、在险值(value at risk, *VaR*)、情景分析(scenario analysis)与压力测试(stress test)。每个组成部分在市场风险度量体系中都具有独特而不可或缺的作用:敏感性分析是市场风险度量的基础模块,是进行风险管理的基础;*VaR* 给出了在给定条件下市场风险的集成风险额;情景分析与压力测试则给出了给定情景和极端情况下风险因子共同变化可能产生的结果,可以补充前两者的不足。近年来市场风险的度量技术进一步发展,但这三个方法一直是最主流和最基础的市场风险度量方法。

(1) 敏感性分析。敏感性分析是指在保持其他条件不变的前提下,研究单个市场风险因子的变化对金融产品或资产组合的收益或经济价值产生的可能影响。最常见的敏感性指标包括衡量股票价格系统性风险的 β 系数、衡量利率风险的久期和凸性,以及衡量衍生产品风险的希腊字母等,这些在前几章中都已做过相应的介绍。

敏感性分析的特点是计算简单且便于理解,是最早发展起来的市场风险度量技术,应用广泛。但敏感性分析也具有一定的局限性,主要表现在较复杂的金融资产组合的风险因子往往不止一个且彼此之间具有一定的相关性,需要引入多维风险测量方法。

除此之外,敏感性分析只能反映金融产品价值对特定风险因素的敏感程度,却不能反映总体的市场风险。在险值、情景分析与压力测试就在这方面弥补了敏感性分析的不足。

(2) 在险值。在险值(*VaR*)是指在一定的概率水平 $\alpha\%$(置信水平)下,某一金融资产或证券组合价值在未来特定时期内的最大可能损失。例如,美洲银行(Bank of America, BOA)在 2006 年度报告中披露了这一年该银行基于市场的交易组合①(market-based trading portfolio)的每日 *VaR* 值,在 99%的置信水平下平均为 4 130 万美元。这意味着,从事前看,美洲银行 2006 年度因市场波动而每天平均损失超过 4 130 万美元的概率只有 1%;或者说该银行以 99%的可能性保证,该年度每一特定时点上的投资组合在未来 1 个交易日内,由于市场价格变动而带来的损失平均不会超过 4 130 万美元。

VaR 最早由 J.P.摩根公司内部风险管理部门于 20 世纪 80 年代后期提出,1993 年开始推向市场,成为金融机构衡量市场风险的重要指标,受到广泛认可。1993 年 7 月,国际性民间组织 30 小组(group of 30)发表《衍生产品:惯例与原则》,建议以 *VaR* 作为市场风险衡量手段,尤其可以用来衡量场外金融衍生产品的市场风险。1995 年,国际银行业监管的权威组织巴塞尔委员会同意具备条件的银行采用内部 *VaR* 模型计算市场风险的资本金要求,此后巴塞尔协议市场风险的内部模型法始终以 *VaR* 作为最重要的基础。1995 年 12 月,美国证券交易委员会也发布报告,建议美国有关机构采用 *VaR* 模型作为三种可行的披露其衍生交易活动信息的方法之一。此后,*VaR* 成为金融市场风险管理中的主流方法和主要指标,是市场风险管理中最重要的方法之一。在下一节将对此进行专门介绍。

(3) 情景分析与压力测试。尽管由 *VaR* 能够知道有 $\alpha\%$ 的可能在未来特定时期内的损失不会超过多少,但并不能由此知道当 $(1-\alpha\%)$ 的小概率发生时,实际损失将有多少。情景分析与压力测试正是在这个方面对 *VaR* 模型的一个补充。

情景分析,是指假设多种风险因子同时发生特定变化的不同情景,计算这些特定情景下

---

① 对银行而言,基于市场的交易组合即在短期内有目的地持有以便转手出售、从实际或预期的短期价格波动中获利或锁定套利利润的组合头寸,如自营头寸、代客交易头寸和做市交易形成的组合头寸等,通常被称为交易账户,以与银行传统的存贷款业务相区别。

的可能结果,分析正常市况下金融机构所承受的市场风险。常用的情景包括基本情景、最好情景和最坏情景。情景可以人为设定,可以直接使用历史上发生过的情景,也可以从对市场风险要素历史数据的统计分析中得到,或通过运行在特定情况下市场风险要素的随机过程得到。值得注意的是,敏感性分析是单一风险因素分析,而情景分析则是一种多因素同时作用的综合性影响分析。因此,在情景分析的过程中,要注意考虑各种头寸的相关关系和相互作用。

压力测试,则可以看作风险因子发生极端不利变化情况下的极端情景分析。在这些极端情景下计算金融产品的损失,是对金融机构极端风险承受力的一种估计。具体来看,极端情景包括历史上曾经发生过的重大损失情景和假设情景。假设情景又包括模型假设或模型参数不再适用,市场价格巨幅波动,原本稳定的关系如相对价格、相关性、波动率等的稳定性被打破,市场流动性急剧降低,相关关系走向极端的+1 或-1 或外部环境发生重大变化等情景。一般来说,在设计压力情景时,既要考虑市场风险要素变动等微观要素敏感性问题,又要考虑到宏观经济结构和经济政策调整等宏观层面的因素。

与 *VaR* 相比,情景分析与压力测试显然不够体系化,也更不正式。同时,这两种方法所需的工作量巨大,每次仅能说明特定事件的影响程度,但却无法说明事件发生的可能性,因而不能成为最核心的市场风险度量方法。但由于 *VaR* 只给出了一个概括性的风险损失数值,并不指明风险的来源、方向和具体结果,而情景分析与压力测试刚好弥补了这一不足,因此,情景分析与压力测试被认为是 *VaR* 的重要补充,能够帮助金融机构更全面地了解市场风险状况,因而成为市场风险测度的重要组成部分。①

2. 信用风险的度量

如前所述,信用风险主要包括两个部分:一是交易对手信用状况发生变化的可能性大小;二是交易对手信用状况变化造成的价值变化。相应地,信用风险的度量也包括两个方面:第一,违约概率(probabilities of default,PD)和信用状况发生变化的概率,其中以违约概率的度量为主;第二,违约损失率(loss given default, LGD)的估计。其中,违约概率的估计一直是信用风险度量的重点,也是风险管理的要点之一,本章第三节将对此进行更详细的介绍。

3. 流动性风险的度量

市场流动性风险和融资流动性风险的度量方法不同,但无论是哪种流动性风险,目前为止都尚未形成权威的度量方法或模型,使用者大多根据自身经验与判断选择相应的指标方法。

(1) 市场流动性风险的度量。在市场流动性风险的度量上,存在众多衡量指标。一种比较直观的分类方法就是根据金融资产实现流动性的价格(即交易成本)、数量、时间等性质,把流动性测度方法分为价格度量法、交易量度量法、价量结合度量法以及时间度量法。例如,买卖价差是价格度量法中最典型的衡量指标,它度量了当前市场上最佳卖价与最佳买价之间的差额,一般认为买卖价差越小,流动性越好,流动性风险越小。换手率是常见的交易量度量指标,一般认为换手率越高,流动性风险越小。价量结合指标则将价格与交易量结

① 事实上,在信用风险与流动性风险的度量中,情景分析与压力测试也是常用的方法。由于使用的基本原理类似,在信用风险与流动性风险的度量中就不再赘述。

合起来反映市场流动性，如 Amihud 指标$\frac{|r_{i,t}|}{M_{i,t}}$。式中，$|r_{i,t}|$与$M_{i,t}$分别为证券$i$在$t$日的收益率和交易金额。显然，Amihud 指标越大，说明为了完成既定的交易，价格需要发生的波动越大，流动性风险越大。最后，时间度量法将交易完成所需时间或交易带来的价格波动消失的速度作为衡量市场流动性的重要指标，如执行时间、交易频率、两次相邻交易的价差等。但这些指标均存在或多或少的缺陷，目前尚未形成权威的市场流动性度量方法。

（2）融资流动性风险的度量。由于银行的高负债经营性质，融资流动性是银行的生命线之一，因此在商业银行的经营管理中形成了较完善的资金流动性风险度量体系，主要由三个层次组成：

① 流动性比率/指标。流动性比率/指标是各国银行监管当局与商业银行广泛使用的方法之一。常见的指标包括贷款总额/存款总额、流动性资产[①]/总资产、易变性负债[②]/总资产、流动性资产/易变性负债、核心存款[③]/总资产、贷款总额/总资产和（现金+应收存款）/总资产等。

② 流动性缺口分析。流动性缺口分析（liquidity gap analysis），是指通过比较未来特定时间段内到期的资产和负债来度量未来的融资需求。表 17.1 给出了流动性缺口分析的一个例子。

表 17.1 流动性缺口分析表

到期时间	少于10天	10天至3个月	3个月至6个月	6个月至1年	1年至5年	5年以上和资本	总额
资产	10	15	12	8	60	0	105
负债与资本	50	20	20	2	5	8	105
净现金流出（资产-负债）	-40	-5	-8	6	55	-8	0
累计净流出	-40	-45	-53	-47	8	0	0

从表 17.1 可以看到，流动性缺口分析根据到期时间划分，然后分别针对不同到期期限计算资产与负债的差额。值得注意的是，这里的到期时间通常是指实际到期时间，而非合同到期时间。例如，经验表明大多数活期存款都在银行存放两年以上，因而常被视作长期负债。又如，在特定时间段内虽未到期，但可以不受或受较少损失就能变现的资产通常被计入该时段的到期资产。

在表 17.1 的例子中，短期内存在负债高于资产的负缺口，这说明该银行借短贷长，这正是商业银行的常见现象。借短贷长固然存在流动性风险，但有利于提高利润。因此商业银

① 流动性资产，一般指到期期限较短、信用风险低、变现能力强的资产，如现金、同业存款、证券投资和已证券化的抵押贷款等。

② 易变性负债，一般包括批发性存款、利率敏感型存款和其他一旦经济条件变化就有可能大量流失的短期负债，也称为非核心存款。一般来说，易变性负债所占比例越高，流动性越差。

③ 核心存款，是指那些相对稳定、对利率变化和其他条件变化不敏感的存款。一般来说，核心存款比例越高，流动性越高。

行通常需要监测流动性缺口，将其维持在一定的警戒线之上。

流动性缺口分析的一个缺点在于其偏于静态，无法捕捉未来资产负债变动的影响。因此，流动性缺口分析通常与下文的现金流预测一起使用，互为补充。

③ 现金流预测。现金流预测是指对未来一定时期内的现金流入和流出进行预测和分析，评估未来的资金流动性状况和风险程度。在商业银行的流动性风险管理中，通常先预测未来一段短时间内的资产运用总额（如贷款需求）与资金来源（如存款来源）的差额，再与流动性缺口分析中得到的相应期限的静态缺口加总，以考察未来的流动性状况。

（三）风险管理与控制

在正确识别与度量风险之后，风险管理过程的第三个环节是对风险管理与控制。总的来看，风险管理与控制策略主要包括下列 5 种：

1. 风险分散

风险分散，是指通过多样化的投资来分散与降低风险。马柯维茨的资产组合理论最早系统地提出了风险分散的策略与思想。长期实践证明，资产的非系统性风险的确可以通过分散化的投资加以降低乃至消除。

2. 风险对冲

风险对冲，又称套期保值，是指针对金融资产所面临的风险，利用特定资产或工具构造相反的风险头寸，以减少或消除其潜在风险的过程。与风险分散策略不同，风险对冲既可以管理非系统性风险，也可以管理系统性风险。进一步来看，风险对冲可以分为金融机构内部自我对冲和外部市场对冲，一个进行有效风险管理的金融机构通常先寻求风险的内部对冲，再通过外部市场对冲风险的净头寸，可以有效地降低风险管理成本。

长期以来，风险对冲是管理市场风险的有效方法。近年来由于信用衍生产品不断创新和发展，风险对冲也被广泛应用到信用风险管理当中。具体来看，市场风险的对冲策略包括基于久期、β 值、Delta 和 Gamma 的套期保值等，其关键之处在于套期保值比率的确定，这些在第四章与第十四章中均已进行过详细的讨论。信用风险的对冲则主要通过信用衍生产品市场进行，本章第三节将对此进行介绍。总的来看，风险对冲已经成为应用最广泛也是最重要的风险管理策略，这与金融衍生产品和金融工程技术的发展与创新是分不开的。金融衍生产品的低成本、高杠杆和流动性优势，极大地提高了风险对冲的准确性、时效性和灵活性，降低了风险管理成本，在现代风险管理的发展中起到了不可或缺的作用。

3. 风险转移

风险转移，是指通过购买某种金融资产或是其他的合法措施将风险转移给其他经济主体。在一定的意义上，风险转移与风险对冲有共同之处。但风险对冲一般通过市场交易的金融工具或证券进行，而风险转移则主要指通过购买保险、担保和信用证等工具将风险合法转移给第三方。

4. 风险规避

事实上，很多风险并不是一个人或一个机构一定要面对的。当一个人或一个机构对某种风险没有比较优势，这种风险又不是与其天然相伴的，就可以选择风险规避，避免涉足这种风险。有的金融机构在面对风险时，选择退出市场或只承担有限风险，这也是一种风险规避。其最常见的表现形式为风险头寸限额管理，包括信用限额和市场交易限额等。这是对风险进行事前控制的主要方法之一。

5. 风险补偿与准备

风险补偿是指事前对所承担的风险要求较高的风险回报。对于无法分散、对冲、转移和规避的风险，市场主体可以通过在交易价格上附加风险溢酬的方式，获得所承担风险的价格补偿。风险准备则是指针对预期的损失提取相应的准备金，以抵补未来可能发生的损失，保证金融机构顺畅运作。

三、风险管理效果评价

在完成风险识别、风险度量、风险管理与控制之后，风险管理者通常还需要对风险管理各环节的效果进行回溯测试与评价，其中包括风险的识别是否正确、度量是否准确可靠、管理措施是否合理等，并据此对方法或模型进行调整和改进。回溯测试与评价具有非常重要的地位，常常带来风险管理技术的改进与修正。巴塞尔委员会 1996 年发布的《资本协议市场风险补充规定》就要求采用内部模型计算市场风险资本的银行应当实施回溯检验。如果检验结果不令人满意，监管者将施加一种惩罚性安排，向银行提出更高的资本充足率要求。

案例 17.1 是一个 *VaR* 回溯测试（back testing）的例子，即通过对比事前的 *VaR* 数据和实际交易结果来检验 *VaR* 度量的有效性和可靠性，确认模型的准确性。如果出现问题，说明需要对原先的测度方法和参数进行修正，以尽量避免发生非预期损失。

【案例 17.1】

美洲银行 2010 年 *VaR* 回溯测试

图 17.1 中显示的是美洲银行在其 2010 年报中披露的当年每日预测 *VaR* 值（99%置信水平）与每日真实交易收益的比较。可以看到，该年美洲银行没有任何一日的损失超过当天的 *VaR* 值，这固然说明美洲银行 2010 年使用的 *VaR* 模型具有很高的安全性，但同时表明银行提取了偏高的风险准备。

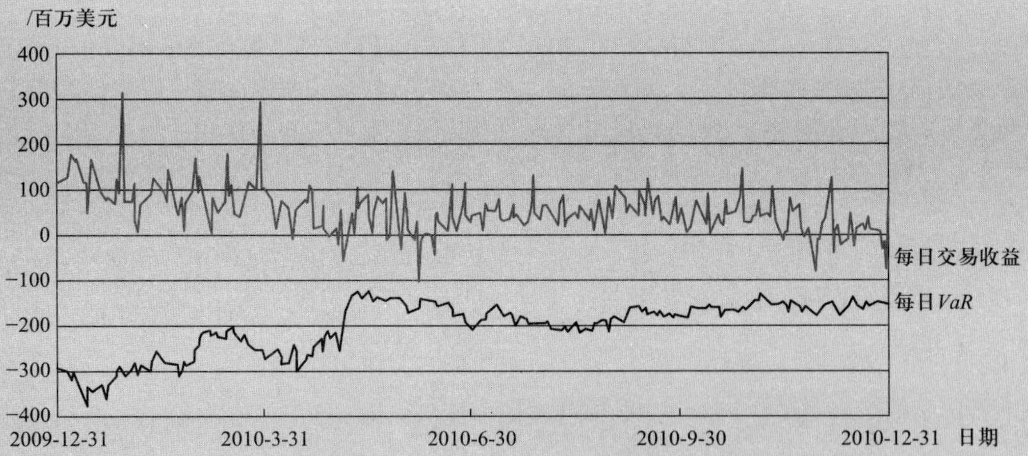

图 17.1 美洲银行 2010 年每日交易 *VaR* 与每日交易收益比较

资料来源：www.bankofamerica.com。

第二节 在 险 值

一、在险值的定义

在险值（*VaR*）是指在一定的概率水平$\alpha\%$（置信水平）下，某一金融资产或证券组合价值在未来特定时期内的最大可能损失。换句话说，计算 *VaR* 实际上是在回答一个问题：在未来 N 天内，有$\alpha\%$的把握认为损失不会超过多少？例如，某投资组合期限为 1 天、置信水平为 99%的 *VaR* 值为 10 万美元，这意味着该投资组合未来 1 天内的损失只有 1%的可能超过 10 万美元；或者说，有 99%的把握认为该投资组合未来 1 天内的损失不会超过 10 万美元。

如果用公式来描述，*VaR* 可以表示为：

$$Prob(\Delta\Pi<-VaR)=(100-\alpha)\% \tag{17.1}$$

式中：$\Delta\Pi$ 为投资组合价值的未来变动。

图 17.2 给出了相应的示意图。图中曲线为 $\Delta\Pi$ 的分布，左端为损失，右端为收益。而 $-VaR$ 实际上是 $\Delta\Pi$ 分布的$(100-\alpha)\%$分位数。

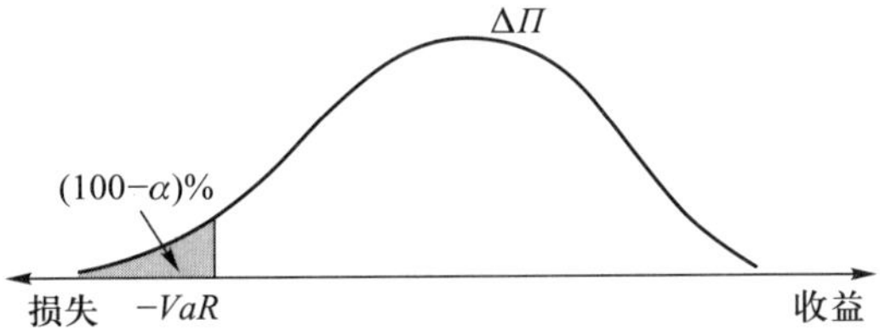

图 17.2 *VaR* 示意图

从上述定义可见，*VaR* 实际上是将整体损失的可能性概括为一个简单的数字，能够让人立刻知道“最糟糕的情况会如何”，因而成为使用最广泛的风险指标之一。在适用性方面，*VaR* 既可以度量市场风险，也可以度量信用风险。本节针对其最主要的运用领域（市场风险）进行讨论。

二、在险值的参数

根据以上定义，计算 *VaR* 至少需要三个方面的信息：一是时间长度 N；二是置信水平$\alpha\%$；三是投资组合未来价值变动 $\Delta\Pi$ 的分布特征。N 和$\alpha\%$是重要的 *VaR* 参数。

（一）时间长度 *N* 的选择

选择时间长度 N 就是确定要计算资产在未来多长时间内的最大损失，原则上应根据资产的特点和投资组合管理的需要确定。一般来说，流动性很强的交易头寸需以每日为周期计算风险收益和 *VaR* 值，如 G30 小组在 1993 年的《衍生产品：惯例与原则》报告中就建议对场外衍生产品采用逐日的标准计算 *VaR* 值。而一些期限较长的头寸如养老基金和其他投资基金则可以每月为周期。除此之外，投资组合调整、市场数据收集和套期保值等的频率也是影响时间长度选择的重要因素。在金融机构中，内部 *VaR* 的计算最常选用 1 天的时间期限。巴塞尔协议规定的计算银行监管资本的 *VaR* 的时间长度则为 10 天。在实际中，即使选择的时间长度不

是 1 天,其 VaR 值的计算也通常以 1 天的 VaR 值为基础。具体公式如下:

$$N\text{ 天 } VaR\text{ 值}=1\text{ 天 } VaR\text{ 值}\times\sqrt{N} \tag{17.2}$$

在下文的 VaR 估计中,均从 1 天的 VaR 估计开始,再运用式(17.2)计算得到 N 天的 VaR 值。

(二) 置信水平$\alpha\%$的选择

置信水平$\alpha\%$的选择代表了对结果需要多大的把握和信心。例如,95%置信水平的含义是有 95%的把握认为最大损失不会超过 VaR 值;99%的置信水平则将把握度提高到 99%。如果放在时间上来理解,95%置信水平意味着预期 100 天内只有 5 天的损失会超过 VaR 值;99%的置信水平则表示预期 100 天内只有 1 天的损失会超过 VaR 值。因此,对置信水平的选择在一定程度上反映了金融机构对于风险承担的不同态度或偏好。较大的置信水平意味着较高的风险厌恶程度,希望能够得到把握性较大的预测结果,希望模型在对极端事件进行预测时失败的可能性较小。

从现实来看,不同金融机构或不同风险管理系统对置信水平的选择各不相同,但大体在 95%至 99%之间。例如,RiskMetrics 选择 95%,美洲银行选择 99%,等等。巴塞尔委员会则要求采用 99%的置信区间。

(三) $\Delta\Pi$ 的分布特征

相对来说,时间长度和置信水平这两个参数都容易选择。由于 VaR 实际上是投资组合未来价值变动 $\Delta\Pi$ 特定置信水平下的分位数,VaR 计算的最关键因素是 $\Delta\Pi$ 的分布特征。事实上,正是基于 $\Delta\Pi$ 分布的不同估计方法,VaR 计算方法可以分为历史模拟法(historical simulation method)与模型设定法(model building method)。历史模拟法,就是直接用历史上真实的价格变动来估计 $\Delta\Pi$ 的分布。而模型设定法则是事先假设 $\Delta\Pi$ 的分布,然后运用历史数据估计分布的参数。由于方差和协方差是最重要的参数,因此模型设定法又称为方差-协方差法。下面着重介绍这两种 VaR 计算方法。

三、VaR 的基本计算方法

计算组合的 VaR,核心问题就在于如何得到组合价值或收益率的概率分布。其方法主要可以分为两大类:参数解析法和模拟法。下面我们将具体介绍 VaR 的各种计算方法,并比较分析各种方法的优劣。

(一) 参数解析法

参数解析法通常假定组合价值由一系列风险因子决定,并且风险因子的变动服从某个已知分布,然后运用敏感性分析方法得到资产组合价值变动与各风险因子的近似关系,从而求得资产组合近似的 VaR。按照所用的敏感性指标不同,参数解析法又可以分为仅考虑线性关系的 Delta 正态近似法和引入二阶非线性关系的 Delta-Gamma 近似法。

1. Delta 正态近似法

设资产组合的价值 V 由 n 个风险因子$\{S_i\}_{i=1,\cdots,n}$决定,满足 $V_t=V(S_{1,t},\cdots,S_{n,t})$,并假设各个因子在短时间(如一个交易日)内的变动率服从均值为零的联合正态分布,即满足:

$$r\sim N(0,\Sigma) \tag{17.3}$$

式中：$r=(r_1,\cdots,r_n)'$，$r_i=\dfrac{dS_i}{S_i}$；

Σ 表示各风险因子变动率的方差-协方差矩阵。

Delta 正态近似法仅考虑组合价值与风险因子之间的一阶线性关系，将资产组合价值和风险因子之间的关系近似地表示为线性的，此时资产组合的价值变动本身也服从正态分布，这在很大程度上方便了资产组合 VaR 的求解。令

$$\Delta_i=\frac{\partial V}{\partial S_i} \tag{17.4}$$

Δ_i 表示组合价值对风险因子 S_i 的一阶敏感系数，那么在 Delta 正态近似法的假设下，根据泰勒展开的一阶近似，组合价值变动可近似地表示为：

$$\begin{aligned} dV &= \sum_{i=1}^{n}\Delta_i dS_i \\ &= \sum_{i=1}^{n}\Delta_i S_i r_i \end{aligned} \tag{17.5}$$

为了求组合 VaR，我们对式(17.5)两端求方差，得：

$$\sigma_{dV}^2=\sum_i\sum_j\rho_{ij}\Delta_i\Delta_j S_i S_j\sigma_{r_i}\sigma_{r_j} \tag{17.6}$$

式中：σ_{r_i}表示 r_i 的标准差；

ρ_{ij}表示 r_i 与 r_j 之间的相关系数。

这样，根据式(17.6)我们就可以求出资产组合在 $\alpha\%$的置信水平下，1 天的 VaR 值为：

$$VaR=-N^{-1}(1-\alpha\%)\sigma_{dV}=-N^{-1}(1-\alpha\%)\sqrt{\sum_i\sum_j\rho_{ij}\Delta_i\Delta_j S_i S_j\sigma_{r_i}\sigma_{r_j}} \tag{17.7}$$

式中：$N^{-1}(1-\alpha\%)$表示标准正态分布对应左尾 $1-\alpha\%$的分位数。

如果用 VaR_i 表示风险因子 S_i 的 VaR 水平，即 VaR_i 满足：

$$VaR_i=-N^{-1}(1-\alpha\%)S_i\sigma_{r_i} \tag{17.8}$$

通过式(17.7)还容易求得组合的 VaR 与各风险因子的 VaR_i 之间的关系：

$$VaR=-\sqrt{\sum_i\sum_j\rho_{ij}\Delta_i\Delta_j VaR_i VaR_j} \tag{17.9}$$

案例 17.2 给出了一个单一风险因子 VaR 值估计的例子。

【案例 17.2】

单一资产 VaR 值估计

假设一个价值为 100 万元的股票头寸，该股票的日波动率为 1.9%（约为年 30%）。假定该投资组合的价值变动服从正态分布，投资组合价值的预期变动为零。试计算 10 天时间置信水平为 99%的在险值。

在这个例子中，$N=10$，$\alpha=99\%$，$S=1\ 000\ 000$ 元。根据式(17.8)，1 天的 VaR 为：

$$VaR=-S\sigma N^{-1}(1-\alpha\%)=-1\ 000\ 000\times0.019\times(-2.33)=44\ 270\text{ 元}$$

因此 10 天的 VaR 为 $44\ 270\times\sqrt{10}=139\ 994$ 元。

注意在使用式(17.8)时，σ 应选择与相应期限对应的波动率。

可见，对于 Delta 正态近似法，要计算组合的 *VaR*，关键在于求出资产组合价值对各个风险因子的敏感性指标 Δ_i 以及风险因子的方差-协方差矩阵 Σ 。

然而，如果组合中含有期权类产品，组合的价值和风险因子的关系就呈现较大非线性，此时如果因子变动较大，那么只考虑线性关系的 Delta 正态近似法就显然过于简化。

Delta-Gamma 近似法在 Delta 正态近似法上引入了二阶 Gamma 项，是对 Delta 正态近似法的一个改进。

2. Delta-Gamma 近似法

同样假设组合与风险因子之间满足关系 $V_t=V(S_{1,t},\cdots,S_{n,t})$，为了考虑资产组合与风险因子之间的二阶关系，令

$$\Gamma_{ij}=\frac{\partial^2 V}{\partial S_i \partial S_j} \tag{17.10}$$

那么，根据泰勒展开二阶近似，资产组合价值的变动就可近似表示为：

$$\begin{aligned} \mathrm{d}V &= \sum_{i=1}^{n}\Delta_i \mathrm{d}S_i + \frac{1}{2}\sum_i \sum_j \Gamma_{ij}\mathrm{d}S_i \mathrm{d}S_j \\ &= \sum_{i=1}^{n}\Delta_i S_i r_i + \frac{1}{2}\sum_i \sum_j \Gamma_{ij}S_i S_j r_i r_j \end{aligned} \tag{17.11}$$

可以看到，由于引入了二阶项，即使风险因子的变动率仍服从正态分布，资产组合价值变动也不再服从正态分布。此时，求解组合 *VaR* 不仅仅要考虑组合价值变动的均值和方差，还需要考虑更高阶矩。运用 Cornish-Fisher 展开式①，我们可以得到组合价值变动式(17.11)的均值 $\mu_{\mathrm{d}V}$、方差 $\sigma^2_{\mathrm{d}V}$ 和偏度系数 ξ，通过偏度调整后就可以得到 $\alpha\%$ 的置信水平下资产组合的 *VaR*：

$$VaR=-\mu_{\mathrm{d}V}-\left[z_\alpha+\frac{1}{6}(z_\alpha^2-1)\xi\right]\sigma_{\mathrm{d}V} \tag{17.12}$$

式中：$z_\alpha=N^{-1}(1-\alpha\%)$ 表示标准正态分布左尾 $1-\alpha\%$ 的分位数。

对于 Delta-Gamma 近似法的求解还有一种方法，就是结合后面将介绍的蒙特卡罗模拟，即首先用蒙特卡罗模拟法模拟出风险因子 $\{S_i\}_{i=1,\cdots,n}$ 的联合变动路径，然后应用式(17.11)求出二阶近似下对应的组合价值变动的路径，从而可以根据模拟结果求得组合的 *VaR*。由于该方法不是对资产组合价值变动完全的模拟，因此也被称为半模拟法。

可以看到，Delta-Gamma 近似法虽然由于引入了二阶项可以更好地捕捉组合与风险因子之间的非线性关系，然而也正因此使 *VaR* 计算的复杂性大大增加，所需的计算量随风险源个数增加呈几何级数增长，因此在实际中对于风险源个数较多的情况往往并不适用。

（二）模拟法

与参数解析法不同，模拟法采用的是模拟的技术，首先通过一定的方法模拟风险因子在未来的各种可能情景，然后根据组合价值与风险因子的关系，得到在不同情景下投资组合的价值，从而得到组合价值分布的模拟，进而求得组合的 *VaR*。按照模拟方法不同，模拟法又可以分为历史模拟法和蒙特卡罗模拟法。

---

① 对该方法详细内容的讨论已超出本书范围，有兴趣的读者可参考：Hull J. Options, Futures and other Derivatives [M]. 8th edition. New York: Prentice Education Inc.,2012.

1. 历史模拟法

历史模拟法是一种较简单和直观的 *VaR* 计算方法。该方法没有对风险因子做任何具体分布的假定,而是假定风险因子的变动是一种简单地重复历史的过程,因而我们就可以用历史变动来模拟因子未来的变化情景,然后根据组合与因子之间的关系计算组合的 *VaR*。历史模拟法的主要实施步骤如下:

第一,确定影响组合价值变动的 n 个风险因子 $\{S_i\}_{i=1,\cdots,n}$ 以及组合与风险因子之间的关系式 $V_t=V(S_{1,t},\cdots,S_{n,t})$。

第二,选定历史观察期,并记录在每个观察期内各风险因子的变动情况。事实上,历史观察期个数的选取就决定了我们对风险因子未来变动模拟的次数。

第三,根据风险因子当前值及第二步的结果,来模拟各种历史情景下风险因子未来一期的值。如果假设当前时期为 t,模拟 $t+1$ 期的值,历史观察期选为时期 $t-N$ 至 t,用 $S_{i,t-m}$ 表示因子 S_i 在第 $t-m$ 时期的观察值,那么因子 S_i 在 $t+1$ 时期的第 m 种历史情景下模拟结果为:

$$S_{i,t+1}^{m}=S_{i,t}\frac{S_{i,t-(m-1)}}{S_{i,t-m}},\quad m=1,\cdots,N \tag{17.13}$$

第四,根据每种历史情景下风险因子的模拟值,计算出对应情景下组合的价值。即根据第三步的模拟结果,计算组合价值在 $t+1$ 时刻的第 m 种历史情景下的变化为:

$$\mathrm{d}V_{t+1}^{m}=V_{t+1}^{m}-V_t=V(S_{1,t+1}^{m},\cdots,S_{n,t+1}^{m})-V_t,\quad m=1,\cdots,N \tag{17.14}$$

第五,根据第四步的结果,对组合价值变化的 N 个模拟结果 $\mathrm{d}V_{t+1}^{m}(m=1,\cdots,N)$ 由小到大进行排序,然后根据给定的置信水平找到对应的分位数就得到了组合的 *VaR*。

案例 17.3 给出了一个历史模拟法的例子。

【案例 17.3】

用历史模拟法估计 *VaR*

假设某投资经理打算用历史模拟法估计某投资组合 1 天的 *VaR* 值,置信水平为 99%。具体过程体现在表 17.2(a)与(b)中。

表 17.2　*VaR* 历史模拟法

(a) 历史数据收集

天数	因子 1	因子 2	…	因子 n
0	1	1	…	1
1	2.2%	2.4%	…	-0.70%
2	3.2%	0.26%	…	0.17%
3	-2.2%	1.9%	…	-0.18%
⋮	⋮	⋮	⋮	⋮
499	0.12%	0.84%	…	-0.37%
500	0.39%	1.5%	…	0.18%

(b) 情景模拟

情景	因子 1	因子 2	…	因子 n	组合价值（百万）	组合价值变化（百万）
初始值	26.42	0.137 5	…	62.09	23.8	
1	27.00	0.140 8	…	61.23	23.91	0.11
2	27.27	0.137 9	…	61.76	23.45	-0.46
3	25.84	0.140 1	…	61.55	22.90	-0.55
⋮	⋮	⋮	⋮	⋮		
499	26.45	0.138 7	…	61.43	24.00	0.52
500	26.52	0.139 6	…	61.77	22.85	-0.35

从表中可见，该投资经理首先将投资组合分解为 n 个因子的组合（具体分解方法视投资组合而定），并运用历史 500 天的信息得到 500 个因子日变动率场景。之后，他以当天的因子值为基础，针对每个场景计算出一天内可能达到的因子值，据此计算投资组合一天内可能的价值与价值变化。将 500 个组合价值变化从小到大排列，就得到了一个基于历史数据的投资组合将来可能价值变动的分布。由于置信水平设定为 99%，该投资经理只要找到分布中最小的第 5 个值，就是 500 个场景中 1% 的分位数，也就是 99% 置信水平下的 VaR 值。

历史模拟法的优点是显而易见的。首先，它无须对因子的分布做任何假设；其次，它是一种非参数方法，避免了对因子建模及对方差-协方差矩阵等参数的估计，从而避免了模型风险和参数估计风险；最后，历史模拟法可以更准确地处理非线性关系的情况。然而，历史模拟法也存在一定的局限性。首先，模拟次数受到历史样本数量的限制，如果历史样本数据有限，那么该方法就无法有效地进行，并且模拟结果对历史数据长度和质量都较为敏感；其次，历史模拟法的可靠性依赖于历史分布对未来分布的近似程度，而现实中历史分布与未来分布常常出现较大差异，这就很大程度上降低了历史模拟法的优势；最后，历史模拟法在处理复杂的投资组合时，往往也必须采用简化的方法，此时就可能失去其优势。

2. 蒙特卡罗模拟法

蒙特卡罗模拟法是一种最流行的模拟方法。如同参数解析法一样，蒙特卡罗模拟法首先对风险因子的分布作了一定的假设，通常假定为联合正态分布（但不限于正态分布），然后采用蒙特卡罗模拟法对风险因子未来变化情景进行模拟，并计算出对应的组合价值，把各种情景下的组合价值从小到大排列就形成了组合价值未来的分布，根据置信水平寻找分位数就可以求出 VaR。具体来看，蒙特卡罗模拟法的实施步骤如下：

第一步，确定影响组合价值变动的 n 个风险因子 $\{S_i\}_{i=1,\cdots,n}$ 以及组合与因子之间的关系式 $V_t=V(S_{1,t},\cdots,S_{n,t})$。

第二步，对各风险因子变动率 r 的联合分布作一定的假设，并根据历史数据估计出该分布的各个参数。

第三步，根据第二步的分布对风险因子变动率进行随机抽样，产生风险因子在 $t+1$ 时刻的一组模拟值$\{S_{i,t+1}^m\}_{i=1,\cdots,n}$。

第四步,根据第三步中产生的风险因子模拟值计算出对应情景下组合价值的变动:

$$dV_{t+1}^m = V_{t+1}^m - V_t = V(S_{1,t+1}^m, \cdots, S_{n,t+1}^m) - V_t$$

第五步,不断重复第三步和第四步,得到 N 种情景下组合价值的模拟值,并按从小到大进行排序,就得到了组合价值未来分布的一个模拟。

第六步,根据给定的置信水平选定分位数,求得对应的 *VaR* 值。

可以看出,蒙特卡罗模拟法在某种程度上是参数解析法和历史模拟法的结合,因此具有较大的优势。第一,相对于历史模拟法而言,蒙特卡罗模拟法采用的是随机抽样的形式,因此可以进行大量的模拟,而无须受到历史数据样本数量和质量的限制。第二,相对于参数解析法而言,蒙特卡罗模拟法可以更精确地处理非线性问题。第三,在风险因子分布假定上,蒙特卡罗模拟法可以根据经验假设更合适的分布,而无须限制在正态分布的假定上,并且可以方便地处理波动率的时变性、分布的结构性变化等各种复杂的情形。正是由于这些特点,蒙特卡罗模拟法目前被认为是计算 *VaR* 最灵活、准确的方法,应用也最为广泛。然而,高精确性要以高的计算成本为代价。蒙特卡罗模拟法最大的局限就在于其计算复杂和耗时长。特别是对于复杂的资产组合,可能在计算组合价值时本身就需要模拟,形成了模拟中套模拟,最终甚至可能由于过度复杂导致无法实施。此外,蒙特卡罗模拟法假定了因子的具体分布形式,并且在计算组合价值时采用了特定的定价模型,这两者都会造成该方法存在一定的模型风险和参数估计风险,这也是蒙特卡罗模拟法的局限性之一。

(三) 各种方法的比较

以上介绍的几种 *VaR* 计算方法,应该说都有各自的优缺点,很难简单地说孰优孰劣,各种方法适用于不同情形,其差异主要体现了计算效率与准确性的取舍问题。

参数解析法采用了一种局部近似的估值方法,相对于模拟法而言是一种简化的方法,其中 Delta 正态近似法仅考虑了组合与风险因子的线性关系,是一种最简化的方法,在实际应用中易于操作,但该方法无法刻画非线性关系及非正态分布的特性,应用于非线性程度较高的资产组合时会产生很大误差。Delta-Gamma 近似法则是在 Delta 正态近似法上加入了二阶项来更好地处理非线性问题,但在实际应用中比 Delta 正态近似法更为复杂,并且该方法同样摆脱不了局部估值及正态分布假设的局限。历史模拟法是一种较容易实现的模拟法,改进了参数解析法的两个最大缺陷,可以较准确地处理非线性关系和非正态分布的问题,然而该方法效果好坏依赖于历史分布对未来分布预测的准确性。蒙特卡罗模拟法应该说是一种功能最强的方法,它可以同时改进其他方法的缺陷,具有高度灵活性的特点,能灵活地设定因子各种分布和处理各种特殊情形,通过大量的抽样模拟,可以得到较精确的结果,但该方法计算成本相当大,需要强大的计算机设备支持,并且需要较长的计算时间。

总之,我们必须充分了解各种 *VaR* 计算方法的关联和差异。在实际应用中,我们应该结合具体问题来分析、选择适当的方法。比如,处理一个规模巨大但线性关系占主导地位的投资组合,并且在风险因子分布接近正态的情况下,Delta 正态近似法显然是一个最合适的方法;对于一个风险源较少但非线性风险占主导地位的投资组合,Delta-Gamma 近似法可能是一个成本较低而精确度较高的方法;对于一个复杂的高度非线性风险主导的投资组合,蒙特卡罗模拟法可能是最佳选择;当完全估值过于复杂时,最佳的选择又可能是蒙特卡罗模拟法与参数解析法的结合使用。

（四）风险因子的分解与风险头寸的映射

在上述计算 *VaR* 的方法中我们可以看到，无论什么方法都必须采取一个重要步骤，那就是确定投资组合与风险因子之间的关系，即把组合的头寸分解并映射到选定的各个风险因子上。并基于此计算组合价值对这些风险因子的敏感性，这是 *VaR* 估计中的核心技术之一。

从理论上来讲，我们可以把一个资产组合中的每种资产都作为一个单独的风险因子来考虑，组合的总价值就等于所有资产价值的简单加总，计算组合的 *VaR* 就只需得到各种资产的联合分布。然而，这仅适用于组合中资产较少的情形。现实中的资产组合中往往包含大量资产，如果同时对所有的资产一一建模，所耗费的时间及计算成本都将过于浩大，无法满足实际风险管理的需求。事实上，很多资产价值的变动往往具有较强的关联性，它们通常都是由几个共同的风险因子驱动的，如果我们能把组合中每个资产的价值映射到这些共同因子上，此时组合在各个因子上的头寸就等于每个资产在该因子上头寸的加总，那么问题就可以大大简化，我们只需要对这些共同的风险因子建模。例如，由大量不同期限和不同息票率的国债构成的组合，组合中每个债券价值的变动都完全由国债利率期限结构的变动决定，此时各种不同期限的利率或对应期限的零息票债券价格就可以作为该组合的风险因子，而风险因子个数的选择取决于组合实际情况及对风险把握的准确性要求；对于包含大量同一种标的资产的衍生产品组合，其价值的变动就由标的资产的变动决定，此时标的资产就可以作为该组合中所有资产变动的共同的风险因子。

表 17.3 显示了风险因子分解与映射的一个基本过程：一个由 n 种资产构成的组合，假设每个资产的价值都可以映射到三个共同的风险因子上，V_{ij}表示资产 i 映射到风险因子 j 上的头寸，资产 i 的头寸就被分解为 $V_i = V_{i1}+V_{i2}+V_{i3}$，加总所有资产在风险因子 j 上的头寸就得到了组合价值映射到风险因子 j 上的头寸：$W_j = \sum_i V_{ij}$，这样组合总头寸就可以表示成映射到三个风险因子上的头寸加总：$V = W_1+W_2+W_3$。

表 17.3　风险因子的分解与风险头寸的映射

	总头寸	因子 1	因子 2	因子 3
资产 1	$V_1 = \sum_{j=1}^{3} V_{1j}$	V_{11}	V_{12}	V_{13}
资产 2	$V_2 = \sum_{j=1}^{3} V_{2j}$	V_{21}	V_{22}	V_{23}
…	…	…	…	…
资产 n	$V_n = \sum_{j=1}^{3} V_{nj}$	V_{n1}	V_{n2}	V_{n3}
组合	$V = \sum_{j=1}^{3} W_j$	$W_1 = \sum_{i=1}^{n} V_{i1}$	$W_2 = \sum_{i=1}^{n} V_{i2}$	$W_3 = \sum_{i=1}^{n} V_{i3}$

案例 17.4 对两种典型的风险因子分解和风险头寸映射方法进行了介绍。

【案例 17.4】

Delta 正态近似法下的风险因子分解与风险头寸映射

(1) 在 Delta 正态近似法下,风险映射头寸通常是未来现金流的现值。例如一个 3 个月后以 1 500 万美元兑换 1 000 万英镑的外汇远期合约,可以将其现金流分解为下述等价的零息债券组合,两个零息票债券分别为两个风险因子,相应现金流现值就是其风险头寸。

风险因子	风险头寸
多头,面值 1 000 万英镑的 91 天的英镑零息债券	$\frac{1\ 000\text{万英镑}}{1+r_{\text{英镑}}}$
空头,面值 1 500 万美元的 91 天的美元零息债券	$-\frac{1\ 500\text{万美元}}{1+r_{\text{美元}}}$

(2) 当处理固定收益证券时,由于其价值受到整条利率期限结构曲线的影响,无法一一构建风险因子,因此通常选择利率期限结构曲线的平行移动 Δy 作为风险因子,运用久期的公式 $\Delta P=-DP\Delta y$ 将固定收益证券价格的变动 ΔP 通过修正久期 D 映射到 Δy 上去。

另一种固定收益证券的风险映射方法是选择几个关键到期时间如 1 个月、3 个月、6 个月、1 年、2 年、5 年、7 年、10 年和 30 年的零息票债券作为风险因子,然后将固定收益证券的未来现金流映射分配到这些风险因子上去。常见的现金流映射与分配方法为方差匹配法,即分配的权重需满足:

$$\sigma_{cash}^2=\omega^2\sigma_1^2+(1-\omega)^2\sigma_2^2+2\omega(1-\omega)\rho\sigma_1\sigma_2$$

即分配后的现金流组合的方差应等于原先现金流的方差。例如,假设某债券在第 6.5 年有一笔 10 000 美元的现金流入,由于 5 年期和 7 年期即期利率分别为 5%和 6%(一年计一次复利),运用线性插值法可得 6.5 年的即期利率为 5.75%,因此 6.5 年 10 000 美元现金流的现值为 6 953 美元。已知 5 年期和 7 年期零息债券的日波动率分别为 0.5%和 0.4%,相关系数为 0.6。运用线性插值法可得 6.5 年零息债券的日波动率为 0.425%。根据方差匹配法,我们有:

$$0.425^2=0.5^2\omega^2+0.4^2(1-\omega)^2+2\times0.6\times0.5\times0.4\times\omega(1-\omega)$$

使得上式成立的权重 $\omega=65.5\%$。也就是说,应将 6.5 年现金流现值 6 953 美元的 65.5%即 4 554 美元分配给 5 年期零息票债券,其中的 35.5%即 2 399 美元分配给 7 年期零息票债券。

四、在险值的特点与应用

与其他风险度量方法相比,*VaR* 最突出的优势在于可以用一个数字来简单明了地表示整体风险的基本状况,即使是没有任何专业背景的投资者和管理者都可以通过 *VaR* 值对金融风险加以了解。而且,*VaR* 方法不仅能够计算单个金融工具的风险,还能计算多个金融工具组成的投资组合风险。利用 *VaR* 方法进行风险控制,可以使每个交易员或交易单位都确切地了解他们在进行的金融交易的风险状况,并可以为每个交易员或交易单位设置 *VaR* 限额,以防止过度投机。但 *VaR* 方法也有其局限性:它一般只能用于可交易的有大量价格数据的投资组合,最适合于市场风险,往往忽视流动性风险等其他风险,也无法捕捉到市场风险与其他风险间的相互关系。另外,从技术角度看,*VaR* 值表明的是一定置信度内的最大损失,但却不能预测到投资组合的确切损失程度,更无法说明一旦置信区间之外的情况发生结果会如何。例如,图 17.3(a)与(b)中所表示的投资组合具有相同的 *VaR*,但从图形分布形态上看,显然图(b)的预期损失要大于图(a)。情景分析和压力测试正是基于这些缺陷对 *VaR* 方法的一个补充,此外 *VaR* 方法本身也在不断地发展。

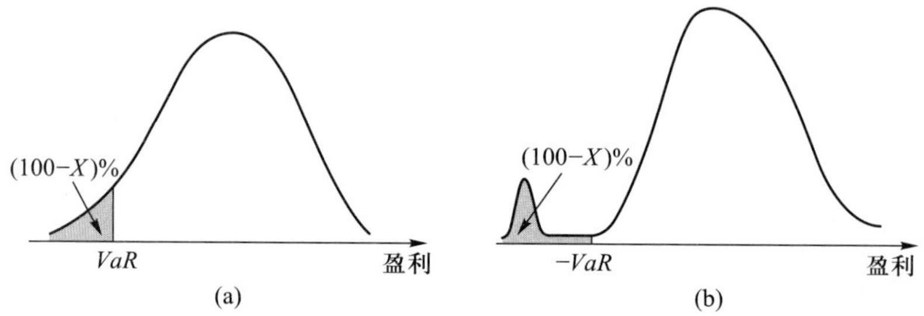

图 17.3 相同 *VaR* 下的不同收益/损失分布

从目前来看,*VaR* 主要应用于风险管理和业绩评估。*VaR* 方法已经在全球的金融机构和非金融公司中得到广泛的应用和发展。如前文的美洲银行案例所示,目前 *VaR* 已经成为一种揭示金融市场风险的标准方法。巴塞尔委员会也以 *VaR* 方法作为商业银行计算市场风险监管资本时的内部模型法的重要基础。除此之外,越来越多的机构开始引入 *VaR* 值计算经风险调整的业绩评价指标,用来进行业绩评估乃至投资决策指导,降低交易员的风险倾向,提高公司的稳健经营程度。

第三节 信用风险管理

一、信用风险度量方法

如本章第一节所述,信用风险的度量主要包括违约概率的估计与违约损失率的估计。

(一) 违约概率的估计

一直以来,信用风险度量的重点都是违约概率的估计。在过去几十年甚至上百年的时间里,违约概率的估计大致经历了从简单到复杂,从粗略到日益精确的发展过程。

1. 信用评级法及历史违约概率

信用评级是人们对违约可能性给出的一种指标。穆迪(Moody)、标准普尔(Standard & Poor's,S&P)和惠誉国际(Fitch)是世界上最著名的三大外部信用评级公司。穆迪的信用等级标准从高到低可依次划分为 Aaa 级、Aa 级、A 级、Baa 级、Ba 级、B 级、Caa 级、Ca 级、C 级和 D 级,标准普尔公司和惠誉的信用等级标准从高到低则可划分为:AAA 级、AA 级、A 级、BBB 级、BB 级、B 级、CCC 级、CC 级、C 级和 D 级。三家机构信用等级划分大致相同,前四个级别债券信誉高、风险小,是"投资级债券",第五级开始的债券信誉低,是"投机级债券"。为了提供更精细的信用级别,穆迪将 Aa 级又细分为 Aa1、Aa2 和 Aa3,将 A 级细分为 A1、A2 和 A3,等等。同样,标普和惠誉将 AA 细分为 AA+、AA 和 AA-,将 A 细分为 A+、A 和 A-,等等。

根据穆迪公司对评级分类的定义,信用评级本身就是对违约概率历史估计的一种直接表现。从实际情况来看,从不同信用级别债券的历史表现中,可以得到违约概率的历史信息。表 17.4 是穆迪公司公布的一组典型数据,这些数据显示了不同信用级别的债券发行者随时间推移出现的变化,可以计算得到不同信用级别的债券在特定时间内的历史违约概率。例如,初始信用级别为 A 的公司在 2 年内违约的概率为 0.200%,其在第 2 年内违约的概率为 0.200%-0.062%=0.138%。

此外,信用评级还包含着信用级别变化的信息。表 17.5 显示了 1983—2010 年的各个信用等级在 1 年之内转移到其他信用等级的比例。例如,初始信用级别为 A 的主权债券发行者在一年内维持信用等级不变的比例为 91.41%,升级为 Aa 的比例为 4.75%,降级为 Baa 的比例为 2.94%,降级为 Ba 的比例为 0.53%。

尽管外部信用评级的影响力很大,从信用评级中也可得到历史违约概率的信息,但信用评级仍然只是违约概率的某种简化指标。其原因主要是:

第一,在信用评级法下,具有相同信用等级的公司具有相同的违约概率,这显然是一个不完全符合现实的假设,即使信用等级相同,不同公司的真实违约概率仍然可能是不同的。

第二,信用评级法下隐含的是历史违约概率,但人们希望获得的是对未来违约概率的估计。

第三,信用评级的调整并不频繁,信用评级公司通常只在有理由相信某公司的长期信用改变时才会调整这家公司的信用级别,实际上这个特点使得信用评级的历史性质更加突出,对未来的预期性不够突出。例如,在 2011 年的希腊债务危机中,穆迪公司的评级变动就明显滞后于希腊主权债券价格和希腊主权的信用违约互换(CDS)所隐含的信用评级。

除此之外,外部评级通常只针对较大的企业(尤其是大企业所发行的债券)进行,许多不发行公开上市交易债券的中小企业是无法得到外部评级的,因此许多金融机构必须发展内部评级与信用评估方法。

2. 专家判断法与信用评分法

许多银行和金融机构都针对企业和个人客户的信用发展了内部的信用分析系统。最常见的方法包括专家判断法和信用评分法。总的来看,财务指标是其中最主要的分析要素。

(1) 专家判断法。专家判断法是商业银行在长期经营信贷业务和承担信用风险的过程中逐步发展起来的传统信用分析方法,主要是依赖信贷人员自身的专业知识和丰富经验,在分析评价各种关键因素(主要是财务指标)的基础上根据主观判断来综合评定信用风险。著名的专家判断系统包括针对企业信用分析的 5C① 系统和针对金融机构的 CAMEL② 分析系统等。

专家判断法是以信贷专业人员的经验判断作为信用风险分析与决策的主要基础,在长期的发展过程中已经相当成熟,但只能对违约与否和贷款与否做出两元判断,主观性过强,缺乏一致性和准确性。

---

① 5C 指品德(character)、资本(capital)、还款能力(capacity)、抵押(collateral)和经营条件(condition)。

② CAMEL 指资本充足性(capital adequancy)、资产质量(asset quality)、管理水平(management)、盈利水平(earning)和流动性(liquidity)。

表 17.4 发行者加权累积违约概率(1983—2010 年)

	Year 1	Year 2	Year 3	Year 4	Year 5	Year 6	Year 7	Year 8	Year 9	Year 10
主权债券发行者										
Aaa	0.000%	0.000%	0.000%	0.000%	0.000%	0.000%	0.000%	0.000%	0.000%	0.000%
Aa	0.000%	0.000%	0.000%	0.000%	0.000%	0.000%	0.000%	0.000%	0.000%	0.000%
A	0.000%	0.000%	0.000%	0.000%	0.000%	0.000%	0.000%	0.000%	0.000%	0.000%
Baa	0.000%	0.476%	0.997%	1.570%	2.207%	2.855%	2.855%	2.855%	2.855%	2.855%
Ba	0.769%	1.746%	3.433%	5.349%	7.435%	8.949%	11.118%	13.951%	16.416%	18.882%
B	3.391%	7.039%	9.204%	12.110%	15.096%	17.986%	20.095%	21.277%	22.735%	24.590%
Caa-C	23.636%	27.727%	32.823%	32.823%	32.823%	32.823%	32.823%	32.823%	32.823%	32.823%
投资级	0.000%	0.098%	0.204%	0.318%	0.442%	0.566%	0.566%	0.566%	0.566%	0.566%
投机级	2.793%	5.035%	7.077%	9.305%	11.651%	13.625%	15.674%	17.780%	19.778%	21.924%
所有	0.844%	1.581%	2.253%	2.977%	3.736%	4.380%	4.946%	5.515%	6.029%	6.549%
公司债券发行者										
Aaa	0.000%	0.016%	0.016%	0.048%	0.086%	0.132%	0.182%	0.186%	0.186%	0.186%
Aa	0.023%	0.066%	0.116%	0.202%	0.291%	0.351%	0.388%	0.419%	0.447%	0.501%
A	0.062%	0.200%	0.414%	0.623%	0.853%	1.099%	1.371%	1.677%	1.969%	2.216%
Baa	0.202%	0.561%	0.998%	1.501%	2.060%	2.636%	3.175%	3.710%	4.260%	4.890%
Ba	1.197%	3.437%	6.183%	9.067%	11.510%	13.757%	15.760%	17.679%	19.526%	21.337%
B	4.466%	10.524%	16.526%	21.774%	26.524%	31.034%	35.301%	39.032%	42.312%	45.194%
Caa-C	18.030%	30.037%	39.612%	47.373%	53.882%	58.064%	60.978%	64.428%	68.464%	73.646%
投资级	0.095%	0.274%	0.508%	0.769%	1.054%	1.343%	1.622%	1.907%	2.185%	2.467%
投机级	4.944%	10.195%	15.233%	19.671%	23.477%	26.820%	29.790%	32.433%	34.804%	36.967%
所有	1.819%	3.717%	5.485%	6.988%	8.241%	9.303%	10.212%	11.006%	11.706%	12.344%

资料来源:穆迪公司。

表 17.5 未来 1 年信用等级转移比例(1983—2010 年)

	信用等级移至								
信用等级移自:	Aaa	Aa	A	Baa	Ba	B	Caa-C	违约	取消
主权债券发行者									
Aaa	96.78%	3.04%	0.05%	0.12%	0.00%	0.00%	0.00%	0.00%	0.02%
Aa	5.02%	92.85%	1.05%	0.21%	0.00%	0.00%	0.00%	0.00%	0.87%
A	0.00%	4.75%	91.41%	2.94%	0.53%	0.00%	0.00%	0.00%	0.37%
Baa	0.00%	0.00%	8.56%	86.76%	2.63%	0.76%	0.00%	0.00%	1.29%
Ba	0.00%	0.00%	0.00%	7.51%	86.04%	5.04%	0.23%	0.77%	0.40%
B	0.00%	0.00%	0.00%	0.00%	5.37%	87.28%	3.13%	3.37%	0.85%
Caa-C	0.00%	0.00%	0.00%	0.00%	0.00%	29.55%	46.82%	23.64%	0.00%
公司债券发行者									
Aaa	86.24%	9.29%	0.45%	0.01%	0.03%	0.00%	0.00%	0.00%	3.97%
Aa	0.89%	84.95%	8.23%	0.39%	0.04%	0.02%	0.01%	0.02%	5.45%
A	0.06%	2.73%	85.82%	5.54%	0.53%	0.13%	0.04%	0.06%	5.09%
Baa	0.04%	0.20%	4.64%	83.72%	4.09%	0.90%	0.23%	0.20%	5.99%
Ba	0.01%	0.06%	0.38%	5.72%	73.88%	7.94%	0.71%	1.14%	10.17%
B	0.01%	0.04%	0.13%	0.34%	4.73%	73.24%	6.58%	4.23%	10.72%
Caa-C	0.00%	0.02%	0.02%	0.13%	0.43%	7.67%	62.03%	16.87%	12.83%

资料来源:穆迪公司。

（2）信用评分法。信用评分法是利用可观测到的借款人的特征变量计算出一个分数代表借款人的信用情形，并据此将其归入不同的风险等级，估计其违约概率。其一般过程为：首先，根据经验或统计分析确定某一类别的借款人的信用风险特征变量及适用的统计模型；其次，对历史数据进行统计分析，得出各特征变量的影响权重；最后，将该类借款人的相关特征变量值代入模型计算出一个数值，即为信用评分，根据该分数衡量该借款人的信用风险水平，给予评级并估计出大致的违约概率。信用评分法的关键在于特征变量的选择和统计模型的选择，从而估计出变量的影响权重。常见的统计模型包括线性概率模型、Logit 模型和 Probit 模型等。

作为一种传统且相对易于应用的信用风险量化模型，目前信用评分模型在商业银行信用风险管理中运用十分广泛，尤其是在个人信用风险管理如信用卡业务中更为普遍。但这种方法对数据的要求很高，且实际上只能给出客户大体的信用等级水平，却无法提供具体的违约概率结果，这些都是其内在的局限性。

3. 基于市场数据的违约概率模型

违约概率模型是 20 世纪 90 年代以后迅速发展起来的现代信用风险度量方法，其最重要的特征在于运用市场数据计算出确定的违约概率，既可以用于传统的贷款信用风险度量，也可适用于债券和金融衍生产品的信用风险度量，因而成为信用风险度量的重要发展方向。具体来看，现代违约概率模型分为结构模型（structure model）与简化模型（reduced-form model）两大类。近年来，结构模型和简化模型都经历了不断拓展的过程。下面介绍其基本的思想与原理。

（1）结构模型。结构模型是在 1974 年罗伯特·默顿提出的公司债期权分析框架的基础上发展起来的。其基本思想是：假设公司的负债可以看成面值为 K、到期日为 T 的零息债券，并且仅在到期日判断是否违约。在债券到期日，若公司资产价值 V_T 高于债券到期值 K，公司履行债务，债权人获得 K；若 V_T 低于 K，公司违约，债权人获得 V_T。因此，该零息债券的到期支付可以写为：

$$B_T=\min(V_T,K)=K-\max(K-V_T,0)$$

也就是说，公司的债务可以视为同等条件的无风险债券和基于公司价值 V、行权价格为 K、到期日为 T 的欧式看跌期权空头的组合。同时，公司股权的到期回报可以写为：

$$S_T=\max(V_T-K,0)$$

这意味着，公司股权可以视为基于公司价值 V、执行价为 K、到期日为 T 的欧式看涨期权多头。

假设公司资产价值服从几何布朗运动：

$$\frac{\mathrm{d}V}{V}=\mu_V\mathrm{d}t+\sigma_V\mathrm{d}z$$

式中：μ_V 与 σ_V 分别为公司资产价值的漂移项与波动率，$\mathrm{d}z$ 为维纳过程。根据第十一章所述，T 时刻公司资产价值小于债务到期值 K 的概率（也就是公司债券的违约概率）为：

$$PD=P(V_T<K)=N\left\{\frac{\ln K-\left[\ln V_t+\left(\mu_V-\frac{\sigma_V^2}{2}\right)(T-t)\right]}{\sigma_V\sqrt{T-t}}\right\}$$

式中：t 为当前时刻；

$N(\bullet)$为标准正态累积概率分布函数。

由上可见,上述方法主要是通过揭示公司违约的触发机制来研究违约风险的,反映了公司资本结构的变化对公司违约的影响,故此被称为结构模型。结构模型的特点在于非常符合人们对信用风险的经济直觉,但它具有较多的理论假定,所需参数往往难以获得,使得模型输出结果往往与实证不符,降低了结构模型的实用性。

(2) 简化模型。简化模型是由罗伯特·杰罗(Robert A.Jarrow)、达莱尔·达菲(Darrell Duffie)、肯尼斯·辛格顿(Kenneth J. Singleton)和斯图尔特·特恩布尔(Stuart M. Turnbull)等学者提出并发展起来的。与结构模型不同,该方法不考虑违约发生的原因与经济机理,而是假定违约事件的发生具有一个外生的违约率或违约密度,因此简化模型也常常被称为密度模型(intensity model)。

简化模型的核心要素是违约密度,又称危险率(hazard rate),被定义为前一瞬间未违约条件下当前时刻的违约概率,记为 λ_t,则:

$$\frac{U_{t+\Delta t}-U_t}{U_t}=-\lambda_t\Delta t \tag{17.15}$$

式中:U_t 表示 t 时刻未违约的累积概率。

在此定义基础上,简化模型的基本思想可近似地表达为①:

$$P(t,T)=\hat{E}\left(e^{-\int_t^T\gamma_s\mathrm{d}s}\times CF\right) \tag{17.16}$$

式中:$P(t,T)$表示 T 时刻到期支付现金流 CF 的具有违约风险的证券在 t 时刻的价值;

γ_t 表示该证券的经违约调整的瞬时利率。

事实上,人们还往往在 γ 中加入流动性风险溢酬,从而有:

$$\gamma_t=r_t+\lambda_t\times LGD+l_t \tag{17.17}$$

式中:r_t 为连续复利无风险利率;

l_t 为连续复利流动性风险溢酬;

LGD 为违约损失率,违约概率密度 λ_t 乘以违约损失率 LGD 即为连续复利的信用风险溢酬。

因此,式(17.16)与式(17.17)可以解释为:有违约风险的证券在 t 时刻的价值等于未来现金流的风险中性贴现值,其贴现率为经违约风险和流动性风险调整的风险中性利率。值得注意的是,这里的 λ_t 是风险中性世界中的违约密度。

总的来看,简化模型不同分支的研究方法各不相同,但基本上它们最终都是将无风险利率期限结构模型中的无风险利率替换为经过违约调整(或者加上流动性风险调整)的短期利率,然后采用与无风险资产相类似的方法为有违约风险的资产定价。这种方法实际上是将利率期限结构动态模型的分析框架运用于信用风险资产的定价,通过引入经过违约调整(或者加上流动性风险调整)的短期利率,使得所有利率动态模型都可以直接用来定价信用风险债券。在实际估计时,研究者常常运用市场价格信息进行违约过程的参数估计:从信用风险债券的市场价格估计出 γ,从而得到信用价差 $\lambda\times LGD$,如果假设 LGD 确定已知,即可得到 λ 的值或其服从的特定随机过程,或直接从信用价差中分离得到 λ 与 LGD。

简化模型的优点在于表达形式简单,可以比较容易地直接运用于金融资产尤其是衍生

① 严格意义上的简化模型要复杂得多,本书仅介绍基本思想,故采用近似的、较易理解的表达方式。这里假设违约后的残余价值到 T 时刻支付,而非违约时立刻支付。

产品的定价中。同时,简化模型中的参数能够通过市场数据进行估计和校正,以适应市场的变化,因而其应用性高于结构模型。

(二)违约损失率的估计

违约损失率是指假设信用事件发生情况下的损失金额占违约风险暴露的比例。其估计公式为:

预期损失/违约风险暴露

具体来看,计量违约损失率的方法主要有以下两种:

第一,市场价值法,即通过市场上类似资产的信用价差和违约概率推算违约损失率。显然,这是以市场能及时有效地反映相关资产的信用风险变化为前提条件的,通常比较适用于在市场上公开交易的资产。

第二,历史数据法,即根据历史数据中的相似情形,预测违约资产的可能回收情形,计算出违约损失率。

除了计量单个债务人的违约概率和违约损失率之外,由于违约事件的发生往往还具有一定的相关性,因而需要在组合层面上引入一定的指标度量违约相关性。常见的方法包括相关系数与连接函数(copula),具体内容超过本书范围,在此不再详述。

(三)业界信用风险度量模型简介

20世纪90年代以来,随着信用风险度量理论与技术的发展,很多运用性的信用风险度量系统在业界逐渐产生与发展起来。目前来看,它们大体可分为四类:基于信用转移分析的模型,以CreditMetrics与Credit Portfolio View为代表;基于结构模型的方法,以KMV模型为代表;基于保险精算方法的模型,以CreditRisk+为代表;基于简化模型的方法,以镰仓(Kamakura)为代表。

1. 基于信用转移分析的模型

J.P.摩根的CreditMetrics是信用转移分析方法的典型代表。该模型认为信用等级的变化是信用风险的直接来源,因此其基本原理是根据历史的信用评级转移概率和市场中不同信用级别现金流的贴现率,计算出特定资产在不同信用状态下的未来价值分布,从而计算出信用 *VaR* 值。案例17.5给出了一个简单的例子。

【案例17.5】

CreditMetrics

假设现有一笔金额为1亿美元、年利率为5%(一年计一次复利)的3年期BBB级固定利率贷款。表17.6中列示了CreditMetrics模型下计算该笔贷款信用 *VaR* 值的基本方法。

表17.6 CreditMetrics模型下BBB级贷款信用 *VaR* 值的计算

年末信用评级	转移概率/%	远期贷款价值/亿美元	价值变动/亿美元
AAA	0.02	1.065 9	0.009 5
AA	0.33	1.064 9	0.008 5
A	5.95	1.063 0	0.006 6
BBB	86.93	1.056 4	0

续表

年末信用评级	转移概率/%	远期贷款价值/亿美元	价值变动/亿美元
BB	5.30	1.031 5	-0.024 9
B	1.17	1.013 9	-0.042 5
CCC	0.12	0.887 1	-0.169 3
违约	0.18	0.511 3	-0.545 1

1. 远期贷款定价举例：

$$A\text{级贷款远期价值}=0.05+\frac{0.05}{1.037\,2}+\frac{1.05}{1.043\,2^2}=1.063\,0\text{ 亿美元}$$

式中：0.037 2 和 0.043 2 分别为从市场利率期限结构中推知的 A 级贷款 1×2 和 1×3 远期年利率（一年计一次复利）。其他各信用等级的远期贷款价值可类似计算得到。

2. 如果以实际分布计算置信度为 99%的信用 *VaR*，则 1%的分位数为-0.169 3 亿美元。

3. 如果在贷款价值变动服从正态分布的假设下计算置信度为 99%的信用 *VaR*，从表中可得贷款价值变动的均值为-0.257 9 亿美元，标准差为 0.057 53 亿美元，则 99%的信用 *VaR* 值为(-0.257 9)+(-2.33)×0.057 53=-0.391 9 亿美元。

除了信用转移分析和 *VaR* 估计，CreditMetrics 的另一特点在于它是从资产组合而不是单一资产的角度来看待信用风险的，因此其使用了边际风险贡献（marginal risk contribution）来反映单一资产对整个组合信用风险状况的影响。具体来看，在估计违约相关系数时，CreditMetrics 使用了结构模型的思想，即两个公司违约的相关性取决于这两家公司股票价值变动所服从随机过程的相关性。

麦肯锡公司提出的 Credit Portfolio View 模型常被视为对 CreditMetrics 的一个补充。该模型认为，从实际历史数据中得到的信用转移概率矩阵是无条件转移概率，而现实中违约概率和信用转移概率都会随着宏观经济的起伏而变化。因此，Credit Portfolio View 模型直接建立起违约概率与宏观因素关系的数学模型，在给定宏观因素条件下通过蒙特卡罗模拟估计出违约概率，计算出此模拟违约率与历史违约概率的比率，再用该比率对历史的信用转移概率进行调整，生成一个以经济状态为条件的信用转移概率矩阵。

CreditMetrics 和 Credit Portfolio View 这两个模型在实际中运用得相当广泛，但其主要缺点在于对信用转移矩阵的过度依赖：一方面，这些模型假设同一评级内的所有企业都有同样的违约概率和信用价差结构；另一方面，这些模型假设信用评级的改变、信用质量的变化和违约概率是完全等价的。这些都不符合实际情况。同时，这些模型中的信用转移矩阵都或多或少地取决于历史数据，而信用风险的度量和管理显然是面向未来的。

2. 基于结构模型的方法

在前文中已经知道，实用性不强是结构模型的重要缺陷，KMV 模型则是结构模型运用最成功的例子。在实际运用中，KMV 模型对结构模型进行了改良。它采用结构模型的思想计算出违约距离（distance to default）而非违约概率本身。这里将违约距离定义为：

$$DD=\frac{E(V_T)-K}{\sigma_V} \tag{17.18}$$

也就是经公司资产波动率调整后的公司资产价值期望值与违约边界 K 之间的距离。根据结构模型的思想,公司股权可以视为公司价值的看涨期权,因此可以运用公司股票价格数据和期权定价公式倒推出 $E(V_T)$ 和 σ_V。为了适应现实情况,这里的 K 是 T 时刻公司长期债券价值的一半与全部短期债券价值的总和。

计算出违约距离之后,KMV 模型再运用真实的历史违约数据建立起特定违约距离与违约概率之间的对应关系,相应得到的违约概率被称为预期违约频率(expected default frequency,EDF),作为违约概率的预测指标。

在估计违约相关系数时,与 CreditMetrics 类似,KMV 模型也使用了结构模型的思想。但在 KMV 模型中,两个公司违约的相关性取决于这两家公司资产价值变动所服从随机过程的相关性,而不是 CreditMetrics 模型中所使用的公司股票价值随机过程的相关性。

KMV 模型的不足之处主要在于:第一,由于需要使用公司股票价格数据,该模型通常仅适用于上市公司;第二,KMV 模型无法处理公司债务中存在的特定偿还结构、担保等特殊条款。但从实际结果看,从 KMV 模型计算得到的 EDF 已经被证明是一种相当有效的违约和信用恶化的预测指标,因而 KMV 模型被认为是一种动态的预测性的模型,应用相当广泛。

3. 基于保险精算方法的模型

1997 年瑞士信贷银行发布的 CreditRisk+是一个典型的精算模型。具体来看,在分析违约事件时,CreditRisk+并不考察信用级别改变的情形,也不分析违约的原因和经济机制,而是借用了针对火灾保险的财险精算原理。财险精算原理认为,投保火灾保险的众多家庭同时发生火灾的概率很小且相互独立。类似地,CreditRisk+假设在组合中的每个资产都只有违约和不违约两种状态,同时在贷款组合中不同类型的贷款同时违约的概率很小且相互独立。因此,任何时期违约数量的概率分布服从泊松分布:

$$P(n\text{ 个违约})=\frac{\mathrm{e}^{-m}m^n}{n!}$$

式中:m 为贷款组合平均违约数;

n 为实际违约的贷款数量;

CreditRisk+就在此假设下最终计算出贷款或债券损失的分布。

CreditRisk+模型的最重要特征是将违约概率作为外生变量来进行处理,并不考察其内在的经济机制,这一点与简化模型有相似之处。CreditRisk+模型的最大优点是只需要较少的参数和数据,就可以计算出每位债务人的边际风险贡献度以及整个投资组合的违约损失分布,因而相对容易实施。CreditRisk+模型的主要缺点在于它忽略了信用风险转移因素,在这个模型中每个债务人的信用风险对信用等级的变化并不敏感,这与实际情形是不符的。

4. 基于简化模型的方法

自简化模型出现以来,其很强的实用性受到业界的欢迎。2000 年 5 月发布的 Kamakura 信用风险系统就是简化模型运用的典型代表,简化模型的提出者之一罗伯特·杰罗即为该公司的研发主管。镰仓信用风险系统主要以简化模型为基础,具体提供四种估计违约概率的方法:杰罗嘉瓦模型(the Jarrow Chava model)的两种形式、默顿结构模型(Merton structural model)和杰罗默顿混合模型(Jarrow Merton hybrid model)。其中,杰罗嘉瓦模型的基本思想与前文所介绍的简化模型相同,同时认为违约密度由公司财务比率、公司其他特征、产业、利率和公司股票价格等因素决定,因此在原先简化模型的基础上运用统计模型估计违约密度,进而预测未来不同时刻的公司违约概率,推出长达 5 年的有违约风险的利率期限结构。默顿结构模型的基本思想即前文所阐述的结构模型。杰罗默顿混合模型则在杰罗嘉瓦模型中,进一步将默顿结构模型得到的违约概率作为解释因子加入违约密度的统计模型中进行估计。

与 CreditRisk+一样,基于简化模型的方法也是将企业违约过程作为外生因素加以考虑,但基于简化模型的方法可以在已有的数学模型基础上,运用统计模型在模型中加入引发违约的内在因素,从市场实际数据中估计出相应参数,具有很大的优势。同时,CreditMetrics、KMV 和 CreditRisk+三类方法均无法处理期权等非线性产品,基于简化模型的方法既可以跟踪分析传统贷款与债券,也可以分析复杂的衍生工具,因而推广非常迅速。2003 年 12 月,美国联邦存款保险公司宣布放弃原先的信用风险模型,转向采用杰罗嘉瓦模型估计其储贷保险基金的损失分布,就是一个典型的例子。但是,在上述四类业界信用风险模型中,都没有将市场风险与信用风险充分结合,没有反映这两种风险之间的互动关系,这将是未来的信用风险模型发展的方向之一。

二、信用衍生产品

(一) 信用衍生产品概述

信用衍生产品产生于 20 世纪 90 年代初,是现代信用风险对冲与管理技术的发展结果,代表了金融创新的最新方向。一般地说,信用衍生产品是用于分离、转移和交易信用风险的各种工具和技术的统称,主要指以贷款或债券的信用状况为标的的衍生金融工具。其实质是对传统金融衍生工具的再造,赋予其管理信用风险的新功能。

自诞生以来,信用衍生产品经历了加速发展的过程。虽然在 2007 年发端的全球金融危机中该市场有所萎缩,但与 10 多年前比,仍取得了迅猛的发展。根据国际清算银行的统计,2010 年 12 月全球 CDS 未平仓合约的名义本金余额仍达到 30 万亿美元。而 1995 年的信用衍生产品名义本金余额仅为 100 亿美元,短短 12 年间增长了 3 000 倍。同时,信用衍生产品的交易市场从北美拓展到了欧洲和全球主要市场,市场参与者也从最初的银行扩展到包括银行、对冲基金、保险公司、养老基金和其他公司在内的多层次交易者,发展之迅速前所未有。

(二) 信用衍生产品的分类

概括地说,信用衍生产品基本可以分为两大类:无融资的信用衍生产品(unfunded credit derivatives)和融资的信用衍生产品(funded credit derivatives)。融资的信用衍生产品,是指信用衍生品被嵌入债券(该债券通常由特殊目的机构(special purpose vehicle, SPV)或其他金融机构发行),最终由债券持有人负担相应的信用风险,如信用联系票据(credit-linked notes, CLN)、合成型抵押债务凭证(synthetic collateralised debt obligation, synthetic CDO)等。相应地,无融资的信用衍生产品则是指交易双方直接就约定的第三方信用事件进行交易与现金流交换,占信用衍生品市场交易量 1/3 左右的信用违约互换(credit default swap,CDS)就是无融资的信用衍生产品。除此之外,总收益互换(total return swap,TRS)、信用溢酬远期和期权(credit spread forward and options)等均属此类。

1. 无融资的信用衍生产品

信用违约互换和总收益互换已在第六章做了介绍,这里仅介绍信用溢酬远期和期权。信用溢酬远期和期权。信用溢酬,是指有信用风险资产的收益率与其他条件相同的无风险资产收益率之间的差额,它是该资产信用风险的反映,随其信用风险的变化而变化。信用溢酬远期和期权,就是以特定风险资产为标的、以该资产信用溢酬为标的价格变量的远期和期权合约。

信用溢酬远期的具体运作过程是:交易双方事先约定未来特定时刻某资产与基准利率之间的信用溢酬水平,远期到期时则根据公式:

支付=本金×修正久期×(约定信用溢酬水平-实际信用溢酬水平)

计算出的支付值进行偿付。这里之所以使用修正久期,是因为修正久期反映了债券和贷款价格对利率变动的敏感性,与利率变化相乘即可得到资产价值的变化。由于标的资产为风险资产,信用溢酬远期多头为购买该风险资产的一方,因此当信用溢酬缩小时,风险资产价格上升,远期多头盈利;当信用溢酬扩大时,风险资产价格下跌,远期多头盈利。如果该资产违约,则远期多头需承担全部的贷款损失,远期终止。

以一份 1 亿美元面值、修正久期为 3 年的债券为例。如果双方约定的信用溢酬为 2%,到期时若实际信用溢酬扩大到 3%,则多头损失 1 亿×3×(3%-2%)= 300 万美元;如果实际信用溢酬缩小到 1%,则空头损失 300 万美元。如果在此期间该债券违约,则多头承担全部损失。

与信用溢酬远期的对称性不同,信用溢酬期权的到期支付是非对称的。如信用溢酬看涨期权,当信用溢酬低于约定信用溢酬时,标的资产价格上升,期权多头可执行期权买入资产,获取收益,可以对冲由于信用溢酬变窄而导致的损失;反之则放弃执行期权。又如信用溢酬看跌期权,当信用溢酬高于约定信用溢酬时,标的资产价格下跌,多头将执行期权,可以对冲由于信用溢酬变宽而导致的损失。

2. 融资的信用衍生产品

(1) 信用联系票据。信用联系票据是一种与特定资产的信用状况挂钩的固定收益证券,该票据支付固定或浮动利率,但如果该资产出现违约,债券发行人将以低于面值的特定价格赎回票据,由票据投资者承担违约损失。整个过程如图 17.4 所示。

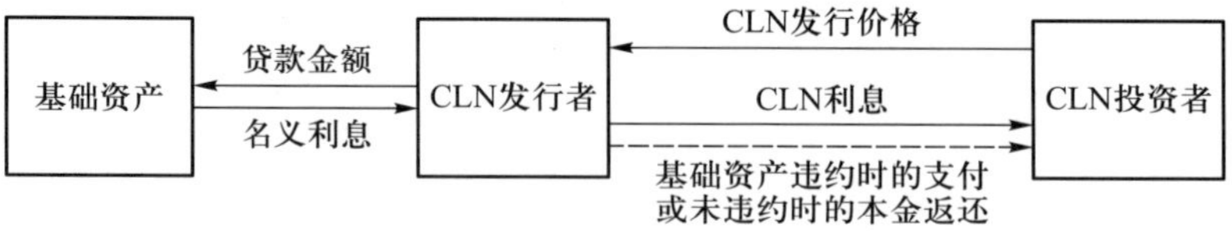

图 17.4 信用联系票据示意图

可以看到,如果将 CLN 中定期支付的利息看作 CDS 定期支付的费用,将 CLN 发行时收到的价格减去第三方违约时的支付,信用联系票据实际上与 CDS 是相同的。但 CLN 以融资的固定收益证券的方式存在,与无融资的 CDS 在形式上是不同的。这样,CLN 一方面可以为那些不能合法投资于表外信用衍生产品的投资者提供替代工具;另一方面,对发行者来说,CLN 比 CDS 更早收到全额面值,不必承担 CLN 交易对手的违约风险,还可提前获得现金流入,而 CDS 则需承担标的资产和 CDS 交易对手的联合违约风险。因此对发行者来说,CLN 是一个更好的选择。

正是基于上述原因,商业银行大量使用 CLN 进行贷款证券化。更确切地说,CLN 是信用的证券化。银行以信贷资产作为支持发行资产支持债券,CLN 就是其中的一种。在实际中,发行银行通常并不直接面对投资者,而是向专业的中介机构 SPV 发行 CLN。SPV 再以该票据作为支持向最终投资者发行新的 CLN。这样,对投资者来说,其所承担的风险实际包括原先贷款资产的信用风险和发行者的信用风险,因而其利率通常高于普通的固定收益证券。

(2) 合成型抵押债务凭证。抵押债务凭证是以一类或多类分散化的抵押债务信用为基础,重新分割投资回报和风险的证券化工具,是国际金融市场上近年来成长极为迅速的证券化商品之一。CDO 与传统的资产支持证券(asset-backed securities, ABS)的不同之处在于,ABS 资产池多为信用卡应收账款、现金卡应收账款、租赁租金、汽车贷款债权等,而 CDO 背后的资产则是一些债务工具,如高收益债券、新兴市场公司债或国家债券,亦可包含传统的 ABS、不动产抵押贷款证券化(mortgage-backed securities, MBS)等资产证券化后的债务工具。除此之外,CDO 的另一个特点是在发行时通常要重新划分信用风险等级与收益,分为高级(senior)、中级(mezzanine)、低级/次顺位(junior/subordinated)系列和由发行者自行买回的权益系列(equity tranche)等级别,当资产池债券发生损失时,CDO 从权益系列开始,从低到高逐次承担风险。这样,CDO 实际上是通过内部信用结构设计实现信用增级,满足市场投资者的不同风险收益偏好。

合成型 CDO 则更多的是一种信用衍生产品,而非普通的 CDO。其具体机制如下:合成型 CDO 发行人将一些债权信用打包为债权组合,但并不将其真实出售给 SPV,而是向 SPV 购买该组合的信用违约互换。SPV 自行发行不同信用等级的 CDO 券种给投资者,在收到投资者的本金后,再用其购买高质量债券作为担保品。具体来看,该担保品的作用有三:① 作为未来向投资者还本的保证;② 该担保品的利息收入加上 SPV 在信用违约互换中的费用收入,作为投资者的定期利息来源;③ 违约事件发生时,SPV 可以将该担保品支付给合成型 CDO 发行人。如图 17.5 所示。

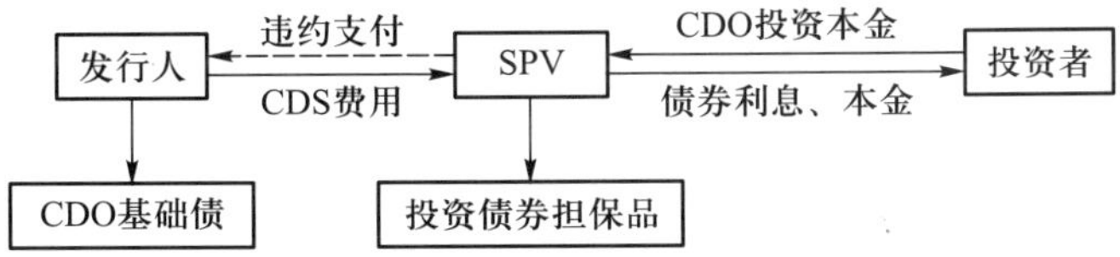

图 17.5 合成型 CDO 示意图

显然,在合成型 CDO 中,CDO 并未真实出售给投资者,如果基础债券发生违约,SPV 将出售担保品以进行信用违约互换中的支付,投资者是最终的信用风险和损失承担者,因而合成型 CDO 属于融资的信用衍生产品。

(三) 信用衍生产品的作用

如前所述,信用衍生产品是重要的信用风险管理(尤其是风险对冲)工具。具体来看,信用衍生产品在信用风险管理中的作用集中表现在以下几方面：

1. 提供了新的对冲信用风险的手段

信用衍生产品可以将组合的信用风险从市场风险中剥离出来，单独进行对冲与管理，极大地方便了复杂资产组合的风险管理。同时，信用衍生产品有效地克服了传统信用风险管理工具效率偏低和流动性不足的缺陷，使得金融机构不必过度依赖多样化授信来降低信用风险。此外，金融机构运用信用衍生产品对冲信用风险，并不影响其与原交易对手的业务关系，因此可以在不必告知债务人的情况下获得信用保护，避免了出售资产给客户关系带来的不利影响，大大增强了金融机构调节和管理信用风险的灵活性。

2. 有利于信用风险市场定价的形成

信用衍生产品的出现，首次使得银行贷款的纯粹信用风险可以上市交易，其市场价格可以为信用风险提供重要的信息。信用衍生产品的市场交易价格，实质上就是在既定信息披露下投资者对基础资产信用风险的直接定价，从而大大增加和提高了信用风险定价的透明度和准确性。

3. 为一些投资者提供了进入新兴市场和贷款市场的便捷渠道

现实生活中，直接投资于新兴市场往往会受到各种复杂的监管因素和投资机制的制约，而通过参与信用衍生产品交易间接投资新兴市场，便可轻松绕过有关障碍。此外，那些原本受法规或能力限制无法进入银行贷款市场的机构投资者，也可以通过出售信用保护的形式参与贷款市场，获得新的利润增长点。

4. 对提高银行资本的报酬率很有帮助

《巴塞尔协议》要求银行根据信用风险暴露确定相应的资本要求。信用衍生产品市场的发展使得银行可以巧妙地实现交易对手的转换，大大降低信用风险暴露，节约资本金，从而提高资本收益率，获得显著的财务杠杆效应。

在过去十几年的时间里，信用衍生产品正是以上述这些可以单独分离并交易信用风险、显著增强信用风险流动性和提高资本回报率等优点，受到了广大投资者尤其是银行等金融机构的热烈欢迎。因此，20 世纪 90 年代以来，信用衍生产品市场获得了极为迅速的发展，以信用衍生产品为核心的现代信用风险管理理论技术的研发，也成为国际金融学界和业界的重要趋势。

然而，值得注意的是，信用衍生产品的功能是对冲信用风险，也就是对风险在市场中进行重新分配与承担，但并不意味着信用风险的消除。2007 年发端的全球金融危机就是一个值得铭记的教训。许多研究者认为，此次危机是由于美国金融机构和投资者对信用风险过度使用造成的。信用衍生产品市场的迅速发展与交易的便捷，给人造成了一种风险消除的错觉。但事实上无论是风险资产的证券化还是信用衍生产品的交易，都只是转移而并未消除风险，信用风险仍存在于市场中，并因信用衍生产品的过度创造与过度交易被放大。因此，在考察信用衍生产品的作用与功能时，仍需冷静评估和防范相应的信用风险。

本章小结

1. 从不同的角度出发,风险有三种定义:风险是未来损失的可能性;风险是未来结果对期望的偏离;风险是未来结果的不确定性。

2. 现代风险管理的全过程可以大致分为风险识别、风险度量、风险管理与控制三个环节。风险管理效果评价也是风险管理的重要内容。

3. 根据诱发原因不同,金融风险主要可分为市场风险、信用风险、流动性风险和操作风险等。

4. 一个较完整的市场风险度量体系至少包括三个组成部分:敏感性分析、在险值、情景分析与压力测试。

5. 在险值是指在一定的概率水平$\alpha\%$(置信水平)下,某一金融资产或证券组合价值在未来特定时期内的最大可能损失,用公式表示为:

$$Prob(\Delta\Pi<-VaR)=(100-\alpha)\%$$

6. VaR 计算方法可以分为参数解析法与模拟法。

7. 信用风险的度量主要包括违约概率和违约损失率的估计。其中,违约概率的估计大致经历了专家判断法、信用评分法和违约概率模型三个发展阶段。

8. 现代违约概率模型可以大致分为结构模型和简化模型。结构模型以期权定价思想为基础,简化模型则可以表达为:

$$P(t,T)=\hat{E}\left(\mathrm{e}^{-\int_t^T \gamma_s \mathrm{d}s}\times CF\right)$$

$$\gamma_t=r_t+\lambda_t\times LGD+l_t$$

9. 信用衍生产品是用于分离、转移和交易信用风险的各种工具和技术的统称,主要指以贷款或债券的信用状况为标的的衍生金融工具。

10. 流动性风险测度方法可以大致分为价格度量法、交易量度量法、价量结合度量法以及时间度量法。

11. 风险管理控制策略主要包括风险分散、风险对冲、风险转移、风险规避、风险补偿与准备。

即测即评

习　题

1. 试分析风险与收益的关系。

2. 市场风险的三大度量方法是什么?它们之间关系如何?

3. 某市场变量的年波动率为 20%，计算此变量相应的日波动率。

4. 某项资产的年波动率为 35%，该资产目前的市场价值 40 万元，试用参数正态法计算该资产置信水平为 99% 的 1 周时间的 *VaR* 值。

5. 目前资产 A 和资产 B 的日波动率分别为 1.5% 和 1.8%，这两种资产收益率之间的相关系数的估计值是 0.3，一个由 30 万元的资产 A 和 50 万元的资产 B 组成的投资组合，其置信水平为 99% 的 10 天 *VaR* 是多少元？

6. 一家欧洲金融机构持有 10 万美元现汇，目前的即期汇率为 1 美元 = 0.625 0 欧元，汇率的日波动率是 0.7%。计算 10 天期置信水平为 95% 的 *VaR* 美元值。

7. 考虑某一由单一资产的期权组成的投资组合，如果期权的标的资产价值是 20 亿元，日波动率为 3%，该投资组合的 Delta 值是 0.5，估算该投资组合置信水平为 99% 的 1 天 *VaR* 值。

8. 一家公司持有价值 4 000 万元的债券头寸。该有价证券组合的修正久期为 3.7 年。假设收益率曲线只会出现平行移动，收益变动率（以日变动大小的标准差度量）是 0.09%。估算该有价证券组合置信水平为 90% 的 20 天 *VaR*。

9. 一家金融公司的有价证券组合由美元对英镑的汇率期权构成。该有价证券组合的 Delta 值是 56.0，即期汇率是 1.500 0。有价证券组合价值的变动和汇率的波动率间的关系近似为线性关系。若汇率的日波动率是 0.7%，估算该投资组合置信水平为 99% 的 10 天 *VaR*。

10. 若一家公司的有价证券组合由股票、债券头寸、外汇和实物商品构成，假设其中没有衍生工具，解释用线性模型和用历史数据模型计算 *VaR* 时的假设条件。

11. 解释为什么当有价证券组合中包含期权时线性模型只能对 *VaR* 值进行近似估计。

参考文献

[1] 陈蓉,方昆明. 波动率风险溢酬:时变特征及影响因素[J]. 系统工程理论与实践,2011,31(4):761-770.

[2] 陈蓉,葛骏. 中国国债期货与隐含择券期权定价[J]. 数理统计与管理,2017,36(2):361-380.

[3] 陈蓉,廖木英,徐婉菁. 期权隐含偏度风险溢酬:来自中国台湾市场的证据[J]. 系统工程理论与实践,2016,36(5):1099-1108.

[4] 陈蓉,林秀雀. 波动率偏斜与风险中性偏度能预测尾部风险吗[J]. 管理科学学报,2016,19(8):113-126.

[5] 陈蓉,吕恺. 隐含波动率曲面:建模与实证[J]. 金融研究,2010(8):136-154.

[6] 陈蓉,王宜峰,邱紫华. 隐含风险厌恶:度量、影响因素与信息含量[J]. 厦门大学学报(哲学社会科学版),2016(1):116-127.

[7] 陈蓉,张不凡,姚育婷. 波动率风险和波动率风险溢酬:中国的独特现象[J]. 系统工程理论与实践,2019,39(12):2995-3010.

[8] 陈蓉,赵永杰. 隐含波动率曲面的预测研究:来自中国台湾市场的证据[J]. 系统工程理论与实践,2017,37(8):1949-1962.

[9] 陈蓉,郑振龙. 期货价格能否预测未来的现货价格[J]. 国际金融研究,2007(8).

[10] 陈蓉,郑振龙. 结构突变、推定预期与风险溢酬:美元/人民币远期汇率定价偏差的信息含量[J]. 世界经济,2009(6):64-76.

[11] 兹维·博迪,罗伯特·C. 莫顿. 金融学[M]. 欧阳颖,等,译. 北京:中国人民大学出版社,2000.

[12] 刘杨树,郑振龙,陈蓉. 跳跃风险如何影响期权复制收益?:基于多维跳跃扩散的模型与证据[J]. 管理科学学报,2016,19(6):74-86.

[13] 刘杨树,郑振龙,张晓南. 风险中性高阶矩:特征、风险与应用[J]. 系统工程理论与实践,2012,32(3):647-655.

[14] 黄薏舟,郑振龙. 无模型隐含波动率及其所包含的信息:基于恒生指数期权的经验分析[J]. 系统工程理论与实践,2009,29(11):46-59.

[15] 保罗·威尔莫特. 数量金融[M]. 郑振龙,等,译. 北京:机械工业出版社,2015.

[16] 张亦春,郑振龙,林海. 金融市场学[M] 5版. 北京:高等教育出版社,2017.

[17] 郑振龙. 金融资产价格的信息含量:金融研究的新视角[J]. 经济学家,2009(11):69-78.

[18] 郑振龙. 资产价格隐含信息分析框架:目标、方法与应用[J]. 经济学动态,2012(3):

33-40.

[19] 郑振龙,陈蓉. 固定收益证券[M]. 北京:北京大学出版社,2011.

[20] 郑振龙,黄珊珊,郭博洋. 外汇期权信息含量与在岸离岸市场效率[J]. 金融研究,2019(10):21-39.

[21] 郑振龙,黄薏舟. 波动率预测:GARCH 模型与隐含波动率[J]. 数量经济技术经济研究,2010,27(1):140-150.

[22] 郑振龙,林璟. 沪深 300 股指期货定价偏差与投资者情绪[J]. 数理统计与管理,2015,34(6):1129-1140.

[23] 郑振龙,林海. 中国可转换债券定价研究[J]. 厦门大学学报(哲学社会科学版),2004(2):93-99.

[24] 郑振龙,林海. 银行资产负债中隐含期权的定价[J]. 金融研究,2004(7):23-32.

[25] 郑振龙,刘杨树. 衍生品定价:模型风险及其影响[J]. 金融研究,2010(2):112-131.

[26] 郑振龙,吕恺,林荟祥. 交易量的信息含量:台湾期权市场的证据[J]. 金融研究,2012(6):178-192.

[27] 郑振龙,吕恺,林荟祥. 净购买压力的信息含量:台指期权市场的证据[J]. 金融研究,2014(4):114-127.

[28] 郑振龙,秦明. 隐含波动率与实际波动率的关系:中美比较[J]. 管理科学,2018,31(6):58-73.

[29] 郑振龙,孙清泉. 彩票类股票交易行为分析:来自中国 A 股市场的证据[J]. 经济研究,2013,48(5):128-140.

[30] 郑振龙,孙清泉,吴强. 方差和偏度的风险价格[J]. 管理科学学报,2016,19(12):110-123.

[31] 郑振龙,汤文玉. 波动率风险及风险价格:来自中国 A 股市场的证据[J]. 金融研究,2011(4):143-157.

[32] 郑振龙,王磊. 汇率相关性预测的比较研究[J]. 金融研究,2017(5):18-31.

[33] 郑振龙,王磊,王路跖. 特质偏度是否被定价? [J]. 管理科学学报,2013,16(5):1-12.

[34] 郑振龙,王为宁,刘杨树. 平均相关系数与系统性风险:来自中国市场的证据[J]. 经济学(季刊),2014,13(3):1047-1064.

[35] 郑振龙,郑国忠. 隐含高阶协矩:提取、分析及交易策略[J]. 统计研究,2017,34(4):101-111.

[36] Adam T, Fernando C S. Hedging, speculation, and shareholder value[J]. Journal of Financial Economics, 2006,8:283-309.

[37] Allayannis G, Weston J P. The Use of Foreign Currency Derivatives and Firm Market Value[J]. Review of Financial Studies, 2001,Sping:243-276.

[38] Basak S, Shapiro A. Value-at-Risk Based Risk Management: Optimal Policies and Asset Prices[J]. Review of Financial Studies, 2001(2):371-405.

[39] Bakshi G, Cao C, Chen Z. Empirical performance of alternative option pricing models[J]. Journal of Finance, 1997, 52(5):2003-2049.

[40] Black F,Scholes M. The pricing of options and corporate liabilities[J]. Journal of Political

Economy,1973,81(3):637-659.

[41] Boyle P P. Options: A Monte Carlo approach[J]. Journal of Financial Economics, 1977(4):323-38.

[42] Brenner M,Galai D. Implied interest rates[J]. Journal of Business,1986,59:493.

[43] Broadie M, Detemple J. American Option Valuation: New Bounds, Approximations, and a Comparison of Existing Methods[J]. Review of Financial Studies, 2015(4):4.

[44] Campello M, Lin C, Ma Y, Zou H. The Real and Financial Implications of Corporate Hedging[J]. Journal of Finance, 66(5):1615-1647.

[45] Casassus J, Collin-Dufresne P. Stochastic Convenience Yield Implied from Commodity Futures and Interest Rates[J]. The Journal of Finance, 2005, 60(5):2283-2331.

[46] Chance D. An Introduction to Derivatives[M]. 4th edition. Texas:The Dryden Press,1998.

[47] Coval J D, Shumway T. Expected Option Returns[J]. Journal of Finance, 56(3):983-1009.

[48] Cox J C, Ross S A. The valuation of options for alternative stochastic processes[J]. Journal of Financial Economics, 1976, 3(1):145-166.

[49] Cox J C,Ross S A,Rubinstein. Option pricing:a simplified approach[J]. Journal of Financial Economics,1979(7):229-264.

[50] Cox J C,Ingersoll J E,Ross S A. The relationship between forward prices and future prices[J]. Journal of Financial Economics,1981,December:321-346.

[51] Daglish T , Hull J, Suo W. Volatility surfaces: theory, rules of thumb, and empirical evidence[J]. Quantitative Finance, 2007, 7(5):507-524.

[52] Davis M H A,Panas V G. European option pricing with transactions costs[J]. Decision and Control,1991. Proceedings of the 30th IEEE Conference,1991:1299-1304.

[53] Chance D M. An Introduction to Derivatives and Risk Management[M]. London:Thomson Learning,2003.

[54] Duffie D,Shafer W. Equilibrium in incomplete markets:I. A basic model of generic existence[J]. Journal of Mathematical Economics,1985,14:285-300.

[55] Duffie D,Shafer W. Equilibrium in incomplete markets Ⅱ:generic existence in stochastic economies[J]. Journal of Mathematical Economics,1986,15:199-216.

[56] Duffie D,Singleton K J. An econometric model of the term structure of interest rate swap yields[J]. Journal of Finance,1997,52:1287-1321.

[57] Duffie D,Singleton K J. Modeling term structures of defaultable bonds[J]. Review of Financial Studies,1999,12:687-720.

[58] Ederington L H, Guan W. Why are Those Options Smiling?[J]. Journal of Derivatives, 2000, 10(2).

[59] Eisenberg L,Jarrow R. Option Pricing with Random Volatilities in Complete Markets[J]. Review of Quantitative Finance and Accounting,1994,4:5-17.

[60] Fama E F. Efficient capital markets:a review of theory and empirical work[J]. Journal of Finance,1970,25(2):383-417.

[61] Finnerty J D. Financial engineering in corporate finance:an overview[J]. Financial Man-

agement,1988,17:14.

[62] Figlewski S,Gao B. The adaptive mesh model:a new approach to efficient option pricing [J]. Journal of Financial Economics,1999,53:313-351.

[63] Fouque J,Papanicolaou G,Sircar K R. Derivatives in Financial Markets with Stochastic Volatilities[M]. Cambridge:Cambridge University Press,2000.

[64] Geske R. The valuation of compound options[J]. Journal of Financial Economics, 1979, 7(1):63-81.

[65] Graham B. Security analysis[M]. New York:McGraw-Hill,2005.

[66] Graham J R, Smith C W. Tax Incentives to Hedge[J]. The Journal of Finance, 1999, 54 (6):2241-2262.

[67] Haushalter G D. Financing Policy, Basis Risk, and Corporate Hedging: Evidence from Oil and Gas Producers[J]. Journal of Finance, 2000, 55(1):107-152.

[68] Hodges S D,Neuberger A. Optimal replication of contingent claims under transaction costs [J]. Review of Futures Markets,1989(8):222-239.

[69] Hoggard T, Whalley A E, Wilmott P. Hedging option portfolios in the presence of transaction costs[J]. Advances in Futures and Options Research,1994(7):21-35.

[70] Hull J, White A. The Use of the Control Variate Technique in Option Pricing[J]. Journal of Financial & Quantitative Analysis, 23(3):237-251.

[71] Hull J, White A. Valuing Derivative Securities Using the Explicit Finite Difference Method [J]. Journal of Financial & Quantitative Analysis, 25(1):87-100.

[72] Hull J C. Options,futures and other derivatives[M]. 10th edition. New York:Pearson Education, 2018.

[73] Jackwerth J C, Rubinstein M. Recovering Probability Distributions from Option Prices[J]. Journal of Finance, 51(5):1611-1631.

[74] Jarrow R A,Lando D,Turnbull S. A Markov model for the term structure of credit risk spreads[J]. Review of Financial Studies,1997(10):481-523.

[75] Robert R A, Oldfield G S. Forward contracts and futures contracts[J]. 1981, 9(4):373-382.

[76] Jarrow R A,Turnbull S. Pricing derivatives on financial securities subject to credit risk[J]. Journal of Finance,1995,50:53-85.

[77] Johannes M, Sundaresan S. The Impact of Collateralization on Swap Rates[J]. 62(1): 383-410.

[78] Jorion P. Risk management lessons from Long-Term Capital Management[J]. European Financial Management, 2008, 6(3):277-300.

[79] Kolb R. Futures, Options, and Swaps [M] . 4th edition. Massachusetts: Blackwell Publishing,2003.

[80] Lintner J. The valuation of risk assets and the selection of risky investments in stock portfolios and capital budgets[J]. Review of Economics and Statistics,1965,47(1):13-37.

[81] Longstaff F A , Schwartz E S . Valuing American Options by Simulation: A Simple Least-Squares Approach[J]. Review of Financial Studies, 2001, 14(1):113-147.

[82] Markowitz H. Portfolio Selection[J]. Journal of Finance,1952,7(1):77-91.

[83] Merton R C. Theory of Rational Option Pricing[J]. The Bell Journal of Economics and Management Science, 1973, 4(1):141-183.

[84] Merton R C. Finance Theory and Future Trends: The Shift to Integration[J]. Financial Management, 29(3):94-99.

[85] Miller M H. Financial Innovation: Achievements And Prospects[J]. Journal of Applied Corporate Finance, 1992, 4(4):4-11.

[86] Modigliani F, Miller M H. The cost of capital,corporation finance and the theory of investment[J]. American Economic Review,1958,48(3):261-297.

[87] Mossin J. Equilibrium in a capital asset market[J]. Econometrica,1966,34:768-783.

[88] Neuberger A. Hedging Long-Term Exposures with Multiple Short-Term Futures Contracts [J]. The Review of Financial Studies, 12(1999):429-459.

[89] Rebonato R. Modern Pricing of Interest Rate Derivatives:The Libov Market Model and Beyond[M]. Princeton:Princeton University Press,2002.

[90] Rendleman R J , Bartter B J . Two-State Option Pricing[J]. The Journal of Finance, 1979, 34(5):1093-1110.

[91] Ritchken P, Trevor R . Pricing Options under Generalized GARCH and Stochastic Volatility Processes[J]. The Journal of Finance, 1999, 54(1):377-402.

[92] Roll R. An analytic valuation formula for unprotected American call options on stocks with known dividends[J]. Journal of Financial Economics,1977(5):251-258.

[93] Ross S A. The arbitrage theory of capital asset pricing[J]. Journal of Economic Theory, 1976,13(3):341-360.

[94] Rubinstein M. Implied Binomial Trees[J]. Journal of Finance, 49(3):771-818.

[95] Sharpe W F. Capital asset prices:a theory of market equilibrium under conditions of risk [J]. Journal of Finance,1964,19(3):425-442.

[96] Shreve S E. Stochastic calculus for finance Ⅱ: Continuous-time models[M]. Berlin: Springer Science & Business Media,2004.

[97] Turnbull S M, Wakeman L M. A Quick Algorithm for Pricing European Average Options [J]. Journal of Financial & Quantitative Analysis, 26(3):377-389.

[98] Whaley R. Derivatives: Market Valuation, and Risk Management[M]. New Jersey: John Wiley & Sons,Inc.,2006.